Anja Knaus, Ortwin Renn

Den Gipfel vor Augen – Unterwegs in eine nachhaltige Zukunft

Ökologie und Wirtschaftsforschung

Band 29

Anja Knaus, Ortwin Renn

Den Gipfel vor Augen

Unterwegs in eine nachhaltige Zukunft

Metropolis-Verlag
Marburg 1998

Die Deutsche Bibliothek – CIP-Einheitsaufnahme

Den Gipfel vor Augen [Medienkombination] : unterwegs in eine nachhaltige Zukunft / Anja Knaus ; Ortwin Renn. – Marburg : Metropolis-Verl., 1998
(Ökologie und Wirtschaftsforschung, Bd. 29)
ISBN 3-89518-171-4
Buch. 1998

Metropolis-Verlag für Ökonomie, Gesellschaft und Politik GmbH
Postfach 1748, D-35007 Marburg

Druck: Rosch Buch, Scheßlitz
Gedruckt auf chlorfreiem und alterungsbeständigem Papier

ISBN 3-89518-171-4

Inhalt

Vorwort 9

1. Einleitung
Anja Knaus und Ortwin Renn 13
1.1 Was für eine Erbschaft hinterlassen wir der Nachwelt? 13
1.2 Leben wir wirklich auf Kosten der kommenden Generationen? 16
1.3 Exponentielles Bevölkerungswachstum, Globalität, Eingriffstiefe und Zeitraffereffekt: Vier neuartige Bedrohungen der Menschheit 20

Teil I: Grundlagen und Konzepte für die Umsetzung von Nachhaltigkeit
Anja Knaus und Ortwin Renn 27

2. Was bedeutet Nachhaltigkeit? 29
2.1 Leitbild Nachhaltigkeit 29
2.2 Ethik und Nachhaltigkeit: Intergenerationale Gerechtigkeit als handlungsbeschränkende Norm 32
2.3 Ökologie und Nachhaltigkeit: Basiswissen über die Auswirkungen menschlicher Aktivitäten auf die natürliche Umwelt 37
2.4 Ökonomie und Nachhaltigkeit: Erhaltung der bedürfnisbefriedigenden Funktionen der knappen natürlichen Umwelt .. 43
2.5 Kultur- und Sozialwissenschaften und nachhaltige Entwicklung: Die gesellschaftliche Rückkoppelungsfunktion 53

3. Nachhaltigkeit für wen? Die besonderen Interessen der Mitwelt ... 60
- 3.1 Orientierung für eine Nachhaltigkeitspolitik: Welches sind die angemessenen Referenzgrößen? ... 60
- 3.2 Arm versus reich: Was bedeutet Nachhaltigkeit weltweit? ... 64
- 3.3 Zielkonflikte zwischen inter- und intragenerationaler Gerechtigkeit ... 73
- 3.4 Ist alles eine Frage der Bevölkerungsentwicklung? ... 78
- 3.5 Schlußfolgerungen für ein pragmatisches Konzept der Nachhaltigkeit ... 80

4. Der Weg in die Nachhaltigkeit ... 83
- 4.1 Leitlinien für den Umgang mit Natur: Regeln für das Ressourcenmanagement ... 83
- 4.2 Vom quantitativen zum qualitativen Wachstum ... 90
- 4.3 Effizienzgewinne und Innovationen: Ökonomisch angepaßte Wege zur Nachhaltigkeit ... 96
- 4.4 Konsumverzicht als flankierende Maßnahme ... 103
- 4.5 Nachhaltigkeit messen: Über das Bruttoinlandsprodukt hinaus ... 105

5. Umweltverhalten und politische Steuerung ... 112
- 5.1 Die Kluft zwischen Wollen und Können ... 112
- 5.2 Was ist Umweltbewußtsein? ... 113
- 5.3 Der Einfluß der Naturbilder auf das Umweltbewußtsein ... 115
- 5.4 Die Wahrnehmung von Umweltbeeinträchtigungen ... 119
- 5.5 Technikeinstellungen und ihre Beziehung zum Umweltbewußtsein ... 127
- 5.6 Wertmuster und ihr Einfluß auf das Umweltbewußtsein ... 131
- 5.7 Kulturelle Formen der Umwelt- und Technikbewertung ... 138
- 5.8 Umweltverhalten ... 141
- 5.9 Kollektiv bindende Entscheidungen in einer pluralen Werteordnung ... 148

6. Wie kann eine nachhaltige Entwicklung in der Praxis umgesetzt werden? ... 153
- 6.1 Hilfsmittel für das Beschreiten des Wegs in die Nachhaltigkeit ... 153

6.2 Hat die Umwelt einen Preis?
Besondere Eigenschaften von Umweltgütern 154
6.3 Instrumente für eine Nachhaltigkeitspolitik 166
6.4 Regulative Instrumente 167
6.5 Anreizorientierte Instrumente.. 169
6.6 Planerische Instrumente 174
6.7 Partizipative und kooperative Instrumente 176
6.8 Informativ-erzieherische Instrumente und
betriebliches Umweltmanagement 180
6.9 Vor- und Nachteile der Instrumente 183

7. Der geeignete Bezugsraum für
die Realisierung von Nachhaltigkeit 195
7.1 Nachhaltige Entwicklung im Spannungsfeld
zwischen globalen und regionalen Beziehungen
und Problemstellungen 195
7.2 Die globale und internationale Ebene 202
7.3 Die Ebene der Staatengemeinschaften und Nationen.......... 211
7.4 Die regionale und lokale Ebene.. 216
7.5 Sind Welthandel und Nachhaltigkeit vereinbar? 222

TEIL II: Beispielhafte Projekte und Fallstudien 233

8. Ein Konzept zur Messung einer nachhaltigen Entwicklung
Gerhard Pfister 235
8.1 Wozu dient die Messung einer nachhaltigen Entwicklung? 235
8.2 Welche Größen können zur Messung einer nachhaltigen
Entwicklung verwendet werden? 237
8.3 Welche Aussagekraft hat der Indikatorenkatalog zur
Messung einer nachhaltigen Entwicklung? 249

9. Nachhaltigkeit in der Land- und Forstwirtschaft
Holger Flaig, Günther Linckh, Hubert Sprich 256
9.1 Die Bedeutung von Land- und Forstwirtschaft
für eine nachhaltige Entwicklung 256

9.2 Die Forstwirtschaft als Wiege des Nachhaltigkeitsgedankens 258
9.3 Die Nutzung von Holz 258
9.4 Schutz- und Erholungsfunktionen des Waldes 260
9.5 Naturnahe Waldbewirtschaftung 261
9.6 Waldökopunkte – ein Lösungsansatz? 263
9.7 Nachhaltigkeitsprobleme der Landwirtschaft früher und heute 264
9.8 Beeinträchtigungen natürlicher Ressourcen durch die Landwirtschaft 265
9.9 Umweltgerechte Produktionsverfahren in der Landwirtschaft 267
9.10 Agrarstruktur 272
9.11 Agrarpolitische Maßnahmen 274

10. Innovation für nachhaltige Wirtschaft – Der Beitrag von Unternehmen
Birgit Blättel-Mink 278
10.1 „Ökologische Innovation" – Theoretischer Rahmen 279
10.2 Umweltschutz und Umweltindustrie in Baden-Württemberg 281
10.3 Die Bedingungen ökologischer Innovation in Wirtschaftsunternehmen 284
10.4 „Ökologische Innovationen" und was kommt dann? Eine kritische Zusammenfassung 289

11. Klimaverträgliche Energieversorgung und Nachhaltigkeit
Diethard Schade, Wolfgang Weimer-Jehle 293
11.1 Das Projekt „Klimaverträgliche Energieversorgung": Ein Beitrag zur Klima- und Nachhaltigkeitsdebatte 293
11.2 Drei leitbildorientierte Energieszenarien 295
11.3 Das energiewirtschaftliche Profil der Szenarien 298
11.4 Aspekte der Nachhaltigkeit in den Szenarien 301
11.5 Fazit 307

12. Vom nachhaltigen Umgang mit Wasser
Helmut Lehn und Magdalena Steiner 308
12.1 Wasser – eine elementare Ressource 309
12.2 Wasser – eine regionale Ressource 310
12.3 Wasser – eine erneuerbare Ressource 314
12.4 Multiple Ansprüche und Nutzungskonkurrenzen beim Wasser 317
12.5 Unterschiedliche Regenerationszeiten von Wasser 320
12.6 Qualität des Grundwassers 325
12.7 Abwasser und die Qualität der Oberflächengewässer 329
12.8 Handlungsempfehlungen und Fazit 330

13. Partizipation als Instrument einer Nachhaltigkeitspolitik am Beispiel Abfallplanung
Rainer Carius und Ortwin Renn 336
13.1 Abfallplanung als Gegenstand einer Nachhaltigkeitspolitik 336
13.2 Zur Abfallsituation in der Region Nordschwarzwald 337
13.3 Warum Partizipation an der Abfallplanung? 339
13.4 Zum Modell des „Kooperativen Diskurses" 340
13.5 Zur Umsetzung des Modells in der Region Nordschwarzwald 341
13.6 Ergebnisse des runden Tisches und der Bürgerforen 345
13.7 Zum Entscheidungs- und Abwägungsprozeß 347

TEIL III: Anregungen zum Handeln
Anja Knaus und Ortwin Renn 355

14. Was ist zu tun? 357
14.1 Mut zum Handeln 357
14.2 Lohnt sich der beschwerliche Weg? 358
14.3 Was kann jeder einzelne tun? 362
14.4 Was können die Unternehmen tun? 368
14.5 Was kann die Politik tun? 375
14.6 Ausblick 392

ANHANG 395

Anmerkungen 397
Literatur 415
Glossar wichtiger Begriffe 443

VORWORT

Ist es fünf Minuten vor oder bereits nach 12 Uhr? Ist die Welt noch zu retten? Geraten wir nicht immer tiefer in eine ökologische Krise? Oder ist die ganze Debatte um Öko-Krise und Umweltzerstörung Ausdruck einer kollektiven Hysterie? In der Diskussion um den Zustand unserer Umwelt haben die Scharfmacher und die Gesundbeter Hochkonjunktur. Auf der einen Seite gibt es immer wieder Hinweise darauf, daß wir auf Kosten unserer Kinder die Ressourcen dieser Welt irreversibel verschwenden, auf der anderen Seite bauen wir für unsere Kinder immer mehr Sachwerte auf, die ihnen einmal als kollektives Erbe zugute kommen werden. Wie die Qualität der Hinterlassenschaft der heutigen Generation an die nächste einzuschätzen ist, darüber wird in der Öffentlichkeit heftig gestritten. Dementsprechend weit ist die Bandbreite der vorgeschlagenen Rezepte für die Gestaltung der künftigen Umwelt- und Wirtschaftspolitik.

In dem bestehenden Wirrwarr von Diagnosen, Warnungen, Entwarnungen, Visionen, Rezeptbüchern, Untergangsphrophezeiungen und Fortschrittsbeteuerungen geht dem unbefangenen Beobachter zwangsweise die Orientierung verloren. Man fühlt sich wie in einem dichten Nebel, aus dem heraus man den Berg an Aufgaben, der vor einem liegt, nur erahnen kann. Umgeben ist man von Beratern aller Art, die mal diesen, mal jenen Weg zum Aufstieg vorschlagen, die unterschiedliches Rüstzeug für die Bergwanderung empfehlen, mit verschiedenen Geheimtips aufwarten und sich teilweise gerne selbst als Bergführer anbieten. Die einen sagen einen beschwerlichen und entbehrungsreichen Aufstieg voraus, andere sehen das ganze mehr als einen leichten Spaziergang, andere halten den Aufstieg wiederum für gänzlich unmöglich, wieder andere für unnötig. Einige geben stattdessen den Ratschlag, sich lieber im Tal zu vergnügen. Wem sollte man da nur folgen?

In dem vorliegenden Buch versuchen wir, den im Nebel tappenden Bergsteigern, die sich auf den Weg zum Berg der Nachhaltigkeit begeben wollen, bei ihrer intellektuellen Reise behilflich zu sein. Ähnlich wie ein Reiseführer ist es auch unser Anliegen, die Reisenden mit Informationen zu versorgen, die ihnen die Wanderung erleichtern, auf wesentliche Meilensteine am Wegesrand aufmerksam zu machen und mögliche Gefahren zu verdeutlichen. Wir beleuchten das Zielgebiet und erläutern, warum es lohenswert ist, sich auf den Weg zur Spitze des Berges zu begeben. Mögliche Pfade, aber auch mögliche Abgründe, die sich auftun können, sind ebenso Inhalt dieses Buches wie die richtige Orientierung und die Ausrüstung unterwegs.

Wer zum Lichten des Nebels in der heutigen Debatte um Nachhaltigkeit einen Beitrag leisten will, muß auch Position beziehen. Wir treten vor allem am Ende dieses Buches für Änderungen unserer Wirtschafts- und Gesellschaftspolitik ein, die aus unserer Sicht Voraussetzung für eine erfolgreiche Reise unserer Gesellschaft hin zu einer nachhaltigen Wirtschafts- und Lebensweise sind. Gleichzeitig sind wir aber der festen Überzeugung, daß diese Änderungen weder die Grundfeste unserer Demokratie beeinträchtigen, noch die bewährten Muster der sozialen Marktwirtschaft außer Kraft setzten werden. Im Gegenteil: die von uns gemachten Vorschläge sind als Reformen gedacht, die beide Ordnungen mit neuem Leben erfüllen und ihre Geltungskraft auch für die kommenden Jahrzehnte sichern helfen. Wie auch immer der Weg zu einer nachhaltigen Entwicklung im einzelnen verlaufen mag, er muß sozialverträglich und kompatibel mit der geltenden politischen und wirtschaftlichen Ordnung sein. Innerhalb dieses Rahmens gibt es viele Freiheitsspielräume – vielleicht mehr als so mancher zur Zeit ahnt.

Die Grundthese unserer Überlegungen ist leicht zusammengefaßt: Den kommenden Generation soll ein Erbe hinterlassen werden, das ihnen ermöglicht, ihr Leben nach eigenen Vorstellungen und Wünschen zu gestalten und dabei auf mindestens das gleiche Potential an Möglichkeiten zurückgreifen zu können, wie wir es tun konnten. Unser Schwerpunkt liegt dabei auf dem Erbe, das wir als Natur oder natürliche Umwelt bezeichnen. Wieviel Ressourcen der Natur dürfen wir verbrauchen, wieviel Schadstoffe in die Natur entlassen, damit wir das Erbe an die kommende Generation nicht mindern? Die Bearbeitung dieser zentralen Frage hat (nicht nur) uns viele Stunden Überlegung, unzählige Diskussionen, vielfache Revisionen und Überarbeitungen und manche Kopfschmerzen gekostet. Dabei sind Meinungen und Analysen von Fachleuten verschiedener Disziplinen und Richtungen, Interviews mit Experten, unsere Erfahrungen mit Pilotprojekten und Dialoge mit Vertretern gesellschaftlicher Gruppen und besorgten Bürgern eingeflossen. All diesen Personen sei an dieser Stelle besonders gedankt. Namentlich erwähnen wollen wir vor allem Mitarbeiterinnen und Mitarbeiter aus unserem Haus, der Akademie für Technikfolgenabschätzung in Baden-Württemberg: Dipl.-Ing. Rainer Carius, Dr. Holger Flaig, Dr. Jürgen Hampel, Dipl.-Phys. Jochen Jaeger, Dr. Hans Kastenholz, Andreas Klinke M.A., Dr. Sabine Köberle, Dr. Helmut Lehn, Dr. Günther Linckh, Dr. Birgit Blättel-Mink, Prof. Dr. Hans Mohr, Dr. Hubert Sprich, Dipl.-Geogr. Magdalena Steiner, Dipl.-Ing. Bettina Oppermann, Dr. Gerhard Pfister, Dr. Diethard Schade, Dipl.-Psych. Monika Schrimpf, Dr. Wolfgang Weimer-Jehle und Dr. Michael Zwick. Ohne ihre tatkräftige Hilfe wäre dieses Buch nie entstanden. Danken wollen wir aber auch Dagmar Isermann, Sabine Mücke und Raphael Bayer für die Überführung des Manuskriptes in eine druckfähige Vorlage und die Unterstützung bei der Illustration des Textes. Professor Dr. Meinhard Schulz-Baldes danken wir für die Bereitschaft, uns aus seiner privaten Photosammlung Bilder für die Illustration zu überlassen.

Zum Schluß dieses Vorworts wollen wir allen Leserinnen und Lesern eine „gute Reise“ durch die folgenden Seiten wünschen. Uns geht es nicht darum, daß sie unsere Argumente übernehmen, es liegt und aber viel daran daß sie diese nachvollziehen und nach ihrer Überzeugungskraft bewerten können. Wir haben uns große Mühe gegeben, nicht in einen Fachjargon zu verfallen oder Dinge komplizierter auszudrücken, als sie wirklich sind. Aber wir hielten es für unerläßlich, auch einige komplexe Denkansätze und Zusammenhänge aus der Ökonomie und der Ökologie aber auch aus Soziologie, Psychologie und anderen Wissenschaften zu vermitteln. Nur auf der Basis dieser Kenntnisse lassen sich eine Reihe von Schlüssen und Deutungen nachvollziehen. So wie der Weg auf einen Berg auch beschwerliche Passagen umfaßt, so lesen sich auch einige Passagen dieses Buches vielleicht nicht immer ganz leicht. Wir hoffen, daß die gezeichneten Konturen einer nachhaltigen Entwicklung in Gesellschaft und Wirtschaft, den Leser für die Mühe entschädigen.

Stuttgart, den 25.09.1998

Anja Knaus und Ortwin Renn

1. Einleitung

Anja Knaus und Ortwin Renn

1.1 Was für eine Erbschaft hinterlassen wir der Nachwelt?

Als der sächsische Oberberghauptmann von Carlowitz im Jahre 1713 in seinem Werk „Sylvicultura Oeconomica“ zum ersten Male den Begriff der Nachhaltigkeit verwendete, ahnte er wohl nicht, daß dieser Begriff 274 Jahre nach dem Erscheinen seines Werkes international in aller Munde sein würde[1]. Eine nachhaltige Forstwirtschaft, so der Oberberghauptmann, beruhe auf dem Grundsatz, daß man nur so viel an Holz einschlagen dürfe wie durch Neupflanzung an Bäumen nachwachsen würde. Auch wenn der Begriff der Nachhaltigkeit durch von Carlowitz erstmalig geprägt worden ist, so war die Praxis einer dauerhaften Nutzung der Forstressourcen bereits zu Beginn der Neuzeit handlungsleitendes Prinzip vor allem für die Bergbauregionen und für Standorte der Glasindustrie. Denn in beiden Branchen benötigte man kontinuierlich Holz zur Abstützung der Stollen oder als Energierohstoff. Die Reichenhaller Forstordnung von 1661 enthält bereits eine an Nachhaltigkeit erinnernde Aufforderung: „Gott hat die Wäld(er) für den Salzquell erschaffen, auf daß sie ewig wie er kontinuieren mögen, also solle der Mensch es halten: ehe der alte (Wald) ausgehet, der junge bereits wieder zum Verhacken hergewachsen ist“[2].

Das Konzept einer nachhaltigen Bewirtschaftung von Naturressourcen leuchtete nicht nur den Forstwirtschaftlern ein. Was auch immer der Mensch durch Erfindungsgeist, Arbeitseinsatz und Organisationskraft an Produkten geschaffen hat und auch weiter schaffen wird, ist auf irgendeine Vorleistung der Natur[3] angewiesen. Alle dem Menschen zur Verfügung stehenden Grundstoffe einschließlich der Primärenergieträger wie Kohle, Öl und Gas, die zur Herstellung von Produkten und Dienstleistungen benötigt werden, sind aus der natürlichen Umwelt entnommen. Ohne Luft zum Atmen, Wasser und Sonneneinstrahlung wäre menschliches Leben auf der Erde ohnehin nicht möglich. Mit den Ressourcen der Natur haushälterisch umzugehen, ist ein Erfordernis ökonomischer Klugheit und vorausschauender Vorsorge. So ist es kein Wunder, daß die Forderung nach einer nachhaltigen Bewirtschaftung die Grundlage bildete für die ersten Lehrbücher zur Ressourcenökonomik, der Lehre vom wirtschaftlichen Umgang mit natürlichen Ressourcen. Darunter auch das aus dem Jahre 1913 stammende Buch „Resource Economics“ von Philipp Gray, in dem der Leitgedanke der Nachhaltigkeit folgendermaßen formuliert wurde. „Naturerhalt bedeutet: ausreichend Sorge dafür zu tragen, daß kommende Generationen mit natürlichen Ressourcen versorgt sein werden“[4].

In den mehr als 250 Jahren, die seit der Mahnung des Hauptmanns von Carlowitz inzwischen vergangen sind, hat die Welt den Grundsatz der Nachhaltigkeit nur wenig beherzigt. Weltweit gesehen kann man nicht einmal mehr von einer nachhaltigen Forstwirtschaft sprechen. Neuesten Schätzungen zufolge sind seit 1700 mehr als 24% der damals auf der Welt existierenden Waldgebiete von 4,5 Milliarden Hektar verschwunden. Mit 180 Mio. Hektar fiel nach Berechnungen der Organisation für Ernährung und Landwirtschaft der Vereinten Nationen (FAO) im Zeitraum zwischen 1980 und 1995 weltweit eine Waldfläche der Rodung zum Opfer, die fünf mal so groß ist wie die Fläche der vereinten Bundesrepublik Deutschland. In den neunziger Jahren hat die Geschwindigkeit der Rodung im Vergleich zum vorangegangenen Jahrzehnt zwar abgenommen, zwischen 1990 und 1995 betrug die weltweite Verringerung der Waldflächen aber immer noch mehr als 56,3 Mio. Hektar[5]. Die Waldvernichtung findet heute vor allem in den Entwicklungsländern des tropischen Raums statt (vgl. Abbildung 1.1).

Abbildung 1.1: Globale Waldvernichtung in den 90er Jahren

	Veränderung der Waldfläche 1990-95 (Mio. Hektar)	Jährliche Veränderung (Prozent der Waldfläche)
Südamerika	-23,9	-0,5
Tropisches Afrika	-18,5	-0,7
Tropisches Asien	-15,3	-1,1
Nordamerika	+3,8	+0,2
Westeuropa	+1,8	+0,6
Welt insgesamt	-56,3	-0,3

Quelle: Food and Agriculture Organization of the United Nations (FAO) (1997): State of the World's Forests. Oxford, S.186-189.

Die immer weiter schwindenden Waldflächen sind nur ein Indikator für die besorgniserregende Lage. Eine Reihe von weiteren Anzeichen sprechen dafür, daß sich die Welt auf einem gefährlichem Kurs bewegt. Zur Zeit wächst die Weltbevölkerung alle neun Monate um gut 80 Millionen, also etwa um die Einwohnerzahl von ganz Deutschland. Millionen Quadratkilometer Acker- Wald- oder Weideland sind in den letzten 50 Jahren zu Wüsten geworden, jedes Jahr kommen Zehntausende Quadratkilometer hinzu. Pro Sekunde bläst die Menschheit Hunderte Tonnen Treibhausgase in die Luft, die das Klima auf der ganzen Welt verändern können[6]. Im Bereich der Energieversorgung wird der Weltbedarf heute zu etwa vier fünftel durch fossile Energieträger gedeckt. Auch wenn der Einsatz regenerativer Energieträger beschleunigt wird, ist eine weitgehende Unabhängigkeit der Menschheit von den nicht erneuerbaren Energiequellen nicht in Sicht. Erdöl, Erdgas und Kohle werden, wenn auch nicht so bald wie viele noch vor einigen Jahren vermuteten, aber dennoch in absehbarer Zeit, also in Jahrzehnten oder spätestens Jahrhunderten versiegt sein. Entscheidender ist jedoch, daß mit ihrer Nutzung in großem Ausmaß Schadstoffe entlassen werden, die negativ auf die menschliche Gesundheit und die Funktionsfähigkeit ökologischer Systeme (ein-)wirken.

Gehen wir angesichts dieser Entwicklungen einer Öko-Katastrophe entgegen? Von vielen Seiten erschallt der Vorwurf, daß sich die Konsum- und Wegwerfgesellschaften ihrer Langzeitverantwortung gegenüber kommenden Generationen und der Natur systematisch entziehen und einem gutem Leben „auf Pump" frönen. Angesichts der schwindenden Vorräte an Rohstoffen und der zunehmenden Verschmutzung von Luft und Wasser scheint ein Umdenken, ja eine massive Veränderung des heutigen Lebensstils unerläßlich. Besteht sonst nicht die Gefahr, daß die Menschen wohlstandstrunken die Grundlage eben dieses Wohlstandes aufs Spiel setzen, indem sie die natürlichen Grundlagen ihrer Existenz im Eiltempo zerstören? Wenn auch die meisten Leser geneigt sein werden, auf all diese Fragen mit einem schnellen „Ja" zu antworten, so ist die hinter den Fragen stehende Bewertung des momentanen Zustandes der Umwelt keineswegs eindeutig und unumstritten. In den folgenden beiden Kapiteln wollen wir daher einige Argumente sammeln, die von Wissenschaftlern und sachkundigen Beobachtern zur Bewertung der heutigen Umweltsituation herangezogen werden. Zunächst werden wir im Unterkapitel 1.2 einige Argumente, die gegen eine Dramatisierung der heutigen Situation sprechen, darstellen. Im Kapitel 1.3 werden wir diese Argumente an den besonderen Bedingungen der heutigen Umweltsituation spiegeln. Die Grundfrage lautet: Wie ernst ist die Umweltkrise wirklich?

1.2 Leben wir wirklich auf Kosten der kommenden Generationen?

So griffig der Vorwurf, die heutige Industriegesellschaft verschleudere das Erbe ihrer Enkel, auch sein mag, so gibt es eine Reihe von ernstzunehmenden Argumenten, die diese Einschätzung zumindest relativieren. *Erstes Argument: Seit der industriellen Revolution ging es (gemessen am Pro-Kopf-Einkommen) jeder Generation besser als der vorherigen.* Dies rührt daher, daß dem Verbrauch an Naturressourcen ein hoher Nutzengewinn durch die von Menschen geschaffenen Werte wie Häuser, Fahrzeuge, Computer, Telefone usw. gegenübersteht. Betrachtet man Nachhaltigkeit als eine Forderung, der nächsten Generation kein schlechteres Erbe zu hinterlassen als man selber angetroffen hat, liegt der Gedanke nahe, daß es nur wenige Menschen in Deutschland geben wird, die ihren Kindern nicht ein größeres Vermögen hinterlassen, als sie selber von ihren Eltern geerbt haben. Denn zur Hinterlassenschaft einer Generation an die nächste gehören nicht nur Naturreserven, die nicht angetastet wurden, sondern auch viele Werte in Form von Produkten und Leistungen, die auf der Basis von Arbeit, Wissen, Maschinen und Natur geschaffen worden sind und an denen sich die Menschen in größerem oder kleinerem Ausmaß erfreuen.

Es steht jedoch die Frage im Raum, ob die Werte, die im Verlauf einer Generation angesammelt worden sind und die zum Teil der nächsten Generation einmal zur Verfügung stehen, einen Ausgleich dafür bieten, daß die natürlichen Ressourcen weit über ihre Regenerationsfähigkeit genutzt wurden. Allzu schnell ist man geneigt, aus der Position des relativen Wohlstandes heraus (der für viele selbstverständlich geworden ist) diese Frage emphatisch zu verneinen und dem Erhalt der Natur Priorität vor allen anderen produzierten Gütern und Leistungen einzuräumen. Darüber wird leicht vergessen, daß zwar niemand ohne sie, aber auch nur wenige Menschen von der Natur bzw. der natürlichen Umwelt allein leben können, es also eine anthropologische Notwendigkeit ist, die vorgefundene Natur nach menschlichen Bedürfnissen umzuwandeln und zu gestalten.

So sieht es zum Beispiel der Naturphilosoph Klaus Michael Meyer-Abich: „...wir Menschen sind nicht dazu da, um die Welt wieder so zu verlassen, als wären wir gar nicht dagewesen. Wie für alle Lebewesen gehört es auch zu unserer Natur und zu unserem Leben, Veränderungen in die Welt zu bringen. Dies legitimiert natürlich nicht die zerstörerischen Lebensformen, auf die wir uns eingelassen haben. Aber erst dann, wenn wir die menschliche Weltveränderung grundsätzlich bejahen, können wir uns der entscheidenden Frage zuwenden, *welche* Veränderungen dem menschlichen Dasein angemessen sind und welche nicht“[7].

Bei der heutigen Dichte der Besiedelung und der vorherrschend industriellen Lebensweise sind wir auf Umformungen der Natur angewiesen. Zweifellos brauchen wir für unser Überleben, erst recht für unser Wohlergehen Produkte, die den Vorrat an natürlichen Ressourcen vermindern. Aber die Frage bleibt natürlich: Ist der Verlust größer als der Gewinn, den wir durch diese Nutzung erzielen. Um gleich hier einem Mißverständnis vorzubeugen: Verluste und Gewinne bedeuten in diesem Zusammenhang nicht nur finanzielle oder materielle Aufwendungen bzw. Entschädigungen, sondern umfassen auch ideelle Werte wie ästhetische Qualität oder andere Formen der Wertschätzung, wie auch immer sie begründet sein mögen.

Um ein sinnvolles Urteil über die Bilanz des Naturverbrauchs durch menschliches Wirtschaften abgeben zu können, muß das mit dem Naturverbrauch geschaffene Angebot an Gütern und Dienstleistungen ins Verhältnis gesetzt werden zu den Verlusten, die der natürlichen Umwelt zugefügt wurden. Bei diesem Vergleich wird sichtbar, daß die schwerwiegenden Eingriffe in Natur und natürliche Umwelt in der Regel nicht aus Übermut oder Gleichgültigkeit erfolgen, sondern um die schnell wachsende Zahl der Menschen mit Gütern und Dienstleistungen zur Befriedigung ihrer Bedürfnisse zu versorgen. Natürlich nützen diese künstlich geschaffenen Werte letztendlich nichts, wenn bei ihrer Entstehung und Nutzung die Grundlagen der Existenz von Natur und Menschheit aufs Spiel gesetzt werden. Aber ist dies wirklich der Fall? An der Schreckensvision eines drohenden Zusammenbruchs der Natur lassen sich ebenfalls einige Zweifel anmelden. Damit sind wir beim nächsten relativierenden Argument:

Zweites Argument: Das Bild eines drohenden Zusammenbruchs der Natur, wie es in einigen Publikationen zur Nachhaltigkeit unheilvoll an die Wand gemalt wird, läßt sich wissenschaftlich nicht nachweisen. Immer wieder liest man, daß die Eingriffe des Menschen in den Naturhaushalt ein solches Ausmaß erreicht hätten, daß die langfristige Überlebensfähigkeit der Natur infrage gestellt sei. Würde diese Annahme zutreffen, dann müßten wir in der Tat sofort und um jeden Preis umsteuern, denn ohne Natur ist der Mensch nicht lebensfähig – ganz abgesehen davon, daß die Natur auch ohne den Menschen erhaltenswert sein dürfte. Nur – die Annahme eines drohenden Naturzusammenbruchs ist bei näherem Hinsehen wenig wahrscheinlich. Im Verlauf der Evolution hat die Natur eine ganze Serie von extremen Belastungen, wie Klimaänderungen, Kontinentalverschiebungen, Eis- und Warmzeiten, Meteoriteneinschläge, Vulkanausbrüche, Erdbeben und vieles andere durchgemacht. Alle diese Ereignisse haben häufig ganze

Tier- und Pflanzengattungen hinweggerafft, dennoch blieb unter den überlebenden Arten immer ein Potential an Leben übrig, das sich der veränderten Situation anpassen konnte und zu einer neuen Entfaltung gelangte. Es gibt keinen Beweis dafür, daß sich dies durch menschlich verursachte Katastrophen ändern würde. Denn die durch Menschen geschaffenen Katastrophen liegen immer noch unterhalb des Zerstörpotentials der bisher beobachteten Naturkatstrophen. Die großen Meteoriteneinschläge haben beispielsweise eine Energie auf der Erde entfaltet, die der Kraft von mehr als 2000 Atombomben der Hiroshima Größe entsprach.

Dazu kommt noch, daß der Mensch selbst eines der verwundbarsten Geschöpfe auf dieser Erde darstellt. Bevor die Menschheit überhaupt die Chance hätte, die Natur auszulöschen, hätte sie die Lebensbedingungen für ihr eigenes Überleben so verschlechtert, daß sie selbst Gefahr liefe, das Opfer ihrer zerstörerischen Kraft zu werden. Viele Pflanzen, Insekten, Bakterien und andere Lebewesen sind wesentlich härter im Nehmen als die Menschen. Die Menschheit würde also wesentlich früher aussterben, als es ihr gelingen könnte, die Natur vollständig zu zerstören.

Gleichgültig welche ökologische oder medizinische Katastrophe man sich vorstellt, die Wahrscheinlichkeit, daß dabei die Natur als Ganzes ausgelöscht würde, ist denkbar klein. Dabei spielt auch eine Rolle, daß eine Katastrophe in erster Linie die Menschen selbst heimsuchen würde und dadurch die Natur wiederum eine Atempause zur Regeneration finden könnte. Ohne Zweifel sollten wir alles daran setzen, solche Katastrophen zu verhindern. Aber es ist wichtig zu wissen, daß unsere heutige Lebensweise nicht Natur und auch die Menschheit als Ganzes gefährdet, sondern Teile der Menschheit und bestimmte Elemente in der Natur, deren Bestand und Funktionsfähigkeit für die heutigen und zukünftigen menschlichen Bedürfnisse und Werte bedeutsam sind[8].

Das Interesse der Menschen an der Vielfalt der natürlichen Umwelt, am Fortbestand natürlicher Kreisläufe, am Erhalt bestimmter Natur- und Landschaftsformen ist also von der Frage der Überlebensfähigkeit von Mensch und Natur zu trennen. Daraus folgt für unsere Debatte um die Bedeutung der Umweltkrise: Differenzierung tut not. Da nicht das Ganze bedroht ist, können, ja müssen wir es uns leisten, die Leistungspotentiale der natürlichen Ressourcen mit den von uns künstlich geschaffenen Produktionsstätten in Beziehung zu setzen. Für die Bewertung der natürlichen Ressourcen bedeutet dies: Wir müssen zunächst die Elemente bestimmen, von deren Funktionsfähigkeit und Existenz das Wohlergehen der heutigen und der kommenden Generation(en) abhängt. Diese Elemente bedürfen des besonderen Schutzes und müssen aus der Produktionssphäre des Menschen ferngehalten werden. Andere dagegen können für die Schaffung von Produkten und Dienstleistungen herangezogen werden.

Drittes Argument: Seit Mitte des letzten Jahrhunderts hat es nicht an Untergangsprophezeiungen gefehlt, die eine baldige Katastrophe aufgrund der Übernutzung natürlicher Ressourcen vorhergesagt haben. Der bekannte Ökonom John Stuart Mill sah die Notwendigkeit für einen von der Natur auferlegten Zwang zum Nullwachstum bereits für das Ende des letzten Jahrhunderts voraus[9]. Eine erste dramatische Ökodiskussion gab es im Jahre 1864, als die einflußreiche Royal Society in London in dramatischen Worten den Niedergang des Vereinigten Königreiches prophezeite, da dem Land langsam aber sicher die Kohle ausgehen würde. Ähnlich wie die Autoren des ein Jahrhundert später erschienenen Berichtes des Club of Rome[10] hatten die englischen Wissenschaftler die voraussichtliche Nachfrage nach Kohle mit den nachgewiesenen Kohlereserven verglichen und daraus den Schluß gezogen, daß innerhalb von 50-70 Jahren der Kohlevorrat erschöpft und damit der Weg des industrialisierten Englands zurück in ein unterentwickeltes Agrarland vorgezeichnet sei. Angesichts der düsteren Konsequenzen soll es einigen Chronisten zu Folge zu einer regelrechten Selbstmordwelle gekommen sein. Diese Episode blieb kein Einzelfall. Auch nach der Jahrhundertwende traten im Gefolge romantischer Strömungen regelmäßig Untergangspropheten auf, die eine ökologische Katastrophe voraussagten. Nahezu alle diese Prognosen haben sich aber als falsch erwiesen. Deshalb ist zumindest der Zweifel angebracht, ob nicht auch mancher moderner Kassandraruf auf der unschlüssigen Fortschreibung gegenwärtiger Trends in die Zukunft beruht.

Wie lange reichen die Vorräte an wichtigen natürlichen Ressourcen? Diese Frage beschäftigt die Menschen schon seit mehr als 100 Jahren.

Viertes Argument: Trotz des enormen Bevölkerungswachstums steigt die individuelle Lebenserwartung weltweit[11]. Offenkundig sind die verbliebenen natürlichen Ressourcen auch weiterhin in der Lage, die Menschheit zumindest so weit zu versorgen, daß die Ausstattung mit lebenserhaltenden Gütern gewährleistet ist. Die Menschen werden im Schnitt immer älter – und dies gilt auch für die Entwicklungsländer[12]. Diese Tatsache ist ein Hinweis darauf, daß sich die Spezies Mensch erfolgreich im natürlichen Wettbewerb durchgesetzt hat.

Viele Skeptiker der ökologischen Bewegungen haben aus diesen vier Überlegungen den Schluß gezogen, daß wir weder in einer Umweltkrise leben noch daß wir unseren Kindern eine schlechtere Welt hinterlassen: Eine Stimme unter vielen ist der Ressourcenökonom Prof. Julian Simon. Er schreibt: „Wir sind der festen Überzeugung, daß die Natur der physischen Welt eine stetige Verbesserung der menschlichen Wohlfahrt auf lange Sicht, ja sogar auf ewig sicherstellen kann. Natürlich wird es immer lokale Engpässe, Probleme und Verschmutzungen geben. ... Aber die Lösungen dieser Krisen wird die Menschheit gewöhnlich besser dastehen lassen als wenn die Probleme niemals entstanden wären“[13].

Können wir uns also genüßlich zurücklehnen, weil all das Gerede um ökologische Probleme unserer Lebensweise und um die Notwendigkeit einer Umsteuerung der Wirtschaft in Richtung auf Nachhaltigkeit nur blauer Dunst ist? Wird der Menschheit schon etwas einfallen, um die offenkundigen Probleme der Übernutzung unserer Umwelt so zu bewältigen, daß nicht nur wir, sondern auch unsere Kinder davon profitieren können?

1.3 Exponentielles Bevölkerungswachstum, Globalität, Eingriffstiefe und Zeitraffereffekt: Vier neuartige Bedrohungen der Menschheit

Die Hoffnung, daß der Menschheit wie schon in der Vergangenheit immer etwas Neues einfallen würde, mag diesmal trügerisch sein. Die Zuversicht, daß es den heutigen Menschen im Schnitt besser gehen würde als ihren Vorfahren und daß man dies auch für die kommende Generation erwarten dürfe, ist brüchig geworden. Wahrscheinlich haben wir die für die industrialisierte Lebensweise tragbare Kapazität der Erde erreicht, wenn nicht bereits überschritten. Noch steht es in den Sternen, ob das kommende Zeitalter eine weitere Verdichtung der Menschheit ohne Verlust an personaler Lebensqualität zulassen wird. Viele Experten sind da skeptisch.

Die Skepsis der Wissenschaft gegenüber der These, Wirtschaft und Gesellschaft würden mit den heute auftretenden Umweltproblemen schon fertig, beruht auf vier wichtigen Argumenten: *Die Bevölkerung wächst erstens schneller, als wir Verfahren und Vorsorgemaßnahmen entwickeln und einsetzen können, um die damit einhergehende Beanspruchung der natürlichen Umwelt auszugleichen. Die heutige Umweltkrise ist zweitens globaler Natur. Die Auswirkungen menschlicher Eingriffe greifen drittens tiefer in die natürlichen Kreisläufe ein als in der Vergangenheit und diese Eingriffe erfolgen viertens im Zeitraffereffekt.*

Zunächst zur Bevölkerungsentwicklung: Jedes Jahr wächst die Bevölkerung um rund 85 Millionen Erdenbürger: Das sind mehr Menschen als die Gesamtbevölkerung der Bundesrepublik Deutschland. Heute sind es bereits rund sechs Milliarden, die unsere Erde bevölkern. Die Vereinten Nationen rechnen mit über neun Milliarden Menschen im Jahre 2050, von denen aller Voraussicht nach über die Hälfte in Großstädten leben werden[14]. Wie außergewöhnlich dieses Wachstum ist, zeigt schon der Hinweis, daß in den nächsten 20 Jahren mehr Menschen auf der Erde leben werden als seit Beginn der Menschheitsgeschichte, also der Entstehung der Gattung „homo sapiens“ vor rund 400.000 Jahren je gelebt haben. Das bedeutet: die heute und in naher Zukunft lebenden Menschen benötigen mindestens so viele Ressourcen, wie alle Menschen in der bisherigen Geschichte für sich in Anspruch genommen haben. Was die Natur also bislang über viele tausende von Jahren für die Menschheit zur Verfügung stellen konnte, muß sie jetzt im Zeitraffertempo erneut und immer wieder von neuem bereitstellen. Damit werden aber die Potentiale der Natur bis auf das äußerste strapaziert: es bleibt keine Zeit zur Regeneration. Die Folge: die hinzukommenden Menschen werden die letzten Reserven für sich in Anspruch nehmen und damit die Chancen für die später kommenden immer mehr verschlechtern – ein Teufelskreis, aus dem man kaum ausbrechen kann.

Dieser Teufelskreis gewinnt weitere Relevanz, wenn man bedenkt, daß diese atemlose Nutzung der natürlichen Umwelt den ganzen Globus erfaßt hat. Alle Umweltkrisen der Vergangenheit sind Regionalkrisen gewesen. Die Abholzung und Verkarstung der Mittelmeerländer zum Beispiel war zwar lokal verheerend, aber auch begrenzt. Die verkarsteten Flächen bleiben weiterhin Zeugen einer in antiker Zeit begonnenen Waldvernichtung, deren Auswirkungen auch nach zweitausend Jahren noch spürbar sind. Die derzeitige Entwicklung weist auf einen wesentlichen Unterschied der heutigen Umweltsituation zu früheren Zeiten hin: Die Auswirkungen menschlicher Eingriffe in die Natur sind nicht mehr nur lokal, sondern weltweit zu spüren. Das trifft nicht nur auf die Reduzierung der Wälder zu, die weltweit in einem atemberaubenden Tempo erfolgt. Luft- Wasser- und Bodenschadstoffe sind bis in die letzten Winkel der Erde nachzuweisen und die Belastung der Atmosphäre mit Treibhausgasen kann langfristig das Klima auf der ganzen Welt verändern. Tausende von neuen Stoffen werden jährlich in die Umwelt entlassen, über deren Langzeitwirkung wir wenig wissen.

Abbildung 1.2: Globale Wirksamkeit der Eingriffe in die Natur

Beispiel 1: Einsatz von giftigen Substanzen in der Landwirtschaft
Sieht man sich die in den 20er Jahren eingesetzten Pestizide an, so kann man aus heutiger Sicht mehr als Bedenken anmelden. Legt man die heute gebräuchlichen Grenzwerte und Umweltgesetze zugrunde, dann müßten die damals eingesetzten Unkrautvernichtungsmittel als schwerwiegende Gifte eingestuft werden. Ihr Einsatz hat nach Ansicht namhafter Toxikologen vielen Menschen das Leben gekostet[15]. Die heute in der Landwirtschaft benutzten Pestizide sind im Vergleich zu den früheren wesentlich harmloser, aber sie werden weltweit eingesetzt. Sollte sich ähnlich wie beim DDT, einem heute weitgehend verbotenen Mittel zur Bekämpfung von Ungeziefer, herausstellen, daß einige der heute eingesetzten Substanzen eine wesentlich schädlichere Wirkung haben als vermutet, dann läßt sich der Schaden kaum mehr lokal begrenzen. So findet man beispielsweise die früher als Kondensatorflüssigkeit verwendeten polychlorierten Biphenyle (PCB) in Tiefseefischen. Dioxine lassen sich auch in Gebieten nachweisen, die von menschlichen Aktivitäten nahezu unberührt sind, etwa in der Antarktis[16].

Beispiel 2: Knappheit der Ressource Fläche
In der Vergangenheit konnten irreversible Schädigungen der Natur dadurch überbrückt werden, daß es noch genügend Flächen gab, die man anstelle der übernutzten oder verwüsteten Flächen wirtschaftlich nutzen konnte. Auch einzelne Umweltbelastungen konnte die Natur ohne größere Probleme verkraften, weil die Wirkungen lokal begrenzt waren. Laut Berechnungen der Organisation für Ernährung und Landwirtschaft der Vereinten Nationen (FAO) kann man aber heute davon ausgehen, daß rund 50% aller potentiell landwirtschaftlich nutzbaren Fläche auf der Erde (inklusive Waldgebiete) bereits vom Menschen genutzt wird. Größere Reserven gibt es zwar noch in Lateinamerika, Schwarzafrika und Asien, viele dieser Flächen werden aber aufgrund geringerer Fruchtbarkeit oder fehlender Niederschläge als minderwertig beurteilt. Die Zunahme der genutzten Flächen nimmt seit den 50er Jahren kontinuierlich ab und die Experten gehen davon aus, daß die derzeit genutzten 1,5 Mia. ha in der Zukunft nicht wesentlich vermehrt werden können[17]. Das bedeutet, daß alle Flächen, die heute durch Erosion für Landwirtschaft oder Forstwirtschaft verlorengehen, gar nicht oder nur in geringem Ausmaß durch Kultivierung der noch vorhandenen unberührten Flächen ausgeglichen werden können.

Das dritte Argument betrifft die größere Eingriffstiefe der menschlichen Interventionen in den Naturhaushalt[18]. Auch wenn es stimmt, daß das Überleben von Mensch und Natur nicht durch unsere Wirtschaftsweise gefährdet sei, so hat doch die Eingriffstiefe menschlicher Interventionen inzwischen globale Dimensionen erreicht. Die Emissionen von Industrie und Landwirtschaft haben in solchen Ausmaßen zugenommen, daß erstmalig in der Geschichte der Menschheit die globalen Stoffkreisläufe signifikant beeinflußt werden. Dies gilt beispielsweise für den Kohlenstoffkreislauf. Seit Beginn der Industrialisierung stieg der Gehalt an Kohlendioxid in der Atmosphäre durch vom Menschen verursachten Kohlenstoffeintrag (durch Verbrennung fossiler Brennstoffe, Waldrodung und veränderte Bodennutzung) um ca. 30%. Viele Experten rechnen mit einer Verdoppelung der Kohlendioxidkonzentration ab Mitte des nächsten Jahrhundert[19]. Auch wenn bis heute nicht restlos geklärt ist, welche klimatischen Auswirkungen mit diesem Anstieg an Konzentration verbunden ist, so besteht jedoch kein Zweifel daran, daß wir damit ein Großexperiment mit der gesamten Erde durchführen, aus dem es kein Entrinnen mehr gibt.

Abbildung 1.3: Kohlendioxidgehalt der Atmosphäre

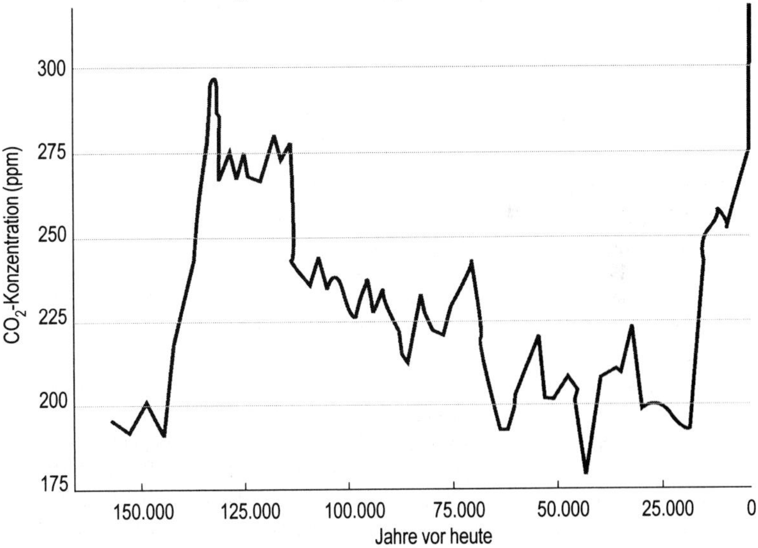

Quelle: Riebesell, U./D. Wolf-Gladrow (1993): Das Kohlenstoffrätsel. In: Biologie unserer Zeit, Jg. 23, Nr. 2, S. 97-101, Weinheim, hier: S. 98.

Die Menschen müssen sich heute ständig etwas Neues einfallen lassen, um eine wachsende Bevölkerung mit steigenden Ansprüchen auf der Basis eines endlichen Naturkapitals zu versorgen. Dieser Wettlauf mit der Zeit hat aber weitreichende Folgen. Denn die Veränderungen, die moderne Technik und Produktion in der Umwelt auslösen, erfolgen nunmehr im Zeitraffertakt. Damit sind wir beim dritten Argument. Um die Schere zwischen Bevölkerungsvermehrung und höherem Anspruchsniveau auf der einen und entsprechenden Leistungen des Wirtschaftssystems auf der anderen Seite zu schließen und um im globalen Wettbewerb weiterhin „die Nase vorne“ zu haben, sind immer durchgreifendere und zügigere Veränderungen in der Umwelt vonnöten: erforderlich sind der umfassende und effizienzsteigernde Einsatz von neuen Techniken und ein intensiver Eingriff in verbliebene Naturflächen. Dies geschieht nicht nur im globalen Rahmen, es vollzieht sich auch alles mit wesentlich höherer Geschwindigkeit als früher.

Alles systematisch zusammengetragene Wissen, das seit Beginn der Aufzeichnung von Wissen angesammelt worden ist, hat sich in den letzten Jahrzehnten rein quantitativ immer schneller vermehrt. Innovationszyklen verlaufen immer schneller, zahlreiche neue Produkte und Dienstleistungen überschwemmen die Märkte und parallel dazu kommen und gehen Moden und Konsumstile. Pro Jahr stellt die chemische Industrie allein in der Europäischen Union zwischen 500 und 1000 neue Stoffe her, außerdem finden Wissenschaftler in Abgasen und Abfällen ständig neue Substanzen[20]. Über deren Auswirkungen auf Gesundheit und Umwelt können wir trotz des enormen Zuwachses an Wissen wenig verläßliche Aussagen machen. Dazu kommen ständig neue Verfahren und Produkte, die auf den Markt gebracht werden. Allein in Deutschland werden pro Jahr fast 17.000 neue Patente erteilt[21]. So wünschenswert diese Entwicklung im Hinblick auf Innovationskraft und Wettbewerbsfähigkeit auch sein mag, die Geschwindigkeit dieser Veränderungen wirkt sich natürlich auch auf die natürliche Umwelt des Menschen aus. Das Diktat der Zeit verändert unsere natürliche Umwelt schneller, als wir Verfahren haben, diese Auswirkungen im voraus abzuschätzen.

Kennzeichen der heutigen Lage sind also *das anhaltende exponentielle Bevölkerungswachstum, die Globalität der Auswirkungen, die zunehmende Eingriffstiefe menschlicher Interventionen in die Natur sowie die Geschwindigkeit der Veränderungen.* Angesichts dieser vier neuartigen Bedrohungen setzen seit einigen Jahren immer mehr Wissenschaftler, Politiker und Bürger auf ein Konzept, das mit dem Begriff der Nachhaltigen Entwicklung verknüpft wird. Damit kommen wir zum Ausgangspunkt der Überlegungen in diesem Kapitel zurück. Was vor mehr als 250 Jahren mit der nachhaltigen Forstwirtschaft angedacht wurde, muß heute als Prinzip des Wirtschaftens neu entdeckt und umgesetzt werden.

Diese Forderung ist einfacher gestellt als erfüllt. Denn die in diesem Kapitel gesammelten Argumente sollten eines deutlich werden lassen: Eine zukunftsgerechte, den berechtigten Ansprüchen kommender Generationen angemessene Entwicklung läßt sich weder mit einem „Weiterso wie bisher" noch mit einem „Zurück zur Natur" in die Tat umsetzen. Die Hoffnung, die richtigen Signale einer vorausschauenden Naturnutzung würden sich schon von alleine einstellen, läßt sich angesichts der vier neuartigen Bedrohungen nicht oder nur bedingt einlösen. Gleichzeitig würde aber eine Politik der kompromißlosen Prioritätensetzung für den Erhalt der Natur die Angewiesenheit des Menschen auf Umwandlung von Natur- in Kulturflächen und auf Ausschöpfung der Material- und Energiereserven dieser Welt verkennen. Kurzum: Es liegt in der heutigen Zeit die schwierige Aufgabe vor uns, genauer zu bestimmen und zu begründen, welche Eingriffe in die Natur gerechtfertigt und welche besser zu unterlassen sind. Wie soll das Erbe aussehen, daß wir der kommenden Generation überlassen wollen?

Dieses erhaltenswerte Erbe zu bestimmen, ist keine leichte Aufgabe. Zum einen wissen wir nicht, welche Bedürfnisse und Wünsche die kommende Generation einmal haben wird. Zum zweiten kennen wir die Auswirkungen vieler unserer Eingriffe in die Natur noch zu wenig, um eine sinnvolle Bilanz der Vor- und Nachteile aufstellen zu können. Zum dritten bedeutet das richtige Erkennen noch lange nicht, richtig zu handeln. Selbst wenn wir eine eindeutige Bilanz der Vor- und Nachteile von Umwelteinwirkungen aufstellen könnten, wäre immer noch nicht gesagt, daß wir auch die richtigen politischen Konsequenzen daraus ziehen und umsetzen könnten. Zum vierten ist das, was für den einen als wünschenswerte Entwicklung erscheint, für den anderen ein Horrorgemälde. Wir müssen in unserer heutigen Gesellschaft, die von pluralen Werten und Interessen gekennzeichnet ist, mit unterschiedlichen Bewertungen der jeweils zur Diskussion stehenden Eingriffe in Natur- und Produktionssphäre rechnen. Schließlich sind Einkommen und Wohlstand innerhalb einer Gesellschaft, aber erst recht weltweit so ungleich verteilt, daß die subjektiv empfundenen Prioritäten für Verbesserungen des jeweiligen Wohlstandsniveaus ebenfalls weit streuen. Für einen von Hunger geplagten Menschen ist der Erhalt der Erholungsfunktion des Waldes von geringer Bedeutung. Er wird mit Sicherheit diese Funktion der Vermehrung des Nahrungsmittelangebots unterordnen. Für einen in der Stadt lebenden Wohlstandsbürger ist diese Relation wahrscheinlich umgekehrt zu sehen. Wie soll man sich unter diesen Umständen auf eine Prioritätenliste umweltbezogener Maßnahmen einigen? Kann man dies überhaupt weltweit tun oder sollte man nicht lieber regional vorgehen, um von einigermaßen überschaubaren Anwendungsfeldern für die Festlegung der „richtigen Mischung" auszugehen?

All diese Fragen sind Thema des ersten Teils dieses Buches, der in sechs Kapitel aufgeteilt ist. Im folgenden zweiten Kapitel werden wir die Diskussion um Konzept und Umsetzung einer nachhaltigen Entwicklung aufgreifen und die Beiträge verschiedener Wissensdisziplinen zu diesem Thema beschreiben. Das dritte Kapitel beschäftigt sich mit dem geeigneten Referenzpunkt für einen nachhaltigen Entwicklungspfad und untersucht die Zusammenhänge zwischen inter- und intragenerationaler Gerechtigkeit. Im vierten Kapitel geht es dann um die Anleitung, wie man das im zweiten und dritten Kapitel entwickelte Konzept umsetzen kann. Grundthema des fünften Kapitels sind die Handlungsspielräume von Gesellschaft und Politik, dabei wird auf das Verhalten der Individuen und die Frage der Steuerungsfähigkeit des Staates eingegangen. Auf dieser Basis werden im sechsten Kapitel die Besonderheiten beim Umgang mit Umweltgütern und die Instrumente für die Förderung einer nachhaltigen Lebens- und Arbeitsweise diskutiert. Das siebte und letzte Kapitel des ersten Teiles widmet sich der Frage nach dem Bezugsrahmen, in dem das Konzept der Nachhaltigkeit umgesetzt werden kann. Sollte man auf der globalen, der nationalen, der regionalen oder lokalen Ebene ansetzen? Wir werden dafür plädieren, auf allen Ebenen parallel zu agieren, dabei aber besonderes Augenmerk auf die regionalen Handlungsfelder legen.

Die Bedeutung des regionalen Ansatzes steht im zweiten Teil des Buches im Mittelpunkt. Hier werden konkrete Hinweise für die Umsetzung von Nachhaltigkeit auf der Bezugsebene einer Region, dem deutschen Bundesland Baden-Württemberg gegeben. Dabei sollen die Chancen, aber auch die Grenzen des Konzeptes Nachhaltigkeit deutlich werden. Zunächst wird im achten Kapitel ein regional einsetzbares Indikatorensystem zur Kontrolle des Zustandes der Nachhaltigkeit beschrieben. Kapitel neun behandelt den Reformbedarf im Sektor der Land- und Forstwirtschaft. Eine Analyse der unternehmerischen Motivation und Bereitschaft zum nachhaltigen Wirtschaften folgt in Kapitel 10. Die Darstellung unterschiedlicher Handlungsalternativen im Bereich der Energieversorgung und Rückschlüsse für den nachhaltigen Umgang mit dem Umweltmedium Wasser sind die Themen der Kapitel 11 und 12. Die Erstellung eines Abfallbewirtschaftungskonzeptes unter Einbeziehung der betroffenen Akteure behandelt Kapitel 13 des zweiten Teils.

Im Kapitel 14 wird auf der Basis der konzeptionellen Ergebnisse des ersten Teils und der im zweiten Teil gewonnenen Einsichten der Handlungsbedarf für die weitere Umsetzung des Konzeptes Nachhaltigkeit aufgezeigt. In diesem letzten Teil werden wir Vorschläge für Verhaltensänderungen im individuellen und sozialen Bereich unterbreiten und Anregungen für weitere Strukturreformen geben, wobei wir von den heutigen Rahmenbedingungen ausgehen.

TEIL I

Grundlagen und Konzepte für die Umsetzung von Nachhaltigkeit

Anja Knaus und Ortwin Renn

2. Was bedeutet Nachhaltigkeit?

2.1 Leitbild Nachhaltigkeit

Der Nationalökonom John Stuart Mill hat die Problematik der Nachhaltigkeit bereits 1848 zumindest intuitiv erfaßt. In seinem Lehrbuch über politische Ökonomie finden sich folgende, aus heutiger Sicht fast schon prophetisch anmutenden Worte: „ Zweifellos gibt es auf der Erde, ja sogar in allen Ländern noch Platz für einen erheblichen Bevölkerungszuwachs. ... Ich muß jedoch gestehen, daß ich keinen Grund sehe, dies zu wünschen, selbst wenn es unschädlich wäre. Es ist ... nicht sehr befriedigend, wenn man sich die Welt genauer vorstellt, in der nichts mehr der Spontanität der Natur überlassen ist; in der jedes Fleckchen Land bewirtschaftet ist, ... in der jede Blumenwiese und unberührte Landschaft umgepflügt ist; ... jede Hecke oder jeder überflüssige Baum beseitigt und kaum ein Platz übrig ist, wo ein Busch oder eine Blume wild wachsen könnte, ohne im Namen des landwirtschaftlichen Fortschritts ... ausgerissen zu werden. ... Wenn die Erde den großen Teil ihrer Anmut verlieren muß, den sie solchen Dingen verdankt, die bei unbegrenztem Wirtschafts- und Bevölkerungswachstum von ihr verschwinden würden, und dies nur zu dem Zwecke, eine größere, aber nicht auch eine bessere und glücklichere Bevölkerung auf ihr zu erhalten, dann kann ich nur um der Nachwelt willen hoffen, daß sie mit einem stationären Zustand zufrieden sein wird, ehe er ihr von den Notwendigkeiten aufgezwungen wird“[1].

Mit den Worten von Mill beginnen wir die erste Etappe unserer Überlegungen zur Nachhaltigkeit. Nur schemenhaft ist bislang der Berg zu erkennen. Weil der Berg noch unbekanntes Terrain darstellt, kann nur abgeschätzt werden, welche Unwegsamkeiten unterwegs lauern und welches die Voraussetzungen für das Gelingen einer Tour zum Gipfel sind. Noch existieren keine erprobten Aufstiegsrouten. Das gesamte Unternehmen „Nachhaltigkeit“ ist geprägt von Unsicherheit. Im ersten Schritt geht es daher zunächst einmal um das Kennenlernen des Berges, es geht um die Definition und Beschreibung des Konzeptes Nachhaltigkeit.

Das Konzept der Nachhaltigkeit erhielt internationales Gewicht, als sich die Weltkommission für Umwelt und Entwicklung entschloß, diesen Begriff als Leitmotiv für ihren Abschlußbericht, den sogenannten Brundtland-Bericht zu verwenden. Dieser von den Vereinten Nationen in Auftrag gegebene und 1987 veröffentlichte Report beruht auf der Arbeit von Politikern und Wissenschaftlern aus aller Welt, die unter dem Vorsitz der norwegischen Politikerin Gro Harlem Brundtland das Ziel verfolgten, sich auf politische Forderungen und Entwicklungslinien im Hinblick auf die Zukunftsperspektiven in Nord und Süd zu verständigen. Die Autoren des Berichtes (Brundtland-Kommission) übertrugen das (forstwirtschaftliche) Prinzip der Nachhaltigkeit auf den Umgang der Menschen mit der sie umgebenden Umwelt und stellten vor allem auf gleichbleibende Chancen für die heute und morgen lebenden Generationen ab. In Folge entwickelte sich der Begriff der Nachhaltigkeit zu einem populären Schlagwort für Lösungsansätze im Hinblick auf globale Umwelt- und Entwicklungsprobleme. Nachhaltige Entwicklung (sustainable development) stand beim sogenannten Erdgipfel 1992 in Rio de Janeiro im Mittelpunkt aller Diskussionen und prägt seither zahlreiche Diskussionen und Aktivitäten in diesem Bereich.

Die Brundtland-Kommission definierte nachhaltige Entwicklung als eine „Entwicklung, die die Bedürfnisse der Gegenwart befriedigt, ohne zu riskieren, daß künftige Generationen ihre eigenen Bedürfnisse nicht befriedigen können“[2]. Der Kern dieser Definition liegt darin, daß für die Nachwelt etwas erhalten, den kommenden Generationen etwas hinterlassen werden soll. Ein Streben nach nachhaltiger Entwicklung fordert von den heute lebenden Menschen eine Lebensweise, die berücksichtigt, daß auch die nach ihnen Lebenden ebenso wie sie selbst berechtigte Ansprüche an Umwelt und Gesellschaft haben werden. Von Umweltgruppen bis hin zu ganzen Industrieverbänden wird das Ziel der Nachhaltigkeit nicht nur akzeptiert, sondern der eigenen Politik auch weitgehend als Leitgedanke vorangestellt. Obwohl die begriffliche Deutung von nachhaltiger Entwicklung noch viele Fragezeichen offenläßt, erhält Nachhaltigkeit heute als möglicher Zukunftsentwurf für die Gestaltung der Gesellschaft den Charakter eines kollektiven Leitbildes.

So wie wir das Bild des Berges gewählt haben, um dem abstrakten Begriff der nachhaltigen Entwicklung mehr Kontur und Griffigkeit zu verleihen, greifen auch andere Autoren zu Beschreibungen oder Bildern, wenn sie das Konzept der Nachhaltigkeit an Interessierte vermitteln wollen. Auch die Begrifflichkeiten werden nicht einheitlich verwendet: Häufig ist von Zukunftsfähigkeit oder Zukunftsgerechtigkeit die Rede, von Nachweltorientierung und Gerechtigkeit gegenüber unserer Mitwelt und Nachwelt. Der Rat von Sachverständigen für Umweltfragen in Deutschland (SRU)[3] spricht von einer dauerhaft umweltgerechten Entwicklung. Hinter all diesen Bezeichnungen steht die Bemühung um die Gestaltung und Durchsetzung einer neuen Arbeits- und Lebensweise, bei der die Potentiale von Natur und Kultur auch für kommende Generationen erhalten bleiben sollen. Darüber, wie diese Potentiale im einzelnen aussehen und welche davon erhaltenswürdig sind, kurzum was sich hinter dem Konzept einer nachhaltigen Entwicklung tatsächlich verbirgt, herrscht weder unter den Wissenschaftlern noch unter den Politikern und Vertretern gesellschaftlicher Gruppen Einigkeit. Abbildung 2.1 zeigt verschiedene Definitionen, die sich in der Literatur zum Thema „Nachhaltigkeit“ finden.

Abbildung 2.1: Nachhaltige Entwicklung – eine Frage der Definition

1. Eine Entwicklung, die dazu geeignet ist, eine dauerhafte Befriedigung menschlicher Bedürfnisse und Verbesserung der menschlichen Lebensqualität zu verwirklichen (Allen 1990).
2. Unbegrenztes Überleben der menschlichen Spezies, Lebensqualität über ein rein biologisches Überleben hinaus und die Fortdauer aller Komponenten der Biosphäre, auch der Bestandteile, die anscheinend keinen Vorteil für die Menschheit bieten (Brown/Flavin/Postel 1991).
3. Ein Modell für soziale und struktur-ökonomische Umgestaltung, welche die ökonomischen und gesellschaftlichen Vorteile der jetzt lebenden Menschen optimiert, ohne das wahrscheinliche Potential für ähnliche Vorteile in der Zukunft zu gefährden (Goodland/Leddec 1987).
4. Die Konstanz des natürlichen Kapitalstocks und von den Zinsen leben (Pearce/Markandya/Barbier 1993).
5. Falls „Nachhaltigkeit“ mehr als nur ein Slogan oder Ausdruck von Emotionen sein soll, muss sie auf die Anordnung hinauslaufen, die Produktionskapazität für eine unbestimmte Zukunft zu schützen (Solow 1992).
6. Ein positiver sozio-ökonomischer Wandel, der die ökologischen und sozialen Systeme nicht schwächt, von denen die Gesellschaft und ihre Teilgruppen abhängig sind (Rees 1988).
7. Eine Entwicklung, die die Bedürfnisse der Gegenwart befriedigt, ohne zu riskieren, daß künftige Generationen ihre eigenen Bedürfnisse nicht befriedigen können (Hauff 1987).

In diesem Kapitel wollen wir dazu beitragen, Orientierung inmitten des existierenden Definitionsnebels zu schaffen. Eine konzeptionelle Orientierung ist am ehesten aus den Wissenschaften zu erwarten. Denn sie liefern die Basis für die Konkretisierung und Umsetzung des Ziels Nachhaltigkeit. Zunächst wird im Kapitel 2.2 erläutert, daß das politische Ziel Nachhaltigkeit nicht wissenschaftlich abgeleitet, sondern nur ethisch begründet werden kann. In den folgenden Kapiteln 2.3–2.5 wird dann auf die Bedeutung und den Beitrag ökologischer, ökonomischer sowie sozial- und kulturwissenschaftlicher Ansätze für die Definition von Nachhaltigkeit eingegangen.

2.2 Ethik und Nachhaltigkeit: Intergenerationale Gerechtigkeit als handlungsbeschränkende Norm

Wenn sich eine Gesellschaft zu einer nachhaltigen Lebens- und Wirtschaftsweise verpflichtet und sich darauf festlegt, nicht auf Kosten der nachfolgenden Generationen zu leben und zu wirtschaften, dann muß das Konsequenzen für den Umgang mit den Mitteln haben, die den Menschen zur Gestaltung ihres heutigen Lebens zur Verfügung stehen. Mit der Definition von Nachhaltigkeit aus dem Brundtland-Bericht ist ein Auftrag zur Gestaltung unserer heutigen Lebensverhältnisse gegeben, der die Verantwortung für die Ermöglichung gleichwertiger Lebensverhältnisse für die kommenden Generationen mit einschließt, auch wenn dieser Auftrag noch nicht genau spezifiziert wird[4]. Formuliert worden ist hier eine verhaltensregelnde Idee, die prinzipiell an alle Menschen gerichtet ist. Das Konzept der nachhaltigen Entwicklung in der Tradition des Brundtland-Berichtes beschreibt keinen wissenschaftlich beobachtbaren Sachverhalt, es leitet sich nicht unmittelbar aus dem Wissensschatz der Ökologie oder anderen Naturwissenschaften ab. Die Forderung nach Nachhaltigkeit ist vielmehr ein normatives Prinzip, es bringt eine Verteilungsnorm zwischen den Generationen zum Ausdruck. Es geht um die Frage, wie Menschen leben sollen und was heute und morgen ein „gutes" Leben sei.

Die Beantwortung der Frage nach dem richtigen Handeln ist das Betätigungsfeld der praktischen Philosophie, der Ethik. Im Mittelpunkt umweltethischer Überlegungen steht die Frage, ob der technische Fortschritt und die Entwicklung der Industriegesellschaft, die mit der Umgestaltung von Natur durch den Menschen einhergehen, in dem heute auftretenden Maße noch zu rechtfertigen sind. Betrachtungsgegenstand sind menschliche Handlungen und deren Rechtfertigungsbasis im Hinblick auf Grenzen, die erkenn- und spürbar werden.

Sowohl der Zustand der natürlichen als auch der künstlichen Umwelt prägen das Leben der Menschen und bestimmen deren Möglichkeiten, das eigene Leben zu gestalten und sich gemäß den eigenen Neigungen und Begabungen zu entfalten. Nachhaltigkeit muß sich deshalb zunächst auf den Zustand der natürlichen Umwelt beziehen; denn diese dient als Grundlage für alle weiteren Möglichkeiten der Menschheit, eigene künstliche Produkte und neue, den menschlichen Bedürfnissen angepaßte „Welten" hervorzubringen. Gleichzeitig darf Nachhaltigkeit aber nicht die von Menschen geschaffenen Werte außer acht lassen. Die Beurteilung der Beziehung zwischen Menschen und deren natürlicher und künstlicher Umwelt ist der Angelpunkt im Verständnis von Nachhaltigkeit.

Die Forderung, Verantwortung für die natürliche Umwelt zu übernehmen, läßt sich grundsätzlich aus zwei gegensätzlichen Perspektiven ableiten: dem Anthropozentrismus und dem Biozentrismus. Die anthropozentrische Sichtweise stellt den Menschen und seine Bedürfnisse in den Mittelpunkt. Eigene, originäre Ansprüche der Natur sind dieser Sichtweise fremd. Eingriffe in die Natur sind erlaubt, wenn sie dem Nutzen des Menschen dienlich sind. Eine Pflicht für die Zukunft vorzusorgen und Natur zu erhalten, besteht im anthropozentrischen Weltbild nur insoweit, wie natürliche Systeme für die Menschen als wertvoll eingestuft werden und wie Natur als Mittel und Garant menschlichen Lebens und Erlebens einzuordnen ist[5].

In der biozentrischen Konzeption, die einen Gegenpol zur anthropozentrischen Sichtweise bildet, stehen die Belange des Menschen nicht über jenen der Natur. Jedem Lebewesen, sei es nun Mensch, Tier oder Pflanze, stehen hier dieselben Rechte in bezug auf die Lebensentfaltung im Rahmen einer natürlichen Ordnung zu. Schutzwürdigkeit begründet sich in der biozentrischen Sicht in einem inneren Wert, der jedem Lebewesen eigen ist. Natur hat einen Eigenwert, der nicht von den Funktionen abhängt, den sie aus der Sicht des Menschen heute erfüllt oder später einmal erfüllen könnte.

Aus dem jeweils herrschenden Verständnis des Mensch-Natur-Verhältnisses ergeben sich Implikationen, die für die Definition und Interpretation von Nachhaltigkeit entscheidend sind[6]. Aus der biozentrischen Idee kann streng genommen gefolgert werden, daß jegliche Eingriffe in die Natur durch den Menschen unterlassen werden müssen, damit die Eigenrechte der anderen Lebewesen nicht gefährdet sind. Eine extreme Deutung des Anthropozentrismus hingegen läßt die hemmungslose Ausbeutung der Natur durch den Menschen zum Zwecke des Aufbaus seiner eigenen Zivilisation zu. Wenn es um die Frage der Umweltgestaltung und Umweltpolitik geht, findet man anthropozentrische und biozentrische Ansätze jedoch nur selten in Reinform vor, sondern sie treten vielmehr in unterschiedlichen Mischungen und Ausprägungen auf. Die Übergänge zwischen den Konzeptionen sind fließend. Gemäßigte Ansätze nehmen durchaus Elemente der jeweiligen Gegenposition auf. So kann es einer grundsätzlich biozentrischen Perspektive entsprechen, wenn man im Zielkonflikt um Ressourcen die Vorrangigkeit menschlicher Interessen nicht in Frage stellt. Auch für den Anthropozentrismus gilt, daß er sich in einer gemäßigten Form in seinen Schlußfolgerungen in bezug auf den erforderlichen Umgang mit Umwelt und Natur der biozentrischen Sichtweise nähern kann. Ein protektionistisch geprägter Anthropozentrismus etwa, der Natur als Schutzobjekt vor menschlichen Eingriffen sieht und über den Erhalt der Ressourcenbasis hinaus einen von Menschen erwünschten Existenzwert der Natur zugrundelegt, wird in den abgeleiteten Handlungsempfehlungen nur wenig von der biozentrischen Sichtweise entfernt sein. Abbildung 2.2 zeigt einen Überblick über verschiedene Spielarten anthropozentrischer und biozentrischer Perspektiven.

Abbildung 2.2: Perspektiven der Natur aus der Sicht des Menschen

1. Utilitaristische Perspektiven:

- *Natur als „Füllhorn" für die Ressourcennutzung:* In diesem Verständnis bietet die Natur die Ressourcengrundlage für die Stillung der menschlichen Bedürfnisse.
- *Natur als Modelliermasse oder Ausgangspunkt für die Schaffung von Kulturland (Garten, Landwirtschaft, Forstwirtschaft, Stoffkreisläufe):* In diesem Verständnis heißt Umweltgestaltung, die Möglichkeiten des Menschen, Naturland in das für ihn fruchtbringende Kulturland umzuwandeln, es wirtschaftlich zu nutzen und auf Dauer zu erhalten. Natur ist nicht unmittelbar nutzbringend für den Menschen, sondern nur in ihrer Umformung als Kulturland. Diese Umformung ist aber von natürlich gegebenen Bedingungen abhängig und durch die Leistungsfähigkeit der naturgegebenen Stoffkreisläufe begrenzt.

2. Protektionistische Perspektiven:

- *Natur als erhaltenswerte Wildnis:* In diesem Verständnis von Natur ist die Erhaltung von unberührten Naturflächen ein für die Menschen unmittelbar gegebenes Bedürfnis unabhängig von der möglichen Nutzung der dort enthaltenen Ressourcen. Umweltnutzung bedeutet deshalb nicht nur Erhalt der Ressourcenbasis, sondern darüber hinaus Anerkennung eines von Menschen geschützten Existenzwertes der Natur, wie sie sich ohne menschliche Eingriffe darstellt.
- *Natur als Schutzobjekt vor menschlichen Eingriffen:* Nach diesem Verständnis geht es bei der Umweltgestaltung weniger um den Erhalt der Lebensgrundlagen des Menschen als um den Erhalt der Natur (oder der heute vorhandenen Umwelt) vor dem Eingriff des Menschen. Jede weitere Expansion von menschlichen Eingriffen in die Umwelt und jede intensive Nutzung der Umwelt ist in diesem Naturkonzept zu vermeiden.

3. Biozentrische Perspektiven:

- *Natur als Einheit der Schöpfung:* In diesem Verständnis haben alle Lebewesen eine prinzipielle Berechtigung, ihren Platz in der Natur einzunehmen. Durch die Möglichkeiten der Menschen, den ihnen naturgemäß zustehenden Platz weiter auszudehnen, als es in diesem Verständnis der natürlichen Ordnung entsprechen würde, obliegt ihnen die besondere Verantwortung, das Lebens- und Ressourcennutzungsrecht der Mitgeschöpfe nicht über Gebühr zu beeinträchtigen und sich selbst in den eigenen Ansprüchen so weit zu bescheiden, daß eine naturnahe Koexistenz zwischen Menschen, Tieren und Pflanzen zustandekommt. Dabei wird aber die Priorität menschlicher Interessen im Zielkonflikt zwischen den Ressourcennutzungskonkurrenten nicht infrage gestellt.
- *Natur als Hort von gleichberechtigten Mitgeschöpfen:* In diesem Verständnis haben alle Lebewesen nicht nur eine Berechtigung auf adäquaten Lebensraum; sie haben auch die gleichen Rechte auf Lebensentfaltung im Rahmen der natürlichen Ordnung wie die Menschen. Im Zielkonflikt um die Ressourcennutzung sollen alle Lebewesen prinzipiell gleiche Chancen erhalten. Nur im Falle einer existentiellen Bedrohung des eigenen Lebens hat der Mensch Vorrang vor den immanenten Ansprüchen seiner belebten Umwelt.

Die Interpretation der Nachhaltigkeit als Verteilungsnorm zwischen den Generationen in der Tradition des Brundtland-Berichtes geht von einem menschenzentrierten Natur- und Weltbild im Sinne einer „gemäßigten" Deutung der Anthropozentrik aus. Das zugrundegelegte Naturbild betont die Einzigartigkeit des Menschen, impliziert aber keinen Freibrief für einen verschwenderischen und sorglosen Umgang mit Natur. Die Verpflichtung des Menschen, Natur – auch für die kommenden Generationen – zu erhalten, leitet dieser Anthropozentrismus aus der lebenserhaltenden und lebensverschönernden Bedeutung der Natur für den Menschen ab. Dabei geht es nicht nur um den instrumentellen Wert der Natur als „Ressourcenlager", es geht auch um die Funktion der Natur als Spender von Inspiration, Schönheit und Ruhe. Ebenso finden hier bestimmte religiöse und kulturelle Bedürfnisse, die vom Zustand der natürlichen Umwelt abhängig sind, Berücksichtigung[7]. Ausgehend von der menschlichen Fähigkeit, Verantwortung zu übernehmen, rechtfertigt dieser Ansatz die Sonderstellung des Menschen.

Als zweckorientiertes und selbstbestimmtes Wesen, das nicht nur instinktiv handelt, sondern in der Lage ist, über sich und seine Interessen hinauszuschauen, steht der Mensch unter der grundlegenden sittlichen Norm, nur diejenigen Handlungen auszuführen, die er selber als gut und geboten einordnen kann[8]. Natürlich handeln nicht alle Menschen nach den Normen, die sie selbst als geboten ansehen, aber sie sind anders als Tiere in der Lage, zugunsten einer positiv bewerteten Handlung oder vermuteten Handlungsfolge auf eigene Vorteile zu verzichten und instinktiven Impulsen die Gefolgschaft zu verweigern. In diesem Sinne ist es nur Menschen möglich, moralisch zu handeln, weil sie einerseits die Fähigkeit besitzen, moralische und unmoralische Handlungen voneinander zu unterscheiden und andererseits in der Regel die Freiheit haben, zwischen verschiedenen Handlungsmöglichkeiten zu wählen. Wenn man davon ausgeht, daß das subjektive Erkennen von Folgen des eigenen Handelns nur dem Menschen zukommt (kognitiver Anthropozentrismus) und die Aufstellung und Befolgung ethischer Normen nur als Ansprüche an den Menschen und nicht an die Natur als Ganzes oder ihre Elemente Sinn machen (normativer Anthropozentrismus), ist aus unserer Sicht eine „gemäßigte" anthropozentrische Sicht des Mensch-Natur-Verhältnisses logisch überzeugender als biozentrische Sichtweisen. Wichtig ist dabei, daß der Mensch – als Adressat der moralischen Norm – die Natur nicht nur als Material und Mittel zur eigenen Selbstverwirklichung sieht, sondern auch über den objektivierbaren und technisch verfügbaren Nutzen hinaus Verantwortung für die Erhaltung ihrer kulturellen und sozialen Funktion sowie ihres Existenzwertes übernehmen kann[9].

Der Erhalt von Natur stellt den zentralen Punkt in der Diskussion um Nachhaltigkeit dar. Von vielen Seiten werden Eingriffe des Menschen in die natürlichen Kreisläufe kritisiert und als Verstöße gegen Nachhaltigkeit an den Pranger gestellt. Doch sollte man sich hier vor voreiligen Schlüssen hüten. Das läßt sich recht anschaulich anhand der Frage des Artenschutzes zeigen. Wenn es beispielsweise um natürliche Objekte oder Erscheinungen geht, die sich als Gefahr für menschliche oder auch nicht-menschliche Lebewesen entpuppen, wird die generelle Forderung nach Naturerhalt fragwürdig. Die Ausrottung von Cholerabakterien, HIV-Viren und anderen Erregern von Krankheiten würden wohl die meisten Menschen nicht als moralisch verwerflich bezeichnen. Auch die Bekämpfung von evolutionär weiterentwikkelten Lebewesen wie Kakerlaken oder Ratten findet breite Zustimmung, wenn man einmal von der Forderung nach völliger Ausrottung dieser Tierarten absieht. Eine Umweltinitiative zur Rettung von Küchenschaben dürfte wohl kaum Anhänger gewinnen. Bei genauem Hinsehen ergibt sich die Bewertung menschlichen Tun und Lassens in den genannten Beispielen aus einem Konflikt. Weil die Erhaltung der natürlichen Arten mit dem Ziel der Erhaltung menschlicher Gesundheit konkurriert, kann eine Entscheidung nur durch Abwägung zwischen den Alternativen getroffenen werden. Die Natur selbst kann dem Menschen nicht zeigen, was erhaltenswert ist. Verantwortlich für eine Entscheidung und die daraus erwachsenden Konflikte zwischen konkurrierenden Zielen ist alleine der Mensch. Abwägungs- und Aushandlungsprozesse stellen den Kern der Überlegungen um Nachhaltigkeit dar[10]. Hilfestellung bei der Gestaltung dieser Prozesse bieten die Naturwissenschaften, die Ökonomie sowie die Kultur- und Sozialwissenschaften.

2.3 Ökologie und Nachhaltigkeit: Basiswissen über die Auswirkungen menschlicher Aktivitäten auf die natürliche Umwelt

Akzeptiert man die Forderung des Brundtland-Reports, daß man den kommenden Generationen ein Erbe hinterlassen möchte, das nicht weniger Möglichkeiten der Gestaltung der eigenen Lebenswelt und der Entfaltung der eigenen Persönlichkeit birgt als das Erbe, mit dem man selbst das Leben antreten durfte, dann stellt sich unweigerlich die Frage, worin dieses Erbe bestehen soll. Alles, was in der Natur vorkommt, zu erhalten, würde die Menschheit zur völligen Untätigkeit verurteilen. Nur das zu erhalten, was unmittelbaren Nutzen abwirft, würde kommende Generationen in ihren Möglichkeiten der eigenen Entfaltung beschränken. Es muß also eine Auswahl getroffen werden. Was ist so essentiell für die Lebensgestaltung kommender Generationen, daß es nicht heute bereits verbraucht werden darf? Was und wieviel muß unter allen Umständen erhalten werden?

Bei der Suche nach dem Erhaltenswerten spielen naturwissenschaftliche Überlegungen und Untersuchungen eine herausragende Rolle, weil sie die wechselseitigen Abhängigkeiten zwischen Mensch und Natur beschreiben und erklären. An erster Stelle ist hier die Ökologie zu nennen, weil diese die Zusammenhänge zwischen menschlichen Eingriffen und natürlichen Reaktionen beleuchtet. Die Ökologie ist die Lehre von den Beziehungen der Lebewesen zueinander und zu ihrer Umwelt. Betrachtungsgegenstand sind natürliche Systeme, Prozesse und Phänomene. Dabei stehen Beziehungs- und Wirkungsgefüge von Lebewesen untereinander, mit ihrem Lebensraum bzw. ihrem Standort oder den Umweltmedien (Luft, Wasser, Böden und Gesteine) im Mittelpunkt. Diese oft sehr komplexen Gefüge werden als Einheit betrachtet und stellen in der Terminologie der Ökologen sogenannte Ökosysteme dar[11].

Teil der natürlichen Ökosysteme ist der Mensch, der in vielen Fällen großen Einfluß auf deren Entwicklung ausgeübt hat. Seit Jahrtausenden setzt der Mensch sein Wissen und seine Arbeitskraft ein, um anthropogene Ökosysteme zu schaffen, die ihm als Lebensgrundlage dienen. Anthropogen bedeutet, daß diese Ökosysteme durch den Menschen verändert oder geschaffen wurden. Diese Systeme, in denen sich die Menschen nach ihren Bedürfnissen eingerichtet haben, bleiben auch bei hoher Veränderungsrate durch menschliche Arbeit auf Vor- oder Nachleistungen der Natur, d.h. auf die Funktionsfähigkeit natürlicher Kreisläufe und Wachstumsprozesse angewiesen.

Seit der Entstehung der Landwirtschaft im Neolithikum vor ca. 12000 Jahren erwächst die Basis des menschlichen Lebens nicht mehr aus der weitgehend unberührten Natur, sondern aus deren Transformation in kultivierte Natur und künstliche, menschengemachte Systeme[12]. Die Menschen nutzen seit dieser Zeit die natürlichen und anthropogenen Ökosysteme als Ausgangspunkte für vielfältige Produktions- und Umwandlungsprozesse. Zum einen stellen Bestandteile der Natur Rohstoffe dar, die als Material für Herstellungsprozesse bestimmter Güter und Dienstleistungen gebraucht werden. Man spricht hier von der *Quellenfunktion* der natürlichen Umwelt. Beispiele dafür sind die Verwendung von Rohstoffen wie Eisen, Erdöl und Holz. Andererseits dient die natürliche Umwelt als Auffangbecken für Abfälle. Dies wird als *Senkenfunktion* bezeichnet. Hier wird die Fähigkeit bestimmter natürlicher Systeme zur Aufnahme und zum Abbau einzelner, begrenzt zugeführter Stoffe ausgenutzt. So können sich zum Beispiel viele Stoffe – auch Schadstoffe – im Laufe der Zeit in naturnahe Substanzen abbauen. Gewässer zum Beispiel besitzen ein Selbstreinigungspotential für viele organische Stoffe.

Ökosysteme wirken aber nicht nur als Reiniger und Filter, sondern übernehmen auch wichtige Stabilisierungsfunktionen. Eine Pflanzendecke kann Wasser zurückhalten oder Schutz vor Bodenerosion bieten. Die stratosphärische Ozonschicht schirmt die kosmische Strahlung ab, die in größerer Intensität beim Menschen gesundheitliche Gefährdungen, wie Hautkrebs, hervorrufen kann. Über die Produktions- und Umwandlungsprozesse hinaus spielt die Umwelt, ob sie nun naturbelassen oder menschenbeeinflußt in Form von Kulturland ist, für uns Menschen eine große Rolle als Quelle der Erholung, Inspiration und Regeneration. Auch das Verbringen von Zeit in der „freien Natur“ am Meer, im Wald und in anderen, von uns als schön empfundenen Landschaften stellt eine Form der Nutzung von Natur und Umwelt dar.

Der menschliche Einfluß auf Natur und Umwelt bezieht sich auf viele Bereiche, die zum Teil für den einzelnen kaum sicht- und spürbar sind, die zum Teil sogar der menschlichen Wahrnehmung gänzlich verborgen sein können.

Ökologen versuchen den Grad der Beeinflussung von Ökosystemen durch den Menschen möglichst genau zu erfassen. Eine besonders aussagekräftige populationsökologische Methode einer derartigen Messung besteht darin, die Inanspruchnahme der sogenannten Nettoprimärproduktion durch den Menschen zu kalkulieren. Die jährliche Nettoprimärproduktion (NPP) wird definiert als der Betrag an Sonnenenergie, der innerhalb eines Jahres durch pflanzliche Photosynthese in biochemische Energie umgewandelt wird und

Die zahlreichen sichtbaren Lichtpunkte auf dem nächtlichen Satellitenbild der Erde sind Zeichen für Aktivitäten des Menschen. Die erkennbaren Lichtquellen gehen zum Beispiel auf städtische Ballungsräume, das Abfackeln von Erdgas, Brandrodungen und Flutlichterketten von Fischereiflotten zurück. Mit der Ortung dieser Lichtpunkte sind allerdings noch keine Aussagen über die Qualität der Eingriffe verbunden.

den die Pflanzen nicht für ihre eigenen Lebensprozesse benötigen[13]. Sie stellt diejenige Biomasse dar, die für den Menschen und alle anderen Lebewesen zur Verfügung steht und repräsentiert damit die grundlegende Nahrungsquelle allen Lebens[14]. Der amerikanische Biologe Vitousek und seine Kollegen veröffentlichten 1986 eine Studie, in der sie berechneten, daß die Menschen durch ihre Aktivitäten bereits ca. 40 Prozent der verfügbaren Nettoprimärproduktion der Erde beanspruchen. Diese Zahl schließt direkte Nutzungen – wie den Konsum von Nahrungsmitteln und den Abbau von Holz – und indirekte Nutzungen – wie die Aufrechterhaltung der Landwirtschaft einschließlich Viehhaltung – ein. Sie berücksichtigt auch die Zerstörung von Anbauflächen durch Überweidung, Erosion und Bebauung[15].

Die aktuelle 40%ige globale Beanspruchung der Nettoprimärproduktion durch den Menschen schätzen Vitousek et al. als erdgeschichtliche Neuheit ein[16]. Die Berechnungen dieser Wissenschaftler zeigen deutlich, daß menschliche Eingriffe in Natur und Umwelt heute globale Ausmaße angenommen haben. Ginge man davon aus, daß die Nutzungsansprüche an die natürliche Umwelt durch den Menschen parallel zur Bevölkerungsentwicklung verlaufen würden, so ergäbe sich innerhalb der nächsten 60 Jahre eine Verdoppelung im Verbrauch der Nettoprimärproduktion durch den Menschen[17]. Schon die heutige Inanspruchnahme von 40 Prozent ist ein deutliches Zeichen dafür, daß der Mensch einen „ungebührlich" großen Anteil an der Nettoprimärproduktion für die eigenen Zwecke vereinnahmt. Dieser Anteil ist sicherlich noch zu vergrößern, allerdings muß man davon ausgehen, daß wir bisher jene 40 Prozent nutzen bzw. teilweise schon zerstört haben, die verhältnismäßig leicht zugänglich sind. Aber selbst, wenn man alle Winkel dieser Erde landwirtschaftlich nutzen könnte und wollte, wäre eine Erhöhung auf 60 bis 80 Prozent wohl die äußerste Grenze des physisch Machbaren.

Gleichzeitig wachsen aber die Ansprüche zur Nutzung weiterer Anteile der globalen Nettoprimärproduktion .Wenn die Weltbevölkerung, wie Prognosen voraussagen, im Jahr 2010 sieben Milliarden Menschen betragen wird, müßte nach Berechnungen der FAO die Produktion von Nahrungsmitteln bis zu diesem Zeitpunkt um 60% steigen[18]. Namhafte Agronomen gehen heute aber davon aus, daß die vom Menschen landwirtschaftlich genutzte Fläche nur noch in geringem Maße auszuweiten sei. Eine Erhöhung der Nahrungsmittelproduktion ist unter der Bedingung einer wachsenden Bevölkerung – sofern überhaupt noch möglich – nur durch intensivere Nutzung auf gleicher Fläche zu gewährleisten. Global gesehen muß die Landwirtschaft in Zukunft den kontinuierlichen Rückgang von Nutzfläche und Wasser pro Person in irgendeiner Form auffangen[19].

Neben der schon beschriebenen Nettoprimärproduktion als begrenzenden Faktor des Wachstums benutzen Ökologen das Konzept der „Tragekapazität" als Indikator für die Entwicklungsfähigkeit einer biologischen Art. Mit dem Konzept der Tragekapazität wird erfaßt, wieviele Exemplare einer bestimmten Art ein abgegrenzter Lebensraum auf Dauer maximal beherbergen kann[20]. Die globale Tragekapazität ist natürlich nicht unabhängig von der Nettoprimärproduktion, aber sie ist auch nicht mit dieser identisch. In den Begriff der Tragekapazität fließen nämlich zwei Größen ein: zum einen die Quantität der für die eigenen Interessen benutzten Naturreserven, d.h. der Anteil an der Nettoprimärproduktion, zum anderen aber auch die Qualität, d.h. die Intensität der Nutzung pro Einheit Naturverbrauch. Für Tiere und Pflanzen stellt diese Qualität und damit die Tragekapazität insgesamt eine biologisch vorgegebene Größe dar und bleibt unbeeinflußbar. Dem Menschen dagegen gelingt es, durch die Umwandlung von Natur in Kulturflächen, die Tragekapazität zu beeinflussen.

Der Einfluß des Menschen führte im Laufe der Menschheitsgeschichte zu einer gewaltigen Steigerung der globalen Tragekapazität für den Menschen (vgl. Abbildung 2.3).

Abbildung 2.3: Maximale Tragekapazität für den Menschen bei unterschiedlichen Produktionsweisen

Produktionsbedingungen	Tragekapazität pro Quadratkilometer (Menschen)
Jäger und Sammler	0,0007 bis 0,6
Hirtenvölker	0,9 bis 1,6
Frühe Agrikultur	2 bis 100
Technisch verbesserte Agrikultur	8 bis 120
Frühindustrialisierung	90 bis 145
Moderne Industriegesellschaft	140 bis 300
Postindustrielle Gesellschaft	?

Quelle: Renn, O. (1996a): Ökologisch denken – sozial handeln: Die Realisierbarkeit einer nachhaltigen Entwicklung und die Rolle der Sozial- und Kulturwissenschaften. In: H.G. Kastenholz/K.-H. Erdmann/M. Wolff (Hrsg.): Nachhaltige Entwicklung – Zukunftschancen für Mensch und Umwelt, S. 79-117, Berlin und Heidelberg, hier: S. 86.

Haben wir mit dieser enormen Steigerung die Grenzen der Tragfähigkeit bereits erreicht oder sogar schon überschritten? Der Umweltsoziologe und Ökologe William Catton argumentiert in seinem Buch „Overshoot" eindrucksvoll, daß wir in der Tat die Grenze der Tragfähigkeit überschritten haben und unsere heutige Bevölkerungsdichte nur dadurch aufrecht erhalten können, daß wir uns Kapital von der Nachwelt leihen, ohne dieses Kapital jemals zurückzahlen zu können[21]. Der Umweltökonom Julian R. Simon ist dagegen der Überzeugung, daß wir noch lange nicht die Grenze des Möglichen erreicht haben und wir die Tragekapazität im postindustriellen Zeitalter noch einmal wesentlich steigern könnten[22].

Interessant ist in diesem Zusammenhang die Tatsache, daß es schon in den 60er Jahren Versuche zur Bestimmung der maximalen Tragekapazität für den Menschen gab. H. J. Fremlin veröffentlichte 1964 in der Zeitschrift „New Scientist" einen Artikel, in dem er zu dem Schluß kam, daß nicht mehr als 100 Billionen Menschen die Erde bevölkern können[23]. Dabei ging er davon aus, daß Energie in ausreichendem Maße verfügbar ist und außer Lebensmitteln alle Produkte künstlich hergestellt werden. In dem von Fremlin beschriebenen Szenario ist die gesamte Erde mit Wolkenkratzern bedeckt, auf deren Dächern Nahrungsmittel angebaut werden. Diese Vision erscheint heute geradezu absurd. Fremlins Bild der Zukunft erklärt sich aus dem Zukunftsoptimismus einer Zeit, in der Beeinträchtigungen der Umwelt noch nicht in der heutigen Form diskutiert wurden. Der Verweis auf Fremlin zeigt aber deutlich, wie stark auch wissenschaftliche Voraussagen vom Zeitgeist abhängen können. Deshalb sind auch alle Bewertungen der zukünftigen Entwicklung der Tragekapazität immer mit einer Portion Skepsis zu betrachten.

Zweifellos gibt es aber genügend Anzeichen dafür, daß wir uns heute zumindest an der Grenze der Tragekapazität bewegen. Das exponentielle Bevölkerungswachstum und das weltweit steigende Konsumniveau haben dazu geführt, daß immer mehr natürliches Kapital in die vom Menschen gemachten Umwandlungs und Produktionsprozesse eingeht. Die Geschwindigkeit dieser Prozesse nimmt ständig zu. In den sogenannten Entwicklungsländern steigen die Bevölkerungszahlen, in den Industrieländern wächst der Konsumhunger schneller als die durch technischen Fortschritt und Organisationswandel ausgelöste Erhöhung der Produktivität. Die zunehmenden Nutzungsansprüche der Menschheit an die Natur stehen heute nicht mehr im Einklang mit Fortschritten bei den Produktionsbedingungen. Es besteht die Gefahr, daß die aktuelle von uns Menschen beeinflußte Tragekapazität auf Kosten unserer Kinder und Kindeskinder realisiert wird[24]. Dezimierte Waldbestände auf allen Kontinenten, die Ausrottung zahlreicher Tier- und Pflanzenarten, die zunehmende Zahl chemischer Verbindungen in Luft, Boden und Wasser, die Existenz toxischer Abfallstoffe, die Aufheizung der globalen Atmosphäre und die Ausdünnung der Ozonschicht sind einige wichtige Belege für die Verursachung von Schäden, die aller Voraussicht nach auch morgen und übermorgen spürbar sein werden und darüber hinaus in vielen Fällen irreversibel sind. Eine Ausweitung der Tragekapazität sei deshalb, so die überwiegende Meinung der Ökologen, nur mit einer intensiven Innovationswelle, die zu einem neuen Zeitalter von öko-effizienten Produktionsweisen und natursparendem Konsumverhalten führen muß, möglich.

Die Konzepte der Nettoprimärproduktion und der Tragekapazität sind nur zwei Beispiele für wertvolle Grundlagen zum Verständnis der Nachhaltigkeit aus dem Arbeitsgebiet der Ökologie. Damit bestehende und eventuell schon überschrittene Grenzen in bezug auf Belastung und Inanspruchnahme der natürlichen Umwelt als Quelle und Senke erkennbar werden, sind zahlreiche Informationen notwendig, die nur die Naturwissenschaften, vor allem die ökologische Wissenschaft liefern kann. Indem sie Wirkungsketten durchleuchtet, Eingriffe in die Natur analysiert und aufzeigt, wo die Entfaltung des Menschen die Umwelt verändern und negative Konsequenzen hervorrufen kann, ermöglicht sie erst einen sachgerechten Umgang des Menschen mit den natürlichen Grundlagen seiner Existenz. In diesem Sinne übernimmt die Ökologie eine grundlegende und rahmensetzende Funktion für die konkrete Umsetzung der Forderung nach einer nachhaltigen Entwicklung. Jedes noch so fundierte und umfangreiche Wissen um die

Auswirkungen menschlicher Aktivität befreit die Menschen aber nicht von der anspruchsvollen Aufgabe zu entscheiden, was im Sinne der Nachhaltigkeit zu tun bzw. zu unterlassen ist und welche Handlungen die Chancen für die kommenden Generationen verbessern und welche ihnen entgegenstehen. Wichtige Hilfestellungen für diese Entscheidungsfindungsprozesse leisten die Ökonomie sowie die Sozial- und Kulturwissenschaften.

2.4 Ökonomie und Nachhaltigkeit: Erhaltung der bedürfnisbefriedigenden Funktionen der knappen natürlichen Umwelt

Der Mensch als kulturschaffendes Wesen und Auslöser von Umwandlungsprozessen steht im Mittelpunkt der ökonomischen Wissenschaft. Die Ökonomie ist die Wissenschaft vom Wirtschaften, was soviel bedeutet wie rationales Umgehen oder Haushalten mit knappen Mitteln. Ein zentraler Betrachtungsgegenstand dieser Disziplin ist die für alle günstigste Verteilung von Gütern und die Zuteilung von Aufgaben im Wirtschaftsprozeß (Allokation). Ökonomische Betrachtungen in Verbindung mit Nachhaltigkeit sind schon deshalb unverzichtbar, weil Produktion, Zuteilung und Konsum materieller Güter und Dienstleistungen mit Umweltschädigungen verbunden sind. Als Methode des Denkens ist die Ökonomie für die Nachhaltigkeitsdiskussion aber auch deshalb bedeutend, weil Natur als Quelle und Senke knapp ist und verschiedene Nutzungsformen der Umwelt in Konkurrenz stehen (vgl. Kapitel 6). Angesichts der begrenzten Verfügbarkeit natürlicher Potentiale und unterschiedlicher Nutzungsansprüche an die Natur stellt eine ökonomische Betrachtung die notwendigen Bewertungs- und Abwägungsprozesse ins Zentrum der Überlegungen zur Nachhaltigkeit.

Ziel allen Wirtschaftens ist die Befriedigung von menschlichen Bedürfnissen. Die Befriedigung der verschiedenen und mannigfaltigen Bedürfnisse stiftet Nutzen. Nutzen bedeutet dabei nichts anderes als subjektiv empfundene Zufriedenheit, die mit der Erfüllung menschlicher Wünsche einhergeht. Eine Erhöhung des individuellen Nutzens kann durchaus damit vereinbar sein, daß ein Mensch mit weniger materiellen Gütern auskommen kann. Denn die Nutzenerhöhung stellt auf ein höheres Zufriedenheitsgefühl ab, das auf dem Befriedigungspotential materieller wie immaterieller Bedürfnisse beruht. Wenn etwa ein Mensch Gesundheit, Freude an der Natur oder menschliche Wärme höher einschätzt als den Besitz von Reichtümern und Vermögen, so kann sich sein Nutzen bei Verzicht auf materiellen Konsum erhöhen, sofern mit diesem Verzicht die immateriellen Güter zunehmen. Ein bewußter Verzicht auf materielle Güter wird immer dann als subjektive Verbesserung des individuellen Nutzenniveaus empfunden, wenn dieser Verlust durch immaterielle Nutzengewinne aufgehoben bzw. überkompensiert wird.

Die Realisierung eines bestimmten Nutzenniveaus auf individueller Ebene ist gleichbedeutend mit der Realisierung eines bestimmten Wohlfahrtsniveaus auf gesellschaftlicher Ebene. Alle individuell realisierten Nutzen lassen sich gedanklich zum gesellschaftlichen Nutzen zusammenfassen[25]. Dieser kollektive Nutzen wird mit dem Begriff Wohlfahrtsniveau bezeichnet. Ebenso wie der Nutzen schließt auch der Begriff der Wohlfahrt materielle und immaterielle Güter ein. Auch die nicht auf Märkten[26] handelbaren „Produkte" wie soziale und politische Stabilität oder immateriellen Bedingungen für subjektives Wohlbefinden (Freude, Sicherheit, Freundschaft, Liebe etc.) können für eine Gesellschaft wohlfahrtserhöhend sein.

Güter, die bestimmte Bedürfnisse befriedigen, sind unter Umständen austauschbar. In der Ökonomie spricht man in diesem Fall von einer *Substitutionsbeziehung*. Substituierbarkeit bei Gütern liegt dann vor, wenn ein Gut an Stelle eines anderen zur Befriedigung eines bestimmten Bedürfnisses verwendet werden kann. Dies gilt beispielsweise für Butter und Margarine, Schallplatten und CDs, Verbundverpackung und Glasflasche. Im Gegensatz hierzu sind Güter *komplementär*, wenn das Nichtvorhandensein des einen den Nutzen des anderen einschränkt. Dies ist zum Beispiel bei CD-Player und CD oder Füller und Tinte der Fall. Die Unterscheidung zwischen Substituierbarkeit und Komplementarität ist auch im Bereich der Dienstleistungen und bei den sogenannten Produktionsfaktoren (Güter und Dienstleistungen, die in Produktionsprozessen eingesetzt werden) sinnvoll.

Viele Elemente der Natur werden „konsumiert" oder gebraucht und gehen als wichtige Bestandteile in die unzähligen vom Mensch ausgelösten Produktionsprozesse ein. Unter bestimmten Umständen können natürliche Güter durch andere Güter substituiert werden: Anstatt wildgewachsene Waldbeeren zu essen, kann man gezüchtete Früchte verzehren, für Naturkautschuk gibt es künstlichen Ersatz und baden kann man auch im Freibad statt in einem See. Dies sind nur einige wenige Beispiele für eine Substitution von Natur durch einen mehr oder weniger nutzengleichen künstlichen Ersatz. Komplementarität als Gegensatz zur Substituierbarkeit liegt hingegen zweifellos bei Umweltgütern wie der Atemluft und dem Trinkwasser vor. Für diese Güter kann es gar keinen Ersatz geben, weil der Mensch ohne sie nicht überlebensfähig ist. Diese komplementären Bestandteile des natürlichen Vorrats stellen sogenannte *essentielle Ressourcen* dar.

Ob und inwieweit natürliche Elemente durch künstliche nutzengleich ersetzt werden können, ist eine Frage, die innerhalb der Ökonomie zu heftigen Diskussionen geführt hat und die in der Debatte um das Konzept der Nachhaltigkeit eine wesentliche Rolle spielt. Die beiden zentralen Begriffe sind hier *künstliches* und *natürliches Kapital*.

Jede Generation gibt ein Potential weiter, auf dem die wirtschaftliche Tätigkeit und Lebensentfaltung der nächsten Generation beruhen. Dieser Bestand setzt sich aus unterschiedlichen Elementen zusammen. Er umfaßt neben der Gesamtheit an natürlichen Ressourcen (natürliches Kapital) auch vom Menschen geschaffene Vermögenswerte (künstliches Kapital), die der Nutzenbefriedigung dienen. Hierzu zählen zunächst materielle Güter und immaterielle Dienstleistungen: langlebige Produkte wie Maschinen, Produktionsverfahren und Anlagen, Infrastruktur, Beratungsleistungen etc. Neben diesen auf Märkten gehandelten Gütern und Dienstleistungen zählen aber auch immaterielle gesellschaftliche Vermögenswerte (gesellschaftliches Kapital) zum künstlichen Kapital. Hiermit sind gemeint: Regelungen und Einrichtungen, die das gesellschaftliche Zusammenleben betreffen, gemeinsame Wertvorstellungen und allgemein anerkannte Standards des Zusammenlebens, wie Institutionen, Verwaltungssysteme, Gesetze, die Gewährleistung von Konfliktbewältigung, soziale Beziehungen, kulturelle Identität, die Schaffung gesellschaftlicher Vereinbarungen (Rechtssicherheit, Vertragssicherheit) sowie marktwirtschaftliche und demokratische Prinzipien. Auch das nicht an Personen gebundene Wissen ist zusammen mit der Gesamtheit der gesellschaftlich nutzbaren Qualifikation einer Bevölkerung Bestandteil des „künstlichen Kapitals". Die Ressource Wissen trägt sogar ganz entscheidend zur gesellschaftlichen Bedürfnisbefriedigung bei[27]. Wissen hat als produktiver Faktor besondere Eigenschaften. Im Gegensatz zu vielen anderen künstlichen und natürlichen Faktoren kann Wissen von beliebig vielen Anwendern ohne gegenseitige Beeinträchtigung verwendet werden. So wie ein Buch im Prinzip von unendlich vielen Menschen gelesen werden oder ein Computerprogramm von mehreren Anwendern genutzt werden kann, ohne daß Abnutzung besteht, kann auch Wissen immer wieder kopiert werden.

Die Weitergabe aller genannten Elemente – jener natürlichen Ursprung und jener menschlichen Ursprungs (vgl. Abbildung 2.4) – in ihrer Summe soll gewährleisten, daß sich die Handlungsspielräume in der Zukunft nicht verringern. Den nachfolgenden Generationen sollen alle Optionen offenstehen, damit sie ein Wohlfahrtsniveau erreichen können, das dem heute realisierten entspricht. Beispiele für ein generationenübergreifendes künstliches, d.h. menschengemachtes Kapital in Form technischer und sozialer

Abbildung 2.4: Zusammensetzung des an die nachfolgende Generation vererbten Kapitalbestandes

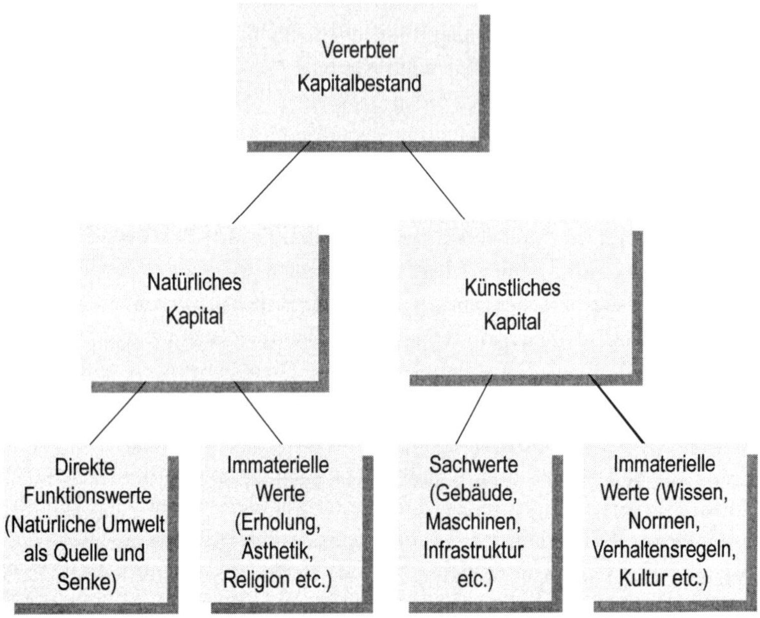

Innovationen sind: Der Aufbau von Bewässerungs- und Abwassersystemen, der Aufbau eines funktionierenden Alterssicherungssystems und die Realisierung von sogenannten „Biospärenreservaten“, das sind Netzwerke zur Erprobung und Umsetzung von Nachhaltigkeit[28].

Jede Generation gibt eine Mischung aus künstlichem und natürlichem Kapital an die nächste Generation weiter. Die Frage ist dabei, ob die jeweils übergebene neue Mischung zumindest den gleichen Nutzen bzw. kollektiv gesprochen das gleiche Wohlfahrtsniveau stiftet wie die Mischung, die zu Beginn der wirtschaftlichen Tätigkeiten der heutigen Generation vorlag. Damit sind wir wieder bei der Grundfrage nach der Substitutionsfähigkeit von natürlichem und künstlichem Kapital. Ist etwa das synthetisch hergestellte Gummi ein vollwertiger Ersatz für Kautschuk oder ist es für den erwünschten Zweck dem Kautschuk sogar überlegen? Bringt das Baden im naturnahen See mehr Befriedigung als das Baden im künstlich angelegten Freibad? Schafft der lebende Baum mehr Nutzen als der aus dem Holz des gefällten Baumes geschaffene Schreibtisch?

Was die Austauschbarkeit betrifft, kann man zwischen stofflicher, funktionsorientierter und nutzenorientierter Substitution unterscheiden[29]. *Stoff-*

liche Substitutierbarkeit fordert den Ersatz der natürlichen Ressource durch einen identischen Stoff und meint ein völlig gleichartiges Substitut, was es letztlich nicht geben kann. So müßte man beispielsweise für das Erdöl einen Ersatzstoff finden, der sämtliche Eigenschaften – auch die chemischen – des originären Stoffes auf sich vereinigt. Stoffliche Substitution ist nur annäherungsweise möglich. Für den Ersatz von Naturkautschuk hat die chemische Industrie zum Beispiel synthetische Stoffe entwickelt, die dem Charakter des Naturproduktes recht nahe kommen, ohne allerdings alle Eigenschaften des Kautschuks simulieren zu können.

Ausgehend von den verschiedenen Funktionen, welche die natürliche Umwelt für den Menschen erfüllt, bedeutet *funktionsorientierte Substituierbarkeit*, daß eine Ressource in ihren verschiedenen Funktionen durch ein entsprechendes Substitut oder auch mehrere Substitute ersetzt werden kann. Die natürliche Ressource Wald stellt zum Beispiel das Naturgut Holz bereit, das als Produktions- und Baustoff oder zur Gewinnung von Energie verwendet werden kann. Wälder gewährleisten darüber hinaus den Schutz von Boden und Wasser, verhindern Erosion und Lawinenbildung und sie beeinflussen in positiver Weise das regionale Klima[30]. Nicht zuletzt kann man den Wald auch nutzen, um sich zu erholen oder sich an seiner Schönheit zu erfreuen. Diese Multifunktionalität erschwert die Substituierbarkeit. Ideal wäre es, für alle derart vielfältig nutzbaren Umweltgüter ein oder mehrere „Ersatzgüter“ verfügbar zu haben, die alle Umweltfunktionen des ursprünglichen natürlichen Gutes in gleicher Weise erfüllen können. Realistischerweise kann es aber in der Regel nur Substitute geben, die zur Erfüllung einzelner Funktionen taugen. So kann zum Beispiel Holz als Baustoff durch andere Materialien ersetzt werden, Lawinenschutz ist auch durch künstliche Bauten zu bewerkstelligen, Wasser läßt sich auch in künstlichen Becken stauen, und man kann auch im Park entspannen statt im Wald spazieren zu gehen. Für ein bestimmtes Umweltgut mit sehr vielen Funktionen ist als Ersatz – wenn überhaupt – eine große Anzahl von Substituten notwendig. Der Spielraum für die funktionale Austauschbarkeit wird dabei nicht in bezug auf jede einzelne Funktion gleich groß sein. Zum Beispiel findet man für Holz als Baumaterial relativ leicht ein Ersatzprodukt, während etwa bei der klimastabilisierenden Funktion die Ersetzbarkeit des Waldes nahezu ausgeschlossen scheint.

Nutzenorientierte Substitution schließlich liegt vor, wenn die Individuen den von Menschen produzierten Gütern, Dienstleistungen und Produktionsfaktoren den gleichen Nutzen beimessen, wie den in den Herstellungsprozessen ge- und verbrauchten natürlichen Gütern. Die durch natürliches und künstliches Kapital befriedigten Bedürfnisse können hier völlig unterschiedlich sein. Der Einsatz von Baumaterialien aus Beständen des natürlichen Kapitals zur Errichtung eines Krankenhauses ist ein Beispiel für eine mögliche nutzenorientierte Substitution. Durch die Errichtung des Krankenhauses wird dem Bedürfnis nach Versorgung und Pflege von Kranken Rechnung getragen. Alle im Rahmen der Konstruktion und des Baus eingesetzten natürlichen Ressourcen tragen indirekt zur Befriedigung dieses Bedürfnisses bei. Aus der Sicht der Aufrechterhaltung der Wohlfahrt ist nun entscheidend, ob der entgangene Nutzen durch die Verwendung von natürlichem Kapital (etwa Bauholz) größer oder kleiner ist als der neu geschaffene Nutzen durch die Errichtung des Krankenhauses. So führt die Verwendung von Holz für den Dachstuhl des Krankenhausgebäudes vielleicht zur Verringerung eines Waldbestandes, der als Erholungsgebiet gilt und darüber hinaus wichtige ökologische Funktionen hat. Das Baugelände mag sich unter Umständen in einem Gebiet befinden, das Aufenthaltsort beliebter, vielleicht seltener Tier- und Pflanzenarten ist. Nur wenn der positive Nutzen aus dem Bau des Krankenhauses den Verlust der alternativen Umweltfunktionen aufwiegen kann, sind die Bedingungen für eine nutzenorientierte Substitution auch tatsächlich erfüllt. Darüber hinaus ist zu klären, inwieweit die eingesetzten natürlichen Ressourcen, etwa das Holz als Baumaterial, durch ein nutzengleiches künstliches Material ersetzbar wäre, unter der Voraussetzung, daß der Nutzenverlust bei den natürlichen Ressourcen höher einzustufen wäre als bei Benutzung der künstlichen Ressourcen. Die Übereinstimmung der subjektiven Nutzeneinschätzungen stellt hier das Kriterium für die Substituierbarkeit dar. Die Entscheidung hängt bei der nutzenorientierten Substitution vor allem von den Präferenzen der Betroffenen ab.

Die drei Formen der Austauschbarkeit von natürlichem durch künstliches Kapital stehen in direktem Zusammenhang mit einer Kontroverse in der Diskussion um Nachhaltigkeit: Auf der einen Seite stehen die Vertreter eines Konzeptes der sogenannten *schwachen Nachhaltigkeit*, auf der anderen Seite die Vertreter eines Konzeptes der sogenannten *starken Nachhaltigkeit*. Extreme Anhänger der starken Nachhaltigkeit halten im Prinzip nur die stoffliche Substituierbarkeit für legitim. Sie wollen der Nachwelt zuliebe den natürlichen Kapitalbestand – so weit wie möglich – erhalten. Genutzt werden soll nur, was nachwächst oder sich erneuern kann (ähnlich wie Zinsen beim Finanzkapital). Dies ist nur bei den sogenannten erneuerbaren Ressourcen möglich[31]. Darunter versteht man die von der Natur kontinuierlich bereitgestellten Stoffe oder Lebewesen, die in natürlichen Wachstumsprozessen immer neu entstehen. Dieser Ressourcentyp kann immer wieder geerntet, gefangen oder gejagt werden, wie zum Beispiel Holz, Kork,

Kautschuk, Fische oder Rotwild. Als erneuerbar gelten Ressourcen auch, wenn sie als Senken zur Lagerung und zum Abbau von Abfallstoffen genutzt werden können und ihre Aufnahmekapazität im Zeitablauf konstant bleibt. Dies trifft zum Beispiel bei bestimmten Bodenarten zu.

Das Konzept der schwachen Nachhaltigkeit hingegen orientiert sich an der Legitimität der nutzenorientierten Substituierbarkeit von natürlichem durch künstliches Kapital. Vertreter der schwachen Nachhaltigkeit gehen davon aus, daß die heutige Generation die Potentiale der Natur so lange und intensiv nutzen darf, wie sie gleichzeitig die entsprechenden künstlichen Potentiale für die Nachwelt bereitstellt. Nicht die Konstanz des natürlichen Kapitalbestandes wird hier angestrebt, sondern eine Mischung von natürlichem und künstlichem Kapital auf der Basis von Kosten-Nutzen-Kalkülen. Eingriffe in die Natur werden hier durch die Errechnung eines Nettonutzens gerechtfertigt. Im Extremfall kann man aus der Perspektive der schwachen Nachhaltigkeit in Abhängigkeit von angenommenen Präferenzen letztlich alles auf irgendeine Weise als ersetzbar erklären.

Abbildung 2.5: Formen der Substituierbarkeit von natürlichem durch künstliches Kapital und die Konzepte der starken und schwachen Nachhaltigkeit

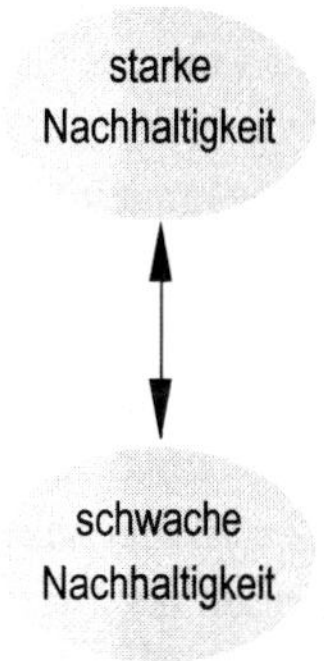

stoffliche Substituierbarkeit	Ersatz durch quasi-identischen Stoff, der alle Eigenschaften des originären Stoffes aufweist.
funktionale Substituierbarkeit	Bestimmte Funktionen natürlicher Bestandteile werden ersatzweise durch künstliche Elemente gewährleistet.
nutzenorientierte Substituierbarkeit	Künstlichen Gütern wird derselbe Nutzen beigemessen wie natürlichen Gütern.

Beide Konzepte sind als Pole zu sehen, die Endpunkte auf einem Kontinuum zwischen starker und schwacher Nachhaltigkeit markieren (vgl. Abbildung 2.5). Das Konzept der extremen starken Nachhaltigkeit ist realitätsfremd, weil ohne Naturverzehr jenseits der vorgegebenen Erneuerungsraten menschliche Existenz in den heutigen Dimensionen nicht mehr möglich wäre. Die griffige Formel, daß Nachhaltigkeit eine Entwicklung bezeichne, bei der die Menschen von den Zinsen des natürlichen Kapitalbestandes leben können, ohne das Kapital selbst anzurühren, ist angesichts der heutigen Bevölkerungsdichte und der herrschenden Ansprüche an die Lebensgestaltung ein illusionäres Wunschbild. Wenn alle wirtschaftliche Tätigkeit von den Zinsen des natürlichen Kapitals getragen werden müßte, würde dies ein Nutzungsverbot aller nicht-erneuerbaren Ressourcen implizieren. Nicht-erneuerbar sind mineralische Ressourcen wie Kupfer, Blei, Zink, Silber und Aluminium sowie die fossilen Energieressourcen, wie Kohle, Mineralöl und Erdgas. Diese Ressourcen sind in Millionen Jahre dauernden Prozessen entstanden. Sind die Lagerstätten dieser Stoffe einmal ausgebeutet, kann es keine Ernte mehr geben. Der Bestand dieser auch erschöpfbar genannten Ressourcen ist – zumindest an historischen Zeitläufen gemessen – endlich. Im Sinne der starken Nachhaltigkeit müßte man diese Ressourcen so belassen, wie sie sind. Sowohl die gegenwärtige Generation als auch alle künftigen Generationen müßten auf die Nutzung verzichten. Ein derartiges Vorgehen wäre schwer zu rechtfertigen, denn es würde bedeuten, daß die Menschen Reichtümer, von denen sie profitieren könnten, über alle Generationen hinweg ungenutzt lassen müßten. Eine vorübergehende Beanspruchung von erschöpfbaren Ressourcen kann aber durchaus zum Vorteil künftiger Generationen sein. Dies ist beispielsweise dann der Fall, wenn der Verzehr des natürlichen Kapitals Raum für andere dauerhafte Vermögenswerte schafft[32]. So kann etwa mit Hilfe fossiler Ressourcen die notwendige Energie bereitgestellt werden, um Solarkollektoren für die dezentrale Nutzung der Sonnenenergie herzustellen.

Wenn wir uns dem anderen Pol der schwachen Nachhaltigkeit zuwenden, dann werden auch hier schnell Grenzen deutlich. Die im Extremfall mögliche Rechtfertigung jedes Eingriffs in die Natur über die subjektive Errechnung eines Nettonutzens kann sich als ebenso trügerisch erweisen: Zum einen ist jede wirtschaftliche Tätigkeit auf Vor- und Nachleistungen natürlicher Prozesse angewiesen – und daran ändert auch ein sich noch so rasant entwickelnder technischer Fortschritt nichts. Alle künstlichen Produkte sind auf bestimmte komplementäre Leistungen der Natur angewiesen. Jede Erzeugung, selbst die Erhaltung menschengemachten Kapitals, verbraucht oder beeinträchtigt Bestandteile des natürlichen Kapitals. Außerdem können Menschen ohne bestimmte essentielle Ressourcen nicht überleben. (Luft zum Atmen, Trinkwasser und produktive Böden). Grenzen in bezug auf die Substituierbarkeit natürlicher Güter sind eine nicht wegzudiskutierende Realität.

Weder das reine Naturerhaltungskonzept noch das stoffliche Substitutionskonzept können als Grundlage einer realistischen Politik der Nachhaltigkeit dienen. Aber auch das Konzept der funktionalen Substituierbarkeit hat seine Tücken. In vielen Fällen kann ein künstlicher Ersatz nicht wirklich gegeben sein, wenn Substitute jeweils nur bestimmte Funktionen des ursprünglichen natürlichen Gutes erfüllen. Große Unsicherheiten für die Substituierbarkeit ergeben sich vor allem aus der Tatsache, daß zukünftige Entwicklungen in vielen Bereichen heute nicht überschau- und abschätzbar sind. Es gibt keine Gewißheit darüber, welche technischen Fortschritte der menschliche Erfindungsgeist in Zukunft hervorbringen wird. Die Möglichkeiten, die sich den Menschen in 50, 100 oder 500 Jahren einmal bieten werden, liegen vermutlich zu einem großen Teil jenseits des heutigen Wissenshorizonts. Ob Engpässe überwunden werden können und sich neue Lösungsmöglichkeiten für die Substitution von natürlichem durch künstliches Kapital ergeben, muß größtenteils offenbleiben. Die betrachteten Zeithorizonte spielen deshalb hier eine große Rolle. Ähnliche Ungewißheit besteht gegenüber späteren möglichen Funktionen des natürlichen Kapitals. Dieses Problem ist insbesondere aus der Diskussion um den Artenschutz bekannt. Die Vernichtung bestimmter Arten kann dazu führen, daß noch unbekannte Quellen versiegen, bevor der Mensch ihre Bedeutung entdeckt. Potentiale, die in Bestandteilen des natürlichen Kapitals – etwa im Hinblick auf eine zukünftige medizinische Verwertung – liegen, können der wissenschaftlichen Erkenntnis heute noch verborgen sein. Angesichts der Tatsache, daß viele Eingriffe in die Umwelt nicht rückgängig gemacht werden können und unter Umständen Hypotheken und unwiederbringliche Verluste für die nächste Generation darstellen, gewinnen die beschriebenen Unsicherheiten weitere Brisanz. Mit der Irreversibilität steigt die Tragweite der zukünftigen Schädigung, weil in der Zukunft keine Möglichkeit eines Ausgleichs durch Reparaturmaßnahmen besteht. Selbst einer finanziell sehr gut ausgestatteten zukünftig lebenden Generation werden unter Umständen wichtige Chancen verbaut. Somit bleibt ungewiß, ob bestimmte Funktionen, die heute gebraucht werden, in Zukunft überhaupt notwendig sein werden, während andere Nuztungsfunktionen, die wir heute noch gar nicht kennen, für künftige Generationen von entscheidender Bedeutung sein könnten. Weil insbesondere im Fall der nutzenbezogenen Substitution nicht nur entscheidend ist, was objektiv ersetzt werden kann, sondern vor allem auch, was die Menschen ersetzen wollen, besteht eine weitere Form subjektiver Unsicherheit. Auch hinsichtlich der Präferenzen der Betroffenen gibt es keine Beständigkeit.

Alle drei Konzepte der Substituierbarkeit (stofflich, funktional, nutzenorientiert) haben also immanente Schwächen und Probleme. Wie also sollte man sich hier entscheiden? Ausgehend von einer begrenzten Substituierbarkeit natürlicher Güter und Ressourcen eröffnet sich auf der Basis eines gemäßigt nutzenorientierten Verständnisses von Nachhaltigkeit eine Art mittlere Position für die Bewertung des Naturverbrauchs: Diese Position stellt –

im Gegensatz zur starken Nachhaltigkeit – auf die Abwägung von Nutzungsmöglichkeiten ab und distanziert sich auf der einen Seite von der Konservierung und Tabuisierung von Natur. Auf der anderen Seite aber stuft sie – im Gegensatz zum Konzept der schwachen Nachhaltigkeit – bestimmte komplementäre Funktionen der natürlichen Ressourcen als erhaltenswert ein.

Ziel des Strebens nach Nachhaltigkeit ist es, die objektiven Voraussetzungen dafür zu schaffen, daß die Lebensbedingungen der heutigen Generation als Angebot für kommende Generationen bestehen bleiben. Die Tatsache, daß niemand die Präferenzen künftiger Generationen kennen kann, darf nicht zur Rechtfertigung dienen, den kommenden Generationen die Auslebung der heute vorfindbaren Präferenzen unmöglich zu machen. Auch wenn man die Anforderungen zukünftiger Generationen nicht im voraus kennen kann, so läßt sich doch bereits heute bestimmen, welches Potential erhalten werden muß, um diesen Generationen die Möglichkeit einzuräumen, all jene Erfahrungen in ihrem Leben sammeln zu können, die wir selbst in unserem Leben als wertvoll geschätzt haben. Deshalb besteht die moralischen Pflicht der heutigen Generation, die Lebensbedingungen für kommende Generationen so weit offenzuhalten, daß diese einen Lebensstil nach Maßgabe der heutigen Präferenzen (sofern diese allerdings wiederum dem Gebot der Nachhaltigkeit nicht widersprechen) pflegen können. Ob sie dies wünschen werden oder nicht, steht weder in unserer Macht noch können wir dies vorhersehen. Aber wir sollten ihnen diese Möglichkeit nicht nehmen.

Zwischen den Elementen der künstlichen und natürlichen Kapitalbestände bestehen zum Teil substitutive, zum Teil komplementäre Beziehungen. Aufgabe einer Politik der Nachhaltigkeit ist es, die Trennung zwischen substitutiven und komplementären Gütern nachvollziehbar vorzunehmen. Unser Konzept basiert auf der Vorstellung, daß die wichtigsten Nutzenfunktionen des natürlichen Kapitalbestandes über die Zeit erhalten werden müssen. Wo dies durch Substitution nicht möglich ist, sollte man den Erhalt der Ressource anstreben. Im einzelnen erfolgt dieser Nachweis in zwei Schritten: Zunächst gilt es, die Elemente des natürlichen Kapitalbestandes zu bestimmen, deren Ge- oder Verbrauch aufgrund naturwissenschaftlicher Erkenntnisse über Folgen und Nebenfolgen zu Nutzeneinbußen künftiger Generationen führen müssen. Dabei werden ähnliche Präferenzen, wie sie für die Menschen der heutigen Generation charakteristisch sind, vorausgesetzt. Als zweiter Schritt müssen die möglichen Nutzeneinbußen und Nutzengewinne gegenseitig bewertet und Handlungsalternativen abgewägt werden. Dabei ist unser Konzept davon geprägt, daß die Frage nach den komplementären Ressourcen, die in ihrem Bestand erhalten bleiben müssen, weder durch die

Wissenschaft alleine noch durch höhere Einsicht intersubjektiv für alle bestimmt werden kann. Die Frage nach den Grenzen des eigenen Handelns bedarf zwar des Wissens über die erwartbaren Folgen der möglichen Handlungsalternativen, diese zu bewerten und im einzelnen abzuwägen, ist aber eine zutiefst politische Aufgabe. So hilfreich der naturwissenschaftliche und der ökonomische Ansatz zur Operationalisierung und Klärung des Begriffes der Nachhaltigkeit auch sein mögen, so deutlich werden die Grenzen dieser Wissenschaften sichtbar, wenn die Begründung und die Nachvollziehbarkeit von Präferenzen und Abwägungsurteilen durch die Menschen angesprochen werden. In diesem wichtigen Bereich kommen kultur- und sozialwissenschaftliche Perspektiven zum Tragen. Auf deren besonderen Beitrag zur Nachhaltigkeit soll im folgenden Unterkapitel eingegangen werden.

2.5 Kultur- und Sozialwissenschaften und nachhaltige Entwicklung: Die gesellschaftliche Rückkoppelungsfunktion

Die Erforschung sozialer Prozesse der Wertbildung, der Schaffung von Wissen und der Ausprägung von Lebensstilen und sozialen Institutionen bildet traditionell den Kern der Kultur- und Sozialwissenschaften. Kulturelle Gestaltung und Veränderung der Umwelt durch den Menschen setzt die Existenz von Wertorientierungen im Sinne von Leitbildern und Folgewissen im Sinne von Vorstellungen über Ursachen und Wirkungen voraus. Die Frage, welche Eingriffe des Menschen in die Natur mit dem Postulat der Nachhaltigkeit verträglich sind, hängt weitgehend von kulturellen Vorstellungen und den in einer Gesellschaft herrschenden Natur- und Kulturbildern ab[33].

Wie Menschen Natur und Umwelt wahrnehmen, ist durch Erkenntnisse der Naturwissenschaften und durch die Existenz ökonomischer Austausch- und Umwandlungsprozesse beeinflußt, aber keineswegs festgelegt. Subjektive Wahrnehmungen sind das Bindeglied zwischen der objektiven Welt und der Gedankenwelt der Betrachter. Jeder Betrachter nimmt nur selektiv Reize aus der Außenwelt wahr und verarbeitet diese zu einem sinnvollen Ganzen. Gleiche Phänomene können daher von unterschiedlichen Menschen höchst unterschiedlich wahrgenommen und bewertet werden[34]. Ob man etwa in einem Wald ein Areal von Nutzholz sieht oder eher eine Anlage zum Wandern und Schauen, hängt wesentlich von der jeweiligen Wahrnehmung und den eigenen Wertvorstellungen ab. Die historische Umweltforschung hat uns deutlich gezeigt, daß die kulturellen Zuschreibungen zu Objekten in der Natur, also die Bestimmung der natürlichen Elemente, die in der Natur als erhaltenswert und wertvoll gelten sollen, über die Jahrhunderte stetigen Schwankungen unterlagen. So wurden viele Kräuter, die wir heute achtlos als „Unkraut" ausreißen, in mittelalterlichen Klostergärten wegen ihres Duftes oder anderer bevorzugter Eigenschaften liebevoll gepflegt[35]. Was erhaltenswert ist, läßt sich nur durch ein kulturelles Verständnis von menschlichen Werten und Normen in bezug auf Natur und Umwelt erschließen[36].

Im 19. Jahrhundert bauten zum Beispiel die Fabrikherren ihre Villen direkt neben die Schlote ihrer Fabrik und demonstrierten damit Genugtuung und Stolz über ihre Errungenschaften[37]. Obwohl die Umgebung solcher Fabriken mit Staub und Dreck sichtbar belastet war, galt es selbst bei den Reichen als „modern", in der Nähe von umweltverschmutzenden Anlagen zu wohnen. Die Freude und das Wohlempfinden, neben den künstlichen Werken der „eigenen" Schaffenskraft zu leben, machte offensichtlich alle Belastungen durch Luft- und Umweltverschmutzung wieder wett. Dazu ein Zitat aus einem Reisebericht des frühen 19. Jahrhunderts:

„Überall zeigt sich eine große Geschäftigkeit; und die Wirksamkeit so vielfach und so künstlich verbundener Kräfte, die Vereinigung so mannigfaltiger Talente und so vieler arbeitsamer Menschenhände geben ein erfreuliches Bild Europäischer Cultur. Wer aber dieses von seiner glänzenden Seite ins Auge fassen will, muß den Blick von der traurigen Gestalt abwenden, in welcher hier die Natur erscheint. Rings herum ist die Gegend mit Kohlenstaub bedeckt; fußhoch liegt dieser auf den Wegen; auch die Bäume und Wiesen haben den Glanz ihres Grüns verloren. Die Häuser in den naheliegenden Dörfern und Städten sind ganz schwarz gefärbt und traurige Gruppen blasser, abgezehrter, schmutziger Gestalten verkünden, daß erstaunlich vieles Elend in dieser Nähe wohnt"[38].

Heute würden Wohnsiedlungen wie die vom Berichterstatter geschilderten als unzumutbar eingestuft werden. Zur damaligen Zeit waren aber die Grundstücke neben den luftverpestenden Fabrikgebäuden für viele Menschen erste Wahl. Jede Kulturform verbindet symbolische Attribute mit den Elementen der natürlichen und künstlichen Umwelt. Was für den einen geradezu als Sinnbild von Schmutz und Gefährdung erscheint, mag einem anderen als Garant menschlicher Leistungsfähigkeit und technischen Könnens vorkommen. Diese Einsicht ist für die Diskussion um Nachhaltigkeit von eminenter Bedeutung. Denn wenn es gilt, die richtige Mischung zwischen künstlichem und natürlichem Kapital zu finden, bei der das kollektive Erbe an die nächste Generation möglichst aufgebessert, aber keinesfalls verschlechtert werden soll, dann ist diese Mischung von den Wertschätzungen der jeweiligen Elemente des einen wie des anderen Kapitalbestandes abhängig. Diese lassen sich aber objektiv nicht bestimmen, sondern variieren einerseits zwischen Individuen, erst recht aber zwischen Kulturen und innerhalb einer Kultur zwischen historischen Zeiträumen.

Wolkenkratzer – Symbole menschlicher Leistungskraft oder Sinnbild für naturfernen Lebensstil? Wertschätzungen der künstlichen Umwelt variieren zwischen und innerhalb der Kulturen.

Urteile über Nachhaltigkeit spiegeln also Präferenzäußerungen der gegenwärtigen Generationen über das wider, was sie sich selbst und den zukünftigen Generationen in bezug auf Umwelt- und Lebensqualität zubilligen wollen. Ob Schutzwürdigkeit gegeben ist, hängt von der Setzung bestimmter Prioritäten ab, die wiederum in Traditionen und Werte eingebunden sind.

Ein gutes Beispiel für den Einfluß unterschiedlicher Erfahrungs- und Lebenswelten stellt die selektive von Kultur zu Kultur unterschiedliche Wertschätzung von bestimmten Tierarten und die jeweiligen Konsequenzen, die sich daraus ergeben, dar. Symbolische Zuordnungen, Sitten, Bräuche und Assoziationen, die mit bestimmten Lebewesen verbunden sind, können prägend für die Entscheidung über die Schutzwürdigkeit etwa von

Tieren und Pflanzen und damit für das Umweltverhalten sein. Ein gläubiger Hindu hat guten Grund, die in seiner Religion heilige Kuh zu schützen, während für Amerikaner und Europäer das Steak vom Rind eine geliebte Delikatesse ist. Besonders eindrucksvoll stellt sich in diesem Zusammenhang die Praxis des Tierschutzes in Kalifornien dar, wo für die Erhaltung von ca. 80 Kondoren Millionen von Dollar ausgegeben werden. Die pro Jahr aufgebrachte Summe von 0,7 Millionen US Dollar für jedes Exemplar des großen Storchenvogels übersteigt alle Kosten, die für den Erhalt irgendeines Tieres aufgebracht werden und liegt weit über dem Satz, der faktisch zum Erhalt eines statistischen Menschenlebens in Kalifornien ausgegeben wird. Der Erfolg der Maßnahmen ist zweifelhaft, nach Ansicht von Beobachtern kann die Regenerationsfähigkeit auf Dauer nicht sichergestellt werden, weil der Lebensraum der Tiere bedroht ist. Warum setzt man angesichts dieser Tatsachen derart umfassende finanzielle Mittel ein? Die Begründung für die Verwendung der riesigen Summen, die für andere, effektivere Maßnahmen nicht mehr zur Verfügung stehen, liegt im symbolischen Wert des Vogels für die Menschen in dieser Region. Weil der Kondor das Wappentier des amerikanischen Bundesstaates ist und als Zeichen für „natürliche Lebensqualität" in Kalifornien gilt, soll sein Aussterben unter allen Umständen verhindert werden[39].

Ein weiteres Fallbeispiel für die Unmöglichkeit, menschliches Verhalten allein mit Hilfe sachlicher Kriterien erklären zu können, stellt die verhältnismäßig extreme Reaktion vieler Menschen auf die geplante Versenkung der Ölplattform Brent Spar im Herbst 1995 dar. Damals schritten große Teile der Öffentlichkeit zu Boykottmaßnahmen gegen die Firma Shell, weil durch die Versenkung dieser Plattform rund 100 Tonnen Öl in die Nordsee zu gelangen drohten. Angesichts der Tatsache, daß die Bohrtürme (aller Ölgesellschaften) auch bei regulärem Betrieb eine bedeutende Quelle der Verschmutzung der Meere darstellen und zahlreiche Schiffe immer noch große Mengen Öl verklappen, erscheint die Konzentration des Boykottes und der Empörung auf eine einzige Firma, um dann an den Tankstellen der Konkurrenten zu tanken, wenig rational[40]. Auch in vielen anderen Fällen ist das Verhalten der Menschen in bezug auf umweltrelevante Tatbestände nicht unter der Hinzuziehung objektiver Gefährdungsgrade erklärbar. Nur unter Berücksichtigung psychologischer und sozialer Aspekte kann es gelingen, derartige Reaktionen zu verstehen.

Präferenzen festzulegen ist entweder eine freie Willensentscheidung jedes einzelnen Bürgers, sofern die Auslebung der Präferenz niemand anderen über Gebühr belastet, oder eine kollektive Willensentscheidung einer Gruppe oder einer Gesellschaft im Rahmen der legalen politischen Entscheidungsfindung. Die Sozialwissenschaften können die Ergebnisse dieser Prozesse natürlich nicht bestimmen. Ihre Aufgabe besteht vielmehr darin, die herrschenden Präferenzen und Werte im Lichte bestehender kultureller Deutungsmuster und Traditionen zu erkennen und durch Anregung zur Reflektion an der Klärung des Verhältnisses zwischen Mensch und Natur mitzuwirken. Der bekannte Soziologe Ulrich Beck hat dies folgendermaßen zum Ausdruck gebracht: „Doch alle Kunst der Experten kann niemals die Frage beantworten: Wie wollen wir leben? Was die Menschen noch hin zu nehmen bereit sind und was nicht mehr, dies folgt aus keiner technischen oder ökologischen Gefahrendiagnose. Diese Frage muß vielmehr zum Gegenstand eines globalen Gesprächs der Kulturen gemacht werden. Genau hierauf zielt eine zweite, kulturwissenschaftliche Sicht. Sie besagt: Ausmaß und Dringlichkeit der ökologischen Krise schwanken mit der intra- und interkulturellen Wahrnehmung und Wertung“[41].

Neben der Funktion, die zugrundeliegende Wertbasis der stets notwendigen Abwägungsprozesse zu reflektieren sowie die organisatorische und institutionelle Praxis zu analysieren und kritisch zu durchleuchten, kommt den Sozial- und Kulturwissenschaften in der Frage der Nachhaltigkeit auch eine wichtige konstruktive Aufgabe zu. Sie sollen ähnlich einem Katalysator, der ja bestimmte chemische Reaktionen beschleunigt, Hilfestellung leisten, den Prozeß der politischen Abwägung konstruktiv voranzubringen. Mit dem Begriff des Katalysators ist dabei eine organisatorische und kommunikative Prozeßhilfe angesprochen, die einen in sich stimmigen Aushandlungsprozeß der Entscheidungsfindung herbeiführt. In jüngster Zeit haben viele Sozialwissenschaftler und Juristen neue Verfahren der Willens- und Urteilsbildung in Umweltpolitik und Umweltrechtsprechung entwikkelt, die kollektiv verbindliches Handeln im Dialog festlegen[42]. Dabei nehmen sogenannte diskursive Modelle der Entscheidungsfindung eine immer wichtigere Position ein.

Was versteht man unter diskursiven Verfahren? Die Tatsache, daß über einen Gegenstand intensiv geredet wird, macht noch keinen Diskurs aus. Diskurse sind – und darin ist dem Diskurstheoretiker und Philosophen Jürgen Habermas zuzustimmen – Foren der Kommunikation, in denen Argumente ausgetauscht und nach festgelegten Regeln ohne Ansehen der Person auf ihre Gültigkeit und Verallgemeinerungsfähigkeit hin untersucht werden[43]. Hinter dieser komplizierten Definition verbirgt sich eine einfache Handlungsanweisung: Nur die Argumente sollen zählen (und nicht der Status der Personen, die sie vortragen), und jedes Argument muß auf seine Stichhaltigkeit untersucht werden. Diskurse leben also von der gleichberechtigten Position aller am Diskurs beteiligten Personen (keine Privilegien) und vertrauen auf die Kraft der Argumente im gegenseitigen Dialog. Am Ende eines Diskurses steht entweder ein Konsens, d.h. nach Abwägung aller Argumente sind sich alle Beteiligten einig, daß eine in den Beratungen vorgeschlagene oder entwickelte Lösung die beste sei. Oder es kommt zu einem Konsens über den Dissens, d.h. nach Abwägung aller Argumente gibt es verschiedene, jeweils schlüssig begründbare Lösungsvorschläge, die miteinander konkurrieren. Im Falle eines Dissenses muß nach dem Mehrheitsprinzip oder einem anderen Beschlußverfahren politisch entschieden werden.

Wie man im einzelnen Diskurse zur Nachhaltigkeit führen kann, wird in den Kapiteln 6 und 14 noch erläutert werden. Im zweiten Teil dieses Buches wird außerdem ein ausführliches Fallbeispiel für einen Diskurs zum Thema „Abfallbehandlung" vorgestellt (vgl. Kapitel 13).

Hat man im Rahmen individueller Lernprozesse und politischer Willensbildungsprozesse (etwa durch Diskurse) Strategien und Maßnahmen zur Umsetzung der Nachhaltigkeitspostulate festgelegt, dann besteht der letzte Schritt darin, das Erkannte auch in die Tat umzusetzen. Hierbei stoßen wir aber auf große Probleme. Sowohl für den einzelnen als auch für die Gesellschaft als Ganzes gilt, daß sich zwischen Einsicht und Handeln eine tiefe Kluft auftut, die überwunden werden muß[44]. Ein weiterer wesentlicher Beitrag der sozialwissenschaftlichen Forschung liegt deshalb darin, diese Diskrepanz zwischen Erkennen und Verhalten besser verstehen zu lernen. (Dieses Thema wird in Kapitel 5 noch vertieft.) Um die Kluft zwischen Einstellung und Verhalten systematisch zu erforschen und Wege zu ihrer Überbrückung zu entwickeln, können sozialwissenschaftliche Studien konstruktive Beiträge leisten[45]. Sie können:

- die Wirksamkeit von Bildungs- und Aufklärungsprogrammen überprüfen und verbessern helfen;
- Modelle anbieten, die marginale (d.h. für den einzelnen kaum wahrnehmbare, aber in ihrer Massenwirksamkeit die Umwelt belastende) Verhaltensweisen etwa im Abfall-, Energie- oder Verkehrsbereich sichtbar machen und damit der Illusion der Folgenlosigkeit des eigenen Handelns entgegenwirken;
- Einsichten in die Bedingungen und Grenzen der eigenen Handlungsmöglichkeiten vermitteln und dazu beitragen, daß die strukturellen und sozialen Voraussetzungen für ein an Nachhaltigkeit orientiertes Verhalten geschaffen werden;
- politische und soziale Barrieren identifizieren, an denen eine nachhaltige Politik scheitern kann.

Fassen wir zusammen: Nachhaltigkeit ist eine ethische Norm ist, die aus einem gemäßigten anthropozentrischen Weltbild heraus definiert werden kann. Die Nutzung von (kultivierter) Natur ist eine anthropologische Notwendigkeit. Der Mensch verfügt über ein reflexiv wirkendes Bewußtsein und damit verbunden ein kausales Erkenntnisvermögen, nämlich Ursache und Wirkungen antizipativ zu erfassen und produktiv umzusetzen. Dieses Wissen ist die Triebfeder der kulturellen Evolution und der Entwicklung von Technik, Agrikultur und Städtebau. Mit der Herrschaft über ein immer größer werdendes Potential an Gestaltungs- und Interventionsmöglichkeiten in Natur und Sozialwesen wuchs im Laufe der Menschheitsgeschichte aber auch das Potential an Mißbrauchs- und Ausbeutungsmöglichkeiten. Während dieses Potential im Bereich der Beziehungen der Menschen untereinander schon früh in den philosophischen Überlegungen und rechtlichen Normen seinen Niederschlag gefunden hat, ist die Frage nach der Verantwortung des Menschen gegenüber der Natur erst in jüngerer Zeit zum Gegenstand intensiver Überlegungen geworden. In diese Überlegungen reiht sich auch der Begriff Nachhaltigkeit ein. Er versucht beide Verantwortungsbereiche, die gegenüber der menschlichen und die gegenüber der natürlichen Mitwelt, durch den Rückgriff auf die Nachwelt zu verbinden.

Die Kultur- und Sozialwissenschaften, die Naturwissenschaften und die Ökonomie liefern wesentliche Mosaiksteine in der Gesamtkomposition des Konzeptes Nachhaltigkeit. Die ökologische Forschung kann uns zeigen, wie die Ökosysteme durch die menschliche Wirtschaftsweise belastet werden und welche konkreten Folgen bestimmte Eingriffe in die Natur und die natürliche Umwelt haben. Der ökonomische Denkansatz liefert mit dem nutzenorientierten Konzept einen Ansatz, der berücksichtigt, daß der Mensch die natürliche Umwelt gestalterisch prägt und prägen muß. Er vermittelt Ansätze zur gesellschaftlichen Abwägung der Wichtigkeit von natürlichem und künstlichem Kapital. Die Kultur- und Sozialwissenschaften sind wesentliche Bestandteile einer wissenschaftlichen Behandlung des Nachhaltigkeitskonzeptes, weil sie eine soziale und kulturelle Rückkopplungsfunktion für Konzepte und Maßnahmen im Rahmen der Nachhaltigkeit übernehmen. Zusammen mit dem naturwissenschaftlichen und dem ökonomischen Wissen trägt die Kenntnis sozialer Prozesse dazu bei, einen Grundstock an Erkenntnissen und Einsichten über Funktionszusammenhänge im Verhältnis zwischen Mensch und Umwelt auszubilden und konstruktive Vorschläge zu entwickeln, wie die Grundfrage der Nachhaltigkeit in Abstimmung zwischen den betreffenen Akteuren beantwortet werden kann: Was sollen bzw. müssen wir der kommenden Generation als Erbe überlassen?

3. Nachhaltigkeit für wen?

Die besonderen Interessen der Mitwelt

3.1 Orientierung für eine Nachhaltigkeitspolitik: Welches sind die angemessenen Referenzgrößen?

Mit den konzeptionellen Überlegungen aus der Perspektive der Ökologie, Ökonomie und den kultur- und sozialwissenschaftlichen Disziplinen können wir, um bei unserem Ausgangsbild der Bergbesteigung zu bleiben, die Konturen und Strukturen des Berges weitgehend abbilden. Klar ist, der Weg zum Gipfel kann nicht geradlinig ausfallen. Während des Aufstiegs muß immer wieder neu darüber nachgedacht werden, welcher der möglichen Pfade weiterverfolgt werden soll und ob sich während der Wanderung ein neuer Pfad auftut. Die Wahl des „richtigen" Weges nach oben, läßt sich weder aus dem Zustand des zu bezwingenden Berges noch aus dem Wissen und Können der Bergsteiger alleine ableiten, sie hängt auch sehr stark von situativen Einflüssen ab. Es sind deshalb immer wieder Atempausen zur Reflexion nötig, um die Mühen des Aufstiegs mit dem jeweiligen Erfolg der zurückgelegten Strecke vergleichen zu können. Dies sollte bei der Wegzeitplanung berücksichtigt werden.

Bislang sind wir bei unseren Ausführungen im wesentlichen von Menschen ausgegangen, die in hoch entwickelten Industrienationen leben. Menschen also, die (zumindest in der überwiegenden Zahl) ein Lebensniveau erreicht haben, das ihnen über das Lebensnotwendige hinaus auch großen Wohlstand in Form vielfältiger Annehmlichkeiten beschert hat. Wie sieht es aber in jenen Ländern aus, in denen Armut und unzumutbare Lebensumstände herrschen und wo die meisten Menschen zunächst einmal daran interessiert sind, daß sich ihre eigene Lebensqualität verbessert, ehe sie an die Lebensqualität der folgenden Generation denken? Ist für sie Nachhaltigkeit im Sinne intergenerationaler Gerechtigkeit überhaupt ein erstrebenswertes Ziel? Was bedeutet das für den wohlhabenden Teil der Menschheit? Um diese Fragen zu klären, werden wir uns zunächst mit den Referenzpunkten für eine Nachhaltigkeitspolitik beschäftigen. Im Anschluß folgt die Auseinandersetzung mit dem schwierigen Zusammenhang zwischen *intergenerationaler*, also nachweltbezogener, und *intragenerationaler*, also mitweltbezogener Gerechtigkeit.

Als Fazit aus der bisherigen Erörterung des Konzeptes zur Nachhaltigkeit erscheint uns folgende Definition von nachhaltiger Entwicklung angemessen:

> „Eine nachhaltige, auf Dauer angelegte Entwicklung muß den Kapitalbestand an natürlichen Ressourcen so weit erhalten, daß die Lebensqualität zukünftiger Generationen gewährleistet ist“[1].

Lebensqualität kann man über ein erweitertes ökonomisches Wohlfahrtskonzept begrifflich fassen, das Natur nicht nur als Produktionsmittel sieht, sondern gerade auch deren ästhetische und symbolische Qualitäten berücksichtigt. Die Wertschätzung der Natur als Medium zur Erholung und zur Erfüllung des Bedürfnisses nach Lebensfreude und der Wert, den Natur durch ihre bloße Existenz für den Menschen hat, sind in diesem Konzept eingeschlossen. Das Ziel besteht darin, möglichst alle Bedingungen zu erfassen, die der heutigen Generation die von ihr präferierten persönlichen und sozialen Erfahrungen ermöglichen. Die aufgeführte Definition zielt auf die kontinuierliche Verfügbarkeit knapper natürlicher Ressourcen, auf den Erhalt der Aufnahmekapazität der Biosphäre sowie auf die Konstanz sozialer und kultureller Wertschätzung der Natur ab. Die wirtschaftliche Tätigkeit von Produktion und Konsum so zu steuern, daß die ethische Verpflichtung, Nachhaltigkeit anzustreben, eingelöst werden kann, ist das zentrale Anliegen einer Nachhaltigkeitspolitk. Insofern stellt Nachhaltigkeit – ähnlich wie etwa die Menschenrechte – eine begrenzende Bedingung für menschliches Handeln dar.

Wie weit aber kann die Verantwortung der heutigen Generation überhaupt gehen? Grundsätzlich sind immer nur die Belange der jeweils nächstfolgenden Generation zu berücksichtigen. Wenn diese sich dazu entschließt, in gleichem Maße der ethischen Norm der Nachhaltigkeit zu folgen, wie die jetzige Generation sie nach unserem Konzept verfolgen sollte, wird sie wiederum auf die ihr folgende Generation Rücksicht nehmen. Dabei müssen zukünftige Generationen jeweils neu entscheiden, ob sie sich der Nachhaltigkeit verpflichtet fühlen. Insofern hängt die Weitergabe und das Fortleben des Konzeptes von Wertentscheidungen ab, die erst in der Zukunft fallen werden. Jede Generation besitzt aber zumindest die Möglichkeit, ihre Ideen weiterzuvermitteln, indem sie deren Umsetzung beispielhaft und überzeugend vorlebt und auf diese Weise die jeweils nachwachsende Generation positiv überzeugen kann. Insofern ist die Verpflichtung zur Nachhaltigkeit zunächst auf die Zeitperspektive einer Generation (d.h. ca. 70 Jahre) beschränkt. Für diesen Zeitraum müssen die Bedingungen für die Lebensqualität, die für die jetzt lebende Generation relevant sind, als Angebote für die kommende Generation erhalten bleiben. Alle Auswirkungen, die auf die nächste Generation einwirken können, sollten in die Betrachtung aufgenommen werden.

Weiterreichende Zeiträume sind aber immer dann von Belang, wenn bestimmte Aktivitäten und Handlungen der heute lebenden Menschen erst das Leben der übernächsten oder später folgenden Generationen betreffen. Dies ist zum Beispiel der Fall, wenn bestimmte negative Wirkungen von Schadstoffen zeitverzögert auftreten und aktuelle Emissionen erst nach langen Zeiträumen ihre schädlichen Wirkungen entfalten. In solchen Fällen sieht unser Konzept der Nachhaltigkeit einen Planungshorizont vor, der die Zeitspanne einer Generation überschreitet.

Neben einem Maßstab für die Reichweite der Verantwortung in die Zukunft ist zu klären, inwiefern die heute vorfindbare Situation als Referenzgröße für eine nachhaltige Entwicklung dienen kann. Dies betrifft zum einen die Orientierung einer Nachhaltigkeitspolitik am jeweils gegenwärtigen Wohlfahrtsniveau. Zum anderen geht es um die Orientierung am aktuellen Zustand der natürlichen Umwelt im Zusammenhang mit der Frage nach dem Erhaltenswerten.

Zunächst zum Zustand der natürlichen Umwelt: Es gibt im Prinzip keinen objektiven Grund, die Meßlatte der Nachhaltigkeit an der heutigen Situation festzumachen. Warum sollte nicht die Welt des Jahres 1950 oder des Jahres 1850 als Maßstab des Erhaltenswerten dienen? Einige Autoren wollen sogar die natürliche Struktur der Landschaft erhalten, wie sie vor jeder menschlichen Besiedlung bestanden hat. Wie immer man sich im Hinblick auf diese Frage festlegen will, es muß ein Entscheidungskriterium gefunden werden, das sowohl theoretisch begründbar als auch praktisch umsetzbar erscheint. Die Natur wieder in einen Zustand zu bringen, wie er vor dem Neolithikum bestanden haben könnte (genau läßt sich dieser Zustand ohnehin nicht rekonstruieren, geschweige denn rekultivieren), mag zwar theoretisch begründbar sein, ist aber bei 6 Milliarden Menschen auf diesem Planeten völlig abwegig. Jede andere Zäsur in der Geschichte der Menschheit hinterläßt den Beigeschmack der Willkürlichkeit, auch wenn es Argumente geben mag, diese Zäsur zu Beginn des Industriezeitalters oder am Anfang der 50er Jahre festzulegen[2].

Eine Alternative zu einer an Zeiten gebundene Referenzgröße für den Zustand der natürlichen Umwelt wäre die Verankerung der Nachhaltigkeit in einem theoretisch zu formulierenden Idealzustand. Eine eindeutige Aussage über den Idealzustand der Lebensräume bestimmter Gesellschaften zu treffen, stellt aber eine nicht zu lösende Aufgabe dar. Welcher Zustand der Welt im Sinne der Nachhaltigkeit anzustreben ist, kann keine Wissenschaft der Welt objektiv festlegen. Weil die Frage nach dem optimalen Zustand der Umwelt offenbleiben muß, bleibt aus pragmatischer Sicht als Referenzsituation nur der jeweils herrschende Status quo. Für diese Orientierung am aktuell herrschenden Zustand spricht auch die Tatsache, daß es in vielen Bereichen – auch wenn es noch so wünschenswert wäre – unmöglich geworden ist, zu einem „ursprünglicheren" Zustand der Umwelt zurückzukehren. Dies hängt damit zusammen, daß bestimmte Entwicklungen nicht mehr umkehrbar sind. Für Bereiche, in denen unerwünschte Umwelteinwirkungen offenkundig und reversibel sind und diesbezüglich ein gesellschaftlicher Konsens besteht, kann die Ausrichtung einer Nachhaltigkeitspolitik aber durchaus vergangenheitsorientiert sein.

Wie sieht es mit dem Niveau der Lebensqualität aus, das als Referenzgröße für die Gestaltung der Zukunft in Betracht kommt. Kann man die Lebensqualität der heutigen Generation heranziehen oder sollte man einen anderen möglichen Referenzmaßstab wählen? Wenn man davon ausgeht, daß die Herausbildung des heutigen Lebensstils eine Entwicklung nach Maßgabe der jeweiligen Präferenzen des betroffenen Menschen widerspiegelt, dann sollte das heutige Niveau der Lebensqualität eine größere Attraktivität besitzen als das vergangener Perioden. Es stellt sich hier aber die wichtige Frage, ob der Referenzmaßstab der Lebensqualität der heutigen Generation überhaupt für künftige Generationen verallgemeinerungsfähig ist. Wenn dem so wäre, bräuchten wir erst gar keine Korrekturen anzubringen, denn dann wäre Nachhaltigkeit definitionsgemäß gegeben. Da aber gerade diese Voraussetzung zweifelhaft ist, wäre es unzulässig, den heutigen Lebensstandard oder die damit verbundene Lebensqualität als Referenzgröße für künftige nachhaltige Lebensformen zu wählen. Vielmehr müßte man eine hypothetische Lebensqualität bestimmen, die sich dann einstellen würde, wenn man auf der Basis des heutigen Wissens und der heutigen Präferenzen nachhaltig leben würde. Streng genommen dürfen wir also nur einen modifizierten Lebensstandard betrachten, der sich bei Beachtung des Nachhaltigkeitsgebotes gemäß den heutigen Präferenzen der Menschen und den wahrgenommenen Möglichkeiten effizienter Naturnutzung ergäbe[3].

Präferenzen, die sich nur durch nicht-nachhaltige Produktion oder Konsum verwirklichen lassen, müssen folgerichtig aus dem Konzept ausgeschlossen werden.

Einen solchen virtuellen Lebensstil zu bestimmen, dürfte jedoch kaum möglich sein. Theoretische Überlegungen in diese Richtung neigen dazu, entweder in ideologischen Festschreibungen oder in blutleeren Abstraktionen zu enden. Aus diesem Grund haben wir uns für eine pragmatische Lösung entschieden. Wir gehen zunächst vom realen Lebensstil der heutigen Generation aus und bestimmen die Konsequenzen für die nächstfolgende Generation. Führen einige dieser Konsequenzen dazu, daß die kommende Generation einer heute vorfindbaren Präferenz – bildhaft gesprochen – nicht nachgehen kann, dann sind in einem ersten Schritt alle Möglichkeiten auszuloten, die eine Erfüllung dieser Präferenz bei der heutigen wie der kommenden Generation gewährleistet. Möglicherweise läßt sich durch Substitution natürlicher Güter durch künstliche, durch die Erhöhung der Effizienz der Produktionsverfahren, durch neue technische Errungenschaften oder durch organisatorische Änderungen die Auslebung der jeweiligen Präferenz für die heutige wie für die kommende Generation bewerkstelligen. Ist dies aus heutiger Sicht aber nicht realisierbar, dann sollte sowohl die heutige als auch die künftige Generation auf die Erfüllung dieser Präferenz verzichten, es sei denn, dies wäre unabdingbare Voraussetzung für die Verwirklichung anderer als noch wertvoller eingeschätzter Elemente der Lebensqualität für die kommende Generation.

Diese Überlegung mag auf den ersten Blick recht kompliziert erscheinen, läßt sich aber für die praktische Umsetzung als relativ einfache Verfahrensregel formulieren: Alle Aktivitäten des heutigen Menschen sind erlaubt, solange die dafür benutzten Ressourcen in ihrem Nutzungspotential auch der kommenden Generation noch ausreichend zur Verfügung stehen. Wo dies nicht der Fall ist, sind Korrekturen am heutigen Lebensstil angebracht, zunächst bei der Wahl der Mittel und, wenn diese Möglichkeiten ausgeschöpft sind, an den Zielen selbst.

3.2 Arm versus reich: Was bedeutet Nachhaltigkeit weltweit?

Bislang sind wir bei unseren Überlegungen stillschweigend davon ausgegangen, daß wir uns in einem Industriestaat bewegen, in dem die Menschen bereits eine Lebensqualität erreicht haben, die als pragmatisch sinnvolle Referenzgröße für die Zukunft dienen kann. Betrachten wir jedoch die ärmsten Länder dieser Welt, so ist eine Fortschreibung der dort herrschenden Verhältnisse unter dem Banner der Nachhaltigkeit wenig überzeugend, wenn nicht sogar zynisch. Nachhaltigkeit konkret umzusetzen bedeutet jeweils etwas anderes, je nachdem, von welchem wirtschaftlichen und sozialen Ausgangspunkt wir mit der Betrachtung beginnen. In Kapitel 7 werden wir deshalb bewußt auf die Notwendigkeit der Regionalisierung von Nachhaltigkeit eingehen. An dieser Stelle müssen wir jedoch prüfen, ob das Konzept allgemein als Leitbild für alle Völker und Regionen der Welt dienen kann oder ob es sich um eine spezifische Forderung an Industrieländer mit hohem Wohlstandsniveau handelt.

In unserer Definition der Nachhaltigkeit haben wir die Lebensqualität (operationalisiert über das Wohlfahrtskonzept) in allgemeiner Form als Orientierung vorangestellt. Dabei sind wir nicht darauf eingegangen, daß heute weltweit verschiedene Lebensstile vorherrschen, die von unterschiedlichen Niveaus in der wirtschaflichen und sozialen Entwicklung geprägt sind. Offensichtlich kann man in den meisten Entwicklungsländern den herrschenden Zustand der Lebensqualität wohl kaum guten Gewissens als Referenzgröße heranziehen. Natürlich ist die Beibehaltung des Status quo immer noch besser als eine Verschlechterung der Lebensumstände, jedoch reicht die aus der Sicht der Industrieländer sinnvolle Formel des „nicht schlechter als bisher“ für Entwicklungsländer nicht aus. Vielfach ist deshalb vorgeschlagen worden, das wirtschaftliche Niveau der Industrieländer als Ausgangspunkt oder zumindest als Zielebene auch der Entwicklungsländer zu wählen und aus dieser Perspektive heraus Maßnahmen zur dauerhaften wirtschaftlichen Nutzung der natürlichen Ressourcen weltweit einzuleiten. Als Zielpunkt wird dabei eine Entwicklung zu einer vergleichbaren Lebensqualität in allen Ländern der Welt angestrebt. Als nachhaltig würde damit eine Entwicklung bezeichnet, bei der global alle Menschen der Welt ein Niveau an Lebensqualität erreichen sollen, das zumindest dem Niveau des Bürgers in den reichen Industriestaaten entspricht. Dieser Grundsatz müßte folgerichtig für die heute lebende Bevölkerung wie für kommende Generationen gelten.

So intuitiv einsichtig diese Forderung auch sein mag, es stellt sich hier massiv die Frage, ob es überhaupt physisch möglich ist, den Lebensstil der Industrienationen auf alle Regionen dieser Welt zu übertragen, ohne das Postulat der Gleichberechtigung der kommenden Generationen zu verletzen. Wäre es beispielsweise physisch denkbar, daß die Chinesen ebensoviele Kraftfahrzeuge pro 100 Einwohner aufweisen würden wie die Deutschen? Gäbe es überhaupt genug Erdöl auf der Welt, um den durchschnittlichen Benzinverbrauch eines Amerikaners als Norm für alle 6 Milliarden Menschen zu verankern? Jedem wird sofort einleuchten, daß eine Verallgemeinerung des Lebensstils der reichsten Erdenbürger auf alle Menschen dieser Welt die Ressourcenbasis innerhalb von wenigen Jahrzehnten aufbrauchen würde. Schon einige wenige Gegenüberstellungen von Zahlen über den Verbrauch von natürlichen Gütern in Industrieländern und Entwicklungsländern sprechen hier eine deutliche Sprache (vgl. Abbildung 3.1).

Abbildung 3.1: Verbrauch von natürlichen Ressourcen in den USA und Indien (1991)

Natürliche Ressource	Verbrauch in den USA	Verbrauch in Indien	Pro-Kopf-Verhältnis USA/Indien
Aluminium (in 1000 t)	4.137	420	33,7
Kupfer (in 1000 t)	2.057	157	44,8
Rohstahl (in 1000 t)	93.325	20.300	15,7
Kohle (in 1000 t)	672.036	184.992	12,4
Erdöl (in 1000 t)	666.032	53.294	42,7
Erdgas (in 1000 t)	21.387.719	387.250	183,9
Ganzholz (in 1000cm^3)	468.003	281.045	5,7
Faserholz (in 1000cm^3)	136.377	1.208	385,7

Quelle: World Resources Institute/ United Nations Environment Programme (1995): Welt Ressourcen 1994-95. Analysen, Daten, Berichte. In: Vogl, J./A. Heigl/K. Schäfer: Handbuch des Umweltschutzes, Bd. 5, S. 36.

Selbst wenn es möglich wäre, die heutigen Lebensumstände der reichen Industrienationen einzufrieren, also kein Wohlstandszuwachs mehr zugelassen würde, wäre zumindest kurz- und mittelfristig eine Verallgemeinerung dieser Lebensumstände auf ärmere Völker aus Gründen der Erschöpfbarkeit von Ressourcen nicht möglich. Hält man an der Forderung nach einer Gleichverteilung der Güter unter allen Menschen fest, dann führt kein Weg daran vorbei, daß die reicheren Länder von dem durch sie beanspruchten Kapitalbestand an natürlichen und künstlichen Gütern etwas abgeben. Umverteilung von den „Reichen" zu den „Armen" ist hier das Stichwort. Es geht dann nicht mehr nur darum, festzulegen, in welchem Umfang Natur und Umwelt zugunsten der Nachwelt genutzt werden dürfen, sondern auch um die Verteilung der Nutzungsmöglichkeiten zwischen den heute lebenden Bürgern dieser Welt. Dies wird als *intragenerationale Gerechtigkeit* bezeichnet.

Der schon erwähnte und für die Nachhaltigkeitsdiskussion grundlegende und wichtige Brundlandt-Bericht und viele Abhandlungen zum Thema Nachhaltigkeit sind klar von dem Gedanken getragen, daß es bei der nachhaltigen Entwicklung gleichrangig um intragenerationale und intergenerationale Gerechtigkeit geht. Eine gerechte Verteilung der Güter der Erde ist nach dieser Lesart von Nachhaltigkeit geradezu die Voraussetzung für die gerechte Überlassung von Chancen für die kommenden Generationen. Aus ethischen Gesichtspunkten wäre es auch schwer zu begründen, wenn man zugunsten der Verteilungsgerechtigkeit für kommende Generationen ungerechte Verteilungsmuster innerhalb der heutigen Generation tolerieren würde.

Die Verbindung von intra- und intergenerationaler Gerechtigkeit ist jedoch nicht ohne Tücke. Denn wenn eine nachhaltige Entwicklung zunächst eine Umverteilung von reich nach arm umfaßt, dann kann das heutige Wohlfahrtsniveau der Industrieländer nicht als Ausgangs- oder Referenzpunkt für die Bestimmung einer nachhaltigen Politik dienen. Vielmehr müßte man zuerst die notwendigen Umverteilungsmaßnahmen durchsetzen, also die Ansprüche der reichen Bürger auf den gewohnten Anteil an natürlichen und künstlichen Ressourcen zugunsten der armen Bürger reduzieren, um dann das erreichte Niveau der Lebensqualität als Maßstab der intergenerationalen Verteilungsgerechtigkeit zu nehmen. Desweiteren gilt, daß man den vorhandenen Kuchen an Ressourcen nur einmal verteilen kann. Je mehr man die vorhandenen Ressourcen auf die heute lebenden Menschen aufteilt, desto weniger stehen sie (unter der Annahme, daß alle anderen Bedingungen gleichbleiben) der zukünftigen Generation zur Verfügung. Auf beide Problembereiche wollen wir im folgenden ausführlicher eingehen.

Zunächst zur Frage der gerechten Verteilung von Lebenschancen innerhalb der heutigen Menschheit: Brauchen wir vordringlich eine Politik der globalen Umverteilung, um von dieser neuen Basis aus die Referenzfrage nach der zu erhaltenden Lebensqualität neu beantworten zu können? Wie sollte und wie könnte eine solche Umverteilung aussehen? Es gibt inzwischen eine Reihe von Ansätzen, um die Frage der intra- und der intergenerationalen Gerechtigkeit in ein Gesamtkonzept zu vereinen. Man kann beispielsweise im Rahmen eines Nachhaltigkeitskonzeptes allen Erdbewohnern gleiche Verschmutzungs- und Nutzungsrechte an der natürlichen Umwelt zugestehen und den gegebenen Bestand an natürlichen Ressourcen dementsprechend pro Kopf zuteilen. Ausgangspunkt dieser Überlegungen ist dann nicht der Status quo, sondern die Summe der zu einem Zeitpunkt weltweit verfügbaren Ressourcen (d.h. der natürlichen Rohstoffe und der Kapazität von Umwelt als Senke). Kennt man die Summe aller verfügbaren Ressourcen bzw. die Belastungsgrenzen der Umwelt, dann dividiert man die im Rahmen dieser Grenzen möglichen Stoffströme durch die Anzahl der Nutzer in einem betrachteten „Umweltraum" (lokal, regional oder global) und erhält die maximal zulässige Nutzungsrate pro Individuum. Multipliziert man diese mit der Zahl der im jeweiligen Umweltraum befindlichen Nutzer (etwa Deutschland), dann erhält man Obergrenzen des Naturverbrauchs für ein Land[4].

Die Menschen oder die Länder, die mehr ver- oder gebrauchen als der maximal zulässige Durchschnittsbetrag, müssen demgemäß ihren Anteil verringern, während die anderen ihren Anteil entsprechend erhöhen dürfen. Damit der „Kuchen" nicht vollständig unter der heute lebenden Generation aufgeteilt wird, müssen die Mengen der verfügbaren Ressourcen so berechnet werden, daß sie auch kommenden Generationen noch als Potential zur Verfügung stehen. Nicht-erneuerbare Rohstoffe dürfen unter diesen Umständen gar nicht, erneuerbare Rohstoffe nur im Rahmen ihrer Regenerationsfähigkeit und die Senkenkapazität der Umwelt nur im Rahmen ihrer Absorptionsfähigkeit genutzt werden.

In Deutschland macht sich für die Idee des Umweltraum vor allem das Wuppertaler Institut für Klima, Umwelt und Energie stark. In der im Auftrag von Misereor und dem Bund für Umwelt- und Naturschutz Deutschland (BUND) herausgegebenen Studie „Zukunftsfähiges Deutschland" rechnen die Wuppertaler Autoren sehr genau aus, was es für Bewohner eines Industrielandes wie Deutschland bedeuten würde, nicht mehr als den ihnen zustehenden Durchschnittsverbrauch unter Berücksichtigung nachhaltiger Bewirtschaftungskriterien beanspruchen zu dürfen. Der Verbrauch von Rohstoffen und die Nutzung natürlicher Senken müßte laut der in den letzten beiden Jahren heftig diskutierten Studie drastisch gesenkt werden[5].

Das Konzept des Umweltraumes setzt voraus, man könne die maximale Belastung eines Raumes naturwissenschaftlich messen und zeitlich fixierte Nutzungsraten angeben, die eine Überlastung auf Dauer verhindern. Es sei also möglich, im voraus die maximale Nutzungskapazität eines definierten Umweltraumes zu berechnen. Unter naturwissenschaftlichen Gesichtspunkten ist es aber fraglich, ob man – von Ausnahmen abgesehen – die absoluten Grenzen der Naturnutzung von Umwelträumen bestimmen kann. Das gilt besonders für dynamische Entwicklungen, etwa bei natürlich eintretenden Veränderungen des Umweltraumes, und erst recht, wenn man die Bewirtschaftung durch den Menschen, etwa durch die Substitution von Material durch Information, in die Betrachtung miteinbezieht. Gleichzeitig wird mit dieser Bestimmung auch die Möglichkeit menschlicher Organisationen zur Steigerung der Tragekapazität zu wenig ins Kalkül aufgenommen. Denn wie wir schon im zweiten Kapitel ausführlich dargestellt haben, ist der Ressourcenverbrauch nicht nur eine Funktion der Quantität der Umweltnutzung im Sinne der Nettoprimärproduktion, sondern auch eine Funktion der Qualität im Sinne der Tragekapazität auf der Basis unterschiedlicher

Produktionsverhältnisse und Konsumgewohnheiten. Schließlich läßt sich aufgrund des internationalen Handels eine Bilanz der Verteilungswirkungen von natürlichen Ressourcen über den jeweiligen Umweltraum kaum mehr sinnvoll aufstellen. Wenn Deutschland beispielsweise Personenwagen exportiert und Kaffeebohnen importiert, dann werden in beiden Fällen natürliche Ressourcen verbraucht und über den Austausch der Produkte gesteuert. Beispielsweise fließen in den Bau eines Autos Tausende Liter Wasser und Tausende Kilowattstunden Energie ein. Sofern ein Fahrzeug etwa von Deutschland in ein anderes Land exportiert wird, kommt der Nutzen dieses Verbrauchs an natürlichen Ressourcen dem Empfängerland zugute. Folglich müßte auch dieses Land als Verbraucher der Ressourcen angesehen und die Summe der in das Fahrzeug eingegangenen Ressourcen seinem legitimen Anteil am Weltverbrauch zugeordnet werden. Umgekehrt müßten die Kaffeetrinker in Deutschland die Ressourcen, die in den Anbau und Transport des Kaffees eingeflossen sind, von ihrem Ressourcenkonto abbuchen. Ein solches globales Bilanzierungssystem würde selbst bei bestem Willen aller Beteiligten jeden sinnvollen Rahmen sprengen. Man müßte bei jedem Produkt die genaue Umweltbilanz kennen und diese bei jeder Ausfuhr in ein anderes Land (bzw. einen anderen Umweltraum) quantitativ erfassen. Die errechneten Bilanzgrößen müßten dann dem exportierenden Land gutgeschrieben und beim importierenden Land als Belastung abgebucht werden. Stellt man sich vor, daß heute ein Produkt wie etwa ein Auto aus über 500 Einzelteilen besteht, die im Schnitt aus mehr als 30 Ländern stammen, dann wird deutlich, daß das Konzept des Umweltraumes nicht praktikabel ist. (Die Frage, wie man den Welthandel unter dem Gesichtspunkt der Nachhaltigkeit bewerten kann, wird in Kapitel 7 noch eingehend behandelt.)

Die zunächst einleuchtende Lösung, Umwelträume naturwissenschaftlich zu bestimmen und auf dieser Basis maximale Nutzungsraten abzuleiten, halten wir aus den genannten Gründen für methodisch fragwürdig und inhaltlich wenig ergiebig. Probleme ergeben sich auch mit dem Grundsatz, daß jedem Menschen das gleiche Recht auf Naturverbrauch zukommen soll, auch wenn diese Annahme auf den ersten Blick einleuchtend und sicherlich unter ethischen Gesichtspunkten gerechtfertigt ist. Denn warum sollten einige Menschen ein größeres Anrecht auf den Ge- oder Verbrauch von Natur beanspruchen als andere?

In der Tat gehen die meisten Philosophen und Ethiker, die sich mit der Frage nach der Verteilungsgerechtigkeit beschäftigt haben, von der Maxime der Gleichverteilung als Grundorientierung aus. Dann aber fragen sie sich, welche Umstände eine Abweichung von der Gleichverteilung rechtfertigen würden. Man kann sich dieses Problem recht eindrücklich durch ein Gedankenexperiment veranschaulichen, das dem bekannten Philosophen J. Rawls zu wichtigen Einsichten verholfen hat. Man stelle sich vor, alle Menschen wären vor ihrer Geburt in einer Art Vorhimmel versammelt und hätten die Aufgabe, ein gerechtes Verteilungssystem zu schaffen. Keiner weiß aber im voraus, in welche Familie und in welche Nation er hineingeboren werden wird. Jeder von ihnen könnte möglicherweise in der Kaste der Unberührbaren in Indien, in den Slums von Sao Paulo oder in der Geldaristokratie der USA landen. Da es wesentlich mehr arme und unterdrückte Menschen auf der Erde gibt als reiche und mächtige, ist die Wahrscheinlichkeit für die Personen im Vorhimmel groß, eher zu den Verlierern im Verteilungspoker zu gehören (sofern die bestehenden Verteilungsverhältnisse zugrunde gelegt werden). Insofern würden sich wohl die meisten Personen im Vorhimmel für eine Gleichverteilung aller Ressourcen entscheiden. Rawls macht aber darauf aufmerksam, daß es eine Reihe von Ausnahmen geben kann, bei denen die beteiligten Personen von der Gleichverteilung abweichen würden. Könnte beispielsweise einer nachweisen, daß eine ungleiche Verteilung von Ressourcen (etwa daß ein Manager mehr verdient als der Arbeiter) dem langfristigen Wohlergehen desjenigen, der unter dieser ungleichen Verteilung am stärksten leidet, mehr Nutzen bringt als die Gleichverteilung, dann wird auch dieser (und damit jeder) der ungleichen Verteilung zustimmen. Rawls beschreibt eine Fülle von weiteren Fällen, die eine Abweichung von der Gleichverteilung sinnvoll erscheinen lassen und auch von denen letztlich akzeptiert werden, die im strengen Sinne die Leidtragenden der Ungleichheit wären[6].

Diese Beispiele lassen sich in verschiedene Klassen unterteilen. In der Nachfolge von Rawls hat Peyton Young, ein Philosoph, der sich überwiegend mit Fragen der Umweltethik beschäftigt, den Versuch einer Klassifikation von gerechtfertigten Abweichungen vom Prinzip der Gleichverteilung unternommen. Nach Young gibt es neben der Gleichverteilung drei Typen von legitimen Rechtfertigungsformen für Ungleichheit[7]:

- Verteilung nach Bedürfnis (jeder erhält das, was er braucht),
- Verteilung nach Leistung (jeder erhält das, was er verdient),
- Verteilung nach Zuschreibung (jeder erhält, was die Gesamtheit der Nutznießer für angemessen und gerecht ansieht).

In modernen Gesellschaften werden alle diese Gerechtigkeitspostulate parallel angewandt. Die monetäre Entlohnung ist weitgehend leistungsorientiert, die Sozialhilfe bedürfnisorientiert, die Verteilung öffentlicher Güter ist an der Gleichverteilung ausgerichtet und das Eigentumsrecht basiert auf

Verteilungsgesichtspunkten der Zuschreibung. In ähnlicher Weise kann auch das Prinzip der Verteilungsgerechtigkeit bei Elementen des Naturkapitals diskutiert werden. Wenn wir uns im folgenden auf das Naturkapital beschränken, so bedeutet das nicht, Verteilungsgerechtigkeit sei dort wichtiger oder grundlegend anders zu beurteilen als bei der Verteilung von künstlichem Kapital. Sofern Güter knapp sind, stellt sich immer die Verteilungsfrage. Auch Häuser, Autos, Fahrräder oder Computer bzw. das Kaufkraft schaffende Einkommen, das dahintersteht, müssen auf die Vielzahl der potentiellen Nutzer nach irgendeinem Gerechtigkeitsprinzip verteilt werden.

Uns geht es an dieser Stelle aber vorrangig um die Bestandteile des natürlichen Kapitals. Aus welchen Gründen erscheint eine Gleichverteilung von natürlichen Ressourcen und Gütern wenig sinnvoll oder sogar ungerecht? Zum ersten läßt die Gleichverteilung von Naturgütern außer acht, daß sich die natürlichen, wirtschaftlichen und sozialen Bedingungen von Kontinent zu Kontinent und von Region zu Region wesentlich unterscheiden und viele Ressourcen und natürliche Senken nicht teilbar sind. Welchen Sinn macht es beispielsweise, in einem Bundesland wie Baden-Württemberg den Wasserverbrauch drastisch zu senken, obwohl Wasser reichlich zur Verfügung steht und es Möglichkeiten gibt, diese Ressource nachhaltig zu nutzen, ohne umfangreiche Einsparungsstrategien einzuleiten. Ein Bewohner des wasserarmen Sahel zieht im Fall dieser erneuerbaren Ressource keinen Nutzen aus dem Verzicht aller Bürger aus Baden-Württemberg. Ein reduzierter Wasserverbrauch in unseren Regionen hätte keinerlei Einfluß auf die gefährdete Regenerationsfähigkeit fossiler Grundwasservorräte in Afrika. Das in Baden-Württemberg eingesparte Wasser Tausende von Kilometer weit zu transportieren ist – zumindest unter heutigen Bedingungen – nicht sinnvoll.

Ebensowenig macht es Sinn, jemandem, der in einer klimatisch gemäßigten Zone lebt, die gleichen Anteile an Energie zuzubilligen wie jemandem, der in einer extremen Zone mit heißen Sommern und kalten Winter wohnt. Die Maxime der Verteilung nach Bedürfnissen macht hier wesentlich mehr Sinn als die Maxime der Gleichverteilung. Schließlich besteht die Möglichkeit, daß eine gleichmäßige Aufteilung pro Kopf den schon jetzt für Umwelt und Sozialwesen bedrohlichen Bevölkerungsanstieg noch weiter anheizen könnte. Dann würde die wortgetreue Umsetzung des Gleichheitsgrundsatzes für alle Menschen das Ziel der Nachhaltigkeit unter Umständen sogar konterkarieren.

Bei einem Blick auf die künstliche Kapitalseite und damit auch auf die Einkommensseite wird zudem deutlich, daß eine Gleichverteilung von Einkommen weltweit weder jemals existiert hat, noch von irgend jemandem

Kostbare Ressource Wasser: Viele Länder der Erde sind von Wasserkrisen gekennzeichnet. Die Bedingungen eines nachhaltigen Umgangs mit Wasser variieren regional.

ernsthaft in Erwägung gezogen wird. Der Blick in die Geschichte der Ungleichheit zeigt, daß die Hoffnung auf Gleichverteilung der Ressourcen auf die Menschen wenig Chancen auf Verwirklichung haben wird. Natürlich kann man nicht von der Ist-Situation auf das moralisch Gebotene schließen. Es gilt aber auch zu bedenken, ob nicht die Aussicht auf Gewinn und hohes Einkommen schon immer eine wichtige Triebfeder für Innovationen und effiziente Nutzung von Ressourcen gewesen ist und weiterhin ihre Anreizfunktion ausüben wird. Gerade Effizienzgewinne und Innovationen werden aber als Mittel der Reduktion des heutigen Naturverbrauchs dringend benötigt. Entlohnung nach Leistung ist in einer Welt knapper Güter und konkurriender Wirtschaftssysteme durch kaum ein anderes System zu ersetzen.

Die Pro-Kopf-Zuteilung von Nutzungs- und Verschmutzungskontingenten wird auch deshalb kritisiert, weil einige Autoren wohl zu Recht vermuten, daß die Umsetzung dieses Modells nur mit Zwangsmitteln und durch bürokratisierte Zuteilungsmaßnahmen erreicht werden kann[8]. Daß die Mehrheit der Menschen freiwillig auf Gewohntes und selbstverständlich Gewordenes verzichtet, erscheint unrealistisch und dürfte auch in Zukunft nicht absehbar sein. Verzicht gegen den Willen der Betroffenen mit scharfen Maßnahmen und durchgreifenden Verboten zu erzwingen, kann mit der Idee der

Nachhaltigkeit, die ja den Erhalt humaner Lebensbedingungen postuliert, ebenfalls nicht kompatibel sein. Deshalb bleibt die Frage, inwieweit bestimmte Zielvorstellungen durch legitime Maßnahmen im Rahmen demokratischer Willensbildung vollständig umgesetzt werden können (vgl. Kapitel 5).

Unserer Meinung nach sind weder das Konzept des Umweltraumes noch die Forderung nach einer Gleichverteilung der Umweltgüter auf alle Menschen für ein globales Nachhaltigkeitskonzept konstitutiv. Gleichzeitig gilt aber auch, daß sich das Beharren auf den heute gegebenen Besitzständen in bezug auf das natürliche Kapital durch keines der vier Gerechtigkeitsprinzipien von Young rechtfertigen läßt und darüber hinaus einen vernünftigen Umgang mit Ressourcen sowie die gewünschte Schonung der Umwelt gefährdet.

3.3 Zielkonflikte zwischen inter- und intragenerationaler Gerechtigkeit

Der Beitrag zur Zerstörung des weltweit vorhandenen natürlichen Kapitals durch einen einzelnen Menschen hängt heute ganz entscheidend davon ab, auf welchem Teil der Erde dieser sein Leben verbringt. Auch wenn im Zuge der zunehmenden Industrialisierung die Wachstumsraten der Nutzung von Natur als Quelle und Senke in den Entwicklungsländern im Aufwärtstrend liegen und insbesondere Schwellenländer – etwa im asiatischen Raum – in dieser Hinsicht kräftig aufholen, hat die offensichtliche Ungleichverteilung der Nutzungsansprüche Konsequenzen auf die Umsetzung von Nachhaltigkeit. Vor diesem Hintergrund nämlich werden Zweifel an einem einseitig orientierten Zukunftsmodell der Nachhaltigkeit formuliert, das vor allem auf die Bedürfnisse der entwickelten Länder abstellt und den Handlungsbedarf in weniger entwickelte Regionen abschiebt. Daß es aber insbesondere in der Verantwortung des Nordens liege, die global wirksame Zerstörung von Natur zu verhindern, haben Politiker und Wissenschaftler aus dem Süden auch in jüngster Vergangenheit immer wieder gefordert.

Mit all diesen Überlegungen und Differenzierungen sind wir aber in der Frage nach der Wahl des Referenzniveaus für die Lebensqualität keinen Schritt weitergekommen. Wenn weder die Gleichverteilung aller Ressourcen auf alle Menschen noch der Status quo als Verteilungsschlüssel befriedigen, was dann? Auch hier greifen wir wieder auf eine pragmatische Lösung zurück. Es wäre illusorisch anzunehmen, man könnte ein Niveau der

Lebensqualität bestimmen, das sowohl die intergenerationale als auch die intragenerationale Gerechtigkeit in gleichem Maße simuliert. Welche der legitimen Gerechtigkeitspostulate für welche Ressourcennutzung eingesetzt und wie die Ressourcen dann auf die einzelnen Länder verteilt werden sollen, läßt sich nicht von vornherein und nicht am grünen Tisch festlegen. Vielmehr gehen wir von zwei pragmatischen Gesichtspunkten aus: Zum einen sollen die Länder Souveränität über die Ressourcen besitzen, die in ihrem eigenen Gebiet liegen. Ob sie diese nachhaltig nutzen wollen oder nicht, ist und bleibt ihre Entscheidung. Wenn Industrieländer wie Deutschland der Nachhaltigkeit einen großen Stellenwert einräumen, so muß das nicht für bestimmte Entwicklungs- und Transformationsländer im Süden und Osten in gleicher Weise gelten. Leitbilder von Entwicklung und Lebensgestaltung lassen sich nicht einfach von einem Ort zum anderen verpflanzen. Entwickeln heißt sich verbessern und stellt auf Fortschritte in vielen Bereichen von Wirtschaft, Politik und Sozialwesen ab. Die Entscheidung, Nachhaltigkeit anzustreben oder nicht, hängt davon ab, welche Prioritäten man setzt. Weil sich die präferierten Konsumstile und die Denk- und Verhaltensweisen weltweit unterscheiden, stellt Nachhaltigkeit immer nur ein gesellschaftliches Ziel unter vielen dar, das selbstverständlich im Konflikt zu anderen wünschenswerten Zielen stehen kann.

Zum zweiten müssen bei dem Verbrauch natürlicher Ressourcen oder bei der Nutzung der Umwelt als Senke für Emissionen und Abfälle, deren Auswirkungen über die Grenzen des eigenen Landes hinausgehen, gerechte Verteilungsstrukturen bzw. Transferzahlungen festgelegt werden. Was hier im einzelnen gerecht heißt, läßt sich schwer ermitteln oder aus einem der Gerechtigkeitspostulate schlüssig ableiten. In unserem Konzept gehen wir davon aus, daß solche Verteilungsschlüssel in internationalen Verhandlungen festgeschrieben und für alle Unterzeichnerstaaten als verbindlich angesehen werden. In diese Rubrik fallen beispielsweise wichtige globale Umweltverträge wie der weltweite Produktionsstopp von bestimmten Fluorchlorkohlenwasserstoffen, die geplanten Reduktionen des Ausstoßes von Kohlendioxid und anderen Treibhausgasen, die geplanten Kompensationen für durch grenzüberschreitende Emissionen verursachte Umweltschäden sowie die internationalen Vereinbarungen zum Schutz der biologischen Vielfalt[9].

Wenn man, wie in unserem Konzept vorgesehen, von einer gegebenen Lebensqualität in einem entwickelten Land ausgeht, dann sind für die weiteren Überlegungen zur Nachhaltigkeit zwei Korrekturen notwendig. Alle Elemente der Lebensqualität, die sich auch bei größter Anstrengung zur Substitution oder Modifikation nicht auf die kommenden Generationen fortschreiben lassen, müssen als erstes vom Referenzniveau „Status quo" entfernt werden. Zum zweiten müssen alle geltenden und geplanten Verpflichtungen zur gerechteren Verteilung von natürlichen Ressourcen und zur Reduktion von grenzüberschreitenden Umweltbelastungen für das Referenzniveau berücksichtigt werden. Auf diese Weise ergibt sich eine „gereinigte" Ausgangslage, die gemäß unseres Konzeptes auch für die kommende Generation als Angebot erhalten bleiben muß. Diese „gereinigte" Ausgangslage setzt unter Umständen den heutigen Verzicht auf das Ausleben bestimmter Arten der Bedürfnisbefriedigung voraus (vgl. hierzu die Überlegungen zu Suffizienz in Kapitel 4).

Wird damit nicht die bestehende Ungerechtigkeit in der Verteilung von Nutzungsmöglichkeiten für alle Zeiten zementiert? In der Tat ist es richtig, daß wir mit den beiden Korrekturen am bestehenden Wohlfahrtsniveau der Industrieländer die Schere in der Einkommensverteilung zwischen Nord und Süd nicht nennenswert werden schließen können. Nicht, daß wir diesen Zustand begrüßen würden oder ihn sogar noch mit der Legitimation der Nachhaltigkeit rechtfertigen wollen, wir sind nur der Meinung, daß die gerechte Einkommensverteilung zwischen Nord und Süd als eigenständiger Zielbereich aufgefaßt werden soll, der teils im Einklang, teils im Konflikt mit der Nachhaltigkeit im Sinne intergenerationaler Gerechtigkeit steht.

An dieser Stelle müssen wir zugeben, daß wir in der Frage der Kopplung von intergenerationaler und intragenerationaler Gerechtigkeit mit unserer Auffassung fast alleine stehen. Sowohl der Brundtlandt-Bericht als auch die meisten anderen Abhandlungen zur Nachhaltigkeit gehen von der Annahme aus, daß eine gerechtere Einkommensverteilung weltweit auch eine gerechtere Verteilung der Lebenschancen für die kommenden Generationen bedingen würde. Je ausgeglichener die Einkommensverteilung, desto größer die Chance, daß künftige Generationen an der Nutzung von Natur und Umwelt angemessen beteiligt werden, lautet die verbreitete Argumentation.

In der Tat ist es richtig, daß viele Umweltprobleme durch Armut und wirtschaftliche Miseren verursacht oder zumindest verschlimmert werden[10]. In vielen Entwicklungsländern werden zum Beispiel rund um die Städte auch die letzten Sträucher und jungen Bäume herausgerissen, weil sie als Brennholz dienen können und andere Brennstoffe unerschwinglich sind. Nach Schätzungen der Organisation für Ernährung und Landwirtschaft der Vereinten Nationen (FAO) deckten 1980 ca. 1,4 Milliarden Menschen in Entwicklungsländern ihren Energiebedarf durch das Abschlagen von Holz in ihrer Umgebung, bei anhaltendem Trend sollen es im Jahr 2000 2,4 Milliarden Menschen sein[11]. Die Zerstörung der Vegetation leistet aber der weltweit zunehmenden Versteppung und Verwüstung Vorschub. Viele Landstriche sind aufgrund der Entwaldung für Jahrzehnte, wenn nicht sogar Jahrhunderte verloren, d.h. sie stehen auch den künftigen Generationen nicht mehr zur Verfügung.

Zweites Beispiel: Aufgrund des Bevölkerungsdrucks weichen immer mehr Menschen in Gebiete aus, in denen die natürlichen Bedingungen eine landwirtschaftliche Nutzung eigentlich nur begrenzt ermöglichen. Die wirtschaftliche (Über-)Nutzung solcher sogenannten „marginalen" Flächen bedeutet nicht nur eine Gefährdung der langfristigen Produktivität der jeweils neu erschlossenen Flächen, sondern auch eine Bedrohung der schon seit Jahrhunderten landwirtschaftlich genutzten Areale. Denn oftmals sind Verwüstung oder erosionsbedingte Überschwemmungen die Folge der unan-

Mitursache der Entwaldung in den Entwicklungsländern ist der aus Bevölkerungswachstum und Armut resultierende Druck auf die ländliche Bevölkerung.

gepaßten Landnutzung in Gebieten, die eigentlich als Pufferzonen wichtige Funktionen zum Erhalt der bereits kultivierten Flächen haben. Die Expansion führt also zur einer zusätzlichen Zerstörung der bereits in der Vergangenheit genutzten Flächen. Den Menschen bleibt dann oftmals nur der Ausweg der Landflucht, was wiederum zu einer verstärkten Verelendung in den Städten beiträgt[12].

Das Problem besteht allgemein darin, daß bei großem Handlungsdruck Teile der Bevölkerung gezwungen sein können, kurzfristige Überlebensstrategien zu ergreifen, die aber langfristig gesehen äußerst bedenklich sind. Beeinträchtigungen der Umwelt durch Überweidung, Brandrodung, Bodenerosion und Verstädterung sind solche typischen armutsbedingten Umweltbelastungen. Nicht fehlendes Zukunftsbewußtsein, sondern mangelnde Alternativen führen in vielen Fällen dazu, daß die Nachhaltigkeit auf der Strecke bleibt[13].

Folgt daraus nicht, daß eine gerechtere Einkommensverteilung zwischen arm und reich zu einer verringerten Umwelt- und Naturbelastung führen müßte? Diese Frage ist nur dann positiv zu beantworten, wenn der Transfer von Einkommen von den reichen zu den armen Ländern global gesehen die Umweltbelastungen verringern würde. Ob diese Annahme realistisch ist, kann zumindest bezweifelt werden. Jede Mark, die wir in Deutschland an die Entwicklungsländer überweisen, müßte dort die Umwelt mehr entlasten, als wenn wir sie in Deutschland ausgeben würden. Diese Annahme wird aber nicht automatisch erfüllt sein. Allein mit einem Einkommenstransfer von Nord nach Süd stellt sich nicht zwangsläufig mehr Nachhaltigkeit ein, auch wenn dies von vielen Experten und Politikern immer wieder behauptet worden ist. Wenn man den gegebenen Kuchen gerechter unter allen aufteilt, heißt das noch lange nicht, daß genügend Stücke für die Nachwelt übrigbleiben. Natürlich können die Industriestaaten darauf drängen, daß Umweltbedingungen an den Transfer von Einkommen geknüpft werden oder daß zweckgebundene Zahlungen erfolgen, etwa in der Art, daß mit Hilfe der Gelder emissionsreduzierende Maßnahmen durchgeführt werden müssen. Abgesehen davon, daß viele Entwicklungsländer eine solche Zweckbindung als Anmaßung der Industrieländer ansehen[14], ist der Transfer dann auch kein primäres Mittel zur Einkommensangleichung, sondern ein Beitrag zum globalen Umweltschutz. Entscheidend für den Effekt des Einkommenstransfers auf die Nachhaltigkeit ist nicht allein daß, sondern auf welche Weise Armut bekämpft wird. Das hängt vor allem auch damit zusammen, daß nicht die Armut als solche die Ursache für umweltschädliches Verhalten darstellt, sondern die Art und Weise, wie die Betroffenen auf bestehende Mißstände reagieren. Für die Nettoeffekte in bezug auf Nachhaltigkeit ist stets entscheidend, wie die jeweils überlassenen Mittel verwendet werden und welches die Präferenzen der Empfängerländer sind. Nur mit zweckgebundenen Transferzahlungen für Umweltmaßnahmen können positive Auswirkungen auf die Umwelt sichergestellt werden. Wenn also gerechtere Verteilung einen positiven Effekt auf die Umwelt auslösen soll, dann ist entweder ein Transfer von umweltschonender Technologie oder von zweckgebundenen Geldleistungen notwendig.

So wünschenswert es einem auch erscheinen mag, mit der Forderung nach Nachhaltigkeit zwei Fliegen mit einer Klappe zu schlagen, die Realität sieht anders aus: Schonende Umweltnutzung und gerechte Verteilung von Umweltnutzungsrechten stehen häufig im Konflikt zueinander. Aus diesem Grunde wollen wir das Konzept der Nachhaltigkeit im Sinne der intergenerationalen Gerechtigkeit von dem Konzept der Verteilungsgerechtigkeit zwischen den Nationen und Regionen trennen. Dabei geht es nicht darum, das eine Konzept gegen das andere auszuspielen, sondern die auftretenden Zielkonflikte klar zu erkennen und aus dieser Erkenntnis heraus Strategien und Vorschläge zu entwickeln, die beide Ziele der Gerechtigkeit so weit wie möglich anstreben. Soziale Gerechtigkeit bleibt ein wünschenswertes Ziel, selbst wenn es sich nicht mit dem Ziel der intergenerationalen Gerechtigkeit verträgt. Warnen möchten wir allerdings vor der „Friede, Freude, Eierkuchen“ Vorstellung, die den intuitiv so eingängigen Zusammenhang zwischen nachhaltiger Naturnutzung und Gerechtigkeit unter den Menschen als gegeben hinnimmt. Auch das hehre Ziel Nachhaltigkeit steht mit anderen ebenfalls wertvollen Zielen im Konflikt. An der Notwendigkeit, zwischen ethisch hochwertigen Zielen eine Abwägung zu treffen, kommen wir nicht vorbei.

3.4 Ist alles eine Frage der Bevölkerungsentwicklung?

Wie ein Multiplikator bestimmt die Bevölkerungszahl den durch den Menschen verursachten Gesamteinfluß auf Umwelt und Natur. Global gesehen trägt eine Verringerung des Bevölkerungswachstums zur Verringerung der absoluten Nutzung von natürlichem Kapital als Quelle und Senke bei. Je mehr Menschen auf der Welt leben, desto mehr Güter und Dienstleistungen werden produziert und desto mehr Verzehr und Zerstörung natürlicher Ressourcen finden statt. Damit sich Armut, Bevölkerungswachstum und die Zerstörung lokaler Ressourcen nicht gegenseitig verstärken, darf eine Bevölkerungspolitik, die sich zum Ziel setzt, die Geburtenzahlen in Ländern mit großem Bevölkerungsdruck zu dämpfen, in der Diskussion um Nachhaltigkeit kein Tabu mehr sein. Angebote zur Familienplanung in Kombination mit sozialem Ausgleich, Alphabetisierungskampagnen und der Schaffung von Arbeitsmöglichkeiten gehören vor allem in den ärmsten und bevölkerungsreichsten Entwicklungsländern zu einer Strategie in Richtung Nachhaltigkeit. Nur wenn die Existenz der Eltern ökonomisch und sozial abgesichert ist und religiöse Anschauungen und kulturelle Gebote nicht verletzt werden, haben Strategien zur Verminderung von Geburten echte Aussichten auf Erfolg.

Ein globales Konzept zur Erreichung der Nachhaltigkeit kann nicht darin bestehen, daß in den Industrieländern für bevölkerungspolitische Maßnahmen in geburtenstarken Ländern geworben und gleichzeitig der eigene Produktions- und Konsumstil beibehalten wird. Solange die Vertreter des Südens in den Industriestaaten keine echten Anstrengungen in Richtung eines ökologischen Strukturwandels ausmachen können, stehen sie Modellen zur Lösung von internationalen und globalen Umweltproblemen kritisch entgegen, die einseitig bei der Lebensweise in den Entwicklungsländern ansetzen. In der Klimapolitik zum Beispiel, wo die Reduzierung der weltweiten Schadstoffemissionen das Ziel ist, bezieht sich die Skepsis in den Entwicklungsländern auf ein Instrument, das im Fachjargon „Joint Implementation" (deutsch: gemeinsame Umsetzung) genannt wird: Die Industrieländer können ein festgelegtes Soll beim globalen Umweltschutz erfüllen, indem sie – statt im eigenen Land zu investieren – Maßnahmen in einem Entwicklungsland finanzieren. Für diesen „Freikauf" von einer Verpflichtung zur Emissionsreduzierung im eigenen Land spricht, daß die Reduktion von Umweltbelastungen in Entwicklungsländern zu geringeren Kosten als in den Industrienationen möglich ist. Mit demselben Einsatz finanzieller Ressourcen können auf diese Weise vergleichsweise größere Erfolge für die Umwelt erreicht werden. Kritische Stimmen vor allem aus den Entwicklungsländern selbst sehen aber in dieser Strategie einen „Ablaßhandel" für den verschwenderischen Lebensstil des Nordens. In den Augen der Kritiker ist das Instrument der Joint Implementation eine einfache Möglichkeit für die Industrieländer, sich vor einer Umgestaltung der eigenen Produktion und des eigenen Konsums zu drücken und gleichzeitig Druck auf die Entwicklungsländer auszuüben[15].

Die Industrienationen sollten unserer Meinung nach die Realisierung von Nachhaltigkeit beispielhaft vorleben und gleichzeitig die Entwicklungsländer in deren Streben nach besserer Lebens- und Umweltqualität unterstützen. Prinzipiell sollte diese Unterstützung auch nicht daran geknüpft sein, ob in den Geberländern ein direkter Nutzen entsteht. Wenn die jeweiligen kulturellen, sozialen und ökologischen Gegebenheiten beachtet werden, kann insbesondere der Transfer von umweltschonenden Technologien ein wichtiger Beitrag für eine globale Nachhaltigkeitspolitik sein[16].

3.5 Schlußfolgerungen für ein pragmatisches Konzept der Nachhaltigkeit

Weder die Zuteilung von Pro-Kopf-Rechten noch der Versuch über reine Einkommensumverteilung Umweltentlastungen zur erreichen, sind realistische und angemessene Strategien für die Erreichung von Nachhaltigkeit. In den entwickelten Industriestaaten wie in den Entwicklungsländern können im Rahmen von Entwicklungsstrategien Zielkonflikte in bezug auf Nachhaltigkeit entstehen. In dem von der Industrialisierung geprägten Teil der Welt stellt sich die wichtige Frage, ob weitreichende Umweltverträglichkeit und die Beibehaltung des jetzigen Lebensstandards gleichzeitig erreichbar sind. Dort wo die Industrialisierung noch nicht so weit entwickelt ist und wo fehlende Kaufkraft, medizinische Unterversorgung und schlechter Bildungsstand für breite Teile der Bevölkerung charakteristisch sind, können politische Lösungen in diesen dringenden Problemfeldern unter Umständen mit der Sicherung der Lebensgrundlagen für die nächste Generation unvereinbar sein.

Bei so viel Unabwägbarkeit ist das folgende Konzept der Nachhaltigkeit eine maximale mögliche Klammer, die weltweit Geltung beanspruchen kann: Für Industrieländer bedeutet Nachhaltigkeit, den „bereinigten" Status quo in der Lebensqualität auch als Angebot für die zukünftigen Generationen zu bewahren. Für Entwicklungsländer gilt, daß sie im Rahmen ihrer Entwicklungsziele ein Niveau der Lebensqualität anstreben, das unter der Prämisse eines freien Zugangs zum internationalen Handel und der weiteren technischen und finanziellen Unterstützung durch die Industrieländer eine dauerhafte Nutzung der gegebenen Ressourcen und der Umwelt als Senke erlaubt. Bevölkerungspolitische Maßnahmen gehören in geburtenstarken Ländern zu den Strategien für die Erreichung von Nachhaltigkeit. Die Gegenüberstellung dieser beiden Konkretisierungen des allgemeinen Nachhaltigkeitspostulats macht deutlich, daß es kein universelles Konzept, vor allem kein allgemeingültiges operationales Konzept zur Nachhaltigkeit geben kann. Auch deshalb haben nationale, regionale und lokale Ansätze zur Umsetzung von Nachhaltigkeit große Bedeutung. Die Verbreitung des Konzeptes Nachhaltigkeit sollte auf einer freiwilligen Vernetzung nachhaltiger

Regionen und Nationen und auf der Basis einer intensiven Zusammenarbeit im Rahmen internationaler Organisationen und Akteursgruppen beruhen. Auch eine Entwicklungszusammenarbeit auf partnerschaftlicher Basis, die Armutsbekämpfung und Umweltbelange integriert, kann hier wertvolle Beiträge leisten. In diesem Zusammenhang kann die zunehmende Bedeutung des Umweltschutzes in der deutschen Entwicklungspolitik auch durchaus als positiv bewertet werden. Insgesamt ist die Summe der Hilfsgelder aus den Industrieländern aber rückläufig und das bereits in den 70er Jahren aufgestellte und auf der Umweltkonferenz in Rio 1992 bekräftigte Ziel, den Anteil der Entwicklungshilfe am Bruttoinlandsprodukt bei 0,7 Prozent zu halten, wird von den meisten Industrieländern nicht erreicht. In Deutschland lag 1996 der Anteil der Entwicklungshilfe am Bruttoinlandsprodukt bei 0,33 Prozent[17].

Die gleichzeitige Berücksichtigung ökologischer, ökonomischer und sozialer Belange, die in der Nachhaltigkeitsdiskussion immer wieder gefordert wird, impliziert nicht, daß im Rahmen der Umsetzung von Nachhaltigkeit alle drei Zielkomponenten gleichermaßen zufriedenstellend erfüllt werden können. Man kann nicht drei, zum Teil widerstrebende Ziele gleichzeitig optimieren. Eine Idealisierung des Dreiklangs von ökologischer, ökonomischer und sozialer Nachhaltigkeit hilft wenig, wenn es darum geht, konkrete Strategien zu entwickeln. Die Verwirklichung der Vision von einer Entwicklung, die der jeweils kommenden Generation gleiche Optionen erhält, räumt nicht alle bestehenden Zielkonflikte aus und wird auch einzelne Verlierer kennen müssen. Insofern stellen Umsetzungskonzepte keine Universalrezepte dar, mit deren Hilfe man die gesamte Bandbreite gesellschaftlicher Probleme lösen kann.

Das Konzept der Nachhaltigkeit sollte unserer Meinung nach nicht überfrachtet werden. Wenn Nachhaltigkeit alles umfassen soll, was gut, edel und erhaltenswert ist, verliert das Konzept an Überzeugungskraft und wird das gleiche Schicksal erleiden wie viele andere Modebegriffe, die im Verlauf der Zeit völlig sinnentleert wurden. Unser Konzept der Nachhaltigkeit geht deshalb davon aus, daß die Elemente des natürlichen Kapitalbestandes bewahrt werden sollen, die zur Aufrechterhaltung der Lebensqualität künftiger Generationen notwendig sind. Nicht mehr, aber auch nicht weniger! Nachhaltigkeit als ein gesellschaftliches Ziel unter vielen steht nach dieser Konzeption in ständiger Konkurrenz zu anderen Zielen, wie Wirtschaftsverträglichkeit oder Sozialverträglichkeit und kann auch mit der Forderung nach globaler Verteilungsgerechtigkeit, wie oben dargelegt, im Zwiespalt stehen. Alle diese Zielkonflikte bereits auf der Zielebene zu betrachten und zu berücksichtigen, überfordert jedes operationale Konzept und würde bestenfalls zu trivialen Einsichten führen. Aus diesem Grunde halten wir es für sinnvoll, zunächst nach Maßnahmen zu suchen, die den von uns (als eng) definierten Zielen der Nachhaltigkeit entsprechen. Bei der Frage der Bewertung dieser Maßnahmen müssen dann andere, konfligierende Ziele parallel berücksichtigt und in die Abwägung aufgenommen werden. Ist eine bestimmte Maßnahme aus anderen Zielüberlegungen heraus nicht zu empfehlen, dann müssen entweder neue Maßnahmen entworfen oder aber in einem politischen Prozeß Zielprioritäten festgelegt werden. Alles auf einmal wird man niemals erreichen können.

4. Der Weg in die Nachhaltigkeit

4.1 Leitlinien für den Umgang mit Natur: Regeln für das Ressourcenmanagement

Wer zum ersten Male einen schwierigen Berg ersteigen will, braucht nicht nur einen Plan für den Aufstieg. Der Erfolg einer Bergbesteigung hängt nur zum einen von den Bedingungen auf der Wegstrecke ab, zum anderen von den Fähigkeiten der Bergsteiger, bestimmte Grundregeln und Techniken zu kennen und zu beherrschen. Orientierung und Fortbewegung im alpinen Gebiet setzen voraus, daß man zum Beispiel bestimmte Gehtechniken anwenden kann und weiß, wie man Gefahrensituationen vorbeugend ausweicht. Richtiges bergsteigerisches Verhalten im Sinne des Kennens wichtiger Grundregeln und deren Umsetzung am Berg ist ein wichtiger Schlüssel zum Erfolg.

Ähnlich sieht es auch mit den Schritten in eine nachhaltige Arbeits- und Lebensweise aus. Nachdem wir in den Kapiteln 2 und 3 einen generellen Plan zur Verwirklichung einer nachhaltigen Wirtschafts- und Gesellschaftsstruktur aufgestellt haben, werden in diesem Kapitel nun Regeln erläutert, an denen sich die verschiedenen Akteure orientieren können, um das angestrebte Ziel zu erreichen. Da die Nachhaltigkeit im wesentlichen durch unsere Wirtschaftsweise gefährdet ist, geht es überwiegend um Regeln für den Umgang mit der natürlichen Umwelt, im folgenden „*Managementregeln*[1]“ genannt. Die Regeln für das Management von Ressourcen umfassen idealtypische Vorschriften für ein nachhaltiges Produzieren und Konsumieren, um Fehltritte auf dem Pfad der Nachhaltigkeit zu vermeiden[2]. Darauf aufbauend lassen sich verschiedene *Strategien* für die Realisierung von Nachhaltigkeit in der Praxis formulieren. Diese beziehen sich auf technische und institutionelle Regelungen, sind besonders auf die Umsetzung umweltbewußten Verhaltens ausgerichtet oder haben kollektive Entscheidungsverfahren im Auge. Alle diese konkreten Ausgestaltungen der grundlegenden Managementregeln haben aber eines gemeinsam: Sie geben Verhaltensanweisungen, um von der aktuellen Verbrauchsstruktur an natürlichen Gütern, die, wie wir gesehen haben, dem Anspruch der Nachhaltigkeit nicht genügt, zu einer neuen Produktions- und Konsumstruktur zu kommen. Mit Hilfe der Managementregeln und den Vorschlägen zu deren Realisierung sollen die bestehenden Produktions-, Konsum- und Verhaltensmuster so verändert werden, daß Chancengleichheit zwischen heutigen und kommenden Generationen besteht.

Nachhaltige Entwicklung bedeutet, wie im zweiten Kapital deutlich wurde, daß die Quellen der Bedürfnisbefriedigung nicht reduziert oder qualitativ beeinträchtigt werden dürfen. Auf dieser Grundlage lassen sich als Orientierung für den Umgang mit der Natur fünf Managementregeln formulieren. Diese Regeln berücksichtigen, daß die natürlichen Ressourcen als Quelle und Senke vom Menschen in zweifacher Weise in Anspruch genommen werden und differenzieren zwischen erneuerbaren und nicht-erneuerbaren Ressourcen. In der folgenden Übersicht (Abbildung 4.1) werden zunächst alle fünf Managementregeln dargestellt. Es folgen dann Erläuterungen zu den einzelnen Regeln.

Abbildung 4.1: Fünf Regeln für das Ressourcenmanagement

1. Generelle Grundregel: Substitutionsgebot von natürlichem und künstlichem Kapital. Jeder Verbrauch natürlichen Kapitals muß durch eine entsprechende Erhöhung des künstlichen Kapitals ausgeglichen werden, so daß die Lebensqualität der kommenden Generation (unter Beachtung der Notwendigkeit, die Lebensqualität der heute noch unterentwickelten Länder zu erhöhen) zumindest gleichbleibt.

2. Management für nicht-erneuerbare Rohstoffe: Erhalt der Nutzenfunktionen. Die nicht erneuerbaren natürlichen Ressourcen sind so weit zu schonen, daß ihr Nutzenpotential auch kommenden Generationen noch zur Verfügung steht.

   2a. Nicht erneuerbare Energieressourcen können so lange genutzt werden, so lange eine der drei folgenden Fragen mit Ja beantwortet werden kann:

   (a) Entspricht die Summe der ausgebeuteten Rohstoffe der Summe der zum jeweiligen Zeitpunkt noch zusätzlich erschlossenen Reserven oder der durch absehbare Know-how Verbesserungen zusätzlich wirtschaftlich gewinnbaren Ressourcen?

   (b) Entspricht die Summe der ausgebeuteten Rohstoffe dem Substitutionspotential durch erneuerbare (erste Priorität) oder nicht-erneuerbare (zweite Priorität) Energierohstoffe unter der Bedingung, daß das jeweilige vorhandene Dienstleitstungspotential (Wärme, Behaglichkeit, Mobilität, Kraft) erhalten bleibt[3]?

(c) Gleichen Effizienzsteigerungen bei der Umwandlung den Nutzenverlust durch die Ausbeutung der Rohstoffe aus?

2b. Nicht erneuerbare Rohstoffe, die nicht zur Energieumwandlung eingesetzt werden, können solange genutzt werden, wie sie mit vertretbarem wirtschaftlichem Aufwand wiederverwertet werden können; d.h. wie es gelingt, die Rohstoffe in einen zumindest teilweise geschlossenen Nutzungskreislauf zu überführen (Schließung von Stoffströmen).

3. Management für erneuerbare Rohstoffe: Regenerationsfähigkeit sicherstellen.
Für erneuerbare Ressourcen als Rohstoffquelle gilt, daß Inanspruchnahme und Regeneration in einem Gleichgewicht stehen müssen.

3a. Erneuerbare Rohstoffe und die Medien, die sie zu ihrem Wachstum benötigen (wie Boden oder Wasser) sollen nur in dem Maße genutzt werden, wie durch gezielte Eingriffe in das betreffende Ökosystem (bei nachwachsenden Ressourcen) oder durch Energiezufuhr ein langfristiges Gleichgewicht zwischen Verbrauch und Regeneration eintritt.

3b. Bei allen notwendigen Eingriffen in die Umwelt ist darauf zu achten, daß die Funktionsfähigkeit von Boden, Wasser und Biotop erhalten bleibt, damit man auch bei widrigen Umständen noch langfristig einen Ernteertrag erzielen kann.

4. Umweltnutzung als Senke: Assimilationsfähigkeit nicht überschreiten.
Im Fall der Natur als Senke gilt, daß die Selbstreinigungskraft der Ressource nicht überschritten werden soll.

4a. Belastungen der Umwelt sind dort kategorisch zu vermeiden, wo sie entweder mit Sicherheit menschliche Gesundheit schädigen oder den Erhalt von natürlichen Regelsystemen (Kontinuität der lebenswichtigen Kreisläufe wie Wasser, Kohlenstoff, Stickstoff u.a.) gefährden.

4b. Bei der Belastung der Umwelt durch anthropogene Schadstoffe ist folgende Prioritätenskala zu beachten:

1. Priorität: Vermeidung humantoxischer Substanzen.
2. Priorität: Vermeidung der Stoffe, die einen signifikanten Einfluß auf das globale Klima und die globalen Stoffströme haben.
3. Priorität: Vermeidung von Substanzen, die in überschaubaren Räumen öko-toxische Wirkungen auslösen.
4. Priorität: Reduzierung von Stoffen, die biologisch nicht abgebaut werden können.
5. Priorität: Reduzierung aller verbleibenden anthropogen ausgelösten Stoffströme.

5. Umgang mit der Natur: Wertschätzung auch jenseits der wirtschaftlichen Verfügbarkeit.
Jede Gesellschaft (oder auch Staatengemeinschaft) soll die Möglichkeit haben, im Konsens der Beteiligten Gegenständen aus der Natur einen immanenten Wert zuzuschreiben.

Regel 1 besagt, daß in jedem Falle ein Verbrauch von Natur durch eine verbesserte Ausstattung mit künstlichem Kapital ausgeglichen werden muß. Ist das nicht der Fall, sinkt die Wohlfahrt zwangsläufig. Eine nachhaltige Entwicklung ist damit ausgeschlossen. Diese erste Regel erscheint nur auf den ersten Blick relativ einfach und klar zu sein. Probleme bereiten aber all jene Fälle, in denen künstliches Kapital zwar aufgebaut wird, es aber unklar ist, ob dieses im Hinblick auf die Erhaltung der Lebensqualität gleich hoch zu bewerten ist wie der Verlust an Naturressourcen oder die Belastung der Natur mit Emissionen bzw. Abfällen. Für diese Abwägungsfrage geben die weiteren vier Managementregeln Hilfestellung.

Regel 2 gibt Hinweise, wie ein nachhaltiges Ressourcenmanagement bei nicht erneuerbaueren natürlichen Rohstoffen aussehen kann. Das Nutzungspotential, das beim Verbrauch von nicht-erneuerbaren Rohstoffen verlorengeht, muß durch zusätzliche Rohstoffunde, Substitution durch andere erneuerbare bzw. im Notfall auch nicht-erneuerbare Rohstoffe oder durch eine dem Verbrauch entsprechende Effizienzverbesserung ausgeglichen werden. Man kann sich das bildlich so vorstellen, daß jede Generation zu Beginn ein Faß mit einer endlichen Menge an nicht erneuerbaren Energie-Rohstoffen zur Verfügung hat. Diesem Faß entspricht eine bestimmte Nutzenmenge an Energiedienstleistung in Form von Wärme, Behaglichkeit, Mobilität oder Kraft. Diese Nutzenmenge darf sich im Verlauf des Verbrauchs des jeweiligen Rohstoffs nicht verringern. Die auf uns folgende Generation muß mindestens von der gleichen Nutzenmenge ausgehen können, wie wir sie selbst vorgefunden haben. Alles was dem Faß an Energiedienstleistung entzogen wird, muß also wieder nachgefüllt werden. Dabei kann das, was nachgefüllt wird, unterschiedliche Qualität annehmen: entweder nimmt man den gleichen Rohstoff, einen nutzenäquivalenten Ersatz oder man verbessert die Effizienz bei der Nutzung des vorhandenen Rohstoffs. Im ersten Fall füllt man das Faß mit neu entdeckten Reserven des jeweiligen Energierohstoffs, etwa Erdöl, auf (das war überwiegend die bisherige Praxis); im zweiten Falle kann man es entweder mit einem anderen erschöpflichen Energieträger (etwa Kohle) oder durch den Aufbau einer regenerativen Energieversorgung (etwa solare Energieanlage) sukzessiv ersetzen oder man kann im dritten Fall die Nutzeneffizienz (d.h. die Menge Energiedienstleistung pro Einheit Primärenergiestoff) so steigern, daß auch bei einer absolut kleineren Menge des Rohstoffes das gleiche Nutzenpotential verfügbar ist. Durch eine Verbesserung der Effizienz wird gewissermaßen eine Streckung der Vorräte erreicht. Menschliches Wissen ersetzt hier natürliches Kapital und wirkt sich ähnlich wie etwa die Entdeckung neuer Rohstofflager aus. Ein Beispiel stellt die Erhöhung des Wirkungsgrades bei Heizungsanlagen dar, in deren

Folge bestimmte gewünschte Temperaturen durch den Einsatz deutlich weniger fossiler Energieträger als zuvor erreicht werden können. In allen drei Fällen bleibt das Nutzungspotential an Energiedienstleistung für die jeweils folgende Generation gleich. Ist keiner der drei Fälle gegeben, dann muß auf die Nutzung der nicht erneuerbaren Ressource verzichtet werden. Regel 2b zielt auf die Wiederverwendung von Rohstoffen und die Schließung von Stoffkreisläufen ab. Hier muß beachtet werden, daß die erneute Verarbeitung von Rohstoffen natürlich dem zunehmenden Substanzverlust von Stoffen und Energie bei mehrfacher Nutzung unterworfen ist.

Regel 3 zielt auf die nachhaltige Nutzung erneuerbarer Ressourcen ab. Die Grenze der in Regel 3a betrachteten Eingriffe richtet sich nach der Regenerationsfähigkeit der betreffenden Ökosysteme. Genutzt werden soll nur derjenige Teil des natürlichen Kapitals, der vom existierenden natürlichen Kapitalbestand immer wieder bereitgestellt wird. Die nachhaltige Waldwirtschaft ist das beste Beispiel für die Einhaltung dieser Regel. Nur so viele Bäume dürfen geschlagen werden, wie neue nachwachsen. Die weitergehende Einschränkung in Regel 3b zielt auf eine Vermeidung von Raubbau ab. Die maximal mögliche Nutzung einer Ressource kann nämlich deren Grundbestand gefährden, wenn zusätzlich zur menschlichen Nutzung natürliche Streßfaktoren auftreten. Beide zusammen genommen können dann die Regenerationsfähigkeit und damit die Dauerhaftigkeit der Leistung dieser Ressource beeinträchtigen.

Die Entnahme der gesamten Menge des neu gebildeten Grundwassers zur Trinkwasserversorgung wäre zum Beispiel kritisch. Denn damit ein Ökosystem funktionsfähig bleibt, muß in der Regel ein Mindestbestand an Grundwasser erhalten bleiben. Die Entnahme zu großer Mengen kann zum Beispiel zur Folge haben, daß Quellen versiegen und Bäche austrocknen. Die jeweils zuträglichen Entnahmemengen müssen deshalb gebietsspezifisch ermittelt werden[4]. Eine beliebig lange Nutzbarkeit erneuerbarer Ressourcen ist also nur dann gegeben, wenn diese auch gegenüber Veränderungen ihrer Umwelt eine geringe Verwundbarkeit aufweisen. Veränderte äußere Bedingungen tragen unter Umständen zu einer schlagartigen Verringerung des Ertrages oder sogar dauerhaften Schädigungen bei. Diese Gefahr besteht zum Beispiel bei Monokulturen und anderen auf maximalen Ertrag ausgerichteten landwirtschaftlichen Produktionen. Man spricht im Zusammenhang mit der Erhaltung der Funktionsfähigkeit bei widrigen Bedingungen im Fachjargon von der „Resilienz“ bestimmter Ökosysteme[5].

Regel 4 ist besonders schwer umzusetzen, da niemand genau bestimmen kann, wie groß die Assimilationskraft von Umweltmedien wie Luft, Wasser und Boden ist und welche Ausmaße an Belastung gerade noch „naturverträglich" sind. Jede Nutzung von Natur als Senke verändert zwangsweise die Umwelt. Wo ist da die Grenze zwischen dem Erlaubten und Nichterlaubten zu ziehen? Orientierung läßt sich anhand der Differenzierungen in den Teilregeln 4a und 4b gewinnen.

Die Grenze zwischen tolerabel und intolerabel läßt sich nur mit Hilfe von Risikobetrachtungen näher bestimmen. Darauf nimmt die erste Differenzierung der vierten Handlungsregel Bezug. Die meisten Verfassungen der westlichen Welt schließen bereits den ersten in 4a genannten Fall ein: Es besteht für jeden Menschen das Grundrecht auf Unversehrtheit. Das Problem besteht jedoch in der Frage nach der Höhe der Wahrscheinlichkeit und dem Grade der Gewißheit, ab dem man ein solches Verbot aussprechen muß. Auf Risiken ganz zu verzichten, würde bedeuten, auf jegliche Eingriffe in die Natur zu verzichten. Somit ist ein Risiko größer als Null zu bestimmen, das für alle Mitglieder einer Gesellschaft als tolerabel oder zumutbar erscheint. Ob aber eine abstrakte Grenzlinie zwischen akzeptablen und nicht akzeptablen Risiken gezogen werden kann, wie viele Techniker und Politiker dies gerne vornehmen würden, ist fraglich. Unangefochten bleibt dabei jedoch der Anspruch der Gesellschaft, solche Grenzen zu ziehen.

Als oberste der in 4a genannten Prioritäten, sind wegen ihrer Gefährlichkeit humantoxische Substanzen zu vermeiden. Dies gilt vor allem dann, wenn sie sich biologisch gar nicht oder nur über längere Zeiträume abbauen und in der Umwelt weit verbreitet sind (zum Beispiel durch Anreicherung in Tieren, Pflanzen oder auch Flußsedimenten). In zweiter Priorität sind die Mengen der Stoffe zu begrenzen, die einen signifikanten Einfluß auf das globale Klima bzw. die globalen Stoffströme haben. Obwohl viele dieser Stoffe weder toxisch noch ökologisch schädlich sind, wie etwa das Kohlendioxyd, können sie global wirksame Veränderungen auslösen, deren Folgen zur Zeit unabschätzbar sind. Deshalb ist auch hier besondere Vorsicht angebracht. In dritter Priorität sind die Substanzen zu minimieren, die in überschaubaren Räumen ökotoxische Wirkungen auslösen, also für uns wertvolle Biotope oder Arten schädigen (z.B. Waldsterben). In vierter Priorität sind die Stoffe zu reduzieren, die sich in der Umwelt anreichern, ohne daß sie biologisch abgebaut werden, auch wenn toxische Wirkungen nicht vermutet werden. In fünfter Priorität sind alle verbleibenden anthropogen ausgelösten Stoffströme so weit wie möglich zu reduzieren. Diese Prioritätenskala gibt noch nicht die genaue Grenze an, von der ab Belastungen tolerabel bzw. intolerabel sind, aber sie vermittelt eine klare Anweisung für Prioritäten in der Umweltpolitik in Richtung auf eine nachhaltige Entwicklung.

Wie im zweiten Kapitel schon deutlich herausgestellt wurde, bedeutet Nutzung der natürlichen Güter keine Einengung auf die beiden wirtschaftlichen Nutzungsformen: Ressourcenverbrauch und Nutzung der Umwelt als Senke. Daneben ist die Natur auch unabhängig von einer derart direkten Inanspruchnahme entscheidend für unser Wohlbefinden (Erholung, Ästhetik, Religion etc.) und stellt gerade auch deshalb ein schützenswertes Gut dar. Um diesem Tatbestand Rechnung zu tragen, haben wir die vier an dem wirtschaftlichen Nutzungsgedanken orientierten Managementregeln durch die zusätzliche *Regel 5* ergänzt. Aus ethischen Gründen können z.B. Tierschutzabkommen oder Regeln für artgerechte Nutztierhaltung vereinbart werden, die keinen direkten Nutzen erwirtschaften, aber aus Respekt vor der Natur oder der Schöpfung ihre Rechtfertigung beziehen. In gleicher Weise können Gesellschaften Naturflächen schützen. Auch der Artenschutz kann intrinsisch (durch bewußte Wertschätzung der biologischen Vielfalt) begründet werden und ist nicht unbedingt auf eine Argumentationskette von direkten Nutzengewinnen für einen eventuellen zukünftigen Bedarf angewiesen. Solche sozialen oder kulturellen Wertsetzungen verletzen keine Regel der Rationalität, sofern die Nachteile solcher Maßnahmen für alle Beteiligten transparent sind und sie sich im Bewußtsein möglicher negativen Folgen bewußt dafür entschieden haben.

Mit der ersten Managementregel ist zunächst die Forderung verbunden, daß die Erfordernisse der schwachen Nachhaltigkeit in jedem Falle einzuhalten sind (Minimalregel), d.h. daß jeder Verlust an natürlichem Kapitalbestand durch einen Gewinn an künstlichem Kapitalbestand ausgeglichen werden muß. Die übrigen vier Regeln sind vom Leitgedanken der starken Nachhaltigkeit geprägt, also der Nicht-Substituierbarkeit von natürlichem durch künstliches Kapital. Sie geben die jeweiligen Bedingungen bzw. Ausnahmen an, an welchen Stellen eine Substitution natürlichen Kapitals durch künstliches möglich und sinnvoll ist. Eine Orientierung an den fünf Regeln führt also nicht an einer Ordnung der Präferenzen und einem gesellschaftlichen Abwägungsprozeß vorbei. Dafür können die Regeln als wegweisende Elemente von großem Nutzen für die Umsetzung einer nachhaltigen Entwicklung sein. Sie stecken die Grenzen eines Korridors für nachhaltiges Handeln ab, legen den genauen Pfad hin zu Nachhaltigkeit aber nicht fest. Dieser hängt vom Ausgang der gesellschaftlichen Aushandlungs- und Abwägungsprozesse ab.

4.2 Vom quantitativen zum qualitativen Wachstum

Das offensichtliche Abweichen von einem Pfad in Richtung Nachhaltigkeit und das Überschreiten der Grenzen des durch die Managementregeln abgesteckten Korridors zeigt sich in vielfältigen Formen der Übernutzung der Natur. Ein Fortschreiten der bisherigen Entwicklung in den Bereichen Produktion, Verbreitung und Konsum von Gütern und Dienstleistungen, die durch einen intensiven Einsatz von natürlichem Kapital charakterisiert ist, entspricht nicht der Vorstellung von Nachhaltigkeit. Ein wichtiges Teilziel der Nachhaltigkeit besteht darin, Wirtschaftswachstum und Umweltbelastung möglichst weitgehend zu entkoppeln, so daß weniger material- und energieintensiv gearbeitet und die effiziente Nutzung von Materialien und Energie verbessert wird.

Die gleichzeitige Forderung nach schonender Umweltnutzung und weiterer wirtschaftlicher Entwicklung scheint zwei Gegensätze verbinden zu wollen. Ob es einen unüberwindbaren Zielkonflikt zwischen wirtschaftlichem Wachstum und Umweltverbesserung gibt, ist in der Diskussion um Nachhaltigkeit auch heftig umstritten. In den Augen der Wachstumskritiker muß das wirtschaftliche Wachstum eingedämmt werden, damit das Ziel der Nachhaltigkeit erreicht werden kann[6]. Im Gegensatz hierzu steht die Auffassung, daß stabiles (oder sogar beschleunigtes) Wachstum eine wichtige Voraussetzung für eine umweltbezogene Innovationswelle in der Wirtschaft und Bedingung zur Erreichung intergenerationaler Gerechtigkeit sei[7].

Es ist nicht auszuschließen, daß eine nicht auf Wachstum ausgerichtete Wirtschaft prinzipiell möglich ist und auch dazu führen kann, daß die Umwelt weniger belastet wird. Geringfügiges Wachstum bzw. im Extremfall Nullwachstum sind aber bestenfalls für die weitgehend in großem Wohlstand lebenden Industrienationen überhaupt diskutabel. Für die unter ärmsten Bedingungen lebenden Menschen in den Entwicklungsländern kann eine Eindämmung wirtschaftlichen Wachstums keine praktikable geschweige denn eine ethisch vertretbare Lösung sein.

Auch für die hochentwickelten Industrieländer scheint eine Politik des Nullwachstums zur Erreichung von Nachhaltigkeit problematisch zu sein. Solange Menschen mit Wohlfahrt auch Produkte und Dienstleistungen verbinden, kann eine Verringerung des natürlichen ohne ein gleichzeitiges Anwachsen des künstlichen Kapitalbestandes niemals zur Konstanz (oder sogar Verbesserung) des Wohlfahrtsniveaus führen. Prinzipiell ist eine Entlastung der Umwelt durch höhere Effizienz ihrer Nutzung nur durch eine Erhöhung des künstlichen Kapitalbestandes möglich, wenn die Wohlfahrt nicht sinken und Lebensqualität erhalten werden soll. Gerade weil der Verbrauch an Naturgütern zurückgehen soll, müssen – innerhalb der Grenzen der Substituierbarkeit natürlicher Güter und nach Maßgabe der oben genannten Managementregeln – künstliche (weniger knappe) Güter geschaffen werden, die einen Nutzenverlust der kommenden Generation weitgehend ausschließen können.

Entscheidend für die Realisierbarkeit von Nullwachstum ist außerdem das herrschende wirtschaftliche System und dessen Spielregeln. Nach dem Zusammenbruch vieler ehemals kommunistischer Systeme sind heute marktwirtschaftliche Ordnungen in unterschiedlicher Ausprägung zum weltweiten Standard geworden. Innerhalb dieser Ordnungen vollzieht sich qualitative Entwicklung in Form eines Strukturwandels oder in Form von technischen oder organisatorischen Innovationen durch Aussicht auf Wachstum. Strukturwandel bedeutet eine Änderung in der Zusammensetzung des gesamtwirtschaftlichen Produktionsprozesses. Gemeint sind Verschiebungen der wirtschaftlichen Bedeutung einzelner Wirtschaftssektoren (intersektoraler Strukturwandel) sowie Entwicklungen innerhalb einzelner Sektoren (intrasektoraler Strukturwandel). Der Niedergang der Textilindustrie und die wachsende Bedeutung der Elektrotechnik in der Bundesrepublik Deutschland stellen ein Beispiel für intersektoralen Strukturwandel dar. Intrasektoraler Strukturwandel fand in den letzten Jahrzehnten unter anderem innerhalb des Automobilsektors statt, wo sich die Produktionsstrukturen und das Erscheinungsbild der Produkte sichtbar änderten. Ein VW Käfer aus den 50er Jahren ist kaum mit den Produkten, die heute auf dem Markt sind, zu vergleichen. Ein Blick in die Werkshallen der Hersteller zeigt, daß maschinelle Fertigung und computergestützte Systeme in der Konstruktion und Montage viele manuelle Arbeiten abgelöst haben. Strukturwandel kann aber nur stattfinden, wenn Unternehmer Anreize haben, zu investieren und neue Ideen auf dem Markt zu verwirklichen. Sofern man an der Investitionsfreiheit festhält, ohne die marktwirtschaftliche Systeme nicht lebensfähig wären, muß auch mit Wachstum gerechnet werden. Im Prinzip könnten sich wachsende und schrumpfende Branchen die Waage halten. Dies kann aber niemand von vornherein steuern.

Mit Nullwachstum wird nicht zwangsläufig eine Schonung der Umwelt erreicht. Auf der anderen Seite gilt aber auch nicht, daß sich in der Folge von ökonomischem Wachstum automatisch Nachhaltigkeit einstellt. Realistischerweise erscheint es uns angebracht zu sein, den Mechanismus des Wachstums, der ohne Zweifel Mitverursacher der negativen Umwelteinwirkungen gewesen ist, als integralen Bestandteil eines nachhaltigen Wirtschaftssystems anzuerkennen. Hierfür muß er allerdings so mit neuem Leben versehen werden, daß er nicht mehr im Widerspruch zur Forderung nach dem Erhalt der Lebensgrundlagen für die kommenden Generationen steht. Wachstum muß demnach politisch und wirtschaftlich mit dem Ziel eines abnehmenden Naturverbrauchs gesteuert oder beeinflußt werden. Für eine derartige Entwicklung, welche die Beschaffenheiten der produzierten Güter und Dienstleitungen und der Produktionsprozesse in den Vordergrund rückt, hat sich die Bezeichnung „*qualitatives Wachstum*" eingebürgert. Entwicklung oder Mißentwicklung orientiert sich hier am Charakter der Güter und der Herstellungsprozesse[8]. Qualitatives Wachstum bedeutet, daß die durch Wachstum erzielte Erhöhung der Leistungen einer Volkswirtschaft mit immer geringeren Vorleistungen an Ressourcen und an Umweltbelastungen erzielt werden müssen. Jede Einheit genutzter Natur soll produktiver eingesetzt werden, so daß die Volkswirtschaften insgesamt weniger davon benötigen[9]. Dabei lassen sich drei Stadien des qualitativen Wachstums unterscheiden:

In einer ersten Phase bedeutet qualitatives Wachstum, daß sich der Einsatz von natürlicher Umwelt als Quelle und Senke pro Einheit Bruttoinlandsprodukt stetig verringert. Jede produzierte und konsumierte Einheit soll im Zeitverlauf mit weniger Umweltnutzung auskommen.

In einer zweiten Phase bedeutet qualitatives Wachstum, daß sich der Umwelteinsatz pro Kopf der Bevölkerung stetig verringert. Hier kommt hinzu, daß die Einspareffekte durch bessere Umweltnutzung höher sein müssen als die zusätzliche Umweltinanspruchnahme durch Wachstum von Produktion und Konsum. Solange erhöhte Umweltproduktivität durch zusätzliches Wachstum kompensiert wird, führt dies nicht zu einer absoluten Abnahme des Umwelteinsatzes und damit auch nicht zu wirklichen Verbesserungen der Umweltbedingungen. Der Einbau von Katalysatoren in alle vorhandenen Fahrzeuge zum Beispiel, kann den Schadstoffausstoß insgesamt nicht verringern, wenn immer mehr Autos immer öfter gefahren werden. Wachsen würden in der zweiten Phase nur solche Branchen, die überproportional hohe Leistungen bei geringerem Verbrauch an Umwelt versprechen.

In einer dritten Phase bedeutet qualitatives Wachstum, daß sich der Umweltverbrauch global und absolut verringert. Die zweite und die dritte Phase wäre ohne Bevölkerungswachstum identisch. Wenn aber die Bevölkerung weiter anwächst, müssen in der dritten Phase durch weitere Anstrengungen nicht nur die höheren Konsumansprüche jedes Individuums, sondern auch die kollektiven Ansprüche durch den Bevölkerungsanstieg kompensiert werden. Ob sich die absolute Verringerung als Zielvorstellung auf alle Länder und Regionen dieser Welt beziehen soll, hängt auch entscheidend davon ab, inwiefern und in welchem Umfang man den Entwicklungsländern einen Nachholbedarf in bezug auf die Inanspruchnahme von Umwelt als Quelle und Senke einräumen will (vgl. Kapitel 3).

Abbildung 4.2: Die drei Phasen des qualitativen Wachstums

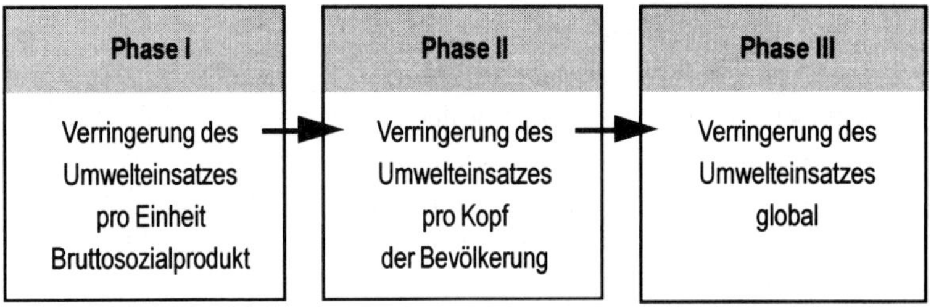

Ist qualitatives Wachstum in diesem Sinn zwangsläufig eine Illusion? Nicht unbedingt, denn die Verbesserung des Verhältnisses der produzierten Menge zur Menge der eingesetzten Produktionsfaktoren (Produktivität) ist ein ureigenes Charakteristikum der ökonomischen Entwicklung[10]. Zwischen 1973 und 1996 erhöhte sich zum Beispiel die Arbeitsproduktivität in den OECD-Staaten jährlich um durchschnittlich 1,7 Prozent. In Deutschland stieg die Produktivität der Arbeit seit den 60er Jahren um den Faktor 3,5[11].

Ein Blick in die Geschichte der Energienutzung zeigt, daß sich auch die Nutzung von Natur durch technische und organisatorische Neuerungen durchaus immer effizienter gestalten läßt: Durch den Übergang von der offenen zur verdeckten Befeuerung wurde der Wirkungsgrad von Energie wesentlich erhöht, mit pferdegezogenen Eisenbahnen setzte man den Reibungswiderstand im Vergleich zu Pferdefuhrwerken herab, und mit der Erfindung der Dampfmaschine verbesserte sich die Energieeffizienz bei Maschinen und Produktionsverfahren erheblich[12]. Die Einführung kombinierter Gas-Dampf-Kraftwerke, Maßnahmen zu Verringerung des Kraftstoffverbrauchs von Verbrennungskraftmaschinen, Verbesserungen der Heiztechnik, und die Minderung von Wärmeverlusten durch bessere Isoliertechniken sind Beispiele dafür, wie in den letzten Jahren und Jahrzehnten Einsparungen bei den nur begrenzt verfügbaren Primärenergieträgern erreicht worden sind[13].

Die erste Phase des qualitativen Wachstums haben die Industrieländer bereits bei vielen Wirtschaftsgütern erreicht. Abbildung 4.3 zeigt Erfolge bei der Nutzung natürlicher Güter als Quelle und Senke.

Die zweite Phase des qualitativen Wachstums wird heute allerdings erst in sehr wenigen Bereichen erreicht. Eine Waschmaschine etwa verbraucht

Abbildung 4.3: Umweltverbrauch je 1000 DM Bruttoinlandsprodukt (nur Westdeutschland)

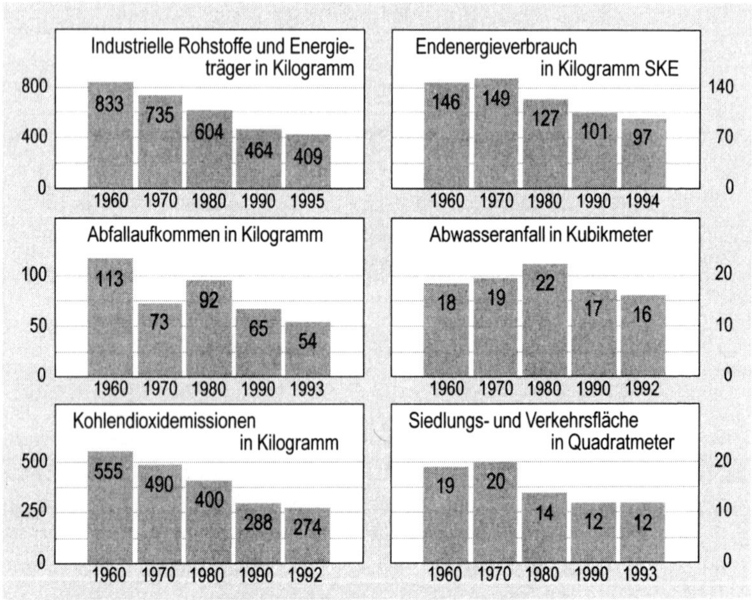

Quelle: Informationsdienst des Instituts der deutschen Wirtschaft Köln (iwd) (1996), Jg. 22, Nr. 41, S. 5.

in den 90er Jahren zwar weniger als die Hälfte Strom als vier Jahrzehnte zuvor, der jährliche Stromverbrauch fürs Waschen sank in der Bundesrepublik seit den 50er Jahren aber nur um etwas mehr als 10 Prozent[14]. Für Natur als Produktionsfaktor ist bis heute das einfache Wirtschaftlichkeitsprinzip, eine bestimmte Leistung mit geringstmöglichem Einsatz an Produktionsfaktoren zu erreichen, in vielen Bereichen verletzt. Das trifft vor allem auf die Nutzung der natürlichen Umwelt als Senke zu.

Bei der Erhöhung der Umweltproduktivität werden begrenzt vorhandene natürliche Bestandteile durch künstliches Kapital in Form von produziertem Wissen ersetzt. Mit Hilfe des organisatorischen und technologischen Fortschrittes, der auf menschliche geistige Arbeit gründet, wird eine Abnahme des Ressourcenverbrauchs vorangetrieben. Am Beispiel Energie läßt sich das verdeutlichen: Wenn technisches Wissen den Wirkungsgrad von modernen Heizanlagen vergrößern kann, müssen zur Erzeugung einer bestimmten gewünschten Raumtemperatur weniger fossile Energieträger in Anspruch genommen werden, als es ohne dieses Wissen der Fall wäre. Wissen ersetzt dann quasi Natur. Durch neue, bessere Formen der Wärmedämmung wird der Heizeffekt noch verstärkt.

Neben Effizienzsteigerung beim Einsatz natürlicher Ressourcen durch verstärkten Einsatz von Wissen ist die Substitution endlicher natürlicher Ressourcen durch Information ein wesentlicher Schritt zur sogenannten „Dematerialisierung“ von Gütern und Konsum. Der Ersatz von physischen Produkten und Vorgängen durch Information bzw. Informationstechnologien könnte charakteristisch werden für ein neues Zeitalter der Nachhaltigkeit. Durch gezielten Einsatz von rechnergestützten Systemen kann die Organisation von Produktionsprozessen verbessert und damit der Einsatz von natürlichen Ressourcen vermindert werden. Potentiale für die Schonung der natürliche Umwelt liegen auch in neuen Konzepten wie der Telearbeit, der Telekommunikation und -kooperation, dem elektronischen Handel und jeder Art von „Teleservice“. Wenn die moderne Technik die Menschen zusammenführt, entfallen Reise- und Verkehrswege. Das vermeidet Verkehr und entlastet so die Umwelt.

Die Bedeutung des Übergang von der Industrie- zu einer Dienstleistungs- und Kommunikationsgesellschaft für eine nachhaltige Entwicklung liegt auf der Hand. Allerdings sind die Weichen für den Eingang in ein dematerialisiertes Zeitalter noch längst nicht gestellt. Es ist nämlich keineswegs sicher, ob der technische Ersatz materieller Produkte wirklich zu Verbesserungen der Umweltsituation führt. Dies hängt zum einen natürlich davon ab, inwiefern die Herstellung und Nutzung der Informations- und Kommunikationstechnologien und die Schaffung virtueller Aktionsräume auch ressourcen- und energieschonend realisiert werden können. Außerdem muß die Technik in der Regel durch menschliches Verhalten unterstützt werden, damit eine optimale Funktion gewährleistet ist. Welchen Fortschritt bringt das „papierlose“ Büro, wenn jede elektronische Nachricht, jede Datei, jede Abbildung in der Bearbeitungsschlaufe mehrere Male ausgedruckt wird? Oder welcher Leser nimmt schon gerne den Computer mit unter die Decke, wenn er vor dem Einschlafen noch einen Roman lesen will? Eine Dematerialisierung kann nicht nur an technische Barrieren stoßen, sondern auch an Grenzen, die durch eine fehlende Unterstützung durch soziales Verhalten gegeben sind. Nur wenn die meisten Menschen Zugang zu den neuen Techniken haben und aktiv eine Dematerialisierung unterstützen, können ökologisch vorteilhafte Effekte auch wirksam werden. Diese Einschränkungen dämpfen allzu optimistische Annahmen in bezug auf die Schaffung einer dematerialisierten Welt.

4.3 Effizienzgewinne und Innovationen: Ökonomisch angepaßte Wege zur Nachhaltigkeit

Die Überwindung der aktuellen Verbrauchsstruktur an natürlichem Kapital durch den Einsatz von Wissen und die Entwicklung innovativer Ideen lassen sich auf verschiedenen Wegen erreichen. Man kann hier drei Strategien unterscheiden:

- die Erhöhung der Umwelteffizienz zur Verbesserung der Nutzenausbeute aus jeder Einheit Naturverbrauch im Sinne des qualitativen Wachstums (*Umwelteffizienz*),
- die Schließung von Stoffkreisläufen und die Verbesserung der Verträglichkeit der Stoff- und Energieströme mit dem Naturhaushalt zum Aufbau eines ganzheitlichen Produktmanagements (*Umweltkompatibilität*[15]) sowie
- den bewußten Verzicht der Verbraucher auf material- und naturintensive Produkte (*Umweltsuffizienz*).

In diesem Teilkapitel geht es zunächst um das Potential der ersten beiden Strategien: Erhöhung der Effizienz und Verbesserung der Innovationskraft für eine bessere Umweltkompatibilität. Was können wir im Hinblick auf die Nachhaltigkeit von diesen beiden Strategien erwarten? Wie lassen sie sich heute bereits in die Realität umsetzen? Bei beiden Strategien geht es um die umweltorientierte Optimierung des Einsatzes von Material und Energie in bestehenden Produktionsprozessen, aber auch um neue Herstellungsverfahren sowie um neue Formen des Vertriebs und des Konsums. Experten des Fraunhofer-Instituts für Systemtechnik und Innovationsforschung in Karlsruhe unterscheiden dabei drei unterschiedliche Anwendungsformen der von uns als Effizienz- und Kompatibilätsstrategien bezeichneten Formen der Umsetzung von Nachhaltigkeit[16]:

- den Einsatz umweltfreundlicher Techniken,
- die Schließung von Stoffkreisläufen im Produktionsbereich und
- eine ganzheitliche Produktpolitik und Produktnutzung.

Die Übergänge zwischen diesen Anwendungsformen sind nicht messerscharf zu zeichnen und die unterschiedlichen Innovationsstrategien schließen sich keineswegs gegenseitig aus. Alle sind stark mit dem industriellen Bereich verbunden, können aber darüber hinaus auch die Konsumenten betreffen.

Einsatz umweltfreundlicher Techniken

Im Hinblick auf umweltschonende Technologien kann man zwischen nachgeschalteten (additiven) und vorsorgenden (integrierten) Techniken unterscheiden. Bei der nachgeschalteten Technik handelt sich um einen Schutz der Umwelt, der durch Reparatur und Korrektur der negativen Auswirkungen entsteht. Diese sogenannten „End-of-pipe-Technologien" verändern den Produktionsprozeß nicht wesentlich. Auftretende Emissionen werden durch nachgeschaltete Anlagen ausgefiltert oder zurückgehalten. Schadstoffe werden weniger belastend bzw. einfacher deponierbar gemacht oder in einen Zustand überführt, der für Mensch und Umwelt weniger gefährlich ist. Die Ursache der Schadstoffentstehung wird dabei nicht behoben und in manchen Fällen findet lediglich eine zeitliche Verschiebung der Umweltprobleme statt. Typische Beispiele für nachgeschaltete Umwelttechniken sind Kläranlagen, die Verbrennung von Abfall in Spezialanlagen, Abgasfilteranlagen oder die Behandlung belasteter Böden.

Vorsorgende Technologien gehen über die Ent- und Nachsorgung hinaus. Schädliche Emissionen und andere negative Effekte werden von vornherein verhindert oder zumindest reduziert. Hier findet eine echte ökologische Modernisierung der Produktion statt. Resultate einer derart integrierten Technologieentwicklung können energiesparende Steuerungssysteme oder neue Verbrennungstechniken sein[17]. Diese Techniken führen zur Substitution problematischer Stoffe und Verfahren im Produktionsprozeß. Die schwefelfreie Zellstoffproduktion, der Ersatz von FCKW's als Kühlmittel und lösungsmittelfreie Farben sind Beispiele für neue, vorsorgende Verfahren und Produkte[18]. Der Einsatz der Mikroelektronik – etwa bei der Regelung von Verbrennungsprozessen, der Dosierung von Waschmitteln in Waschverfahren oder der Leittechnik von Feuerungsanlagen – verspricht geringere Emissionsmengen und Einsparungen des Rohstoffverbrauches bereits für die nahe Zukunft[19].

Auf den ersten Blick mag es erscheinen, daß die integrierten Techniken Vorrang vor den nachsorgenden haben sollten, denn sie tragen über die Reparatur und Korrektur von Umweltschäden hinaus vergleichsweise mehr zu einem qualitativen Wachstum bei. Kurz- und mittelfristig gesehen können nachgeschaltete Techniken aber durchaus sinnvoll sein. Eine sofortige Umstellung auf vorsorgende Techniken ist oftmals nicht nur technologisch unmöglich, sondern kann auch im Sinne der Verringerung des Ressourceneinsatzes nicht ratsam sein. Schließlich sind auch die Entwicklung und der Einsatz ressourcensparender Technologien selbst an Vorleistungen durch natürliche Ressourcen gebunden. Die Verschrottung aller Anlagen, Maschinen und Geräte und deren Ersatz durch neue umweltschonende Anlagen

Umweltfreundliche Stromerzeugung: Solarzellen wandeln Sonnenlicht in elektrische Energie um.

über Nacht wäre auch im Sinne der Nachhaltigkeit kontraproduktiv. Langfristige Übergänge bei Verwendung additiver nachsorgender Techniken für schon bestehende Produktionsanlagen können unter dem Strich ressourceneffizienter sein. Dies hängt auch damit zusammen, daß nachgeschalteter Umweltschutz in vielen Bereichen technologisch leichter umzusetzen und schneller zu realisieren ist.

Die technischen Potentiale zur Einsparung von Material und Energie sind nach Meinung vieler Experten heute in vielen Bereichen noch nicht ausgeschöpft. Insbesondere bei den vorsorgenden Techniken gibt es noch sehr große Handlungsspielräume. Dreiviertel der deutschen Umweltschutzanstrengungen gehen heute noch in nachsorgende „End-of-pipe-Techniken“[20].

Schließung von Stoffkreisläufen im Produktionsbereich

Über den Einsatz umweltfreundlicher Technologien hinaus gibt es die Möglichkeit, über die intelligente Führung von Stoffkreisläufen im Produktionsbereich Fortschritte in Richtung Nachhaltigkeit zu erreichen. Die Anwendung integrierter Techniken entspricht vielfach bereits diesem zweiten Typ eines produktionsorientierten Leitbildes. Hinter der Kreislaufidee steckt der Gedanke, die durch Umwandlungen und Produktionsverfahren entstandenen Stoffe in möglichst naturunschädliche Stoffe zurückzuführen bzw. den Anfall schädlicher Stoffe zu minimieren. Dies war bereits bei der zweiten Handlungsregel angesprochen worden. Die Schließung von Stoffkreisläufen hat das Ziel, Rückstände, die in den Produktionsprozessen und beim Konsum von Gütern und Dienstleistungen entstehen, aufzufangen und so aufzuarbeiten, daß sie im Produktionsprozeß wiederverwendet werden können. Die Rückverwandlung und Verwertung unerwünschter Nebenprodukte und Abfälle – auch Recycling genannt – verringert den Bedarf an natürlichen Ressourcen. Recycelt werden können zum einen bestimmte Produkte nach dem Endverbrauch. Dies ist zum Beispiel bei Altpapier und Elektronikschrott der Fall: Gesammeltes Papier geht erneut in die Papierproduktion ein und die Ausschlachtung von Elektronikschrott führt dazu, daß weniger Geräte und Geräteteile als Sonderabfälle auf dem Müll landen und dort aufgrund enthaltener Schadstoffe schädigend wirken. Denn Platinen, Bildröhren und Kunststoffe können aufgearbeitet und wiedereingesetzt werden[21]. Die PVC Tastaturgehäuse bestimmter Computer-Firmen zum Beispiel sind heute schon aus 100 Prozent gereinigten und granulierten PVC-Flocken hergestellt[22].

Wiederverwendung und Wiedereinsatz findet aber auch innerhalb geschlossener Produktionsprozesse statt. Beispiel für eine praktikable und erfolgreiche Schließung von Kreisläufen sind Einsparungen beim industriellen Wasserverbrauch durch den Mehrfacheinsatz von Kühl- oder Abwässern oder neue Verfahren bei der Lackierung. Während bei den konventionellen Verfahren mit Druckluftspritzen nur ca. 35 Prozent des lösungsmittelhaltigen Lacks auf das Werkstück aufgetragen werden können und der Rest als Abfall anfällt, führt der Einsatz neuer wasserlöslicher Lacke dazu, daß überflüssig versprühter Lack ausgewaschen und wiederverwertet werden kann[23].

Eine hundertprozentige Kreislaufwirtschaft, bei der überhaupt keine schädlichen und nicht wiederverwertbaren Nebenprodukte entstehen, kann es realistischerweise auch in der Zukunft nicht geben. Es existieren technische und erst recht ökonomische Grenzen, welche die Rückgewinnbarkeit von Ressourcen beschränken. Besonders kritische Punkte beim Recycling sind der oftmals hohe Energieaufwand und die Gewinnung von in vielen Fällen nur minderwertigen Stoffen[24]. Wenn aus ursprünglich hochwertigen Produkten unter gewaltigem Einsatz von Energie Produkte geringer Qualität gewonnen werden, die selbst nach Gebrauch nicht mehr recycliert werden können, geht unter Umständen sowohl die ökologische als auch die ökonomische Rechnung nicht mehr auf. Die Parkbank aus Plastikabfällen oder das Toilettenpapier aus Altpapier stellen Beispiele für ein mit Wertminderungen einhergehendes „Downcyling“ dar. Abfallminimierung kann in eine Sackgasse führen, wenn sie große finanzielle Aufwendungen voraussetzt und selbst überdurchschnittlich viele natürliche Ressourcen verbraucht. Die ökonomische Rentabilität des Recycling hängt von den Kosten für die Entsorgung und den auf dem Markt erzielbaren Preisen für aussortierte Stoffe ab. Ein Abfallwirtschaftssystem mit hohen Entsorgungskosten und hohen Einnahmen für gesammelte Reststoffe bietet größere ökonomische Spielräume für die Wiederverwertung als ein System, in dem Abfall billig deponiert werden kann und die Vermarktung gesammelter Stoffe kaum Gewinne bringt[25]. Der Nutzen aus dem Recycling hängt also nicht nur von den technischen Bedingungen ab.

Ganzheitliche Produktpolitik und Produktnutzung

Weit über die unternehmerische Verantwortung im Hinblick auf die Produktionsprozesse hinaus geht das Konzept der ganzheitlichen Produktpolitik. Im Mittelpunkt steht hier vielmehr auch der Konsumbereich und damit das Verhältnis des Konsumenten zum Produkt. Produktverantwortung umfaßt dann nicht nur die Bedingungen der Herstellung, sondern schließt auch alle produktions- und anwendungsbedingten Nebenwirkungen ein. Der Ansatz besteht darin, bereits in der Entwicklungsphase Kriterien zu beachten, die sich auf den gesamten Lebenszyklus (Herstellung, Nutzung, Entsorgung) eines Produktes beziehen. Neben Stoffrecycling und Abfallvermeidung werden Langlebigkeit, lange Nutzungsdauer und der vielseitige Einsatz von Produkten und Produktkomponenten angestrebt[26]. Nicht nur Wiederaufarbeitung sondern auch Haltbarkeit, Reparaturfreudigkeit und Nachrüstbarkeit sind deshalb Kriterien, denen ganzheitlich entwickelte Produkte genügen sollen. Ganze Produkte oder einzelne Produktkomponenten wiederzuverwenden, Produkte nachträglich auf den neuesten Stand der Technik zu bringen oder neue multifunktionale Produkte zu gestalten, die unterschiedlichen Anforderungen genügen und variabel einsetzbar sind, können Ziele einer ganzheitlichen Strategie sein. In der Computerbranche und bei den Herstellern von Kopierern sind Ansätze in dieser Richtung bereits zu erkennen. Von den Firmen selbst eingerichtete Wiederverwertungszentren nutzen die Komponenten älterer ausgedienter Geräte. Diese wiederum sind bereits so konstruiert, daß sie ohne großen Aufwand demontiert, gereinigt, gewartet und in neue Produkte eingebaut werden können.

Technische Hochrüstung, Modulbauweise und Wiederinstandsetzung sind charakteristisch für moderne Produkte, die im Hinblick auf die Ökologie oftmals als „intelligent“ bezeichnet werden. Energie und Ressourcen werden hier nicht nur durch Wissen, sondern auch durch den Einsatz von Facharbeit ersetzt. Computer sind auch ein gutes Beispiel für die Entwicklung aufrüstbarer Produkte und sie stellen wichtiges Anschauungsmaterial für die Existenz multifunktionaler Geräte dar. Der mit Boxen, Grafikkarten und

Modem ausgerüstete Multimedia PC macht längst nicht nur Schreibmaschine, Faxgerät, Nachschlagewerke, Zeichengeräte, Karteikästen und Ordner überflüssig, sondern kann darüber hinaus Fernseher, Musikinstrumente, Spielzeug und vieles mehr ersetzen. Vielseitig verwendbare Geräte, Maschinen und Anlagen für den Endverbraucher und auch im Bereich der Produktion tragen zur Ressourcen- und Energieeinsparung bei.

Im Rahmen ganzheitlicher Produktkonzepte werden auch neue Wege im Bereich des Vertriebes anvisiert, die in noch viel stärkerem Maße als die beschriebenen technischen Innovationen von einem veränderten Kundenverhalten abhängen. Erwartet werden etwa positive Effekte auf die Umwelt, wenn der Käufer durch Miete, Leasing oder Nutzungsgemeinschaften zum Nutzer wird. Die Idee besteht darin, daß der Kunde nicht mehr ein bestimmtes Produkt erwirbt, sondern eine Leistung einkauft. Hier sind die Dienstleistungsangebote der Hersteller von Kopierern ein gutes Beispiel: Die Anwender leasen die Geräte und kaufen neben der Kopier- auch Wartungs- und Reparaturleistungen ein. Die Hersteller der Kopierer übernehmen auf diese Weise über den Produktionsprozeß hinaus Verantwortung für ihr Produkt und haben so ein Interesse an der Langlebigkeit und Wartungsfreudigkeit der Geräte. Moderne Kopierer haben heute eingebaute Sensoren, die dem Nutzer bei Betriebsstörungen melden, welche Komponenten betroffen sind, so daß der bei Störungen herbeigerufene Monteur die betreffenden Teile sofort mitbringen kann. Das spart Zeit und Wege.

Auch eine erhöhte Nutzungsintensität bestimmter Produkte und Geräte ist völlig im Sinne einer ganzheitlichen Produktpolitik. Eine gemeinsame Produktnutzung wird etwa beim sogenannten Car-Sharing praktiziert. Eine Gruppe von Individuen teilt sich ein oder mehrere Autos und nimmt die Nutzungsmöglichkeit nur bei tatsächlichem Bedarf in Anspruch. Die Fahrzeuge des Pools werden intensiver genutzt als dies bei individuellem Eigentum der Fall wäre. Bei der Nutzung von Lkws oder großen Landwirtschaftsmaschinen sind ähnliche Verfahren längst üblich. Auf diese Weise hat nicht jeder Bauer oder Fuhrunternehmer bestimmte Spezialgeräte in seinem Fuhrpark, die er mangels Bedarf nur wenige Male im Jahr benutzt[27].

Eine ganzheitliche Produktpolitik impliziert einen grundlegenden Wandel in der Gestaltung der Entwicklungs-, Konstruktions- und Produktionsprozesse. Die Überlegungen auf dieser dritten Ebene des industriellen Wandels beziehen den Ge- und Verbraucher von Produkten verstärkt in die notwendigen Umstrukturierungsprozesse mit ein und wirken weit über den Bereich technisch-industrieller Entwicklungen hinaus. Neue Produktionsweisen werden hier nicht mit neuen Techniken der Produktion gleichgesetzt, sondern schließen neue und innovative Organisationsformen und Verhaltensweisen ein. Dahinter steht die Erkenntnis, daß technische Lösungen und soziale Verhaltensweisen vielfach eng miteinander verbunden sind und die Durchsetzung innovativer Produktideen in vielen Fällen in einem Wechselverhältnis zur Umstellung von Konsumgewohnheiten steht. Der Durchbruch der beschriebenen, heute erst ansatzweise und in bestimmten Nischen verwirklichten Konzepte hängt in besonderer Weise auch von einer Veränderung kultureller Werte und Normen ab.

Die Veränderungen, die sich aus dem Einstieg in eine ganzheitliche Produktstrategie ergeben, reichen tief in die Struktur des heutigen Wirtschaftssystems hinein. Das kann Probleme mit sich bringen, weil die Auswirkungen – etwa auf die Beschäftigungssituation oder die internationale Wettbewerbsfähigkeit – vielfach noch ungeklärt sind. In einer Gesellschaft, in der langlebige Güter aufgerüstet, repariert und vielfach genutzt werden können, entstehen beispielsweise immer mehr dezentrale Reparatur- und Aufrüstzentren. In diesem Bereich werden Arbeitsplätze geschaffen, die Qualifikationen erfordern, die sich von den Anforderungen an den Arbeiter in der industriellen Massenfertigung unterscheiden. Auch die Unternehmen übernehmen eine neue Rolle, wenn sie etwa vom Produzenten zum sogenannten Flottenmanager werden, der seine Produkte vermietet oder über Leasingmodelle auf den Markt bringt. Insgesamt werden in diesem Szenario weniger wenn auch hochwertigere Güter produziert, wodurch sich voraussichtlich die Beschäftigung in den produzierenden Bereichen reduziert. Diese Entwicklung wird sich auch auf den Zwischen- und Einzelhandel auswirken. Inwiefern die Substitution von Energie durch Facharbeit und der Ersatz automatisierter Fertigung durch arbeitsintensive Dienstleistungen unter dem Strich neue und hochwertige Arbeitsplätze schaffen kann, bleibt trotz des Optimismus einiger Autoren ungewiß[28]. Es ist aber zu erwarten, daß es bei der Umsetzung der Innovationsstrategien neben Gewinnern auch Verlierer geben wird.

Bei der Verwendung umweltfreundlicher Technologien wie bei der Schließung von Stoffkreisläufen hat die Industrie in den letzten Jahren bereits beachtliche Fortschritte gemacht. Ressourcenschonung, Wiederverwertung und Abfallminimierung bei der Produktion sind umweltorientierte Ziele, denen sich moderne Unternehmen zunehmend verschreiben. Der Übergang von der Wegwerf- zur Kreislaufwirtschaft, umweltorientieres Design, betriebliches Umweltmanagement und Unternehmensverantwortung für die Umwelt spielen in der Praxis eine immer wichtigere Rolle. Diese Entwicklung beginnt sich auch im Bereich der Ausbildung niederzuschlagen. Das Ziel des qualitativen Wachstums ist aber noch lange nicht erreicht und setzt heute und in Zukunft noch weitaus größere Anstrengungen voraus. Insbesondere das Leitbild einer ganzheitlichen Produktpolitik ist eine Herausforderung für Produzenten, Produktentwickler, Händler und Verbraucher.

4.4 Konsumverzicht als flankierende Maßnahme

Neben den geschilderten Effizienz- und Kompatibilitätsstrategien zur Einschränkung des Ressourcenverbrauchs und der Verhinderung von Schadstoffemissionen wird in der Literatur zur Nachhaltigkeit unter dem Stichwort „Suffizienzstrategie" ein Ansatz diskutiert, der auf die Verringerung des materiellen Konsums zur Erreichung von Nachhaltigkeit abzielt. Grundgedanke ist hier, daß bestimmte Konsummuster mit den Zielen einer nachhaltigen Entwicklung nicht vereinbar sind. Durch den Verzicht auf bestimmte besonders umweltschädliche Aktivitäten wird eine Entlastung und Schonung des natürlichen Kapitals erreicht. Auf der Grundlage der Durchsetzung neuer Werte soll eine hohe Lebensqualität mit reduzierten materiellen Ansprüchen möglich werden[29]. Genügsamkeit und Mäßigung prägen dieses Konzept ressourcenschonender Lebens- und Konsummuster, das seine Verfechtern vielfach als ein Gegenmodell zur bestehenden Konsum- und Wegwerfgesellschaft sehen[30].

Fernreisen mit dem Flugzeug, der Genuß exotischer Lebensmittel und das Fahren auf der Autobahn bei 190 Stundenkilometern sind energie- und ressourcenintensive Arten der Lebensorganisation oder Freizeitbeschäftigung. Im Sinne der Suffizienzstrategie stellt sich die Frage, ob Bedürfnisse dieser Art nicht auch auf andere Weise befriedigt werden können: Urlaub in heimischen Gefilden, Äpfel statt Mangos aus fernen Ländern, Reisen mit öffentlichen Verkehrsmitteln und am Wochenende die Fahrradtour in der Region. Ob bestimmte Aktivitäten etwa zur Befriedigung des Bedürfnisses nach Mobilität, Erholung oder abwechslungsreicher Ernährung eine unverantwortliche Verschwendung von Ressourcen und ein Verstoß gegen die Solidarität mit kommenden Generationen sind, kann die Wissenschaft nicht festlegen. Die Frage, welcher Lebensstil mit der Forderung nach Nachhaltigkeit kompatibel ist, wird jedes Individuum unterschiedlich beurteilen. Zudem klafft zwischen Anspruch und Realität hier oftmals eine gewaltige Lücke. Daß Verzicht positiv erlebt wird, stellt heute die Ausnahme dar und es ist äußerst zweifelhaft, ob sich jemals eine Mehrheit dieses Rezept zu eigen machen wird.

Umweltbelastungen durch Individualverkehr sind ein großes Problem der Industriegesellschaft. Werden die Menschen in der Zukunft weniger vom eigenen Auto abhängig sein?

Neben den Zweifeln an einer Mehrheitsfähigkeit tritt in diesem Zusammenhang das Problem der Beurteilung und Einschätzung bestimmter Lebens-, Konsum- und Produktionsmuster stark in den Vordergrund. Wer soll nach welchem Maßstab entscheiden, was im Sinne der Nachhaltigkeit als richtig und was als falsch gelten soll? Nicht für alle Dinge und jedes denkbare Verhalten kann es unzweifelhafte Kriterien geben. Ein Tropenholzboykott zum Beispiel kann bestehende Regenwälder wertlos machen und damit sogar zur beschleunigten Rodung – etwa für den Aufbau von Plantagen – beitragen. Windkraftanlagen zur Energiegewinnung sind für viele Menschen eine Störung des ästhetischen Landschaftsbildes. Ob das individuelle Rucksackreisen in die letzten unberührten Flecken der Erde gegenüber dem Pauschaltourismus Umweltvorteile hat, ist auch höchst zweifelhaft. Inwiefern Verzicht auf bestimmte Dinge und Handlungen zu üben, für den einzelnen Menschen eine leichte oder mühsame Übung darstellt, hängt darüber hinaus stark von den kulturellen Bedingungen und dem bereits erreichten Lebensstandard ab.

Trotz dieser Zweifel und Einschränkungen sind Suffizienzüberlegungen ein wichtiges Element einer Nachhaltigkeitsstrategie. Die Frage nach dem Sinn und Unsinn bestimmter Aktivitäten ist Bestandteil der notwendigen Abwägungsprozesse im Hinblick auf die Nutzung versus den Erhalt von natürlicher Umwelt. Der freiwillige Verzicht auf besonders umweltschädliche Aktivitäten stellt zweifellos einen nicht nur begrüßenswerten, sondern unter globalen Aspekten auch notwendigen Beitrag zur Umsetzung von Nachhaltigkeit dar. Nur auf diesem Weg liegt es vermutlich im Bereich des Möglichen, ein „bereinigtes“ Wohlfahrtsniveau zu schaffen, wie wir es im

Kapitel 3 beschrieben haben. Dort erläuterten wir die Notwendigkeit, bestimmte Korrekturen am gegebenen Wohlstand vorzunehmen, damit eine Fortschreibung der Lebensqualität auf die Folgegeneration global gesehen überhaupt möglich ist. Wie weit eine selbstverordnete Mäßigung gehen kann, hängt aber von den Präferenzen der Betroffenen und den jeweils herrschenden sozialen, kulturellen und wirtschaftlichen Bedingungen ab. Versuche, Verzicht zu erzwingen, dürften zum Scheitern verurteilt sein. Auch Appelle an die Moral haben in der Regel keine Aussicht auf durchschlagenden Erfolg. Was zählt sind die Bereitschaft des einzelnen und kollektive Selbstverpflichtungen von Gruppen und Organisationen.

4.5 Nachhaltigkeit messen: Über das Bruttoinlandsprodukt hinaus

Neben der Notwendigkeit, Wege aufzuzeigen, die in die Nachhaltigkeit führen, muß man sich Gedanken darüber machen, wie man überprüfen kann, ob die beschrittenen Wege auch tatsächlich in die gewünschte Richtung führen. Jeder gewissenhafte Bergsteiger nimmt bei einer Tour eine Karte, einen Kompaß und einen Höhenmesser mit, weil er weiß, daß er sich ohne diese Hilfsmittel nicht verläßlich orientieren kann. Weil sich nachhaltige Entwicklung auf das natürliche und künstliche Umfeld des Menschen bezieht und damit ein hochkompliziertes System betrifft, werden Orientierungshilfen benötigt, die anzeigen, ob im Zeitverlauf mehr bzw. weniger Nachhaltigkeit erreicht wird. Ein geeignetes Bündel von sogenannten Indikatoren muß eine eindeutige Orientierungshilfe geben und eine möglichst einfache Kontrolle der Marschrichtung ermöglichen.

Indikatoren sind Meßgrößen, die den Zustand einer bestimmten Sache oder eines Anliegens angeben, wenn dieser aus technischen oder finanziellen Gründen nicht direkt gemessen werden kann. Indikatoren machen es möglich, einfache und verständliche Informationen über komplexe Systeme zu erhalten. Im täglichen Leben begegnen sie uns in unterschiedlichen Anwendungsbereichen: Temperatur und Niederschlag sind Indikatoren für Wetterbedingungen, der DAX-Index liefert Informationen über die Lage auf dem deutschen Finanzmarkt und das Haushaltseinkommen ist ein Indikator für die ökonomischen Möglichkeiten eines Haushalts.

Traditionell wird das innerhalb einer bestimmten Periode erwirtschaftete Bruttoinlandsprodukt (BIP) als Indikator für eine erfolgreiche Wirtschaftspolitik und die Messung von Wohlfahrt verwendet. Das BIP ist das Maß für wirtschaftliche Leistung und Aktivität einer Volkswirtschaft in einer Periode. Es wird im Rahmen der Volkswirtschaftlichen Gesamtrechnungen (VGR) ermittelt, einer statistischen Rechnung zur Beobachtung der gesamten wirtschaftlichen Entwicklung eines Landes. Das BIP faßt den Wert aller in einer Periode im Rahmen von Erwerbsarbeit produzierten Waren und Dienstleistungen zusammen. Es spiegelt die Produktivkraft einer Volkswirtschaft und deren Ausnützung wider.

Abbildung 4.4 : Reales Bruttoinlandsprodukt für Deutschland
(in Mrd. DM und Preisen von 1991)

Jahr	1991	1992	1993	1994	1995	1996
Bruttoinlandsprodukt Deutschland	2853,6	2916,4	2883,6	2966,2	3023,4	3064,6

Quelle: Statistisches Bundesamt (1997a): Statistisches Jahrbuch für die Bundesrepublik Deutschland 1997. Wiesbaden, S. 666.

Die Verwendung des BIP als Wohlfahrtsmaß entspricht einer Politik, die auf quantitatives Wachstum ausgerichtet ist und keinerlei qualitative Faktoren berücksichtigt. Die Diskussion über die Sinnhaftigkeit des BIP als Indikator für Wohlstand und Angelpunkt für politische Entscheidungen geht bis in die 60er Jahre zurück. Kritik wurde an dem in der Zeit nach dem zweiten Weltkrieg schnell populär gewordenen Konzept der Wohlfahrtsmessung vor allem deshalb laut, weil wohlfahrtsrelevante Tatbestände wie die Verteilung von Einkommen, soziale Aspekte wie zum Beispiel Gesundheit, Bildung und soziale Sicherheit sowie Leistungen nicht erwerbstätiger Personen in diesem Indikator keine Beachtung finden.

Mit der Entwicklung sogenannter sozialer Indikatoren versuchen Experten, die Mängel in der traditionellen Wohlfahrtsberichterstattung zu beheben, indem sie zum Beispiel qualitative Meßziffern auflisten, die Aussagen über das Erreichen sozialer Anliegen und Ziele möglich machen. So veröffentlichen zum Beispiel die Vereinten Nationen seit 1990 einen jährlichen „Bericht über die menschliche Entwicklung", der ein breites Spektrum von Indikatoren berücksichtigt, die das Wohlbefinden der Menschen und die von ihnen wahrgenommenen Chancen zur Lebensgestaltung widerspiegeln sollen. Für über 170 Staaten der Welt sind hier neben wirtschaftlichen Statistiken Angaben über den Zugang zu Gesundheitsdiensten, zur Ernährungssicherheit, zur Bildungssituation, zur Beteiligung von Frauen in Politik und Wirtschaft, zu den Kommunikationsmöglichkeiten und vieles mehr integriert[31].

Daß sich Wohlfahrt nicht nur auf Produktionsergebnisse und ausreichende Versorgung mit Gütern und Dienstleistungen beziehen darf, ist geradezu grundlegend für das Verständnis von Nachhaltigkeit. Wenn das vorherrschende quantitative Wachstumskonzept von der Forderung nach qualitativem Wachstum abgelöst wird, hat auch der alte Indikator für Wohlfahrt ausgedient. Er kann qualitatives Wachstum nicht signalisieren. Als Indikator für die Messung der Nachhaltigkeit ist das BIP vor allem deshalb ungeeignet, weil bei seiner Erstellung die Leistungen des natürlichen Kapitalbestandes unterbewertet und die Zerstörung der natürlichen Umwelt nicht adäquat einbezogen wird. Um die Folgekosten des Wirtschaftens zu berücksichtigen, müßten der Schädigung und dem Abbau von Naturvermögen Rechnung getragen werden. Natürliche Ressourcen wie Wasser und Atemluft werden in der Volkswirtschaftlichen Gesamtrechnung aber wie kostenlose Geschenke der Natur behandelt. Ausgaben für die Sanierung und Vermeidung von Umweltschäden wie sie bei der Reinigung von verschmutzten Gewässern, dem Entgiften von Baugrund und dem Bau von Schadstofffilteranlagen notwendig sind, führen in der traditionellen Rechnung zu einer Erhöhung des Volkseinkommens. Diese defensiven Kosten haben aber ähnlich wie Ersatzinvestitionen keinen eigentlich wohlfahrtssteigernden Effekt, sie müßten deshalb vom erwirtschafteten Produktionswert abgezogen werden. Ein weiteres Beispiel für die mit dem Nachhaltigkeitsgedanken nicht zu vereinbarende Methodik der BIP-Berechnung ist die Erfassung von Rohstoffen, die als Güter verkauft werden. Die Einnahmen aus solchen Verkäufen gehen als Gewinngröße in das BIP ein und auch die Kosten aus dem Abbau werden berücksichtigt. Die Abnahme des Naturvermögens wird aber in der VGR nirgends verbucht. So geschieht dies etwa beim Abbau von Bodenschätzen und beim Abfischen der Weltmeere[32]. Die Erwirtschaftung von Mehrwert aus dem Verbrauch natürlicher Ressourcen wie Metallerze und Erdöl wird damit genauso veranschlagt wie die Mehrwertschaffung aus menschengemachten Produktionsmitteln wie Maschinen oder synthetischen Stoffen. Daß in dem einen Fall natürliches Kapital verzehrt wird, das nicht mehr reproduzierbar ist, geht nicht in das Kalkül ein[33].

Eine derartige Rechnungslegung ist wenig aufschlußreich für die Frage nach der Erreichung von mehr oder weniger Nachhaltigkeit. Zukunftgefährdendes Verhalten wird hier offensichtlich nicht offengelegt. Der Preis für die Auflösung des natürlichen Kapitalbestandes wird insgesamt zu niedrig angesetzt bzw. völlig ignoriert. Das jährlich errechnete BIP liegt vermutlich weit über der Maßzahl für eine wirklich nachhaltige Nettoproduktion. Der Ökonom Christian Leipert zeigte in einer 1989 veröffentlichten Studie, daß schon Ende der 80er Jahre etwa 12 Prozent der bundesdeutschen Wirt-

Abbildung 4.5: Umweltschutzmaßnahmen bezogen auf die Ökonomie

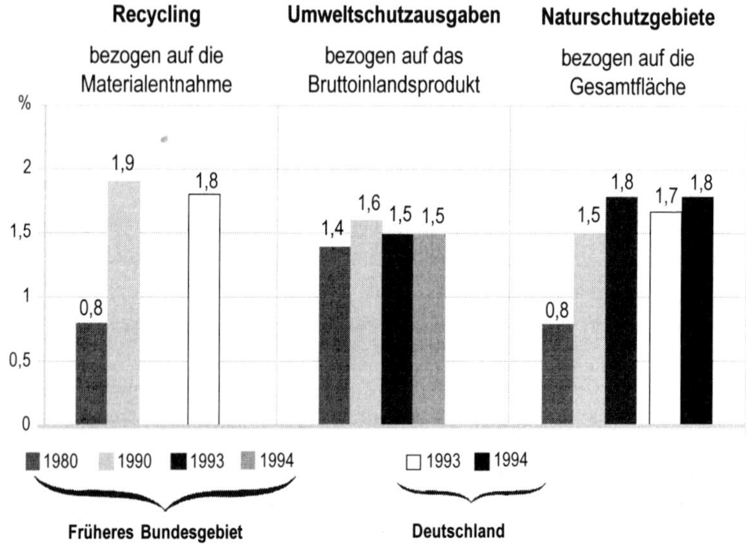

Quelle: Statistisches Bundesamt (1997): Umweltökonomische Gesamtrechnung. Trends und Branchenprofile, Wiesbaden.

schaftsleistungen zur Verminderung und Beseitigung der negativen Folgen des Wachstums aufgewendet wurden[34]. Als nachhaltiges Einkommen kann aber nur eine in einer Periode produzierte Menge an Gütern und Dienstleistungen verstanden werden, die konsumiert werden kann, ohne daß zukünftige Konsummöglichkeiten eingeschränkt bleiben[35].

Die Problematik der Verwendung von Größen aus der Volkswirtschaftlichen Gesamtrechnung als Wohlfahrtsmaß, insbesondere im Hinblick auf die Probleme der Umweltzerstörung, ist natürlich den statistischen Behörden fast überall auf der Welt bekannt. In mehreren Ländern werden seit Anfang der 70er Jahre Konzepte einer umweltökonomischen Gesamtrechnung entwickelt, die umweltbezogene Informationen bereitstellt. Diese sind aber noch nicht so weit ausgereift, daß aussagekräftige „Ökosozialprodukte“ oder „grüne Statisiken“ errechnet werden können. Die Integration einer auf das natürliche Kapital bezogenen Gesamtrechnung in die traditionelle Wohlfahrtsrechnung scheitert vor allem an dem Problem der „Monetarisierung“ umweltrelevanter Größen: für viele der umweltrelevanten Größen kann man nicht ohne weiteres äquivalente Geldwerte festlegen. Wieviel Dollar, Yen oder DM soll man für die Vernichtung eines Waldbestandes oder die Zerstörung der Ozonschicht ansetzen? Hierauf gibt es keine genaue Antwort.

Abbildung 4.6: Pro-Kopf-Vermögen nach Regionen 1994

	Gesamtvermögen (Dollar/Kopf)	Humanressourcen (Dollar/Kopf)	Sachvermögen (Dollar/Kopf)	Naturkapital (Dollar/Kopf)
Nordamerika	325 274	247 892	61 953	15 429
Australien, Japan und Neuseeland	302 389	205 156	89 786	7 447
Westeuropa	236 164	175 570	54 990	5 604
Nahost	146 243	55 898	27 304	63 041
Südamerika	94 086	69 548	15 872	8 666
Ostasien und Zentralasien	62 500	30530	22 256	9 714
Nordafrika	54 185	37 034	14 348	2803
Mittelamerika	51 612	40 628	7 801	3 182
Karibik	47 338	32 429	9 863	5 046
Ostasien	46 076	35 207	7 220	3 649
Ost- und Südafrika	29 863	19 526	7 345	2 992
Westafrika	22 036	13 231	4 097	4 708
Südasien	21 704	13 959	4 123	3 622

Quelle: Dixon, J.A./K. Hamilton (1996): Das Wohlstandsmaß erweitern. In: Finanzierung und Entwicklung, Jg. 33, Nr. 4, S. 16.

In Form sogenannter Satellitensysteme werden Umweltinformationen heute in einigen Ländern – so auch in der Bundesrepublik Deutschland – in einer ergänzenden Nebenrechnung zur VGR erarbeitet und veröffentlicht. Diese umweltökonomischen Informationen liefern wichtige Datengrundlagen und stellen vor allem umweltbezogene Daten in Beziehung zu ökonomischen Zusammenhängen. Damit wird es möglich, Schlüsse über die Wechselwirkungen zwischen natürlichem und künstlichem Kapital zu ziehen. Abbildung 4.5 zeigt einen Ausschnitte aus der aktuellen „Umweltökonomischen Gesamtrechnung" des Statistischen Bundesamtes in Wiesbaden[36].

Auch die Weltbank verfolgt einen neuen Ansatz der Vermögensbewertung aller Länder unter Berücksichtigung des vorhandenen Naturkapitals. In diesem erstmals 1995 veröffentlichten Konzept wird die weltweite Wohlstandsverteilung anhand der drei Komponenten „Humanressourcen", „Sachvermögen" und „Naturkapital" gemessen[37]. Die Bewertung des Gesamtvermögens durch die Ermittlung von Geldwerten für diese drei Bestandteile beruht auf vielen einschränkenden Annahmen und ist deshalb mit einiger Vorsicht zu betrachten. Abbildung 4.6 zeigt die Rangfolge der weltweiten

Vermögensverteilung nach dem neuen, noch vorläufigen Berechnungsschema.

Der Anteil an Naturvermögen, das sich in der Systematik der Weltbank aus Agrarland, Wäldern und Schutzgebieten sowie mineralischen und fossilen Rohstoffen zusammensetzt, erreicht in ärmeren Ländern tendenziell geringere Pro-Kopf-Beträge. Sein prozentualer Anteil am Gesamtvermögen dieser Länder ist aber wegen der relativ geringen Bedeutung der Humanressourcen und des produzierten Sachvermögens höher. Das Agrarland ist in allen Einkommenskategorien die wichtigste natürliche Ressource, es trägt zwischen 50 und 90 Prozent zum Gesamtwert beim Naturvermögen bei[38]. Die bekannten Konzepte zur Messung der gesellschaftlichen Wohlfahrt sind in den letzten Jahren und Jahrzehnten also durchaus umweltorientiert überdacht und erweitert worden. Um eine befriedigende Messung von Nachhaltigkeit zu erreichen, muß diese Enwicklung aber noch vorangetrieben werden. Ein Indikatorensystem für die Messung von Nachhaltigkeit muß dabei so konstruiert sein, daß es zuverlässige Informationen über die tatsächlichen Entwicklungen in Wirtschaft und Gesellschaft und über den Zustand des natürlichen Kapitalbestandes bereitstellt. Darüber hinaus sollte es aber vor allem beide Informationsstränge verknüpfen und in Beziehung setzen. Die verwendeten Indikatoren sollten einfach zu verstehen sein und deutlich zeigen, ob das angestrebte Ziel erreicht wird bzw. ob die herrschenden Bedingungen akzeptabel sind oder nicht. Auch die Kriterien der Repräsentativität und Meßbarkeit sowohl in technischer als auch in finanzieller Hinsicht sollten Nachhaltigkeitsindikatoren erfüllen. Die Zusammenstellung eines Systems von Meßgrößen für Nachhaltigkeit sollte außerdem auf einer konsistenten und nachvollziehbaren Methodik beruhen.

Die Ableitung eines aussagekräftigen und handhabbaren Indikatorensystems zur Messung nachhaltiger Entwicklung stellt ein anspruchsvolles Unterfangen dar. Zahlreiche Institute, statistische Ämter und politische Institutionen haben in jüngster Zeit Vorschläge für die Messung von Nachhaltigkeit vorgelegt. Das Thema ist zu einem grundlegenden und bedeutenden Strang in der theoretischen und angewandten Nachhaltigkeitsforschung geworden[39]. Im zweiten Teil des Buches wird ein Indikatorenkonzept für Nachhaltigkeit, das in Zusammenarbeit mit Experten aus Wissenschaft und Praxis in der Akademie für Technikfolgenabschätzung erarbeitet wurde, vorgestellt (vgl. Kapitel 8).

Fassen wir zusammen: Die Orientierung an Regeln für das Management von natürlichen Ressourcen führt nicht an der Notwendigkeit gesellschaftlicher Abwägungsprozesse, die von Wertentscheidungen beeinflußt sind, vorbei. Jede praktische Überlegung zum Schutz der Natur hat den Charakter eines Kompromisses, der angesichts der herrschenden Vielfalt von Einschätzungen, Bewertungen und Präferenzen nur durch eine Abstimmung zwischen allen betroffenen gesellschaftlichen Gruppen erreicht werden kann. Ein realistisches Konzept von Nachhaltigkeit sieht Natur- und Umweltnutzung als unumgänglich an, schränkt aber deren Umfang und Intensität ein. Die Erreichung qualitativen Wachstums hängt wesentlich von einem Wandel der Wirtschaftsprozesse auf der Angebots- und Nachfrageseite ab.

Der Übergang zu einem Entwicklungspfad in den Industrieländern, welcher der Verantwortung gegenüber den zukünftigen Generationen Rechnung trägt, wird durch Effizienzverbesserungen, weitere umweltorientierte Innovationen im industriellen Bereich und Umstellungen der Konsumgewohnheiten gekennzeichnet sein. Alle drei Entwicklungen laufen parallel zueinander und bedingen sich vielfach gegenseitig. Heute noch praktizierte Produktionsverfahren werden sich ändern, bisher konsumierte Produkte kommen in neuen Formen auf den Markt, oder sie verlieren ihre Attraktivität. Der Wille zu einer gezielten Suche nach neuen Ideen und Produkten muß aber vorhanden sein und zu Weichenstellungen in Wirtschaft und Gesellschaft führen. Der Einsatz neuer technischer und sozialer Lösungen setzt erhebliche Bemühungen im Bereich von Forschung und Entwicklung und ein Umdenken bei den Menschen voraus. Dies alles erfordert Zeit und Ausdauer. Die dazu notwendigen politische Maßnahmen einzuleiten, stellt eine Herausforderung für Staat, Wirtschaft und Konsumenten dar. Einer nachhaltigen Entwicklung näherzukommen, bedeutet, sich auf einen gesellschaftlichen Kurswechsel einzulassen. Wohlfahrt definiert sich dann nicht mehr über quantitatives Wachstum. Die Messung von Verbesserungen oder Verschlechterungen der Situation im Sinne einer nachhaltigen Entwicklung weicht deshalb von den traditionellen Konzepten der Wohlfahrtsmessung deutlich ab.

5. Umweltverhalten und politische Steuerung

5.1 Die Kluft zwischen Wollen und Können

Nichts ist leichter als abends vor dem Aufstieg auf den Gipfel mit dem eigenen Können anzugeben und dann aber am nächsten Tag beim ersten schwierigen Hang schon die Flinte ins Korn zu werfen. Erfahrene Bergführer und Bergsteiger wissen um die Diskrepanz zwischen Wollen und Können. Anfänger nehmen sich oft weitaus mehr vor, als sie mit ihren Kräften und Möglichkeiten bewältigen können. Viele Neulinge im Bergsteigen machen den Fehler, daß sie am Anfang mit zu viel Elan an den Aufstieg gehen und dann bei den wirklich schwierigen Steilhängen keine Reserven mehr mobilisieren können. Andere überschätzen schlichtweg ihr Durchhaltevermögen und ihr Können. Gleichzeitig neigen viele unerfahrene Bergsteiger zum Leichtsinn, weil sie glauben, mit den Gefahren des Bergsteigens problemlos fertig zu werden. So werden die Behinderungen durch plötzliche Wetterveränderungen unterschätzt oder die notwendigen Absicherungsmaßnahmen als übertriebene Vorsicht belächelt. Deshalb müssen Bergführer das Durchhaltevermögen und die Ausdauer ihrer Schutzbefohlenen sehr gut einschätzen können. Wer eine Bergbesteigung plant, muß sich über den eigenen Kräftehaushalt, die Schwächen und Stärken der eigenen Person wie auch der ganzen Gruppe sowie der Gefahren durch Übereifer einerseits und Leichtsinn andererseits im klaren sein.

Das alte biblische Motto: „Der Geist ist willig, aber das Fleisch ist schwach“ gilt auch für den Aufstieg zum Gipfel der Nachhaltigkeit. Sich rein theoretisch für eine nachhaltige Entwicklung einzusetzen ist nicht schwer. Aber wenn es um konkrete Schritte oder eigene Verhaltensänderungen geht, weicht der einzelne gerne aus: „Sollte nicht die Industrie zunächst einmal mit gutem Beispiel vorangehen? Wenn meine Nachbarn nicht nachhaltig leben, warum sollte ich es dann tun? Und überhaupt: Solange die Politik auf stetiges Wachstum setzt, kann der einzelne so gut wie nichts machen." Selbst wenn sich Überzeugte auf den Weg zur Nachhaltigkeit begeben, sind sie stets in der Gefahr, auf der Mitte des Weges steckenzubleiben, vor allem wenn sie spüren, daß sie sich zu viel in zu kurzer Zeit vorgenommen haben.

Um das Ziel einer nachhaltigen Entwicklung schrittweise zu erreichen, ist es notwendig, den am Aufstieg Beteiligten zu einer realistischen Einschätzung ihrer eigenen Kräfte und Möglichkeiten zu verhelfen. Dies gilt sowohl auf individueller wie auf kollektiver Ebene. Wenn es um das eigene individuelle Verhalten geht, ist eine möglichst genaue Übereinstimmung zwischen Umweltbewußtsein und Umweltverhalten notwendig. Geht es um die ganze Gesellschaft, dann ist die Frage nach den Steuerungsmöglichkeiten zugunsten einer nachhaltigen Entwicklung angesprochen. In Kapitel 5 geht es zunächst ausführlich um die Frage nach der Kluft zwischen Umweltbewußtsein und individuellem Verhalten, im letzten Teilkapitel werden dann die politischen Steuerungsmöglichkeiten für die Gesellschaft als Ganzes thematisiert.

5.2 Was ist Umweltbewußtsein?

Im Begriff des Umweltbewußtseins stecken zwei Worte: Umwelt und Bewußtsein. Beide Begriffe sind in ihren Bedeutungsinhalten schillernd. Das Verständnis von Umwelt ist stark durch das Bild von Natur und Technik bestimmt, das sich Menschen von ihrer Umwelt machen. Auf der Basis von Befragungen und psychologischen Experimenten haben Sozialwissenschaftler vorwiegend zwei unterschiedliche (aber sich auch ergänzende) Vorstellungen von Umwelt in der Wahrnehmung der deutschen Bevölkerung identifiziert[1]:

- *Umwelt als Gestaltungsraum des Menschen:* Umwelt ist dabei der naturgegebene Raum, der durch menschliche Arbeit und Energiezufuhr als Mittel zur Erreichung menschlicher Zwecke gestaltet wird. Umwelt ist Lieferant für Fläche, Rohstoffe und Nahrungsmittel sowie Auffangbecken für unsere Abfälle.
- *Umwelt als Refugium der Natur.* Umwelt ist bei diesem Verständnis der Lebensraum, der durch Eingriffe des Menschen in seiner Existenz und Einzigartigkeit gefährdet ist. Das Überleben der Umwelt ist zunehmend abhängig von einer möglichst naturnahen Bewirtschaftung bis hin zur Einstellung aller menschlichen Eingriffe in den Naturkreislauf.

In der öffentlichen Wahrnehmung schlägt das Pendel inzwischen weitgehend auf die zweite Sichtweise von Umwelt aus[2]. Dabei spielen sicherlich fehlende Erfahrungen von Naturkatastrophen in Deutschland, das bereits erzielte Wohlstandsniveau, gesteigerte Erholungs- und Freizeitbedürfnisse, die Fülle an technischen Möglichkeiten zur Veränderung der Umwelt und die wahrgenommene Verschiebung des Kräfteverhältnisses zwischen Natur und Technik eine gewichtige Rolle[3]. In anderen Kulturkreisen ist dagegen das Verständnis der Umwelt stärker vom Gestaltungsauftrag geprägt.

Ebenso differenziert ist die Frage nach dem Bewußtsein zu sehen. Die Sozialwissenschaften und andere Disziplinen verbinden mit dem Begriff „Bewußtsein" unterschiedliche Inhalte[4]. Bei der Verknüpfung von Umwelt und Bewußtsein wird meist der subjektive Grad der wahrgenommenen Umweltbeeinträchtigung durch eine Person oder Gruppe als Maßstab des Umweltbewußtseins gewählt. Abbildung 5.1 zeigt die einzelnen Komponenten des Umweltbewußtseins.

Abbildung 5.1: Komponenten des Umweltbewußtseins

Komponenten:	Elemente:
Aufmerksamkeit für Auswirkungen menschlichen Handelns auf die Umwelt	– Interesse für Umweltfragen – Wahrnehmung von Umweltauswirkungen
Sorge um den Zustand der Umwelt	– Wahrnehmung einer allgemeinen Beeinträchtigung der Umwelt – Persönliche Betroffenheit von negativen Umweltauswirkungen – Wahrnehmung der Dringlichkeit ausgleichender Maßnahmen
Handlungsbereitschaft in bezug auf die Umwelt	– Politische Mobilisierung – Aktive Unterstützung von Umweltgruppen – Persönliches Umweltverhalten (Konsum, Verkehr, Abfall)

Zum Teil wird mit Umweltbewußtsein auch das von einem Individuum gezeigte Umweltverhalten verbunden[5]. Diese Verknüpfung ist aber problematisch, weil die geistige Verarbeitung von Umwelteindrücken (Aufmerksamkeit, Einstellungen und Werthaltungen) nur in geringem Maße mit Verhalten (persönliche Verhaltensweisen und politische Mobilisierung) übereinstimmt. Das ist keine Besonderheit des Umweltverhaltens, sondern eine seit langem bekannte Tatsache in der Sozialpsychologie[6]. Zwischen Einstellungen und entsprechenden Verhaltensweisen besteht meist nur ein schwacher Zusammenhang. In der Regel erklären Einstellungen weniger als 20 Prozent der gezeigten Verhaltensweisen[7]. Aus diesem Grunde soll hier zwischen Umweltbewußtsein und Umweltverhalten klar unterschieden werden.

Ein ähnliches Verständnis von Umweltbewußtsein liegt auch der Definition des Rates von Sachverständigen für Umweltfragen zugrunde[8]. Dieser Umweltrat, der seit 25 Jahren die Bundesregierung berät, definiert Umweltbewußtsein als die Wahrnehmung der möglichen Gefährdung der natürlichen Lebensgrundlagen des Menschen durch diesen selbst, verbunden mit der Bereitschaft zur Abhilfe. In dieser Definition sind die drei wesentlichen Komponenten des Umweltbewußtseins enthalten, wie sie in Abbildung 5.1 dargestellt sind.

Es stellt sich jedoch die Frage, wie diese drei Komponenten zusammenwirken und welche Faktoren auf die Ausbildung der drei Komponenten einwirken. Schließlich ist es für unser Thema von besonderem Interesse, wie Umweltbewußtsein und Umweltverhalten miteinander verbunden sind. Aufgrund der bisherigen Erforschung des Umweltbewußtseins kommen viele Faktoren infrage, die auf Umweltbewußtsein und Umweltverhalten einwirken[9]. In diesem Kapitel sollen nur einige Schlüsselvariablen herausgegriffen und erörtert werden. Darunter fallen:

- wahrgenommene Naturbilder durch die Bevölkerung,
- Wahrnehmung der Konsequenzen menschlichen Handelns auf die Umwelt,
- Technikeinstellungen,
- allgemeine Wertorientierungen und
- kulturelle Muster der Natur- und Technikwahrnehmung.

5.3 Der Einfluß der Naturbilder auf das Umweltbewußtsein

Was die Naturbilder anbelangt, so haben wir bereits im zweiten Kapitel verschiedene Naturverständnisse und ihre Bedeutung für unterschiedliche Konzepte der Nachhaltigkeit behandelt. Die Klassifizierung in Kapitel 1 ging von einer Aufteilung in anthropozentrische (auf den Menschen bezogene) und biozentrische (auf die Natur als Ganzes bezogene) Vorstellungen aus. Innerhalb dieser beiden Blöcke gibt es weitere Differenzierungen, etwa die Untergliederung in nutzenorientierte (utilitaristische) und schutzorientierte (protektionistische) Perspektiven innerhalb der anthropozentrischen Auffassung von Natur.

Eine solche systematische Klassifizierung sagt aber noch wenig darüber aus, wie die Menschen in Deutschland und anderen Ländern Natur wahrnehmen bzw. welches Naturbild sie selbst als angemessen ansehen. Leider gibt es zu dieser Frage noch relativ wenig empirisches Material. Das liegt vor allem daran, daß es nicht einfach ist, die Naturbilder von Menschen durch Befragungen oder Beobachtungen zu erfassen und gültig zu messen. Einfach Menschen zu fragen, was sie unter dem Begriff der „Natur" verstehen oder welches Naturbild sie für angemessen halten, führt kaum zu sinnvollen Ergebnissen. Um zu einem tieferen Verständnis der wahrgenommenen und erlebten Naturbilder zu gelangen, ist man auf differenzierte und kreative Methoden der Sozialforschung angewiesen.

Ein Beispiel dafür ist die 1996 fertiggestellte Promotionsarbeit einer amerikanischen Sozialwissenschaftlerin, die das Naturverständnis von Deutschen, Schweizern und Amerikanern untersucht hat[10]. Ihre Methode bestand darin, Spaziergänger in Nationalparks und Erholungswäldern zu begleiten, deren Eindrücke über zwei bis drei Stunden hinweg zu sammeln und mit ihnen über das Gesehene bzw. Nicht-Gesehene und Vermißte zu reflektieren. Die Ansichten über die Natur waren zwischen Deutschen, deutschsprachigen Schweizern, französischsprachigen Schweizern und Amerikanern wesentlich weniger unterschiedlich, als die Autorin ursprünglich vermutet hatte[11]. Die meisten sahen in der Natur ein Refugium, das es gegen die Allmacht von Technik und Zivilisation zu schützen gelte. Ebenso häufig wurde Natur als Standort der eigenen Identitätsfindung und als Verankerung in einer realen statt virtuellen Heimat betrachtet. Bei den meisten Befragten wurde die schleichende Transformation von Naturfläche in Zivilisationsfläche als eine unumkehrbare, aber keineswegs begrüßenswerte Veränderung der eigenen Lebenswelt begriffen. Häufig charakterisierten die Spaziergänger die anderen, die nicht mehr spazierengehen wollen oder können, als die treibenden Kräfte einer anhaltenden Naturzerstörung. Dabei wurde diesen keineswegs Bosheit oder Vorsatz unterstellt, sondern mangelnde Motivation aufgrund von Unkenntnis und nicht bewußten Erfahrungsverlusten[12].

Daß dieser Eindruck mehr als nur eine Momentaufnahme von Gesprächen mit Spaziergängern darstellt, zeigen zum Beispiel die empirischen

Abbildung 5.2: Naturbilder in Deutschland

Kategorie	Erklärung	Häufigkeit der Nennung
Romantischer Naturbegriff	Schönheit, Wiesen, Wälder, Naturliebe, Idylle, stets positiv wertende Aussagen	38 %
Evaluativer Naturbegriff	Natur ist gut, optimal, sehr wichtig, stets positiv wertend	5 %
Ontologischer Naturbegriff	Schöpfung, Apotheose der Natur: Natur ist Gott oder gottähnlich	4 %
Reproduktionsbegriff	Gesundheit, Erholung, Entspannung, Wandern, Sport, Urlaub, Ernährung	27 %
Bedrohte, zerstörte Natur	Bedrohte Lebensgrundlage, verschandelte, zerstörte Natur, Abgase, Müll, Lärm, Verkehr, Ozon, negativ wertende Aussagen	23 %
Umwelt(schutz)begriff	Ökologie, Umweltschutz, Natur erhalten	22 %
Gegenkultureller Naturbegriff	Natur ist Gegensatz von Kultur, Unberührtheit, Natürlichkeit, Urspünglichkeit, Verzicht menschlicher Eingriffe in Natur	9 %
Produktive Ressource	Energie, Rohstoffe, Landwirtschaft	3 %
Systembegriff	Zusammenspiel von Lebewesen, Pflanzen, Luft, Erde, Bewegung, Autopoiesis	3 %
Wissenschaftlicher Naturbegriff	Natur- (Wissenschaften), Naturgesetze, Natur als Wissen, Erkenntnisgrundlage	1 %
Natur als Leben(-sgrundlage)	Natur ist Leben, Natur ist lebenswichtig	8 %
Nostalgischer Naturbegriff	Natur, wie sie früher einmal war (meist positiv wertend)	1 %
Visionärer Naturbegriff	Natur, wie sie einmal sein wird, Verweis auf nachfolgende Generationen (meist normative Aussagen)	2 %
Natur als Bedrohung	Naturkatastrophen, Auslese, Natur kann grausam sein	3 %
Geographischer Naturbegriff	Draußen sein, Landschaft, Garten, Lebensraum, Umgebung	12 %
Funktioneller Naturbegriff	Entstehen, Wachsen, Kraft, Energie, Sterben	5 %
Universeller Naturbegriff	Himmel und Erde, Kosmos, All, Sterne	5 %
Syntagmatischer Naturbegriff	Nicht wertende Aufzählung von Elementen	29 %
Sonstige und keine Angaben		1 %

Quelle: Biotech-Survey der Akademie für Technikfolgenabschätzung in Baden Württemberg 1997 (Repräsentativbefragung 1997 in Deutschland).

Arbeiten, die der Soziologe Michael Zwick im Rahmen eines nationalen Verbundprojektes zu Gentechnik und Modernisierung durchgeführt hat[13]. In einem ersten Schritt hat Zwick in sogenannten qualitativen Interviews mit 48 Personen aus unterschiedlichen Lebenslagen (vom Sozialhilfeempfänger bis zum Industriemanager) ausführliche Gespräche geführt und dabei die befragten Personen über ihr Verhältnis zur Natur sprechen lassen. Auf der Basis dieser Interviews konnte er eine Reihe von unterschiedlichen Naturbildern identifizieren. Um die Eindrücke aus den qualitativen Untersuchungen bundesweit zu testen, beteiligte er sich im Jahre 1997 an einer Repräsentativbefragung in Deutschland, bei der die Befragten freie Assoziationen zum Thema Natur einbringen konnten. Diese Assoziationen – maximal drei pro Person – wurden den in den qualitativen Interviews gewonnenen Naturbildern zugeordnet. Dabei wurden insgesamt 18 Kategorien verwendet, unter die nahezu alle Assoziationen (bis auf einen Restbestand von knapp einem Prozent) subsumiert werden konnten. Die 18 Kategorien sind in Abbildung 5.2 im einzelnen aufgeführt.

Bereits beim ersten Blick auf Abbildung 5.2 wird deutlich, daß die Vorstellung von Natur bei den Deutschen durch einige wenige dominierende Naturbilder geprägt ist. Fast vier von zehn Befragten verbinden mit Natur romantische Assoziationen. Nimmt man den evaluativen Naturbegriff und den ontologischen mit in die Betrachtung auf, dann erreichen die als idealistisch zu kennzeichnenden Naturbilder rund 45 Prozent der Nennungen. Fügt man dieser Gruppe schließlich noch das Bild von Natur als reproduktive Größe hinzu, dann wird deutlich, daß über die Hälfte der Befragten solchermaßen „lebensweltlich" geprägte Assoziationen mit der Natur verbinden.

Der zweite Schwerpunkt bezieht sich auf bedrohte, verschandelte oder zerstörte Natur. Auf diese Kategorie entfallen 23 Prozent aller Nennungen. Schließt man in diese Kategorie noch das entsprechende Pendant – die Natur als belastete und schutzbedürftige Umwelt – ein, dann folgen immerhin fast 40 Prozent der Befragten der Vorstellung einer durch den Menschen bedrohten und schützenswerten Natur. Natur als produktive Ressource wird dagegen nur von einer Minderheit von knapp drei Prozent thematisiert. In den meisten Fällen wird dabei an landwirtschaftliche Nutzung gedacht, einige Male an Verkehr und Straßenbau und lediglich vier mal (von insgesamt 1.500 Befragten) an Natur als Rohstofflieferanten. Auch das nüchterne Systemverständis von Natur oder das wissenschaftliche Naturbild finden lediglich bei verschwindend kleinen Minderheiten Resonanz. Allenfalls neutrale Assoziationen, die unter dem Begriff der „syntagmatischen Natur" zusammengefaßt sind, werden noch in nennenswertem Maße genannt.

Die Ergebnisse der Befragung machen deutlich, daß in der Bevölkerung zwei wesentliche und komplementäre Naturbilder vorherrschen. Zum einen sehen die Menschen in der Natur einen Hort von Schönheit, Rekreation und Reproduktion, zum anderen ein von der Zivilisation bedrohtes und schutzwürdiges Gut. Dabei spielt kaum eine Rolle, ob die Natur eher anthropozentrisch oder biozentrisch bewertet wird. Sie erscheint in beiden Fällen weder als Bedrohung noch als Rohstofflager, sondern als ein soziales und kulturelles Bezugssystem, dessen Wirkungsweise und Existenz durch moderne Zivilisation in Bedrängnis geraten ist. Die Vorliebe für protektionistische und romantische Naturauffassungen ist sicher eine wichtige Erklärung für das relativ ausgeprägte Umweltbewußtsein in Deutschland und für das immer wieder geäußerte Unbehagen an der gegenwärtigen Umweltpolitik.

5.4 Die Wahrnehmung von Umweltbeeinträchtigungen

Wie schon aus den Untersuchungen zum vorherrschenden Naturbild deutlich wurde, einigt die Sorge um eine intakte und auch für die Zukunft leistungsfähige Umwelt nahezu alle Deutschen. Zwar ist das Thema Umwelt nicht mehr so populär wie noch vor einigen Jahren, aber die überwiegende Mehrheit der Deutschen spricht sich nach wie vor für eine Verbesserung des Umweltschutzes aus. In einer nationalen Umfrage wurden die Bundesdeutschen 1996 zum Beispiel befragt, welchen Stellenwert das Thema „Umweltschutz“ auf einer Skala von 0-10 einnehme (Abbildung 5.3). Das Ergebnis ist eindeutig: Mit einem durchschnittlichenWert von 8,3 (West) und 8,5 (Ost) bleibt der Umweltschutz einer der Spitzenreiter in der Prioritätenskala der Befragten[14], auch wenn er gegenüber den Befragungen aus den Vorjahren vom ersten auf den dritten Platz der Prioritätenskala gerutscht ist. Daraus läßt sich jedoch noch kein dauerhafter Abwärtstrend herauslesen. In Zeiten wirtschaftlicher Schwierigkeiten nimmt die Sorge um den Arbeitsplatz natürlich den ersten Rang ein. Kommt es zu einem konjunkturellen Aufschwung, wird der Umweltschutz wieder höher bewertet. Das Umweltbewußtsein ist also keine vorübergehende Erscheinung. Alle sozialen Schichten sowohl in den neuen als auch den alten Bundesländernsind davon betroffen.

Die Sorge um eine intakte Umwelt ist in der Bevölkerung aller europäischen Staaten seit Anfang der 80er Jahre immer unter den fünf wichtigsten genannten Problembereichen zu finden. Dies gilt selbst für die jüngste, 1996

Abbildung 5.3: Wichtigkeit politischer Maßnahmen in verschiedenen gesellschaftspolitischen Problemfeldern (Mittelwerte auf einer Skala von 0-10)

Befragte	West	Ost
Verminderung der Arbeitslosigkeit	9.2	9.6
Verbesserung der Verbrechensbekämpfung	8,4	9.2
Verbesserung des Umweltschutzes	8.3	8,5
Mehr tun für die Aufrechterhaltung der Wettbewerbsfähigkeit der deutschen Wirtschaft	8,0	8,3
Mehr tun für den Erhalt des Sozialstaats	7,7	8,8
Verbesserung der Wohnraumversorgung	7,4	7,6
Verringerung des Zuzugs von Ausländern	6,9	6,9

Quelle: Bundesumweltministerium (1996): Umweltbewußtsein in Deutschland. Ergebnisse einer repräsentativen Bevölkerungsumfrage 1996. Eine Information des Bundesumweltministeriums. Berlin, S. 7.

durchgeführte Eurobarometer-Studie, in der turnusmäßig die Bevölkerung aller EU-Mitglieder repräsentativ befragt wird[15]. In den nordischen Ländern (Dänemark, Niederlande) erhielt der Umweltschutz den Spitzenplatz in der Sorgenliste, in Deutschland und anderen mitteleuropäischen Staaten landete er im oberen Mittelfeld.

Konkretere und differenziertere Aufschlüsse über die Umweltwünsche der Europäer gibt eine ältere Eurobarometer-Untersuchung aus dem Jahre 1992. In dieser Befragung stuften 85 Prozent der EU-Bevölkerung den Umweltschutz als unmittelbares und drängendes Problem ein. Mehr als 90 Prozent äußerten sich besorgt über das Verschwinden von Tier- und Pflanzenarten und über 70 Prozent hielten die Luft- und Wasserverschmutzung in Europa für untragbar[16].

Allerdings ist bei der Interpretation dieser Umfragedaten Vorsicht angebracht. Die meisten Befragungen zum Stellenwert der Umweltproblematik im Vergleich zu anderen wichtigen Themen geben die jeweiligen Antwortkategorien vor; d.h. die Befragten müssen anhand einer Liste von möglichen Problemen diejenigen bestimmen, die ihnen besonders wichtig oder dringlich erscheinen, oder sie müssen diesen Antwortkategorien einen numerischen Dringlichkeitswert zuweisen. Legt man den Befragten dagegen eine offene Frage vor, etwa welche Probleme besonders dringlich seien, wird das Thema „Umwelt" nur von einer kleinen Minderheit genannt. In einer von Gallup International 1992 in 24 Ländern durchgeführten Untersuchung wurde beispielsweise mit einer offenen Frage erfaßt, welches aktuell das Hauptproblem des Landes sei[17]. Während die Iren und die Niederländer zu rund 40 Prozent die Umweltthematik nennen und selbst in den USA und Japan rund 12 Prozent die Umwelt als dringlichstes Problem einschätzen, waren es in Deutschland nur neun Prozent. In der gleichen Umfrage wurde eine ähnliche Frage gestellt, bei der die Antwortkategorien jedoch vorgegeben waren. Dabei entpuppte sich Deutschland zusammen mit Süd-Korea als Spitzenreiter unter den 24 Nationen: Rund 67 Prozent hielten die Umweltprobleme für ein „sehr wichtiges Problem". Wie läßt sich dieser Widerspruch erklären?

Für die erstaunliche Diskrepanz im Antwortverhalten gibt es drei plausible Erklärungen: Zum ersten messen Umfragen auch immer soziale Erwünschtheit. Da eine Antwort bei einer Befragung „nichts kostet", sind die meisten Menschen geneigt, das, was als sozial erwünscht und positiv aufgenommen wird, als eigene Meinung zu äußern, selbst wenn sie ihr eigenes Verhalten selten danach ausrichten. Bei einer offenen Frage sind die sozialen Erwünschtheiten oft nicht klar erkennbar und man folgt dem ersten (meist ehrlichen) Impuls. Sind dagegen die Antwortkategorien vorgegeben, fühlt man sich unbehaglich, wenn man einer Kategorie mit hoher sozialer Erwünschtheit nicht auch die entsprechende Referenz erweist. So kann es zu überhöhten Werten kommen.

Zum zweiten ist Umweltschutz ein Dauerbrenner in der politischen Diskussion, der – wie oben bereits erläutert – je nach Problemdruck nach vorne oder nach hinten in der Prioritätenskala geschoben wird. Die Beständigkeit, mit der seit Mitte der 70er Jahre Umweltbelastungen als gesellschaftlich relevante Probleme genannt werden, weist darauf hin, daß dieser Bereich ständig virulent bleibt, aber durch jeweils aktuelle Probleme verdrängt werden kann. Wird Umweltschutz nicht explizit genannt, dann fallen den Befragten die gerade aktuellen Problembereiche ein, werden sie jedoch mit dem Thema direkt konfrontiert, erinnern sie sich daran, daß ja auch noch dieses Problem seit Jahren mehr oder weniger ungelöst sozusagen chronisch „vor sich hin schmort". Dann erhält der Umweltschutz erneut hohe Werte auf der Prioritätenskala.

Die Frage nach den Prioritäten läßt sich in Umfragen auch dadurch messen, daß man den Befragten eine Aussage vorgibt, bei der eine Abwägung zwischen Problembereichen verlangt wird. So wurde im Rahmen der sog. Environment Survey Studie der ISSP (International Social Survey Program) den Befragten 1993 eine Aussage mit folgendem Wortlaut vorgelegt: „Man sorgt sich zu sehr um die Zukunft der Umwelt und zu wenig um Preise und Arbeitsplätze"[18]. Obgleich im Jahre 1993 die Arbeitslosigkeit in Deutschland noch lange nicht die dramatischen Auswirkungen erreicht hatte wie 1998, stimmten immerhin 33 Prozent der Befragten dieser Aussage zu. Unter

30 Prozent lag dagegen die Zustimmungsrate in Australien, Niederlande, Norwegen, Rußland, Kanada und Japan. Umweltprobleme werden also als eine wichtige und dringliche Aufgabe gesehen, sie können jedoch je nach wahrgenommener Problemlage in anderen Bereichen als weniger prioritär angesehen werden.

Zum dritten drückt sich in der auftretenden Diskrepanz zwischen den Ergebnissen bei offener und gezielter Befragung aber auch die Kluft zwischen dem allgemeinen Erleben einer Umweltkrise und der persönlichen Betroffenheit von Umweltbelastungen aus. Nur 14 Prozent der Deutschen gaben in der oben bereits zitierten Gallup-Umfrage aus dem Jahre 1992 an, sie fühlten sich durch Umweltbelastungen in starker Weise betroffen. Bei einer weicheren Formulierung von Betroffenheit („irgendwie durch Umweltbelastungen gestört") stieg diese Zahl auf 63 Prozent[19]. Im internationalen Vergleich landeten die Deutschen aber selbst bei dieser weichen Formulierung im Mittelfeld. Ähnlich läßt sich auch das Phänomen interpretieren, daß die Umweltsituation um so negativer beurteilt wird, je größer der Radius ist, für den man das Urteil ausspricht. Lokale Umwelt wird meist als relativ intakt, die nationale bereits als problematisch und die globale Umwelt als zutiefst bedroht eingeschätzt[20]. Dieser Trend gilt nicht nur für Deutschland, sondern auch für die meisten anderen Industrieländer.

Daß die persönliche Betroffenheit von Umweltschäden als wesentlich geringer eingestuft wird als die allgemeine Umweltqualität, zeigt sich auch in der nationalen Umfrage zum Umweltbewußtsein und Umwelthandeln in Deutschland aus dem Jahre 1996[21]. Die meisten Menschen gaben in dieser Untersuchung an, die Umweltverschmutzung nehme insgesamt zu und viele Menschen würden unter den Auswirkungen der Umweltbeeinträchtigungen leiden, sie selbst seien aber nur in geringem Maße Opfer von Umweltbelastungen (diese wahrgenommene Diskrepanz gilt allerdings nicht für Lärmbelästigungen). Insgesamt kann man daraus schließen, daß das vermittelte Bild der Umweltqualität eine negativere Sicht der Umwelt nahelegt, als es die Menschen in ihrer Umgebung selber wahrnehmen. Allerdings hat sich die Kluft zwischen allgemeiner Wahrnehmung und spezieller Betroffenheit in den letzten drei Jahren eher geschlossen, und zwar zugunsten einer stärker erlebten persönlichen Betroffenheit von Umweltbelastungen.

Sieht man sich die einzelnen Komponenten des Umweltbewußtseins einmal etwas näher an, dann wird das Bild der Besorgnis noch plastischer. Analog zur Definition des Umweltbewußtseins lassen sich Fragen nach emotionalen Assoziationen zur Umwelt, nach Vorstellungen über die Umweltbelastung und nach der Handlungsbereitschaft der einzelnen zum Aus-

Abbildung 5.4: Aspekte des Umweltbewußtseins

	Befragte West			Befragte Ost		
	- -	-/+	+ +	- -	- /+	+ +
Affektive Komponente						
Es beunruhigt mich, wenn ich daran denke, unter welchen Umweltverhältnissen unsere Kinder und Enkelkinder wahrscheinlich leben müssen.	8 %	19%	73%	11%	17%	72%
Wenn ich Zeitungsberichte über Umweltprobleme lese oder entsprechende Fernsehsendungen sehe, bin ich oft empört und wütend.	11%	26%	63%	8 %	30%	62%
Kognitive Komponente						
Es ist noch immer so, daß die Politiker viel zu wenig für den Umweltschutz tun.	9 %	26%	65%	7 %	23%	70%
Wenn wir so weiter machen wie bisher, steuern wir auf eine Umweltkatastrophe zu.	12%	24%	64%	11%	22%	67%
Derzeit ist es immer noch so, daß sich der größte Teil der Bevölkerung wenig umweltbewußt verhält.	13%	28%	59%	12%	33%	55%
Nach meiner Einschätzung wird das Umweltproblem in seiner Bedeutung von vielen Umweltschützern stark übertrieben.	55%	26%	19%	44%	35%	21%
Komponente der Handlungsbereitschaft						
Egal, was die anderen tun, ich selbst versuche, mich soweit wie möglich umweltgerecht zu verhalten.	4 %	23%	73%	3 %	19%	78%
Zugunsten der Umwelt sollten wir alle bereit sein, unseren derzeitigen Lebensstandard einzuschränken.	11%	34%	55%	16%	39%	45%
Für jemand wie mich ist es schwierig, viel für die Umwelt zu tun.	40%	30%	30%	35%	33%	32%
Ich verhalte mich auch dann umweltbewußt, wenn es zusätzlich erheblich höhere Kosten und Mühen verursacht.	18%	44%	38%	21%	42%	37%

Erläuterung: - - stimme überhaupt bzw. eher nicht zu;
-/+ teils/teils;
+ + stimme weitgehend bzw. voll und ganz zu.

Quelle: Bundesumweltministerium (1996): Umweltbewußtsein in Deutschland. Ergebnisse einer repräsentativen Bevölkerungsumfrage 1996. Eine Information des Bundesumweltministeriums. Berlin, S. 19.

Abbildung 5.5: Glaube an die Existenz einer Umweltkrise (erster Balken: heute; zweiter Balken: in Zukunft)

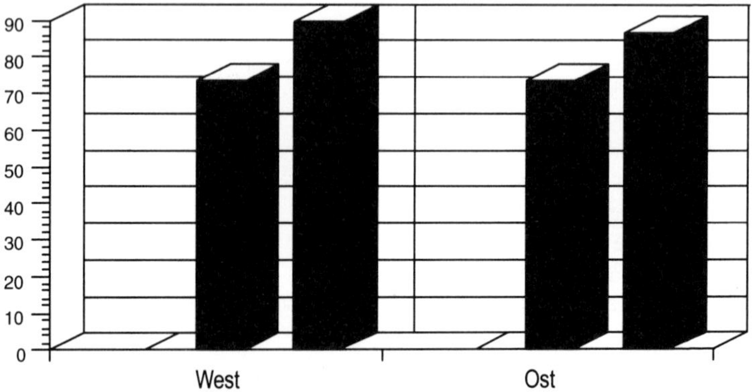

Quelle: Institut für praxisorientierte Sozialforschung (IPOS) (1993): Einstellungen zu Fragen des Umweltschutzes 1993. Mannheim, S. 12.

gleich von Umweltbelastungen in Umfragen formulieren. Die Ergebnisse auf diese Fragen sind in Abbildung 5.4 wiedergegeben.

Über 70 Prozent der Deutschen sind beunruhigt, wenn sie darüber nachdenken, unter welchen Umweltverhältnissen unsere Kinder und Enkelkinder wahrscheinlich leben müssen. Diese Aussage entspricht weitgehend dem Anliegen der Nachhaltigkeit, obgleich dieser Begriff nur von 11 Prozent in Westdeutschland und von 7 Prozent in Ostdeutschland gekannt wird[22]. Mit Empörung und Wut über aufgedeckte Umweltprobleme reagieren 65 Prozent im Westen und 62 Prozent im Osten Deutschlands. Rund zwei Drittel der Bevölkerung ist auch der Meinung, daß wir auf eine Umweltkatastrophe zusteuern. Dementsprechend sind auch rund die Hälfte der befragten Bürger bereit, zugunsten der Umwelt Einbußen im Lebensstandard in Kauf zu nehmen. Offenkundig haben die Sorgen um eine nachhaltige Umweltsituation nicht abgenommen, wenn auch andere gesellschaftliche Probleme, wie die Arbeitslosigkeit, nach Ansicht der Bundesbürger vorrangig bearbeitet werden sollten.

Eine etwas ältere Umfrage aus dem Jahre 1992 zeigt ebenso plastisch die Bedeutung des Themas „Umwelt“ für die Bevölkerung und die Furcht vor einer Verschlechterung der heutigen Umweltsituation. In Abbildung 5.5 erkennt man die Größenordnung dieser Besorgnis in Deutschland. Die erste Frage lautete: Glauben Sie, daß wir uns zur Zeit in einer schweren Umweltkrise befinden? Die zweite Frage: Und wenn Sie an die Zukunft denken: Glauben Sie, daß wir uns auf eine schwere Umweltkrise zu bewegen oder glauben Sie das nicht? Die prozentualen Antworten sind in Bild 1 wiedergegeben.

An eine Umweltkrise glauben in den alten wie neuen Bundesländern rund 80 Prozent. Daß es in Zukunft besser gehen werde, glaubt so gut wie niemand. Pessimismus bestimmt also das Meinungsbild. Fragt man nach der Dringlichkeit von Umweltproblemen in Deutschland, so ergeben sich für die Bevölkerung in den westlichen und östlichen Landesteilen unterschiedliche Prioritäten. In Abbildung 5.6 sind die Werte für die alten und neuen Bundesländer erfaßt.

Abbildung 5.6: Umweltsorgen in Deutschland West und Ost (1992)

Umweltsorgen in den alten Bundesländern	Umweltsorgen in den neuen Bundesländern
Platz 1: Ozonloch (37%)	Platz 1: Müllprobleme (41%)
Platz 2: Luftverschmutzung (36%)	Platz 2: Luftverschmutzung (37%)
Platz 3: Müllprobleme (20%)	Platz 3: Ozonloch (34%)
Platz 4: Klimaveränderungen (18%)	Platz 4: Klimaveränderungen (25%)

Quelle: Institut für praxisorientierte Sozialforschung (IPOS) (1993): Einstellungen zu Fragen des Umweltschutzes 1993. Mannheim, S. 14f.

Auch Konsumverhalten und Lebensstil sind inzwischen vom Umweltbewußtsein beeinflußt worden. Jeder kennt die Werbesprüche, die bewußt auf die Attraktivität von „Öko" und „natürlich" bauen. Auch die Sozialforschung hat die zunehmende Bereitschaft der deutschen Haushalte festgestellt, im Konsumbereich auf ökologische Verträglichkeit zu achten. So waren es 1975 nur 18 Prozent der westdeutschen Haushalte, die zugunsten der Umwelt auf Konsum verzichten wollten, 1980 waren es bereits 22 Prozent und 1990 schon 65 Prozent[23]. 1996 gaben 37 Prozent im Westen und 27 Prozent im Osten an, sie würden höhere Preise für umweltfreundliche Produkte in Kauf nehmen. Teilweise bereit dazu waren zusätzlich 34 Prozent im Westen und 33 Prozent im Osten[24]. Ob diese verbale Bereitschaft auf Konsumverzicht auch in wirkliches Handeln übersetzt wurde, läßt sich aus den Umfragen natürlich nicht ersehen. Auf die Diskrepanz zwischen Einstellung und Verhalten kommen wir später zurück.

Was einen „ökologischen Lebensstil" betrifft, zeigt sich ebenfalls eine hohe Bereitschaft der deutschen Bevölkerung, umweltbewußt zu leben. So gaben in der bereits erwähnten ISSP-Studie rund 85 Prozent der Deutschen an, sie würden sich an Programmen zur Mülltrennung beteiligen (USA 60 Prozent, Großbritannien 43 Prozent); über 50 Prozent der Deutschen versicherten, sie würden sich beim Einkauf um ungespritzte Früchte und Gemüse bemühen (USA 28 Prozent, Großbritannien 21 Prozent) und rund 29 Prozent verzichten nach eigenen Angaben aus Umweltschutzgründen auf Autofahrten (USA 11 Prozent, Großbritannien 13 Prozent)[25]. In einer nationalen Umfrage aus dem Jahre 1996 gaben sogar 39 Prozent der Befragten an, aus Umweltschutzgründen so wenig wie möglich mit dem Auto unterwegs zu sein[26].

Besonders hervorzuheben ist auch die Tatsache, daß die überwiegende Zahl der befragten Deutschen keinen Widerspruch zwischen Umweltschutz und wirtschaftlicher Prosperität sieht. Im Gegenteil: viele glauben, mit Umweltschutz könnten neue Arbeitsplätze geschaffen und die Wettbewerbsfähigkeit der deutschen Industrie gestärkt werden. Zielkonflikte werden kaum wahrgenommen. Demgemäß sind die Deutschen mit dem Tempo der Umweltpolitik auch weitgehend unzufrieden. Auf die Frage, ob die Umweltschutzgesetzgebung in Deutschland ausreichend sei und ob genügend für die Einhaltung dieser Gesetze getan werde, traten die in Abbildung 5.7 dargestellten Antwortmuster auf.

Abbildung 5.7: Zufriedenheit mit Umweltschutzgesetzen und deren Einhaltung in Deutschland (1996)

Umweltschutzgesetze sind...	West	Ost
ausreichend	31%	32%
nicht ausreichend	54%	51%
Einhaltung der Gesetze wird...	**West**	**Ost**
genug überwacht	16%	11%
nicht genug überwacht	70%	73%

Quelle: Bundesumweltministerium (1996): Umweltbewußtsein in Deutschland. Ergebnisse einer repräsentativen Bevölkerungsumfrage 1996. Eine Information des Bundesumweltministeriums. Berlin, S. 79.

Es ist offenkundig, daß in der Wahrnehmung einer Umweltkrise und in dem Wunsch nach mehr Umweltschutz und veränderter Gesetzgebung kaum Widersprüche in der deutschen Gesellschaft bestehen. Auch wenn die Zahl der mit der Umweltgesetzgebung Zufriedenen zwischen 1994 und 1996 leicht zugenommen hat, so einigt die Deutschen zumindest die Sorge um die mangelnde Umsetzung der Umweltgesetze in der Praxis.

Auf der Basis dieser verschiedenen Umfragedaten dürfte einer Politik zugunsten einer nachhaltigen Entwicklung eigentlich nichts entgegenstehen. Denn die überwiegende Mehrheit der Deutschen ist nicht nur problembewußt und von der Notwendigkeit von Kurskorrekturen überzeugt, sie scheint nach allen vorliegenden Umfragedaten zumindest in weiten Teilen auch zu Verhaltensänderungen bereit zu sein, sofern diese der Umwelt wirklich zugute kommen. Der Weg zur Nachhaltigkeit dürfte also eigentlich nicht an mangelnder Motivation scheitern.

5.5 Technikeinstellungen und ihre Beziehung zum Umweltbewußtsein

Einstellungen zu bestimmten Umweltbereichen sind oft Spiegelbilder der Einstellungen zu bestimmten menschlichen Aktivitäten. Dabei kommt es in der Wahrnehmung häufig zu Polarisierungen zwischen Technik (verstanden als Eingriff in die Natur) und der unberührten Natur. Umwelt ist dabei immer eine Mischung aus beiden. Auf die Frage der Meinungsforschungsinstitute: „Was sind denn nun die negativen Auswirkungen – ganz allgemein – der Technik?“, wird immer wieder die Umweltbelastung an vorderer Stelle genannt[27]. Eine ausgeprägte Technikeuphorie, wie sie in den 60er Jahren noch herrschte, ist heute verflogen und einer ambivalenten Haltung gewichen[28]. Die Zahl der Personen mit einer ambivalenten Haltung zur Technik hat sich von etwa 15 Prozent in den 60er Jahren kontinuierlich bis heute auf rund 60 Prozent erhöht. Bei nahezu allen Untersuchungen, in denen die Antwortkategorien „es kommt darauf an“ oder „positive und negative Folgen“ aufgenommen wurden, entscheidet sich eine deutliche Mehrheit der Befragten für eine solche Drittkategorie[29]. Somit sieht die Bevölkerung in der Technik nicht mehr den ‘Deus ex machina’, der quasi automatisch die Weltprobleme lösen hilft, sondern entdeckt in ihr das Janusgesicht der Ambivalenz[30].

Globale und stark bilanzierende Fragen vermitteln aber nur einen sehr oberflächlichen Eindruck von der Technikbewertung in der Gesellschaft. Wenn an solchen Fragen auch ein generelles Meinungsklima ablesbar ist, so kann erst eine nach Technikbereichen differenzierte Analyse tieferliegende Einsichten in Technikwahrnehmung und -bewertung durch die Öffentlichkeit vermitteln. Versucht man diese Differenzierungen in einzelne Technikbereiche etwas systematischer vorzunehmen, dann erweist sich eine Untergliederung in die Bereiche: Produkt- und Alltagstechnik, Technik am Ar-

Abbildung 5.8: Technikbereiche und Parameter ihrer Akzeptanz

Technikbereich	Allokationsbereich	Akzeptanztest	Konfliktthemen
Produkt- und Alltagstechnik	Markt	Kauf	Haftung, Qualität Externe Effekte
Arbeits-technik	Aktive Nutzung	Mitbestim-mung, durch Beschäftigte	Anpassungsge-schwindigkeit, Qualifikation, Rationalisierung
Externe Technik	Politik und Öffentlichkeit	*Konventionelle Verfahren wie:* Abstimmungen *Unkonventio-nelle Verfahren wie:* Proteste, Verweigerung	Interessen, Rechte, Zuständigkeiten Legitimität versus Legalität, Zumut-barkeit, Minder-heitenschutz Grundwerte

Quelle: Renn, O./M.M. Zwick (1997): Technik- und Risikoakzeptanz. Berlin, S. 24.

beitsplatz und Technik als Nachbar (extern erlebte Technik) als hilfreich. Auf diese drei Technikbereiche soll im folgenden näher eingegangen werden (siehe auch Abbildung 5.8).

Produkt- und Alltagstechnik

Die Produkt- und Alltagstechnik wird über den Markt gesteuert. Jemand kann ein technisches Produkt kaufen oder es auch bleiben lassen. Wenn es Konflikte gibt, dann geht es meistens um Haftung und Qualität oder in einigen wenigen Fällen um Nebeneffekte des Konsums auf Dritte. Der Verkehr ist ein Beispiel für solche Effekte, da die Menschen mit der Nutzung von privaten Pkws auch Umweltbelastungen verursachen oder Beeinträchtigungen zu Lasten von Dritten auslösen (vgl. hierzu die Erläuterungen zur Problematik der „externen Effekte“ im Kapitel 6.2). Im Bereich der Produkt- und Alltagstechnik gibt es in Deutschland keine Akzeptanzkrise. Es gibt kaum ein Land, dessen Haushalte so üppig mit technischen Geräten ausgestattet sind wie Deutschland[31]. Nur wenige Stimmen erheben sich gegen den Gebrauch von Kühlschränken, Staubsaugern, Hifi-Anlagen, Personalcomputern oder Sportgeräten, obwohl eigentlich alle wissen müßten, daß auch diese Produkte direkt oder indirekt zur Umweltbelastung beitragen. Damit bewahrheitet sich, was der Sozialpsychologe Hans Christian Röglin schon vor Jahren auf die kurze Formel gebracht hat: „Wir lieben die Produkte der Industriegesellschaft, aber hassen die Art, wie sie hergestellt werden“[32].

Arbeitstechnik

Arbeitstechnik ist die Technik, die am Arbeitsplatz angewandt wird. Die Entscheidung über den Einsatz liegt bei den einzelnen Unternehmen. Akzeptanz bedeutet in diesem Kontext nicht Kauf, sondern vielmehr aktive Nutzung der Technik durch die Beschäftigten in einem Unternehmen. Konflikte entzünden sich an Fragen der Rationalisierung (Wegrationalisierung des Arbeitsplatzes), an Fragen der Mitbestimmung über Technikeinsatz und Fragen der Qualifikation und des Trainings. Im internationalen Vergleich schneidet Deutschland auch bei der Akzeptanz der Arbeitstechnik nicht schlecht ab. Interessant ist dabei, daß die Deutschen nicht unbedingt die ersten sind, die innovativ in den arbeitstechnischen Bereich eingreifen, sondern meist etwas behutsamer bei der Modernisierung vorgehen. Dafür ist aber die Nutzungsrate durch die Beschäftigten höher als in anderen Ländern[33]. Einige Untersuchungen belegen etwa, daß moderne Informationstechniken in Großbritannien früher eingeführt wurden als in Deutschland, daß aber die englischen Beschäftigten wesentlich länger brauchten, um diese Geräte bestimmungsgemäß zu nutzen[34]. Die Technik wird also in Deutschland vergleichsweise später eingeführt, aber dann auch stärker genutzt.

Externe Technik

Das dritte Feld, das hier im besonderen Maße im Vordergrund steht, ist die externe Technik, die Technik als Nachbar. Darunter fallen das Chemiewerk, die Müllverbrennungsanlage, das Kraftwerk oder das Gentechniklabor. Akzeptanz bedeutet in diesem Technikfeld Tolerierung durch die Nachbarn (eine positive Einstellung ist keineswegs erforderlich). Die Entscheidungen über externe Technik fallen im Zusammenspiel von Wirtschaft, Politik und öffentlicher Reaktion. Da gibt es die konventionellen Vorgehensweisen wie Abstimmungen, Genehmigungsverfahren, Raumordnungsverfahren, Planfeststellungsverfahren und andere mehr, darüber hinaus die unkonventionellen Verfahren, die von Unterschriftenaktionen bis hin zu aktiven Protesten wie Bauplatzbesetzungen reichen. Konflikte beziehen sich nicht nur auf die möglichen technikbezogenen Vor- und Nachteile einer Anlage, sondern umfassen auch Fragen nach der zugrundegelegten Vision gesellschaftlicher Entwicklung. Wohin will sich die Gesellschaft bewegen? Was sind die Leitbilder für das eigene Leben, welche sind die leitenden Grundwerte, welche technische Entwicklung ist für die Gestaltung einer wünschenswerten Zukunft angemessen? Damit verbunden ist die Sorge um soziale und ökologische Konsequenzen bei Markt- und Politikversagen sowie die Erfahrung von Verteilungsungerechtigkeiten bei der Aufteilung von Lasten und Nutzen auf unterschiedliche Bevölkerungsteile oder Regionen.

Innerhalb des breiten Feldes der externen Technik dominieren fünf große Konfliktfelder: Energiebereitstellung, vor allem natürlich Kerntechnik, die chemische Industrie, die Anwendung der Gentechnik, die Abfalltechnik und die Informationstechnik, insbesondere der Einsatz von Großcomputern. Im Gegensatz zu den anderen vier Bereichen hat sich bei den Informations- und Kommunikationstechniken eine deutliche Entspannung gegenüber den sehr kritischen Bewertungen Anfang der 80er Jahre durchgesetzt[35]. Die Entwicklung geht also nicht immer in Richtung verstärkter Akzeptanzprobleme, sondern vielfach auch in die gegenteilige Richtung.

Was bedeuten diese Ausführungen für die Frage nach den Durchsetzungschancen für eine nachhaltige Entwicklung? Zunächst sind die Deutschen ein Volk von Technikbegeisterten, wenn es um den Konsum geht. Ob Fernseher, Hifi-Anlage oder Handy, viele Menschen in der Bundesrepublik Deutschland sind hier bestens ausgestattet. Natürlich produzieren diese Geräte auch Abfall, verbrauchen Energie und haben bei ihrer Herstellung die Umwelt belastet. Ob dabei die Grenzen der Nachhaltigkeit überschritten wurden, läßt sich am einzelnen Gerät natürlich nicht nachweisen. Dennoch ist die Summe aller dieser technischen Konsumwaren an der heutigen Situation der mangelnden Nachhaltigkeit maßgeblich beteiligt (vgl. hierzu auch Kapitel 14).

Während auf der einen Seite bei den Konsumprodukten eine Orientierung an Erfordernissen der Nachhaltigkeit weitgehend fehlt, so sind auf der anderen Seite einige der sogenannten externen Techniken ins Zentrum der Auseinandersetzung um eine umweltgerechte Zukunft gerückt. So wenig auch solche zum Sündenbock gestempelten technischen Entwicklungen, wie Kernkraftanlagen oder große Chemiewerke, reine Unschuldslämmer sind, so problematisch ist aber die Gleichsetzung deren Existenz und Aktivitäten mit der Schuld an der Umweltbelastung schlechthin. Dabei sollte immer bedacht werden, daß auch umweltfreundlichere Alternativen nicht ohne Verbrauch von Umweltgütern zu haben sind. Der amerikanische Risikoforscher Herbert Inhaber hat dies in dem englischen Sprichwort „There is no free lunch in nature“ (In der Natur gibt es nichts umsonst) zum Ausdruck gebracht. Es reicht nicht aus, auf einige spektakuläre Techniken zu verzichten (möglicherweise ist dies sogar in einigen Fällen kontraproduktiv). Vielmehr ist eine Bewertung von Technik insgesamt unter dem Leitbild der Nachhaltigkeit vorzunehmen. Dazu fehlt aber häufig die Bereitschaft. Erst wenn die Menschen begreifen, daß Produktion und Konsum gemeinsam auf den Prüfstand der Nachhaltigkeit gehören, können die notwendigen Veränderungen ausgelöst werden.

5.6 Wertmuster und ihr Einfluß auf das Umweltbewußtsein

Die erlebte Ambivalenz der Technik spiegelt sich auch in den Wertmustern der Bevölkerung wider. Die Wertmuster der meisten Bürger in Deutschland sind durch eine Mischung von sogenannten materialistischen und postmaterialistischen Werten charakterisiert[36]. Unter materialistischen Werten versteht man Orientierungen, die sich nach Zielvorstellungen richten, die auf das materielle Überleben, die Befriedigung von Grundbedürfnissen und Sicherheit ausgerichtet sind. Solche Wertvorstellungen sind zum Beispiel mit höheren Einkommen, mehr Lebensqualität oder auch der Wettbewerbsfähigkeit der Wirtschaft verbunden. Ziele wie Familienharmonie, Freizeitorientierung, Selbstverwirklichung und auch Umweltqualität, sind darüber hinausreichende postmaterialistische Werte. Abbildung 5.9 bildet eine Zeitreihe der Anteile von Materialisten, Postmaterialisten und Mischtypen ab. Die Anteile der postmaterialistisch orientierten Menschen stiegen zwischen 1973 und 1986 in der westdeutschen Bevölkerung von acht auf 26 Prozent an und erreichten 1990 mit 32 Prozent einen vorläufigen Höhepunkt. Im selben Zeitraum fiel die Zahl der materialistisch Orientierten von 42 auf 15 Prozent. Die deutsche Wiedervereinigung brachte diesen Trend zum Kippen. Der Anteil von Postmaterialisten an der Bevölkerung in Ostdeutschland betrug im Jahre 1992 rund 10 Prozent, im Jahre 1994 rund 11 Prozent. Auch die Verschärfung der wirtschaftlichen Lage, die hochschnellende Massenarbeitslosigkeit und die Krise des Wohlfahrtsstaates seit Beginn der 90er Jahre haben zwischenzeitlich zu einer leichten Renaissance materialistischer, und einem Rückgang postmaterialistischer Werte geführt.

Die auf den ersten Blick sicherlich plausible These vom Wertewandel ist jedoch nicht ohne Kritik geblieben, die hier nur in einem Punkt aufgegriffen werden soll[37]. Im Gegensatz zur populären Vorstellung, daß die in den fünfziger und sechziger Jahren dominierenden materiellen Werte heute im wesentlichen durch postmaterialistische Werte abgelöst worden seien, zeigen die Prozentwerte aus Bild 2, daß die breite Mehrheit der Bevölkerung eine heterogene Mischung von materialistischen und postmaterialistischen Werten entwickelt hat. Neuere Befragungen zum Thema Werthaltung und Umweltbewußtsein weisen zwar nach, daß eine postmaterielle Werthaltung

Abbildung 5.9: Die Entwicklung der Anteile von Materialisten, Mischtypen und Postmaterialisten in Westdeutschland

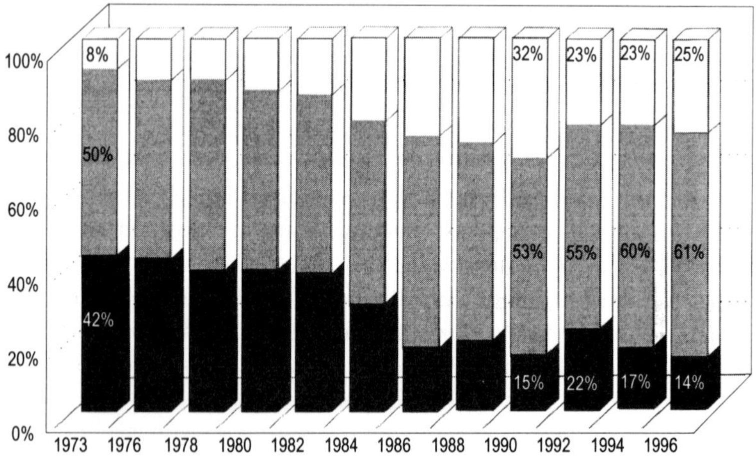

Quelle: Zwick, M.M. (1997): Technikeinstellungen – ein deutscher Sonderweg? In: J.-F. Hake/W. Kuckshinrichs/ K. Kugeler/W. Pfaffenberger/H.-J. Wagner (Hrsg.) 1997: Energieforschung, S. 475-500, Jülich, S. 487.

eher mit hohem Umweltbewußtsein korreliert, dieses aber nicht vollständig bestimmt[38].

Die meisten in diesem Bereich forschenden Wissenschaftler gehen inzwischen davon aus, daß verschiedene Wertmuster miteinander konkurrieren und je nach Lebenslage und Situation in unterschiedlicher Stärke und Intensität gemischt werden[39]. Neben den beiden Polen materialistisch und postmaterialistisch stehen traditionelle Werte wie Heimatliebe, Pflichtbewußtsein, Treue etc. in einigen Lebensbereichen hoch im Kurs. Gleichzeitig orientieren sich Menschen im Berufsleben weitgehend nach sogenannten Pflichtwerten (Einsatzfreude, Effizienz, Fleiß. etc.) und im Freizeitbereich an sogenannten hedonistischen Werten, wie Spaß, Freude, Genuß etc.

Um in dieser Vielfalt von sich überlappenden Wertmustern noch eine Übersicht zu behalten, sind viele Sozialwissenschaftler dazu übergegangen, typische Wertorientierungen zu bestimmen, die sich im konkreten Handeln zu Lebensstilen verdichten können. In Bild 3 sind die sechs prototypischen Grundtypen wiedergegeben, die vom Sozialforscher Michael Zwick in Interviews mit Einzelpersonen entdeckt und durch repräsentative Umfragen bestätigt wurden. Ähnlich wie bei der Ermittlung der Naturbilder nutzte Zwick die intensive Befragung von 48 Einzelpersonen als Ausgangspunkt für die Klassifizierung von Wertorientierungsmustern. Die befragten Personen wurden gebeten, aus ihrer Biographie zu erzählen und gleichzeitig anzugeben, was ihnen im Leben wichtig und wertvoll sei. Auf der Basis dieser Einzelbefragungen konstruierte Zwick typische Wertemuster, die im Interview markant und wiederholt hervortraten und gab ihnen bestimmte Etiketten. Diese Etiketten spiegeln quasi die Quintessenz der jeweiligen Lebensstile wider. Nachdem die Klassifikation auf Basis der qualitativen Interviews abgeschlossen war, entwickelte er Indikatoren (Fragen und Aussagen, die man in einer repräsentativen Befragung einsetzen kann), die eine Zuordnung zu den ermittelten Wertmuster erlaubten. Diese Indikatoren wurden durch einen sogenannten Pre-test überprüft. Dabei kam es vor allem darauf an, zu überprüfen, ob die Indikatoren gültig und zuverlässig die Zugehörigkeit zu einem der sechs Lebensstile abbilden können. Nachdem die Indikatoren überprüft und das Prüfungsergebnis entsprechend verbessert worden war, wurden die Indikatoren in die schon erwähnte nationale Umfrage eingefügt, die 1996 bundesweit durchgeführt wurde.

Die Grundtypen der Klassifikation nach Zwick können durch folgende Merkmale charakterisiert werden[40]:

- Bei den *technokratisch-liberalen Aufstiegsorientierten* ist der eigene Lebensstil durch positive Erwartungen an die persönliche Zukunft, durch Karrierestreben, eine materialistische Grundhaltung und einen großen Fortschrittsoptimismus geprägt. Im Streben nach beruflichem und sozialem Aufstieg spielen Flexibilität und Anpassung an sozial erwünschte Lebensweisen eine große Rolle. Soziale Normen werden weitgehend verinnerlicht. Damit verbunden ist oftmals die Idee, jedwede Problemlage mittels Technik lösen zu wollen.
- *Asketisch-konservativ Etablierte* pflegen einen Lebensstil, der auf distinktiven Genuß, niveaubetonte gesellschaftliche Umgangsformen und auf Kultur bezogene Formen der Freizeitgestaltung ausgerichtet ist. Menschen, die in diese Kategorie fallen, sind durch ihre oftmals *»klassische«* bildungsbürgerliche Orientierung gekennzeichnet und haben eine Vorliebe für eine gediegene Atmosphäre und ein privilegiertes Lebensumfeld.
- *Konventionell bürgerlich Orientierte* zeichnen sich durch ein beharrliches Festhalten an Konventionen und Regeln des sozialen Umgangs, durch eine besondere Ordnungsliebe und durch Betonung traditioneller Werte und Pflichten aus. Viele Vertreter dieses Lebensstils pflegen häufig religiöse Bräuche, bekennen sich zu Tugenden wie Sparsamkeit und Pünktlichkeit und bevorzugen eher konservative Formen der Lebensführung.

- Die *weltoffenen pragmatischen Realisten* versuchen das Beste aus ihrem Leben und ihren beruflichen und privaten Chancen zu machen. Sie bevorzugen eine pragmatische Lebensführung, sind flexibel und anpassungsfähig. Von sich und anderen erwarten sie Toleranz und Bereitschaft zu Kooperation und sie versuchen, zwischen Pflichten und Genußfreuden den richtigen Mittelweg zu finden. In ihrem Selbstbild hat der Fundamentalismus keinen Platz, sie können sich jedoch über gesellschaftliche Normen und Konventionen hinwegsetzen, falls es aus ihrer Sicht sinnvoll oder angemessen erscheint.
- Der Lebensstil der *modernisierten, genußorientierten* Individualisten ist durch einen ausgeprägten Individualismus, durch die Betonung von Selbstentfaltung und Selbstverwirklichung sowie durch besondere Genußfreude geprägt. Vertreter dieses Lebensstils lehnen die konventionelle Erfolgsleiter als sinnentleerte „Maloche" wie auch die traditionellen Konventionen im Umgang miteinander ab. Sie bevorzugen Spontanität, Lebensfreude und Kreativität.
- Die *systemkritischen, kulturpessimistischen Alternativen* stehen Aufstiegsorientierung, sozialen Konventionen und Streben nach Karriere und Sozialprestige distanziert gegenüber. Vertreter dieses Lebensstils haben die Probleme der ganzen Welt vor Augen, drängen auf ökologische Verträglichkeit in Politik, Wirtschaft und Konsum und setzen sich für einen gerechten Ausgleich zwischen arm und reich ein. Die Erfolgsaussichten ihres eigenen Tuns schätzen sie eher pessimistisch ein. In ihrem eigenen Handeln sind sie mehr oder weniger bemüht, ihren Überzeugungen zu entsprechen.

In Abbildung 5.10 sind die prozentualen Anteile aufgeführt, die nach der nationalen Umfrage im Jahre 1997 auf die einzelnen Lebensstilgruppen fallen. Dabei fällt auf, daß die in den Medien und in der öffentlichen Diskussion stark herausgestellten Gruppen wie die *systemkritischen Alternativen* oder die *modernisierten Genußmenschen* nur einen kleinen Anteil an der Gesamtbevölkerung ausmachen. Dagegen sind die eher konventionellen Lebensstile auch weiterhin in Deutschland dominant.

Allerdings muß man sich stets der Begrenzung dieser Umfragedaten bewußt sein. Zum einen fallen etwas mehr als ein Viertel der Befragten in die Kategorie „Mischtypen", sie können also nicht einem der sechs Muster zugeordnet werden. Zum anderen ist die Typisierung auf generelle Wertorientierungsmuster bezogen. Beim Übergang von einem Lebensabschnitt zu einem anderen (zum Beispiel von der Ausbildung zur Erwerbstätigkeit oder von der Erwerbstätigkeit zum Ruhestand) kann es aber durchaus zu

Abbildung 5.10: Protoytpische Muster von Wertorientierungen, Naturbildern und Einstellungen zu Gentechnik und Risiken

Werttypus		Ziel	Code	Gentechnik	Risiko
REAL: Weltoffene pragmatische Realisten	**35%**	Ausgewogenes Lebensmodell. Vielseitige Lebensqualität. „Möglichst viel vom Leben haben“	Vielseitigkeit, undogmatische Anpassungsfähigkeit, Pragmatismus, Kompromißbereitschaft.	Bei entsprechendem Nutzen, geringen Risiken und hohem Maß an Regulation und Kontrolle teilweise Akzeptanz	Soviel wie nötig, so wenig wie möglich. Regulierungs- und Kontrollbedürfnisse
KOBU: Konventionell bürgerlich Orientierte	**16%**	Komfort, unbeschwertes Leben auf mittlerem Anspruchsniveau, Sicherheit, Ordnung	Realistische Zielanpassung, legitimer Mittelerwerb, bürgerliche Tugenden wie Ordnung, Fleiß, Rechtschaffenheit etc.	Große Technologie paßt nicht recht in das überschaubare Weltbild. Interesse an Info eher gering. Keine oder „elementare“ Urteile: z.Bsp. Ablehnung als unnatürlich.	Keine fundamentale Ablehnung, Akzeptanz bei hohem Sicherheits- und Kontrollniveau und entsprechenden Kompensationen
ASKO: Asketisch konservativ Etablierte	**10%**	Elitäres Lebensmodell, Privilegien, demonstrativer Konsum, niveaubetonte Distinktion, „Gediegenheit“	Wertkonservativismus, strategischer Einsatz der kulturellen, ökonomischen und sozialen Ressourcen, aber auch Betonung asketischer Prinzipien	Rationales ökonomisches und ethisches Abwägen. Keine übertriebene Modernisierung und Innovation. Differenzierte Beurteilung. Geringeres Entwicklungstempo gewünscht.	Ablehnung von Freizeitrisiken, Akzeptanz von Risiken, wenn gute Gründe dafür sprechen, Regulation und Kontrolle gewährleistet sind.
KALT: Systemkritische, kulturpessimistische Alternative	**7%**	Postmaterialistische Selbstverwirklichung, Egalitarismus, Emanzipation, politische Partizipation	Kritik an Moderne. Moralischer Skeptizismus, politischer Protest um Sicherheit, „Bewahren“, Soziales, Gesundheit und Verzichtsethik. Starke Technokratiekritik.	Starke, zumeist wertrational motivierte Ablehnung. Sozialpolitische Umverteilung und Suffizienz sind wichtiger als technologische Innovation	„Nullrisiko“. Häufig Fundamentalopposition gegen zugemutete (Risiko-)Technologien
TECH: Technokratisch-liberale Aufstiegsorientierte	**3%**	Erfolg, Prestige, Macht, Aufstieg	Leistung, Geld, Macht, Durchsetzung, Risiko, Fortschrittsoptimismus, Meritokratismus, Technokratie, Modernisierungsoptimisten	Befürwortung, soweit ökonomisch sinnvoll. Ablehnung der Keimbahntherapie wegen liberalem Menschenbild	Risiko ist Geschäftsgrundlage, Versuch der Externalisierung. Ohne Risiko kein Fortschritt. Ökonomisch-technisches Risikoverständnis.
INGE: Modernisierte genußorientierte Individualisten	**2%**	Unbedingter Genuß, antiasketische und antikonventionelle Selbstverwirklichung, Individualismus	Lust, Action, Risiko, Genuß als Lebensphilosophie, Antikonventionalismus und -institutionalismus	Zumeist hohe Distanz zu Dingen, die belasten oder das individuelle Lebensgefühl beeinträchtigen könnten.	Teilweise hohe Risikobereitschaft im Freizeitbereich (Herausforderung), Ablehnung zugemuteter Risiken

Zwick, M.M. (1997): Technikeinstellungen – ein deutscher Sonderweg? In: J.-F. Hake/W. Kuckshinrichs/K. Kugeler/W. Pfaffenberger/H.-J. Wagner (Hrsg.) 1997: Energieforschung, S. 475-500, Jülich, S. 491.

einer nennenswerten Verschiebung von Wertprioritäten kommen. Daneben wird Handeln zwar von Wertgesichtspunkten beeinflußt, nicht jedoch vollständig bestimmt: Je nach Situation können verschiedene Handlungsmotive miteinander konkurrieren. Während man etwa im Berufsleben ein aufstiegsorientiertes Verhaltensmuster zeigt, wird im Freizeitbereich auf Genuß gesetzt und am Sonntag in der Kirche ein konventionell bürgerliches Verhalten an den Tag gelegt. Diese Differenzierungen können im Rahmen einer Umfrage natürlich nicht erfaßt werden. Die Einteilung in die unterschiedlichen Wertmuster gründet auf einer Selbsteinschätzung auf der Basis allgemeiner Fragen und Aussagen, zu denen die Befragten den Grad der Zustimmung oder Ablehnung äußern konnten. Trotz dieser Einschränkungen mißt eine solches Instrument Wertorientierungen verläßlicher als die abstrakte Beantwortung von Fragen nach Zustimmung oder Ablehnung von Werten.

Was bedeuten die Ergebnisse dieser Studie über Wertorientierungen für unser Thema „Umweltbewußtsein“? Ein umweltbewußtes Verhalten würde man vorrangig bei den systemkritischen Alternativen erwarten. Diese Gruppe umfaßt aber lediglich etwa sieben Prozent der deutschen Bevölkerung. Ebenfalls auf positive Resonanz stößt der Umweltgedanke bei den asketisch konservativ eingestellten Personen. Diese machen rund 10 Prozent der Bevölkerung aus. Entsprechend findet man in Umfragen immer wieder eine Zahl von 17-20 Prozent der Befragten, die auf allen umweltrelevanten Skalen eindeutige Voten zugunsten der Umwelt abgeben[41].

Bei den Realisten und konventionell bürgerlichen Personen, die zusammen etwa 45 Prozent der Bevölkerung ausmachen, spielen Umweltanliegen zwar auch eine wichtige Rolle, ihre Geltungskraft ist aber an die Bedingung geknüpft, daß andere pragmatische Erwartungen an das eigene Leben und die eigene Karriere nicht gestört werden. Personen mit diesen beiden Werthaltungen sind nur dann für mehr Umweltschutz zu gewinnen, wenn damit nicht allzu große Zielkonflikte mit anderen hoch geschätzten Werten einhergehen[42]. Aufstiegsorientierte sind dagegen nur schwer für Umweltanliegen zu mobilisieren, da sie sich von der Expansion der Wirtschaft Vorteile für die eigene Person versprechen. Die modernisierten Genußmenschen sind allenfalls verbal bereit, zugunsten der Umwelt auf Konsum zu verzichten. In der Realität sind sie dagegen oftmals zu einseitig auf Konsum und umweltzehrendes Freizeitverhalten fixiert, um sich in ihren Handlungen vom Umweltgedanken leiten zu lassen.

Neben der komplexen Vernetzung von Werten zu Lebensstilen ist auch das selektive Heranziehen von Wertmustern je nach Kontext und Situation ein wichtiges Kennzeichen moderner Gesellschaften. In der Vergangenheit wurden Werte weitgehend auf alle Lebensbereiche bezogen. In zunehmendem Maße werden bestimmte Wertvorstellungen aber selektiv auf einzelne Lebensbereiche übertragen. Dies kann man gut am Beispiel der Technik verdeutlichen. Früher wurde diese in der Regel mit leistungsbezogenen Werten in Verbindung gebracht. Wenn man von Technik sprach, so schwang der Begriff der Funktionalität mit. Man dachte an Effizienz- und Leistungssteigerung. Diese Assoziation von materialistischen und leistungsbezogenen Werten mit Technik finden wir auch weiterhin in der Arbeitstechnik vor. In dem Moment aber, wo Technik in die Konsumsphäre Einzug hält oder aber als externe Technik zum Nachbar wird, verändern sich die wertbezogenen Zuordnungen. Im ersten Fall der Konsumsphäre und des Alltagsgebrauchs von Technik dienen technische Geräte vorrangig zur Steigerung des Komforts, zum Ausgleich für ein gestreßtes Berufsleben und als Spielzeug. Das reicht vom Fernseher bis zum Flipper und Heimtrainer. Sofern aber Technik als externer Nachbar betrachtet wird, verändert sich wiederum die Perspektive. Externe Techniken werden nämlich überwiegend an den Werten des Postmaterialismus gemessen. Sie müssen die postmateriell begründeten Ansprüche der Umweltverträglichkeit und der Einbindung in sozial geschätzte Entwicklungen erfüllen. Solche postmateriellen Ansprüche werden von den effizienten und funktionalen Produktionstechniken nicht oder nur in geringem Maße erfüllt.

Der Konflikt besteht also darin, daß die Techniken, die im Arbeitsleben als funktional geschätzt und deren Produkte und Dienstleistungen als Bereicherung des Lebens angesehen werden, bei ihrer Wahrnehmung als externe Technik auf Ablehnung stoßen. Dieser Konflikt wird häufig bei Umfragen überdeckt. So äußern sich z.B. Menschen in Befragungen immer wieder positiv zu strikten politischen Maßnahmen, um den privaten Personenverkehr einzuschränken[43]. Fast zwei Drittel der Bevölkerung spricht sich etwa für die Sperrung der Innenstädte für den Autoverkehr aus; über 80 Prozent stimmt für die Ausdehnung der Tempo 30-Zonen in Wohngebieten. Bei all diesen Befragungen nimmt der Befragte meist den Status des externen Beobachters ein und aktiviert dadurch postmaterielle Wertmuster. Trifft er aber als Autofahrer auf ein Verbotsschild, reagiert er häufig mit Ablehnung und Unverständnis. Dieser innere Konflikt ist nicht einfach zu überwinden, da Zielkonflikte zwischen funktionaler Effizienz, umweltgerechter Gestaltung und sozialverträglicher Einbindung nicht ausbleiben. Werden Bewertungen aufgrund getrennter Lebenssphären nach unterschiedlichen Wertkategorien durchgeführt, kommt es zu einer unterschiedlichen Einstufung, je nachdem, ob man sich dem jeweiligen Umweltthema aus dem Blickwinkel der Arbeitssphäre, der Konsumsphäre oder der externen Beobachtersphäre nähert.

Dazu kommt noch, daß durch die zunehmende Orientierungslosigkeit aufgrund konkurrierender Wertesysteme in unserer pluralistischen Gesellschaft Natur als Inbegriff einer eigenen Wertordung verstanden wird[44]. Der Bezug zur Natur als erlebte Ordnung wird selbst zu einem neuen Weltbild zusammengefügt. Alles was natürlich ist, muß auch gut sein. Denn die Natur vermittelt den Eindruck der Konstanz in einer Zeit der Kurzlebigkeit von Ideen und Lebensentwürfen. Natur bringt ein Element der Stabilität in die Schnellebigkeit der Zeit.

Inwieweit eine derartige fast schon symbolische Überhöhung einen gangbaren Weg in praktisch wirksames Umweltverhalten weist, ist allerdings fraglich. Auf diese Weise motivierte Verhaltensweisen können sich in leeren Ritualen verlieren, und der Glaube, durch eine Rückversicherung auf Natürlichkeit die ökologischen Krisenerscheinungen außer Kraft setzen zu können, kann sich als trügerisch erweisen. Solche einfach gestrickten Lösungen werden wenig zur Überwindung der ökologischen Probleme als gesamtgesellschaftliches Problem beitragen können. Sie beruhigen allenfalls die ohnehin Überzeugten.

5.7 Kulturelle Formen der Umwelt- und Technikbewertung

Die Zuordnung von symbolischen Bedeutungen zu Natur und Technik sind nicht gleichmäßig auf alle Menschen verteilt. Während der eine in der Umwelt Gestaltungsmasse und Auftrag sieht, hält ein anderer diese für ein Refugium der Natur, das möglichst von allen menschlichen Eingriffen freigehalten werden soll. Eine einfache Gegenüberstellung, hier Umweltfreunde, dort Umweltfeinde, verschleiert jedoch die Vielfalt möglicher Einstellungsmuster und symbolischer Zuordnungen. Bei aller Komplexität dieser Zuordnungsmuster lassen sich aufgrund kulturanthropologischer Studien unterschiedliche festgefügte Werthierarchien und Lebensstile identifizieren, die bestimmte Auffassungen von Umwelt und Technik nahelegen[45]. Dabei werden in der Regel vier kulturelle Gruppen unterschieden: die Individualisten, die Kollektivisten, die Bürokraten und die Einzelgänger.

Die Individualisten und die Kollektivisten sind von entscheidender Bedeutung für die Erklärung sozialer Reaktionen zu Umwelt und Technik. Für Individualisten sind Wohlstand und Fortschritt wichtige Orientierungsgrößen sowohl für ihr eigenes Leben als auch für den gesellschaftlich erwünschten Wandel. Dabei sind technische Risiken nach ihrer Auffassung notwendige Kosten für die weitere Entwicklung und Verbesserung der Lebensqualität.

Individualisten sehen technische Innovationen als wesentliche Garanten des sozialen Fortschritts an. Gleichzeitig bedienen sie sich bevorzugt analytischer Methoden: Komplexe Probleme lassen sich ihrer Ansicht nach durch die Aufgliederung in einfache Probleme und deren spätere Aggregation zufriedenstellend lösen. Die sogenannten „Kollektivisten" bestehen im Gegensatz zu den Individualisten darauf, daß eine Gesellschaft ein möglichst hohes und gleiches Sicherheitsniveau für alle bereitstellen soll, selbst wenn dies auf Kosten von Wohlstand und wirtschaftlicher Entwicklung geht. Sie werten die mit Innovationen verbundene Unsicherheit als sozial unverträglich, solange die Folgen nicht klar und eindeutig abzuschätzen sind. Sie bevorzugen ganzheitliche Methoden, um komplexe Probleme in ihrer Ganzheit zu betrachten und wenn möglich zu lösen. Unter diesen mentalen Voraussetzungen ist es nicht verwunderlich, daß großtechnische Systeme für die Gruppe der Individualisten eine persönliche und soziale Herausforderung darstellen, deren erfolgreiche Bewältigung persönliche Befriedigung und im sozialen Kontext internationales Prestige einbringt, während die gleichen Systeme für Kollektivisten zu unüberschaubaren Problemen und zur wahrgenommenen Überforderung sozialer Kontrollsysteme führen.

Neben diesen beiden klassischen Antagonisten gibt es die beiden Gruppen der Bürokraten und der Einzelgänger. Alle vier Gruppen lassen sich in einem Vier-Felder-Diagramm (vgl. Abbildung 5.11) nach dem Grad der Hierarchie von Sozialbeziehungen und dem Grad des Gebundenseins an die jeweilige Bezugsgruppe unterscheiden[46].

Die Individualisten sind durch die Ablehnung von Hierarchiebeziehungen und eine schwache (offene) Beziehung zu ihrer Gruppe gekennzeichnet, während die Kollektivisten zwar auch Hierarchie ablehnen, sich aber ihrer Gruppe stark zugehörig fühlen. Von daher stufen sie alle Personen innerhalb ihrer Gruppe als gleichwertig ein. Hohe Gruppenkohärenz und gleichzeitig hohe Werte auf dem Hierarchieindex sind typisch für die Gruppe der Bürokraten, die ihr Leben an Regeln und Traditionen orientieren und institutionelle Kompetenz über personale Urteilskraft setzen. Innerhalb dieser Gruppe werden Risiken dann als akzeptabel eingestuft, wenn es hinreichende institutionell verfestigte Routinen gibt, diese Risiken zu bestimmen und zu kontrollieren. Den Kollektivisten gegenübergestellt sind die Einzelgänger häufig Fatalisten und Entwurzelte, die an Hierarchien festhalten und autoritätsgläubig sind, sich aber keiner sinngebenden Gruppe zugehörig fühlen. Sie schwanken entweder zwischen verschiedenen sinnvermittelnden Gruppen hin und her oder glauben an verborgene Mächte, die ihr Schicksal bestimmen. Ihre Reaktionen auf Risiken sind nicht eindeutig vorherzusagen: Einerseits neigen sie dazu, Risiken als „gott-gegeben" hinzunehmen; ande-

Abbildung 5.11: Risikoverständnis der vier kulturellen Grundtypen

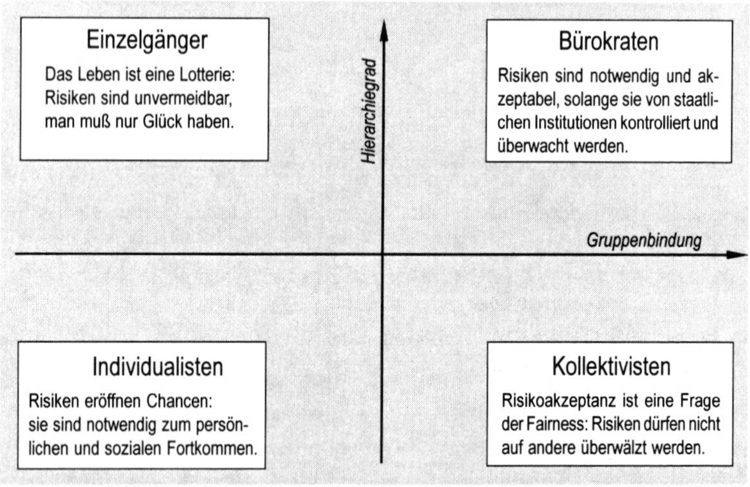

rerseits lassen sie sich leicht durch populistische Ansprache politisch mobilisieren. Abbildung 5.12 faßt die Unterschiede in bezug auf Umweltbewußtsein und Risikowahrnehmung zusammen. Abb. 5.12

Die vier kulturellen Gruppen sind von einem unterschiedlichen Umwelt- und Naturverständnis geprägt. Während die Individualisten die Natur als belastbar und die Umweltnutzung als sinnvoll und dauerhaft ansehen, sind die Kollektivisten von der Zerbrechlichkeit und Überbelastung der Natur überzeugt und halten eine verstärkte Umweltnutzung für gefährlich. Die Bürokraten wiederum sehen in Natur und Umwelt zwar nicht beliebig belastbare, aber bei richtigem Umweltmanagement weiter ertragreiche und sogar ertragssteigerungsfähige Produktionsfaktoren, die einer intensiven Betreuung durch den Menschen bedürfen. Für die Einzelgänger ist ohnehin alles vergeblich. Die Natur wird sich an der Menschheit rächen, gleichgültig wie sehr sich die Menschen um einen Ausgleich bemühen werden.

Die anthropologische Forschung hat versucht, die vier Grundtypen in verschiedenen westlichen Gesellschaften zu identifizieren und ihre relative Stärke in einer Gesellschaft abzuschätzen. Dabei stellten sie fest, daß in Deutschland die Zahl der sog. Bürokraten besonders ausgeprägt war, während sich die Individualisten und die Kollektivisten in etwa die Waage halten. Dies mag auch die besondere Vorliebe der deutschen Politik für das Konzept der Nachhaltigkeit erklären, weil mit ihm die Möglichkeit einer geregelten Nutzung von Umwelt und Natur verbunden ist. Es entspricht in etwa dem Natur- und Umweltverständnis der Bürokraten, weist aber gleich-

Abbildung 5.12: Kulturelle Lebensstilgruppen und ihre Einstellung zu Risiko, Umwelt und Technik

Individualisten
- Ohne Risiko keine Chance
- Ungleichheiten sind ein natürlicher Prozeß der Auslese
- Innovationen kommen langfristig allen zugute
- Die Natur ist ein nahezu unerschöpfliches Reservoir an wirtschaftlich nutzbaren Ressourcen

Kollektivisten (Solidaritätsgemeinschaften)
- Risiken sind abgewälzte Belastungen auf Dritte
- Soziale Gerechtigkeit ist wichtiger als wirtschaftlicher Fortschritt
- Stabilität ist langfristig die einzig tragbare Lösung für die Welt
- Die Natur ist kurz vor dem Kollaps

Bürokraten (Institutionalisten)
- Risiko ist eine institutionelle Herausforderung
- Ungleichheiten können durch Politik kompensiert werden
- Innovationen sind nutzbringend, wenn sie von der Gesellschaft kontrolliert und modifiziert werden können
- Die Natur ist noch lange nicht erschöpft, wenn wir nur lernen, sie richtig zu nutzen

Einzelgänger
- Risiko ist eine Lotterie
- Ungleichheiten sind von Natur aus gegeben
- Innovationen nutzen nur den Mächtigen
- Die Natur ist launisch und unberechenbar

zeitig auch Verbindungsbrücken zu den Individualisten und Kollektivisten auf. Insofern hat das Konzept der Nachhaltigkeit das Potential, die ansonsten schwer auf einen Nenner zu bringenden Gruppen miteinander ins Gespräch zu bringen.

5.8 Umweltverhalten

Aus all den obigen Überlegungen wird deutlich, daß zwar bei den meisten Menschen in Deutschland eine positive Einstellung zur Umwelt vorliegt, diese Einstellung aber dann an Grenzen stößt, wenn Zielkonflikte offenbar werden oder wenn zu viele konkurrierende Orientierungen eine eindeutige

Verhaltensvorschrift erschweren. Vielfach erfolgt bei Verwirrung über das richtige und gebotene Verhalten eine Fortführung eingespielter Routinen: „Warum sollte ich mein Verhalten ändern, wenn ich nicht genau weiß, was und wie ich es ändern soll?"

Diese Probleme treten in besonderem Maße dann auf, wenn man im Alltag umweltbewußtes Handeln umsetzen möchte. Zwischen den eigenen Einstellungen und dem eigenen Verhalten herscht dann meist eine deutliche Kluft[47]. Wie zu Anfang dieses Kapitels bereits erwähnt wurde, ist in fast allen Bereichen des menschlichen Handelns die Verbindung zwischen Einstellung und Verhalten eher gering. Das gilt im besonderen für den Zusammenhang zwischen Umweltbewußtsein und Umweltverhalten. Die beiden Sozialforscher P. Preisendörfer und A. Franzen fassen die Ergebnisse der Studien zu diesem Thema wie folgt zusammen:

„Wenn es eine 'Quintessenz der bisherigen Debatte' zum Zusammenhang von Umweltbewußtsein und Umwelthandeln gibt, dann die, daß umweltorientierte Einstellungen und Werthaltungen nur einen begrenzten Einfluß auf das tatsächliche Umweltverhalten haben.... Insgesamt ist der Effekt des Umweltbewußtseins auf das Umwelthandeln aber nur als moderat zu bezeichnen"[48].

Dieser moderate Zusammenhang beginnt bereits bei der Betrachtung der verbalen Bereitschaft, zugunsten der Umwelt Opfer zu bringen. Zwar sind fast zwei Drittel der deutschen Bevölkerung bereit, zugunsten des Umweltschutzes Verhaltensweisen zu ändern und umweltgerecht einzukaufen und zu leben, allerdings schmilzt diese Zwei-Drittel-Mehrheit schnell zusammen, wenn die Kosten mit ins Spiel kommen[49]. Wenn es um Mülltrennung oder gelegentlichen Verzicht auf das Autofahren geht, liegen die Deutschen im internationalen Vergleich der 1993 durchgeführten ISSP Studie stets an erster Stelle[50]. Fragt man jedoch nach der Zahlungsbereitschaft für umweltfreundliche Produkte, dann belegen die Deutschen in den alten Bundesländern den Platz 9 von 24 Ländern und die neuen Bundesländer landen sogar auf dem letzten Platz. Höhere Steuern zugunsten der Umwelt sind ebenfalls wenig populär in Deutschland. Im internationalen Vergleich liegen die alten Bundesländer auf Platz 13. Auch Geld für Umweltschutzgruppen zu spenden, ist wenig beliebt. Rund 19 Prozent der deutschen Befragten gaben an, bereits einmal für eine Umweltschutzgruppe gespendet zu haben. Bei den Briten waren es 30 Prozent, bei den Niederländern sogar 44 Prozent.

Bei der Umsetzung der verbal geäußerten Handlungsbereitschaft in tatsächliches Verhalten finden sich weitere „Einbußen". So berichten etwa A. Diekmann und P. Preisendörfer, daß selbst von den auf der Skala des Umweltbewußtseins im oberen Drittel liegenden Befragten z.B. rund drei Viertel mit dem Flugzeug bzw. Auto in die letzten Ferien fuhren. Mehr als die Hälfte dieser Befragten besitzt ein Auto und ein Viertel von ihnen benutzt einen Wäschetrockner[51]. Die Diskrepanz zwischen Umweltbewußtsein und Verhalten sollte jedoch trotzdem nicht als Beleg dafür dienen, die Umweltbewußten als typische „Ökoheuchler" zu diffamieren und die ganze Umweltbewegung zu diskreditieren. Im Gegenteil: die empirischen Befunde machen nur allzu deutlich, daß selbst die gut Gewillten und Überzeugten Probleme haben, ihre eigene Einstellung in tatsächliches Verhalten zu überführen. Wem also an Nachhaltigkeit gelegen ist, muß sich der Frage stellen, warum diese Diskrepanz selbst bei den Handlungswilligen auftritt und wie man sie überwinden kann.

Welche Gründe gibt es für das Auseinanderklaffen zwischen eigenem Anspruch und wirklichem Verhalten? Zunächst einmal paßt ein einstellungsgetreues Handeln oftmals nicht in die jeweils aktuelle Situation. Man stelle sich nur die Situation vor, daß eine Clique gemeinsam Urlaub machen will und der einzig Umweltbewußte in dieser Gruppe entweder mit den anderen gemeinsam zum Helikopterskiing mitfährt oder alleine seinen Urlaub verbringt. Was wiegt dann mehr – die soziale Gemeinschaft oder die umweltbewußte Lebensweise? Je höher die (sozialen) Kosten für eine umweltgerechte Verhaltensweise, desto weniger ist man geneigt, diese Kosten auch wirklich aufzubringen. Gemeint sind dabei auch – aber nicht nur – Kosten materieller Art. Wer sein Verhalten ändern will, um dem Ziel der Nachhaltigkeit näher zu kommen, muß von Fall zu Fall mit recht unterschiedlich gearteten Einschränkungen rechnen. Eine Verhaltensumstellung kann zu finanziellen Belastungen führen, sie kann aber zum Beispiel auch zusätzliche Mühe, den Verlust von Bequemlichkeit oder sozialem Prestige, die Aufgabe von liebgewonnenen Gewohnheiten oder andere nicht-materielle Kosten mit sich bringen.

Zum zweiten werden umweltbewußte Verhaltensweisen häufig nicht aktiviert, wenn man sich in einer bestimmten entscheidungsrelevanten Situation befindet. Bei einem Einkaufsbummel mit Freunden überwiegt der Reiz des Konsums und des gemeinsamen Kaufrauschs. Ehe man sich versieht, hat man schon alles mögliche erstanden, was dann später wieder auf dem Trödelmarkt oder im Abfall landet. Eine Reihe von Untersuchungen zur Verkehrsmittelwahl und zum Energieverhalten zeigen ebenfalls, daß Umweltgründe als Motivation für die eine oder andere Verhaltensweise kaum eine Rolle spielen und allenfalls nachträglich als Rechtfertigung benutzt werden[52]. Im Moment der Entscheidung sind Kosten, Einfluß durch andere, gerade erlebte Engpässe oder persönliche Probleme wesentlich wichtiger als abstrakte Umweltschutzgedanken.

Zum dritten fehlt es oft an objektiven Handlungsmöglichkeiten. So können Mieter oft nicht ohne große finanzielle Verluste in energiesparende Maßnahmen zur Wärmedämmung ihrer Wohnung investieren, Berufspendler nicht auf öffentliche Verkehrsmittel zurückgreifen und es werden immer noch viele Produkte nur mit aufwendiger Verpackung angeboten.

Zum vierten kommen Unsicherheiten und der Eindruck der Marginalität des eigenen Verhaltens zu den bereits genannten Faktoren hinzu. Gleichgültig wie ökologisch sinnvoll eine Handlungsweise auch dem einzelnen erscheinen mag, es wird in unserer pluralen Medienwelt mit Sicherheit eine Stellungnahme geben, die diese Maßnahme als zweifelhaft oder sogar kontraproduktiv brandmarkt. Dieses Erlebnis trifft vor allem beim Müllsortieren zu. Soll man nun Yoghurtbecher auswaschen und zum Recycling bringen oder ist der damit verbundene Energieaufwand wesentlich umweltbelastender als die direkte Verbrennung des verschmutzten Bechers in einer Müllverbrennungsanlage? Macht es noch Sinn, Müll zu trennen, wenn später doch der getrennt gesammelte Müll nicht wiederverwertet werden kann? Solche Fragen schaffen Unsicherheiten und verringern die Motivation, weiterhin umweltgerechtes Verhalten zu zeigen. Dieser Motivationsverlust wird noch dadurch verstärkt, daß der einzelne oft den Eindruck hat, sein eigenes Verhalten habe nur einen verschwindend kleinen Einfluß auf die Problemlösung. Unter diesen Umständen ist man eher geneigt, einmal „drei" gerade sein zu lassen und aus Bequemlichkeit oder Zeitmangel die eigentlich erwünschte Verhaltensweise zu unterlassen. Wer wird es schon merken, wenn in der Biotonne auch ein wenig Plastik verborgen liegt?

Zum fünften fühlen sich viele durch die Überlagerung von verschiedenen, sich häufig widersprechenden Handlungsanreizen überfordert. Um handlungswirksam zu werden, müssen zudem die einzelnen Handlungsmöglichkeiten bekannt und in ihren Auswirkungen abschätzbar oder zumindest bewertbar sein.

Wegen der Komplexität der Umweltfragen und der Unsicherheit aufgrund konkurrierender Wertmuster kommt es oftmals nicht zu einer Übereinstimmung zwischen verbalem und tatsächlichem Verhalten. Im Bereich des Umweltverhaltens sind zu dieser Frage eine Reihe von Untersuchungen vorgenommen worden, die sich direkt auf den Einfluß unterschiedlicher handlungsrelevanter Einflußfaktoren beziehen[53]. Als Fazit dieser Untersuchungen läßt sich festhalten, daß folgende Faktoren das Umweltverhalten positiv, d.h. im Sinne einer die Umwelt schonenden Verhaltensweise beeinflussen:

- *Wahrgenommene Handlungsmöglichkeiten:* Die Menschen müssen mehrere Optionen besitzen, um das Ziel einer Handlung zu erreichen. Sofern ihnen mehrere Möglichkeiten gegeben werden, die alle den Zweck der Handlung sicherstellen, sind sie auch eher geneigt, die Option zu wählen, die mit geringeren Umweltbelastungen einhergeht. Wer zum Beispiel seine Wäsche gerne besonders strahlend weiß haben will, der ist auch bereit, ein ökologisch verträgliches Waschmittel zu benutzen, sofern dieses in der Tat dem individuellen Wunsch nach Reinheit entspricht

- *Positive Einstellung:* Obwohl eine positive Einstellung – wie ausführlich dargelegt – das Verhalten nur in bescheidenem Maße beeinflußt, so ist sie doch eine notwendige Voraussetzung für eine umweltgerechtere Lebensführung. Wer eine negative Einstellung zum Umweltschutz hat, wird sich erst recht nicht für die Umwelt einsetzen wollen.

- *Handlungsrelevantes Wissen:* Umweltgerechtes Verhalten setzt voraus, daß man die Konsequenzen des eigenen Verhaltens in etwa übersehen kann. Häufig ist selbst den umweltbewußten Menschen nicht klar, welche ihrer Verhaltensweisen die Umwelt besonders belasten und welche nicht. Häufig kommt es zu rituellen Handlungen, die in der Bilanz wenig bringen, aber das Gefühl vermitteln, man habe seine Pflicht gegenüber der Umwelt erfüllt.

- *Wirtschaftliche Anreize:* Auch bei besonders umweltbewußten Personen findet das eigene Umweltverhalten dort seine Grenzen, wo wirtschaftliche Nachteile spürbar werden. Wenn dagegen wirtschaftliche Anreize an umweltfreundliches Verhalten gekoppelt werden, erfolgt nicht nur ein Lernprozeß, sondern auch eine Bestätigung der eigenen Einstellung. Solche „Belohnungen“ können oft nur symbolischer Natur sein, sie verweisen dann auf sozial erwünschtes Verhalten und geben Orientierungshilfe. Bei großen finanziellen Verlusten reichen natürlich symbolische Entgelte nicht aus; hier sind spürbare Entlastungen gefragt. Inwieweit diese wirtschaftlich und politisch jeweils vertretbar sind, muß natürlich im Einzelfall entschieden werden.

- *Moralische Wertschätzung (selbst und durch andere):* Auch unwirtschaftliche Verhaltensweisen werden häufig dann aufgegriffen, wenn die Menschen mit der Umsetzung dieser Verhaltensweise eine soziale oder moralische Wertschätzung erfahren. Das ganze Spendenwesen wäre gar nicht vorstellbar, wenn es keine altruistische Motivation zum Handeln gäbe. Auch umweltgerechtes Handeln könnte mehr noch als bisher von dem Leitgedanken der moralischen Wertschätzung getragen werden. Dabei geht es nicht um moralischen Druck, sondern vielmehr um die Verknüpfung von sozialer Anerkennung mit umweltgerechtem Handeln.

- *Eindeutigkeit der Kommunikation und Informationsinhalte:* Konfusion und Unsicherheit sind zwei wichtige Barrieren gegen die Umsetzung von umweltbewußten Verhaltensweisen. Durch Umweltbildung und Information lassen sich diese Unsicherheiten zum Teil ausgleichen. Gleichzeitig kann eine gezielte Beratungstätigkeit Menschen in unsicheren Entscheidungssituationen weiterhelfen. Darüber hinaus läßt sich durch gezielte Öffentlichkeitsarbeit und Information mehr Klarheit und Eindeutigkeit in die öffentliche Berichterstattung einbringen.

- *Unterstützung durch soziale Netzwerke:* Je mehr der einzelne erfährt, daß die für ihn relevanten sozialen Gruppen eine bestimmte Verhaltensnorm pflegen und auch beherzigen, desto eher ist er bereit, sich diese Verhaltensweise zu eigen zu machen. Amerikanische Untersuchungen zum Radon-Problem haben beispielsweise gezeigt, daß unter allen Maßnahmen, Menschen auf die gesundheitsbelastenden Folgen von Radon aufmerksam zu machen, die Information durch soziale Netzwerke die erfolgreichste war[54]. Die Integration von Netzwerken in Umweltbildungs- und Informationsprogramme erweist sich als eine besonders wirkungsvolle Methode, umweltgerechtes Verhalten zu fördern.

- *Sinnliche Wahrnehmung von positiven Konsequenzen, die durch das eigene Verhalten ausgelöst werden:* Eines der wesentlichen Hemmnisse, Umweltbewußtsein und Umwelthandeln in Einklang zu bringen, ist die mangelnde Wahrnehmung der positiven Konsequenzen des eigenen Handelns. Wer sorgfältig Müll sortiert, seine Wäsche an die Leine hängt, keine chemisch problematischen Spritzmittel benutzt und auf Auto oder Flugzeug verzichtet, erfährt zwar die Kosten im Sinne von Zeit und Aufwand am eigenen Leib, aber nicht die Früchte seines Handelns. Dies führt häufig zu großen Motivationsverlusten. Um dieses Manko auszugleichen, kann man auf der einen Seite technische Maßnahmen ergreifen und Einsparerfolge direkt sichtbar machen (etwa im Energiebereich), zum anderen können öffentliche Institutionen Rückmeldungen geben, welche positiven Ziele durch das umweltgerechte Verhalten der Bevölkerung erreicht werden konnten. Erst durch diese Rückkopplung steht der Mühe auch ein positives Ergebnis gegenüber, der Motivationsverlust kann überbrückt werden.

Positive ökonomische Anreize und die Visualisierung von positiven Folgen der eigenen Handlungen haben sich als besonders wirkungsvoll für anhaltende Verhaltensänderungen erwiesen. Daneben spielen aber auch die Eindeutigkeit der vermittelten Botschaften und die Unterstützung durch informelle Netzwerke eine wesentliche Rolle.

Umweltbewußtsein und Umweltverhalten sind also komplexe Phänomene, die sich aus vielen Faktoren zusammensetzen und oft auseinanderklaffen. Die Sorge um eine intakte Umwelt hat in Deutschland alle Bevölkerungsschichten ergriffen und ist aus dem Wertekatalog der Deutschen nicht mehr wegzudenken. Bei der Umsetzung dieser Grundeinstellung gibt es jedoch viele Hemmnisse und Barrieren. Wesentliche Kennzeichen des Verhältnisses von Umweltbewußtsein und Umweltverhalten in Deutschland sind:

- Die meisten Menschen sehen die Umweltqualität als gefährdet an und fordern durchgreifendere Maßnahmen als bisher.
- Allerdings hat sich der Trend zur pessimistischeren Sichtweise der Umweltqualität in den letzten Jahren etwas abgeschwächt.
- Zum Verständnis des Umweltbewußtseins sind psychologische, kulturelle und soziale Faktoren notwendig; einfache Analysen sind oft eingängig, aber meist falsch.
- Die meisten Menschen sehen keine Zielkonflikte zwischen Umweltqualität und wirtschaftlicher Prosperität.
- Umweltbewußtsein und Umweltverhalten klaffen oftmals auseinander. Ökonomische Anreize, Visualisierung von Umweltfolgen und Unterstützung durch soziale Netzwerke sind wesentliche Faktoren, die Umweltverhalten über Einstellungen hinaus beeinflussen.

Was kann man aus den Studien zu Umweltbewußtsein und Umweltverhalten für die Umsetzung einer nachhaltigen Entwicklung lernen? Zunächst einmal muß man sich darauf einstellen, daß viele Menschen der Meinung sind, man könne nachhaltig leben und wirtschaften, ohne Abstriche bei dem eigenen Lebensstil machen zu müssen. Große Teile der Bevölkerung sind davon überzeugt, daß es keine echten Zielkonflikte zwischen wirtschaftlichen Zielen und dem Umweltschutz gibt[55]. Die Verbesserung der Umweltqualität ist aber nicht zum Nulltarif zu haben. Ohne Einsicht in die Zielkonflikte sind Enttäuschungen vorprogrammiert. Verbesserte Kommunikationsformen zwischen Politik und Öffentlichkeit sind daher unabdingbar, um die notwendig auftretenden Zielkonflikte zu verdeutlichen und wirkliche Güterabwägungen vorzunehmen.

Gleichzeitig muß aber eine Politik der Nachhaltigkeit die hier analysierten psychischen und kulturellen Faktoren des Umweltbewußtseins ernst nehmen und in aktive Politik umsetzen. Letztlich ist es Aufgabe der Politik, die Rahmenbedingungen so zu setzen, daß die Menschen sich in ihrer Umgebung wohl fühlen und Vertrauen in die Zukunft haben. Ein solches Vertrauen wird sich aber erst dann einstellen, wenn sich einerseits Erfolge auf dem Weg zur Nachhaltigkeit einstellen und andererseits die Menschen dort abgeholt werden, wo sie stehen.

5.9 Kollektiv bindende Entscheidungen in einer pluralen Werteordnung

Was aber kann die Poltik leisten, um die Gesellschaft in Richtung auf Nachhaltigkeit zu steuern? Ist sie nicht selbst ein Opfer des Pluralismus geworden? Kann sie die Vielfalt der Lebensstile und Weltbilder, die in unserer Gesellschaft vorherrschen, überhaupt noch in ein gemeinsames Ordnungsgerüst bringen? Unbestritten ist, daß jede soziale Gemeinschaft auf einen Mindestsatz an gemeinsamen Regeln und Normen angewiesen ist. Diese Verhaltensvorschriften müssen auf einem legitimen Verfahren der Entstehung und Begründung beruhen, sollen sie von den Mitgliedern der Gemeinschaft als verbindlich angesehen werden. Legitimation bedeutet in diesem Kontext, daß die kollektiv verbindlichen Vorschriften auch für diejenigen, die nicht am Entscheidungsprozeß teilgenommen haben, nachvollzogen und im Sinne einer Selbstverpflichtung angenommen werden können[56]. In modernen pluralistischen Gesellschaften fällt es Individuen wie gesellschaftlichen Gruppen zunehmend schwerer, kollektiv verbindliche Normen, die von allen als legitim angesehen und aus der Sicht des Einzelnen als verpflichtend wahrgenommen werden, aufzustellen bzw. anzuerkennen[57]. Die modernen Begriffe „Akzeptanzkrise“ und „Politikverdrossenheit“ sind beredte Merkmale für die Schwierigkeit, gesamtgesellschaftliche Einigung herzustellen und kollektiv verbindliche Normen zu vereinbaren[58].

Je weniger aber gesellschaftsübergreifende Leitbilder oder Verhaltensorientierungen zur Verfügung stehen, desto schwieriger wird der Prozeß der Abstimmung über kollektiv verbindliche Handlungsanweisungen. Dies gilt für jede Art gemeinsamer Politik, gleichgültig ob es sich um Fragen der allgemeinen Bildung, der Bekämpfung von Arbeitslosigkeit oder zur Umsetzung einer nachhaltigen Entwicklung handelt. Wie kann unter diesen Umständen gesamtgesellschaftliche Steuerungspolitik aufrechterhalten werden? Wie kann das politische System mit dem Konflikt zwischen der faktischen Vielfalt von Werten und Lebensstilen und der notwendigen Steuerung des Gemeinwesens umgehen? Gibt es Verfahren, die eine plurale Eingabe von Werten, Interessen und Vorstellungen bei gleichzeitiger Ausgabe von allgemein-verpflichtenden Verhaltensvorschriften oder Planungsvorgaben erlauben? In der politikwissenschaftlichen und soziologischen Literatur wird meist auf drei Auswege aus dem Steuerungsdilemma moderner Gesellschaften verwiesen[59]:

Abbildung 5.13: Varianten der politischen Steuerung

1. Enscheidungsfindung nach formalen Enscheidungsregeln.
2. Entscheidungsfindung durch Verlaß auf im politischen Meinungsprozeß gewachsene Minimalkonsense („muddling through").
3. Entscheidungsfindung durch Diskurs zwischen den beteiligten Gruppen.

Zum ersten wird Legitimation allein als eine Frage des Verfahrens angesehen[60]. Steuerung bedeutet eine Entscheidungsfindung nach formalen Entscheidungsregeln (etwa Mehrheitswahlrecht). Sind die Regeln alle eingehalten worden, ist eine Entscheidung allgemein-verpflichtend und verbindlich, gleichgültig ob der Inhalt der Entscheidung begründet werden kann oder ob die von der Entscheidung betroffenen Bürger die Begründung nachvollziehen können. Bei dieser Variante muß lediglich ein gesellschaftlicher Konsens über die Struktur des Verfahrens gefunden werden, an den Entscheidungen selbst sind dann nur die beteiligt, die im Rahmen des beschlossenen Verfahrens dazu explizit legitimiert sind. So könnte das Parlament etwa einen Weg zur Nachhaltigkeit als verbindlich erklären und diese Entscheidung damit begründen, daß die Mehrheit der Parlamentarier dem zugestimmt hat.

Zum zweiten kann man sich auf die im politischen Meinungsprozeß gewachsenen Minimalkonsense, auf eine Art „Durchwursteln" (englisch: „muddling through") verlassen[61]. Als legitim werden hier nur solche Entscheidungsoptionen angesehen, die den geringsten Widerstand in der Gesellschaft hervorrufen. Gesellschaftliche Gruppen nehmen in dieser Steuerungsvariante insoweit auf den Prozeß der Willens- und Entscheidungsbildung Einfluß, wie sie anschlußfähige, d.h. dem politischen Steuerungssystem angepaßte Vorschläge liefern und öffentlichen Druck mobilisieren. In der Politik setzt sich dann der Vorschlag durch, der sich im Wettstreit der Vorschläge am besten behauptet, d.h. der für die politischen Entscheidungsträger die geringsten Einbußen an Unterstützung durch Interessengruppen mit sich bringt. In diesem Falle würde die Politik eine gesellschaftliche Debatte zum Thema Nachhaltigkeit ins Leben rufen und dann aufgrund des gesellschaftlichen Druckes der einen wie der anderen Seite das unternehmen, was bei den verschiedenen Gruppen am wenigsten Widerstand hervorrufen würde.

Die dritte Variante setzt auf den Diskurs zwischen den beteiligten Gruppen[62]. Im kommunikativen Austausch der vielfältigen Gruppen kann sich eine gemeinsame Verantwortung für das Ganze herausschälen, die als Legitimation für kollektiv verbindliche Anweisungen dienen kann. Die Legitimation von kollektiv verbindlichen Normen ist dabei an zwei Bedingungen geknüpft: Zustimmung aller Beteiligten und eingehende Begründung der im Diskurs gemachten Aussagen[63]. Würde man in der Nachhaltigkeitsdebatte diesen Weg wählen, dann müßte man die wichtigsten gesellschaftlichen Gruppen um einen Runden Tisch versammeln und gemeinsam ausloten, wie man den angestrebten Weg in eine nachhaltige Zukunft begehen möchte.

Alle drei Varianten der politischen Steuerung sind in unterschiedlichem Maße in modernen Gesellschaften vertreten. Legitimationskonflikte ergeben sich meist dann, wenn die drei Varianten in Reinform verwirklicht werden. Eine lediglich formale Einhaltung von Entscheidungsregeln ohne inhaltliche Begründung stößt bei betroffenen Gruppen vor allem dann auf Unverständnis und Ablehnung, wenn sie negative Nebeneffekte oder Risiken zu erleiden haben. In diesem Fall kommt es zur Akzeptanzverweigerung. Geht man dagegen den umgekehrten Weg des geringsten Widerstandes und richtet sich nach der jeweils marktgängigsten Politik, dann ist man sich zwar des Beifalls der einflußreichen Gruppen sicher, die unterlegenen Gruppen werden aber wie im ersten Fall ihre Akzeptanzbereitschaft wegen mangelnder Begründung der Entscheidung nach und nach aufkündigen. Dazu kommt noch, daß sich eine nur auf faktische Akzeptanz hin ausgerichtete Steuerungspolitik über kurz oder lang in immer größere Widersprüche verwickeln wird, weil kollektives Akzeptanzverhalten häufig inkonsistent und wechselhaft ist[64]. Gleichzeitig wächst auch bei der betroffenen Bevölkerung der Überdruß in Folge einer Politik ohne Linie und Führungsanspruch. Politikverdrossenheit ist dann die Konsequenz.

Verbleibt die dritte Möglichkeit der diskursiven Steuerung. Diese Variante ist zwar im Idealfall geeignet, nachvollziehbare Begründungen für das Entscheidungsverfahren wie das Entscheidungsprodukt zu liefern, in der Realität lassen sich aber selten die Bedingungen einhalten, die einen auf Verständigung zielenden Diskurs charakterisieren[65]. Häufig können strategisch handelnde Personen praktische Entscheidungen außer Kraft setzen, indem sie durch Unmengen an Geschäftsordnungsanträgen und andere belanglose Redebeiträge endlose Sitzungsmarathons erzwingen[66]. Die Diktatur des Sitzfleisches[67] bestimmt dann letztendlich, welche Begründungen akzeptabel sind. Die Bevölkerung sieht sich durch solche Diskurse, die mit großem Anspruch beginnen und mit trivialen Erkenntnissen enden, verunsichert und enttäuscht. Kurzum: keiner der drei Auswege aus dem Steuerungsdilemma kann für sich allein überzeugen; es kommt, wie so häufig in der Politik, auf die richtige Mischung an.

Wie müßte eine Mischung aus den drei Elementen (Verfahrensrationalität, Pluralistisches Muddling Through und Diskurs) aussehen, damit ein Höchstmaß an Legitimation für eine nachhaltige Poltik zustande kommen kann? Nachvollzug und Selbstverpflichtung sind in der Regel daran gebunden, daß die Entscheidungen als problemadäquat, gerecht und effizient angesehen werden. Das Verfahren zur Entscheidungsfindung muß einen fairen Zugang aller betroffenen Gruppen auf direkte oder indirekte Weise gewährleisten, und das Entscheidungsprodukt muß einerseits durch die Kraft der Argumente wie durch den Einbezug aller gesellschaftlich relevanter Werte und Interessen Verbindlichkeit beanspruchen können[68]. Will man Legitimation in diesem Sinne erreichen, dann ergeben sich folgende Forderungen an die Steuerungspolitik:

- das Verfahren der Entscheidungsfindung muß weitgehend durch einen Grundkonsens in der Bevölkerung getragen sein (etwa demokratische Abstimmungen),
- das Verfahren der Entscheidungsfindung muß transparent und nachvollziehbar sein,
- das Verfahren muß gegenüber Nichtbeteiligten als fair (alle beteiligten Interessen- und Wertgruppen kommen zu Wort), kompetent (dem Problem angemessen und mit der notwendigen Sachkenntnis versehen) und effizient (die Mittel bez. Entscheidungskosten sind den Zielen angemessen) erscheinen,
- das Produkt des Entscheidungsprozesses muß in seinen faktischen Konsequenzen überschaubar, in seinen Bewertungen nachvollziehbar und begründbar sein,
- das Produkt des Entscheidungsprozesses muß die pluralen Wertvorstellungen der betroffenen Bürger im Sinne eines fairen Konsenses oder Kompromisses widerspiegeln.

Wollte man alle diese Forderungen zur Legitimation kollektiv bindender Entscheidungen parallel erfüllen, so dürfte ein einziges Steuerungsinstrument mit Sicherheit nicht ausreichen. Vielmehr verlangen Entscheidungen von größerer Reichweite eine Aneinanderreihung verschiedener Steuerungsinstrumente, die jeweils unterschiedliche Teilforderungen abdecken. So ist beispielsweise eine demokratische Abstimmung in Form eines Referendums oder eines Parlamentsbeschlusses als prozedurale Legitimationsgrundlage in einem demokratisch verfaßten Staat unerläßlich. Eine solche Abstimmung reicht aber in der Regel zur Legitimation von Entscheidungen nicht aus: Weder kann dadurch eine für alle nachvollziehbare Begründung der gewählten Maßnahmen noch ein Nachweis des Einbezugs aller relevanter Standpunkte erbracht werden. Hier sind zusätzlich diskursive Elemente notwendig.

Was also folgt aus dieser Betrachtung für die Diskussion um Nachhaltigkeit? Die Umsetzung einer nachhaltigen Politik erfolgt weder als Konsequenz des ohne Zweifel vorhandenen positiven Umweltbewußtseins der Bundesbürger noch als Folge eines einsamen Beschlusses des Parlamentes oder einer anderen demokratisch legitimierten Instanz. Nur der Weg über eine Kombinationsstrategie, in der Umweltbildung, vor allem im Hinblick auf die Verbindung von Einstellungen und Verhalten, sowie eine Mischung von politischen Steuerungsinstrumenten zum Zuge kommen, hat Aussicht die Tour zum Gipfel der Nachhaltigkeit voranzubringen. Deshalb werden wir im nächsten Kapitel umfassend auf die vielen Instrumente und Möglichkeiten eingehen, die eine Bewegung hin zu mehr Nachhaltigkeit ermöglichen. Ein einfaches Patentrezept gibt es, wie auch sonst in der Politik, nicht. Aber die Lage ist durchaus nicht hoffnungslos. Demokratien haben sich schon in der Vergangenheit lernfähig gezeigt. Es kommt darauf an, die verschiedenen Instrumente der Politik zu einem gemeinsamen Orchester zusammenzufügen, so daß aus dem Gleichklang der Instrumente eine für alle bewegende Musik hervorgehen kann.

6. Wie kann eine nachhaltige Entwicklung in der Praxis umgesetzt werden?

6.1 Hilfsmittel für das Beschreiten des Wegs in die Nachhaltigkeit

Wenn der generelle Plan für den Aufstieg (Kapitel 2 und 3) sowie das richtige bergsteigerische Verhalten (Kapitel 4) bekannt sind und die Teilnehmer an der Bergbesteigung ihre Stärken und Schwächen analysiert und sich auf den beschwerlichen Aufstieg vorbereitet haben (Kapitel 5), bleibt noch die wichtige Frage der geeigneten Ausrüstung. Die richtige Ausstattung ist entscheidend für einen reibungslosen und unfallfreien Ablauf einer Bergtour. Für die verschiedenen Anforderungen sind jeweils unterschiedliche Hilfsmittel erforderlich. Was im einzelnen in den Rucksack und an den Körper gehört, hängt von den natürlichen Gegebenheiten im Gelände und von der zu erwartenden Witterung ab. In jedem Fall sollte der mitgeführte Rucksack für die alpintechnische Ausrüstung nicht zu klein bemessen sein. Ob Eispickel, Steigeisen oder Trittleitern benötigt werden und welche Seile, Haken und andere Utensilien hilfreich sind, entscheidet sich auf jedem Wegabschnitt neu. Gleichzeitig darf man auch nicht zu viel Gepäck mitnehmen, um sich nicht allzusehr zu belasten. Die richtige Abwägung über die notwendigen und zielführenden Hilfsmittel zu treffen, ohne sich mehr aufzuladen als unbedingt notwendig, ist eine der wichtigsten Vorbereitungsaufgaben für jede Bergbesteigung.

Dies gilt in gleicher Weise auch für die Expedition zum Gipfel der Nachhaltigkeit. Es werden zielführende Hilfsmittel und Instrumente benötigt, die es der Gesellschaft als Ganzes und den einzelnen Individuen ermöglichen, den Weg zur Nachhaltigkeit einschlagen zu können. Bei der Auswahl der Instrumente für eine Nachhaltigkeitspolitik bietet es sich an, sich von vier Kriterien leiten zu lassen. Zum ersten müssen die Instrumente auf konkrete Zielsetzungen abgestimmt sein und einen Erfolg der Bemühungen zumindest erwartbar machen lassen. Dies wird als *Effektivität* bezeichnet. Zum zweiten muß der Einsatz eines Instrumentes den jeweiligen ökologischen, wirtschaftlichen und sozialen Bedingungen angemessen bzw. darauf abgestimmt sein. Diese Angemessenheit der Mittel wird als *Kompatibilität* bezeichnet. Zum dritten sollte darauf geachtet werden, daß nicht wesentlich mehr Aufwand betrieben wird und damit wertvolle Ressourcen (einschließlich der Ressourcen Zeit und Geld) verschleudert werden sollten, als es für die Erreichung des angestrebten Zieles unbedingt notwendig ist. Diese Minimierung der eingesetzten Mittel in bezug auf die Zielsetzung wird als *Effizienz* bezeichnet. Schließlich müssen die Personen und Organisationen, die sich auf den Weg in die Nachhaltigkeit begeben wollen, mit diesen Instrumenten umgehen können und sie auch als zielführend und sinnvoll anerkennen. Die Instrumente, die für den Weg in die Nachhaltigkeit benutzt werden sollen, müssen von den Betroffenen angenommen werden. Dieser letzte Aspekt wird als *Akzeptanz* bezeichnet. Mit diesen vier Kriterien ist ein Bewertungsraster zur Beurteilung der Instrumente geschaffen, so daß sie je nach Zielsetzung und politisch-sozialem Kontext differenziert zum Einsatz gebracht werden können. Im folgenden werden die wichtigsten Instrumente einer Nachhaltigkeitspolitik beschrieben und einige Vor- und Nachteile ihres Einsatzes aufgezeigt. Bevor wir uns aber mit den Instrumenten im einzelnen beschäftigen, wollen wir noch einmal auf einige Grundgedanken zurückgreifen, die wir bereits in den vorangegangenen Kapiteln angesprochen haben: das Verhältnis zwischen Mensch und natürlicher und künstlicher Umwelt und die Voraussetzungen verantwortlichen Handelns. Dies führt uns dann zu der Frage nach geeigneten Zuteilungsmechanismen für knappe natürliche Ressourcen.

6.2 Hat die Umwelt einen Preis? Besondere Eigenschaften von Umweltgütern

In den vorherigen Kapiteln haben wir versucht, Richtlinien für eine dem Nachhaltigkeitspostulat entsprechende Auswahl der erhaltenswerten Elemente von Umwelt und Natur aufzustellen. Diese sollen nun mit Leben gefüllt werden, indem wir ihnen Hilfsmittel beifügen, die sicherstellen können, daß die dahinter stehenden Ziele der Nachhaltigkeit auch eingehalten werden. Um zu erklären, daß hierzu politische Maßnahmen notwendig sind, ist es hilfreich, noch einmal in die ökonomische Theorie einzutauchen und die Umweltnutzung und -inanspruchnahme durch den Menschen als ökonomisches Knappheitsproblem zu behandeln.

In den Wirtschaftswissenschaften geht man davon aus, daß all das, was Menschen als wertvoll und erstrebenswert ansehen, zum größten Teil knapp ist. Wenn wertvolle Güter aber knapp sind, dann werden Entscheidungsregeln benötigt, die erstens sicherstellen, daß diese beschränkten Mittel für die Bedürfnisbefriedigung nicht sinnlos verschleudert werden, und zweitens dafür sorgen, daß die knappen Güter gerecht verteilt werden. Auf den zweiten Aspekt der Verteilungsgerechtigkeit sind wir bereits im dritten Kapitel eingegangen. Nun interessiert uns vorrangig der erste Aspekt, der in der Ökonomie mit dem Begriff der Allokation belegt wird. Unter einer optimalen Allokation wird ein wirtschaftliches Handeln verstanden, das die knappen Güter so einsetzt, daß mit ihnen das optimal Mögliche an Nutzen erzeugt wird. Maßstab der Bewertung ist der im zweiten Kapitel bereits erläuterte subjektiv empfundene Nutzen. Erreicht werden soll die bestmögliche Befriedigung der menschlichen Bedürfnisse. Wenn jemand beispielsweise ein Stück unberührte Natur mehr schätzt als einen Park mit Spazierwegen und Ententeichen, dann kann der Einsatz von menschlicher Arbeit, von Energie und Ressourcen für die Umgestaltung einer Naturfläche in einen Park nicht allokationsoptimal sein. Mit diesem Beispiel wird auch deutlich, daß optimale Allokation keinesfalls immer und automatisch ein Mehr an Produktion oder an künstlichem Kapital bedeuten muß. Eine optimale Allokation ist vielmehr eine am Nutzen der Zielpersonen ausgerichtete optimale Bereitstellung von Gütern mit den gegebenen knappen Mitteln, die in einer Situation zur Verfügung stehen. Das bedeutet aber auf der anderen Seite auch, daß eine optimale Allokation immer einen gewissen Grad an Umweltnutzung einschließen wird.

In einem idealen Marktsystem, bei dem Konkurrenz herrscht und der Tausch von Gütern und Dienstleistungen auf der Basis von Angebot und Nachfrage geregelt wird, ist der Preis des jeweiligen Gutes der Gradmesser der Knappheit. Je knapper ein Gut ist, desto höher ist der Preis und desto größer die Motivation, dieses knappe Gut sparsam einzusetzen und durch weniger knappe Güter zu ersetzen. Über den Markt wird das Handeln der Individuen koordiniert und führt zu einer Allokation der Ressourcen und Güter, die für alle Beteiligten am günstigsten ist[1]. Der Vorteil des Marktes als Allokationsmechanismus liegt darin, daß die Konsumenten veranlaßt werden, ihre Präferenzen zu offenbaren und die Produzenten veranlaßt werden, diesen Präferenzen zu entsprechen.

Nutzenstiftende Gegenstände oder Leistungen, die – gemessen an der Nachfrage – von den Menschen in größerer Anzahl gewünscht werden, als sie zu einem gegebenen Zeitpunkt vorhanden oder erzeugbar sind, werden in der Volkswirtschaftslehre als wirtschaftliche Güter bezeichnet. Diese Güter sind Gegenstand wirtschaftlicher Verhandlungen und haben in der Regel einen Preis. Lange Zeit wurde – wie schon im vierten Kapitel erläutert – die Umwelt nicht als ein wirtschaftliches, sondern als ein freies Gut betrachtet, weil die Menschen von der Illusion ausgingen, daß die Früchte der Natur ähnlich wie beim Bild des Paradieses nicht knapp seien, sie also jedem Menschen in beliebiger Höhe und Intensität zur Verfügung stehen würden. Heute wissen wir, daß diese Auffassung nicht oder zumindest nicht mehr zutrifft. Saubere Luft, sauberes Wasser, Vielfalt der Lebensformen, fruchtbares Ackerland – dies sind alles von Menschen hochgeschätzte Güter, die aber nicht in beliebiger Menge verfügbar sind, sondern zunehmend knapp werden. Knapp sind diese natürlichen Güter vor allem auch deshalb, weil sie unterschiedlich benutzt werden können und sich verschiedene Nutzungsarten gegenseitig ausschließen[2]. Sie sind also im ökonomischen Sinne keine frei verfügbaren, sondern wirtschaftliche Güter und müssen deshalb auch einen ihrer Knappheit angemessenen Preis bekommen.

Abbildung 6.1: Klassifizierung von Gütern

Güterart	Merkmale
Freie Güter	sind frei verfügbar (keine Knappheit)
Wirtschaftliche Güter	sind knapp, werden deshalb zum Gegenstand privater Verhandlungen
Private Güter (Individualgüter)	Nutzung durch ein Individuum führt dazu, daß anderen das Gut nicht zu Verfügung steht (Rivalität in der Nutzung), Ausschluß von Nutzung (über den Preis) möglich
Öffentliche Güter (Kollektivgüter)	Nutzung durch ein Individuum schmälert Nutzung durch andere nicht (Nicht-Rivalität in der Nutzung), Ausschluß von Nutzung (über den Preis) funktioniert nicht (freier Nutzungszugang)
Allmendegüter	freier Nutzungszugang und Nutzungsrivalität (im lokalen oder regionalen Kontext)

In der öffentlichen Diskussion wird immer wieder beklagt, daß die Ökonomen all das, was wertvoll und knapp ist, mit einem Preis belegen wollen. Ist nicht gerade das Wertvolle preislos? Kann man denn alles, was uns lieb und wertvoll ist, mit einem Betrag in Dollar oder Mark ausdrücken? Natürlich müssen wir nicht alle Gegenstände oder Dienste, die wir als wertvoll erachten, in den Tauschhandel einbeziehen. Wertvolle Erinnerungsstücke, Gegenstände oder Symbole, die wir als heilig betrachten, haben in der Tat keinen Preis. Dienstleistungen, die aus Liebe, Freundschaft oder Symphatie geschehen, könnten durch eine Bezahlung sogar entwertet werden. Hinter solchen besonderen „Leistungen“ steht klar der Wille des Besitzers, sie nicht als Element eines wirtschaftlichen Tausches zu betrachten, sondern als Elemente persönlicher oder kultureller Wertschätzung, die sich nicht in Marktpreisen niederschlagen kann. Ihr Handelspreis ist quasi „unendlich“, selbst wenn ihr Sachwert gering sein mag. Solche nicht preislich bewertbaren Güter gibt es auch in der Natur. Die UNESCO (Organisation der Vereinten Nationen für Erziehung, Wissenschaft und Kultur) hat beispielsweise bestimmte natürliche Biotope als „Weltnaturerbe“ eingestuft, die es unbedingt zu erhalten gilt[3]. Ebenfalls erwähnt wurden bereits die essentiellen Ressourcen der Natur, die für das menschliche Leben so zentral sind, daß sie gar nicht gegen etwas anderes eintauscht werden können. Auch diese Güter sind preislos.

Die Angewiesenheit des Menschen auf Vorleistungen und Nachleistungen der Natur macht es aber unabdingbar, daß Güter aus der Natur gebraucht und damit auch in den Wirtschaftsprozeß eingegliedert werden. Ohne Bäume gibt es keine Holzarbeiten, ohne Erdöl kein Kunststoff, ohne Bodenbearbeitung kein Weizen und ohne Wasser keine Industrieproduktion. Es ist völlig unmöglich, ohne natürliche Güter zu leben oder zu wirtschaften. In dem Moment aber, wo natürliche Güter in den Wirtschaftsprozeß eingegliedert werden, müssen die Bedingungen ihres Einsatzes geklärt werden. Hätten Naturgüter in diesem Eingliederungsprozeß keinen Preis, würde dies bedeuten, daß man so viel von ihnen benutzen dürfte, wie man nur wollte. Der Preis stellt auf dem Markt unter idealen Bedingungen sicher, daß man mit einem wirtschaftlichen Gut haushälterisch umgeht. Er garantiert, daß mit den für den Wirtschaftsprozeß notwendigen Gütern aus der Natur kein Raubbau betrieben wird, sondern daß sie nur in Proportion zu ihrer Knappheit genutzt werden dürfen.

Eines der großen Probleme der Umweltpolitik wie auch der richtigen Auswahl der Instrumente der Nachhaltigkeit besteht nun aber darin, daß die Preisbildung für Umweltgüter über den Markt auf besondere Probleme stößt. Wenn es einen idealen Markt gäbe, auf dem alle Umweltgüter ihren „wahren“ Knappheitspreis besäßen, dann brauchten wir uns über den Aspekt der Allokation im Rahmen der Nachhaltigkeitsdebatte im Prinzip keine Sorgen zu machen. Leider ist diese ideale Marktsituation aber bei Umweltgütern nicht gegeben. Dies hängt mit einigen besonderen Eigenschaften von Umweltgütern zusammen, auf die wir nun eingehen wollen.

Zunächst tragen Umweltgüter Merkmale sogenannter öffentlicher Güter (auch Kollektivgüter genannt). Öffentliche Güter zeichnen sich dadurch aus, daß niemand von ihrer Nutzung ausgeschlossen werden kann (Nicht-Ausschließbarkeit) und deshalb die Gewährleistung der Nutzung in Abhängigkeit von der Zahlung eines Entgelts nicht funktioniert. Weiterhin gilt, daß öffentliche Güter von vielen gemeinsam genutzt werden können, ohne daß der Konsum einer einzelnen Person den Konsum anderer Personen beeinträchtigt. Man spricht hier auch von der Nicht-Rivalität im Konsum. Ein klassisches öffentliches Gut stellt etwa die Sicherheit eines Landes nach innen und außen dar. Polizei- und Grenzschutz kommen jedem Bürger gleichermaßen zugute und es ist nicht möglich, einzelne Bürger von den hier bereitgestellten Leistungen auszuschließen. Das Angebot läßt sich nicht aufteilen und ist nicht individuell zurechenbar. Anders als beim Kauf von Individualgütern (oder anders genannt private Güter) kommt nicht nur derjenige zum Zuge, der bereit und fähig ist, einen bestimmten Preis zu zahlen und durch den Kauf ein individuelles Nutzungsrecht erwirbt. Beispiele für Güter mit öffentlichem Charakter sind Straßen, Brücken aber auch gesellschaftliche Stabilität, eine gerechte Einkommensverteilung, Aufrichtigkeit im täglichen Leben oder Höflichkeit. Alle Mitglieder einer Gesellschaft profitieren zum Beispiel davon, wenn das Leben nach bestimmten Regeln abläuft, an die sich alle halten. Solche Regeln sind die Gewähr für soziale Kontinuität und friedliches Zusammenleben. Beim privaten Gut hingegen ist der Ausschluß vom Konsum möglich und Rivalität im Konsum gegeben. Nur wer etwa ein Auto erwirbt oder mietet, kann es nutzen und es ist nicht möglich, daß mehrere Fahrer das Auto gleichzeitig zu ihren Zwecken beanspruchen[4].

Auch bei vielen Umweltgütern kommen Eigenschaften öffentlicher Güter zum Tragen, sie stellen allerdings einen speziellen Fall öffentlicher Güter dar[5]. Dies hängt damit zusammen, daß bei vielen Umweltgütern verschiedene Nutzungsarten möglich sind. Die Eigenschaft der Nicht-Rivalität bezieht sich in der Regel nur auf einzelne Nutzungsformen: mehrere Fabriken können ihre Abwässer in einen Fluß einleiten, der Wald steht als Naherholungsgebiet vielen Menschen gleichzeitig zur Verfügung und von einer guten Qualität der Luft profitieren alle. Rivalität in der Nutzung entsteht jedoch durch die unterschiedlichen Nutzungsansprüche an die natürliche Umwelt: so beschneidet die industrielle Nutzung des Flusses als Senke das Bade- und Angelvergnügen der Erholungsuchenden. Ebenso schränkt die Nutzholzgewinnung andere Funktionen des Waldes ein. Die Nicht-Ausschließbarkeit vom Konsum spielt vor allem bei den Umweltmedien wie Luft und Wasser eine Rolle, deren Nutzung (in Abwesenheit staatlicher

Regelungen) allen offensteht. Aufgrund der speziellen Eigenschaften werden Umweltgüter als Untergruppe der öffentlichen Güter auch als Allmendegüter[6] bezeichnet.

Die öffentlichen Gütereigenschaften führen zu Problemen, wenn es um die Frage nach den Bedingungen für die Nutzung der betroffenen Güter geht: Angesichts der Nicht-Ausschließbarkeit bei Umweltgütern fühlen sich nämlich Individuen – trotz einem Interesse an einer intakten Umwelt – kaum veranlaßt, ein bestimmtes umweltschädliches Verhalten zu ändern. Zur Erklärung dieses Sachverhalts wollen wir das Gut „saubere Umwelt", das zum Beispiel in Form einer hohen Luftqualität existieren kann, als Beispiel heranziehen. Wenn der einzelne davon ausgeht, daß sein individuelles Verhalten keinen Einfluß auf das Verhalten der anderen bzw. die Qualität des Umweltzustandes hat, dann stellt er sich besser, wenn er umweltschädigend handelt, da er vom umweltgerechten Handeln der anderen profitiert und gleichzeitig die Kosten für das umweltgerechte Handeln nicht trägt. Dieses Verhalten wird in der Ökonomie mit Begriffen wie „Trittbrett-" oder „Freifahren" bezeichnet. Ähnlich wie ein Schwarzfahrer davon profitiert, daß all die anderen zahlenden Fahrgäste erst den Einsatz der Straßenbahn möglich machen, so zieht auch ein einzelner Umweltschädiger seine Vorteile daraus, daß andere durch ihr umweltgerechtes Verhalten erst die Voraussetzungen für das Freifahren schaffen. Erwartet etwa eine bestimmte Person, daß alle anderen ihre Autos nicht mehr benutzen, um den Ausstoß von Kohlendioxid und anderen umweltschädlichen Stoffen zu vermindern (und so das öffentliche Gut saubere Umwelt bereitzustellen), erweist es sich für diesen einzelnen als günstig, weiterhin Vielfahrer zu bleiben. Das kostet ihn keinen Verzicht und gleichzeitig profitiert er von der verbesserten Umweltlage, von der er nicht ausgeschlossen werden kann.

Merken nun die anderen, daß es Menschen gibt, die auf ihre Kosten eine Freifahrt unternehmen, fragen sie sich ebenfalls, warum sie noch Zeit und Kosten aufbringen, um das öffentliche Gut zu erstellen, wenn andere davon ohne Kostenbeteiligung profitieren. Im Laufe der Zeit kommen dann immer mehr Menschen zu dieser Erkenntnis. Warum soll ich zahlen, wenn mein Nachbar das Gut umsonst in Anspruch nimmt? Je mehr solcher Freifahrer es gibt, um so größer ist die Gefahr, daß das öffentliche Gut gar nicht mehr bereitgestellt wird. Wenn alle versuchen, die eigenen Ausgaben zu verringern und darauf warten, daß die jeweils anderen das öffentliche Gut kaufen, verlieren im Endeffekt auch alle. Denn es kommt kein ausreichendes Angebot zustande, obwohl der einzelne das Gut als wertvoll schätzt und im Prinzip auch bereit wäre, dafür einen Preis zu zahlen.

In vielen Fällen kommt es erst gar nicht zur Bereitstellung des öffentlichen Gutes, weil alle die Freifahrerrolle im Visier haben. In unserem Beispiel mit der Luftqualität kommt dies der Nicht-Bereitstellung des Gutes „saubere Umwelt" in Form einer hohen Qualität der Luft durch Vermeidung von Emissionen gleich. Erwartet der einzelne Autofahrer etwa, daß sich die anderen Autofahrer wegen der drohenden Klimaproblematik nicht umstellen und das Autofahren wie bisher beibehalten werden, macht es für ihn auch wenig Sinn, auf das Auto zu verzichten. Er weiß nämlich genau, daß er alleine keine Verbesserung der Umweltbedingungen erreichen kann. Warum soll er sich dann noch einschränken und für ein ausreichendes Angebot an sauberer Umwelt sorgen? Somit kommt es von vornherein zur Nicht-Bereitstellung des öffentlichen Gutes, obwohl alle Individuen gerne auf bestimmte andere Leistungen verzichten würden, wenn damit eine saubere Umwelt auch mit Sicherheit verfügbar wäre. Da diese Garantie aber wegen der zu erwartenden Freifahrer nicht gegeben werden kann, macht jeder so weiter wie bisher – bestenfalls belastet mit dem schlechten Gewissen, daß es eigentlich anders gehen müsse.

Die Problematik des Freifahrens führt offenkundig in ein Dilemma: Sofern sich Individuen selbst als Freifahrer betätigen oder dies von all den anderen annehmen, kann sich die Umweltsituation offensichtlich nicht verbessern, obwohl alle davon in gleicher Weise negativ betroffen sind. Diese Situation, in der der einzelne entscheiden muß, ohne die Entscheidungen der anderen zu kennen und das Gesamtergebnis, das alle betrifft, vom Verhalten aller abhängt, stellt eine Art soziale Falle dar: Das individuell vorteilhafte Verhalten führt zum Schaden für die Gemeinschaft[7]. Weil persönliche und kollektive Interessen divergieren, kommt es nicht zu einem gemeinsamen Handeln, das von allen als wünschenswert eingestuft wird.

Nun könnte man einwenden, daß jedes Individuum diese „Falle" doch als solche wahrnehmen kann und es dann erst recht auf seinem individuellen Beitrag zum Umweltschutz beharren könnte. In der Realität kann dies, wie wir in Kapitel 5 erörtert haben, auch durchaus vorkommen, aber der Regelfall ist doch der, daß die meisten Menschen in dieser Lage lieber die Rolle des „Freifahrers" übernehmen oder dies zumindest von den anderen annehmen. Dazu kommt noch, daß die Freifahrer-Falle den meisten Menschen gar nicht bewußt ist. Dem einzelnen kann unklar sein, daß die Anhäufung von schädlichen Effekten insgesamt gesehen ein ernsthaftes Problem darstellt. Oder der individuelle Nutzen wird im Vergleich zu den für das Kollektiv auftretenden Kosten schlichtweg überschätzt. Es ist auch möglich, daß das eigene Verhalten angesichts der großen Masse als bedeutungslos eingestuft wird und deshalb kaum Motivation zur Verhaltensänderung vorhanden ist[8]. Solange alle nach dem Motto „was kann mein Verhalten schon ausrichten“ leben, ändert sich in jedem Fall nichts zum Besseren. Wenn Trittbrettfahrer kostenlos an dem Gut saubere Umwelt teilhaben können, überlegen sich auch die eigentlich zahlungswilligen Nachfrager, ob sie selbst dafür noch einen Preis entrichten wollen. Im Extremfall wird das Gut gar nicht mehr angeboten, obwohl alle einen Nutzengewinn davon hätten.

Das zentrale Problem aus der Sicht der Theorie des Marktes besteht bei öffentlichen Gütern darin, daß die Wertschätzung durch die Individuen nicht offengelegt wird und somit auch kein Preis festgesetzt werden kann, der den Präferenzen der Nutzer entspricht. Weil die Funktionsfähigkeit des Preismechanismus damit gestört ist, ist nicht zu erwarten, daß der Markt eine zufriedenstellende Versorgung mit öffentlichen Gütern gewährleistet. Aber auch jede denkbare Nicht-Marktlösung der Allokation öffentlicher Güter durch staatliche Eingriffe, freiwillige Abkommen zwischen den Betroffenen oder andere Lösungen bringt Probleme mit sich. Denn auch hier muß auf irgendeine Weise festgelegt werden, welches die optimale Menge der bereitgestellten öffentlicher Güter ist[9]. Im Fall der Umweltproblematik entspricht dies der schwierigen Abwägungsfrage nach der geeigneten Balance zwischen Erhaltung und Nutzung des natürlichen Kapitals. Daß ein Nullniveau der Umweltnutzung weder realistisch noch wünschenswert ist, haben wir ja bereits ausführlich erläutert. Ansätze, die das Ziel verfolgen, ein politisch festgelegtes Niveau bzw. einen Standard bei der Umweltnutzung bzw. -belastung zu erreichen, werden in der ökonomischen Theorie als sogenannte Standardlösungen bezeichnet.

Eng verwandt mit der Problematik der öffentlichen Güter ist das Konzept der sogenannten Externalitäten. Auch dieser Ansatz führt angewandt auf die Umweltproblematik zu dem Ergebnis, daß es zu Fehlentwicklungen bei der Allokation kommt, weil ein adäquater Preis für die Umweltnutzung nicht zustande kommt. Externalitäten sind Effekte auf andere nicht-beteiligte Personen oder auf Umwelt und Natur, die als gemeinschaftliche Nebenwirkungen von Produktion und Verbrauch auftreten. Sie entstehen über das hinaus, was die Individuen als ihr unmittelbares Interesse ansehen[10]. Solche externe Effekte sind gegeben, wenn durch bestimmte Aktivitäten auch nicht beteiligte Dritte – positiv oder negativ – betroffen sind. Externe Kosten entstehen, wenn die Verursacher von Umweltschäden die Lasten, die durch ihr Verhalten entstehen, nicht selbst tragen müssen. So stellen zum Beispiel die Emissionen von Kohlendioxid und die daraus resultierenden schädlichen Veränderungen in der Atmosphäre externe Kosten dar, die sowohl in der industriellen Produktion als auch beim privaten Konsum entstehen. Die negativen Beeinträchtigungen der durch Umweltbelastungen betroffenen Dritten werden durch den Preis der Güter im Fall negativer externer Effekte nicht abgegolten. Ein Unternehmen zum Beispiel, das bestimmte Produkte herstellt und dabei einen naheliegenden Fluß verschmutzt, kommt für die Kosten, die Dritten hierdurch entstehen, nicht auf. Die Schäden und negativen Einflüsse, die etwa bei Anwohnern, benachbarten Unternehmen, Anglern und Landwirten durch das verschmutzte Wasser entstehen, beeinflussen die Produktionskosten und damit letztlich auch den Verbraucherpreis des Produktes auf dem Markt nicht. Die Existenz externer Effekte bei Umweltgütern kann, wie das Flußbeispiel zeigt, eng mit der auftretenden Nutzungskonkurrenz verknüpft sein. Weil sich bestimmte Nutzungen gegenseitig ausschließen (Fluß als Senke für Abfälle und Fluß als Bade- und Angelgewässer etc.), kommt es in vielen Fällen überhaupt erst zu negativen Kosten bei Dritten.

Daß das Problem der externen Kosten bei Umweltgütern auftritt, kann auch damit erklärt werden, daß keine Eigentumsrechte an natürlichen Gütern bestehen. Durch eine entsprechende Zuteilung von Eigentumsrechten könnte ein funktionsfähiger Markt geschaffen werden. Hätte beispielsweise in dem oben genannten Beispiel der Fabrikbesitzer Eigentumsrechte an dem Fluß, dann müßten die anderen Nutzer ihm einen so hohen Preis für das saubere Wasser bezahlen, daß es sich für den Fabrikbesitzer finanziell lohnen würde, durch veränderte Produktionsmethoden, durch Filter oder andere Anlagen das Flußwasser zu schonen, um es dann weiterverkaufen zu können. Hätten der Angler oder der Landwirt die Eigentumsrechte, so könnten sie einen Teil des Flußwassers an den Fabrikbesitzer verkaufen oder ihm zur Auflage machen, das Wasser entsprechend zu säubern, damit sie es selbst noch nutzen können. Hätte ein Dritter die Eigentumsrechte, dann könnte er nach Maßgabe der Zahlungsbereitschaft von Fabrikbesitzer, Landwirt und Angler die Nutzungsrechte an dem Fluß verkaufen bzw. verpachten. In den beschriebenen Fällen hätte jeder der Besitzer einen Vorteil davon, den Fluß auch in Zukunft als Ressource zu erhalten, weil er damit auch in Zukunft Einkommen gewinnen kann. Durch Verhandlungen über die Nutzungsrechte bzw. über Entschädigungen wird – vorausgesetzt, daß die Eigentumsrechte entsprechend festgelegt sind – die *Internalisierung der externen Effekte* erreicht[11]. Wenn eine bestimmte Person oder Personengruppe das Privateigentum an einer knappen Ressource hat, ist es prinzipiell möglich, mit den Nutzern zu verhandeln, so daß sie für entstehende Kosten aufkommen. Allerdings lassen sich bei einigen Gütern Eigentumsrechte nicht definieren (zum Beispiel bei Luft) oder sie sind kaum Einzelpersonen zuzuordnen. Das gilt um so mehr, wenn es um Eigentumsrechte geht, die man kommenden Generationen zuordnen will.

Bei Gemeineigentum gibt es im Gegensatz zum Privateigentum keinen Anreiz, in Rechnung zu stellen, inwieweit der Gebrauch durch einen Nutzer konkurrierende Nutzungsmöglichkeiten beeinträchtigt. Deshalb kann es hier auch sehr leicht zur Übernutzung kommen. Dieser Tatbestand wird auch als „Tragik der Allmende[12]" bezeichnet. So stand etwa im Mittelalter in Europa der gemeindeeigene Wald meist allen Bewohnern ohne Gegenleistung zur freien Nutzung zur Verfügung. Bei einer geringen Bevölkerungsdichte stellte dies noch kein Problem dar. Durch die wachsenden Ansprüche an den Wald als Energiequelle, zur Gewinnung von Baumaterial und auch als Viehweide für Rinder, Pferde, Schweine und Schafe wurde aber aus dem freien ein knappes Gut. Übernutzungen führten zur starken Verminderung des Waldes in den mitteleuropäischen Regionen. Anfang des 19. Jahrhunderts wurde dieser Entwicklung durch die Aufteilung der Waldbestände und die Verwandlung in Privatkapital entgegengewirkt. Die Verwüstung der Lüneburger Heide ist ein historisches Beispiel für die Tragik der Allmende, denn hier führte die Nutzung durch eine große Gruppe von Nutzern zu einem ökologischen Problem mit weitreichenden Auswirkungen für die Lebensbedingungen der Menschen. Heute begegnen wir dem Phänomen der Übernutzung durch eine Nutzergemeinschaft und seinen negativen Folgen in Form überfüllter Straßen, verschmutzter Strände und Anlagen und schlechter Qualität von Luft, Wasser und Boden. Auch die Überfischung der Weltmeere ist ein Beispiel für die Tragik der Allmende. Die gesamte Fangflotte der Welt ist heute um etwa ein Drittel größer, als es überhaupt notwendig wäre, um alle existierenden Fischbestände völlig abzufischen (vgl. Abbildung 6.2)[13].

Abbildung 6.2: Größe der globalen Fischereiflotte 1970 und 1992

Region	1970 (in 1.000 Bruttoregistertonnen)	1992 (in 1.000 Bruttoregistertonnen)	Wachstum 1970-92 (in Prozent)
Asien	4.802,3	11.012,5	129
Frühere Sowjetunion	3.996,7	7.765,5	94
Europa	3.097,4	3.018,3	3
Nordamerika	1.076,9	2.560,0	138
Südamerika	361,5	816,5	126
Afrika	244,0	699,1	187
Ozeanien	37,1	122,3	230
Welt	13.615,9	25.994,2	91

Quelle: World Resources Institute/United Nations Environment Programme/United Nations Development Programme/World Bank (1996): World Resources 1996-97. A guide to the Global Environment. Oxford, S. 298.

Allerdings zeigt die Geschichtsforschung, daß es unter bestimmten Umständen auch lokale und regionale Allmende-Lösungen geben kann, die gewährleisten, daß es gerade nicht zu Übernutzungen kommt[14]. Wenn die Nutzer von Allmendegütern bereit sind, sich dauerhaft auf Regeln zu einigen und diese auch beherzigen, kann durch eine Nutzergemeinschaft durchaus eine nachhaltige Bewirtschaftung von Ressourcen realisiert werden. Solche Nutzergemeinschaften sind dort am erfolgreichsten, wo kulturelle Traditionen und Regelungsprozesse eine Verantwortung für das Allgemeinwohl nahelegen und somit positiv belohnen. Beispiel für eine im Sinne der Nachhaltigkeit erfolgreiche Nutzergemeinschaft ist der Zusammenschluß der Fischer im US-Bundesstaat Maine, wo es durch die Regulierung der gemeinsamen Bewirtschaftung gelang, den Hummerbestand seit 1947 zu erhalten[15].

Was bedeuten diese Überlegungen für die Wahl der geeigneten Instrumente? Angesichts der geschilderten bei Umweltgütern existierenden besonderen Eigenschaften, kann man nicht erwarten, daß der Markt ohne flankierende politischen Maßnahmen als Zuteilungsmechanismus funktioniert[16]. Die Unfähigkeit des Marktes, nachhaltige Wirtschaftsweisen zu fördern, beruht zusammengefaßt auf den folgenden Zusammenhängen:

- Die Umwelt ist ein Beispiel für ein Gut, bei dem der Ausschluß einzelner Nutzer über den Preis nicht möglich ist (Kollektivguteigenschaft). Hierdurch wird es möglich, daß Trittbrettfahrer kostenlos an dem Gut Umwelt Anteil haben. Dann werden aber auch die im Prinzip zahlungswilligen Nachfrager keinen Preis mehr errichten wollen. In diesem Falle wird „das Produkt" (das Gut „saubere Umwelt") gar nicht erst angeboten, obwohl alle davon einen Nutzengewinn hätten.
- Umweltbelastungen schädigen oftmals am Tausch von Gütern und Leistungen nicht beteiligte Dritte (negative externe Effekte). Dies hängt oftmals mit der Konkurrenz in der Nutzung der Umweltgüter zusammen. Der Marktpreis eines Gutes regelt in diesem Fall diesen Nutzenverlust von Dritten nicht und spiegelt nur die privaten, nicht aber die gesellschaftlichen Kosten der Umweltbeeinträchtigung wider. Durch das Auseinanderklaffen zwischen privaten und gesellschaftlichen Kosten wird die Umwelt über das gesamtgesellschaftlich gesehene optimale Maß hinaus übernutzt und belastet.

Zu diesen ökonomischen Erklärungsansätzen kommen noch einige spezifische Probleme hinzu, die mit der Ausrichtung der Nachhaltigkeit auf zukünftige Nutzung zusammenhängen. Darunter sind vor allem die folgenden drei Argumente zu nennen:

- Der Nutzenverlust von Umweltbelastungen tritt häufig erst in der Zukunft auf, während der Nutzengewinn durch Konsum in der Gegenwart stattfindet. Auch bestimmte Maßnahmen zum Schutz der natürlichen Umwelt werden erst langfristig wirksam. Wenn gegenwärtige Nutzengewinne unwiederbringlich mit zukünftigen Nutzenverlusten verbunden sind, diese Nutzenverluste aber den Wirtschaftssubjekten noch nicht transparent sind, dann kann der Markt falsche Signale setzen und langfristige Wohlfahrtsverluste auslösen.
- In der Regel messen Individuen Nutzengewinnen und Nutzenverlusten eine umso geringere Bedeutung bei, je später sie anfallen. Außerdem haben kommende Generationen nicht die Möglichkeit, ihre Präferenzen in aktuelle Allokationsentscheidungen einzubringen. Welcher Teil der natürliche Umwelt für heutigen und welcher für zukünftigen Nutzen eingesetzt werden soll, muß aber in der Gegenwart entschieden werden. Eine hohe Gegenwartsbezogenheit führt deshalb langfristig gesehen zu Nachteilen.
- Die Folgen der Nutzung vom Umweltgütern sind oft unsicher. Je nach Zeithorizont der Umweltnutzer und deren Risikoeinstellungen werden eher vorsorgende Strategien oder reparierende Strategien bevorzugt. Da aber diese unsicheren Folgen selten auf die Tauschpartner beschränkt sind, werden die Risikoeinstellungen der Nutznießer automatisch auf Dritte übertragen. Das kann dazu führen, daß heutige Hasardeure die Risikolandschaft der zukünftigen Generationen bestimmen.

All diese Überlegungen führen zu dem Schluß, daß in bezug auf Umweltgüter Maßnahmen zu einer Verbesserung der Allokationssituation notwendig sind. Es gibt zahlreiche Vorschläge, mit welchen Hilfsmitteln man das Verhalten der Konsumenten und Produzenten direkt oder indirekt steuern kann, um ein gesellschaftlich erwünschtes Maß an Umwelt- und Ressourcenschutz zu erreichen. Verschiedene Instrumente, die dem Staat, aber auch den Privaten für eine Umwelt- und Nachhaltigkeitspolitik zur Verfügung stehen, werden im nächsten Teilkapitel zunächst beschrieben und anschließend anhand der am Anfang des Kapitels eingeführten Kriterien bewertet[17].

6.3 Instrumente für eine Nachhaltigkeitspolitik: Eine Übersicht

Instrumente für den Umbau der Gesellschaft in Richtung Nachhaltigkeit haben verschiedene Ansatzpunkte. Sie können sich auf individuelles oder kollektives Verhalten beziehen, problembezogen wirken oder die Rahmenbedingungen beeinflussen, bei den Verursachern oder bei der Allgemeinheit ansetzen und von staatlichen oder privaten Akteuren ausgehen. Die wichtigsten Instrumente, die für einen Umbau der Gesellschaft in Richtung Nachhaltigkeit und Umweltverträglichkeit berücksichtigt werden sollten, lassen sich in fünf Gruppen einteilen (vgl. Abbildung 6.3)[18].

Abbildung 6.3: Instrumente einer Politik des Umwelt- und Ressourcenschutzes

Gruppe	Beispiele
Regulative Instrumente	Ordnungsrechtliche Verbote, Grenzwerte, technische Anleitungen und Verfahrensvorschriften, Haftungsrecht
Planerische Instrumente	Landschafts-, Luftreinhalte-, und Abfallentsorgungsplanung, wasserwirtschaftliche Planung, Umweltpläne, Aktionsprogramme für Nachhaltige Entwicklung
Anreizorientierte Instrumente	Umweltabgaben, Umweltzertifikate, Subventionen
Partizipative und kooperative Instrumente	Runde Tische, Mediationsverfahren, kooperative Diskurse, freiwillige Selbstverpflichtung
Informativ-erzieherische Instrumente	Umwelterziehung, Umweltbildung, Produkt- und Betriebsprüfungen, Ökobilanzen, Öko-Audit

Ordnungsrechtliche Verbote, Grenzwerte, technische Anleitungen und Verfahrensvorschriften sind *regulative Instrumente*. Sie werden vom Gesetzgeber erlassen und schreiben bestimmte Verhaltensweisen verbindlich vor. Bei Nichteinhaltung stehen Sanktionsmaßnahmen zur Verfügung. Auch das Haftungsrecht kann in einem weiteren Sinn zu dieser Instrumentengruppe gezählt werden.

Umweltabgaben, -zertifikate sowie -subventionen und andere Finanzhilfen stellen darauf ab, wirtschaftliche Anreize so zu setzen, daß ein an Nachhaltigkeit orientiertes Verhalten gefördert wird. Die Veränderung der Preise für die Beanspruchung der natürlichen Umwelt als Quelle und Senke spielt bei diesen *anreizorientierten Instrumenten* eine zentrale Rolle.

Beim planenden Umweltschutz werden Aktivitäten und Handlungen systematisch und gezielt so vorbereitet, daß bestimmte gesteckte und abgestimmte Ziele erreicht werden können. Staatliche (oder private) Akteure versuchen, im Rahmen umweltorientierter Planungen bestehenden Kooperationsbedarf aufzufangen. Neben gesetzlich festgelegten umweltorientierten Fach- und Gesamtplanungen sowie verschiedenen Zwitter- und Sonderformen planungsrechtlicher Instrumente gehören auch informelle Planungen wie Umweltpläne oder Aktionsprogramme zu den *planerischen Instrumenten.*

Partizipative und *kooperative Instrumente* binden staatliche und nichtstaatliche Akteure in einen Prozeß der Entscheidungsfindung ein, der konsensorientiert ist. Runde Tische, Mediationsverfahren und kooperative Diskurse sind Beispiele für kommunikative Problemlösungen. Die Ergebnisse werden von den Beteiligten freiwillig getragen und umgesetzt. Umweltpolitische Kooperation findet im Rahmen von Selbstregulierungen und freiwilligen Verpflichtungen der Industrie statt.

Umwelterziehung, Umweltbildung und Umweltaufklärung sind *informativ-erzieherische Instrumente.* Sie zielen auf die Schaffung von Umweltbewußtsein ab und beeinflussen Umweltverhalten indirekt. Umweltbezogene Informationssysteme wie die Produkt- und Betriebsprüfungen, die Ökobilanzierung und das sogenannte Öko-Audit sind informative Instrumente eines Umweltmanagements.

6.4 Regulative Instrumente

Regulative Instrumente steuern direkt das Verhalten, indem sie bestimmte Vorschriften, Normen und Standards setzen, die für jeden Bürger unmittelbar und verbindlich gelten. Durch Auflagen werden bestimmte Ansprüche an das Verhalten von Produzenten oder Konsumenten gestellt. Bei Nichteinhaltung droht der Einsatz staatlicher Zwangsmittel. Am schärfsten wirken Verbote, die ein bestimmtes Verhalten grundsätzlich verhindern wollen. Inputorientierte Auflagen verbieten bzw. schreiben die Verwendung bestimmter Roh-, Hilfs- oder Betriebsstoffe vor. Ein Beispiel hierfür ist das Verbot des Einsatzes bestimmter giftiger Stoffe, wie etwa das DDT-Verbot in Deutschland. Andere Normen regeln den zulässigen Umfang von Emissionen, die von bestimmten Anlagen ausgehen oder bestimmen den Anteil an

Schadstoffen, die bestimmte Produkte maximal aufweisen dürfen, sind also outputorientiert. Beispiele stellen Emissionsgrenzwerte bei Kraftfahrzeugen und der vorgeschriebene Bleigehalt im Kraftstoff dar. Es ist auch möglich, daß vorgeschrieben wird, welche Technologien in bestimmten (Produktions-)Prozessen zum Einsatz kommen dürfen. Allgemein gilt bei diesem Instrumententypus, daß politisch festgelegt wird, in welchem Umfang Bestandteile des natürlichen Kapitals beeinträchtigt werden dürfen. Es findet eine Überwachung der Einhaltung dieser Ziele statt. Das Übertreten der Umweltziele wird durch Sanktionen geahndet. Bestimmte Tätigkeiten werden als (umwelt-)schädlich definiert. Dem betroffenen Konsumenten oder Produzenten bleibt nichts anderes übrig, als dies zu akzeptieren oder das Gesetz zu brechen. Eine Verhaltensänderung wird hier gewissermaßen mit staatlicher Gewalt erzwungen. In der Bundesrepublik Deutschland existiert ein über die letzten Jahrzehnte gewachsenes umfangreiches ordnungsrechtliches Instrumentarium für die verschiedenen Umweltbereiche.

Zu den regulativen Instrumenten kann man auch die Gestaltung des Umwelthaftungsrechts zählen, weil auch hier von staatlicher Seite ein fester Rahmen für das Verhalten der Individuen gesetzt wird. Haftungsregeln legen fest, wer nach dem Auftreten von bestimmten Schädigungen für finanzielle Ausgleiche aufkommen muß. Neben der Sicherung eines Ausgleichs zwischen Schädigern und Geschädigten im Schadensfall erfüllen haftungsrechtliche Regelungen eine wichtige vorsorgende Funktion. Die Verpflichtung zur Entschädigung der von Umweltschädigungen negativ betroffenen Menschen kann dazu führen, daß potentielle Schädiger alles mögliche tun, um eine Schädigung von Mensch und Umwelt von vornherein zu verhinden oder zumindest so unwahrscheinlich wie möglich zu machen. Beim Haftungsrecht bestimmt der Gesetzgeber, unter welchen Voraussetzungen der Verursacher von Umweltschädigungen die Leidtragenden entschädigen muß. Juristen unterscheiden dabei zwischen zwei grundsätzlichen Haftungsprinzipien: Bei der Verschuldenshaftung muß der Schädiger nur für aufgetretene Schäden aufkommen, die er schuldhaft verursacht hat, etwa wenn er die vom Gesetzgeber verlangte Sorgfaltspflicht verletzt. Unabhängig von einem Verschulden ist dagegen die Gefährdungshaftung. Allein die Betreibung einer möglichen Gefährdungsquelle führt hier dazu, daß im Schadensfall gehaftet werden muß[19]. Anfang 1991 trat in Deutschland ein neues Umwelthaftungsrecht (UHG) in Kraft, das eine allgemeine alle Umweltmedien betreffende Gefährdungshaftung für die Inhaber und Betreiber umweltgefährdender Anlagen vorsieht.

6.5 Anreizorientierte Instrumente

Wirtschaftliche Anreize stellen auf die Verteuerung umweltschädlicher oder die Verbilligung umweltschonender Tatbestände ab. Es soll bei dieser Gruppe von Instrumenten erreicht werden, daß die Nutzung der Bestandteile des natürlichen Kapitalbestandes über den Preis gesteuert wird. Ausgangspunkt ist die Tatsache, daß die Preise für Umweltgüter entweder zu niedrig oder gar nicht vorhanden sind und der Ausgleich von Angebot und Nachfrage über den Markt nicht dazu führt, daß die Verteilung der knappen natürlichen Ressourcen optimal ist. In der heutigen Situation besteht vielmehr der umgekehrte Anreiz, nämlich die Umwelt zu schädigen. Bislang zahlt es sich für Produzenten und Konsumenten aus, wenn sie stark jene natürlichen Produktionsfaktoren nutzen, die wenig oder gar nichts kosten.

Bei der Erhebung einer Abgabe werden die Preise der Umweltgüter durch den Gesetzgeber verteuert. Durch die Abgabe auf umweltnutzende und -verschmutzende Konsum- oder Produktionsweisen wird das Verhalten der Akteure unmittelbar beeinflußt, weil sich die Handlungsspielräume für den einzelnen verändern. Umweltfreundliche Güter und Produktionsmittel werden bei Existenz einer Abgabe, die Umwelt- und Naturnutzung belastet, relativ billiger, während sich die umweltschädlichen Güter und Dienstleistungen in der Produktion und im Konsum verteuern. Der Preisaufschlag durch die Abgabe geht in das individuelle Kalkül der Unternehmen und der privaten Haushalte ein. Werden knappe natürliche Rohstoffe wie Erdöl oder Kautschuk aufgrund einer Abgabenbelastung zu relativ höheren Preisen angeboten, sind Anreize vorhanden, in der Produktion Ersatzstoffe zu verwenden. Bei der Verteuerung von Benzin durch eine Abgabe rechnet es sich, das Auto öfter stehenzulassen.

Dem einzelnen wird bei der Einführung von umweltorientierten Abgaben die Wahlmöglichkeit nicht genommen. Entscheidet er sich für die Fortführung umweltschädlicherer Verhaltensweisen, so zahlt er dafür einen entsprechend höheren Preis. Aus ökonomischer Sicht sind Abgabenlösungen ein klassisches Instrument zur Internalisierung der oben beschriebenen externen Kosten. Bei der sogenannten Pigou-Steuer[20] ist der Aufschlag durch die Abgabe für jeden einzelnen genauso hoch, wie die den jeweiligen Konsum- oder Produktionsaktivitäten zurechenbaren entstehenden externen Kosten. Das Problem bei dieser „idealen" Steuer besteht natürlich darin, den Preisaufschlag genau in dieser Höhe zu bestimmen, denn hierzu müßte die Höhe der externen Kosten bekannt sein. Pragmatischer ist deshalb die Bemessung der Abgabe durch Anpeilung eines politisch vorgegebenen Umweltziels[21]. Aber auch hier treten Schwierigkeiten auf, denn die Erreichung bestimmter Umweltziele hängt von den Reaktionen der Betroffenen ab. Inwieweit die Betroffenen einer Steuer durch Verhaltensumstellung ausweichen oder den höheren Preis für die Umweltnutzung akzeptieren, läßt sich in der Regel nur abschätzen.

Bei den Abgaben kann man rechtlich gesehen zwischen Steuern, Sonderabgaben und Gebühren unterscheiden[22]. Steuern sind staatlich erhobene Zwangsabgaben, ohne Anspruch auf eine spezielle Gegenleistung bei den Belasteten (Bsp. Einkommensteuer, Mehrwertsteuer, Mineralölsteuer). Gebühren fallen hingegen bei der individuellen Inanspruchnahme staatlicher Leistungen an, auch hier ist aber wie bei der Steuer keine Zweckbindung der erzielten Einnahmen vorgesehen (Bsp. Gebühr für Müllabfuhr). Bei Sonderabgaben[23] schließlich muß zwischen den Belastungen und den Begünstigungen durch die Abgabe ein Zusammenhang bestehen. Deshalb ist hier eine Zweckbindung der Einnahmen gegeben.

Eine umweltorientierte Reform des deutschen Steuersystems ist seit Jahren ein Thema in Deutschland. Das Spektrum der Vorschläge reicht von der umweltpolitischen Korrektur des historisch gewachsenen Steuersystems durch veränderte Bemessungsgrundlagen[24] über die Einführung zusätzlicher Steuern und Sonderabgaben auf den Umweltverbrauch bis hin zu einer grundlegenden Neugestaltung der Steuergesetzgebung mit dem Ziel der Verteuerung des natürlichen Kapitals. Ein grundlegender ökologischer Umbau des Steuersystems würde die Besteuerung umweltschädlicher Emissionen, der Energieträger sowie umweltbezogener Handlungen und Produkte bis hin zur Besteuerung des Umsatzes von Stoffen mit dem Ziel eines möglichst geringen Material- und Energieeinsatzes umfassen[25]. Viele der konkreten Vorschläge für eine umweltorientierte Besteuerung beziehen sich auf eine Energieabgabe.

Aus der Sicht der Umweltpolitik steht bei der Einführung von Ökosteuern immer die Erreichung der Umweltziele im Mittelpunkt. Neben den Effekten auf die Umwelt beeinflußt die Erhebung ökologischer Steuern über das erzielte Steueraufkommen aber auch den Staatshaushalt und sorgt für Staatseinnahmen (sogenannte „Fiskalfunktion“ der Steuer). Die geeignete Verwendung der Steuereinnahmen (Senkung anderer Steuern, Entlastung der Sozialbeiträge, evtl. Zweckbindung für weitere Maßnahmen für den Umweltschutz etc.) und die Frage nach Auswirkungen der grünen Zwangsabgabe auf Einkommensverteilung, Wettbewerbs- und Standortsituation werden heftig diskutiert. Damit reicht die Debatte um den Einsatz ökologischer Steuern in wichtige und aktuelle Bereiche der Sozial- und Wirtschaftspolitik hinein (vgl. hierzu Kapitel 14). In Deutschland ist die Einführung nationaler Energiesteuern derzeit wieder ein aktuelles Thema in der Politik. Bereits realisierte Umweltsteuern bzw. Abgabenlösungen in Deutschland und im internationalen Bereich beziehen sich hauptsächlich auf die Eindämmung der Gewässer- und Luftverschmutzung sowie den Abfallbereich. Beispiel für eine Sonderabgabe ist die Abwasserabgabe, die in Deutschland seit 1976 gesetzlich festgelegt ist. Hier wird ein Abgabensatz auf die direkte Einleitung von Wasser in ein Gewässer erhoben, der sich nach der Schädlichkeit des Abwassers berechnet. Die Einnahmen aus dieser Abgabe stehen den einzelnen Bundesländern für die Finanzierung von Maßnahmen des Gewässerschutzes zu[26].

Abbildung 6.4: Beispiele für Umweltabgaben im Bereich Luftreinhaltung und Verkehr für ausgewählte Staaten

Land	Umweltabgaben
Dänemark	– CO_2-Abgaben auf fossile Brennstoffe – Abgaben auf FCKW und Halone – Differenzierte Mineralölsteuer – Emissionsabhängige Landegebühr für Flugzeuge
Deutschland	– Differenzierte Mineralöl- und Kfz-Steuer – Lärmabhängige Landegebühr auf Flughäfen
Japan	– Abgabe auf SO_2 (nur Großemittenten) – Emissionsabhängige Landegebühr auf Flughäfen – Streckenbezogenen Straßennutzungsgebühren
Niederlande	– CO_2-Abgabe auf fossile Brennstoffe – Emissionsabhängige Steuer bei Erwerb eines Kfz – Inputabgabe auf FCKW – Differenzierte Mineralölsteuer – Lärmabhängige Landegebühr auf Flughäfen
USA	– Verbraucherabhängige „sales tax" auf Kfz – Abgabe auf FCKW und Halone – Streckenbezogene Straßennutzungsgebühr in Kalifornien

Quelle: Michaelis, P. (1996): Ökonomische Instrumente in der Umweltpolitik. Heidelberg, S.74f.

Subventionen und andere Finanzhilfen sind Geldleistungen des Staates, die für die Betroffenen positive finanzielle Anreize setzen und quasi umweltschonendes Verhalten belohnen. Die Wirkungsweise ist hier im Prinzip gerade umgekehrt wie bei den Steuern, wo ja mit einer „Bestrafung" in Form einer Preiserhöhung bei umweltschädlichem Verhalten gearbeitet wird. Bei Subventionierung werden die Kosten bzw. Preise bestimmter Güter und

Dienstleistungen gesenkt, was in das Kalkül der begünstigten Unternehmen und Konsumenten eingeht und deren Verhalten ändert. Unter die Bezeichnung Subvention fallen zum Beispiel die Förderung des Baus von Anlagen zur Emissionsreinigung oder der Beseitigung von Abfällen. Subventionen können als direkte Geldleistungen durch die öffentliche Hand oder den Verzicht auf Geldforderungen des Staates zum Beispiel in Form von Steuererleichterungen indirekt geleistet werden. Gewährt der Staat Steuererleichterungen oder verbilligte Kredite etwa für umweltentlastende Investitionen, ergibt sich ein ähnlicher Effekt wie bei der Zuteilung direkter Leistungen. Die Kosten für die Umstellung der Produktion verringern sich, und durch die finanzielle Hilfe wird das individuelle Entscheidungskalkül des Unternehmers zugunsten der Umwelt beeinflußt. Hier einzuordnen wäre auch eine Verringerung der Kfz-Steuer, im Falle des Einsatzes emissionsarmer Techniken beim Auto oder die staatliche Förderung der Verwendung erneuerbarer Energien beim Hausbau. Die Aussicht auf die Einsparung oder Prämie macht den Autobesitzern den Einbau von Katalysatoren und den Hausbesitzern die Verwendung von Solarenergieformen schmackhaft.

Auch die öffentlich finanzierte oder geförderte Forschung und Entwicklung im Umweltbereich stellt eine spezielle Spielart von Subventionen dar. Vorstellbar wäre zum Beispiel auch, daß der Staat für jede Einheit verminderter Schadstoffemissionen den Unternehmen oder Haushalten einen Zuschuß gewährt. Damit erhöht sich der Nutzen aus der Vermeidung von umweltschädlichem Schadstoffausstoß. Umweltfreundlicheres Verhalten wird dementsprechend motiviert und gefördert.

Beim Einsatz des Instruments der Umweltlizenzen steht ebenso wie bei der Steuer eine indirekte Lenkung des Verhaltens im Mittelpunkt. Hier wird allerdings nicht der Preis fixiert, sondern zunächst festgelegt, wie hoch die Nutzungsmenge von bestimmten Bestandteilen der natürlichen Umwelt in einer bestimmten Periode sein darf. Genaugenommen wird die Senkenkapazität der Umweltmedien mit Eigentumsrechten versehen[27]. Eine staatlich zugelassene Gesamtmenge zum Beispiel an Emissionen von Kohlendioxid oder anderen Schadstoffen wird in kleine Einheiten zerlegt, die in verbriefter Form – ähnlich etwa den Aktien – in den Verkehr gebracht werden und übertragbar sind. Individuen, die ein Interesse daran haben, Schadstoffe zu emittieren, müssen eine entsprechende Lizenz erwerben, die ihnen eine Emission einer bestimmte Menge an Schadstoffen erlaubt. Der Gesetzgeber bestimmt also wie ein Verwalter, wieviel Umwelt maximal genutzt werden darf und gibt Berechtigungen hierfür aus. Ähnlich wie bei einer Aktien-Börse können die Berechtigungsscheine gehandelt, verkauft und erworben werden. Geht man davon aus, daß der Staat Lizenzen für

Luftschadstoffe an Interessenten verkauft, so bedeutet das zum Beispiel für den Besitzer einer Zementfabrik, daß er Lizenzen erwerben muß, wenn er seine sehr energieintensive Produktion, die mit hohem Kohlendioxid-Ausstoß verbunden ist, aufrechterhalten will. Dazu müssen finanzielle Mittel aufgewendet werden und die Produktion verteuert sich. Weil die Menge an Lizenzen festgelegt wird, bildet sich ein Preis heraus, der vom Verhältnis zwischen Angebot und Nachfrage abhängt. Durch den Einsatz vor- oder nachsorgender Techniken kann ein Betreiber industrieller Anlagen den Schadstoffausstoß aber auch verringern und einen Teil der finanziellen Mittel, die für Berechtigungsscheine bei Aufrechterhaltung der Produktion aufzubringen wären, einsparen. Welche der beiden Strategien für den einzelnen Hersteller in Frage kommt, hängt vom Preis für die Lizenzen und von den Kosten für die Umrüstung auf weniger schadstoffintensive Produktionsvorgänge ab. Ähnlich wie bei der Steuer wird dem Produzenten oder dem Konsumenten ein erhöhter Preis für die Nutzung der natürlichen Ressourcen abverlangt. Allerdings ist der Effekt auf die Umweltsituation durch die vorgegebene Menge an Nutzungsrechten exakt steuerbar. Wie bei der Steuer bleibt den Individuen die Wahl: Jedem Unternehmen steht es frei, entweder in umweltfreundliche Technologien zu investieren oder aber die (teuren) Lizenzen zu kaufen. Gleichzeitig ist denkbar, daß der Staat oder Private Lizenzen einkaufen, um damit kontinuierlich die Menge der ausgestoßenen Schadstoffe zu reduzieren.

Für die Zuteilung der Lizenzen sind unterschiedliche Verfahren vorstellbar. Mit dem Marktmodell am ehesten vereinbar ist das Verfahren der Versteigerung: Die verbrieften Nutzungsrechte werden in einem öffentlichen Versteigerungsverfahren an die meistbietenden Emittenden verkauft. Diese können dann die Papiere weiter veräußern. Maßgebend für die Aufteilung der Lizenzen ist dann die Zahlungsbereitschaft: Wer den höchsten Preis bietet, bekommt die Lizenz.

Das Versteigerungsverfahren ist problematisch, wenn die betroffenen Unternehmen bereits eine staatliche Genehmigung für die Emission bestimmter Schadstoffe haben. In diesem Falle könnte man zunächst die Nutzungsrechte an Umweltgütern an all jene Unternehmen verteilen, die vor Einführung des neuen Systems eine Genehmigung für bestimmte Emissionen besessen hatten. Man nennt dieses Verfahren eine Zuteilung auf der Basis laufender Emissionen. Im amerikanischen Sprachgebrauch wird dies bildhaft als „Grandfathering" bezeichnet. Auch Quoten, die bestimmten Regionen zugeteilt werden, können Ausgangspunkt für die Verteilung der handelbaren Lizenzen sein. Neben der Methode der Verteilung kann die Gültigkeitsdauer der Nutzungsrechte variieren[28]. Der Besitz einer Lizenz kann nicht nur

Eine Börse nicht nur für Wertpapiere und Waren? Ein Handel mit verbrieften Rechten für die Umweltnutzung wird heute in Deutschland noch nicht praktiziert.

zum Betreiben von Produktionsanlagen, die Schadstoffe emittieren, berechtigen. Übertragen auf die privaten Haushalte bezieht sich das Modell der Berechtigungsscheine auf Konsumtätigkeiten, die zum Ausstoß bestimmter schädlicher Substanzen führen. Der Handel mit Berechtigungsscheinen ist nicht nur bloße Theorie, sondern findet bereits seine Anwendung in der Praxis. In der USA wird ein System handelbarer Emissionslizenzen für die Bekämpfung von Luftschadstoffen praktiziert[29]. In der deutschen Politik gibt es bislang noch keine konkreten Überlegungen für den Einsatz dieses relativ neuen Instruments.

6.6 Planerische Instrumente

Um negativen Entwicklungen durch die Zerstörung von Natur und Umwelt vorsorgend entgegenzuwirken, werden Instrumente des planerischen Umweltschutzes eingesetzt. Dabei handelt es sich um Programme und Pläne, die bestimmte Umweltziele ableiten und Vorschriften bzw. Anleitungen für ihre Umsetzung vermitteln. Planerische Instrumente sind auf die administrative Umsetzung umweltrelevanter Maßnahmen ausgerichtet. Der Plan ist eine Handlungsanleitung für die Verwirklichung der vorher festgelegten

Ziele. Unterscheiden kann man bei den in Deutschland gesetzlich verankerten Planungssystemen zwischen Fachplanungssystemen, die bestimmten Ressorts zugeordnet sind und raumbezogenen Gesamtplanungen, wo eine Zusammenführung, Abstimmung und Bündelung verschiedener fachlicher Interessen stattfindet. Beide Arten der Planung können im Kompetenzbereich des Bundes, der Länder und der Kommunen liegen.

Luftreinhaltepläne sind ein Beispiel für umweltspezifische Fachplanungen, die sich auf ein bestimmtes Medium beziehen. Hier werden Ursachen, Art und Umfang der Luftverschmutzung aufgenommen und Aussagen darüber gemacht, wie man in diesem Bereich vermeidend und vorsorgend tätig werden kann. Die Abfallwirtschaftsplanung ist auf das Aufgaben- und Problemfeld Abfall und Müllbeseitigung ausgerichtet. Ziele der Nachhaltigkeit finden auch ihren Platz in Fachplanungen, die nicht primär auf den Umweltschutz hin ausgelegt sind, wie etwa bei der Verkehrsplanung[30]. Fachplanungen müssen die Ziele der raumbezogenen Gesamtplanung beachten. Bei der raumorientierten Gesamtplanung wird fachübergreifend festgelegt, für welche Gebiete welche Nutzung in Frage kommt.

Neben den Fachplänen und den raumbezogenen Gesamtplanungen existieren weitere rechtlich normierte Verfahren, die auf der Abwägung unterschiedlicher Belange beruhen. Beispiel ist die sogenannte Umweltverträglichkeitsprüfung, die für raumbedeutsame Projekte gesetzlich vorgeschrieben ist. So werden etwa beim Bau von Flughäfen, Autobahnen oder Industrieanlagen im Rahmen dieser Prüfung – unter Einbezug der Öffentlichkeit – die ökologischen Auswirkungen und der Flächenverbrauch kritisch unter die Lupe genommen.

Im Rahmen des Naturschutzes und der Landespflege spielt die Landschaftplanung eine wichtige Rolle. Bei dieser Planung, die in einer Doppelfunktion sowohl zur Fachplanung als auch zur querschnittorientierten Gesamtplanung zählt, sollen Verbrauch und Nutzung von Flächen so gesteuert werden, daß bestimmte ökologische Ziele erreicht werden. Laut dem deutschen Bundesnaturschutzgesetz müssen nach einer Bestandsaufnahme des betreffenden Planungsraumes Ziele des Naturschutzes und der Landschaftspflege erarbeitet werden. Dies schließt eine Auflistung der dafür erforderlichen Maßnahmen ein. Durch die Landschaftsplanung werden zum Beispiel bestimmten Nutzern von Flächen Auflagen gemacht, die gegenseitige Verträglichkeit zwischen verschiedenen Nutzungen untersucht und Belastbarkeitsgrenzen natürlicher Systeme festgelegt. So kann in Landschaftsplänen etwa formuliert werden, in welchen Bereichen die Versiegelung von Flächen durch Straßen oder Bauten nicht erfolgen sollte, weil die Gefahr besteht, daß wichtige natürliche Funktionen gestört sind. Oder es wird festgelegt, wo und wie gebaut werden darf, damit das ästhetische Gesamtbild der Landschaft nicht leidet[31].

Über die formal ausgestatteten und gesetzlich verankerten Planungssysteme hinaus existieren informelle Systeme der Planung, die man auch als Steuerung oder organisatorische Umsetzung von Planung bezeichnen kann. Solche informellen Systeme beruhen auf dem Gedanken, daß durch einen zielgerichteten Planungsprozess bessere Umwelteffekte erzielt werden können und folgen meist planungsmethodischen Vorgaben[32]. In jüngster Zeit hat zum Beispiel die Erstellung und Umsetzung übergreifender und integrierender nationaler Umwelt- oder Nachhaltigkeitspläne große Bedeutung erlangt. Das auf der internationalen Umweltkonferenz in Rio verabschiedete Aktionsprogramm „Agenda 21" empfiehlt ausdrücklich die Erarbeitung und Realisierung dieses planerischen Instruments. Das Ziel solcher Pläne, die inzwischen weltweit bereits von über sechzig Ländern erstellt worden sind, besteht darin, langfristige Umwelt- und Nachhaltigkeitsziele unter Einbeziehung aller wichtigen Problembereiche und unter Beteiligung der Betroffenen zu formulieren und deren Umsetzung zu kontrollieren[33]. In Deutschland empfiehlt – neben vielen anderen Stimmen aus Politik und Öffenlichkeit – die Enquete-Kommission des Deutschen Bundestages „Schutz des Menschen und der Umwelt" die Einführung eines übergreifenden nationalen Umwelt- bzw. Nachhaltigkeitsplans. Auf der Länderebene wird derzeit in Baden-Württemberg ein Landes-Umweltplan erstellt.

6.7 Partizipative und kooperative Instrumente

Partizipative Instrumente und diskursive Verfahren der Konsensfindung sind in jüngster Zeit immer stärker in den Blickwinkel der Umweltpolitik geraten. Bei diesen Verfahren, in deren Mittelpunkt der Dialog steht, sollen für konkrete Problemsituationen kompetente Problemerfassungen und Problemlösungen erfolgen. Dabei wird den potentiell Betroffenen die Chance eingeräumt, ihre Interessen und Einstellungen in den Prozeß der Entscheidungsfindung einzubringen. Die Verfahren konzentrieren sich auf die Ebene der Umsetzung von Maßnahmen. Hier wird nicht auf eine mittel- oder unmittelbare Lenkung individuellen Verhaltens abgestellt. Es geht vielmehr darum, daß die von den politischen Entscheidungen Betroffenen nicht von den Entscheidungsprozessen ausgeschlossen werden, sondern aktiv ihre Präferenzen einbringen können, wenn es um die Veränderung ihrer Lebenswelt geht.

Runde Tische sind ein Beispiel für den Versuch, auf dem Verhandlungsweg zu Entscheidungen zu kommen, die möglichst viele Beteiligte mittragen können. Interessenvertreter verschiedener betroffener Gruppen setzen sich zusammen, sie beraten und verhandeln, um gemeinsame Lösungswege zu finden und zu einem Konsens zu kommen. Dabei sind alle Parteien gleichberechtigte Partner. Ein gutes Beispiel für den Einsatz eines Runden Tisches ist die Standortsuche für ein Vorhaben wie etwa den Bau einer Sondermülldeponie oder einer Müllverbrennungsanlage. Bei Entscheidungen dieser Tragweite, bei denen mit massivem Widerstand aus der Bevölkerung zu rechnen ist, scheint es sinnvoll zu sein, für die Findung einer sachorientierten Lösung auf gemeinsames Aushandeln zu setzen und möglichst alle betroffenen Akteure zu beteiligen. Ein Beispiel aus der Praxis stellt ein planungsbegleitendes Verfahren im Freistaat Sachsen dar, wo Vertreter der Umwelt- und Naturschützer, der Kommunen, der Gewerkschaften, der Wirtschaft, der Kirche, der Verbraucher und anderer Gruppen an einem Runden Tisch zusammenkamen, um die Standortsuche für eine Sonderabfalldeponie mitzugestalten[34].

Bürger nehmen im Rahmen eines Bürgerforums aktiv an der Gestaltung von politischen Entscheidungsprozessen teil. Diskursive Beteiligungsverfahren sind ein vielversprechendes Instrument einer sozialverträglichen Nachhaltigkeitspolitik.

Bei der sogenannten Mediation nimmt neben den Vertretern der von einer Entscheidung betroffenen Gruppen ein unparteiischer Schlichter (Mediator) am Runden Tisch teil. Mediation heißt übersetzt „Vermittlung". Die Rolle des Vermittlers oder Mediators besteht darin, den Einigungsprozeß voranzutreiben. Er soll gewissermaßen als Katalysator wirken. Mediationsverfahren sind dort sinnvoll, wo schon im Vorfeld bestimmter Vorhaben Konflikte zwischen beteiligten Akteuren auftreten, was bei Standortfragen für Anlagen zur Müllentsorgung genauso wie bei Planungen für den Bau von Kernkraftwerken oder umstrittenen Forschungseinrichtungen wie etwa gentechnischen Versuchslabors der Fall sein kann. Mit Hilfe des neutralen Mediators kann versucht werden, eine für alle Beteiligten einvernehmliche Regelung zu erreichen. In Gesprächsrunden werden wie beim Runden Tisch die Sichtweisen der Betroffenen offengelegt und unterschiedliche Lösungsmöglichkeiten entwickelt. Der Mediator sorgt dafür, daß die Parteien nicht wie Kampfhähne aufeinander losgehen, sondern bestimmte Fairneßregeln einhalten. Am Ende einer erfolgreichen Mediation stehen Empfehlungen für das Vorgehen im konkreten Problem- bzw. Entscheidungsfall. In den USA ist dieses Instrument der Konfliktvermittlung und -lösung schon weitverbreitet, auch in Deutschland werden vor allem im Bereich der Umweltpolitik solche Verfahren durchgeführt.

Das Verfahren des kooperativen Diskurses ist eine Weiterentwicklung des Runden Tisches. In diesem Fall werden verschiedene diskursive Verfahren kombiniert. Wie in allen Mediationsverfahren steht der Dialog der an einer Planungsmaßnahme beteiligten Individuen und Gruppen und ein Ausgleich zwischen Interessen, Werten und Weltbildern im Mittelpunkt. Ein konkretes Modell des kooperativen Diskurses folgt dabei einem Aufbau in drei Phasen, bei denen zwischen Werterhebung, Faktenermittlung und Abwägung unterschieden wird[35]. Diese drei Aufgaben werden vorrangig von den Akteuren vorgenommen, von denen man annehmen kann, daß sie für diese Aufgabenstellung besonders geeignet seien. Die Verknüpfung der drei Ebenen geschieht in den folgenden Schritten:

(1) Alle beteiligten Gruppen werden gebeten, ihre Werte und Kriterien für die Beurteilung unterschiedlicher umweltpolitischer Maßnahmen (etwa Einführung eines neuen Grenzwertes, Erprobung einer neuen Umwelttechnologie; gemeinsam verabredete Selbstverpflichtungen) offenzulegen. Dies geschieht in Interviews zwischen den Diskurs-Organisatoren und den Repräsentanten der jeweiligen Parteien. Als methodisches Werkzeug dient dabei die Wertbaum-Analyse, ein in den USA entwickeltes interaktives Verfahren zur Bewußtmachung und Strukturierung von Werten und Attributen[36].

(2) Die Wertdimensionen werden in einem zweiten Schritt durch ein Forschungsteam, das möglichst von allen beteiligten Gruppen als neutral angesehen wird, in Indikatoren überführt. Diese Indikatoren sind Meßanweisungen, welche die zu erwartende Auswirkungen der jeweiligen Maßnahmen erfassen. Da viele der Folgen nicht physisch meßbar sind

und manche auch wissenschaftlich umstritten sein mögen, ist es nicht möglich, einen einzigen Wert für jeden Indikator anzugeben. Dies gilt vor allem für unsichere Folgen. Gleichzeitig sind die Folgen auch nicht beliebig, sondern ergeben sich als logische Folgerung aus dem jeweiligen Wissen und der Anwendung methodischer Regeln innerhalb verschiedener wissenschaftlicher Lager. Für den Diskurs ist es entscheidend, die Spannweite wissenschaftlich legitimer Abschätzungen so genau wie möglich zu bestimmen. Dazu ist im kooperativen Diskurs eine besondere Form des Experten-Workshops entwickelt worden, bei dem Gruppen von Experten gemeinsam Abschätzungen vornehmen und Diskrepanzen innerhalb der Gruppen in direkter Konfrontation ausdiskutieren[37].

(3) Hat man die Wertdimensionen bestimmt und die Folgen der jeweiligen Handlungsoptionen abgeschätzt, folgt der schwierige Prozeß der Abwägung. Im Rahmen des kooperativen Diskurses wird es einigen nach dem Zufallsverfahren ausgesuchten Bürgern überlassen, stellvertretend für alle anderen diese Abwägung vorzunehmen[38]. Die ausgesuchten Bürger haben mehrere Tage Zeit, die Profile der jeweiligen Handlungsoptionen zu studieren, Experten zu befragen, Zeugen anzuhören, Besichtigungen vorzunehmen und sich eingehend zu beraten. Am Ende stellen sie eine Handlungsempfehlung aus, die sie eingehend in einem Bürgergutachten begründen müssen[39]. Dafür erhalten sie eine Vergütung. Solche Bürgerforen haben sich auf kommunaler wie auf regionaler Ebene bereits bewährt und wurden in Deutschland auch schon auf nationaler Ebene eingesetzt. Im Projekt der Akademie „Bürgerbeteiligung an der Abfallplanung für die Region Nordschwarzwald“ wurde das Verfahren des kooperativen Diskurses in die Praxis umgesetzt und erprobt (Vgl. Kapitel 13).

Auch das Schlußdokument der Umweltkonferenz der Vereinen Nationen in Rio, die Agenda 21 setzt auf das Instrument der Partizipation: Gemeinsam mit Bürgerinnen und Bürgern, örtlichen Organisationen und der Wirtschaft sollen auf der Ebene der Kommunen in einem offenen Diskussionsprozess „Lokale Agenden 21“ ausgearbeitet und umgesetzt werden, um das Leitbild der nachhaltigen Entwicklung mit Leben zu füllen[40].

Neben der Beteiligung der direkt Betroffenen an Entscheidungsverfahren und der aktiven Gestaltung von Politik existieren weitere Formen von Vereinbarungen zwischen staatlichen und gesellschaftlichen Akteuren. Es besteht so zum Beispiel die Möglichkeit, daß Unternehmen auf einer freiwilligen Basis an der Lösung bestimmter Umweltprobleme arbeiten und Kooperationen oder Selbstverpflichtungen zur Erreichung bestimmter Umwelt- und Nachhaltigkeitsziele eingehen. Angebote zur Kooperation, Branchenabkommen und freiwillige Selbstverpflichtungen stellen in der Regel Reaktionen potentiell Betroffener auf staatliche Anstöße zur Regulierung bestimmter Umweltbereiche dar. Selbstregulierungen der Wirtschaft können verhindern, daß der Staat neue Gesetze und Verordnungen erläßt, die häufig wenig Flexibilität in der Umsetzung erlauben. Aus diesem Grunde gehen Unternehmen bzw. Unternehmensverbände häufig Selbstverpflichtungen ein, um drohenden gesetzlichen Auflagen entgegenzuwirken. Da aber in solchen Übereinkünften nicht alle Unternehmen einer Branche eingebunden werden können, kommt es auch hier zum Problem des „Freifahrens". Je mehr Mitglieder einer Branche sich freiwillig an einer selbst auferlegten Verpflichtung beteiligen, desto größer ist die Chance eines Erfolges. Selbstverpflichtungen können auf Verträgen beruhen oder als informelle Versprechen ausgestaltet sein. Eine Überwachung findet in der Regel durch unabhängige Dritte und die Öffentlichkeit (Presse) statt.

Die Kooperation in der deutschen Abfallwirtschaft im Rahmen des „Dualen System" etwa befreit alle an diesem System beteiligten von verschiedenen gesetzlichen Pflichten, die im Bereich der Verpackungsrücknahme bestehen. Durch die Zusammenarbeit von Verpackungsindustrie, Herstellern und Entsorgungswirtschaft entstand ein Entsorgungssystem, das die gesetzlich festgelegten Ziele der Erfassung, Sortierung und Verwertung von Abfällen freiwillig erfüllt[41]. Die Zusage von Unternehmen, zu der Lösung von Umweltproblemen durch freiwillige Maßnahmen beizutragen, spielt auch in der Klimadebatte und in den damit verbundenen Forderungen nach einer Kohlendioxidreduzierung eine wichtige Rolle. Die deutsche Industrie sagte im Frühjahr 1996 zu, ihren spezifischen Energieverbrauch bis zum Jahr 2005 um 20 Prozent gegenüber 1990 zu verringern.

6.8 Informativ-erzieherische Instrumente und betriebliches Umweltmanagement

Umwelterziehung und Umweltbildung setzen bei Informationsdefiziten der Menschen an. Staatliche oder private Anbieter von Informations- und Beratungsleistungen können einen Beitrag dazu leisten, daß über den herrschenden Lebens- und Konsumstil reflektiert wird und sich zumindest ein verstärktes Umweltbewußtsein entwickelt. Konkrete Angebote reichen von Ratgebern in schriftlicher Form über Volkshochschulkurse und öffentliche

Veranstaltungen bis hin zur Integration umweltrelevanter Problematiken in den Schul- und Hochschulunterricht. Information und Bildung sind in der Regel nicht direkt wirksam, sondern vor allem als flankierende und vorsorgende Maßnahmen für die Umsetzung anderer Instrumente zu sehen. Sie tragen dazu bei, die Wahrnehmung des einzelnen zu schärfen, ihm naturwissenschaftliche, technische, politische und ökonomische Kenntnisse zu vermitteln und Zusammenhänge aufzuzeigen. Sie können auch helfen, die Kritikfähigkeit zu fördern, Handlungsmöglichkeiten zu entwickeln und das Engagement und die Kreativität des einzelnen zu unterstützen[42]. Eine direkte verhaltenslenkende Wirkung, die nicht auf rechtlicher oder ökonomischer Sanktion beruht, sondern auf Einsicht und Verstehen, ist höchstens in Bereichen möglich, wo umweltschädliches Verhalten hauptsächlich auf der Unkenntnis von Wirkungen über bisheriges Handeln beruht oder die Betroffenen alternative Handlungsmöglichkeiten nicht kennen[43]. Im fünften Kapitel wurde ja bereits ausführlich auf die Diskrepanz zwischen eigener Einstellung und dem tatsächlichen Verhalten hingewiesen. Informationsangebote an Verbraucher und Einzelpersonen, die verhaltenslenkend sein wollen, müssen deshalb auch auf die Umsetzungsbedingungen konzentriert sein. Am besten sollten Informationsangebote mit diskursiven Praktiken der Gestaltung und Planung der eigenen Lebenswelt gekoppelt werden.

Auch unternehmensorientierte Beratungsdienstleistungen gehören in das Spektrum der informatorischen Instrumente. Eine breite Palette umweltorientierter Informations- und Bewertungsinstrumente können auf Unternehmensebene zur Planung, Umsetzung und Kontrolle betrieblicher Entscheidungen, die Natur und Umwelt betreffen, eingesetzt werden. Im Rahmen von produktbezogenen Ökobilanzen sollen alle ökologischen Auswirkungen „von der Wiege bis zur Bahre" der Produkte genau dokumentiert und nachvollziehbar bewertet werden. Entlang des gesamten Lebensweges eines Produktes werden die Umsätze von Stoffen und Energie analysiert und die daraus resultierenden Umweltbelastungen untersucht. Dies schließt die Rohstoffgewinnung, die Produktionsphase, die Vermarktung und den Transport der Güter ein und geht über die Gebrauchs- oder Verbrauchsphase bis hin zur Entsorgung der Produkte. Eine Ökobilanz für ein Auto würde also von der Stahlgewinnung, dem Motoren- und Karrosseriebau und der Montage über das Verhalten bezüglich des Kraftstoffverbrauchs und der Abgasentwicklung bis hin zur Recyclierfähigkeit und der „Endlagerung" einzelner Teile unzählige Einzelposten beinhalten. Unternehmensbezogene Ökobilanzen (Hoftorbilanzen) orientieren sich nicht an der Produktlinie, sondern an dem Geschehen im Betrieb, was alle Bereiche eines Unternehmens von der Produktion über die Verwaltung bis hin zu Forschung und

Entwicklung betrifft. Sogenannte Prozeßbilanzen stellen auf bestimmte Produktions- und Herstellungsverfahren ab. Deren Umweltrelevanz soll festgestellt und transparent gemacht werden.

Mit Hilfe von Ökobilanzen können betriebliche Schwachstellen offengelegt werden. Darüber hinaus bilden sie eine wertvolle Grundlage für zukunftsgerichtete Entscheidungen in den Unternehmen[44]. In Deutschland und der Schweiz sammeln Unternehmer seit Mitte der 80er Jahre Erfahrungen mit diesem Instrument. Bilanziert wurden unter anderem verschiedene Verpackungssysteme[45].

Eine Art Umweltprüfung für Unternehmen stellt das Öko-Audit dar. Die Bezeichnung Audit kommt aus dem Englischen und bedeutet soviel wie Erklärung. Wie bei der klassischen Betriebsprüfung werden beim Öko-Audit die umweltrelevanten Daten von einem externen, unabhängigen Prüfer erfaßt und in einem standardisierten Verfahren geprüft. Die Überprüfung kann sich auf die Einhaltung von extern vorgegebenen Normen, wie sie etwa Umweltgesetze darstellen als auch auf interne, von dem Unternehmen selbst gesteckte Umweltziele beziehen. Umweltgutachter prüfen und registrieren Umweltpolitik und Umweltprogramme der betreffenden Unternehmen. Audits sind ein Instrument des ökologisch orientierten Umweltmanagements und stellen einen Mechanismus der Kontrolle dar. Sie sollen helfen zu beurteilen, wie gut die Organisation des Umweltschutzes in einem Unternehmen funktioniert und ob Umweltfragen in die interne Organisation und die Unternehmensberichterstattung ausreichend integriert sind[46]. Andere unternehmensbezogene Instrumente wie die Ökobilanzierung gehen in das Öko-Audit ein. Seit 1993 existiert im Rahmen der Europäischen Union eine Verordnung „über die freiwillige Beteiligung gewerblicher Unternehmen an einem Gemeinschaftssystem für das Umweltmanagement und die Umweltbetriebsprüfung“[47], die 1995 in deutsches Recht umgesetzt wurde. Eingeführt wurde hier ein freiwilliges Umweltzertifikat für das produzierende Gewerbe, das 1997 auch auf bestimmte Dienstleistungsbereiche (unter anderem den Einzelhandel) erweitert wurde. Unternehmen, die sich zertifizieren lassen, haben die Möglichkeit sich bei den Industrie- und Handelskammern registrieren zu lassen. Auf der internationalen Ebene können Umweltmanagementsysteme seit September 1996 nach der Norm „ISO 14001“ zertifiziert werden.

6.9 Vor- und Nachteile der Instrumente

Mit der Beschreibung dieser verschiedenen Instrumentenklassen sind die verschiedenen Möglichkeiten im Rahmen von Maßnahmenbündeln umrissen worden. Die konkrete Ausgestaltung einer ökologischen Steuer, eines Umweltplanungsverfahrens oder einer Ökobilanz bestimmt weitgehend die beabsichtigte Wirkung und den Erfolg der umweltpolitisch motivierten Maßnahme. Allein unter dem Stichwort Öko-Steuer kursieren sehr viele unterschiedliche Modelle, die sich in Ansatzpunkten und Wirkungsweise stark voneinander unterscheiden. Dies gilt für fast alle der beschriebenen Instrumente. Eine umfassende Bewertung des umweltpolitischen Instrumentariums verlangt eine differenzierte Auseinandersetzung – sowohl mit theoretischen Konzepten als auch mit konkreten praxisorientierten Vorschlägen. Die einzelnen Instrumente müssen nach den zu Anfang genannten Kriterien der Effektivität (ökologische Wirksamkeit), der wirtschaftlichen Effizienz (optimaler Mitteleinsatz), der Vereinbarkeit mit den Besonderheiten des jeweiligen Problems und den begleitenden Rahmenbedingungen (Kompatibilität) sowie der sozialen Akzeptanz (Zustimmungsbereitschaft der Betroffenen) beurteilt werden (vgl. Abbildung 6.5). Darüber hinaus ist zu prüfen, inwiefern die rechtliche Machbarkeit, die praktische Durchführbarkeit und die Flexibilität beim Einsatz der Instrumente gegeben ist[48]. Diese Prüfung kann an dieser Stelle nur ansatzweise geleistet werden. Dennoch sollen einige generelle Anmerkungen zu den Vor- und Nachteilen der vorgestellten Instrumente nicht fehlen.

Abbildung 6.5: Kriterien für die Bewertung der Instrumente einer Nachhaltigkeitspolitik

Effektivität	Optimale Abstimmung der Instrumente auf konkrete Zielsetzung (Zielerreichung)
Effizienz	Minimierung der eingesetzten Mittel in bezug auf die Zielsetzung (optimaler Mitteleinsatz)
Kompatibilität	Angemessenheit der Mittel in bezug auf die ökologischen, wirtschaftlichen und sozialen Bedingungen
Akzeptanz	Anerkennung der Instrumente als zielführend und sinnvoll durch Personen und Organisationen

Erste Instrumentengruppe: Regulative Instrumente

Was Ge- und Verbote betrifft, so zeichnen sich diese regulativen Instrumente durch große Treffsicherheit und schnelle Wirkung aus. Dabei müssen bestimmte Höchstmengen und Grenzen für Stoffe, denen umweltschädigende Eigenschaften zugeschrieben werden, politisch festgelegt werden. Angesichts vieler Unsicherheiten und oftmals nicht eindeutiger naturwissenschaftlicher Erkenntnisse kann dieser erste Schritt bereits zum Problem werden. Welche Stoffe und Produktionsverfahren man verbieten soll oder inwieweit bestimmte Mengen von Schadstoffen freigesetzt werden dürfen, sind Fragen, auf die auch die Experten oft keine eindeutige Antwort verfügbar haben. Problematisch ist diese Art von politischem Instrument aber vor allem auch deshalb, weil starre Regelungen dem einzelnen keine Freiheit geben, anders als vorgeschrieben zu handeln. Dies ist bedenklich, weil individuelle Freiräume Bestandteil einer Politik der Nachhaltigkeit sein sollten. Die Umsetzung von Nachhaltigkeit sollte nicht dazu führen, den Menschen Fesseln anzulegen und ihnen in vielen Bereichen vorzuschreiben, was sie tun dürfen und was sie lassen müssen. Bei der Wahl umweltpolitischer Maßnahmen sind jene Instrumente vorzuziehen, die den erwünschten Effekt mit der geringsten Einbuße an Freiheit und Flexibilität erreichen können[49].

Aus ökonomischer Sicht ist eine starre Politik der Auflagen deshalb unvorteilhaft, weil sie nicht berücksichtigt, daß die Möglichkeiten zur Vermeidung von Umweltschädigung unterschiedlich sind. Ge- und Verbote, die für alle gleichermaßen gelten, ermöglichen es nicht, daß Auflagen dort erfüllt werden, wo sie am kostengünstigsten sind. Eine Politik, die gewissermaßen alles über einen Kamm schert, führt dazu, daß Ressourcen zur Vermeidung von Umweltschädigungen nicht unbedingt dort eingesetzt werden, wo es am sinnvollsten wäre[50]. Außerdem findet beim Einsatz regulativer Instrumente keine systematische Förderung umweltfreundlicher Techniken statt. Es besteht kein Anreiz, mehr für die Umwelt zu tun als jeweils vorgeschrieben ist.

Trotz der vielen Nachteile regulativer Maßnahmen sind diese in bestimmten Situationen dennoch unverzichtbar. Für die Abwehr konkreter Gefahren und für alle Situationen, wo eine Überschreitung bestimmter Grenzen zu eindeutig unerwünschten und schädlichen Konsequenzen führt, sind Ver- und Gebote für eine verantwortungsbewußte Politik der Nachhaltigkeit unabdingbar. Dies gilt zum Beispiel für die Gesundheitsgefährdung durch Giftstoffe oder Beeinträchtigung von lebenswichtigen Stoffkreisläufen und bei der Risikovorsorge bei hohem Katastrophenpotential. Ver- und Gebote können politsche Festlegungen für Ziel- und Endpunkte im Bereich der Einwirkungen auf Mensch und Umwelt wirksam untermauern. Im Rahmen unserer Kriterien schneiden regulative Instrumente meist als sehr effektiv ab, aber selten als effizient. Je nach Einsatzgebiet sind sie mit den jeweiligen Erfordernissen kompatibel (etwa wenn es um die Gefährdung von Menschenleben geht) und sie werden auch von den Betroffenen dann weitgehend akzeptiert, wenn sie eine eindeutige Schutzfunktion ausüben.

Wie steht es nun mit dem Haftungsrecht, das wir ebenfalls zu den regulativen Instrumenten gezählt haben? Was die Vermeidung von Umweltschädigungen durch eine verschärfte Umwelthaftung betrifft, so treten insbesondere bei der eindeutigen Zuordnung von umweltrelevantem Verhalten und tatsächlichen Schädigungen Probleme auf. In vielen Fällen ist es einfach nicht möglich festzustellen, inwiefern eine bestimmte Handlung ursächlich für eine negative Einwirkung auf Mensch und Umwelt ist. Neben den Verursachern müssen auch die Betroffenen von Umweltschädigungen ermittelt werden. Insbesondere wenn viele Schädiger und viele Geschädigte beteiligt sind, werden eindeutige Schadenszuweisungen zu einem unmöglichen Unterfangen. Die Wirksamkeit des Haftungsrechts hängt deshalb ganz entscheidend von der Ausgestaltung der Beweislastpflicht ab. Wenn die Schädiger davon ausgehen können, daß die Geschädigten im Schadensfall kaum Möglichkeiten haben, ihre Ansprüche gerichtlich durchzusetzen, verlieren die gesetzlichen Regelungen ihre präventive Funktion. Auch die Festsetzung relativ niedriger Haftungsgrenzen führt zu einer Aushöhlung des Instrumentes, weil relativ niedrige Schadensersatzzahlungen für die potentiellen Verursacher nicht genügend abschreckend sind[51]. Als vorsorgendes Instrument kann das Haftungsrecht bei geeigneten Bedingungen und Vertragsgestaltung allerdings sehr erfolgreich sein.

Zweite Instrumentengruppe: Planerische Instrumente

Der planende Umweltschutz gilt als vorsorgendes Instrument, das es ermöglichen soll, umweltschädigendes Verhalten vorausschauend zu vermeiden und zu verhindern. Angesetzt wird hier nicht direkt beim Verursacher der Schäden, wie das bei den regulativen Instrumenten und den wirtschaftlichen Anreizen der Fall ist. Planungsverfahren können vor allem in bezug auf die schon mehrfach angesprochenen Abwägungsprozesse, die für die Umsetzung von Nachhaltigkeit entscheidend sind, eine große Rolle spielen. Im Rahmen konkreter Planungsverfahren wird in einem bestimmten Kontext festgelegt und abgestimmt, wo und wieviel Umwelt und Natur wie und für welche Zwecke verbraucht oder benutzt werden sollen. Dabei werden sowohl wirtschaftliche, ökologische als auch soziale Aspekte berücksichtigt und der Versuch gemacht, unterschiedliche Interessen zu koordinieren und zu integrieren. Die Stärke planerischer Maßnahmen liegt im

Versuch des Ausgleichs konkurrierender Interessen und Ansprüche und in der Erarbeitung übergreifender und effizienter Strategien zum Schutz von Umwelt und Natur. Ein großes Problem besteht aber darin, daß planender Umweltschutz große Zeiträume in Anspruch nimmt und schnelle Schritte mit diesem Instrument nicht zu realisieren sind. Die Erfahrung zeigt, daß viele Umweltplanungen oftmals auch gar nicht durchsetzbar oder ihre praktischen Auswirkungen unbedeutend sind. Eine besondere Schwierigkeit der Planung liegt auch darin, daß Planungsaufgaben oft mehrere Handlungsebenen berührt. Querschnittsorientierte und ressortübergreifende Planungen haben oft einen schwachen Einfluß auf die ausgetüftelten Fachplanungssysteme. Verschiedene Planungsabsichten unterschiedlicher Akteure können ebenfalls zu Problemen führen. Neuere Ansätze zur Koordination zwischen einzelnen bestehenden Fachplanungen bis hin zur Entstehung einer übergreifenden, gesetzlich anerkannten Umweltgesamtplanung können dennoch für eine Politik der Nachhaltigkeit eine große Rolle spielen. Denn Planungsansätze bieten die Chance für eine medienübergeifende Betrachtung von Natur und Umwelt und ermöglichen die Berücksichtigung vielfältiger umweltrelevanter Aussagen. Allerdings dürfen sie nicht so weit gehen, daß sie den Prinzipien einer marktwirtschaftlich orientierten Gesellschaft widersprechen.

Auch hier zeigt die Bewertung nach den Kriterien ein ambivalentes Bild: Planungsverfahren sind selten sehr effektiv, weil zwischen Ziel und Umsetzung oft kein direkter Zusammenhang besteht. Sie können relativ effizient sein, wenn im Plan selbst Effizienzgesichtspunkte Eingang gefunden haben. Informelles Planen im Sinne von Steuerung kann sowohl auf einer sehr abstrakten und wenig umsetzungsorientierten Ebene erfolgen als auch sehr konkret und maßnahmenorientiert ausgerichtet sein. Was das Kriterium der „Kompatibilität“ betrifft, so können Planungen ebenfalls flexibel und problemgerecht den jeweiligen Anliegen angepaßt werden und hier sehr gut abschneiden. Allerdings ist dies in der Realität nur selten der Fall. Schließlich stoßen Pläne dann auf Akzeptanzprobleme, wenn die Betroffenen wenig oder keinen Einfluß auf deren Zustandekommen gehabt haben.

Dritte Instrumentengruppe: Anreizorientierte Instrumente

Der Vorteil wirtschaftlicher Anreize liegt vor allem darin, daß sie für die Betroffenen Optionen offenlassen. Auf diese Weise wird bei der Verteilung der Nutzung von Natur und Umwelt auf ökonomische Aspekte Rücksicht genommen und die Entscheidungsfreiheit der Individuen nicht übermäßig eingeschränkt. Anreizsysteme sind dabei in jedem Fall sehr effizient. Bei der Frage nach dem Abschneiden hinsichtlich der anderen Kriterien müssen wir die Anreizsysteme weiter differenzieren.

Umweltabgaben in Form von Steuern beeinflussen zwar den Mechanismus des Ausgleichs von Angebot und Nachfrage, setzen aber die Gesetze des Marktes, die zu einer effizienten Verteilung knapper Ressourcen führen, nicht außer Kraft. Sie korrigieren das Marktergebnis, das durch die beschriebenen speziellen Eigenschaften der Umweltgüter unvollkommen ist. Durch die Erhöhung der Kosten umweltorientierter Aktivitäten durch die staatlich auferlegte Abgabe werden die Mängel der Marktlösung ausgeglichen. Mit Hilfe der Steuer wird angepeilt, daß die Preise zumindest annähernd die sozialen Kosten widerspiegeln bzw. bestimmte Umweltziele erreicht werden. Die Erreichung bestimmter Umweltziele durch die Erhebung einer Steuer ist aber fraglich, weil das Verhalten des einzelnen auf die Steuer sehr unterschiedlich sein kann. Wieviele der Betroffenen der Steuer ausweichen, kann niemand vorher wissen. Deshalb muß mit Zielverfehlungen und ständigem Anpassungsbedarf gerechnet werden. Weil sich das Verhalten der Subjekte erst langsam den durch die Steuer neu geschaffenen Bedingungen anpaßt, ist die umweltrelevante Wirkung in jedem Fall langsamer und oft auch weniger genau prognostizierbar als bei Auflagen und Verboten. Im Extremfall kann eine Umweltsteuer zum reinen Finanzierungsinstrument zur Aufbesserung des Staatshaushaltes werden und überhaupt keine Lenkungsfunktion erreichen. Steuern können also, was die Umwelteffektivität anbelangt, keine Garantie für die Einhaltung eines bestimmten Zieles (etwa Reduktion von Kohlendioxid von 25%) geben.

Aus ökonomischer Sicht sind Steuern vor allem deshalb ein wirksames Instrument und dem Ordnungsrecht überlegen, weil sie den Betroffenen einen Anreiz zur Suche nach neuen umweltschonenden Produktions- und Konsumtätigkeiten bieten. Bei den Sonderabgaben läßt sich die Effektivität verbessern, da dort die Möglichkeit der gezielten Verwendung der Einnahmen für Umweltzwecke besteht. Aus diesem Grund schlagen auch viele Befürworter ökologischer Steuern eine umweltorientierte Zweckbindung der Mittel vor.

Im Gegensatz zu den Steuern belasten Subventionen als positive Anreize den Staatshaushalt. Angesichts der aktuellen Haushaltssituation spricht diese Tatsache gegen die Erfüllung des Kriteriums der Kompatibilität. Hier muß außerdem im Unterschied zu der Steuerlösung zusätzlich genau festgelegt werden, unter welchen (Vor-)Bedingungen die Verringerung von Umweltbeeinträchtigungen belohnt wird. Es besteht sonst die Gefahr, daß Unternehmen oder Private ihr Umweltverhalten kurzfristig verschlechtern, um später leichter in den Genuß öffentlicher Zuschüsse zu kommen. Wenn durch

Subventionen reparative Umweltmaßnahmen gefördert werden, geht von diesem Instrument kein Anreiz für ein umweltfreundliches Verhalten aus. Beispiele hierfür sind staatliche Zuschüsse beim Einbau von Filtereinlagen oder dem Bau einer Kläranlage. Subventionen dieser speziellen Art können zu einer Begünstigung umweltintensiver Branchen führen und geben keinerlei Anreiz zur Vermeidung umweltschädlichen Verhaltens[52]. Gleichzeitig ist auch bei den Subventionen nicht im voraus erkennbar, wie viel an Umweltentlastung mit einer bestimmten Summe an Finanzmitteln erreicht werden kann. Hier sind nur Tendenzaussagen möglich.

Dieses Manko der mangelnden Prognostizierbarkeit der Effekte tritt bei den handelbaren Nutzungsrechten nicht auf. Weil bei den Umweltzertifikaten die Menge der erlaubten Verschmutzung verbindlich festgelegt wird, sind sie genauso treffsicher wie die regulativen Instrumente. Allerdings treten auch hier die schon angesprochenen Probleme bei der Festlegung der Belastungsgrenzen auf. Auch handelbare Lizenzen sind wie die Umweltsteuern Instrumente einer grundsätzlich marktwirtschaftlich orientierten Politik. Es wird niemandem verbindlich vorgeschrieben, wieviele Schadstoffe emittiert werden dürfen. Wenn der Zertifikatemarkt gut funktioniert, hat grundsätzlich jeder die Möglichkeit, sich Lizenzen zu beschaffen. Weil die Anschaffung neuer Lizenzen Kosten verursacht und der Verkauf vorhandener Verschmutzungsrechte Gewinne einbringt, ist ein wirksamer Anreiz für die Anschaffung umweltfreundlicher Technologien gegeben. Im Wettbewerb um die begrenzte Anzahl der Lizenzen werden sich nach den Gesetzen des Marktes diejenigen durchsetzen, die am meisten für die Berechtigungsscheine bieten können. Dies werden diejenigen sein, deren Produktion im Vergleich zu anderen Herstellern relativ rentabel ist. Auf diese Weise führt das System der handelbaren Emissionsrechte dazu, daß knappe Umweltgüter gerade dort zum Einsatz kommen, wo ihr Einsatz am wirtschaftlichsten ist. Insoweit sind also die beiden Kriterien der Effektivität und der Effizienz weitgehend erfüllt. Ist der Lizenzmarkt offen für alle, dann werden nur die Unternehmen Lizenzen einkaufen, die nicht in der Lage sind, die entsprechende Umweltbelastung durch technische Maßnahmen oder durch veränderte Produktionsweisen zu vermeiden.

Schwierigkeiten bereiten dagegen die beiden Kriterien der Kompatibilität und der Akzeptanz. Veräußerbare Nutzungsrechte sind häufig mit den legalen Vorschriften eines Landes inkompatibel. Die Frage nach der Erstausstattung bleibt immer problematisch und führt entweder zu Ungerechtigkeiten gegenüber den Alt-Emittenden (bei der Versteigerungslösung) oder gegenüber potentiellen Neuanbietern auf dem Markt (bei der Lösung nach dem Modell des „Grandfathering“). Darüber hinaus ist das Zertifikatsmodell schwer der Öffentlichkeit nahezubringen. Ist es nicht gerade paradox, einzelnen Personen oder Organisationen „Verschmutzungsrechte" zu verkaufen und dies noch mit dem Etikett der Nachhaltigkeit zu versehen? Gibt es überhaupt ein Recht, die Umwelt zu verschmutzen? Bei nicht-essentiellen Umweltgütern, die für Produktions- und Konsumprozesse nachgefragt werden und der Gestaltung der Lebenswelt der Menschen dienen, ist das Modell der Zertifikate geeignet, den der bestehenden Knappheit angemessenen Preis dieser Umweltgüter widerzuspiegeln. Ähnlich wie bei der Verbots- oder Grenzwertlösung hat hier der Staat die Möglichkeit, auf der Basis von Wirkungszusammenhängen Höchstwerte oder Höchstmengen anzugeben, während der Markt die Allokation dieser erlaubten Mengen regelt. Mit Zertifikaten ist also keine Verschlechterung gegenüber mengenabhängigen Grenzwerten des Staates verbunden. Ein Wermutstropfen ist dabei allerdings die Tatsache, daß es zu örtlichen Konzentrationen bei der Verteilung von Schadstoffen kommen kann, vor allem dann, wenn in bestimmten Regionen besonders vorteilhafte Standortbedingungen für umweltbelastende Industrien bestehen. Auch hier kann man aber durch eine besondere Ausgestaltung des Zertifikatssystems (örtlich festgelegte Höchstgrenzen der Immission) ein zufriedenstellende Lösung erreichen. Insgesamt gesehen sind Zertifikate dann positiv zu beurteilen, wenn nicht-essentielle Umweltgüter in ihrer Qualität oder Menge effektiv und effizient reguliert werden sollen.

Der Einsatz wirtschaftlicher Anreize scheint vor allem dort vorteilhaft zu sein, wo es keine fest umrissenen Grenzen für Schädigungen gibt, aber eine kontinuierliche Richtung der Vermeidung von Beeinträchtigungen der Umwelt vorgegeben ist. Dies ist der Fall bei der Emission umweltschädigender, aber nicht lebensgefährlicher Stoffe, bei der Risikovorsorge bei geringem Schadensmaß und in allen Umweltbereichen, wo die Streckung der Ressourcenbasis oder die Schließung von Kreisläufen wünschenswert ist.

Vierte Instrumentengruppe: Partizipative und kooperative Instrumente

Die Stärke partizipativer Instrumente liegt vor allem darin, daß mit Hilfe diskursiver Verfahren die für die Nachhaltigkeit notwendigen Abwägungen über das sozial wünschbare und nachvollziehbare Maß an Umweltnutzung nach rationalen und politisch legitimierbaren Kriterien vollzogen werden können. Die Frage, welche Ressourcen und welche Umweltaspekte als essentiell anzusehen sind und wie diese geschützt werden sollen, geht weit über das politisch-administrative Handeln hinaus. Vielmehr ist bei der Frage nach dem Erhaltenswerten ein breiter Konsens in der Bevölkerung notwendig. Erst im Bewußtwerden der eigenen Grenzen, der drohenden Gefahren und der möglichen Chancen kann ein verantwortungsvolles Verhalten entstehen. Eine solche Verantwortung läßt sich am besten in diskursiven Verfahren der kollektiven Beschlußfindung und der eigenen Selbstverpflichtung erreichen. Daß über unterschiedliche Lebens- und Handlungsentwürfe im Dialog entschieden werden muß, ist ja gerade kennzeichnend für die Umsetzung von Nachhaltigkeit. Der Diskurs kann hilfreich sein, um die Konsequenz des kollektiven Verhaltens zu verdeutlichen. Er kann dazu beitragen, die Wahrnehmung von der Bedeutungslosigkeit des eigenen Verhaltens zu überwinden und gerechte Ausgleiche für auftretende Verteilungskonflikte zu entwickeln[53]. Ein strukturierter Verhandlungsprozeß, in den das notwendige Sachwissen eingeht, in dem Normen und Gesetze beachtet und soziale Interessen und Werte in fairer und repräsentativer Weise eingebunden werden und in dem eine Integration sachlicher, emotionaler und normativer Aussagen zustandekommen kann, eröffnet neue Perspektiven für die Lösung von Interessenkonflikten, die im Umfeld umweltrelevanter Entscheidungen auftreten. Dialogbereitschaft, Lernprozesse und Kompromißfähigkeit stehen im Mittelpunkt dieser diskursiven Verfahren.

Partizipative Instrumente, die Handlungs- und Umsetzungsmöglichkeiten für Bürger bieten, lassen sich gut mit planungsorientierten Politikmaßnahmen kombinieren. Die Stärkung der partizipatorischen Elemente unterstreicht die Wirkung des vorsorgenden und planenden Schutzes der natürlichen Umwelt. Ein wichtiges Einsatzfeld für Verfahren des Runden Tisches und dessen Weiterentwicklungen stellen in jedem Fall jene Umweltbereiche dar, bei denen es um konkurrierende Nutzungsansprüche und die Übernutzung von Ressourcen geht. Erfahrungen mit der Allmende-Problematik zeigen, daß zwei Wege aus der Freifahrer-Falle herausführen können: Eigentumsrechte schaffen oder eine Kommunikationsgemeinschaft bilden, in der gemeinsame Werte und Normen gelebt werden. Solche Kommunikationsgemeinschaften bleiben häufig nicht stabil, es sei denn ein starker Glauben (etwa Klöster) oder eine starke Überzeugung (ökologische Wohngemeinschaften) hält sie über Zeit zusammen. Sie sind aber vor allem dann empfehlenswert, wenn Eigentumslösungen nicht infrage kommen und staatliche Instrumente der Regulation vermieden werden sollen.

Partizipative Instrumente haben natürlich auch ihre Grenzen: Ähnlich wie bei den Steuern und Abgaben läßt sich im voraus die Effektivität der jeweiligen Maßnahmen nicht abschätzen. Auch die Effizienz ist nicht immer gegeben, vor allem dann, wenn diese Verfahren zeitlich unbegrenzt zu reinen „Debattierclubs“ verkommen. Dagegen sind sie sowohl mit der politischen Kultur in Deutschland als auch mit den meisten Problemanforderungen kompatibel. Meist stoßen sie auch auf eine positive Akzeptanz.

Sie sind also überall dort anwendbar, wo eine direkte Schädigung wichtiger Umweltfunktionen nicht zu befürchten und keine Eile geboten ist, Eingriffe aber mit Wertschätzungen verbunden sind. Auch wenn die am Diskurs Beteiligten Lösungen finden, die von allen verbindlich getragen werden können, muß sich jedoch die Politik nicht an die erarbeiteten Empfehlungen halten.

Der Erfolg einer kooperativen Politik im Rahmen freiwilliger Verpflichtungen hängt nicht nur von der Glaubwürdigkeit und Nachvollziehbarkeit der eingegangenen Verpflichtungen ab. Eine große Rolle spielt hier, welche Seite der Verhandlungspartner tatsächlich ihre Interessen durchsetzen kann. Man kann davon ausgehen, daß die Wirtschaft sich vor allem dann auf freiwillige Vereinbarungen einläßt, wenn sie davon ausgehen kann, daß die Auswirkungen für sie weniger konstenintensiv und nachteilig ausfallen als im Fall einer regulativen staatlichen Maßnahme. Aus diesem Grunde birgt dieses Instrument die Gefahr, daß sich unter Umständen eine hemmende und verzögernde Wirkung in bezug auf bestimmte Nachhaltigkeitsziele ergeben kann[54]. Tiefgreifende Reformen und Veränderungen, die über ohnehin schon absehbare Entwicklungen hinausgehen, werden durch freiwillige Selbstverpflichtung und Kooperation aller Voraussicht nach eher nicht erreicht[55]. Weiterhin ist problematisch, daß bei diesen Verhandlungslösungen Dritte, die gleichermaßen betroffen sind, ausgeschlossen bleiben. Diese Gefahr besteht bei jeder Art von Rundem Tisch.

Fünfte Instrumentengruppe: Informativ-erzieherische Instrumente

Auch wenn ein verschärftes Umweltbewußtsein noch nicht Auslöser für umweltgerechtes Handeln ist, so haben Umweltaufklärung und Information ihre Berechtigung als wichtige Stützen einer Politik, welche die Verwirklichung von Nachhaltigkeit anstrebt. Insbesondere wenn die Wahrnehmbarkeit von Belastungen nicht gegeben ist, kann das Bildungsniveau in bezug auf die Umweltproblematik großen Einfluß auf die Bereitschaft der Menschen, etwas ändern zu wollen, ausüben. Alle Maßnahmen, ob sie nun mit Anreizsystemen arbeiten oder mit Hilfe des Ordnungsrechts durchgreifen, müssen im politischen Raum verabschiedet werden. Politische Maßnahmen, die bei den Bürgern zu schwerwiegenden Verhaltensänderungen führen sollen, sind letztlich nicht über die Mehrzahl der Köpfe der Bürger hinweg möglich. Die Fähigkeit der Menschen, tiefgreifende Änderungen mitzutragen und zu bewältigen, hat ihre Grenzen[56]. Verbessertes Umweltwissen kann die Akzeptanz gegenüber umweltpolitischen Maßnahmen erhöhen. Umwelterziehung und -aufklärung haben trotz der fehlenden direkten Schlagkraft zweifellos einen gewissen vorbeugenden Charakter. Ein

Verhalten, das von Verantwortungsbewußtsein und der Einsicht in die Existenz bestehender Grenzen im Umgang mit Natur und Umwelt geprägt ist, kann erlernt werden. Auch in diesem Sinne erfüllen informative Instrumente eine rahmensetzende und flankierende Funktion für eine Umwelt- und Nachhaltigkeitspolitik.

Informative Instrumente sind also in bezug auf ihre Effektivität kaum abzuschätzen. Sie stimmen die Betroffenen in der Regel auf weiterführende Instrumente ein, die eher auf effektive Wirkungen hin ausgerichtet sind. Auch über die Effizienz kann man kaum allgemeine Aussagen machen. Manche Informationskampagnen sind außerordentlich mittelintensiv, ohne daß sie sich im Bewußtsein oder im Verhalten der informierten Bevölkerung niederschlagen. Umgekehrt können auch Informations- und Bildungsprogramme mit geringem Etat große Wirkungen erzielen. Zweifellos sind informative Instrumente aber wegen ihrer Flexibilität und ihres Freiwilligkeitscharakters mit rechtlichen und situativen Anforderungen kompatibel und stoßen bei der Mehrheit der angesprochenen Menschen auf positive Akzeptanz.

Umweltorientierte Informations- und Bewertungsinstrumente auf Unternehmensebene haben die Aufgabe, Schwachstellen in bezug auf die Belastung von Umwelt und Natur in Unternehmen aufzuzeigen und Vergleiche zwischen Produkten und Produktionsverfahren zu ermöglichen. Damit können sie dem umweltbewußten Käufer eine Orientierungshilfe sein, wenn dieser seine Kaufenscheidung über das Preis-Leistungsverhältnis hinaus auch verstärkt an ökologischen Kriterien ausrichten möchte. Dies gilt insbesondere dann, wenn die Umweltprüfung mit der Vergabe eines Zertifikats oder Labels verbunden ist, das dem Verbraucher signalisiert, wie ein Produkt oder eine Produktionsstätte hinsichtlich der Nachhaltigkeit eingestuft werden kann. Der Käufer entscheidet über den Erfolg auf dem Markt. Hersteller von Produkten, die in Regalen und Lägern zurückbleiben, können letztlich keinen wirtschaftlichen Erfolg haben. Immer mehr Kunden schauen mittlerweile nicht nur auf das Produkt und seine Verpackung, sondern auch auf die angesendeten Produktionsverfahren und die Umweltorientierung in den Unternehmen.

Betriebsinterne Umweltprüfungen helfen Unternehmen ihre eigenen Umweltziele zu setzen und anzustreben. In den meisten Fällen, in denen Firmen sich derartigen Verfahren unterziehen, können Erträge verbessert und Kosten eingespart werden. Die Prüfungen alleine haben natürlich keine direkten Auswirkungen auf den Zustand von Natur und Umwelt, sondern sind als eine Art Bestandsaufnahme zu sehen. Die gezielte Analyse im Rahmen der Anwendung dieser Instrumente kann wichtige Ansatzpunkte für die

Das Umweltzeichen „Blauer Engel" wurde vor 20 Jahren von den zuständigen Ministerien des Bundes und der Länder geschaffen. Es kennzeichnet heute 4500 umweltfreundliche Produkte. Eine unabhängige Jury entscheidet über die Vergabe.

Verminderung von Emissionen und Abfällen bieten und helfen, Risiken zu vermeiden. Als wichtige Grundlage für zukünftige Entscheidungen in den Unternehmen sind sie deshalb ein wichtiger Bestandteil der Unternehmenspolitik im Rahmen einer zukunftsgerichteten Nachhaltigkeitsstrategie. Umweltprüfungen in Unternehmen sind auch ein Instrument zur Imagepflege. Auch bei diesen Instrumenten sind Effektivität und Effizienz schwer zu beurteilen. Denn Umweltmanagementsysteme sind eher als Wegbereiter oder Kontrolle für den Einsatz anderer Instrumente zu sehen, die dann mit größerer Kompatibilität und Akzeptanz eingesetzt werden können.

Allen informativen Instrumenten ist gemeinsam, daß sie den Freiheitsspielraum der Individuen kaum einschränken. Sie sind als Angebote zu sehen, die man annehmen kann, aber in der Regel nicht annehmen muß. Information und Aufklärung müssen nicht unbedingt von staatlicher Hand ausgehen, sondern können auch privatwirtschaftlich organisiert sein. Bei den Informations- und Bewertungsinstrumenten besteht die Rolle der öffentlichen Hand darin, Grundsätze und Vorgehensschritte bei Bedarf gesetzlich zu verankern und zur Vereinheitlichung der Verfahren beizutragen.

Fassen wir zusammen: Verhaltensumstellungen, die für die Erreichung von Nachhaltigkeit unverzichtbar sind und die sowohl auf individueller als auf gesellschaftlicher Ebene stattfinden müssen, können auf sehr unterschiedliche Weise motiviert und vollzogen werden. Regulative, planerische, anreizorientierte, partizipative und informativ-erzieherische Instrumente setzen bei verschiedenen Einflußfaktoren für Umweltverhalten an und können dazu führen, daß Strategien für einen Kurswechsel auch tatsächlich Anwendung finden. Für den Mitteleinsatz im Rahmen einer Nachhaltigkeits- und Umweltpolitik sind die Art des jeweils betrachteten Problems und die herrschenden Rahmenbedingungen entscheidend. Die Verschiedenheit der auftretenden Probleme erfordert einen differenzierten Einsatz der hier beschriebenen Instrumente. Ökologische, wirtschaftliche und politische Aspekte müssen miteinander kombiniert werden. Dabei sollten auch wichtige regionale Unterschiede in eine umfassende und aussagekräftige Analyse eingehen. Ratschläge für die Anwendung der einzelnen Instrumente lassen sich nicht pauschal formulieren. Es ist also müßig darüber zu streiten, ob Umweltsteuern prinzipiell der Auflagenpolitik oder den partizipativen Instrumenten überlegen oder unterlegen sind. Welches Instrument besser oder wirkungsvoller ist als andere, kann über alle Felder der umweltorientierten Nachhaltigkeitspolitik nicht pauschal festgelegt werden. Nur eine Mischung aus verschiedenen Instrumenten wird letztlich dazu führen, daß die Ziele der Nachhaltigkeit erreicht werden können. Die Wahl jeder Maßnahme, jeder Strategie bringt spezifische Vor- und Nachteile mit sich, die abgewogen werden müssen. Entscheidend für die Auswahl des richtigen Instruments ist auch die jeweilige politische Ebene, auf der bestimmte Nachhaltigkeitsziele erreicht werden sollen (vgl. Kapitel 7).

Der Einsatz neuer und auch ungewohnter Instrumente und Maßnahmen erfordert in vielen Bereichen Mut zur Reform. Die Umsetzung des Konzeptes einer nachhaltigen Entwicklung in konkrete Politikstrategien verlangt, daß neue Wege eingeschlagen werden. Dies schließt den Übergang von einer reaktiven und regulativen Umweltpolitik zu ursachenorientierten und flexiblen Ansätzen in der Umweltpolitik ein. Das bedeutet konkret: weniger Auflagen in Form von Ge- und Verboten und größerer Einsatz von Instrumenten, die anreizorientiert, freiheitsfördernd oder verstärkend im Bereich der Partizipation sind.

Eine Ethik, die die Umwelt und die Belange der künftigen Generationen stark einbezieht, muß auch faktisch gelebt werden. Das bedeutet, daß die Gesellschaft zugunsten künftiger Generationen Anreize setzen muß, damit Handlungen und Tätigkeiten im privaten, industriellen und öffentlichen Bereich nach den Kriterien einer nachhaltigen Entwicklung ausgerichtet werden. Diese Bereitschaft kann weder durch den Markt noch durch irgendein anderes Lenkungssystem erzeugt werden. Es muß aus einer inneren Überzeugung der heutigen Menschen wachsen. Dazu sind zwei Dinge notwendig: zum einen muß den Menschen der Zusammenhang zwischen Konsum, Lebensweise, Risikobereitschaft und Naturnutzung verdeutlicht werden, zum anderen muß es zu einer kulturellen Neuorientierung kommen, in der ressourcen- und naturschonendes Verhalten sozial belohnt wird.

7. Der geeignete Bezugsraum für die Realisierung von Nachhaltigkeit

7.1 Nachhaltige Entwicklung im Spannungsfeld zwischen globalen und regionalen Beziehungen und Problemstellungen

Nicht alle Überzeugten, die einen Berg besteigen möchten, reisen zwangsläufig zur gleichen Zeit an und wählen eine identische Route aus. Jede Gruppe entscheidet selbst, wann sie losgehen möchte, was sie sich zumuten kann und welche Ausrüstung sie mitnehmen will. Dies gilt auch für den Weg zur Nachhaltigkeit. Zweifellos macht das Konzept der Nachhaltigkeit aber nur Sinn, wenn es weltweit Geltung hat. Wenn sich nur wenige Nationen am Leitbild der Nachhaltigkeit orientieren und alle anderen so weitermachen wie bisher, dann käme für eine globale nachhaltige Entwicklung wenig heraus. Denn es ist ja das Ziel einer nachhaltigen Entwicklung, allen Menschen die Chance für ein lebenswertes Leben offenzuhalten. Nichts ist leichter als auf Kosten der anderen die eigenen Ressourcen zu schonen und sich an den nicht-nachhaltigen Produkten der anderen schadlos zu halten und dabei die eigene Umwelt zu entlasten. Gleichzeitig haben unsere bisherigen Ausführungen aber auch deutlich gemacht, daß es kaum möglich ist, allgemeingültige Aussagen über den Weg zur Nachhaltigkeit unabhängig von der Ausgangslage und damit der Ausgangsregion zu machen. Während wir in Deutschland darüber nachdenken müssen, wie wir vom hohen Konsumroß wieder herunterkommen und den hohen Material- und Naturverbrauch pro Kopf der Bevölkerung eindämmen können, ist für die Bewohner von Pakistan oder Tansania die Frage nach der weiteren Entwicklungsfähigkeit ihrer Wirtschaft vorrangiges Ziel. Läßt sich auch das globale Ziel, den Gipfel der Nachhaltigkeit zu erreichen, als Leitbild für alle Nationen verbindlich machen, so muß der Weg dorthin je nach Land oder Region unterschiedlich ausfallen.

Abbildung 7.1: Zunehmende Vernetzung der Weltwirtschaft

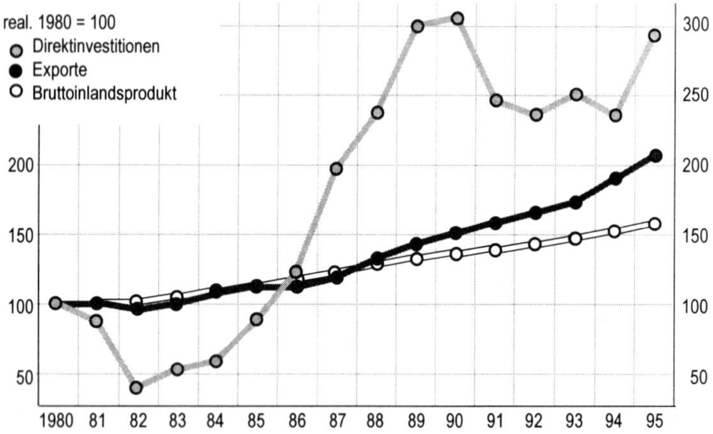

Quelle: Informationsdienst des Instituts der deutschen Wirtschaft Köln (1996), Jg. 22, Nr. 42, S. 5.

Die praktische Umsetzung einer Politik, die Nachhaltigkeit anstrebt, muß an den jeweils herrschenden realen Bedingungen ansetzen. Unterschiedliche Ausgangssituationen in bezug auf wirtschaftlichen Entwicklungsstand, Bildungsstand, Bevölkerungsdichte, Umweltbedingungen und naturräumliche Verhältnisse sowie kulturelles Selbstverständnis und Präferenzen der Bevölkerung verlangen unterschiedliche Maßnahmen[1]. Welches aber ist der geeignete Bezugsraum für die Umsetzung von Nachhaltigkeit? Woher kann der Anstoß für die Umgestaltung der Arbeits- und Lebensweise kommen? Kann sich auf globaler Ebene etwas bewegen, wenn nicht gleichzeitig auf nationaler, regionaler und lokaler Ebene mit der Umsetzung des Nachhaltigkeitskonzeptes begonnen wird?

Der Mensch lebt heute in einem Zeitalter, das durch Verflechtungen, gegenseitige Abhängigkeiten und Wechselwirkungen zwischen Regionen, Nationen und Kontinenten geprägt ist. Globalisierung ist das Schlagwort, mit dem die Entwicklung zu einem eng verflochtenen Beziehungsgefüge von wirtschaftlichen, sozialen und kulturellen Bindungen und Verbindungen quer über den Globus zusammengefaßt wird. Die Intensivierung der weltweiten Beziehungen betrifft zunächst den Bereich der Wirtschafts- und Handelsbeziehungen: Der weltweite kontinuierliche Fall von Handelsschranken in der zweiten Hälfte dieses Jahrhunderts hat in allen Staaten zum Ex- und Importboom von Gütern geführt. Nach Angaben der Welthandelsorganisation werden heute weltweit 16mal so viele Waren gehandelt wie im

Jahr 1950[2]. Zwischen 1980 und 1995 sind nicht nur die weltweiten Exporte an Waren und Dienstleistungen um ein Drittel stärker gewachsen als das Weltsozialprodukt, sondern auch die Investitionstätigkeiten der Unternehmen im Ausland (Direktinvestitionen) haben doppelt so stark zugelegt wie die globale Wertschöpfung[3].

In unseren Warenhäusern finden wir kaum noch ein Produkt, dem nicht eine mehrsprachige Gebrauchsanweisung beiliegt. Auch Technologien, Informationen und Ideen überwinden zunehmend Staatsgrenzen. Multinationale Firmen operieren weltweit. Das alte Markenzeichen „Made in Germany" gilt strenggenommen selbst für die „urdeutschen" Produkte nicht mehr. Ein „deutsches" Auto besteht heute aus Einzelteilen, die in mehr als 30 Ländern entworfen und angefertigt wurden. Eigentlich müßten wir diese neuen Produkte mit dem Etikett versehen „Made in everywhere"! Mindestens eine Fremdsprache zu beherrschen, gehört in vielen Berufen längst zur Grundausstattung. Neue Techniken eröffneten zudem neue Wege der Kommunikation und machen es mittlerweile möglich, sich in kürzester Zeit über Kontinente hinweg auszutauschen. Die Medien vermitteln heute Wissen und kulturelle Eindrücke aus jeder fremden Welt.

Abbildung 7.2: Telefon, Fernsehen und PC (Telefonhauptanschlüsse und Gerätedichte je 100 Einwohner im Jahr 1994)

	Telefondichte	TV-Dichte	PC-Dichte
USA	59,5	79	29,7
Deutschland	48,3	55	14,4
Hongkong	54,0	36	11,3
Tschechische Republik	20,9	39	3,6
Portugal	35,0	25	5,0
Argentinien	14,1	38	1,7
Südafrika	9,5	10	2,2
VR China	2,3	23	0,2
Philippinen	1,7	12	0,6
Indien	1,1	5	0,1
Industrieländer	52,3	63	18,7
Entwicklungsländer	5,2	18	0,7
Gesamt	14,5	27	4,3

Quelle: Stiftung Entwicklung und Frieden (1997): Globale Trends 1998. Fakten, Analysen, Prognosen. Bonn, S. 383.

Weil internationale Mobilität gefragt ist, wächst der Personenverkehr. Jedes Jahr werden nach Auskunft des Umweltbundesamtes allein in Deutschland 90 Millionen Fluggäste abgefertigt[4]. Es ist heute fast selbstverständlich geworden, seine Sommerferien drei- bis viertausend Kilometer vom eigenen Wohnort entfernt zu verbringen. Während Goethe für seine Italienreise, die er mit großer Sorgfalt vorbereitete, fast zwei Jahre benötigte, kann man heute Florenz oder Rom kurz einmal am Wochenende aufsuchen. Alles ist in erreichbare Nähe gerückt. Entfernungen erscheinen dem heute lebenden Menschen bestenfalls als ein Hindernis, aber nicht mehr als eine zeitraubende Barriere im Ausleben der eigenen Mobilität (vgl. hierzu auch Abbildung 7.3). Für den einzelnen hat sich der erfahrbare Horizont dadurch in vielerlei Hinsicht erweitert, alle sind Zeugen des Zeitgeschehens, wo auch immer sich dieses auf der Welt abspielen mag.

Abbildung 7.3: Städtische Verkehrsmittel und mittlere Reisegeschwindigkeit

Verkehrsmittel	Mittlere Reisegeschwindigkeit in km/h
Fußgänger	5
Pferdedroschke	8
Straßenbahn / Bus	15
Pkw	25
S-Bahn	40
Telekommunikationsmittel	unendlich

Quelle: Vogt, W. (1997): Die Veränderung von Stadt mit und durch Verkehr. In: Hermann M./M. Steierwald (Hrsg.): Mobilität und Urbanität – Die Stadt und ihr Verkehr. Arbeitsbericht Nr. 65 der Akademie für Technikfolgenabschätzung in Baden-Württemberg, S. 1.1-1.24, Stuttgart, S. 1.22.

Kritiker dieser Entwicklung verbinden jedoch mit dieser Erweiterung des eigenen Horizonts die Gefahr einer Verflachung. Die stetige Präsenz des Weltgeschehens in der Berichterstattung der Medien stumpft die Zuschauer ab gegenüber dem Leid, das tagtäglich am Fernsehen vorgeführt wird. Reisende im Jetset-Fieber suchen nur noch den exotischen Anstrich, wenn sie in die Ferne reisen, ohne sich wirklich für das kulturelle Selbstverständnis einer Gesellschaft zu interessieren. Der Reiz, sich auf das Neue einzulassen und in einer anderen, fremden Kultur die eigenen „Selbstverständlichkeiten" zu überdenken, bleiben angesichts der Herausbildung touristischer Kolonien, die genau das reproduzieren, was man sich als Klischee vom Gastland erwartet, oftmals auf der Strecke.

In dieser sehr komplexen und ambivalenten Wirklichkeit, in der die Menschheit heute lebt und über die der einzelne oftmals keinen Überblick mehr hat, treten natürlich auch viele Probleme auf, die grenzüberschreitend sind und sogar den ganzen Globus berühren können. Dazu gehören viele der heutigen Umweltprobleme. Umweltgüter, wie zum Beispiel Rohstoffe, werden weltweit gehandelt. Schadstoffe wirken über die Medien Wasser und Luft über Landesgrenzen hinaus. Genauso verworren, wie die Pfade vom Rohstoff bis zum fertigen Produkt sein können, weil zahlreiche Lieferanten und Fabrikanten in verschiedenen Ländern oder sogar auf unterschiedlichen Erdteilen an der Entstehung beteiligt sind, können die Wege von umweltbeeinflussenden und zerstörenden Maßnahmen bzw. Nebenwirkungen sein. Wer sich im Möbelhaus um die Ecke ein neues Möbelstück zulegt, würde es kaum schaffen, den Produktionsweg bis hin zum Rohmaterial in Form von Holz, Metall und Baumwolle etc. zurückzuverfolgen. Das gilt bei fast allen Gütern des täglichen Gebrauchs und natürlich auch bei Maschinen und anderen Produktionsmitteln. Nicht anders verhält es sich mit der Belastung der Umwelt: Es ist meist nicht möglich nachzuverfolgen, wo und in welchem Maße sich bestimmte schädliche Emissionen von Schadstoffen auswirken und von wem und womit diese verursacht wurden.

Die Ursache-Wirkungszusammenhänge von menschlichen Eingriffen und Auswirkungen auf die Umwelt sind kompliziert und bewegen sich in einem Spannungsfeld zwischen Regionalität und Globalität. Die den Umweltbeeinträchtigungen ursächlich zugrundeliegenden Aktivitäten sind in der Regel lokal: ein Produzent oder ein Konsument setzt durch sein Verhalten Umweltschadstoffe frei oder verbraucht Ressourcen und Energie. Häufig stammen die verbrauchten Ressourcen aus anderen Ländern oder Regionen, und die Belastungen der Umwelt treffen Menschen, die außerhalb der Region leben. In vielen Fällen werden aber die Umweltbelastungen auch genau dort wirksam, wo sie entstehen. Auch viele von den Menschen beanspruchte Umweltressourcen kommen aus der jeweils eigenen Region. So ist beispielsweise die Knappheit der Ressource Wasser als Trinkwasser in vielen Ländern der Welt ein überwiegend regionales Problem, das allerdings an vielen Stellen gleichzeitig auftritt[5]. Solange nicht großflächig mit Wasser Handel betrieben wird, muß dieses Problem auch regional gelöst werden. Anders sieht es bei den sogenannten Treibhausgasen aus. Der Ausstoß von Kohlendioxid oder anderer treibhausgasrelevanter Stoffe in einer Region hat so gut wie keinen Einfluß auf das regionale Klima, sondern trägt nur im Zusammenhang mit allen übrigen Emissionen von Kohlendioxid zur Veränderung des weltweiten Klimas bei, das sich dann natürlich auch auf die eigene Region auswirken wird.

Von der regionalen über die transnationale bis zur globalen Verbreitung der Auswirkungen menschlicher Eingriffe tritt die Frage nach den Steuerungsmöglichkeiten auf, um diese Auswirkungen zu begrenzen oder sogar zu vermeiden. Einige globale Auswirkungen erfordern nationales oder regionales Handeln, während einige regionale Auswirkungen die konzentrierte Kraft der gesamten Staatengemeinschaft erfordert. Es kommt also nicht nur darauf an, die Konsequenzen des Handelns auf ihren grenzüberschreitenden Charakter zu untersuchen. Es ist auch zu durchleuchten, auf welcher Politikebene bestimmte Entwicklungen beeinflußt werden können.

Im folgenden werden wir uns mit der Fragestellung der geeigneten Steuerungsebene beschäftigen. Dabei sollen einige wichtige Argumente für oder gegen die verschiedenen Eingriffsebenen (lokal, regional, national, international) aufgeführt werden. Offenkundig sind alle diese Ebenen bedeutsam. Es macht keinen Sinn, die eine gegen die andere auszuspielen. Eine zu kleinräumige Betrachtungsweise führt leicht in die Irre, weil einzelne Staaten oder noch kleinere abgegrenzte Einheiten sich der beschriebenen wirtschaftlichen, sozialen und ökologischen Verflechtungen nach außen kaum entziehen können. Eine zu großräumige Betrachtungsweise bis hin zur globalen Ebene verkennt dagegen unterschiedliche Ausgangslagen, die weltweit aber auch innerhalb der verschiedenen Staaten existieren. Aus ökologischer Sicht wären zum Beispiel die in Deutschland praktizierten Formen einer nachhaltigen Waldbewirtschaftung für die Bewirtschaftung tropischer Regenwälder ungeeignet. Die Bedeutung unterschiedlicher sozialer und wirtschaftlicher Ausgangsbedingungen haben wir in Kapitel 3 bereits thematisiert. Pauschalisierungen für die Umsetzung von Nachhaltigkeit können zu falschen Rückschlüssen führen.

In der Literatur zur Nachhaltigkeit gibt es oft keine klaren Abgrenzungen zwischen den räumlichen Ebenen, auf die Analysen und Lösungsansätze bezogen werden. Wenig Probleme bereiten in dieser Hinsicht die Begriffe „global“ und „national“. Eine globale Analyse bezieht sich auf die Welt als Ganzes, eine nationale Analyse auf ein Staatsgebiet (politische Abgrenzung). Dagegen bereiten die Begriffe „regional“ oder „lokal“ größere Probleme, weil sie in unterschiedlicher Weise benutzt werden. Einmal steht regional für einen mehrere Länder umfassenden Raum, der sich geographisch oder wirtschaftlich definiert (etwa die Region Südostasien oder Lateinamerika). Ein anderes Mal bezeichnet regional dagegen einen kleinflächigeren Naturraum mit ähnlicher biologischer Ausstattung (etwa die Lüneburger Heide oder die Alpen). Auch kulturelle Kriterien können ausschlaggebend für die Kennzeichnung einer Region sein. Sprache, Traditionen und Brauchtum sind Unterscheidungsmerkmal für Regionen im kulturellen Sinne. Eine andere Art der Abgrenzung von Regionen findet über die Erfassung von Größen statt, die besonders eng miteinander verflochten sind. Die Vernetzung bestimmter Industrien durch Lieferbeziehungen wäre ein derart funktionales Kriterium für die Regionenbildung. Darüber hinaus können institutionelle Bindungen, wie die Zugehörigkeit in bestimmte Tarifbezirke oder die Bildung einer politischen Einheit wie Bundesland oder Landkreis, Kriterien für die Grenzziehung zwischen Regionen sein[6]. Politische, verwaltungsrechtliche, naturräumliche, kulturelle und andere systematische Trennungslinien verlaufen in den seltesten Fällen parallel. So stellt zum Beispiel die Region Nordschwarzwald naturräumlich ein Mittelgebirge mit überwiegender Nadelbaumbepflanzung dar, kann als badisch-bäuerliche Kultur mit langjähiger Touristen- und Heilkurtradition definiert werden und ist politisch als Zusammenschluß dreier Landkreise und der Stadt Pforzheim zu verstehen. In all diesen Fällen mag zwar die Kernfläche identisch sein, aber die Grenzen sind jeweils anders gezogen. Ähnliche Beispiele könnte man auch für den Begriff „lokal“ anführen.

Da wir hier vor allem an Handlungsmöglichkeiten und Umsetzungsstrategien interessiert sind, wollen wir die noch offenen Begriffe zur räumlichen Festlegung überwiegend nach politischen bzw. wirtschaftlichen Kriterien definieren. Es geht uns vor allem um Zuständigkeiten für Entscheidungen und da bieten sich politisch abgegrenzte Räume als Analyseeinheit an (vgl. Abbildung 7.4).

Abbildung 7.4: Drei Ebenen der Umsetzung einer Nachhaltigkeitspolitik

Dementsprechend unterscheiden wir unterhalb der globalen bzw. internationalen Ebene zunächst einen Raum, der durch den politischen Zusammenschluß souveräner Nationalstaaten zu einer größeren politischen oder wirtschaftlichen Einheit begrenzt wird. Beispiel hierfür sind die Europäische Union (EU), die Nordamerikanische Freihandelszone (NAFTA), der Verband Südostasiatischer Staaten (ASEAN) oder die Organisation Afrikanischer Staaten (OAS). Diese Ebene bezeichnen wir als *Ebene der Staatengemeinschaften.* Region bezeichnen wir einen Raum unterhalb der Größe eines Nationalstaates mit einer eigenen politischen oder wirtschaftlichen Hoheit. Als Regionen kommen Kreise, Bundesländer, Regierungsbezirke, aber auch zusammenhängende transnationale Flächen, wie etwa die Euregio Region um Aachen und Maastricht infrage. In den im zweiten Teil des Buches vorgestellten Projekten zur Umsetzung der Nachhaltigkeit wird das Bundesland Baden-Württemberg als regionaler Bezugsraum ausgewählt. Dies kann man damit begründen, daß sowohl in politischer, aber auch in wirtschaftlicher, naturräumlicher sowie kultureller Hinsicht zumindest eine relative Homogenität bzw. eine erkennbare Verflechtungsstruktur feststellbar ist.

Analog zur Festlegung des Begriffes Region gehen wir auch von einer politischen Begriffsbestimmung des Lokalen aus. Die lokale Ebene umfaßt den Raum einer Gemeinde, einer Stadt oder auch eines verwaltungstechnisch abgegrenzten Stadtteils. Entscheidend bleibt, daß in der gewählten räumlichen Ebene Steuerungsfähigkeit im Sinne von wirtschaftlicher und politischer Entscheidungshoheit besteht.

7.2 Die globale und internationale Ebene

Viele Analytiker ordnen das Konzept einer nachhaltigen Entwicklung automatisch der globalen bzw. internationalen Ebene zu. Oftmals wird dabei argumentiert, daß Alleingänge einzelner Staaten oder Regionen weder praktikabel noch sinnvoll seien. Treibhausgase, die zur Klimaveränderung beitragen, Fluorkohlenwasserstoffe, die den schützenden Ozonmantel in der Stratosphäre zerstören können, oder die weltweite Verschmutzung der Meere sind alles Umweltbelastungen, die im Prinzip alle Menschen auf der Welt treffen. Insofern haben die Anhänger globaler Umweltpolitik ein gutes Argument, da jeder Staat sowohl Verursacher der Belastungen als auch Betroffener der Folgen ist. Insofern ist es nur folgerichtig, daß auch alle an den Begrenzungen der Emissionen mitwirken und dafür verantwortlich sein sollen. Internationale Lösungen sind bei globalen Problemen deshalb anzustreben, weil die negativen Auswirkungen nur dann sinnvoll vermieden werden können, wenn alle gemeinsam am gleichen Strang ziehen. Bei der Schädigung globaler Güter durch die Aktivitäten vieler Länder und bei grenzüberschreitenden Schadstoffströmen kann deshalb nur eine Vermeidungspolitik mit großer räumlicher Wirkungsbreite wirklich effektiv sein.

Wenn man sich die globalen Umweltprobleme näher ansieht, dann sind hier weitere Differenzierungen notwendig. Dies läßt sich anschaulich am

Beispiel der Kohlendioxidbelastung aufzeigen. Die Problematik der Klimaveränderung durch die Emission von Treibhausgasen und insbesondere Kohlendioxid ist ein typisches globales Problem, dessen Lösung idealerweise internationale Kooperation voraussetzt. Der Anstieg der Konzentration von Kohlendioxid in der Atmosphäre, der hauptsächlich auf die Verbrennung fossilen Kohlenstoffs, die Abholzung der Wälder und bestimmte landwirtschaftliche Praktiken (etwa Naßanbau von Reis) zurückzuführen ist, wird aller Voraussicht nach zu einer globalen Erwärmung führen. Die Verursacher dieses Problems leben auf allen Kontinenten dieser Erde. Vom Durchschnittsbürger der Industriegesellschaft, der einen Mittelklassewagen fährt und seine Wohnung mit einer Ölheizung heizt, bis hin zum Mitglied einer Gesellschaft auf dem afrikanischen Kontinent, das seine Existenz durch Brandrodung von tropischem Regenwald sichert, ist jeder Erdenbürger, sei es nun als Konsument oder auch als Produzent in irgendeiner Weise an der Verursachung dieses Problems beteiligt. Die Gewichte sind allerdings un-

Abbildung 7.5: Energiebedingte Emissionen von Kohlendioxid

	1990 (in Mio. t)	1994 (in Mio. t)	Tendenz 1990/1994	Anteil an weltweiter Emission 1994 (in %)	Emission pro Einwohner (in t)
OECD[7]	10.431	10.800	steigend	50,77	11,1
Deutschland	983	888	fallend	4,17	10,9
Frankreich	379	348	fallend	1,64	6,0
Großbritannien	584	563	fallend	2,65	9,7
Japan	1.068	1.142	steigend	5,37	9,1
USA	4.895	5.160	steigend	24,26	19,8
Afrika	621	684	steigend	3,22	1,0
Asien (ohne Volksrepublik China, ehem. Sowjetunion und Japan)	1.620	2.051	steigend	9,64	1,2
Volksrepublik China	2.374	2.835	steigend	13,33	2,4
ehem. Sowjetunion	3.668	2.489	fallend	11,70	8,5
Lateinamerika	660	771	steigend	3,62	2,0
Mittlerer Osten	654	823	steigend	3,87	5,4
Welt	**20.833**	**21.271**	**steigend**	**100,00**	**3,8**

Quelle: Umweltbundesamt (1997a): Daten zur Umwelt. Der Zustand der Umwelt in Deutschland. Ausgabe 1997. Berlin, S. 100.

terschiedlich verteilt. So emittierten bei den energiebedingten Emissionen des Treibhausgases Kohlendioxid 1994 die Staaten der Organisation für wirtschaftliche Zusammenarbeit und Entwicklung (OECD) mit 10800 Millionen Tonnen fast die Hälfte der weltweit emittierten Menge. Im Vergleich dazu trugen zahlreiche Entwicklungsländer in Afrika, Asien, China, Lateinamerika und im Mittleren Osten mit ca. 7000 Millionen Tonnen pro Jahr nur knapp ein Drittel zum weltweiten Ausstoß von Kohlendioxid bei (vgl. Abbildung 7.5).

Dementsprechend wäre es sicher unfair, alle Menschen in gleicher Weise an der Finanzierung der notwendigen Begrenzung der Kohlendioxidemissionen zu beteiligen oder für alle Länder gleiche prozentuale Reduktionsziele aufzustellen. Dieser Tatsache kann man aber durchaus im Rahmen internationaler Vereinbarungen Rechnung tragen, indem man unterschiedliche Reduktionsziele für die einzelnen Staaten vorsieht.

In den internationalen Klimaverhandlungen werden beispielsweise unterschiedliche Anforderungen für eine Reduktion der Kohlendioxidemissionen proportional zur Höhe des durchschnittlichen Ausstoßes pro Kopf oder des gesamten Ausstoßes pro Land diskutiert. Dabei wird den Entwicklungsländern sogar noch eine moderate Steigerung der Treibhausemissionen zugebilligt, da sie diese zur Verwirklichung ihrer Entwicklungsziele benötigen. Je differenzierter aber die Anforderungen an die einzelnen Emittenten sind und je unterschiedlicher die politischen Ziele von Land zu Land variieren, desto schwieriger gestaltet es sich, in den Ländern, die in besonderer Weise zur Einhaltung von Reduktionszielen aufgefordert sind, allgemeine Zustimmung zu finden.

Zur Globalität von Umweltauswirkungen gehört aber noch ein Zweites: Die Tatsache, daß über die gesamte Erdkugel verteilt im Grunde alle Menschen – wenn auch in unterschiedlichem Ausmaß – zum Anstieg der Kohlendioxid-Konzentration beitragen, macht alleine die globale Dimension des Problems noch nicht aus. Wichtig ist, daß auch alle Menschen von den negativen Auswirkungen einer Klimaveränderung betroffen sind und zwar unabhängig davon, ob sie selbst oder andere zur Erzeugung der Emissionen beitragen. Dabei ist der Betroffenheitsgrad durch die negativen Auswirkungen einer Erwärmung von Region zu Region und von Land zu Land verschieden, und zwar unabhängig davon, wieviel Kohlendioxid und andere Treibhausgase jeweils lokal am Ort freigesetzt werden. Insofern ist also internationales bzw. globales Handeln angesagt, weil die Vorteile der umweltpolitischen Maßnahmen nur dann greifen, wenn sich alle an die Vereinbarungen halten.

So sinnvoll eine solche Vereinbarung auch sein mag, sie kommt deshalb selten zustande, weil man auch auf der globalen Ebene dem schon angesprochenen Dilemma des Trittbrettfahrens begegnet. Das rationale Verhalten eines einzelnen Staates kann dazu führen, daß das gemeinsame – hier: internationale – Interesse verletzt wird.

Die Erdatmosphäre, die Antarktis, die Fischbestände in den Weltmeeren etc. stellen ökonomisch gesehen Allmendegüter dar, die gemeinschaftlich genutzt werden (vgl. Kapitel 6). Am Beispiel der Überfischung der Meere wird das Ausmaß der „Tragödie" einsichtig: Der einzelne Fischer oder die einzelne fischende Nation, haben kein Interesse daran, weniger zu fangen, weil Fischerei ein wichtiger wirtschaftlicher Faktor und Existenzgrundlage für viele Menschen ist. Sie stiftet großen individuellen und gesellschaftlichen Nutzen. Da es keinen Besitzer der Weltmeere gibt, der für eine Nutzungserlaubnis Vergütung verlangt, erscheinen die Vorräte aus der Sicht des einzelnen Nutzers nahezu unbegrenzt. Selbst wenn sie als begrenzt wahrgenommen werden, möchte jeder den größtmöglichen Anteil davon für sich beanspruchen. Aufgrund des unabgestimmten Vorgehens und fehlender Verteilung von Quoten können sich die Bestände aber nicht mehr regenerieren. Das kann letztlich zur Ausrottung führen und alle Beteiligten schädigen, weil irgendwann weder der japanische, der spanische noch der kanadische Fischer Fänge machen kann[8].

Abbildung 7.6: Beispiele für globales Handeln:
Stationen der Klima- und Ozonpolitik

Klimapolitik:

Im Bewußtsein, daß bei der Klimapolitik überall und gemeinsam gehandelt werden muß, laufen auf dem internationalen Parkett Bemühungen um eine Konvention zur Klimapolitik. 1992 wurde zum Abschluß des Erdgipfels in Rio als unverbindliches Ziel einer solchen Konvention die Stabilisierung des Ausstoßes von Kohlendioxid und anderen Treibhausgasen bis Ende des Jahrzehnts auf dem Niveau von 1990 angepeilt. Auf dem Weltklimagipfel in Berlin im Jahr 1995 konnten sich die Vertragsstaaten nicht auf konkrete Reduktionsziele einigen, hielten aber an der Abmachung fest, bis zur Folgeveranstaltung 1997 gemeinsam ein Protokoll mit Begrenzungen und Verminderungszielen auszuarbeiten. Die Hauptaufgaben sollten den Industrieländern als Hauptverursacher der Treibhausemissionen zugewiesen werden.

Trotz großem Pessimismus im Vorfeld kam es im Dezember 1997 auf dem folgenden Klimagipfel in Kioto in letzter Minute und nach zähem Ringen zu einer verbindlichen Vereinbarung. Hauptkonfliktpunkt in Kioto war erwartungsgemäß die Frage, wieviel Prozentpunkte an Kohlendioxid-Reduktionen den einzelnen Staaten aufgebürdet werden darf. So bestand etwa die USA als weltweit größter Emittent von Kohlendioxid darauf, eine Reduktionsverpflichtung nur dann einzugehen, wenn auch die Entwicklungsländer ihren Ausstoß begrenzen. Schließlich konnten aber im Endeffekt doch differenzierte Reduktionsziele vereinbart werden, wobei auch nach Kioto die Länder mit geringem Pro-Kopf-Ausstoß ihren Anteil noch leicht vergrößern dürfen. Für Europa, Japan, die USA und die anderen Industriestaaten wurden mit 8, 6 und 7 Prozent feste Reduktionsziele vereinbart, die allerdings weniger einschneidend ausgefallen sind, als Deutschland und die Europäische Union vorgeschlagen hatten. Nach Ratifizierung durch die Parlamente der entsprechenden Länder werden diese ausgehandelten Richtlinien zu verbindlichen Verpflichtungen. Trotz unterschiedlicher Interessenlage der teilnehmenden Staaten ist es also gelungen, in einem ersten Schritt das Allmende-Dilemma zu überwinden und zu einem globalen Reduktionsprogramm zusammenzufinden. In Ergänzung zum globalen Programm bleiben weiterhin eine Reihe von nationalen Selbstverpflichtungen in Kraft, um den Ausstoß an Kohlendioxid zu verringern. Deutschland ist dabei mit dem Versprechen, bis zum Jahre 2002 rund 25 Prozent des Kohlendioxid-Ausstoßes im Vergleich zu 1990 einzusparen, besonders weit hervorgeprescht. Trotz dieser positiven Signale in Richtung auf mehr globalen Klimaschutz ist das Ergebnis der internationalen Bemühungen noch nicht absehbar. Werden die Staaten, deren Vertreter sich in Kioto auf konkrete Reduktionsziele verständigt haben, auch ihre Parlamente von der Richtigkeit dieses Verhandlungsergebnisses überzeugen können? Werden die internationalen Vorgaben in nationale Maßnahmen und Handlungen umgesetzt werden? Wird auch über Kioto hinaus an Maßnahmen zur Reduktion von Klimagasen gearbeitet? Wird die internationale Staatengemeinschaft den weltweiten Handel mit Emissionszertifikaten verbindlich regeln? Die oftmals zähen Verhandlungen und die vielen Rückschritte im Verlauf des Verhandlungsprozesses sprechen noch nicht von einem Durchbruch in der globalen Klimapolitik.

Wichtige Daten zur Klimapolitik:
- 1979 Erste Weltklimakonferenz in Genf
- 1988 Gründung eines zwischenstaatlichen Expertengremiums durch die Vereinten Nationen (Intergovernmental Panel on Climate Change IPCC)
- 1990 Erster Bericht des IPCC über Ursachen und Wirkungen des anthropogenen Treibhauseffektes
- 1990 Zweite Weltklimakonferenz in Genf (Aufruf zu Verhandlungen über eine Klimakonvention)
- 1992 Konferenz der Vereinten Nationen für Umwelt und Entwicklung in Rio (Unterzeichnung der Klimarahmenkonvention)
- 1994 Inkrafttreten der Klimarahmenkonvention
- 1995 Erste Vertragsstaatenkonferenz der Klimarahmenkonvention in Berlin („Berliner Mandat“: Erarbeitung konkreter Reduktionsziele bis 1997)
- 1996 Zweite Vertragsstaatenkonferenz in Genf (Erarbeitung von Reduktionszielen)
- 1997 Dritte Vertragsstaatenkonferenz in Kioto (Vereinbarung von Reduktionszielen)

Ozonpolitik

Das weltweite Auslaufen der Verwendung von Fluorchlorkohlenwasserstoffe (FCKWs) gilt als eindeutige Erfolgsmeldung in der globalen Umweltpolitik. Das Verbot von FCKWs ist eng mit dem Montrealer Protokoll von 1987 verknüpft. Diese Konvention legt den vollständigen Verzicht auf globale Luftschadstoffe, die nach einhelliger Meinung vieler Wissenschaftler für die schrittweise Zerstörung der schützenden Ozonschicht der Erdatmosphäre verantwortlich sind, verbindlich fest. Sie wurde mittlerweile von mehr als 50 Staaten unterzeichnet und erlebte 1990, 1992 und 1995 sogar mehrfache Verschärfungen durch den Einbezug weiterer Schadstoffe sowie eine zeitliche Verkürzung und inhaltliche Erweiterung der Reduktionsschritte.

Daß die Einigung beim Montrealer Protokoll einfacher zustande kam als bei der Klimakonvention, kann man an bestimmten Bedingungen festmachen, die sich vorteilhaft auf eine Kooperation der Staaten auswirkten. So ist der Zusammenhang zwischen der Emission von FCKW und dem verursachten Schaden an der Ozonschicht wissenschaftlich eindeutig belegt worden, und die Zeithorizonte zwischen menschlichem Eingriff und Schadensauftritt sind überschaubar. Beides trifft bei der Treibhausproblematik nicht zu, denn hier gibt es unter den Experten unterschiedliche Meinungen über das zu erwartende Ausmaß der Klimaveränderungen. Zudem treten mögliche Schädigungen erst in der fernen Zukunft auf. Darüber hinaus spielte wohl eine Rolle, daß die wirtschaftlichen Verluste durch den Verzicht auf FCKW wesentlich niedriger liegen als bei einer Reduktion oder sogar einem Verzicht auf fossile Brennstoffe. Eine Reihe von Staaten hatte nicht viel zu verlieren, als sie sich freiwillig zum Verzicht auf FCKW verpflichteten. Die USA und andere Nationen, die zunächst als Bremser fungiert hatten, änderten im Verlauf der Verhandlungen ihre ursprünglich ablehnende Haltung, weil die einheimische Industrie inzwischen wirksame Ersatzstoffe entwickelt hatte und man bei einer Reduzierung der FCKW einen Ausgleich der Verluste durch Gewinne aus Produktion und Vermarktung dieser Ersatzstoffe erwarten konnte[9]. Ökonomische Nachteile aus dem FCKW-Verbot konnten so weitgehend überwunden werden. Auch die Zahl der an Verhandlungen beteiligten Akteure hatte mit großer Sicherheit Einfluß auf den Erfolg. Die Fluorkohlenwasserstoffe werden nur in einigen wenigen Ländern hergestellt, was den Einigungsprozess erleichterte. Bei der Kohlendioxid-Problematik hingegen sind sehr viele Staaten in unterschiedlicher Weise als Verursacher der Belastungen und als Geschädigte betroffen. Zudem wird die Klimaproblematik nicht nur auf der Ebene der wissenschaftlichen Untersuchungen, sondern auch in der Problemwahrnehmung der Bevölkerung recht unterschiedlich eingeschätzt[10].

Wichtige Daten zur Ozonpolitik:

- 1985 Wiener Rahmenkonvention zum Schutz der Ozonschicht (Allgemeine Verpflichtung zu Maßnahmen)
- 1987 Montrealer Protokoll (Feste Vereinbarung über Reduktionsziele für Produktion und Verbrauch von Verursacherstoffen)
- 1990–1996 Acht Vertragsstaatenkonferenzen (Verschärfungen der Regelungen und Erweiterungen der Schadstoffliste, Ausstattung eines multilateralen Fonds zur Unterstützung der Entwicklungsländer)

Zurück zur Klimaproblematik: Auch die Atmosphäre ist ein Allmendegut, das von allen genutzt wird. Einige Regionen oder Länder, die wenig oder gar nicht an der Verursachung des Problems beteiligt sind, werden von den negativen Auswirkungen besonders getroffen. Alltag und Leben sind im

Rahmen der globalen Treibhaus-Problematik zum Beispiel bei den Bewohnern der sogenannten AOSIS-Staaten (Allianz kleiner Inselstaaten) bedrohter als etwa auf dem europäischen Kontinent. Die 36 Kleinstaaten der Karibik und des Pazifiks drohen bei einem Anstieg des Meeresspiegel, der aus dem vermehrten Schmelzen der Eismassen an den Polen resultieren kann, regelrecht im Meer zu versinken. Andere Regionen und Nationen hingegen könnten von einer Erwärmung sogar profitieren, weil sich durch die Erwärmung bessere klimatische Produktionsbedingungen für die Landwirtschaft ergeben. So könnte Sibirien vielleicht zu einer Kornkammer des asiatischen Kontinents werden. Bei dieser speziellen Problematik ist offensichtlich eine Lösung nur durch Zusammenarbeit über Nationen und weltwirtschaftliche Regionen hinweg zu erreichen (vgl. Abbildung 7.6).

Der erfolgreiche Abschluß der FCKW-Reduktionen und das zähe, aber immerhin schrittweise Vorankommen der internationalen Verhandlungen im Bereich der Kohlendioxid-Problematik zeigen, bei aller Unterschiedlichkeit der Ergebnisse, daß auch im globalen Raum eine Nachhaltigkeitspolitik prinzipiell möglich und durchsetzungsfähig ist. Auf der Ebene der internationalen Staatengemeinschaft gibt es zahlreiche Bemühungen, die sich um Analyse und Lösungsvorschläge für nationale und internationale Aufgaben im Spannungsfeld Wirtschaft-Entwicklung-Umwelt bemühen. Die Umweltgipfel in Kioto, Berlin und Rio, internationale Umweltkonferenzen, zahlreiche Kommissionen und globale Initiativen stellten in den letzten Jahrzehnten ohne Zweifel Meilensteine in der Umwelt- und Nachhaltigkeitspolitik dar (vgl. auch Abbildung 7.7). Diese länderübergreifenden Initiativen sind Ausdruck der Erkenntnis, daß Umweltschutz und die Verwaltung globalen Gemeinguts wie die Weltmeere, die Antarktis oder die Atmosphäre der Erde internationaler Anstrengungen bedarf und außerhalb der Einflußsphäre von Nationen liegen. Dennoch sind diese beiden Beispiele eher die Ausnahme denn die Regel für das Vorgehen im internationalen Bereich. Konkrete verbindliche Schritte sind auf internationaler Ebene nur sehr mühsam zu erreichen.

Nationalstaaten geben nicht gerne Befugnisse ab, sie halten sich nur dann an internationale Regelungen, wenn sie einen Nutzen davon haben. Auch die Tatsache, daß im Rahmen der Vereinten Nationen oder anderen internationalen Organisationen eine Vielzahl von Staaten, die sehr unterschiedliche Interessen haben, an den Entscheidungsprozessen beteiligt sind, beeinträchtigt die Zusammenarbeit. Je mehr Parteien sich an einem Tische versammeln, um so schwieriger wird es, Vereinbarungen zu finden, die alle zufrieden stellen. Streitigkeiten bleiben dann schwer ausräumbar. Wenn individuelle Interessen überwiegen, werden vielmals gemeinsame Entschei-

Abbildung 7.7: Fünf wichtige globale Übereinkommen im Bereich der Umweltpolitik

Übereinkommen	Ziel	Jahr des Inkrafttretens
1. Vertrag über die Antarktis (The Antarctic Treaty)	Schutz und Erhaltung der Antarktis.	1961
2. Konvention zum Schutz der Ozonschicht (Convention for the Protection of the Ozone Layer)	Schutz der menschlichen Gesundheit vor schädlichen Auswirkungen der Veränderung der Ozonschicht.	1988
3. Konvention zur Kontrolle grenzüberschreitender Transporte von gefährlichen Abfällen und deren Beseitigung (Convention on the Control of Transboundary Movements of Hazardous Wastes and their Disposal)	Verminderung des grenzüberschreitenden Mülltransports und Beratung von Entwicklungsländern zum Umgang mit gefährlichen Abfällen.	1992
4. Konvention zum Schutz der biologischen Vielfalt (Convention on Biological Diversity)	Schutz der biologischen Vielfalt, nachhaltige Nutzung der biologischen Arten und gerechte Teilung der Gewinne aus der Nutzung.	1993
5. Klimarahmenkonvention (Framework Convention on Climate Change)	Verminderung der Treibhausgaskonzentration der Atmosphäre.	1994

Quelle: Stiftung Entwicklung und Frieden (1997): Globale Trends 1998. Fakten, Analysen, Prognosen. Bonn, S. 456ff.

dungen blockiert oder Abkommen hintergangen. In vielen Fällen ist es bei grenzüberschreitenden und globalen Schadstoffwanderungen auch kaum möglich, Schädiger und Geschädigte genau zu identifizieren. Je mehr Schädiger und Geschädigte auftreten, um so größer wird das Problem des Trittbrettfahrens. Das Trittbrettfahrerverhalten einzelner, eine unterschiedliche Beurteilung des Umweltproblems sowohl aus wissenschaftlicher Sicht als auch in der Wahrnehmung der Bevölkerung und die Verteilung der anfallenden Kosten sind die wesentlichen Gründe dafür, daß man sich international in der Regel nur sehr schwer einigen kann[11].

Es ist wichtig, sich weiterhin vor Augen zu führen, daß internationale Abkommen im Rahmen von Verhandlungslösungen freiwillig zustande kommen. Es gibt keine bindenden Regelmechanismen und keine überstaatliche

Machtinstanz im Sinne einer Weltregierung, die über internationale kollektive Zusammenarbeit entscheiden und diese auch umsetzen kann. Konventionen kommen deshalb in der Regel nur dann zustande bzw. werden nur dann auch eingehalten, wenn bei den Beteiligten ein Eigeninteresse besteht. Bei Nichteinhaltung von verbindlichen Regeln gibt es international kaum funktionierende Möglichkeiten der Sanktion, es existieren keine wirkungsvollen Zwangsmittel bei Vertragsbruch und den Vertragsbrechern drohen keine echten Strafen[12].

Der Städtegipfel „Habitat II" 1996 in Istanbul war eine der großen Weltkonferenzen der Vereinten Nationen in den 90er Jahren. Die Konferenz befaßte sich unter anderem mit dem Thema „nachhaltige Stadtentwicklung" und der Zuspitzung von Umweltproblemen in den Metropolen der Welt.

So sinnvoll kollektive Beschlüsse der „Weltgemeinschaft" im Hinblick auf globale Probleme auch sind, in der Realität sind gemeinsame Aktionen aller Länder durch Probleme der fairen Lastenverteilung, der Tendenz zum Einnehmen der Position des Trittbrettfahrers und die schwierige Durchsetzbarkeit von konkreten Schritten erschwert. Deshalb dürfte ein alleiniges Hoffen darauf, daß mittels internationaler Verhandlungen alle dringende Probleme rechtzeitig gelöst werden, illusorisch sein. Bis auf wenige global besonders wirksame Problembereiche wie Klimaschutz und Schutz der Ozonschicht ist es bislang kaum gelungen, die Staatengemeinschaft zum gemeinsamen Handeln zu bewegen. Ob es sich um die Erhaltung der Regenwälder, um die Übernutzung der Weltmeere, um die Sicherung der Süßwasserreserven oder um andere nicht ganz so spektakuläre globale Umweltprobleme handelt, es bleibt meist bei unverbindlichen Absichtserklärungen oder „butterweichen" Konventionen. So wichtig die globale Ebene auch ist, sie wird und kann auch nicht in allen Problembereichen wirklich handlungsrelevant sein können. Aus diesem Grunde ist es auch ratsam, die globale Ebene nicht mit Anträgen zu überfrachten, da sonst die Gefahr einer Konventions-Inflation droht, bei der viele Worte den Mangel an Taten übertünchen.

7.3 Die Ebene der Staatengemeinschaften und Nationen

Wesentlich handlungsrelevanter sind dagegen die Ebene der Staatengemeinschaften und die nationale Ebene, wenn es um die politische Umsetzung des Nachhaltigkeitspostulates geht. Viele die Nachhaltigkeit betreffenden Zuständigkeiten liegen auf diesen beiden Ebenen. So wird zum Beispiel die europäische Landwirtschaftspolitik weitgehend von Brüssel aus bestimmt. Werden dort Subventionen überwiegend an die bewirtschaftete Fläche gebunden und Exporte auf den Weltmarkt hochsubventioniert, gibt es für den einzelnen Landwirt nur wenig Anreize und Möglichkeiten, nachhaltige Produktionsmethoden einzusetzen (vgl. Kapitel 9). Zwar könnten geschickte nationale oder regionale Regelungen einen Teil der von oben verordneten Steuerung durch Gegenmaßnahmen unter Umständen wieder auffangen. Aber es liegt auf der Hand, daß es wesentlich effektiver ist, die Steuerungsvorschriften auf der Ebene der Staatengemeinschaften in Richtung Nachhaltigkeit zu trimmen als sie durch nationale Gesetzgebung oder regionale Regelungen zu unterlaufen.

Ähnliche Überlegungen lassen sich auch für die Umweltgesetzgebung anstellen. Auch hier hat die Europäische Gemeinschaft durch eine Reihe von Direktiven nationale Umweltpolitik beeinflußt. Nach dem Unfall in Seveso war es die Europäische Kommission, die eine gemeinsame Vorgehensweise bei der Produktion und Lagerung gefährlicher Chemikalien entworfen und durchgesetzt hat. Auch in Fragen der Luft- und Gewässerreinhaltung ist zunehmend die EU Initiator und Promotor von Umweltregelungen. Um so wichtiger ist es deshalb, daß die einzelnen Mitgliedsstaaten diese Befugnisse nutzen, um gleiche Wettbewerbschancen für alle Länder der Gemeinschaft herzustellen und dadurch Chancengleichheit für die nationalen Wirtschaften herzustellen.

Gleichzeitig gelten aber auch für die Ebene der Staatengemeinschaften ähnliche Bedenken und Einschränkungen wie für die globale Ebene. Zwar können auf dieser Ebene grenzüberschreitende Belastungen angesprochen und großräumige Lösungen entwickelt werden, aber auch hier gilt das Dilemma des Trittbrettfahrens. Derjenige, der von einer eher laschen Umwelt-

und Nachhaltigkeitspolitik profitiert, weil er dadurch etwa beim Export Wettbewerbsvorteile erzielt, wird sich mit aller Kraft gegen verschärfte Umweltziele und Maßnahmen zur Wehr setzen. Dazu kommen noch unterschiedliche Vorlieben für Maßnahmen. Die einen setzen in ihrem Land überwiegend ordnungsrechtliche Regelungen ein, während andere dagegen auf anreizorienierte Instrumente setzen. Auch kulturelle Unterschiede können hemmend für den Erfolg gemeinsamer Regelungen sein: In einem Land werden nationale und transnationale Regelungen bis zum letzten I-Punkt eingehalten, in anderen dagegen trotz verbaler Beteuerung geflissentlich in der Praxis ignoriert. Länder, die sich im Gegensatz zu anderen an alle Regelungen halten, können dadurch im internationalen Wettbewerb benachteiligt sein. Als ebenfalls problematisch erweist sich das unterschiedliche Problembewußtsein zwischen den Staaten eines Kontinents: Die Deutschen werden häufig für unverbesserliche Romantiker gehalten, weil sie so viel Aufhebens um das sog. Waldsterben machen, während etwa die Engländer dafür bekannt sind, daß bei ihnen besonders engagierte Gruppen gegen Tierquälerei und Tierexperimente politischen Einfluß ausüben. So stehen die Politiker in jedem Land oft unter dem Druck, diejenigen Themen in die transnationalen Verhandlungen einzubringen, die ein positives Presseecho und mehr Unterstützung bei den Wählern zu Hause versprechen. Sind diese Themen aber in jedem Land unterschiedlich oder sogar noch entgegengesetzt, kann es folgerichtig kaum zu einer Einigung kommen. Solange nicht ein gemeinsames Umsetzungskonzept für eine nachhaltige Entwicklung oberhalb der nationalen Ebene gemeinsam ausgearbeitet und vereinbart ist, bleiben nationale Bestrebungen oft weitgehend Stückwerk.

Angesichts dieser Probleme, die denen globaler Lösungen sehr ähnlich sind, ruhen große Hoffnungen auf dem Erfolg nationaler und der später noch behandelten regionalen Strategien. Welchen Sinn können aber nationale Ansätze haben, wenn Ressourcenverbrauch und Umweltschädigung über die Grenzen hinweg stattfindet und Nachhaltigkeit kein ausschließlich nationales oder regionales Problem ist? Nationale Bestrebungen können unter bestimmten Bedingungen durchaus dazu beitragen, auch global etwas zu ändern. Zunächst einmal können global wirksame Umweltstrategien für eine Nation selbst Sinn machen. Nehmen wir noch einmal das Beispiel des Kohlendioxids. Offenkundig ändert sich an der Klimaproblematik gar nichts, wenn alleine Deutschland sämtliche Kohlendioxid-Emissionen um 25 Prozent reduziert. Solange die anderen nicht mitziehen, ist die Einsparung so geringfügig, daß sich am globalen Trend kaum etwas ändern würde. Allerdings kann man die Reduktion von Kohlendioxid-Emissionen mit anderen umweltentlastenden Maßnahmen koppeln, die auch für das Land Vorteile bringen. Allgemeine Energiespar-Programme, bei denen Primärenergiestoffe wie Kohle, Öl oder Gas durch bessere Wärmedämmung, Energierückgewinnung und energiesparende Technologien weniger intensiv genutzt werden, helfen nicht nur, den Ausstoß von Kohlendioxid zu verringern, sondern bieten der gesamten Volkswirtschaft Vorteile in bezug auf Rohstoffverbrauch, Schadstoffbelastung und Abfallentsorgung. Einer derartigen Kopplung von globalen mit nationalen (oder auch regionalen) Zielen ist auch dann sinnvoll, wenn die globalen Ziele nicht immer erreicht werden. Auch wenn sie global nicht viel ändert, hilft die Maßnahme dennoch, die gleichzeitig angestrebten nationalen (oder regionalen) Anforderungen zu erfüllen. So kann ein Land, das in bessere Wärmedämmung von Häusern und Fabriken investiert, nicht nur die Kohlendioxidemissionen verringern und damit einen Beitrag zum globalen Klimaschutz liefern, sondern gleichzeitig auch die Ausgaben für Kohle, Gas oder Erdöl senken sowie die lokal wirksam werdenden schädlichen Einflüsse der Stickstoffverbindungen (NOx) oder der Schwefelverbindungen, beide Begleiterscheinungen fossiler Brennstoffverwertung, verringern. Man hat also in jedem Falle einen Vorteil von diesen Maßnahmen, auch wenn sich das globale Ziel als in unerreichbarer Ferne liegend erweist.

Über diesen „Idealfall“ hinaus haben Maßnahmen einzelner Staaten Signalfunktion für andere. Als sich Deutschland einseitig verpflichtet hatte, den Kohlendioxid-Ausstoß um 25 Prozent zu reduzieren, da hatte diese Ankündigung durchaus politische Zugkraft für andere. Noch vor der Kioto-Konferenz kam eine Einigung innerhalb der Europäischen Union zustande, insgesamt 15 Prozent gegenüber der Konzentration von 1990 einzusparen. Andere Länder haben sich ebenso wie die EU-Staaten am Vorbild Deutschlands in dieser Frage orientiert. Dabei kann sich die Vorbildfunktion auszahlen, sofern der Vorreiter über ausreichendes technisches Wissen verfügt, um die entsprechenden Reduktions- und andere Umweltziele realisieren zu können. Ein Land kann im Vorgriff auf die globalen Umweltziele die technische Entwicklung vorantreiben und entsprechende Umwelttechnologien auf den internationalen Markt bringen. Der Bedarf an den neuen Techniken im Ausland eröffnet Marktchancen und auf diese Weise kann sich die Vorreiterrolle in Form von Exporterlösen auch finanziell auszahlen. So hat es beispielsweise Deutschland geschafft, Weltmeister im Export von Umwelttechnologien zu werden. Knapp 20 Prozent des gesamten Weltexports an Umweltschutztechnologien stammten 1995 aus deutschen Unternehmen. Damit ist Deutschland Spitzenreiter vor den USA und Japan[13].

Allerdings muß man in diesem Zusammenhang auch daran denken, daß angesichts hoher Umweltschutzstandards die Kosten für die Reduktion von

Umweltbelastungen für die inländische Wirtschaft sehr hoch sind und der volkswirtschaftliche Gewinn durch den Verkauf von entsprechenden Reduktionstechniken diesen Posten erst einmal wettmachen muß. So haben Experten ausgerechnet, daß bei einer Reduktion der Kohlendioxid-Emissionen um 25 Prozent in Deutschland die Kosten pro vermiedener Tonne auf bis zu 613 DM steigen, während bei einem Reduktionsziel von 10 Prozent die Reduktion pro Tonne Kohlendioxid etwa 39 DM kostet[14]. Auch mit dem Argument, verschärfter Umweltschutz verbessere über den Arbeitsplatzgewinn in der Herstellung von Umweltschutzgütern und bei der Bereitstellung von Umweltschutzdienstleistungen die Beschäftigungslage, sollte man vorsichtig umgehen. Rechnungen, wieviele Arbeitsplätze durch die Umweltschutzindustrie geschaffen würden, stehen den schwer kalkulierbaren Effekten von Arbeitsplatzverlusten durch Umweltauflagen gegenüber. Dennoch spricht einiges dafür, daß sich einseitige Verpflichtungen zugunsten globaler Ziele verbunden mit der Entwicklung und Verbreitung umweltorienierter Technologien zumindest langfristig lohnen können, weil sie sich positiv auf die Wettbewerbssituation auswirken[15]. Insofern kommt der Innovationstätigkeit auf nationaler Ebene im Sinne der im vierten Kapitel beschriebenen Strategien eine große Rolle zu.

Die Möglichkeit, durch nationale Politiken auch globale Ziele erreichen zu können, ist für sich allein genommen aber noch kein hinreichende Grund, besondere Aufmerksamkeit auf die nationale Ebene zu setzen. Vielmehr bedingen die Heterogenität in den Ausgangsbedingungen und die Forderung nach einer politisch und kulturell festgelegten Bewertung von erhaltenswerten Umweltgütern folgerichtig eine weitreichende Konzentration der Anstrengungen auf die nationale Ebene. Offenkundig herrschen in verschiedenen Ländern völlig andere Voraussetzungen für eine nachhaltige Entwicklung und dementsprechend müssen auch die Maßnahmen unterschiedlich ausfallen (vgl. Kapitel 3). Auch für Nationen, die im Entwicklungsstand vergleichbar sind, werden sich aufgrund unterschiedlicher sozialer, kultureller und politischer Strukturen die passenden Strategien immer unterscheiden müssen. Die Praktikabilität einer Nachhaltigkeitspolitik hängt von der jeweils bestehenden Situation ab und muß sich daran orientieren, welche Interessen, Werte und Präferenzen bei den Betroffenen und der Politik vorherrschen[16].

Ein weiteres Argument, das Augenmerk auf die Nation als Betrachtungsobjekt zu setzen, liegt natürlich in dem Steuerungspotential eines Landes. Weitreichende gesetzliche Regelungen, Verordnungen oder Haftungsregeln sind in der Regel eine Dömäne der zentralen Regierungen eines Nationalstaates. In förderalistischen Staaten können Teile dieser Aufgaben auch auf die jeweiligen Bundesländer, Bundesstaaten oder Provinzen delegiert sein. Geht es aber um übergeordnete politische Richtungsentscheidungen und deren Umsetzung, führt kein Weg an der nationalen Ebene vorbei. Auch die anderen für die Steuerung in Richtung Nachhaltigkeit wichtigen gesellschaftlichen Akteure wie Unternehmen, Gewerkschaften, Verbände, Kirchen sind überwiegend nationalstaatlich organisiert und können somit vor allem national auf die wirtschaftliche und politische Entwicklung Einfluß nehmen.

Die meisten Bücher und Texte zur Nachhaltigkeit haben deshalb auch ihren Schwerpunkt auf nationale Umsetzungsstrategien gelegt. Das Wuppertal Institut für Klima, Umwelt, Energie erarbeitete innerhalb des Projektes „Zukunftsfähiges Deutschland" im Auftrag des Bundes für Umwelt und Naturschutz Deutschland und der kirchlichen Organisation Misereor Empfehlungen für eine nachhaltige Entwicklung im gesamten deutschen Raum[17]. Weitere Studien für ein nachhaltiges Deutschland sind inzwischen vom Umweltbundesamt und der Enquete Kommission „Schutz des Menschen und der Umwelt" des Deutschen Bundestages veröffentlicht worden[18]. Anhand bestimmter Bedürfnisfelder haben die Autoren dieser Publikationen konkrete Anforderungen aus dem Postulat der Nachhaltigkeit abgeleitet und Handlungsmöglichkeiten vor allem auf nationaler Ebene aufgezeigt.

So zentral die nationale Ebene für die Umsetzungen einer nachhaltigen Entwicklung auch sein mag, auch sie hat eine Reihe von Schwächen: Zum einen ist die Forderung nach einem möglichst homogenen Ausgangsraum je nach Größe des Landes auch auf dieser Ebene nur unzureichend erfüllt. Will man aber politisch festlegen, was für kommende Generationen erhalten werden muß, ist man auf relativ homogene Ausgangsverhältnisse angewiesen oder man muß diese Ziele zumindest regional differenzieren. Die Lebenssituation der Menschen, die wirtschaftlichen und sozialen Verhältnisse und die natürlichen Bedingungen sind auch innerhalb politisch festgelegter Staatsgrenzen oftmals sehr unterschiedlich. Insofern bietet sich ein kleinräumiger regionaler Ansatz an. Zum zweiten ist die Zahl der Akteure in einem Nationalstaat oftmals zu groß und zu heterogen, um gemeinsame Aktionen in Richtung Nachhaltigkeit ins Leben zu rufen. Dies kann dazu führen, daß interessante Anregungen und engagierte Initiativen in der Anonymität großer Verbände oder Organisationen verlorengehen und der Wille zur Aktion verpufft. Zum dritten ist der Erfolg oder der Mißerfolg nachhaltiger Politik im nationalen Bereich oft schwer abschätzbar. Die in Kapitel 5 erläuterte Rückkopplung zwischen eigenem Verhalten und Fortschritten in Richtung Nachhaltigkeit bleiben auch auf der nationalen Ebene noch zu abstrakt und führen selten zu dem erwünschten Anreizeffekt. So sind

Bürger schwerer zu mobilisieren, auf nationaler Ebene Ziele der Nachhaltigkeit zu etablieren.

7.4 Die regionale und lokale Ebene

Um die Schwächen auf globaler, internationaler und nationaler Ebene zu überwinden, setzen viele Anhänger der Nachhaltigkeit auf die regionale oder lokale Ebene. Dabei steht oft der Wunsch im Vordergrund, die wirtschaftlichen, sozialen und kulturellen Stärken einer Region für einen Wandlungsprozeß in Richtung einer nachhaltigen Entwicklung zu mobilisieren. Gleichzeitig werden viele Bürger in Gemeinden und Städten mit den Zielen und Konzepten der Nachhaltigkeit vertraut gemacht und dazu angeregt, einen Beitrag zur Verwirklichung der Nachhaltigkeit durch eigenes vorbildliches Verhalten sowie durch öffentlich wirksames Engagement zu leisten.

Entscheidend für die Strategie, bei der konkreten Umsetzung von Nachhaltigkeit auf kleinere Betrachtungsräume zu bauen, ist zunächst die Tatsache, daß viele Umweltprobleme tatsächlich regionaler Natur sind. Die meisten elementaren Ressourcen wie Boden und Wasser sind weitgehend regional verfügbar, d.h. die Maßnahmen zu ihrer nachhaltigen Bewirtschaftung kommen überwiegend der Herkunftsregion zugute. Ein verschmutzter See in Norddeutschland hat keinen Einfluß auf die Situation in den Nachbarregionen, kontaminierter Boden in Baden-Württemberg beeinflußt die Situation der Umwelt in Hessen höchstens peripher. Auch große Teile der lokalen Umweltbelastungen durch Nutzung der natürlichen Umwelt aus Quelle und Senke haben direkten Einfluß auf den jeweiligen Ort des Geschehens. Im Bereich solcher lokalen Umweltgüter sind regionale Politikstrategien sinnvoll, weil regional autonome Maßnahmen hier auch Wirkungen erzielen können. Die Probleme sind hier gewissermaßen „hausgemacht“ und können isoliert gelöst werden.

Ein weiterer wichtiger Grund dafür, die Nachhaltigkeit zunächst regional zu verankern, liegt in den relativ günstigen Bedingungen, Maßnahmen regional zuzuschneiden, umzusetzen und zu kontrollieren. Regionale Ansätze bieten konkrete Anhaltspunkte für politisch, ökonomisch und sozial durchsetzungsfähige Strategien. Sie tragen dazu bei, daß global angestrebte Leitziele unter der direkten Beteiligung der Bürger – sei es nun als Konsumenten oder Produzenten – mit Hilfe bestehender oder neu zu schaffender Institutionen und Regelungsmechanismen in der Praxis umgesetzt werden. Die meisten Regionen verfügen im Rahmen der jeweiligen staatlichen Verfassung zumindest in bestimmten Bereichen über geeignete politische und wirtschaftliche Steuerungsorgane und Lenkungsmöglichkeiten, um Maßnahmen für eine nachhaltige Entwicklung in Kraft zu setzen. Sowohl für die Umsetzung als auch für die Kontrolle und Überwachung einer Nachhaltigkeitspolitik gibt es auf regionaler Ebene Institutionen, die Maßnahmen ergreifen und deren Erfolg überwachen können. Auf der Ebene eines Bundeslandes z.B. gehören dazu neben der Landesregierung wichtige Verwaltungsorgane und Behörden genauso wie regional organisierte Interessengruppen in Form von Verbänden, Bürgerinitiativen und anderen Aktionsgruppen. Auch bei stark zentralistisch strukturierten Staaten, die viele Entscheidungsbefugnisse und Handlungskapazitäten in der Zentralregierung vereinigen, würde Umwelthandeln und Umweltverhalten auf der regionalen und lokalen Ebene beeinflußt[19]. Selbst dort, wo es regional übergreifende Auswirkungen und Probleme gibt, kann es auf der Ebene der Maßnahmenfindung leichter sein, sich zunächst mit einigen Nachbarn zu einigen, als gleich die übergeordnete Instanz (etwa die Zentral- oder Bundesregierung) anzurufen.

Eigenständiges regionales und lokales Handeln ist auch deshalb entscheidend für eine wirkungsvolle Politik der Nachhaltigkeit, weil hier die Entfernung zwischen Entscheidungs- und Umsetzungsebene in der Regel sehr klein ist. In einer engen Bindung von Programm und Implementation liegt aber die Chance, daß der Umsetzungsprozeß nicht von oben erzwungen wird, sondern sich aus der Basis unter der Einbindung der Betroffenen entwickeln kann. Dies ist besonders wichtig, weil eine an der Nachhaltigkeit orientierte Verhaltensänderung die aktive Mitwirkung der Betroffenen an der Ausgestaltung der eigenen Lebenswelt voraussetzt. Die Bedingungen für die Partizipation von möglichst vielen Betroffenen sind auf der überschaubaren regionalen Ebene günstig, weil es hier einfacher ist, viele gesellschaftliche Gruppen in die Entwicklung und Umsetzung von Strategien einzubinden. Wegen der Überschaubarkeit des Raumes können Initiativen von unten auch öffentliche Wirkung entfalten und einen Teil der für die Umsetzung der Nachhaltigkeit so wichtigen Integrationsleistung zwischen Umweltbelangen, wirtschaftlicher Entwicklung und eigenem Lebensstil erbringen. Zudem erhöht sich die Glaubwürdigkeit solcher Initiativen, wenn deren Ziele im überschaubaren Raum auch vorgelebt werden.

Im vorangehenden Kapitel wurde die ganze Palette der Instrumente vorgestellt, die bei der Umsetzung einer nachhaltigen Entwicklung zum Einsatz kommen können. Darunter fielen auch die partizipativen und kommunikativen Instrumente, die helfen können, neue Wege zu planen und zu beschreiten. Gerade diese Instrumente lassen sich auf regionaler Ebene besonders wirksam einsetzen. Dagegen bleiben andere Instrumente auf der Ebene eines Bundeslandes stumpf: Im Rahmen der deutschen Verfassung werden den Bundesländern zwar wichtige Rechte und Pflichten auferlegt und auch eigene finanzielle Mittel zugestanden. Der Föderalismus in Deutschland reicht aber nicht so weit, daß es einem Bundesland wie Baden-Württemberg umfassend möglich wäre, das Finanz-, Steuer- und Wirtschaftswesen sowie das Ordnungsrecht und Genehmigungsverfahren so zu gestalten, wie dies in der Region als richtig empfunden wird. Was die Ausgestaltung vieler Rahmenbedingungen und Voraussetzungen für eine erfolgreiche Nachhaltigkeitspolitik betrifft, ist die Region also immer von den Aktivitäten übergeordneter Ebenen abhängig. Regulative und anreizorientierte Instrumente können aufgrund der hoheitlichen Rechte des Bundes nur in einigen wenigen Fällen (zum Beispiel in der Abfallpolitik) auf Länderebene angewendet werden. Über Ver- und Gebote, Zertifikatsmodelle und Umweltabgaben kann meist nur national oder sogar auf der Ebene der EU entschieden werden. Entscheidungsträger und Volksvertreter aus den einzelnen Bundesländern haben in Deutschland zwar die Möglichkeit, nationale Diskussionen und Entscheidungen – über den Bundesrat und darüber hinaus – mit zu beeinflussen. Die Bundesländer können aber hier autonom keine Veränderungen beschließen oder Sonderwege gehen.

Im Bereich der Planung gibt es dagegen viele Zuständigkeiten auf Landesebene, so daß hier ein sehr breites Spektrum ausgeschöpft werden kann. Im Rahmen der Landesplanung können Programme und Pläne erarbeitet werden. Regionale Träger sind Planungsgemeinschaften, Kreise, Regierungsbezirke oder die Landesplanungsbehörde[20]. Darüber hinaus sind der Partizipation im Rahmen kommunikativer Verfahren keine Grenzen gesetzt. Dies gilt auch für fast alle informativen Instrumente und alle Aktivitäten, die auf freiwilligem Engagement beruhen. Unternehmern und Haushalten bleibt es frei überlassen, inwiefern sie – unterstützt durch regionale Initiativen – ihre Nachfrage-, Konsum- und Produktionsgewohnheiten ändern wollen. Umweltorientiertes Unternehmensmanagement und das Vorantreiben von Innovationen sind ebensowenig an nationale oder internationale Vorgaben gebunden. Im Bereich neuer energie- und materialschonender Technologien können auch Regionen Wettbewerbsvorteile erreichen, wenn sie sich als Vorreiter in neuen Märkten betätigen. Viele Wege stehen offen, um regionale Einsparpotentiale auszuschöpfen, die dazu beitragen, den Energie- und Rohstoffbedarf zu verringern, Abfälle zu reduzieren, Umwelt- und Unfallrisiken zu vermindern und Materialien weiter- und wiederzuverwenden. Freiwilligen Verpflichtungen von Exporteuren und Importeuren, bilateralen Vereinbarungen zwischen Produzenten und Abnehmern und der Auszeichnung nachhaltiger Produkte sind keine Grenzen gesetzt. Umweltbewußtsein und Umweltverhalten in Arbeit und Freizeit können in der Region verbessert werden. Regionale Identität und Verantwortungsgefühl können hier wie Katalysatoren wirken. Weil die wichtigen Kompetenzen für bildungspolitische Aufgaben bei den Ländern liegen, sind Möglichkeiten gegeben, die Ausbildungssysteme und Bildungsinhalte an die Erfordernisse einer nachhaltigen Entwicklung anzupassen. Dies ist eine wichtige Aufgabe im Rahmen einer Nachhaltigkeitspolitik.

Die regional verfügbaren Formen und Instrumente der politischen und wirtschaftlichen Steuerung lassen sich für regionale Ziele der Nachhaltigkeit, aber ebenso für die Verwirklichung nationaler und globaler Probleme nutzen. Ein Beispiel für die Bedeutung regionaler Aktivitäten für ein globales Ziel ist der Bereich von Einsparmaßnahmen. Wenn es um die konkrete Umsetzung von Sparmaßnahmen, ob nun im Bereich Energie, Wasser oder bei anderen Ressourcen geht, sind dezentrale Aktivitäten und die Berücksichtigung eines abgegrenzten Raumes entscheidend. Im Idealfall ergänzen sich globale, nationale und regionale Zielsetzungen. Während auf globaler und nationaler Ebene richtungsweisende Basisentscheidungen fallen können, finden auf regionaler Ebene die den Gegebenheiten angepaßte Feinsteuerung und Umsetzung statt. Die verschiedenen Handlungsebenen brauchen nicht im Widerspruch zu stehen[21].

In den letzten Jahren sind weltweit zahlreiche private und staatliche Projekte und Initiativen ins Leben gerufen worden, die regionale Problemlösungen untersuchen und sich aktiv für eine nachhaltige Entwicklung in abgegrenzten Räumen einsetzen wollen. Viele der Aktiven orientieren sich dabei an dem auf der Umweltkonferenz in Rio verabschiedeten Aktionsprogramm der „Agenda 21", die neben der internationalen und nationalen Plattform gerade auch die Mobilisierung der regionalen und lokalen Kräfte für die Gestaltung einer nachhaltigen Entwicklung nahelegt. Auf Länder- und Städteebene finden sich allein in Deutschland unzählige Aktivitäten. Verkehr, Flächennutzung, Energie und Abfall sind wichtige Handlungsfelder, die in regional und lokal zugeschnittenen Aktionsprogrammen eine zentrale Rolle einnehmen.

Große Chancen der schnellen Realisierung einer nachhaltigen Produktions- und Konsumweise liegen in der Tat in all jenen Bereichen, in denen wenig Abstimmungsbedarf mit anderen Regionen oder überregionalen Organisationen herrscht. Im Bereich der Wirtschaft gilt das für Branchen, deren Anteil an eingeführten Gütern und Vorleistungen für die Produktion relativ gering ist und überall dort, wo durch Produktion, Vertrieb und Entsorgung von Gütern kaum grenzüberschreitende Schädigungen auftreten. Wohnungsmarkt, Nahverkehr und Naherholungseinrichtungen sind Beispiele dafür, daß Konsumaktivitäten stattfinden, die vergleichsweise nur wenige überregionale Effekte hervorrufen. Besonders praktikabel erscheinen uns Umsetzungsschritte in den Bereichen Land- und Forstwirtschaft, Handwerk, mittelständische Industrien, Bauwesen und Dienstleistungsbetriebe zu sein. Sofern Märkte regional organisiert sind, was vor allem bei vielen Dienstleistungen der Fall ist, sind die Chancen für eine Problemlösung auf regionaler Ebene relativ groß.

Angesichts der in der Regel bestehenden wirtschaftlichen und politischen Verflechtungen birgt der regionale bzw. lokale Ansatz aber eine Reihe von Problemen. Eine autonome (unabhängig von anderen Politikebenen) regionale Nachhaltigkeitspolitik kann zu Wohlstandseinbußen führen, wenn andere regionale Einheiten, zu denen starke wirtschaftliche, finanzielle oder politische Verbindungen bestehen, grundlegend abweichende Zielsetzungen verfolgen. In exportorientierten Regionen wie Baden-Württemberg zum Beispiel, spielen Fragen der Wettbewerbsfähigkeit und der Standortsicherung eine große Rolle. Es besteht die Gefahr, daß bei einem Alleingang in Richtung Nachhaltigkeit sich die Zielkonflikte mit anderen gesellschaftlichen Zielen als besonders unüberwindbar herauskristallisieren. Hohe Umweltauflagen oder umfangreiche Genehmigungsverfahren könnten dazu führen, daß Unternehmen auf dem Weltmarkt den Anschluß verpassen, weil sich ihre Produktionskosten erhöhen. Dies kann unter Umständen die Entscheidung über die Ansiedlung neuer Industrien beeinflussen und sich negativ auf den Arbeitsmarkt in der betroffenen Region auswirken. Allerdings können auf der anderen Seite besonders innovative Unternehmen als Vorreiter auf dem Markt für Umwelttechnologien auch Gewinnvorteile erzielen. Eine hohe Umweltqualität kann auch als positiver Standortfaktor bewertet werden. Die Unauflösbarkeit von Konflikten zwischen Umwelt- und Wirtschaftszielen muß also nicht zwangsläufig gegeben sein.

Diese Ambivalenz in der Bewertung trifft im übrigen natürlich auch auf die nationalen Ebene zu. Insofern ist eine erfolgreiche Politik immer abhängig von den Entwicklungen, die sich überregional, international und global – auf den jeweils übergeordneten Ebenen – abzeichnen. Dies gilt im negativen wie im positiven Sinne und trifft für die Erfolgsbedingungen des Einsatzes vieler politischer Instrumente zu.

Neben der Begrenzung des politischen Handlungsspielraumes bereitet auch die wirtschaftliche Verflechtung einer Region mit ihrem Umland und dem Ausland Probleme bei der Umsetzung einer nachhaltigen Entwicklung. Geradezu ideal für die Konkretisierung des Konzeptes der regionalen Nachhaltigkeit wäre ein Anwendungsraum, in dem ein Großteil der Güter und

Abbildung 7.8: Schwerpunkte im Rahmen lokaler Aktivitäten zur Nachhaltigkeit („Lokale Agenda 21")[22]:

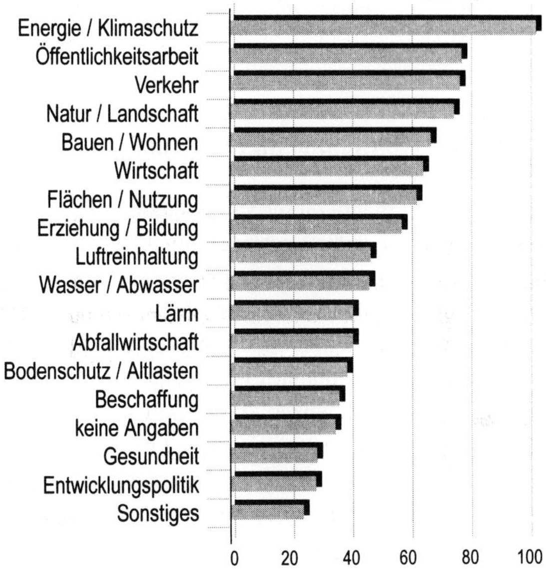

Ergebnisse einer Umfrage des Deutschen Instituts für Urbanistik aus 150 Städten (Stand Frühjahr 1997).

Quelle: Rösler, C.: Lokale Agenda 21: Deutsche Städte auf dem Weg zur Nachhaltigkeit. In: GAIA, Jg. 6, Heft 3, S. 218.

Dienstleistungen, die in diesem Raum nachgefragt werden, auch dort produziert würden. Doch auch hier ist die Welt leider wesentlich komplizierter. Das Bild einer autarken Region, die sich unabhängig von der Außenwelt selbst am Leben erhält und die Lebensqualität für die Bewohner sichert, ist angesichts der real existierenden Vernetzungen mit der „Außenwelt" realitätsfremd. Je kleinräumiger die Region definiert wird (bis hin zum lokalen Bezugsraum), desto größer die Wahrscheinlichkeit, daß fast alle wirtschaftlichen Beziehungen und Stoffflüsse durch Aktivitäten außerhalb der Region beeinflußt werden.

Als Aktionsebene für Initiativen sind die regionale und lokale Ebene zwar besonders gut geeignet. Weil aber die politischen Handlungsmöglichkeiten begrenzt sind und sich wichtige Stoff- und Handlungsströme nicht auf kleine Bezugsräume beschränken lassen, ist eine sehr kleinräumige Betrachtungsweise oft zu wenig aussagekräftig, wenn es um die Analyse des Potentials für die Umsetzung von Nachhaltigkeit geht. Im folgenden Unterkapitel werden wir die Bedeutung der ökonomischen Verflechtungen noch einmal aufgreifen und uns mit der Frage auseinandersetzen, ob es im Interesse einer nachhaltigen Politik liegt, die wirtschaftlichen Aktivitäten weitgehend auf einen kleinen Bezugsraum zu beschränken und damit den Handel über Regionen- und Staatsgrenzen hinweg zu begrenzen.

7.5 Sind Welthandel und Nachhaltigkeit vereinbar?

Was also muß man tun, um dieser Verflechtung der Wirtschaft mit anderen Regionen auf dem Weg in die Nachhaltigkeit Rechnung zu tragen? Zunächst könnte man diese Verflechtungen ignorieren und sich bei den Veränderungen der Lebens- und Arbeitsweise auf den Verbrauch und die Inanspruchnahme von Umweltgütern innerhalb der Region konzentrieren. Das würde aber der Möglichkeit Tür und Tor öffnen, die Konsum- und Produktionstätigkeiten auf Importe zu lenken, die in anderen Regionen unter Mißachtung aller Regeln der Nachhaltigkeit erzeugt wurden. Auf diese Weise kann man sich eine nachhaltige Idylle auf Kosten der anderen schaffen. Ein Beispiel dafür wäre der Import von Futtergetreide aus nicht-nachhaltiger Produktion, um damit das heimische Vieh zu füttern. Man wäre dann auf die begrenzten Futterreserven der eigenen Region nicht mehr angewiesen und könnte sich somit eine ökologische Flächenbewirtschaftung erlauben. Hier würde man sich allerdings in der Illusion der Nachhaltigkeit wiegen, weil andere die ökologischen Kosten tragen.

Die zweite wenig überzeugende Lösung wäre die Rückkehr zur Autarkie. Sollte nicht jede Region wieder mehr Produkte und Dienstleistungen im eigenen Lande produzieren anstatt auf die Früchte der Nachbarn zu schielen? Die Forderung nach mehr Autarkie und regionaler Autonomie erschallt an vielen Orten und ist durch die Nachhaltigkeitsdiskussion neu belebt worden. Die Tatsache, daß für eine autarke Region ein Konzept der nachhaltigen Entwicklung theoretisch leichter zu realisieren wäre, ist offensichtlich. Aufgrund dieser Überlegung eine Isolierung und Abkoppelung von den Weltmärkten zu fordern und einseitig auf die Produktions- und Konsummöglichkeiten innerhalb abgegrenzter Regionen zu setzen, führt jedoch in die Irre. Der Versuch, auf eigene Faust und ohne Abhängigkeiten nach außen zu wirtschaften, sind keine Garantie für eine umweltschonende nachhaltige Lebensweise. Dies zeigt zum Beispiel die Erfahrung in den ehemaligen Ostblockstaaten, wo die Autarkiebestrebungen und die Isolierung umweltpolitische Sünden gerade nicht verhindern konnten[23].

Erst recht gilt natürlich, daß für die Sicherstellung einer ausreichenden und zufriedenstellenden Versorgung für alle Menschen weltweit Außenhandel eine notwendige Voraussetzung ist. Denn die Ressourcen der Natur sind in der Welt höchst ungleich verteilt: Während die einen Nationen und Regionen über hervorragende Böden verfügen, besitzen die anderen Bodenschätze. Während einige Teile der Welt klimatisch durch Sonne und Regen gut gestellt sind, leiden andere unter extremen Witterungsbedingungen. Während in bestimmten Gebieten bestimmte Nutzpflanzen wachsen, wären diese in anderen Territorien nur unter erschwerten Bedingungen oder hohem Energieeinsatz anbaufähig. Wenn auch in der jüngsten Zeit die Verfügbarkeit über technisches und anderes Wissen sowie die Verfügbarkeit über das in ausgebildeten und lernfähigen Menschen repräsentierte Leistungspotential den Reichtum eines Landes mehr bestimmen als alle Elemente seiner natürlichen Ausstattung (Deutschland ist dafür ein gutes Beispiel), so sind die Entwicklungschancen eines besonders wissensstarken Landes immer noch davon abhängig, daß dieses Wissen in Form von innovativen Produkten und Dienstleistungen gegen Rohstoffe, Nahrungsmittel und andere (Umwelt-)güter eingetauscht werden kann.

Die heute weltweit herrschende Handelsverflechtung und Arbeitsteilung sind in einem Jahrzehnte andauernden sehr mühsamen Prozeß der Handelsliberalisierung nach dem zweiten Weltkrieg erreicht worden. Grund für das weltweite Wachsen der Im- und Exporte sind aber nicht nur die Nichtverfügbarkeit bestimmter Güter und die Überwindung der lokalen oder regionalen Knappheiten. Freier Handel führt vor allem auch dazu, daß den Konsumenten eine größere Auswahl an Gütern zu geringeren Preisen zur Verfügung stehen. Neben diesen positiven Effekten für die Verbraucher beeinflußt die Öffnung der Grenzen für Waren und Dienstleistungen auch die Produktionsstruktur. Durch den stärkeren Wettbewerbes wird die Effizienz der Produktion gesteigert. Es wird sichergestellt, daß die Produktionsfaktoren dort zum Einsatz kommen, wo ihr Einsatz den größten Ertrag verspricht. Darüber hinaus fördern offene internationale Wirtschaftsbeziehungen die weltweite Verbreitung moderner Technologien. Sie sind damit eine wichtige Triebfeder für den technischen Fortschritt und die Entwicklung von Innovationen[24].

Wenn der internationale Handel mit Waren und Dienstleistungen diese Vorteile hat, warum steht er in bezug auf Nachhaltigkeit dann immer wieder in einem denkbar schlechten Licht? Es gibt in der Diskussion um Nachhaltigkeit ernstzunehmende Stimmen, die den Handel zwischen den Regionen zwar nicht aufheben, zumindest aber stark einschränken bzw. regulieren wollen, weil sie davon ausgehen, daß der internationale Gütertausch eine nachhaltige Entwicklung negativ beeinflußt. Die Argumente der Handelsgegner knüpfen an verschiedenen Punkten an und sollen hier zusam-

Der Transport von Gütern zu Lande, zu Wasser und in der Luft verursacht negative Auswirkungen auf die Umwelt. Die dabei entstehenden sozialen Kosten sind in der Regel nicht in den Marktpreisen enthalten.

menfassend dargestellt werden[25]. Die erste Kritik ist mit dem handelsbedingten Transport von Waren und Materialien verknüpft. Negative Effekte, die durch den Warentransport verursacht werden, stellen eine direkte, durch Handel ausgelöste Umweltbelastung dar. Als besonders problematisch wird der gleichzeitige Im- und Export gleichwertiger Güter (intrasektoraler Handel) bewertet. Damit ist zum Beispiel gemeint, daß in Süddeutschland Bier und Milch aus Norddeutschland, Äpfel aus Neuseeland und japanische und koreanische Autos gekauft werden, obwohl diese Produkte auch von lokalen Herstellern bezogen werden könnten. Weil der Transport von Waren auf dem Land-, Straßen- und Seeweg Ressourcen und Energie verbraucht und Verkehr die Umwelt in vielfältiger Weise belastet, wird insbesondere für die Einschränkung des Ex- und Imports von Produkten plädiert, die auch in der eigenen Region hergestellt werden könnten.

Die Kritik an den negativen Auswirkungen auf die Umwelt durch den Transport von Waren ist berechtigt. Die Tatsache, daß der Transport der Waren heute noch so günstig ist, daß sich das kaum auf die Preise für die mehrfach verladenen und verschickten Produkte und ihrer Vorleistungen auswirkt, ist jedoch kein schlagendes Argument gegen den Handel an sich. Die durch den Transport ausgelösten externen Effekte müssten, wie im vierten Kapitel erläutert, in den Preis der transportierten Güter einbezogen, „internalisiert" werden. Die möglichst vollständige Berücksichtigung aller durch den Transport ausgelösten ökologischen Kosten im ökonomischen Kalkül würde mit großer Sicherheit dazu führen, daß bestimmte Handelstransaktionen so teuer werden, daß sich der Warenaustausch nicht mehr lohnt. Für exotische Südfrüchte etwa müßte man in unseren Regionen dann unter Umständen sehr viel tiefer in die Tasche greifen oder eben auf sie verzichten. Höhere Transportkosten in bestimmten Bereichen würden den Kauf und die Nutzung regionaler Produkte fördern, den weltweiten Handel senken, insgesamt aber nicht verhindern[26].

Kommen wir zum zweiten Argument: Eine große Gefahr sehen die Handelsgegner darin, daß durch Handelsaktivitäten nationale Umweltaktivitäten untergraben werden können. Dieses Argument knüpft an der unmittelbaren Wirkung des Außenhandels auf die Umwelt an, die darin besteht, daß sich manche Länder auf eine sehr umweltintensive Produktion spezialisieren. Wenn Rohstoffe oder Produkte in den Exportländern so geerntet oder hergestellt werden, daß die Bedingungen den im Importland geforderten Standards nicht entsprechen, ist oft von „Ökodumping" die Rede. Durch diese Bezeichnung wird eine Unrechtmäßigkeit des Handelns suggeriert, was aber meist nicht gerechtfertigt ist. Denn wenn die Präferenzen der Betroffenen im Ausland ein Mehr an Umweltbelastungen zugunsten anderer Ziele akzeptieren, so ist das deren gutes Recht. Ökonomisch gesehen liegt in diesem Fall ein Kostenvorteil vor, weil die Umwelt in dem betreffenden Land einen vergleichsweise billigeren Produktionsfaktor darstellt. Aus theoretischer Sicht sind solche Kostenvorteile die Grundlage eines für alle vorteilhaften Handel, weil sie dazu führen, daß die Produktion dort stattfindet, wo die knappen Ressourcen am effizientesten verwendet werden. Solange die Kosten aus der Umweltnutzung nicht niedriger veranschlagt werden, als es der gesellschaftlichen Wertschätzung der Umwelt entspricht, ist der Dumpingtatbestand nicht erfüllt[27].

Drittes Argument: Einige Kritiker des freien Handels vermuten, daß durch den weltweiten Tausch von Waren angepaßte ländliche Produktionsweisen – zum Beispiel in der Landwirtschaft – zugunsten der häufig umweltschädlicheren industriellen Massenproduktion verdrängt werden. Darüber hinaus könnte sich bei einer liberalen Handelsordnung der westliche in bezug auf Umwelt und Naturverzehr problematische Lebensstil schneller verbreiten. Herman E. Daly spricht hier von einem „Verschmutzungsimperialismus" durch Handel, der nicht nur niedrige Umweltstandards bei der Produktion erzwinge, sondern darüber hinaus auch umweltschädlichen Konsum fördere[28]. Damit sind die indirekten Auswirkungen des Außenhandels auf die Umwelt angesprochen und insbesondere die Tatsache, daß der rege Warenaustausch zwischen Regionen und Ländern dieser Welt natürlich auch ein wirksamer Wachstumsmotor ist. Die Kritik am Außenhandel wird zur Wachstumskritik.

Auf der Grundlage der genannten Argumente leiten einige Vertreter der Nachhaltigkeitsidee die Forderung ab, grenzüberschreitende Stoff- und Materialströme durch handelspolitische Maßnahmen zu verhindern. Im Dienste der Nachhaltigkeit werden protektionistische Schritte gefordert. Vorgeschlagen werden unter anderem sogenannte Ökozölle, die verhindern sollen, daß Waren und Dienstleistungen, die nicht den heimischen Umweltstandards für Produktion und Konsum entsprechen, importiert werden. Solche Zölle führen dazu, daß der Preis von eingeführten Waren sich erhöht. Der Kauf des ausländischen Produktes, das aufgrund weniger strenger Umweltbestimmungen im Ausland billiger hergestellt werden konnte, ist für den inländischen Käufer dann nicht mehr attraktiv. Eine andere Möglichkeit der Unterbindung des freien Austausches von Waren und Dienstleistungen sind mengenbezogene Importbeschränkungen und -verbote.

Eine Einschränkung des Welthandels aus Gründen der Nachhaltigkeit ist nach unserer Meinung nicht gerechtfertigt. Die Argumentation, daß Handel schlecht, weil umweltschädigend und deshalb im Sinne der Nachhaltigkeit zu unterbinden sei, hält zunächst einmal die Augen gegenüber den oben bereits erläuterten allgemeinen Vorteilen einer freien Welthandelsordnung und der daraus resultierenden Spezialisierung und Arbeitsteilung verschlossen. Darüber hinaus vernachlässigt diese Sichtweise aber vor allem die positiven Auswirkungen des Handels auf die Umwelt[29].

Daß der Handel positive Auswirkungen auf die Effizienz der Produktion hat, gilt auch für den Rohstoff- und den Energieverbrauch. Internationale Arbeitsteilung und Spezialisierung sind von Vorteil für eine Politik der Nachhaltigkeit, wenn Güter dort produziert werden, wo Umwelt und Natur am wenigsten negativ beeinflußt werden. Durch die Arbeitsteilung und die Spezialisierung, die sich durch einen freien Handel ergeben, können regional unterschiedliche Aufnahmekapazitäten der Umwelt und die unterschiedlich verteilten Nutzungsansprüche an Natur und Umwelt aufeinander abgestimmt werden. Offene Grenzen fördern darüber hinaus auch die Verbreitung von umweltschonenden Techniken und Produkten durch Im- und Export. Der Austausch von Techniken, Produkten und Methoden für den Umweltschutz kann auf diese Weise zur Erhöhung und Nivellierung weltweiter Umweltstandards beitragen und so die globale Umweltsituation verbessern.

Ein wichtiges Argument gegen die Einschränkung des Handels von umweltintensiven Gütern knüpft an mögliche Folgewirkungen von Exportverboten an. Export- oder Importverbote können sich kontraproduktiv für den Schutz der Umwelt auswirken, wenn der Rückgang des Handels zu anderen für die Umwelt problematischen Verhaltensweisen führt. Beredtes Beispiel hierfür sind Exportrestriktionen für tropische Hölzer, die über den Rückgang der Nachfrage den Preis in den Erzeugerländern drücken und auf diese Weise alternative Verwendungen der tropischen Böden lukrativ machen. Weil aber das Ausweichen auf Ackerbau und Viehzucht noch problematischer für die Situation des Tropenwaldes als die Holzbewirtschaftung ist, wird der erwünschte Zweck durch Exportverbot und Boykott der Produkte gerade nicht erreicht[30].

Weitreichende ökologisch motivierte Verbote und Einschränkungen von Im- und Exporten sind auch deshalb problematisch, weil sie keine Rücksicht auf unterschiedliche regionale Präferenzen nehmen. Es ist verfehlt davon auszugehen, daß man die jeweils eigenen Wertvorstellungen problemlos exportieren kann. Leicht macht sich hier eine „öko-imperialistische“ Haltung breit, die anderen bestimmte Werte hinsichtlich der Schutzwürdigkeit von Natur aufzwängen will[31].

Ob Handel nun per se gut oder schlecht für Nachhaltigkeit ist, läßt sich nicht pauschal beantworten. Hier sind die verschiedenen positiven und negativen Effekte abzuwägen. Unter bestimmten Bedingungen, die aber von allen Beteiligten klar definiert werden müssen, kann die Einschränkung eines freien Warenverkehrs durchaus politisch gewollt sein. So sieht es die internationale Staatengemeinschaft zum Beispiel als problematisch an, daß Länder giftige Abfälle unbeschränkt über die Grenzen schaffen können, mit vom Aussterben bedrohten Tieren frei gehandelt wird oder Güter frei exportiert werden, die im Inland wegen extrem gesundheitsschädlicher Folgen verboten sind. Deshalb hat man auf internationaler Ebene Regelungen für solche speziellen Fälle geschaffen: Nach dem Basler Übereinkommen von 1989 über die Kontrolle von gefährlichen Abfällen ist der Giftmüllexport in Entwicklungsländern beschränkt und der Handel mit gefährdeten Arten darf nach dem Washingtoner Abkommen von 1973 über den internationalen Handel mit gefährdeten Arten freilebender Tiere und Pflanzen verhindert werden. Das allgemeine Zoll- und Handelsabkommen (GATT) bzw. die aus dem GATT hervorgegangene Welthandelsorganisation (WTO) erlaubt außerdem handelsbeschränkende Eingriffe bei umweltgefährdenden Gütern, wenn für in- und ausländische Hersteller identische produktbezogene Standards gelten[32]. Auch bei regionalen Freihandelsabkommen sind in den letzten Jahren zunehmend handelsrelevante Umweltschutzmaßnahmen integriert worden – so zum Beispiel bei der Schaffung der Nordamerikanischen Freihandelszone (NAFTA).

Insgesamt kommen wir zu dem Schluß, daß es wenig wünschenswert und auch kaum praktikabel ist, den Handel mit Rohstoffen, Waren, Technologien und Dienstleistungen zu unterbinden. Es spricht wenig dafür, daß einseitige protektionistische Maßnahmen bestimmter Regionen oder Staaten zur Durchsetzung der eigenen nachhaltigkeitspolitischen Zielsetzung Erfolg haben werden. Entscheidend für die Umsetzung von Nachhaltigkeit ist in unseren Augen aber sehr wohl die Frage, ob und wie der Handel qualitatives Wachstum und die Einhaltung der im vierten Kapitel formulierten Managementregeln fördern kann. Es gilt im Rahmen einer Nachhaltigkeitspolitik, ein hohes Niveau im Bereich des Schutzes von Natur und Umwelt mit einem liberal geprägten Welthandelsregime zu vereinbaren und hierfür Kriterien aufzustellen. Um Handel und Umweltschutz miteinander in Einklang zu bringen, ist die Bereitschaft aller Staaten, für eine konsequente Internalisierung der externen Umweltkosten einzutreten und diese unter Zuhilfenahme der im Kapitel 6 beschriebenen Instrumente auch tatsächlich und gemeinsam umzusetzen, notwendig. Hier ist – im Gegensatz zu (einseitigen) protektionistischen Maßnahmen – allein das Prinzip der Kooperation vielversprechend.

Dem Handel mit Produkten, die als „nachhaltig" bezeichnet werden können, lassen sich bereits in der heutigen Situation keine überzeugenden Argumente entgegensetzen. In Fällen, in denen nachgewiesenerweise in bestimmten Regionen der Welt bestimmte Güter im Rahmen einer nachhaltigen Produktionsweise hergestellt werden können, spricht aus der Sicht der Nachhaltigkeit alles dafür, daß diese Region möglichst viel produziert und exportiert. Dies gilt insbesondere, wenn die Bedingungen in den einführenden Regionen so sind, daß bei der heimischen Produktion desselben Gutes mit stärkeren negativen Effekten auf Natur und Umwelt gerechnet werden müßte.

Darüber hinaus haben Haushalte, Unternehmen und öffentliche Hand die Möglichkeit, ihre jeweiligen Einkäufe so zu tätigen, daß Nachhaltigkeit auch im Ausland gefördert wird und sollten diese auch verstärkt nutzen. Nicht die Im- und Exportquoten einer Region sind entscheidend für die Nachhaltigkeitssituation eines Landes, sondern ihre Außenhandelsstruktur, also die qualitative Zusammensetzung der Ein- und Ausfuhren. Auf der Grundlage einer nach festen Kriterien gestalteten Beurteilung der Nachhaltigkeit von Produkten können freiwillige Kaufentscheidungen zugunsten der Lebenssituation der heutigen und kommenden Generationen getätigt werden. Solche freiwilligen Entscheidungen auf individueller Ebene widersprechen nicht den Prinzipien eines freien Welthandels und sind mit den im Rahmen der Welthandelsordnung geltenden Regeln konform. Neben der Verbraucheraufklärung über die Konsequenzen ihrer Kaufentscheidung können positive Anreize für die Handelspartner gesetzt werden, damit diese Kriterien der Nachhaltigkeit bei den Produktionsprozessen berücksichtigen. Dies kann im Fall der Entwicklungsländer auch Kompensationen für die Unterlassung von umweltbelastenden wirtschaftlichen Aktivitäten zum Schutz globaler Gemeinschaftsgüter einschließen[33]. Wenn sowohl die einführende als auch die ausführende Region Vorteile aus dem Austausch nachhaltiger Produkte erkennen kann, steht dem Im- bzw. Export umweltfreundlicher Produkte nichts entgegen.

Damit Haushalte und Produzenten beim Einkauf umweltbewußt entscheiden können, müßten idealerweise alle Ein- und Ausfuhren des jeweils betrachteten Bezugsraums daraufhin untersucht werden, ob sie die Nachhaltigkeit in den Herkunfts- oder Empfängerländern fördern oder hemmen. Die Prinzipien, die für die eigene Region gelten, müßten auch für die importierten und exportierten Güter und Dienstleistungen gelten. Dies ist zweifellos ein sehr weitreichendes, anspruchsvolles und nur sehr schwer zu erfüllendes Kriterium. Eine vollständige Rückverfolgung und Bilanzierung der Stoff- und Materialströme ist ein kompliziertes und im Prinzip unmögliches Unterfangen. Die massiven praktischen Schwierigkeiten beginnen bei der Erfassung der relevanten Ströme und enden bei der Prüfung, ob ein Produkt als nachhaltig gelten kann. Ein besonderes Problem stellen raumübergreifende externe Effekte dar, die konsequenterweise erfaßt und in die Analyse einbezogen werden müßten.

Um eine nachhaltige Entwicklung im regionalen oder nationalen Bezugsraum voranzubringen, ohne eine Abwälzung der Probleme nach außen zu bewirken, ist zumindest der Versuch, die wichtigsten Stoff- und Materialströme zu erfassen und transparent zu machen, ein erstrebenswertes Ziel. Dies schließt alle Handelsbeziehungen inklusive des Tourismus sowie die überregionale Beeinflussung von Natur und Umwelt durch unerwünschte Nebeneffekte von Produktion und Konsum ein. Nur auf der Grundlage einer zumindest groben Bilanzierung ist es überhaupt möglich, zu entscheiden, in welchen Bereichen der Handlungsbedarf besonders groß ist. Handel, Einkäufer von Unternehmen und Endverbraucher müssen erkennen können, durch welche Aktivitäten Lasten nach außen abgeschoben werden und wo auf Kosten Dritter gelebt wird.

Für das praktische Vorgehen bei der Berücksichtigung der Nachhaltigkeit bei den Importen und der damit zwangsläufig verbundenen Bilanzierung bietet sich ein sukzessives Vorgehen an. So wäre es zum Beispiel möglich, erst einmal bei den Agrarprodukten zu beginnen, weil neben dem

Wasserverbrauch und dem Abfallaufkommen Flächenverbrauch und Bodenbeanspruchung besonders kritische Größen bei der Beurteilung von Nachhaltigkeit sind[34]. Später kann man dazu übergehen, auch Industrieprodukte auf Nachhaltigkeit zu prüfen.

Als Bindeglied zwischen Produktion und Konsum kann der Handel hier als einflußreicher Vermittler dienen und nachhaltige Strukturen fördern, indem er Signale des Verbrauchers an die Produzenten weiterleitet und dem Verbraucher umweltverträgliche Produkte näherbringt. Die Einfuhr und Vermarktung nachhaltiger Produkte durch den Groß- und Einzelhandel wird heute bereits erfolgreich praktiziert. Vor allem Tropenholz, Textilien sowie Lebens- und Genußmittel, die bestimmten ökologischen Kriterien genügen, werden verstärkt angeboten. Neben einer umweltorientierten Nachfrage der Kunden sind eine vollständige Informationsbeschaffung bezüglich aller Herkunftsquellen der angebotenen Produkte und eine umfassende Evaluierung des Produktsortiments die Voraussetzung für ein verstärktes Engagement des Handels und den Umstieg auf nachhaltige Produkte. Verbunden mit der Schaffung von Gütezeichen (Labels), die dem Kunden Qualitätssicherheit und Transparenz vermitteln können, dürften die Chancen nachhaltiger Produkte im Kampf um die Gunst der Verbraucher steigen. Der Erfolg der Kennzeichnung nachhaltiger Produkte hängt aber davon ab, daß Kriterien für Nachhaltigkeit eindeutig definiert werden können. Je mehr wichtige Importeure sich an der Einführung einer einheitlichen Kennzeichnung beteiligen, um so größer die Chance, daß sich die Produktionsbedingungen in den Herkunftsländern verändern[35].

Fassen wir zusammen: Die Konzentration auf regionale Strategien der Umsetzung ist wichtig, bedeutet aber nicht, daß die Schlagkraft nationaler, ziwschenstaatlicher, internationaler und globaler Lösungsstrategien völlig außer acht gelassen werden sollte. Auf übergeordneten Ebenen angesiedelte Initiativen sind notwendig und müssen nicht im Widerspruch zu regionalen Ansätzen stehen. Leider sind diese überregionalen Ansätze, vor allem, wenn sie globales Handeln erfordern, schwer zu realisieren und zu koordinieren. Sie können aber durch regionale Vorreiter einen Anstoß erfahren. Insofern gibt es auch viele Schnitt- und Berührungspunkte zwischen den verschiedenen Ebenen.

Das Ziel regionaler Strategien besteht nicht darin, nachhaltige Inseln der Glückseligkeit zu schaffen, die womöglich alle nicht-nachhaltigen Konsequenzen der Produktion exportieren und nicht-nachhaltige Produkte auf Kosten Dritter von außen beziehen. Wir vertreten deshalb einen Ansatz, dessen Fokus regional ist und gleichzeitig über die Grenzen hinausschaut. Dieses Vorgehen beruht auf der Hoffnung, daß sich langfristig aus verschiedenen immer nachhaltiger werdenden Einheiten und deren Vernetzung ein nachhaltiges Ganzes entwickeln wird. In diesem Sinne gilt es auch, Handels- und Umweltpolitik zu integrieren und nicht gegeneinander auszuspielen. Wenn die miteinander Handel treibenden Regionen ihre Umweltkosten internalisieren, kann eine nicht nur ökonomisch, sondern auch ökologisch vorteilhafte internationale Arbeitsteilung möglich sein[36]. Das Spektrum der Instrumente, die zu Erreichung von nachhaltiger Entwicklung auf regionaler Ebene autonom eingesetzt werden können, ist weniger ausgeprägt als auf der nationalen Ebene. Nichtsdestotrotz verbleiben vielfältige Handlungsfelder, auf denen sich neue Strategien mit der Zeit durchsetzen können. Regionen, die notwendige Schritte zur Nachhaltigkeit erfolgreich eingeleitet haben, können Vorbildfunktion übernehmen und Bürgern und Entscheidungsträgern in anderen Regionen die Richtung weisen. Wenn sich immer mehr Regionen von der Vorbildfunktion anstecken lassen und auf immer nachhaltiger werdenden Entwicklungspfaden vernetzen, wird letztlich auch der Weg für globale Veränderungen geebnet sein.

Eine schnell entschlossene Gruppe kann bei der Erstbesteigung des Gipfels Wegbereiter für alle Nachfolgenden sein. Eine einmal gemeisterte Route und ein erfolgreiches Aufstiegskonzept stellen für andere Gruppen Anreiz und Vorbild dar. Die Anstrengungen eines Aufstiegs aber bleiben auch den Spätentschlossenen nicht erspart. Denn den Gipfel der Nachhaltigkeit in Angriff zu nehmen, heißt einen Berg bezwingen zu wollen, den man nicht über Seil- oder Zahnradbahnen bequem und mühelos erreichen kann. Im folgenden zweiten Teil der Buches geht es um Hinweise, wie man die Bergbesteigung in Angriff nehmen kann. Dieser Teil ist der Vertiefung und Veranschaulichung der in den letzten sieben Kapiteln gewonnenen Erkenntnissen mit speziellem Augenmerk auf den regionalen Bezugsraum gewidmet.

TEIL II

Beispielhafte Projekte und Fallstudien

8. Ein Konzept zur Messung einer nachhaltigen Entwicklung

Gerhard Pfister

8.1 Wozu dient die Messung einer nachhaltigen Entwicklung?

„Nachhaltigkeit" – kaum ein anderer Begriff wird so oft verwendet, wenn es um Visionen für eine zukünftige gesellschaftliche Entwicklung geht. Ähnlich wie die Begriffe „Freiheit" oder „Gerechtigkeit" findet der Begriff „Nachhaltigkeit" in der Öffentlichkeit eine hohe Zustimmung. Gleichzeitig teilt „Nachhaltigkeit" mit diesen Begriffen das Schicksal, daß ihre Bedeutungsinhalte höchst unterschiedlich gefaßt werden. Will man der Forderung nach einer nachhaltigen Entwicklung im politischen Raum wirklich Durchsetzungskraft verleihen, dann muß man diesen Begriff konkreter fassen.

Für die Konkretisierung des Nachhaltigkeitsbegriffs bieten sich zwei Vorgehensweisen an. Erstens kann danach gefragt werden, wie eine nachhaltige Entwicklung realisiert werden kann. In diesem Fall konkretisiert sich Nachhaltigkeit über die zu ergreifenden Maßnahmen. Dabei steht die Entwicklung von Instrumenten einer Nachhaltigkeitspolitik im Vordergrund. Zweitens kann untersucht werden, welche meßbaren Tatbestände eine nachhaltige Entwicklung anzeigen können. Diese Aufgabe verfolgt ein Konzept zur Messung einer nachhaltigen Entwicklung. Das Ergebnis eines solchen Konzeptes stellen Indikatoren einer nachhaltigen Entwicklung dar.

Beide Vorgehensweisen stehen in einem Zusammenhang. Indikatoren einer nachhaltigen Entwicklung sind eine Rechnungslegung über die Nachhaltigkeitssituation. Instrumente stellen Handlungsoptionen dar, mit denen die Ziele einer nachhaltigen Entwicklung realisiert werden können. Für eine Umsetzung des Nachhaltigkeitspostulates sind beide Betrachtungen notwendig. Mit Hilfe von Indikatoren kann festgestellt werden, wo der dringlichste Handlungsbedarf für eine Nachhaltigkeitspolitik besteht. Dies ermöglicht die zielgerechte Planung und Einsatz der Instrumente einer nachhaltigen Entwicklung (Planungsfunktion). Des weiteren können Indikatoren einer nachhaltigen Entwicklung den Erfolg einer Nachhaltigkeitspolitik überprüfen (Kontrollfunktion). Adressaten dieser Informationen sind politische Entscheidungsträger und die Öffentlichkeit.

Bei der Konkretisierung des Nachhaltigkeitsbegriffs über die Indikatoren einer nachhaltigen Entwicklung sind wir von der Annahme ausgegangen, daß das Wohlfahrtsniveau einer Gesellschaft durch die individuellen Nutzungsmöglichkeiten an Gütern (im weiteren Sinne) und Ressourcen bestimmt wird. Die Indikatoren müssen dann einen Vergleich dieser Nutzungsmöglichkeiten im Zeitablauf ermöglichen. Entsprechend der ethischen Norm sollen sie aufzeigen, wie sich die Verteilung der Nutzungsmöglichkeiten zwischen den Generationen verändert. Der Schwerpunkt unseres Indikatorkonzeptes liegt dabei auf dem Aspekt der Umweltqualität. Andere wünschbare Entwicklungen sozialer und ökonomischer Art werden nicht explizit erfaßt. Gegenüber Meßgrößen ökonomischer oder sozialer Art sind naturwissenschaftliche Meßgrößen in der Regel weniger wertgeladen.

Die von uns entwickelten Indikatoren für eine nachhaltige Entwicklung sollen den Entscheidungsträgern keine konkreten Handlungsempfehlungen für eine Nachhaltigkeitspolitik nahelegen. Ihre Funktion besteht lediglich darin, den Bedarf (Planungsfunktion) und Erfolg (Kontrollfunktion) einer Nachhaltigkeitspolitik anzuzeigen. Dies soll unabhängig davon erfolgen, welche Instrumente für die Umsetzung einer nachhaltigen Entwicklung von den Entscheidungsträgern im einzelnen präferiert werden. Auf diese Weise bleibt das Konzept zur Messung einer nachhaltigen Entwicklung offen für alternative Wege zur Nachhaltigkeit.

Wenn Indikatoren einer nachhaltigen Entwicklung wirksam zur Planung und Kontrolle nachhaltigkeitspolitischer Maßnahmen dienen sollen, dann müssen die Informationen über die Dringlichkeit und den Erfolg nachhaltigkeitspolitischer Maßnahmen, die durch die Indikatoren offenbart werden, für die Öffentlichkeit und politische Entscheidungsträger nachvollziehbar sein. Die Anzahl der Elemente eines Indikatorensystems und der Meßgrößen muß deshalb auf ein vermittelbares Maß beschränkt werden. Gleichwohl soll die Auswahl noch aussagekräftig genug sein, um sachgerecht eine nachhaltige Entwicklung anzeigen zu können. Dieser Spannungsbogen wird nur durch grundlegende Entscheidungen zu lösen sein, die werturteilsabhängig sind: Wieviele Elemente können in einem Konzept zur Messung einer nachhaltigen Entwicklung gerade noch berücksichtigt werden, so daß das Konzept von den Adressaten noch nachvollzogen werden kann? Welche Problembereiche einer nachhaltigen Entwicklung werden von den Adressaten als besonders relevant erachtet und welche als vernachlässigbar eingestuft? Welche Meßgrößen können die ausgewählten Problembereiche in geeigneter Weise quantitativ erfassen?

Von Anfang an planten wir unser Konzept zur Messung einer nachhaltigen Entwicklung so, daß es sofort angewendet werden kann. Unter dieser Zielsetzung treten die oben genannten Fragen zumindest teilweise in den Hintergrund, weil die Auswahl der betrachteten Problembereiche und Meßgrößen auch von der aktuellen Datenverfügbarkeit bestimmt wird. Wir können dann nur jene Meßgrößen verwenden, die bereits für andere Zwecke schon regelmäßig ermittelt und dokumentiert werden. Wir können unser Konzept hingegen nicht auf jene Meßgrößen aufbauen, die zwar aufgrund von theoretischen Überlegungen notwendig und sinnvoll wären, die in Baden-Württemberg jedoch nicht oder noch nicht erhoben werden. Dieses pragmatische Vorgehen hat den Vorteil, daß Zeitverzögerungen bei der Umsetzung vermieden werden können. Der Kreis der vorhandenen Meßgrößen wird aber stets kleiner sein als der Kreis der denkbar möglichen Meßgrößen: Die Aussagefähigkeit dieses unmittelbar anwendbaren Konzeptes wird eingeschränkt durch die normative Kraft des Faktischen.

Diese Eigenschaft gilt für alle theoretisch fundierten Indikatorensysteme. Die Auswirkungen können durch weitere Forschungen jedoch abgemildert werden. Unser Konzept zur Messung einer nachhaltigen Entwicklung formuliert hierfür die geeigneten Ansatzpunkte. Es beschreibt die allgemeinen Eigenschaften der Meßgrößen, die für eine Verwendung in unserem Indikatorensystem notwendig sind. Damit wird der Rahmen für die Entwicklung und empirische Anwendung neuer Meßgrößen geschaffen. Unser Konzept zur Messung einer nachhaltigen Entwicklung erfüllt deshalb – neben den politikberatenden Funktionen der Planung und Kontrolle einer Nachhaltigkeitspolitik – eine dritte Funktion: es formuliert den Forschungsbedarf und konkretisiert die Forschungsziele, die eine genauere Messung einer nachhaltigen Entwicklung ermöglichen können.

8.2 Welche Größen können zur Messung einer nachhaltigen Entwicklung verwendet werden?

Bei der Entwicklung unseres Indikatorensystems sind wir von folgender Hauptfrage ausgegangen: Wie kann der Kapitalstock, der nachfolgenden Generationen weitergegeben wird, gemessen werden? Unser Konzept versucht, dieses Erbe über den *Bestand an künstlichem Kapital plus natürlichem Kapital* abzubilden. Unter künstlichem Kapital verstehen wir dabei jede Bedürfnisbefriedigungsmöglichkeit, die von Menschen produziert worden ist. Natürliches Kapital ist hingegen jedes Kapital, welches ohne Zutun des Menschen vorhanden ist und menschliche Bedürfnisse befriedigen kann. Bei der Messung dieser Kapitalbestände geht es in erster Linie nicht um die tatsächlichen Nutzungen, sondern um die Nutzungsmöglichkeiten. Sofern dasselbe Niveau an Bedürfnisbefriedigung im Zeitablauf gewährleistet bleibt, sind in unserem Konzept Änderungen in der Zusammensetzung des gesamten Kapitalbestandes im Einklang mit Nachhaltigkeit.

Wie lassen sich die relevanten Kapitalbestände anhand vorhandener Daten erfassen? *Künstliches Kapital* sind zum einen Güter und Dienstleistungen, die auf Märkten gehandelt werden, wie zum Beispiel Gebäude, Maschinen und Arbeitskraft. Zum künstlichen Kapital zählen zum anderen aber auch Güter und Dienstleistungen, die nicht auf Märkten gehandelt werden, sondern die Ergebnis individuellen menschlichen Handelns oder gesellschaftlicher Vereinbarungen sind. Ein Beispiel für Letzteres ist die Rechtssicherheit. Während sich der Wert jener Güter und Dienstleistungen, die auf dem Markt gehandelt werden, noch relativ leicht an den dafür gezahlten Marktpreisen ablesen läßt, ist der Wertansatz der nicht gehandelten Güter gar nicht oder nur unter erschwerten Bedingungen zu ermitteln. In der Volkswirtschaftlichen Gesamtrechung (VGR) wird versucht, dieses Problem dahingehend zu lösen, daß der Wert des produzierten, aber nicht-marktgängigen Zugangs an künstlichem Kapital (Nettoinvestitionen) auf der Basis der dafür aufgewandten Produktionskosten geschätzt wird. Diese Berechnungen sind jedoch auch nur für bestimmte Teile des nicht-gehandelten künstlichen Kapitals möglich und zwar für jene Güter und Dienstleistungen, die durch staatliche Haushalte finanziert werden. Dabei wird stillschweigend unterstellt, daß die Höhe der Ausgaben, z.B. für Justiz, Gesundheitswesen, Bildung und Erziehung, der Wertschätzung des dadurch erstellten Teils des künstlichen Kapitals (z.B. Rechtssicherheit, Gesundheitszustand der Bevölkerung, Wissen) entspricht.

Die Probleme der vollständigen Erfassung des künstlichen Kapitals gehen jedoch noch weiter. Es gibt auch künstliches Kapital, das nicht nur nichtmarktfähig ist, sondern darüber hinaus durch den Einsatz von Mitteln produziert wird, welche ebenfalls nicht über Märkte gehandelt werden. Als ein Beispiel hierfür können die sozialen Fähigkeiten, die von Kindern in der Familie erlernt werden, genannt werden. Nettoinvestitionen in dieser Art von künstlichem Kapital können deshalb nicht einmal über die Produktionskosten erfaßt und bewertet werden. Insgesamt bleibt festzustellen, daß das künstliche Kapital über die Zuordnung eines geldlichen Gegenwertes deshalb nur unvollständig erfaßt werden kann.

Welche Alternativen können dann ergriffen werden, um den Wert des künstlichen Kapitals, also das von Menschen produzierte materielle und immaterielle Vermögen, zu messen? Eine Möglichkeit wäre der bewußte Verzicht auf eine wertmäßige Erfassung des künstlichen Kapitals. Statt dessen böte sich an, Teilaspekte des künstlichen Kapitals mengenmäßig zu erfassen. Dazu könnte man Größen wie beispielsweise den Ausstattungsgrad der Haushalte mit Telefonen, Alphabetisierungsgrad, durchschnittliche Lebenserwartung, Kriminalitätsrate usw. zur Erfassung des von Menschen produzierten Vermögens heranziehen. Bei dieser Vorgehensweise stellt sich aber das Problem, daß eine große Anzahl unterschiedlicher Meßgrößen notwendig wird. Diese können aufgrund ihrer unterschiedlichen Dimensionen jedoch nicht miteinander verrechnet werden. Bei diesem Vorgehen würde aber die Messung einer nachhaltigen Entwicklung mit einer Vielzahl unverbundener Meßgrößen einhergehen, so daß ein daraus resultierendes Indikatorensystem wenig übersichtlich wäre.

Wir haben uns hier für eine Lösung entschieden, die man als eine pragmatische Variante des ersten Vorgehens ansehen kann. Diese Lösung besteht darin, eine Ersatzgröße für die nicht vollständig erfaßbare Größe „künstliches Kapital“ zu bestimmen. Diese Ersatzgröße sollte in einer engen Beziehung zu der maßgeblichen Größe stehen und mit ihr korrelieren. Dazu haben wir zwei Annahmen getroffen. Erstens gehen wir davon aus, daß in einer hoch entwickelten Volkswirtschaft das von Menschen produzierte künstliche Kapital weiterhin entweder in hohem Maße auf Märkten gehandelt wird oder daß zu dessen Erstellung Produktionsfaktoren eingesetzt werden, die über Märkte gehandelt werden. Unter dieser Annahme erscheint – trotz aller Bedenken – die oben diskutierte Rechnungslegung der Volkswirtschaftlichen Gesamtrechnung (VGR) ein plausibler und praktikabler Ansatzpunkt für die Bestimmung des Indikators für das künstliche Kapital zu sein. Zweitens nehmen wir an, daß die Struktur der gesamten Nettoinvestitionen gleich bleibt. In diesem Fall zieht eine Erhöhung der bewerteten Teile der Nettoinvestitionen eine proportionale Erhöhung der nicht-bewerteten Teile nach sich. Diese zweite Annahme trifft beispielsweise dann zu, wenn eine bessere Versorgung mit Gütern, die über den Markt erstellt werden (als bewerteter Teil der Nettoinvestitionen), auch gleichzeitig die Möglichkeiten erweitert, sozialen Frieden zu erhalten (als nicht bewerteter Teil der Nettoinvestitionen). Der gesuchte Indikator zur Messung des künstlichen Kapitals ist dann das Nettoanlagevermögen (NAV) in einer Volkswirtschaft.

Gegen das Nettoanlagevermögen als Indikator für die Entwicklung der künstlichen Vermögenswerte gelten prinzipiell dieselben Einwände wie gegen das aus derselben Rechnungslegung hervorgehende Bruttoinlandsprodukt (BIP), welches in der wirtschaftspolitischen Diskussion als Indikator einer gesellschaftlichen Wohlfahrt materieller Art verwendet wird. Trotz aller Bedenken gegen den Indikator BIP gibt es bislang keine andere Meßgröße, die eine zuverlässigere Auskunft über die Fähigkeit einer Volkswirtschaft geben kann, wieviel Güter und Dienstleistungen im abgelaufenen Wirtschaftsjahr produziert wurden. Ein pragmatisches Konzept der Nachhaltigkeitsmessung wird sich deshalb dieser Erkenntnis bis auf weiteres fügen müssen.

Obgleich das BIP und das NAV aus derselben Rechnungslegung stammen, ist das NAV gegenüber der bekannteren Größe BIP vorzuziehen. Bei dem BIP handelt es sich um eine Stromgröße, also um eine Größe, die die Wohlfahrtssituation im Sinne eines gesamtwirtschaftlichen Produktionsergebnisses innerhalb einer Rechnungsperiode anzeigen kann. Das NAV ist hingegen eine Bestandsgröße. Es kann das zu einem Erhebungszeitpunkt bestehende Potential abbilden, welches zur Erzeugung des BIP verwendet werden kann. Damit erfüllt der Indikator NAV grundsätzlich eher das Bestreben, den Bestand des künstlichen Vermögens zu erfassen: es mißt die Nutzungsmöglichkeiten und nicht die tatsächlichen Nutzungen. Des weiteren stehen BIP und NAV zwar in einem engen Verhältnis zueinander. Das BIP ist jedoch stark von der Auslastung des NAV abhängig, die ihrerseits stark im Konjunkturverlauf schwankt. Da konjunkturelle Phänomene relativ kurzfristiger Natur sind, sollten sie der Klarheit wegen nicht von einem langfristig orientierten Nachhaltigkeitskonzept berücksichtigt werden. Damit ist auch in dieser Hinsicht das NAV ein genauerer Indikator.

Mit dem Indikator NAV sind (wie auch mit dem Indikator BIP) künstliche Kapitalbestände verbunden, die überwiegend rivalen Charakter aufweisen. Der Indikator NAV bildet folglich Kapitalbestände ab, deren Nutzung von einem Individuum in Konkurrenz zur Nutzung durch ein anderes Individuum steht. In langfristiger Hinsicht erscheint daher eine Berücksichtigung der Bevölkerungsentwicklung unumgänglich: Steigt mit der Ausweitung des künstlichen Kapitalstocks die Bevölkerungszahl überproportional, so verringert sich der künstliche Kapitalstock pro Kopf. Unter der Annahme, daß ein verringerter Kapitalstock pro Kopf mit einem geringeren individuellen Nutzenniveau verbunden ist, kann damit ein Anstieg der Bevölkerungszahl die Wohlfahrtswirkung eines größeren künstlichen Kapitalstocks überkompensieren. Zur Messung einer nachhaltigen Entwicklung ist deshalb vom künstlichen Kapitalstock pro Kopf, d.h. *vom NAV pro Kopf,* auszugehen. Diese Größe haben wir in unserem Indikator-Konzept verwendet.

Wie kann man die Nutzungsmöglichkeiten messen, die sich aus dem *natürlichen Kapital* ergeben? Naheliegend mag es sein, auch die Veränderungen des natürlichen Kapitals als Investitionen bzw. als Abschreibungen zu erfassen und in Analogie zum künstlichen Kapital ebenfalls monetär zu bewerten. Dieses Vorhaben ist jedoch zum Scheitern verurteilt. Die Probleme einer monetären Erfassung des natürlichen Kapitals sind noch sehr viel größer, als dies schon für das künstliche Kapital der Fall ist. Während der Bestand des künstlichen Kapitals in weiten Teilen bekannt ist und der Wert dieses Bestandes über Marktpreise bzw. Faktorkosten in groben Zügen evaluiert werden sowie dessen Lebensdauer und wirtschaftliche Verfügbarkeit eingeschätzt werden kann, liegen diese Informationen zur Erfassung des natürlichen Kapitals gar nicht oder nur in geringerem Maße vor. Auch eine Ersatzgröße, die mit der Entwicklung des natürlichen Kapitals – ähnlich wie das Nettoanlagevermögen als Ersatzgröße für das zu messende künstliche Kapital – eng korreliert, ist uns nicht bekannt.

Bei einem pragmatischen Vorgehen muß man sich deshalb auf eine physikalisch-quantitative Messung der Veränderungen des natürlichen Kapitals beschränken. Dazu wird eine Auswahl von Teilen des natürlichen Kapitals erforderlich, die allerdings niemals objektiv und endgültig sein kann. Für unser Konzept sind wir dabei von der Auswahl des Umweltbeobachtungssystems der Organisation für wirtschaftliche Zusammenarbeit und Entwicklung (OECD)[1] ausgegegangen und haben dieses in zweierlei Hinsicht modifiziert: Zum einen haben wir die Teile des von der OECD ausgewählten natürlichen Kapitals daraufhin untersucht, ob sie nachfolgende Generationen tatsächlich betreffen oder nur für die heutige Generation von Relevanz sind. Dadurch wurden die Elemente eines Systems zur Umweltbeobachtung von den Elementen eines Systems zur Nachhaltigkeitsbeobachtung getrennt. Als Kriterium hierfür diente die Dauerhaftigkeit der Auswirkungen von umweltbelastenden Aktivitäten. Beispielsweise kann Lärm ein sinnvolles Element eines Umweltbeobachtungsystems sein, nicht jedoch ein sinnvolles Element eines Nachhaltigkeitsbeobachtungssystems: Lärm belastet unmittelbar nur die heutige Generation; sobald eine Lärmquelle versiegt, entsteht kein Schaden für nachfolgende Generationen. Zum zweiten geht es in unserem anwendungsorientierten Konzept um eine regionale Betrachtung für Baden-Württemberg. Unter dieser Zielsetzung kann auf die Ermittlung einiger Elemente verzichtet werden, die unseres Erachtens von den Bewohnern Baden-Württembergs als weniger wichtig erachtet werden. So wurde zum Beispiel das Element „Fischbestände" nicht berücksichtigt.

Unter diesen Überlegungen gelangten wir zur in Tabelle 1 dargestellten Auswahl von Kategorien des natürlichen Kapitals.

Tabelle 1: Kategorien und Meßgrößen zur Nachhaltigkeit

Nachhaltigkeits-kategorien	Meßgrößen
1. Künstliches Kapital	• Nettoanlagevermögen
2. Klimastabilität	• Kohlendioxid-Konzentration (Z) • Kohlendioxid-Emissionen (B)
3. Ozonschicht	• Konzentration des stratosphärischen Ozons (Z)
4. Eutrophierung/ Nikatgehalt im Grundwasser	• Nitrat-Konzentration im Grundwasser (Z) • Depositionen von Stickstoffverbindungen im Boden (B) • Gesamt-Phosphor-Konzentration in stehenden Gewässern (Z)
5. Versauerung	• pH-Wert des Grundwassers (Z) • Gesamt-Schwefel-Depositionen (B) • Stickoxid-Emissionen (B) • Schwefeldioxid-Emissionen (B)
6. Verschmutzung/ Umwelttoxizität	• Konzentration organischer Schadstoffe ohne Methan (Z) • Blei-Konzentration im Schwebstaub (Z) • Cadmium-Konzentration im Schwebstaub (Z) • Nickel-Konzentration im Schwebstaub (Z) • Blei-Konzentration in Schwebstoffen im Wasser (Z) • Cadmium-Konzentration in Schwebstoffen im Wasser (Z) • Nickel-Konzentration in Schwebstoffen im Wasser (Z)
7. Artenvielfalt/Vielfalt von Landschaften und Ökosystemen	(zur Zeit keine ausreichende Datenbasis vorhanden)
8. Abfall	• deponiertes Abfall- und Reststoffaufkommen (B) • Aufkommen radioaktiver Abfälle (B)
9. Wasserressourcen	• Biologischer Sauerstoffbedarf in Gewässern (Z) • Biologischer Sauerstoffbedarf als Ablauffracht öffentlicher Kläranlagen (B) • Konzentration des gelösten organisch gebundenen Kohlenstoffs (Z) • Konzentration der organisch gebundenen Halogenverbindungen (Z)
10. Forstressourcen	• Holzvorrat (Z) • Holzzuwachs/Holzeinschlag (B) • Fläche von Schutz- und Erholungswäldern (R)
11. Boden	• Anteil versiegelter Flächen (Z)
12. Importierte erschöpfbare Ressourcen	• Import fossiler Energieträger (B)

Z = Zustandsmeßgröße B = Belastungsmeßgröße R = Reaktionsmeßgröße

Wie können die verschiedenen Kategorien gemessen werden ? Aus unserer Sicht sollten die Meßgrößen möglichst eng an den realen Nutzungsmöglichkeiten der Kategorien anknüpfen. Oftmals ergibt sich dabei aber das Problem, daß die Nutzungsmöglichkeiten nicht direkt einer Messung zugänglich sind. Auch eine rein physisch-quantitative Erfassung ist mit erheblichen Schwierigkeiten verbunden. Als eine Alternative dazu bietet sich eine inzwischen international verbreitete Messung anhand der Größen „Pressure“, „State“ und „Response“ an. Diese Größen erklären sich folgendermaßen:

Belastungsmeßgrößen („Pressure“)

Belastungsmeßgrößen beschreiben die Belastungen der Umwelt durch menschliche Aktivitäten, beispielsweise die Belastung des Klimas durch Kohlendioxid-(CO_2)-Emissionen. Zweckmäßig sind sie vor allem dann, wenn die Aktivitäten, die auf die Nutzungsmöglichkeiten des natürlichen Kapitals einwirken, berücksichtigt werden sollen. Mit Hilfe dieser Größen können die durch den Menschen ausgelösten Ursachen für die Nachhaltigkeitssituation aufgezeigt werden.

Zustandsmeßgrößen („State“)

Zustandsmeßgrößen beschreiben die Umweltqualität sowie die Qualität und Quantität natürlicher Ressourcen, beispielsweise die Klimastabilität durch die Konzentration von Treibhausgasen. Nur diese Meßgrößen können verwendet werden, wenn es um eine Messung der Veränderung der Nutzungsmöglichkeiten im Zeitablauf geht, weil nur Zustandsmeßgrößen unmittelbar an die realen Nutzungsmöglichkeiten des natürlichen Kapitals anknüpfen.

Reaktionsmeßgrößen („Response“)

Reaktionsmeßgrößen beschreiben die gesellschaftlichen Reaktionen, welche möglicherweise Änderungen des Umweltzustandes bewirken; beispielsweise die Ausweisung von Schutz- und Erholungswald. Für eine Messung der Nachhaltigkeitssituation an den getroffenen gesellschaftlichen Entscheidungen über Umweltnutzungen sind Reaktionsmeßgrößen notwendig. Da gesellschaftliche Entscheidungen von der Wahrnehmung und der Kommunikation von Umweltzuständen abhängig sind, sind diese Meßgrößen – im Gegensatz zu den Belastungs- und Zustandsmeßgrößen – in hohem Maße normativ geprägt.

Von unserem Blickwinkel der Nachhaltigkeitsmessung ausgehend, waren wir bestrebt, in erster Linie Zustandsmeßgrößen zu verwenden. Wir greifen nur dann auf Belastungsmeßgrößen zurück, wenn keine Zustandsmeßgrößen

verfügbar sind oder ergänzend auf anthropogene Ursachen hingewiesen werden sollte. Des weiteren können Belastungsmeßgrößen Hinweise darauf geben, wie sich die eigentlich relevanten Zustandsmeßgrößen in Zukunft verändern werden, wenn sich die Belastungen erst mit großer zeitlicher Verzögerung auf die Zustandsmeßgrößen auswirken. Als drittrangig stufen wir die Reaktionsmeßgrößen ein. Zwar läßt sich mit einem positiven Verlauf dieser Größen die Hoffnung verbinden, daß sich auch die Zustandsmeßgrößen positiv verändern werden. Sie sind aber nicht nur von den realen Nutzungsmöglichkeiten des natürlichen Kapitals sehr entfernt, sondern sie legen aufgrund ihres normativen Gehalts einem Entscheidungsträger nahe, an welchen Punkten eine Nachhaltigkeitspolitik anzusetzen habe. Und genau das sollte eine maßnahmenoffene Rechnungslegung über die Nachhaltigkeitssituation nicht tun.
Insgesamt haben wir zur Messung unserer zehn ausgewählten Kategorien des natürlichen Kapitalstocks die im folgenden erläuterten Meßgrößen verwendet.

Klimaänderung
Eine Klimaänderung gefährdet die Stabilität der Ökosysteme. Als Zustandsmeßgröße könnte hier die durchschnittliche Temperatur verwendet werden. Ein grundlegender Anstieg der durchschnittlichen Temperatur in Baden-Württemberg ist noch nicht erkennbar. Dieser wird jedoch mit zunehmender Konzentration der Treibhausgase Kohlendioxyd (CO_2), Methan und Lachgas in der Zukunft für wahrscheinlich gehalten. Deshalb können als Zustandsmeßgrößen für den zukünftigen Trend einer Klimaänderung auch die Konzentrationen der Treibhausgase verwendet werden. Für Baden-Württemberg liegen langjährig lediglich Daten für die CO_2-Konzentration vor. Als entsprechende Belastungsmeßgröße haben wir die Emissionen von CO_2 herangezogen.

Ozonschichtzerstörung
Die Ozonschicht in der Stratosphäre schützt die Erdoberfläche vor schädlicher kosmischer Strahlung. Die Qualität dieses Schutzes ist von der Ozon-Konzentration abhängig. Sie läßt sich über die Menge des Gesamtozons erfassen. Wesentlichen Einfluß auf die Menge des Gesamtozons hat Lachgas, insbesondere in Verbindung mit Chlor (Chlornitrat). Letzteres stammt überwiegend aus Emissionen von Fluorchlorkohlenwasserstoffen. Diese Daten sind für Baden-Württemberg jedoch nicht ausreichend verfügbar, so daß auf Belastungsmeßgrößen verzichtet werden mußte.

Eutrophierung

Eutrophierung bedeutet eine Übersättigung von Wasser und Böden mit Nährstoffen, was zu Nutzungseinschränkungen führen kann. Mögliche Zustandsmeßgrößen für das Umweltmedium Wasser können die Konzentrationen von Nitraten (Grundwasser) und Phosphaten (stehende Gewässer) sein. Hierzu liegen Daten aus dem baden-württembergischen Grundwasserbeschaffenheitsmeßnetz und dem Bodensee vor. Als Belastungsmeßgröße wird die aus der Atmosphäre eingetragene Deposition von reaktiven Stickstoffen (N) verwendet. Dabei haben wir auf Daten des Depositionsmeßnetzes der Forstlichen Versuchs- und Forschungsanstalt Baden-Württemberg zurückgegriffen. Mit dieser Belastungsmeßgröße kann auch die Eutrophierung von Böden erfaßt werden.

Versauerung

Die Versauerung von Wasser und Böden stellt eine erhebliche Qualitätseinbuße für die menschliche Nutzung dieser Ressourcen dar. Als Zustandsmeßgröße für die Versauerung kann der Säuregehalt (pH-Wert) dienen. Ein Rückgang des Säuregehaltes bis zum natürlichen Säuregehalt wäre als wünschenswert einzustufen. Hierzu haben wir Daten aus dem baden-württembergischen Grundwasserbeschaffenheitsmeßnetz verwendet. Für Böden liegen nur unsystematisch Daten für einzelne Flächen vor. Der Säuregehalt wird maßgeblich durch die atmosphärischen Einträge von Schwefel (S) und Stickstoffen (N) beeinflußt. Da die Depositionsmengen von N bereits unter dem Aspekt der Eutrophierung behandelt werden, kann sich eine Belastungsmeßgröße auf die Schwefeleinträge konzentrieren. Diese Depositionen werden ebenfalls über das Depositionsmeßnetz der Forstlichen Versuchs- und Forschungsanstalt Baden-Württemberg erfaßt. Des weiteren werden von uns – wie es die OECD vorschlägt – als Belastungsmeßgrößen die jährlichen Emissionsmengen an Schwefeldioxid und Stickoxid verwendet.

Verschmutzung / Umwelttoxizität

In diesem Bereich ist die Auswahl von relevanten Meßgrößen ein äußerst schwieriges Vorhaben. Zum einen liegt das an der Vielzahl existierender Schadstoffe, zum anderen an den unterschiedlichen Auffassungen darüber, welche dieser Schadstoffe als relevant zu erachten sind. Um diese Problematik zunächst zu umgehen, kann man sich am Vorgehen der OECD orientieren. Dieses sieht als Zustandsmeßgrößen die Konzentrationen der Schwermetalle Blei, Quecksilber, Cadmium und Nickel in den Umweltmedien Wasser, Luft und Boden vor. Zusätzlich sollen die Konzentrationen jener organischen Schadstoffe erfaßt werden, die durch den Summenparameter VOC (volatile organic compound) beschrieben werden. Zu ihnen gehören Methan, Fluorchlorkohlenwasserstoffe, Propan, Benzol, Furane, Dioxine und Lösemittel. In Baden-Württemberg werden seit einigen Jahren die Konzentrationen der Schwermetalle Blei, Cadmium und Nickel als Schwebstoffproben in Rhein, Neckar und Donau dokumentiert. Auch für das Umweltmedium Luft werden diese Schwermetalle in den Schwebstäuben gemessen. Die VOC-Konzentrationen werden ebenfalls erfaßt, jedoch ohne den Schadstoff Methan (als NM-VOC = Non-Methan-VOC). Dagegen liegen für das Umweltmedium Boden noch keine ausreichenden Daten vor. Erst im Jahre 1986 wurde ein Meßnetz von Bodendauerbeobachtungsflächen in Betrieb genommen, das für alle zehn bis zwölf Jahre Messungen vorsieht. Ein zweites Intensivmeßnetz, in dem Messungen alle drei Jahre vorgenommen werden sollen, existiert erst seit 1993.

Artenvielfalt / Vielfalt von Landschaften und Ökosystemen

Artenvielfalt kann als Verschiedenartigkeit und Veränderlichkeit von lebenden Organismen (Variabilität) verstanden werden, wobei sich die Vielfalt sowohl auf die Ebene der Ökosysteme als auch auf die Ebene der Arten bzw. der genetischen Vielfalt innerhalb von Arten beziehen kann. Die Artenvielfalt hängt eng mit der Intensivierung der Landnutzung zusammen, so daß beide Kategorien zusammen behandelt werden können. Die positive Bewertung dieser Vielfalt hängt eng mit den Existenz- und Optionswerten der Natur zusammen. Die Menschen bewerten einerseits das pure Vorhandensein von Arten (Existenzwert), andererseits auch die Offenhaltung einer möglichen zukünftigen Nutzung von Arten (Optionswert) positiv. Als Zustandsmeßgrößen für die Artenvielfalt / Vielfalt von Landschaften und Ökosystemen existiert eine Reihe von Vorschlägen, wie beispielsweise die Populationsveränderungen von Leitarten, Verschiebungen innerhalb eines Artenspektrums, Vernetzung von Biotopen u.ä. Die Beobachtung dieser Größen scheitert jedoch daran, daß die erforderlichen Daten nicht flächendeckend für Baden-Württemberg verfügbar sind. Für die – von der OECD in einer ähnlichen Form vorgeschlagene – Zustandsmeßgröße „Anzahl der bedrohten oder schon ausgestorbenen Pflanzen und Tierarten an der Gesamtzahl der in einem Raum bekannten Arten (Rote Liste)“ liegen Daten vor. Diese sind für eine Bildung einer Zeitreihe aber nicht ausreichend. Des weiteren könnte man die Veränderung naturnaher Landschaftsformen in Baden-Württemberg als Belastungsmeßgröße heranziehen. Daten hierzu liegen ebenfalls nicht vor. Insgesamt kann festgehalten werden, daß zur Abbildung des Bereiches „Artenvielfalt / Vielfalt von Landschaften und

Ökosystemen" noch erhebliche Forschungsanstrengungen notwendig sind. Zur Zeit scheint dieser Indikator nicht sinnvoll ausfüllbar zu sein.

Abfall

Durch den Abfall nimmt der Mensch die Umwelt in ihrer Funktion als Senke für feste Stoffe in Anspruch. Eine denkbare Meßgröße ist die „Restnutzungsdauer von öffentlichen Deponien". Neben dem Abfallaufkommen wird diese Größe jedoch stark von planerischen Vorgaben – beispielsweise durch den Ausweis neuer Deponien – beeinflußt. Um die Gefahr zu vermeiden, eher eine Reaktionsmeßgröße als eine Zustandsmeßgröße abzubilden, wird auf die Erfassung dieser Größe verzichtet. Alternativ dazu kann eine Belastungsmeßgröße verwendet werden: die jährlich deponierten Abfallmengen. Dazu haben wir die Daten für das deponierte Abfall- und Reststoffaufkommen von Haushalten, produzierendem Gewerbe und Krankenhäusern verwendet. Aufgrund der besonderen Problematik von radioaktiven Abfällen, wollten wir deren Aufkommen gesondert ausweisen. Diese Abfälle werden in Baden-Württemberg als „endlagergerecht konditionierte radioaktive Abfälle mit vernachlässigbarer Wärmeentwicklung" erfaßt.

Wasserressourcen

Wasser ist lebenswichtig für alle heimischen Ökosysteme und Ausgangsstoff vielfältiger menschlicher Nutzungen. Was die Bereitstellung der Quantität des Wassers betrifft, so scheint dies für Baden-Württemberg insgesamt, d.h. unter Vernachlässigung von lokalen Disparitäten, kein Problem zu sein. Deshalb kann man sich auf die Beanspruchung der Qualität des Wassers beschränken. Da über 90% des Abwassers klärtechnisch behandelt wird, ist auch das absolute Abwasseraufkommen nicht die entscheidende Größe. Vielmehr ist in Baden-Württemberg die Betrachtung der Inhaltsstoffe des Grundwassers und der Oberflächengewässer von Interesse. Die Qualität des Grundwassers und der stehenden Gewässer werden bereits unter dem Aspekt der Eutrophierung behandelt, deshalb steht hier die Qualität der fließenden Gewässer im Vordergrund. Als Zustandsmeßgrößen werden der biochemische Sauerstoffbedarf (BSB), die Konzentration der gelösten Kohlenstoffverbindungen (DOC) und die Konzentration für verschiedene Halogenverbindungen (AOX) verwendet. Der BSB gibt die Belastung des Sauerstoffhaushaltes von Gewässern an, der Summenparameter DOC die Verschmutzung des Gewässers mit organischen Verbindungen. Als Teil davon weist der Summenparameter AOX insbesondere die Verschmutzung des Gewässers mit unterschiedlich persistenten und toxischen Halogenen aus. Als Belastungsmeßgröße ziehen wir zusätzlich den biochemischen Sauerstoffbedarf der Ablaufmengen (Frachten) der Kläranlagen in Baden-Württemberg heran.

Forstressourcen

Wälder sind die vielfältigsten und verbreitetsten Ökosysteme der Erde. Sie liefern nicht nur den Rohstoff „Holz“ (Rohstoffunktion), sie regulieren auch die Qualität von Umweltmedien wie Wasser, Luft und Boden und stellen Erholungsräume und Biotope (Schutz- und Erholungsfunktion) bereit. Im Rahmen der Rohstoffunktion von Wäldern bietet sich der Holzvorrat in Festmetern als Zustandsmeßgröße sowie das Verhältnis von Holzeinschlag zu Holzzuwachs in Festmetern als Belastungsmeßgröße an. Schwieriger ist die Bestimmung der Schutz- und Erholungsfunktion von Wäldern. Diese Funktionen können lediglich anhand einer Reaktionsmeßgröße abgebildet werden: die im Rahmen von Forstplanungen explizit ausgewiesene Fläche von Schutz- und Erholungswäldern.

Boden

Die Ressource Boden kann unterschiedliche Funktionen erfüllen. Erstens kann der Boden eine produktive Ressource für die Produktion von Nahrungsmitteln und erneuerbaren Rohstoffen sein und zweitens Standort für Siedlungen, Gewerbe und Infrastruktureinrichtungen. Des weiteren kann der Boden als Deponiefläche für Abfälle (siehe „Abfälle“) oder Senke für Schadstoffe (siehe „Umwelttoxizität / Verschmutzung“) dienen und Lebensraum für Tiere und Pflanzen bieten (siehe „Artenvielfalt / Vielfalt von Landschaften und Ökosystemen“). Da die letztgenannten Funktionen bereits durch andere Indikatoren abgedeckt werden, verbleiben in dieser Katgeorie die zwei erstgenannten Funktionen zur Beurteilung. Zur Erfassung der ersten Funktion des Bodens ist auf das Verhältnis von Bodenerosion und Bodenneubildung abzustellen. Regelmäßig dokumentierte Daten, die über das Ausmaß dieser Größen in Baden-Württemberg Auskunft geben können, liegen jedoch nicht vor. Im Rahmen der Standortfunktion des Bodens kann hingegen der Flächenanteil des versiegelten Bodens an der Gesamtfläche als Zustandsmeßgröße ausgewiesen werden.

Import erschöpfbarer Ressourcen

Mit den bisherigen Elementen zur Messung einer nachhaltigen Entwicklung haben wir uns an den Potentialen in Baden-Württemberg orientiert. Nun kann man der Auffassung sein, daß mögliche Auswirkungen des baden-württembergischen Wirtschaftens auf die Nachhaltigkeitssituation von Regionen außerhalb Baden-Württembergs ebenfalls erfaßt werden sollten.

In diesem Fall sind auch jene Ressourcen zu berücksichtigen, die die Baden-Württemberger von Regionen außerhalb Baden-Württembergs in Anspruch nehmen. Damit müßten die zahlreichen Güter- und Stoffströme zwischen Baden-Württemberg und anderen Regionen erfaßt werden. Dies ist nicht nur aus Gründen der Datenmenge, sondern auch konzeptionell ein schwieriges, wenn nicht unmögliches Unterfangen. Konzeptionell lassen sich diese Verflechtungen noch am einfachsten im Falle des Imports von erschöpfbaren Ressourcen beurteilen: Jede Einheit, die nach Baden-Württemberg transportiert und konsumiert wird, steht weder zukünftigen Generationen noch Menschen außerhalb Baden-Württembergs mehr zur Verfügung. Als exemplarische Größe hierzu haben wir den Import fossiler Energieträger verwendet.

8.3 Welche Aussagekraft hat der Indikatorenkatalog zur Messung einer nachhaltigen Entwicklung?

Wie können diese Größen zur Messung einer nachhaltigen Entwicklung interpretiert werden? Welche Voraussetzungen müssen für eine sinnvolle Interpretation der Meßgrößen vorliegen? Zur Beantwortung dieser Fragen taucht das eingangs erwähnte Problem wieder auf: „Nachhaltigkeit“ ist ein vielfältig interpretierbares Konzept. Zwei Grundauffassungen können hier voneinander abgegrenzt werden: die „starke“ und die „schwache“ Nachhaltigkeit. Die Vertreter der sogenannten starken Nachhaltigkeit sprechen dann von einer nachhaltigen Entwicklung, wenn die Bestände des natürlichen Kapitals absolut gesehen nicht abnehmen. Für die Vertreter der sogenannten schwachen Nachhaltigkeit ist eine Entwicklung hingegen dann nachhaltig, wenn natürliche Ressourcen im Zeitablauf immer effektiver genutzt werden. Dies wird durch eine fallende Ressourcenintensität (respektive steigende Ressourcenproduktivität) angezeigt. In dieser Vorstellung kann Nachhaltigkeit nicht in absoluten Größen gemessen werden, sondern nur relativ zur Entwicklung des künstliches Kapitals.

In unserer Präsentation „Nachhaltige Entwicklung in Baden-Württemberg – Statusbericht“[2] haben wir versucht, beide Nachhaltigkeitsauffassungen soweit wie möglich gleichberechtigt zu verfolgen und diese anhand einer graphisch aufbereiteten Zeitreihe mit der realen Entwicklung zu konfrontieren. Auf der folgenden Doppelseite (Abbildung 1: Nachhaltigkeit in der Kategorie „Klimastabilität) wird dieses Vorgehen anhand der Kategorie „Klimastabilität“ dargestellt. Nach Auffassung der „starken“ Nachhaltig-

Abbildung 1: Nachhaltigkeit in der Kategorie „Klimastabilität“

A: Kohlendioxid-Konzentration

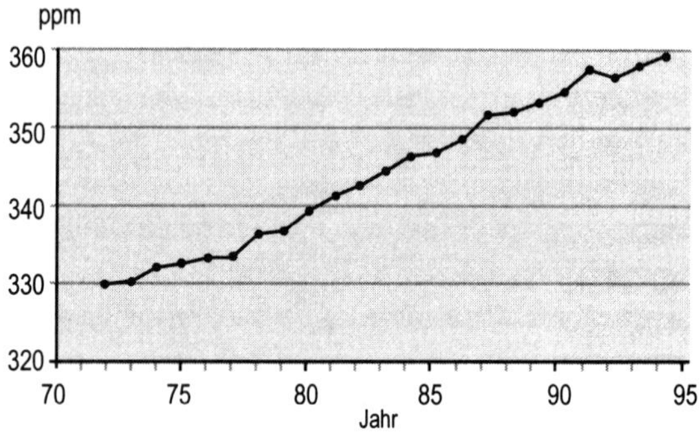

C: Kohlendioxid-Emissionen

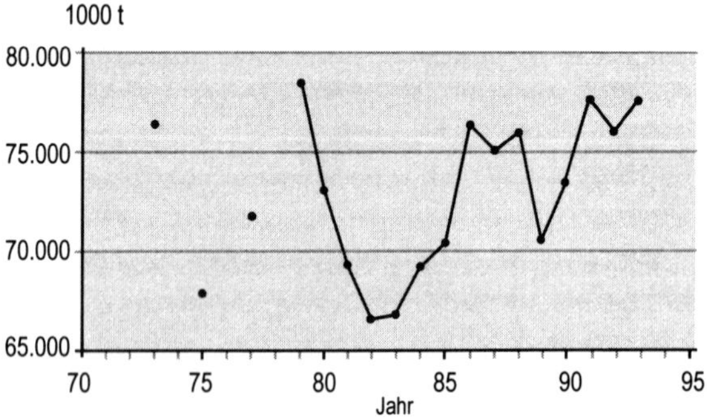

keit würde beispielsweise eine Zunahme der Kohlendioxid-Konzentration in der Atmosphäre eine Verschlechterung der Bedingungen für eine Klimastabilität bedeuten und damit allein eine nicht-nachhaltige Entwicklung anzeigen. Dieser absolute Verlauf der Zustandsmeßgröße „Kohlendioxid-Konzentration“ wird in Abbildung A dargestellt. Die darunterliegende Abbildung C veranschaulicht hingegen den absoluten Verlauf der Belastungsmeßgröße „Kohlendioxid-Emissionen“. Aus dem Verlauf der absoluten Belastungsmeßgröße können dann Rückschlüsse auf den weiteren Verlauf der absoluten Zustandsmeßgröße gezogen werden. Die Vorstellung der „schwachen“ Nachhaltigkeit wird im Fall der Klimastabilität durch einen von Jahr zu Jahr sinkenden Quotienten zwischen den Kohlendioxid-Emissionen und dem Nettoanlagevermögen pro Kopf ausgewiesen. Diese Auffassung wird durch die Abbildung D visualisiert.

B: Kohlendioxid-Konzentration pro NAV/Kopf

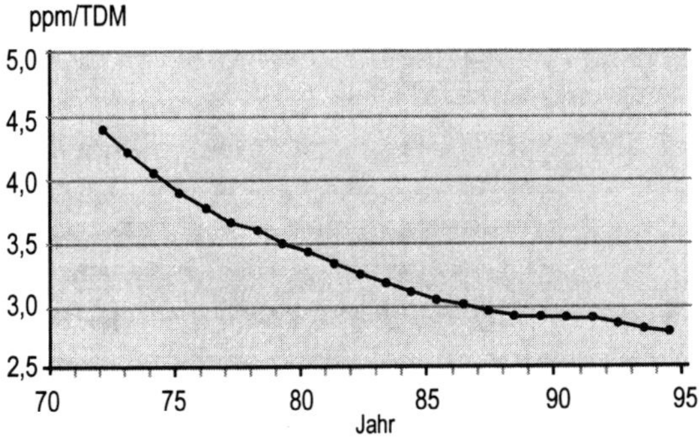

D: Kohlendioxid-Emissionen pro NAV/Kopf

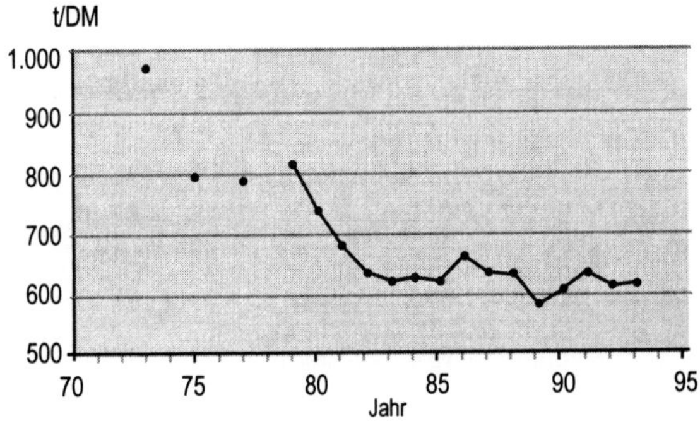

Belastungsmeßgrößen können jedoch nur die Beeinflussung der Nutzungsmöglichkeiten im Zeitablauf aufzeigen; die zur Beurteilung der Nachhaltigkeitssituation relevante Entwicklung des Niveaus an Nutzungsmöglichkeiten wird durch den Verlauf der Zustandsmeßgrößen angezeigt. Darauf stellt die Abbildung B ab. Beispielsweise kann ein Rückgang des natürlichen Kapitals (hier: Abnahme der Klimastabilität) mit einer Steigerung des künstlichen Kapitals verbunden gewesen sein. Unter der Annahme, daß eine Substitution des natürlichen Kapitals grundsätzlich möglich ist, kann dann auf einen Verlauf in Richtung einer schwachen Nachhaltigkeit geschlossen werden, wenn sich das künstliche Kapital überproportional zum Rückgang des natürlichen Kapitals erhöht. Dies deutet auf eine (Über-)Kompensation des Verlustes von natürlichem Kapital durch einen Anstieg des künstlichen Kapitals hin, so daß sich das Wohlfahrtsniveau möglicherweise zumindest nicht verringern würde. Bei einer Abnahme des natürlichen Kapitals ist eine Zunahme des künstlichen Kapitals jedoch nicht zwangsläufig mit einer Tendenz in Richtung Nachhaltigkeit verbunden, vor allem dann nicht, wenn die Grenzen der Austauschbarkeit zwischen natürlichem und künstlichem Kapital bereits erreicht sind.

Starke oder schwache Nachhaltigkeit, welche Position ist vorzuziehen? Wir denken, daß „die Wahrheit" zwischen diesen beiden Auffassungen liegt. Die Position der starken Nachhaltigkeit (Abbildungen A und C) ist auf der einen Seite dann zutreffend, wenn eine natürliche Ressource in ihrem Bestand als unverzichtbar angesehen wird. Dies kann beispielsweise für die Ozonschicht gelten, wenn die Wirkungen eines abnehmenden Schutzes vor kosmischer Strahlung als nicht kompensierbar angesehen werden. Auf der anderen Seite verwenden Menschen in ihrem Wirtschaftsprozeß natürliches Kapital, um künstliches Kapital herstellen zu können. Sie mindern dadurch zwar den Bestand von natürlichem Kapital, erhöhen dafür aber den Bestand an künstlichem Kapital. Die Position der schwachen Nachhaltigkeit (Abbildungen B und D) kann beispielsweise zur Beurteilung der Inanspruchnahme von Flächen herangezogen werden: Menschen versiegeln Flächen, um die Voraussetzungen für höher wertgeschätzte Infrastrukturleistungen zu schaffen. Ob dadurch aber tatsächlich eine höhere Bedürfnisbefriedigung entsteht, hängt von der Bilanz der Nutzengewinne und Nutzenverluste, also von den Präferenzen der Betroffenen ab. Wir vermuten, daß auch hier das unter Ökonomen bekannte Gesetz des abnehmenden Grenznutzens gilt. Es besagt, daß pro Einheit abgebautem natürlichen Kapital eine immer größere Menge an künstlichem Kapital zur Kompensation, d.h. zur Aufrechterhaltung des Bedürfnisbefriedigungsniveaus, benötigt wird. Welche der beiden Auffassungen, „starke" oder „schwache" Nachhaltigkeit, letztlich jedoch entscheidend sein soll, können wir nicht werturteilsfrei bestimmen. Deshalb haben wir jeweils beide Positionen dargestellt.

In einem weiteren Schritt haben wir die Ergebnisse aus den Abbildungen A bis D in einer Ampeldarstellung zusammengefaßt. Eine rote Ampel signalisiert, daß für den betrachteten Bereich eindeutig eine nicht-nachhaltige Entwicklung festgestellt werden muß, während eine grüne Ampel für einen Verlauf in Richtung Nachhaltigkeit steht. Gelbes Licht bedeutet eine kritische Situation in bezug auf die Nachhaltigkeit. Dieser weitergehende Schritt einer Informationsverdichtung verlangt eine Entscheidung, welche der beiden Nachhaltigkeitsauffassungen wir in bestimmten Bereichen für plausibel halten. Um das Ergebnis nachvollziehbar zu machen, erschien es uns jedoch von Vorteil, diese beiden Darstellungsebenen – Graphiken und Ampel – zunächst zu trennen.

Für den Bereich der Klimastabilität wird die Ampel auf „Rot" geschaltet: Eine zunehmende Kohlendioxid-Konzentration (Abbildung A) und steigende Kohlendioxid-Emissionen (Abbildung C) zeigen nach der Auffassung der starken Nachhaltigkeit eindeutig eine nicht-nachhaltige Entwicklung auf. Die Relation der Kohlendioxid-Konzentrationen zum Nettoanlagevermögen pro Kopf zeigt hingegen einen fallenden Verlauf. Dies deutet darauf hin, daß der Nutzenverlust aus der Erhöhung der Kohlendioxid-Konzentration möglicherweise durch einen Nutzengewinn aus der Erhöhung des künstlichen Kapitals ausgeglichen worden ist (Abbildung B). Diese Interpretation wird aber nicht aus dem Verlauf der Relation zwischen der Kohlendioxid-Konzentration und dem Nettoanlagevermögen gestützt. Die Abbildung D zeigt nur bis zum Jahr 1983 eine fallende Ressourcenintensität an, seit diesem Zeitpunkt ist keine Effektivitätssteigerung mehr festzustellen.

Was sind – über alle Meßgrößen gesehen – die wesentlichen Ergebnisse aus der Anwendung dieses Konzeptes auf Baden-Württemberg? Aus der zeitlichen Entwicklung der Meßgrößen lassen sich insgesamt dreizehn grüne Ampeln, fünf gelbe und sechs rote Ampeln interpretieren. Die roten Ampeln lassen sich neben der Kategorie „Klimastabilität" in den Kategorien „Ozonschicht", „Eutrophierung", „Verschmutzung / Umwelttoxizität" sowie „Import von erschöpfbaren Ressourcen" feststellen. Hinsichtlich der Kategorie „Ozonschicht" ergibt sich hingegen kein aktueller baden-württembergischer Handlungsbedarf, da die Produktion des wesentlichen ozonschichtzerstörenden Stoffes in Baden-Württemberg wie in ganz Europa bis auf eine kleine Restmenge vollständig eingestellt wurde. Auch für die Kategorie „Verschmutzung / Umweltoxizität" läßt sich für die eingesetzten Meßgrößen nur bedingt ein Handlungsbedarf ableiten. Unter Berücksichtigung der ökologischen Zusammenhänge zwischen den einzelnen Kategorien konzentriert sich der baden-württembergische Handlungsbedarf dann vor allem auf drei Felder: Energieverbrauch, Inanspruchnahme von Flächen bzw. Bodenverbrauch und Nitratbelastung. Wenn man den tatsächlichen Umgang mit Energie betrachtet, dann wird in Baden-Württemberg nicht nur das Ziel des Klimaschutzes verfehlt. Auch der Import fossiler Energieträger zeigt seit dem Jahre 1982 keinen anhaltenden Trend in Richtung einer nachhaltigen Entwicklung, so daß andere Regionen durch den baden-württembergischen Umgang mit Energie in ihrem Bestreben nach Nachhaltigkeit gefährdet werden. Als Ausweg daraus würde sich eine Substitution fossiler Energieträger anbieten. Dies könnte zugleich eine Entlastung bei den Stickoxid-Emissionen mit sich bringen, wodurch eine wesentliche Ursache für die Überdüngung von Böden und Gewässern sowie den neuartigen Waldschäden reduziert werden könnte. Ein zusätzlicher Weg zur Verringerung der Stickstoffbelastung von Böden besteht in der weitergehenden Förderung umweltverträglicher landwirtschaftlicher Bewirtschaftungsweisen. Schließlich ist mit der Frage der Flächeninanspruchnahme das Probelm der Versiegelung verbunden. Zwar liegt hier die Vermutung nahe, daß der Nutzen aus der Verwendung von Flächen zur Zeit noch größer ist als der Nutzenverlust durch die Versiegelung von Flächen. Dennoch erscheint insbesondere aus der Sicht des Natur- und Landschaftschutzes eine vorausschauende Politik ratsam, die diese positive Nutzenbilanz auch in Zukunft aufrecht erhalten kann.

Ein herausragendes Kennzeichen unseres Konzeptes ist, daß die Nachhaltigkeitssituation anhand der zeitlichen Entwicklung der natürlichen und der künstlichen Vermögensbestände beurteilt wird. Nachhaltigkeit wird in unserem Konzept nicht vorrangig danach festgestellt, ob Grenzwerte eingehalten werden oder nicht. Entscheidend ist hingegen die Richtung der Entwicklung. Dies hat zwar den Nachteil, daß für einen Bereich möglicherweise eine grüne Ampel geschaltet wird, obwohl die absolute Belastung noch über einer Grenze liegt, die als nicht mehr annehmbar angesehen wird. Doch wie bestimmt sich, welches Belastungsniveau nicht mehr annehmbar ist? Hier sind wiederum Werturteile über die Zumutbarkeit von Umweltzuständen notwendig und diese sind meist wenig konsensfähig. Für die Beurteilung einer Nachhaltigkeitssituation wollen wir Grenzwerte deshalb nur dort verwenden, wo zweifelsohne natürliche Ressourcen gefährdet werden, die als nicht substituierbar angesehen werden.

In unserem Konzept zur Messung einer nachhaltigen Entwicklung können alle Meßgrößen nur durch einen Zeitvergleich interpretiert werden. Dies hat drei Folgen: Erstens müssen mehrere, vergleichbare Erhebungen der Meßgrößen in der Vergangenheit duchgeführt worden sein (Zeitreihenbetrachtung). Eine einzige Erhebung einer Meßgröße ist nicht interpretierbar. Eine Aussage kann umso sicherer getroffen werden, je mehr Daten für eine Meßgröße in einer Zeitreihe vorliegen. Zweitens liefern die Indikatoren kein absolutes Maß der Nachhaltigkeit. Sie zeigen lediglich auf, ob im Zeitablauf eine Verbesserung oder Verschlechterung eingetreten ist, d.h. sie können lediglich angeben, ob eine Annäherung oder eine Entfernung von einer nachhaltigen Entwicklung stattgefunden hat. Und drittens: Als Referenzmaßstab, ob in der Vergangenheit eine Entwicklung in Richtung Nachhaltigkeit stattgefunden hat, dienen die Ausprägungen der jeweiligen Meßgrößen in den Vorperioden. Dies gilt unabhängig davon, ob die Ausprägungen der Meßgrößen im Bereich einer wie immer auch definierten absoluten Nachhaltigkeit liegen oder nicht.

Wir sind uns durchaus bewußt, daß die Akademie mit einem solchen Konzept zur Messung einer nachhaltigen Entwicklung „vermintes Gelände" betritt. Denn Nachhaltigkeit kann nur zum Teil objektiv bestimmt werden und wird daher stets Diskussionen über die zu fällenden Werturteile auslösen. Dies gilt um so mehr, je mehr ein Konzept – wie das hier der Fall ist – unmittelbar anwendbar sein soll und damit Kompromisse gegenüber theoretisch wünschbaren Lösungen schließen muß. Doch angesichts der immer wieder in der öffentlichen Diskussion formulierten Forderung, Licht in das Dunkel des Nachhaltigkeitspostulates zu bringen, erschien es uns zunächst sinnvoller, ein Streichholz anzuzünden als auf den hellen Tag zu warten.

9. Nachhaltigkeit in der Land- und Forstwirtschaft

Holger Flaig, Günther Linckh, Hubert Sprich

9.1 Die Bedeutung von Land- und Forstwirtschaft für eine nachhaltige Entwicklung

Bei allen Überlegungen zur Nachhaltigkeit fällt der Land- und Forstwirtschaft eine zentrale Rolle zu. Warum ist das so? An der ökonomischen Bedeutung kann es nicht liegen. Der Anteil von Land- und Forstwirtschaft an der Bruttowertschöpfung aller Sektoren betrug 1995 in Baden-Württemberg – ähnlich wie in den meisten Industrieländern – zusammen nur etwa 1%[1]. Der Grund liegt vielmehr in der enormen Bedeutung dieser beiden Wirtschaftszweige für die natürlichen Ressourcen, insbesondere für Wasser, Boden und Artenvielfalt. In Baden-Württemberg werden derzeit 48% der Bodenfläche landwirtschaftlich genutzt, 38% sind mit Wald bestanden (Abbildung 1). Das bedeutet, daß 86% der Landesfläche als Grundlage und

Abbildung 1: Nutzung der Bodenfläche in Baden-Württemberg, Ergebnisse der Flächenerhebung 1993

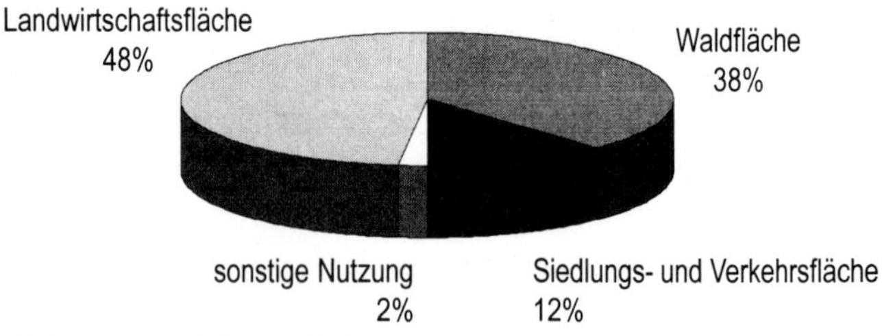

Bodenfläche insgesamt 3.575.180 Hektar

Quelle: Statistisches Landesamt 1996

als Ressource für die Urproduktion von Nahrungsmitteln, von Futtermitteln und von Holz, dem wichtigsten nachwachsenden Rohstoff dienen.

Welche Auswirkungen hat die derzeitige Landbewirtschaftung auf den Bestand und die Nutzung der natürlichen Ressourcen? Welche Strategien führen zu mehr Nachhaltigkeit in der Landbewirtschaftung und welche Maßnahmen sind zur Erreichung des Nachhaltigkeitsziels notwendig? Darum geht es in den folgenden Ausführungen, die auf den Ergebnissen des Akademie-Projekts „Voraussetzungen einer nachhaltigen Land- und Forstwirtschaft" basieren[2].

Im Spannungsfeld zwischen kontinuierlich steigenden Anforderungen der Gesellschaft an die Umweltverträglichkeit der Landbewirtschaftung und wachsendem ökonomischen Druck befinden sich die Land- und Forstwirte in einer besonders schwierigen Lage. Eine langfristig zukunftsfähige Land- und Forstwirtschaft soll umweltgerecht und ressourcenschonend qualitativ hochwertige Nahrungsmittel erzeugen, nachwachsende Rohstoffe produzieren, unsere Kulturlandschaft und deren Biotop- und Artenvielfalt weitgehend erhalten und zugleich dem internationalen Wettbewerb gewachsen sein. Um diesen vielfältigen Anforderungen gerecht werden zu können, sind deutliche Veränderungen der Agrarpolitik notwendig, die es den Betrieben ermöglichen, ihre Bewirtschaftung nachhaltig zu gestalten.

Der besonderen ökologischen Bedeutung der Land- und Forstwirtschaft gemäß müssen sich die Zielvorgaben für eine nachhaltige Entwicklung an den natürlichen Ressourcen ausrichten. Wenn es darum geht, geeignete Maßnahmen für eine nachhaltige Landbewirtschaftung vorzuschlagen, müssen neben der ökologischen Zielsetzung aber auch ökonomische und soziale Fragen eine gewichtige Rolle spielen. So gehört zu den Zielvorgaben beispielsweise auch die Gewährleistung eines ausreichenden Einkommens für effizient und umweltschonend wirtschaftende Betriebe.

Land- und Forstwirtschaft bieten sich förmlich für eine Betrachtung regionaler Strategien zur Nachhaltigkeit an. Die Produktion ist hier an den jeweiligen Standort gebunden. Die Standorte sind in ihren Voraussetzungen und Produktionsmöglichkeiten sehr unterschiedlich, so daß für die Verbesserung der Produktionsweise und die Entlastung der Ressourcen nur regional angepaßte Lösungen Erfolg versprechen. Im Blickpunkt des Projektes steht das Land Baden-Württemberg. Viele Aussagen und Folgerungen gelten jedoch auch für Deutschland oder für Mitteleuropa. Agrarpolitik wird beispielsweise maßgeblich auf der Ebene der Europäischen Union gestaltet, so daß, gerade wenn es um Agrarpolitik geht, die europäische Perspektive miteinbezogen werden muß.

9.2 Die Forstwirtschaft als Wiege des Nachhaltigkeitsgedankens

„Forstliche Nachhaltigkeit“ wurde in Deutschland bereits an der Wende vom 18. zum 19. Jahrhundert zur ethischen und rechtlichen Norm gestaltet. Die exzessive Holznutzung für Gewerbe, Bau und Energie hatte eine Rohstoff- und Energiekrise ausgelöst. Es sei daran erinnert, daß der Schwarz“wald“ zu jener Zeit so gut wie kahlgeschlagen war. Aus der Holznot geboren und zur ethischen Grundverpflichtung weiterentwickelt, ist die Nachhaltigkeit die bedeutendste „Erfindung“ der deutschen Forstwirtschaft[3]. Seitdem ist die Berücksichtigung künftiger Generationen für die moderne Forstwirtschaft eine Selbstverständlichkeit, wird doch die Saat, die heute gesät und gepflegt wird, erst in 40 bis 300 Jahren geerntet werden. Ursprünglich war der Begriff auf die Nachhaltigkeit der Holznutzung bezogen. Mit dem Bundeswaldgesetz (1975) und den Landeswaldgesetzen wurde der Begriff auf die Nachhaltigkeit aller materiellen und immateriellen Leistungen des Waldes ausgedehnt.

Mit den Grundpflichten einer nachhaltigen und pfleglichen Waldbewirtschaftung wie sie in Deutschland gelten, wird angestrebt, „die Ressource Wald auf Dauer als Grundlage für die Erzeugung von Holz, die Sicherung existentieller Lebensgrundlagen, die dynamische Sicherung von Lebensräumen von Tieren und Pflanzen und die naturnahe Erholung zu gestalten“[4].

Die Forstwirtschaft hat demnach mehrere Zwecke zu erfüllen. Sie hat eine Nutzfunktion – sie gewinnt den Rohstoff Holz, der zu einer Vielzahl von Produkten weiterverarbeitet werden kann. Darüber hinaus soll die Forstwirtschaft aber auch eine Schutz- und Erholungsfunktion erbringen bzw. gewährleisten.

9.3 Die Nutzung von Holz

Voraussetzung für eine Holzverwendung im Sinne von Nachhaltigkeit ist, daß nicht mehr aus dem Wald entnommen wird als nachwächst. Davon kann man für die heutigen Wälder Baden-Württembergs ausgehen. Zur Zeit wächst im Land sogar mehr Holz nach als pro Jahr genutzt wird, so daß die Holzvorräte im Bestand wachsen.

Die Nutzung von Holz trägt aus zwei Gründen zur Nachhaltigkeit bei. Zum einen ersetzt Holz als Material beispielsweise im Baugewerbe oder in der Möbelindustrie andere Materialien, die entweder selbst aus nicht erneuerbaren Ressourcen bestehen oder unter Einsatz von solchen Ressourcen hergestellt werden (Bsp. Holz statt Stahl oder Kunststoff). Holz als Brennstoff ersetzt unmittelbar fossile Energieträger wie Erdöl, Erdgas oder Kohle. Zum andern werden durch die Verwendung von Holz CO_2-Emissionen vermieden bzw. eingespart (Abbildung 2) – ein weiterer Baustein in den Bemühungen, die Emission treibhauswirksamer Gase zu verringern (vgl. Kapitel 11).

Abbildung 2: Jährliche Einsparung von CO_2 durch die Nutzung von Holz in Baden-Württemberg

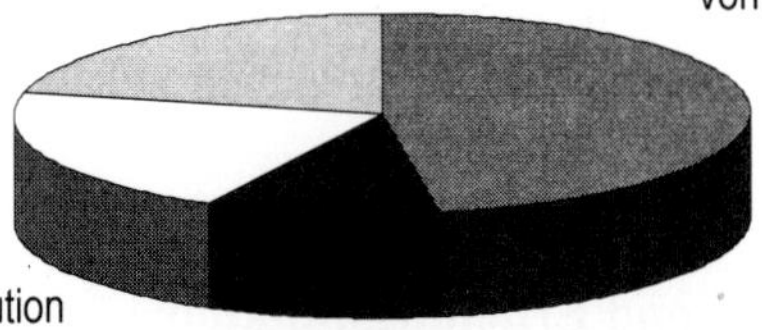

Bei der Materialsubstitution werden CO_2-Emissionen vermieden, wenn Holz gleichwertig Materialien ersetzt, deren Herstellung und Verwendung einen höheren Energieaufwand erfordert und damit höhere CO_2-Emissionen verursacht. Bei der Energiesubstitution wird Wärme und Strom statt über fossile Energieträger (bzw. fossile CO_2-Quellen) durch beinahe CO_2-neutrales Holz erzeugt. Bei der Zunahme des Gebäudebestandes wird Holz zu langlebigen Produkten verarbeitet, der enthaltene Kohlenstoff bleibt gespeichert. Durch die Vorratsanreicherung im Wald wird mehr CO_2 in Pflanzenmasse gebunden als freigesetzt und damit der Atmosphäre entzogen. Zahlenangaben in Mio. t Kohlenstoff (C). Nach Angaben von Volz/Böswald/Dinkelaker 1996.

Durch die Effekte der Holznutzung werden in Baden-Württemberg derzeit jährlich etwa 1 Mio. t Kohlenstoff nicht in die Atmosphäre freigesetzt und durch die laufende Vorratsanreicherung im Wald weitere 0,9 Mio. t C entzogen, das sind insgesamt fast 10% der jährlichen C-Emissionen (als CO_2) des Landes[5]. Eine zusätzliche CO_2-Minderung ließe sich dann erreichen, wenn es gelänge, den Zuwachs nahezu vollständig zu nutzen und einer überwiegend langfristigen Holzverwendung zuzuführen.

Die deutsche Forstwirtschaft kann derzeit aber nicht einmal ihr bestehendes Angebot ausschöpfen, und zwar aus zwei Gründen. Zum einen ist der Importdruck mit billigerer Ware hoch. Für den Holzmarkt gelten Weltmarktpreise. Zum andern fehlen für einige Holzsortimente, so z.B. Schwachholz, Absatzmöglichkeiten, weil es zu wenige wettbewerbsfähige, heimische Kapazitäten im Bereich der Produktion von Holzhalbwaren (Zellstoff u.a.) gibt[6].Auch der Markt für Holz als Energieträger ist noch zu wenig entwickelt. Demzufolge ist die finanzielle Ertragslage der deutschen Forstwirtschaft kritisch. Im Jahr 1993 wiesen fast alle Forstbetriebe, unabhängig von der Waldbesitzart, Verluste bis zu mehreren hundert DM pro Jahr und Hektar aus[7].

Die Ausweitung der Nutzung heimischen Holzes hätte den Vorteil, daß weniger Holz aus Regionen importiert würde, die unter Umständen weniger nachhaltig wirtschaften. Neben der eher längerfristigen Perspektive der Entwicklung neuer Märkte wird bereits versucht, durch neue Vermarktungsstrategien Marktanteile zurückzuerobern. Dazu zählt die Vermarktung der nachhaltigen, umweltverträglichen Produktionsweise, die sich in der Folge auch in wirtschaftlichen Vorteilen niederschlagen sollte, beispielsweise durch freiwillige Verpflichtungen der Abnehmer zur Verwendung entsprechend zertifizierten Holzes.

9.4 Schutz- und Erholungsfunktionen des Waldes

Wald[8] wächst in Deutschland „wie von selbst". Ohne den Eingriff des Menschen wären über 90% des Landes von Wald bedeckt. Auch ohne das Wirken der Forstwirtschaft würde der Wald viele Schutzfunktionen genauso gut erbringen, so den Schutz von Wasser und Boden, den regionalen Klimaausgleich oder den Schutz vor Lärm und Immissionen. Die Erholung im Wald ist aber in vielen Fällen auf die Vorleistung der Forstwirtschaft angewiesen, ist doch der durch die Forstwege geschaffene Zugang zum Wald für die meisten Besucher Voraussetzung, um sich dort erholen zu können. Die Rolle der Forstwirtschaft liegt hier also darin, daß sie die Schutz- und Erholungsfunktionen des Waldes bei gleichzeitiger Gewinnung von Holz gewährleisten soll.

Eine Waldbewirtschaftung, die nur auf relativ kurzfristige betriebswirtschaftliche Vorteile abzielt, hat Beispiele dafür geliefert, wie die Schutz- und Erholungsfunktionen des Waldes verschlechtert werden können. Ein teilweise noch aktuelles Beispiel ist der Anbau von Fichten-Reinbeständen auf ungeeigneten Standorten mit nachteiligen Wirkungen auf Waldboden (Nährstoffverarmung) und Wasser (Versauerung). Durch die Anfälligkeit solcher Bestände gegen Stürme oder Insektenbefall sind sie nur selten dauerhaft stabil. Die Orkane im Frühjahr 1990 warfen instabile Bestände, vorwiegend Fichte, in ganz Deutschland. Der ungeplante Anfall riesiger Holzmassen brachte den Holzmarkt völlig durcheinander und hatte maßgeblichen Anteil am Verfall der Holzpreise. Die Nachwirkungen waren bis 1994 zu spüren[9]. Dieses Beispiel zeigt, daß eine nicht standortgerechte Bestockung durch das hohe Betriebsrisiko auch ökonomisch fragwürdig ist, zumal einige Jahrzehnte zwischen Bestandesbegründung und Holzernte liegen. Heute stark von Fichte dominierte Bestände oder gar Reinbestände müssen deshalb allmählich zu stabileren Mischbeständen umgebaut werden.

Bedrohungen der Nachhaltigkeit erwachsen der Forstwirtschaft aber auch von außen: durch die neuartigen Waldschäden in vielen Regionen Deutschlands (und Europas). Auch wenn von großflächigem „Waldsterben" im Land keine Rede sein kann, so muß man ohne Gegenmaßnahmen doch damit rechnen, daß die betroffenen Waldökosysteme zunehmend instabil werden. Mit dem Risiko des Bestandes steigt auch das Risiko der Erträge.

Eine wesentliche Ursache für die Entwicklung der neuartigen Waldschäden ist in den hohen Stickstoffeinträgen aus der Luft in die Waldbestände zu suchen[10]. Die Landwirtschaft trägt durch die Emissionen von NH_3 gut zur Hälfte zu den Stickstoff-Einträgen bei, so daß die Reduktion von NH_3-Emissionen in der Landwirtschaft (vgl. Kapitel 9.9) sich im besten Sinne nachhaltig auf den Wald und dessen Bewirtschaftung auswirkt. Die andere Hälfte der Einträge ist auf die Emission von Stickoxiden, vor allem aus dem Sektor Verkehr, zurückzuführen (siehe Abbildung 4).

9.5 Naturnahe Waldbewirtschaftung

Die naturnahe Waldbewirtschaftung versucht, einen Kompromiß zu finden zwischen ökonomischen und ökologischen Zielsetzungen wie zwischen Holzproduktion und Naturnähe und zwischen Produktivität und Stabilität. Zentrales Element der naturnahen Waldbewirtschaftung ist der naturnahe Waldbau[11]. Er bleibt zwar durch menschliche Nutzungsziele bestimmt, muß aber die standörtlichen und ökologischen Gesetzmäßigkeiten und die natürliche Dynamik der Wachstumsabläufe beachten. Das beinhaltet in Zukunft insbesondere mehr Laubbäume und Tannen statt Fichten und mehr natürliche Verjüngung aus Samen statt Pflanzung von Baumkulturen. Derzeit beträgt in Baden-Württemberg der Nadelbaumanteil 65% (45% Fichte) und der Laubbaumanteil 35%[12]. Langfristig zielt man auf etwa 50% Nadelbäume (darunter 10% Tanne) und 50% Laubbäume[13]. Wertvolle Waldgesellschaften und Waldformen sowie die kartierten und ausgewiesenen, ökologisch bedeutsamen Waldbiotope (ca. 8% der Waldfläche) genießen bereits heute besonderen Schutz und, sofern erforderlich, zielorientierte Pflege. Als spezielle Maßnahme zum dynamischen Biotop- und Artenschutz sollte die Fläche von Wäldern, die weitgehend oder ganz der natürlichen Entwicklung überlassen bleibt, auf insgesamt 5–6% der Waldfläche verdoppelt werden.

Die Leitlinien der naturnahen Waldbewirtschaftung sind eine hervorragende Grundlage für nachhaltiges Wirtschaften in diesem Sektor. In großen Teilen der Wälder, die Bund und Ländern gehören (Abbildung 3), wird in den letzten Jahren bereits nach diesen Maßgaben gewirtschaftet. Viele Kommunen und Körperschaften halten sich ebenfalls daran. In Privatwäldern kommt es entscheidend auf das Engagement des Waldbesitzers an. Zumindest im Waldbesitz unter 20 Hektar ist die Dominanz der Nadelbäume mit ca. 80% in den jungen Beständen bis heute ungebrochen[14]. Fichtenbestände zu begründen ist oft billiger als naturnahen Waldbau zu etablieren, und für viele Waldbesitzer zählt jede Mark.

Abbildung 3: Waldbesitzverteilung in Baden-Württemberg und in den alten Bundesländern

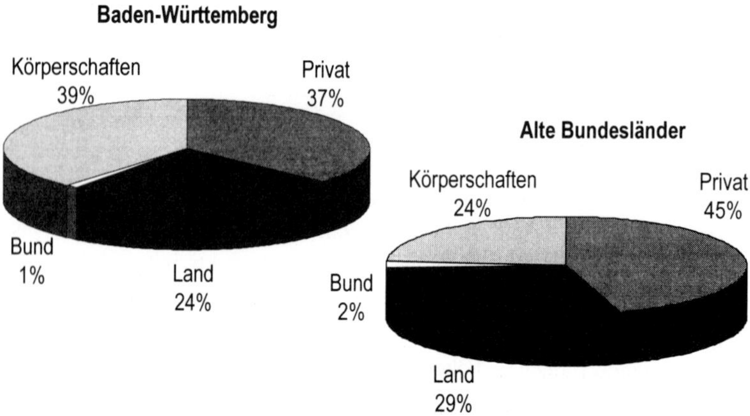

Waldbesitzverteilung (in %) in Baden-Württemberg und in den alten Bundesländern (in den neuen Bundesländern sind die Eigentums- und Besitzverhältnisse noch nicht abschließend geklärt) im Rahmen der Bundeswaldinventur (nach Landesanstalt für Umweltschutz 1995). Im Durchschnitt Deutschlands ist ein höherer Anteil Wald in privater Hand als in Baden-Württemberg.

Auf internationaler Ebene gibt es mehrere Initiativen zur nachhaltigen Entwicklung der Wälder. Bei der UN-Konferenz über Umwelt und Entwicklung (UNCED) 1992 in Rio de Janeiro wurde eine Waldgrundsatzerklärung und die sogenannte „Agenda 21“, die auch waldbezogene Kapitel enthält, verabschiedet. Für Europa wichtig ist der darauf aufbauende sogenannte „Helsinki-Prozeß“, dessen Kriterien für die nachhaltige Bewirtschaftung der Wälder Europas sich an den oben skizzierten Leitlinien der naturnahen Waldbewirtschaftung orientieren[15].

9.6 Waldökopunkte – ein Lösungsansatz?

Die Forstwirtschaft macht eine schwere ökonomische Krise durch. Will man vermeiden, daß ein Teil der Betriebe aufgibt oder nicht-nachhaltig wirtschaftet, wird analog zur Landwirtschaft in Zukunft das Einkommen der Forstbetriebe nicht mehr allein aus dem Holzerlös zu decken sein. Geht man davon aus, daß mit einer nachhaltigen naturnahen Waldbewirtschaftung die vielfältigen Bedürfnisse der Gesellschaft an Nutz-, Schutz- und Erholungsfunktionen des Waldes am besten befriedigt werden, so muß in Wäldern, die öffentliches Eigentum sind, die öffentliche Hand auch für eventuelle Mehrkosten aufkommen. Im Einzelfall bedeutet naturnaher Waldbau für den Betrieb zumindest kurzfristig erhöhte Aufwendungen oder geringere Gewinnerwartungen. Um die Schutz- und Erholungsfunktionen auch im Privatwald angemessen zu sichern, sind daher finanzielle Anreize ähnlich wie in der Landwirtschaft (vgl. Kapitel 9.11) überlegenswert.

Honoriert würden solche Leistungen, die der Privatwald-Besitzer dafür erbringt, daß die gesamten Wirkungen der Ressource „Wald“ in einer gesellschaftlich geforderten Quantität und Qualität gewährleistet sind. Orientieren kann sich ein solches Honorierungssystem an einer Skala, z. B. an einem Waldökopunktesystem, das einen bestimmten gewünschten Waldzustand und die Schritte dorthin belohnt[16]. Honoriert werden sollte der Eigentümer, der naturnahen Wald erhält und nachhaltig bewirtschaftet und der Eigentümer, der einen solchen Wald erst herstellt. Grundlage böten Leistungsziele, die auf ökologischen, waldbaulichen, aber auch ertragskundlichen Kriterien aufbauen. Ein gewisser waldbaulicher Mindeststandard wäre allerdings vorauszusetzen.

Private Forstbetriebe und Betriebe von öffentlich-rechtlichen Körperschaften erhalten bereits im Rahmen von Förderprogrammen des Bundes und der Länder finanzielle Zuwendungen[17]. Die Honorierung ökologischer Leistungen wäre keine zusätzliche Förderung, sondern müßte durch eine Umstrukturierung des bestehenden Förderungssystems finanziert werden[18].

9.7 Nachhaltigkeitsprobleme der Landwirtschaft früher und heute

„Früher stand die Landbewirtschaftung im Einklang mit der Natur". Dies ist eine weitverbreitete, romantische Vorstellung. Dabei war jede Art der Landbewirtschaftung schon immer mit einem mehr oder weniger starken Eingriff in Natur und Landschaft verbunden[19]. So war über Jahrhunderte der Wald – über die Zwischenstufe Tierhaltung – Träger der Ackerfruchtbarkeit. Die Düngung des Ackerbodens erfolgte mit Viehdung und anderen organischen Reststoffen, die aus der Nutzung des Waldes als Weide und Streulieferant stammten. Der ständige Stoff-Transfer vom Wald über den Viehstall auf die Äcker führte auf Dauer zur Degradierung und Vernichtung der Wälder, an deren Stelle Gebüsche, mageres Grasland oder Zwergstrauchheiden traten, die beweidet oder zur Mahd genutzt wurden.

Eine wichtige Begleiterscheinung dieser degradierenden Nutzung war die Entstehung eines ganzen Spektrums zusätzlicher Standorte mit ökologischen Bedingungen, wie sie in der Naturlandschaft kaum oder gar nicht vorkamen und einer großen Zahl von Pflanzen- und Tierarten Ansiedlungs- und Ausbreitungsmöglichkeiten boten. Der ökologischen Degradierung entsprach also eine biologische Bereicherung der Landschaft – eine wesentliche Wurzel der heutigen Biotop- und Artenvielfalt[20].

Nach ersten Modernisierungsschritten bis zur Mitte des 20. Jahrhunderts entwickelte sich die Landwirtschaft ab den 50er Jahren verstärkt durch technischen, biologischen, chemischen und organisatorischen Fortschritt zur modernen „konventionellen" Landwirtschaft von heute. Flurstücke wurden maschinengerecht vergrößert und die Landschaft von „störenden" Hecken, Feldrainen, Terrassen, Feuchtparzellen und naturnahen Wasserläufen „bereinigt". Auf den größeren Feldern, Wiesen und Weiden wurde intensiver, d.h. mit größerem Einsatz von mineralischen Düngern und Pflanzenschutzmitteln gewirtschaftet. Dies geschah jetzt gleichmäßig auf der ganzen Betriebsfläche und nicht, wie früher, mit zu den Betriebs- oder Bemarkungsgrenzen abnehmender Intensität, was zur räumlichen Vielfalt beigetragen hatte. So entstand innerhalb weniger Jahrzehnte der „landwirtschaftliche Einheitsstandort hohen Nährstoffgehaltes und mittlerer Feuchte"[21]. Zur Einheitlichkeit trug auch die zunehmende Spezialisierung der Produktion und die Einengung der Fruchtfolgen mit einer Verengung des Spektrums angebauter Nahrungs- und Futterpflanzen bei.

Der Wandel in der Landbewirtschaftung, aber auch die agrarpolitischen Rahmenbedingungen in den zurückliegenden Jahrzehnten führten somit zu einer veränderten, einseitig ausgerichteten Flächennutzung und zu einer hohen Intensität in der landwirtschaftlichen Produktion, die häufig noch immer über dem umweltverträglichen Niveau liegt. Hauptverantwortlich für die Beeinträchtigungen der Umwelt sind:

- Zu hohe Bewirtschaftungsintensität von Agrarflächen,
- hohe einzelbetriebliche oder regionale Viehbesatzdichten,
- Viehhaltungsverfahren, die zuviel Schadstoffe (Ammoniak, Lachgas, Methan) emittieren,
- die Umwandlung von Grünland (Wiesen und Weiden) in Ackerland,
- Flurbereinigungsmaßnahmen, wie z. B. Begradigung von Fließgewässern, Entwässerung, Beseitigung von Strukturelementen wie Hecken, Feldraine, Terrassen usw.
- Abnahme von ökologisch wertvollen Flächen der Kulturlandschaft (z. B. Streu- und Streuobstwiesen, Steillagenweinbau, Feucht- und Magerwiesen, Auengebiete).

Daraus resultieren Umweltbeeinträchtigungen wie die Auswaschung von Nitrat ins Grundwasser, die Kontamination von Boden und Wasser mit Pflanzenschutzmitteln, Bodenerosion, Emissionen klimarelevanter Gase in die Atmosphäre und ein Rückgang der Biotop- und Artenvielfalt. Mangelnde Nachhaltigkeit in der Landwirtschaft Deutschlands betrifft weniger die Funktion der natürlichen Ressourcen als Quelle und Produktionsfaktor, sondern ihre Senkenfunktion, denn die Verschmutzung der Ressourcen orientiert sich nicht ausreichend an deren Assimilationsfähigkeit (vgl. Kapitel 2).

9.8 Beeinträchtigungen natürlicher Ressourcen durch die Landwirtschaft

Bei der Belastung des *Grund- und Oberflächenwassers* durch die Landwirtschaft sind vor allem Nitrat und Pflanzenschutzmittel zu nennen (vgl. Kapitel 12). Bei dem 1995 in Baden-Württemberg für die Trinkwasserbereitung geförderten Grundwasser lagen insgesamt 5% der Meßstellen über dem Grenzwert der Trinkwasserverordnung von 50 mg Nitrat pro Liter. An denjenigen Meßstellen, die im Einflußbereich der Landwirtschaft eingerichtet wurden, waren hingegen in 27% der Fälle Grenzwertüberschreitungen festzustellen[22]. Die Belastungen sind einerseits vor allem in Gebieten mit hohem Anteil an Mais und düngungsintensiven Sonderkulturen (Spargel, Wein etc.), andererseits in Gebieten mit großen Tierbeständen und relativ hohen Viehbesatzdichten mit entsprechend hohen Stickstoff-Überschüssen anzutreffen. Der Trend der Nitratkonzentrationen im Grundwasser deutet im Durchschnitt immer noch leicht nach oben. Zu hohe Nitratkonzentrationen im Grundwasser führen wegen der enormen Kosten für die Nitratentfernung in der Regel zur Schließung von Wassergewinnungsanlagen[23].

Pflanzenschutzmittel gelangen hauptsächlich durch oberirdischen Abfluß in die Fließgewässer. Mehr als 80% der Nachweise von Pflanzenschutzmitteln im Wasser gehen auf das Konto von Atrazin und seiner Abbauprodukte, die auch ins Grundwasser gelangen. Atrazin ist ein Unkrautbekämpfungsmittel, das hauptsächlich im Maisanbau eingesetzt wurde und nur langsam abgebaut wird. Seit dem Verbot von Atrazin (flächendeckend seit 1991) hat sich die Situation entspannt.

Die nachhaltige Bewirtschaftung des Produktionsfaktors *Boden* sollte im ureigensten Interesse der Landwirtschaft liegen. Zu beachten ist hier vor allem der Aspekt der Bodenfruchtbarkeit. Die Beeinträchtigung der Böden durch die Landwirtschaft wird im wesentlichen durch Schädigungen des Bodengefüges und vor allem durch Erosion verursacht. Die Änderung der Kulturartenverhältnisse (z.B. die Erhöhung des Maisanteils in der Fruchtfolge) und die intensivere Bodenbearbeitung mit den damit verbundenen Gefügeschäden haben in den letzten Jahrzehnten auf erosionsgefährdeten Standorten in Deutschland zu einem besorgniserregenden Anstieg des Bodenabtrags geführt. Die Erosion läßt sich schon mit einfachen, kostengünstigen ackerbaulichen Maßnahmen deutlich reduzieren und somit auch der erosionsbedingte Nährstoff- und Pflanzenschutzmitteleintrag in Oberflächengewässer.

Bei der Emission von Schadstoffen in die *Atmosphäre* hat die Landwirtschaft vor allem bei Ammoniak (NH_3), Lachgas (N_2O) und Methan (CH_4) einen beachtlichen Anteil[24]. Derzeit werden in Deutschland jährlich ungefähr 660 000 t Ammoniak in die Atmosphäre entlassen. Über 90% davon stammen aus der Landwirtschaft und hier ganz überwiegend aus der Viehhaltung. Die unerwünschte Wirkung entfaltet Ammoniak allerdings nicht in der Atmosphäre, sondern am Boden. Der emittierte Stickstoff lagert sich als Deposition auf der Erdoberfläche bzw. der Vegetation wieder ab (Abbildung 4).

Die Folgen der Stickstoffeinträge betreffen zunächst den Boden, dann aber auch die darauf wachsende Vegetation samt den davon lebenden Tieren und schließlich das Wasser. So spielen die hohen Stickstoffeinträge bei der Entstehung und Ausprägung der neuartigen Waldschäden eine wesentliche Rolle (vgl. Kapitel 9.4). Darüber hinaus tragen sie zur Bodenver-

Abbildung 4: Emittenten der für die Stickstoffeinträge aus der Atmosphäre relevanten Verbindungen NH_3 und NO_x in Deutschland

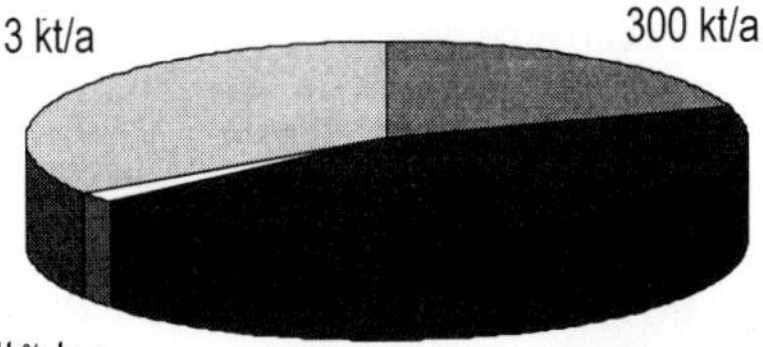

Angaben in 1000 t Stickstoff pro Jahr, Bezugszeitraum etwa 1991
Quelle: Flaig/Mohr 1996.

sauerung bei, und sie wirken flächendeckend als Dünger. Das charakteristische Arteninventar vieler ohnehin schon selten gewordener Ökosystemtypen (z. B. Hochmoore oder Heiden) ist jedoch gerade an Nährstoffarmut angepaßt, so daß Vegetationsveränderungen durch diesen zusätzlichen Düngungseffekt absehbar sind[25].

Der Beitrag der Landwirtschaft zu den anthropogenen Emissionen klimawirksamer Spurengase ist vor allem bei CH_4 und N_2O mit grob geschätzt jeweils etwa einem Drittel der Gesamtemissionen in Deutschland bedeutsam[26]. Die Landwirtschaft ist jedoch nicht nur ein Emittent von „Treibhausgasen". Sie könnte durch die Produktion von Biomasse zur energetischen Nutzung auch CO_2 einsparen. Biomasse ersetzt dabei sonst zur Erzeugung von Strom und Wärme benutzte fossile Energieträger wie Erdöl oder Kohle, die CO_2 freisetzen. Land- und forstwirtschaftliche Reststoffe wie Stroh und Restholz werden bereits in biomassegefeuerten Anlagen energetisch verwertet. Zu denken ist aber auch an den Anbau von Energiepflanzen auf Ackerflächen, die nicht mehr zur Nahrungs- und Futtermittelerzeugung benötigt werden[27].

9.9 Umweltgerechte Produktionsverfahren in der Landwirtschaft

Eine Produktionsweise ist dann umweltgerecht, wenn von ihr nur geringfügige, möglichst nur die unvermeidbaren Umweltbeeinträchtigungen ausgehen. In der Tierhaltung korrelieren die Beeinträchtigungen nicht zwangsläufig mit den Bestandesgrößen, sondern sie sind in erster Linie von dem Haltungs- und Fütterungssystem, dem jeweiligen Umgang mit Mist und Gülle sowie der betrieblichen Flächenausstattung abhängig. Moderne Tierhaltungssysteme können nicht nur umweltgerecht, sondern auch artgerecht sein.

Beispielsweise kann eine deutliche Reduktion der NH_3-Emissionen durch sachgerechte Lagerung und Ausbringung von Gülle, Jauche und Festmist erreicht werden. So kann man bei der Güllelagerung durch Folienabdeckung eine Emissionsreduktion von bis zu 90% erzielen. Bei der Ausbringung sind je nach Technik NH_3-Emissionsminderungen zwischen 30% und 90% erreichbar. Eine optimierte, bedarfsorientierte Viehfütterung (z.B. Abstimmung der Proteinzufuhr und der Versorgung mit essentiellen Aminosäuren auf die physiologischen Bedürfnisse) verringert den Anfall von Stickstoff in den Exkrementen der Tiere und trägt damit schon während des Produktionsprozesses dazu bei, Stickstoffüberschüsse bzw. NH_3-Emissionen zu vermindern. Wenn alle NH_3-Minderungsmaßnahmen umgesetzt werden, ist insgesamt eine Reduktion der NH_3-Emissionen um 70% im Bereich des Möglichen[28].

Dabei ergeben sich allerdings Zielkonflikte. Eine hohe Tierleistung zum Beispiel reduziert die Emissionen von NH_3 und CH_4, bezogen auf das Kilogramm Fleisch oder Milch. Gleichzeitig können damit aber auch Qualitätseinbußen, Gesundheitsprobleme für das Tier oder unerwünschte Konsequenzen für die Artenvielfalt auf Grünland verbunden sein[29].

Auch im Pflanzenbau ist umweltgerechte Produktion nicht generell mit einer extensiven Produktion gleichzusetzen. Auf den Standort kommt es an. So kann ein intensiver, standortangepaßter Pflanzenbau auf fruchtbaren, tiefgründigen Böden unter Umständen weniger die Umwelt beeinträchtigen als ein extensiver Ackerbau auf flachgründigem, magerem Standort. Der integrierte und der ökologische Landbau versuchen, den vielfältigen Ansprüchen an einen umweltschonenden Landbau gerecht zu werden. Im folgenden wird exemplarisch auf diese zwei Landbauformen näher eingegangen.

Chancen und Grenzen des ökologischen Landbaus

Unter ökologischem Landbau wird im allgemeinen eine Landbewirtschaftung verstanden, die auf den Einsatz synthetischer Mineraldünger und synthetischer Pflanzenschutzmittel verzichtet. Darüber hinaus gehört zu seinen Richtlinien, die Bodenfruchtbarkeit zu erhalten und zu fördern, die natürlichen Ressourcen zu schonen, nahezu geschlossene Betriebskreisläufe zu realisieren, die Tierhaltung artgerecht zu gestalten und an der verfügbaren Fläche auszurichten sowie natürliche Regelmechanismen auszunutzen. Trotz erheblicher Ausdehnung in den letzten Jahren beträgt der Anteil an der landwirtschaftlichen Nutzfläche in Deutschland derzeit nur 2,7% (Abbildung 5).

Abbildung 5: Entwicklung des ökologischen Landbaus in Deutschland

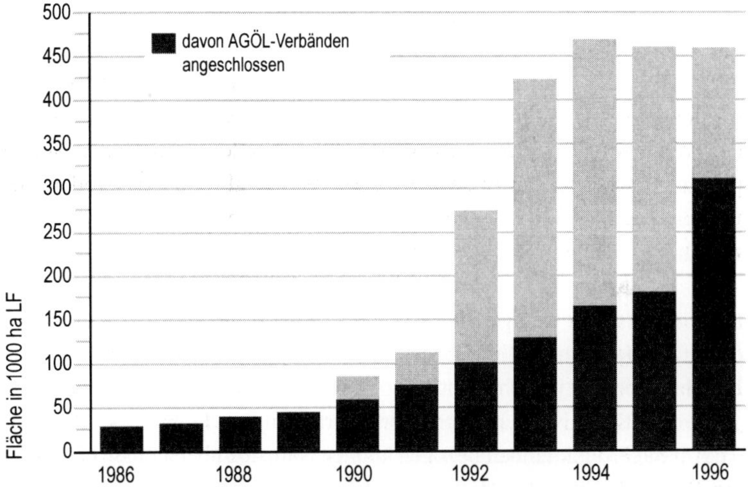

AGÖL: Arbeitsgemeinschaft Ökologischer Landbau; LF: landwirtschaftliche Nutzfläche
Quelle: nach Hamm 1994 und Jungehülsing 1997.

Die Vorteile des ökologischen Landbaus liegen in der Entlastung des Marktes von Produktionsüberschüssen, aber auch in der Umweltentlastung. Da ökologisch wirtschaftende Betriebe keine synthetischen Pflanzenschutzmittel anwenden, können von ihnen auch keine Pestizideinträge in Grund- und Oberflächengewässer ausgehen. Als Stickstoffquellen zur Düngung dienen tierische Ausscheidungen und Pflanzen, die Stickstoff aus der Luft binden können (Leguminosen wie Ackerbohnen, Luzerne und Klee). Damit sind Einträge von Nitrat in das Grund- und Oberflächenwasser auch im ökologischen Anbau nicht zu vermeiden. Die ausschließliche Verwendung dieser sogenannten Wirtschaftsdünger erfordert sogar ein besonders sorgfältiges Düngemanagement, da die Freisetzung pflanzenverfügbaren Stickstoffs aus organischer Substanz auch dann stattfinden kann, wenn die Pflanzen den Stickstoff nicht aufnehmen können. Bei entsprechenden Niederschlägen wird dieser Stickstoff als Nitrat ausgewaschen und mit dem Sickerwasser im Laufe der Zeit ins Grundwasser verfrachtet. Der ökologische Anbau ist im Vergleich beispielsweise zum integrierten Anbau (s.u.) auf eine wesentlich intensivere Bodenbearbeitung zur Bekämpfung von Problemunkräutern angewiesen, was die Freisetzung von Nitrat bzw. die Auswaschung begünstigt. Werden pflanzenbauliche Fehler begangen (z.B. Herbstumbruch von Leguminosen), können die Nitratbelastungen sogar deutlich über den regionalen Durchschnittswerten liegen.

Der ökologische Landbau stellt daher im Ackerbau nur bedingt eine Möglichkeit zur Reduzierung der Nitratauswaschung in das Grundwasser dar. Auf Grünland hingegen kann eine ökologische Wirtschaftsweise zu einer erheblichen Reduzierung der Nitratauswaschung beitragen. Durch die weitgehende Integration von Tier- und Pflanzenproduktion und den Verzicht auf Importfuttermittel und Mineraldünger kann die Viehbesatzdichte nie so hoch werden wie in konventionellen Betrieben. Die Nährstoffüberschüsse sind daher flächenbezogen geringer einzuschätzen als im Durchschnitt vergleichbarer Betriebe.

In der Summe beeinträchtigt der ökologische Landbau die natürlichen Ressourcen sicher weniger als die sogenannte konventionelle Landwirtschaft der letzten Jahrzehnte. Ein großer Teil der Umweltvorteile des ökologischen Landbaus beruht jedoch nicht auf besserer Effizienz, sondern darauf, daß das Produktionsniveau aufgrund der auferlegten Beschränkungen niedriger ist. Auf die Produkteinheit bezogen können Nährstoffüberschüsse und Emissionen vergleichbar sein[30].

Der ökologische Landbau hat auch Nachteile. Diese werden vor allem dann bedeutsam, wenn seine Einführung auf der gesamten Agrarfläche eingefordert wird, wie das manche Umweltschutzverbände oder Institute tun. So wird häufig in der Argumentation vernachlässigt, daß man im ökologischen Landbau durch das Verbot bzw. die starke Einschränkung produktionssteigernder Mittel im Vergleich zu konventionellen Betrieben ungefähr 30% weniger Ertrag erzielt, je nach Produkt auch mehr oder weniger[31]. Hinzu kommen Probleme mit Schädlingsbefall, Pilzkrankheiten und Unkräutern. Prinzipiell lassen sich zwar Verunkrautungsprobleme durch geeignete Fruchtfolgegestaltung, Bodenbearbeitung und mechanische Unkrautbekämpfung in den Griff bekommen. Aber gegenüber bestimmten Pilzkrankheiten und Schädlingen ist der ökologische Landbau ähnlich hilflos wie die Landwirtschaft vor 100 Jahren. Ertragsausfälle von bis zu 70% durch Kraut- und Knollenfäule bei Kartoffeln, bis zu 50% durch Schädlings- und Krankheitsbefall bei verschiedenen Gemüsearten dürfen nicht verschwiegen, sondern müssen als spezielle Probleme angesprochen werden[32].

Bei einigen Produkten wäre die durch Ertragsrückgang erreichte Entlastung des Marktes von Überschüssen derzeit vorteilhaft, bei den meisten Produkten hingegen wäre bei flächendeckender Umstellung eine gesicherte, kontinuierliche Bedienung der Nachfrage aus dem Inland nicht mehr gewährleistet. Das hätte zur Folge, daß die Nahrungsmittelversorgung nur durch eine erhebliche Steigerung der Agrarimporte gesichert werden könnte. Es stellt sich die Frage, inwieweit es als angemessen empfunden wird, die Produktion der für unsere Ernährung notwendigen Güter vermehrt in andere Länder zu verlagern, wobei nicht immer klar sein wird, ob die Produktion dort ausreichend umweltgerecht erfolgt. Es ist einfach, eine Insel der Nachhaltigkeit zu bilden, wenn alle nicht-nachhaltigen Konsequenzen der Produktion exportiert und alle nicht-nachhaltigen Produkte importiert werden[33].

Bei einer flächendeckenden Umstellung würden auch in vielen Fällen die Ansprüche der Ernährungsindustrie hinsichtlich (garantierter) Quantität und Qualität nur unzureichend erfüllt[34], so daß die Lebensmittelbranche sich weiterhin überwiegend auf dem konventionellen (Auslands-)Markt bedienen würde.

Unter dem Gesichtspunkt einer nachhaltigen Entwicklung in der Landwirtschaft erscheint somit eine erzwungene flächendeckende Umstellung auf ökologischen Landbau nicht sinnvoll. Die Ausweitung der nach den Prinzipien des ökologischen Landbaus bewirtschafteten Fläche muß durch entsprechende Nachfrageimpulse am Markt erfolgen. Für ein Vorankommen der Entwicklung des ökologischen Landbaus am Markt müßten die Vermarktungsstrukturen aber erheblich verbessert sowie die Vermarktungsanstrengungen gebündelt werden.

Integrierter Landbau

Der integrierte Pflanzenbau strebt mit dem Wissensstand moderner Ertragsphysiologie eine umweltverträglichere, „rückstandsärmere" Landbewirtschaftung unter Berücksichtigung von Standort, Bodenfruchtbarkeit, Ökologie und Ökonomie an. Die Nährstoff-Kreisläufe in der Tier- und Pflanzenproduktion werden im Zusammenhang gesehen. Das Konzept des integrierten Pflanzenbaus kommt somit dem des ökologischen Landbaus nahe, ist jedoch flexibler. Der ökologische Landbau verbaut sich letztlich durch die rigiden Vorschriften Chancen zu einer ökologisch und ökonomisch nachhaltigen Produktion, die der verantwortungsbewußte Umgang mit Agrochemikalien, mit gentechnisch gestützter Pflanzenzüchtung, mit Klärschlamm als Dünger (Kreislaufwirtschaft) eben auch bietet. Auch der ertragsphysiologisch begründete Einsatz von Mineraldüngern ist in der Regel sinnvoll. Dabei sollte sich eine effiziente Düngung jedoch am Nährstoffbedarf des Pflanzenbestandes orientieren, das Nährstoffangebot und das Nachlieferungsvermögen des Bodens am jeweiligen Standort berücksichtigen sowie den Einsatz von Wirtschafts- und Mineraldünger aufeinander abstimmen. Der integrierte Landbau hält sich im Vergleich zum ökologischen Landbau insgesamt mehr Möglichkeiten für nachhaltiges Wirtschaften offen.

Eine integrierte Wirtschaftsweise setzt voraus, daß sogenannte Schlagkarteien geführt werden. Das heißt, für jedes Feld werden detaillierte Aufzeichnungen zum Einsatz von Nährstoffen, zur Nährstoffnachlieferung aus dem Boden, zur Abfuhr von Nährstoffen, zum Unkrautbesatz (Schadschwellenprinzip) u.a. geführt. Zur Grundlage des integrierten Landbaus gehören auch Begrünungsmaßnahmen, eine ausgewogene Fruchtfolgegestaltung, Erosionsschutz durch angepaßte Bodenbearbeitung usw.

In der flächendeckenden Etablierung der integrierten Wirtschaftsweise, ergänzt durch eine an der Nachfrage orientierte Weiterentwicklung des ökologischen Landbaus und kombiniert mit Maßnahmen zu einer umweltverträglichen, artgerechten Viehhaltung, sehen wir den sinnvollsten und realistischsten Lösungsweg zu einer nachhaltigen Landwirtschaft. Diese Kombination würde eine erhebliche Reduzierung der Umweltbelastungen durch die Landwirtschaft ermöglichen, ohne zu den harten Brüchen, wie sie bei einer flächendeckenden Umstellung auf ökologischen Landbau befürchtet werden, zu führen. Durch die veränderten agrarpolitischen Rahmenbedingungen seit der EU-Agrarreform 1992 (vgl. Kapitel 9.11) hat die integrierte Wirtschaftsweise gegenüber der intensiveren auch ökonomisch an Attraktivität gewonnen. Allerdings bedarf es für die Etablierung von integrierten Anbauverfahren zusätzlicher agrarpolitischer Anreize.

9.10 Agrarstruktur

Nach allmählichem Beginn im Zuge der Intensivierung und Technisierung landwirtschaftlicher Produktionsverfahren setzte mit Beginn des starken Wirtschaftswachstums nach dem Zweiten Weltkrieg ein drastischer Strukturwandel in der Landwirtschaft Deutschlands ein. Die Anzahl der Erwerbstätigen in der Landwirtschaft nahm rapide ab. Seit 1950 wurden rund zwei Drittel der landwirtschaftlichen Betriebe aufgegeben. Die Entwicklung schreitet weiter voran (Abbildung 6). Welche Bedeutung hat die Agrarstruktur für Nachhaltigkeit in der Landbewirtschaftung?

Teile der Öffentlichkeit versprechen sich vom Erhalt der traditionell bäuerlich geprägten Betriebsstrukturen eine umweltverträglichere Landbewirtschaftung. Untersuchungen zeigen jedoch, daß eine Beeinflussung des Betriebsgrößen- und Erwerbsformenspektrums, sei es eine Konservierung der

Abbildung 6: Entwicklung der Anzahl der Haupt- und Nebenerwerbsbetriebe in Baden-Württemberg

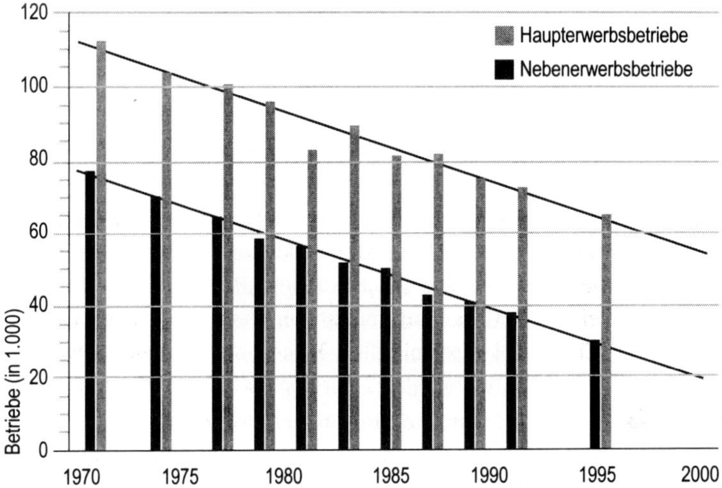

Quelle: nach Grosskopf 1996, ergänzt nach Mitteilungen des Statistischen Landesamtes Baden-Württemberg.

gegenwärtigen landwirtschaftlichen Betriebsstrukturen oder aber eine Beschleunigung des Strukturwandels, nicht geeignet ist, um umweltpolitische Ziele zu erreichen[35]. Viele kleine Betriebe wirtschaften nicht zwangsläufig ressourcenschonender als wenige Betriebe, die dafür größer sind. Zur Vermeidung der durch die Landwirtschaft verursachten Umweltprobleme bedarf es in erster Linie problemspezifischer Maßnahmen. Eine Verzögerung des Strukturwandels führt höchstens zu Wettbewerbsnachteilen. Insbesondere in Baden-Württemberg ist die Struktur der landwirtschaftlichen Betriebe ökonomisch ungünstig. So sind beispielsweise 60% aller Betriebe kleiner als 10 Hektar.

Trotz umfangreicher Subventionen zum Strukturerhalt ist es kleineren und mittleren Vollerwerbsbetrieben bisher weder gelungen, ein ausreichendes Haushaltseinkommen zu erzielen, noch die Hofnachfolge zu sichern. Das strukturelle Leitbild muß sich deshalb auf Betriebe konzentrieren, die den heutigen Ansprüchen eines Hofnachfolgers an Betriebsgröße und Lebensstandard gerecht werden. Eine „nachhaltige" Tätigkeit in der Landwirtschaft kann langfristig nur erwartet werden, wenn die Einkommenssituation, die soziale Sicherung und die soziale Attraktivität den Vergleich mit nicht-landwirtschaftlichen Gesellschaftsgruppen aushalten[36]. Das bedeutet unter anderem, daß die Betriebe über ausreichend Fläche verfügen sollten. Nur dann werden auch die Gewinne ausreichen, um den Betrieben den Einsatz moderner umweltschonender – und arbeitssparender – Produktionstechniken zu ermöglichen. Eine hohe Anzahl landwirtschaftlicher Betriebe führt lediglich zu einer Konkurrenz um Flächen. Die Folge ist ein hohes Pacht- und Bodenpreisniveau (auf guten Ackerbaustandorten bis zu 1.000 DM pro Hektar), das die wirtschaftliche Rentabilität vieler Betriebe vermindert. Flächenknappheit hat eher zur Folge, daß die zu geringe Landfläche bis an die Grenzen der Belastbarkeit bewirtschaftet wird.

In Regionen, in denen von Natur aus keine hohen Erträge erzielt werden können – wie z.B. in Teilen des Schwarzwalds und der Schwäbischen Alb –, besteht hingegen für freiwerdende Flächen zur Zeit keine ausreichende Nachfrage, so daß viele Flächen brachfallen und sich allmählich wieder bewalden. Vermutlich werden viele Betriebe beim nächsten Generationswechsel aufgeben, so daß eine flächendeckende Landbewirtschaftung nicht mehr aufrechterhalten werden kann. Damit ist aber eine erhebliche Veränderung der über Jahrhunderte geschaffenen, hochempfindlichen Agrarökosysteme nicht auszuschließen. Der Bestand einer Vielzahl von Tier- und Pflanzenarten sowie von Teilen unserer gewohnten und geschätzten Kulturlandschaft mit ihrem Freizeit- und Erholungswert wäre gefährdet mit Rückwirkungen beispielsweise auf den Fremdenverkehr.

In den Regionen, in denen die Betriebe mit agrarischer Produktion allein nicht mehr konkurrenzfähig sind, muß überlegt werden, inwieweit Kooperationen oder neue Märkte und Vermarktungsformen einschließlich der Landschaftspflege neue Einkommensmöglichkeiten eröffnen. Hier hat auch die angestrebte Honorierung ökologischer Leistungen einen ihrer wichtigsten Ansatzpunkte (vgl. Kapitel 9.11).

9.11 Agrarpolitische Maßnahmen

Die Agrarpolitik wird auf mehreren Ebenen gestaltet: der Europäischen Union, dem Bund und den einzelnen Bundesländern. Strategien für eine nachhaltige Landwirtschaft müssen auf allen Ebenen greifen. Die EU muß dabei ein agrarpolitisches Grundgerüst vorgeben, das Handlungsspielräume für nationale und regionale agrarpolitische Maßnahmen zuläßt.

Rahmensetzung durch die Europäische Union

Bis in die 80er Jahre bestand die wesentliche Zielsetzung der europäischen Agrarpolitik in der Steigerung der landwirtschaftlichen Produktivität und der Sicherung der landwirtschaftlichen Einkommen. Eines der Hauptinstrumente hierfür war die Sicherung relativ hoher Erzeugerpreise im Binnenraum der EWG/EG/EU durch ein System von Schutzzöllen, Exporterstattungen und Garantiepreisen. Wie sich jedoch gezeigt hat, sind hohe Erzeugerpreise für den Ressourcenschutz kontraproduktiv, weil der Anreiz besteht, durch entsprechend hohe Düngung und hohen Pflanzenschutzaufwand möglichst hohe Erträge zu erzielen. Als Nebeneffekt hoher Produktpreise im Inland waren Importfuttermittel relativ billig, was deren Verwendung gefördert und damit die Entstehung von Nährstoffüberschüssen in der Tierproduktion vorangetrieben hat.

Die 1992 beschlossene „Reform der Gemeinsamen Agrarpolitik“ (EU-Agrarreform) hatte im wesentlichen zum Ziel, die in der Vergangenheit explodierten Kosten zur Beseitigung von Überschüssen abzubauen, die Weltmärkte zu stabilisieren, die Konflikte mit den Handelspartnern zu entschärfen und umweltfreundliche Bewirtschaftungsformen zu fördern. Das Konzept der Reform enthält im Prinzip das agrarpolitische Grundgerüst für eine Entwicklung in Richtung Nachhaltigkeit, es muß aber noch ergänzt werden:

1) Die Erzeugerpreise der wichtigsten Produkte wurden gesenkt und orientieren sich am Weltmarkt. Diese Rückführung der bisher gestützten Erzeugerpreise muß fortgesetzt und auf bisher noch nicht einbezogene Produkte ausgedehnt werden.

2 Die durch die Preissenkungen entstehenden Einkommensverluste werden durch Ausgleichszahlungen abgefedert, die sich bisher nur an der Fläche des Betriebes und den angebauten Kulturarten bzw. den gehaltenen Tieren orientieren; ihnen liegt keine Leistung zugrunde. Solche Zahlungen der öffentlichen Hand an die Landwirtschaft müssen in Zukunft an erbrachte ökologische Leistungen gekoppelt werden. Ökologische Leistungen werden von der Gesellschaft nachgefragt, so daß Zahlungen dafür als Entlohnung für eine Dienstleistung durchaus zu rechtfertigen sind. Durch die Anpassung des Preisniveaus an den Weltmarkt werden Mittel im Agrarhaushalt frei (Exporterstattungen, Preisstützungen, Lagerhaltung u.a.), die nun für diese Prämienzahlungen verwendet werden könnten.

3) Im Rahmen der sogenannten „Flankierenden Maßnahmen“ gibt es bereits finanzielle Anreize für umweltschonende Bewirtschaftung. Die zukünftigen „Ökohonorare“ würden die bestehenden Förderungen weitgehend ersetzen und müßten mit den (Länder-)Förderprogrammen (s.u.) kombiniert werden. Die Ausgestaltung im einzelnen sollte von der EU in die Regionen übergehen.

Umweltwirksame Vorgaben und Anreize

Zwischenzeitlich gibt es eine Vielzahl von umweltpolitischen Maßnahmen auf EU-, Bundes- und Landesebene in Form von umweltpolitischen Förderprogrammen auf freiwilliger Basis oder von ordnungspolitischen Vorgaben. Die wichtigste ordnungspolitische Maßnahme ist die Anfang 1996 verabschiedete, bundesweit gültige Düngeverordnung (DüVO). Wesentliche Zielsetzung der DüVO ist es, Nährstoffverluste bei der Bewirtschaftung sowie damit verbundene Einträge in Grundwasser und Oberflächengewässer weitgehend zu vermeiden. Besonders wichtig ist, daß die Landwirte verpflichtet werden, Nährstoffbilanzen auf Betriebsebene (sogenannte Hoftorbilanzen) zu erstellen, die über die Zu- und Abfuhr von Stickstoff, Phosphat und Kalium Aufschluß geben. Insofern ist die DüVO ein erster wichtiger Schritt in Richtung nachhaltige Landbewirtschaftung, ihre Wirksamkeit ließe sich aber durch Modifikationen und Ergänzungen deutlich steigern (z. B. durch die Festlegung definierter Obergrenzen für Nährstoffbilanz-Überschüsse).

Die landwirtschaftliche Beratung spielt ebenfalls eine zentrale Rolle. Eine effektive Beratung unterstützt die landwirtschaftlichen Betriebe bei der Optimierung des Produktionsmitteleinsatzes und der Förderung umweltschonender Produktionstechniken und kann damit sowohl eine deutliche Reduzierung der Umweltbeeinträchtigungen als auch eine Steigerung des betriebswirtschaftlichen Gewinns bewirken.

Die häufig diskutierte Abgabe auf mineralischen Stickstoff halten wir nach den Erfahrungen in anderen Ländern (Schweden, Österreich) hingegen für zu wenig treffsicher und damit zu ineffektiv.

Die bedeutendsten Programme zur Förderung umweltgerechter Produktionsverfahren auf der Basis finanzieller Anreize sind die von der EU kofinanzierten Agrarumweltprogramme der Bundesländer und die Ausgleichszahlungen für Wasserschutzgebiete.

Als Beispiel ist hier das baden-württembergische Marktentlastungs- und Kulturlandschaftsausgleichs-Programm (MEKA) hervorzuheben. Ziel des MEKA-Programms ist es, die Leistungen der Landwirtschaft zur Erhaltung und Pflege der Kulturlandschaft und spezielle, dem Umweltschutz und der Marktentlastung besonders dienliche Erzeugerpraktiken zu honorieren. Anhand derartiger Programme kann eine umweltverträglichere Landbewirtschaftung durch finanzielle Anreize forciert sowie dem Rückzug der Landwirtschaft aus benachteiligten Agrarregionen entgegengewirkt werden. Das Programm wurde von den Landwirten hervorragend angenommen. Die MEKA-Konzeption, bestimmte Maßnahmen über ein abgestuftes Punktesystem zu bewerten und entsprechend dieser Skala zu honorieren, bietet unserer Meinung nach eine bewährte Grundlage für die von uns empfohlene Umwandlung der bisherigen flächenabhängigen Ausgleichszahlungen in Prämien für ökologische Leistungen.

Bei der Konzeption eines EU-weiten, regional angepaßten Ökopunkteprogramms auf der Basis des MEKA müßte allerdings die ökologische Lenkungswirkung verbessert werden, was sich durch drei Strategien erreichen ließe[37]:

1. Zielgenauere Orientierung der Fördermaßnahmen an der ökologischen Wirksamkeit,
2. Abstufung der Prämien nach der Bodenfruchtbarkeit,
3. Prämierung eines umweltbewußt geführten Betriebsmanagements.

Die Finanzierung des Ökopunkteprogramms nach unseren Vorschlägen würde keine zusätzlichen Kosten verursachen, sondern könnte durch eine Umschichtung der bisherigen öffentlichen Finanzmittel für die Landwirtschaft getragen werden.

Ein solches Ökopunkteprogramm und darauf abgestimmte ergänzende Förderprogramme bieten finanzielle Anreize für umweltgerechtes, standortangepaßtes Wirtschaften und sorgen für eine schnelle Einführung entsprechender Maßnahmen bzw. erleichtern notwendige Investitionen. Der ökologische Landbau würde in dieses System einbezogen.

Durch die Umsetzung der vorgeschlagenen Maßnahmen wird einerseits für einen größeren Wirtschaftsraum (EU) ein einheitliches Rahmenkonzept gegeben, andererseits wird die Förderung einer nachhaltigen Wirtschaftsweise auf die standörtlichen Bedingungen und regionalen Besonderheiten der Landbewirtschaftung abgestimmt. Das Einkommen der Landwirte als sozioökonomische Komponente der Nachhaltigkeit gründet sich unter diesen Rahmenbedingungen auf drei Standbeine – auf das Einkommen am Markt, das Einkommen aus ökologischen Leistungen und während einer Übergangsphase ergänzend auf einen befristeten „Regionalausgleich“[38].

10. Innovation für nachhaltige Wirtschaft – Der Beitrag von Unternehmen

Birgit Blättel-Mink

Können Wirtschaftsunternehmen einen Beitrag zu regionaler Nachhaltigkeit leisten und gleichzeitig entsprechend ökonomischen Effizienzkriterien handeln? Können die Personen, die entscheiden, in welche Richtung sich ein Unternehmen bewegt, inwieweit Umweltschutz betrieben wird und inwieweit nicht, tatsächlich als Bergsteiger verstanden werden, die den Nachhaltigkeitsgipfel erklimmen wollen, und wer kann ihr Bergführer sein?

„Ökologische Innovatoren" sind Akteure, die sich zusammen mit vielen anderen Akteuren irgendwo auf diesem Nachhaltigkeitsberg tummeln, weiter oben oder weiter unten, d.h. sie leisten einen Beitrag zur regionalen Nachhaltigkeit, ohne das Ziel einer schwachen oder gar einer starken Nachhaltigkeit explizit anzustreben. Hinzu kommt die Frage, inwieweit ein Unternehmen in Richtung Nachhaltigkeit gehen kann, wenn es die Region nicht tut. Kann nur in einer nachhaltigen Umwelt nachhaltig produziert werden?

Für das hier vorzustellende Forschungsprojekt wurde folgende Definition gewählt: Ein Wirtschaftsunternehmen, das ökologische Aspekte in seinen Produktionsprozeß integriert, betreibt ökologische Innovationen. Diese Integration von Ökonomie und Ökologie ist der Bereich, in dem Unternehmen zur regionalen (oder auch nationalen bzw. globalen) Nachhaltigkeit beitragen können. Sie betreiben einen schonenderen Umgang mit Ressourcen (Produktion und Abfallvermeidung bzw. Recycling), oder sie stellen Umweltprodukte („end of pipe" oder integrierte Technologien) her. In manchen Fällen beschäftigen sie sich auch mit alternativen Formen der Bedürfnisbefriedigung: weg von den Produkten, hin zu mehr Dienstleistungen (z.B. Kaufen von Waschgängen, Car Sharing, Leasing von Kopiergeräten).

Die organisatorischen Bedingungen „ökologischer Innovationen" werden im folgenden näher betrachtet. Es geht darum, herauszufinden, unter welchen Bedingungen ökologische Aspekte in das Unternehmen Einlaß finden. Sind es Umweltgesetzgebungen, die Handlungsanweisungen beinhalten, oder sind es einzelne Personen, die sich der Nachhaltigkeitsidee aufgrund einer bestimmten Werthaltung oder „sozialen Einbettung“ verschrieben haben? Sind es besondere ökonomische Vorteile, die sich die Verantwortlichen davon versprechen, daß sie frühzeitig und aus sich heraus („proaktiv“) auf Umweltschutz setzen, oder sind es besondere Branchenbedingungen (Kundennähe, spezifische Produktmerkmale), die bestimmte Unternehmen zur „ökologischen Innovation“ veranlassen?

Ein zweiter Fragenkomplex kreist um die Umsetzung der ökologischen Innovation in einem Wirtschaftsunternehmen. Welche strukturellen und kulturellen Merkmale fördern oder behindern die Durchführung ökologischer Innovationen? Welche Lernprozesse finden innerhalb des Unternehmens statt? Führt das Unternehmen beispielsweise nur einmalig eine Ökobilanz durch, nimmt sodann die notwendigen Änderungen zur Einsparung von Energie vor und beläßt es dabei. Oder bringt die „ökologische Innovation“ eine Eigendynamik mit sich, die die Integration von Ökonomie und Ökologie zum Alltagsgeschäft / Routine werden läßt und damit Innovationen institutionalisiert?

Drittens wird untersucht, welche Anforderungen „ökologische Innovatoren“ an ihre institutionellen Umwelten haben. Fordern sie ein Mehr oder ein Weniger an Regulierung? Mangelt es an entsprechenden Humanressourcen, d.h. produziert das Bildungs- und das Ausbildungssystem nicht genügend ökologisches Wissen? Wie sieht die Kooperation zwischen Wirtschaft, Politik und Verbänden innerhalb einer Region aus?

Bevor im folgenden die wesentlichen Ergebnisse einer Befragung in Wirtschaftsunternehmen vorgestellt und diskutiert werden, soll kurz auf die theoretischen Konzepte, die unsere Arbeit leiten und auf die institutionellen Umwelten wirtschaftlicher Akteure in Baden-Württemberg eingegangen werden.

10.1 „Ökologische Innovation“ – Theoretischer Rahmen

Drei Diskussionsstränge nähren den theoretischen Teil unserer Arbeit: die Diskussion um das Konzept „nationaler (bzw. hier: regionaler) Innovationssysteme“, das Konzept „nachhaltiger Entwicklung“, das besonders in Deutschland als gesellschaftliches Leitbild kontrovers diskutiert wird und der Institutionen-Ansatz der Organisationsforschung.

Ausgangspunkt ist das wirtschaftliche Unternehmen mit je spezifischen Wettbewerbsfaktoren, Umwelten, Strukturen, Kommunikationsformen, Problemwahrnehmungen und Handlungspotentialen. Die regionale wirtschaftliche Struktur (sektorielle und Branchendifferenzierung) und das regionale Institutionengefüge (Politisches System, Bildungs- und Ausbildungssystem, Forschungssystem, Industrielle Beziehungen, Banken- und Kreditwesen) sowie Formen der Interaktion und Kooperation wirtschaftlicher und außerwirtschaftlicher Akteure mit dem Ziel der Innovation stellen das regionale Innovationssystem dar. Unternehmen befinden sich in institutionellen Umwelten, die ihre Innovationsbereitschaft fördern oder hemmen. Je innovativer die Umwelt, so die These, desto erfolgreicher die innovativen Aktivitäten des Unternehmens.

Die Innovationsbereitschaft eines Unternehmens, einer Branche, einer Region, einer Nation oder auch international in Richtung „Nachhaltigkeit" zu steuern, scheint kein leichtes Unterfangen zu sein. Innovationsentscheidungen sind von Effizienz-, Wettbewerbs- und Wachstumskriterien getragen. Wo paßt hier der Gedanke einer „zukunftsfähigen" Entwicklung hinein, wo es darum geht, intergenerationale Gerechtigkeit zu gewährleisten?

Nachhaltige Entwicklung meint eine Entwicklung, die den Kapitalstock an natürlichen Ressourcen so weit erhält, daß die Lebensqualität zukünftiger Generationen gewährleistet bleibt (vgl. auch Kapitel 1)[1]. Renn verweist damit auf das Prinzip der Gleichbehandlung von Menschen über Zeit und auf das begrenzende Kriterium, das die Norm der Nachhaltigkeit für ökonomisches Handeln darstellt. Zwar beinhaltet dieses Leitbild wirtschaftliche Entwicklung, d.h. Wachstum kann weiterhin als dominantes Ziel gelten, aber eben unter nachhaltigen Bedingungen: Die Berücksichtigung der mittel- und langfristigen Folgen von wirtschaftlicher und technischer Entwicklung wird zur Norm.

Das Wirtschaftsunternehmen ist eine soziale Organisation. Das Verhältnis von Organisationsstruktur und Umwelt steht im Zentrum des Interesses. Es können kontextabhängige von nach institutionellen Regeln funktionierenden Organisationen unterschieden werden[2]. Kontextabhängigkeit impliziert externe Kontrolle organisationaler „outputs" und, als Konsequenz, eine enge Bindung von formaler Struktur und Handeln („technical activities"). Institutionelle Organisationen dagegen gewinnen dadurch an externer Legitimität, daß sie in ihren formalen Strukturen die Werte ihrer sozialen Umwelt widerspiegeln. Hieraus läßt sich dann nicht auf das tatsächliche Handeln innerhalb der Organisation schließen.

So könnte beispielsweise im Falle der Nachhaltigkeit die „Fassade" Umweltschutz bei bestimmten Unternehmen zum Erfolg führen. Andere

Unternehmen hingegen sind stärker extern kontrolliert und müssen deshalb eine Übereinstimmung von Struktur und Handlung aufweisen. Umweltberichte sind häufig eine „Fassade", die schwer auf ihre Effizienz hin zu überprüfen ist. Die Zertifizierung nach der Öko-Audit-Verordnung impliziert dagegen eine Kontrolle des Produktionsprozesses nach ökologischen Kriterien.

Wie sieht nun die für ökologische Innovationen relevante institutionelle Umwelt baden-württembergischer Unternehmen aus?

10.2 Umweltschutz und Umweltindustrie in Baden-Württemberg

In Baden-Württemberg findet sich ein über Jahre hinweg erfolgreiches Innovationssystem, das auf drei Hauptbranchen beruht: Straßenfahrzeugbau, Maschinenbau, Elektrotechnik. Hinzu kommt ein leistungsfähiges Ausbildungssystem, das den spezifischen Bedürfnissen des Arbeitsmarktes entgegenkommt. Öffentliche Forschungs- und Entwicklungsorganisationen unterstützen die Unternehmen, das System der industriellen Beziehungen funktioniert, und die Politik greift fördernd ein, z.B. durch spezifische Forschungs- und Entwicklungsprogramme, durch Förderungsprogramme kleiner und mittlerer Unternehmen oder einzelner gefährdeter Branchen. Dieses „Cluster" hat nun in den letzten Jahren deutlich an Erfolg eingebüßt, weshalb Baden-Württemberg nach Strategien sucht, die Erfolge von einst zu reproduzieren (vgl. u.a. Heidenreich/Krauss 1997).

Die Umweltindustrie (häufig in Verbindung mit Energietechnik) wird in diesem Zusammenhang nicht selten genannt. Sie wird als Zukunftsindustrie dargestellt, auf deren Wachstumspotentiale vor allem WissenschaftlerInnen und UnternehmensberaterInnen immer wieder aufmerksam machen. Die Umweltindustrie stellt sich als eine Querschnittsbranche dar, die sich aus mehreren Bereichen zusammensetzt: ökologische Produktinnovationen (z.B. Filtervliesstoffe ohne PVC), sogenannte „end-of-pipe"-Technologien (z.B. Katalysator), integrierte Umwelttechniken, die einen vorbeugenden Umweltschutz erlauben (z.B. multifunktionale Anlagen zur Abwasserbehandlung oder der Einsatz von Kraft-Wärme-Kopplung) und die Schadstoffverminderung im Produktionsprozeß. Letztere tritt am fertigen Endprodukt nicht mehr sichtbar in Erscheinung, was zuverlässige Aussagen über die wirtschaftliche Bedeutung der Umweltindustrie erschwert. Für die Umweltschutzgüterproduktion in Baden-Württemberg, die noch im Jahre 1994 den größten Anteil (5,7 Milliarden DM bzw. 23,7%) am Produktionswert (24 Milliarden DM) dieser Branche in Deutschland aufwies, zeichnet sich für 1996 sowohl ein Rückgang des Wachstums (von 1995: 6% auf 3,8%) als auch ein Rückgang des Exportanteils ab. Spezifische Wettbewerbsnachteile gegenüber USA und Japan werden immer deutlicher. Dies könnte u.a. daran liegen, daß auch die baden-württembergische Wirtschaft asiatische Wachstumsmärkte vernachlässigt (vgl. Südwest-Presse vom 20.3.96; vgl. Landtag von Baden-Württemberg 1994).

Das Umweltministerium Baden-Württembergs hat in den letzten Jahren zahlreiche Projekte initiiert, um den Umweltschutz im wirtschaftlich erfolgreichsten Bundesland zu fördern. Für die Wirtschaft geht es hier vor allem um ökologische Innovationen, die sich innerhalb des Produktionsprozesses selbst vollziehen. Die Umstellung des Produktionsprozesses mit den Zielen Energieeinsparung und geringere Luft- und Wasserverschmutzung und dadurch die Umgehung von Umweltstrafen stellt für immer mehr Unternehmen eine rationale Strategie dar. Die Einführung von Ökobilanzen, die Installation von Umweltmanagementsystemen und die Zertifizierung nach der Öko-Audit-Verordnung stellen die häufigsten Wege dar, auf denen versucht wird, diese Ziele zu erreichen.

In der Folge der im Jahre 1993 beschlossenen EU-Öko-Audit-Verordnung hat Baden-Württemberg viele Kooperationsprojekte zwischen Verbänden, der Landesanstalt für Umweltschutz und Unternehmen des verarbeitenden Gewerbes, aber auch immer mehr Dienstleistungsunternehmen initiiert. Hieraus entstanden Branchenleitfäden für ökologische Prozeßinnovationen (Umweltmanagement) in Unternehmen.

Unter diesen „Piloten" befindet sich ein Maschinenbau-Konzern. Ökonomisches Kalkül ist hier stark kontextabhängig, und deshalb ist die Implementation einer ökologischen Innovation in einer Umwelt, die an Umweltschutz bzw. an Nachhaltigkeit interessiert ist, rational. Ein anderes Pilotunternehmen stellt medizinische Instrumente her. Hier führt Umweltschutz verstärkt zu externem Legitimationsgewinn. Medizinische Instrumente müssen sauber und steril sein. Die Vorstellung, diese würden unter „verschmutzten" Bedingungen hergestellt, paßt nicht zur Branche. Angestrebt wird eine Entsprechung („Spiegelung") von externen Werten und Ansprüchen und formalen Organisationsstrukturen.

Aber es gibt auch die andere Seite. Vor allem kleine und mittelständische Unternehmen äußern Probleme mit ökologischen Prozeßinnovationen (wenn nicht mit Innovationen allgemein). Hierzu zählen Informationen und Wissen, aber auch und vor allem knappe Ressourcen. Innovativität erfordert Selbstbeobachtung, Forschung und Entwicklung, sowie die Bereitschaft zum

Lernen. Innovativität erfordert u.a. eine Betriebsstruktur, die es ermöglicht, neben der Routine des Produktionsprozesses zu forschen und zu entwikkeln. In kleinen und mittelständischen Unternehmen fehlen hierzu häufig das Kapital und die Humanressourcen. Innovationen sind risikoreich, die Folgen nicht absehbar, die Kosten nicht kalkulierbar. Damit derartige Unternehmen ihre ökologische Innovativität (bzw. ihre Innovativität insgesamt) erhöhen können, benötigen sie externe Expertise, Forschungs- und Entwicklungsnetzwerke (vgl. Kowol/Krohn 1994), Risikokapital und ein proaktives Unternehmertum, d.h. die Bereitschaft, aus sich heraus innovativ zu werden.

Um diese Unsicherheiten überwinden zu helfen, wurden auch Leitfäden, initiiert durch Umweltministerium und Landesgewerbeamt, für kleine und mittelständische Unternehmen unter besonderer Berücksichtigung des Handwerks erarbeitet. Weitere Kooperationspartner sind u.a. das Fraunhofer Institut für Produktionstechnik und Automation (IPA) in Stuttgart und der Baden-Württembergische Handwerkstag.

In der Folge häufen sich die Meldungen von Unternehmen, die bereit sind, ein Öko-Audit durchzuführen und sich zertifizieren zu lassen, aber auch die öffentliche Verwaltung, ja ganze Gemeinden und Städte („Kommunales Öko-Audit/Umweltmanagementsystem") streben nach einer Plakette. Immer mehr – vor allem Großunternehmen in der Automobil- und in der chemischen Industrie – erstellen einen jährlichen Umweltbericht. Dies hat zu einer Professionalisierung des Umweltschutzes geführt. Unternehmensberatung (z.B. Gerling, Fresenius), TÜV, BUND etc. sind hier gefragt. Benötigt werden sowohl „Know-how" als auch entsprechende Anreize. Institutionell gefordert ist damit sowohl das Bildungs- und Ausbildungssystem als auch die Umweltgesetzgebung und – natürlich – der Umweltmarkt.

Die Zukunftskommission „Wirtschaft 2000" und der aus ihr hervorgehende Innovationsbeirat der Baden-Württembergischen Landesregierung verweisen auf die zunehmende Bedeutung von Umwelttechnologien für den baden-württembergischen Exportmarkt. Der Forschungsbeirat initiierte einen Schwerpunkt Umweltforschung, was zur Gründung neuer umweltwissenschaftlicher Institute, Studiengänge und Studienschwerpunkte an baden-württembergischen Hochschulen (z.B. Heidelberg und Stuttgart) führte.

Viele Informationsveranstaltungen, „Workshops", Mediationsrunden, initiiert von der Wirtschaft, der Politik und der Wissenschaft, sollen den Wissensstand der Betroffenen erhöhen, den Umweltschutzwillen der einzelnen Akteure belegen und folgende Prämissen erfüllen: Versorgungssicherheit, Kostenreduktion und die Verringerung des Treibhauseffektes (vgl. Innovationsbeirat Baden-Württemberg 1996).

„Ökologische Innovatoren" in Baden-Württemberg können demnach auf relativ innovative Umwelten zurückgreifen, sei es in ihrer eigenen Branche („Pilotunternehmen"), sei es in der Umweltpolitik, den spezifischen Branchenvertretungen, der Forschung und den Transfereinrichtungen des Landes.

10.3 Die Bedingungen ökologischer Innovation in Wirtschaftsunternehmen

Im Rahmen unserer Studie[3] wurden 5 Unternehmen des verarbeitenden Sektors und 1 Dienstleistungsunternehmen untersucht, die alle durch besondere ökologische Innovationen hervorgetreten sind. Die Zahl der ArbeitnehmerInnen variiert zwischen 100 und 35.000, d.h. die Bandbreite erstreckt sich von mittelständischen Unternehmen bis hin zu einem transnationalen Konzern. Die Branchenzugehörigkeit variiert von der Konsumgüterindustrie, des Maschinen- und Anlagenbaus, über die Lederindustrie bis hin zu Kunststoff und Energieversorgung. Gesprächspartner waren der Unternehmenseigner selbst, ein Vertreter des gehobenen Managements oder der Umweltbeauftragte des Unternehmens. Neben den Gesprächsprotokollen wurden Berichte über die Unternehmen sowie Selbstdarstellungen der Unternehmen analysiert. Alle Unternehmen sind aktive Innovatoren, sowohl auf dem Gebiet technischer als auch organisatorischer Innovationen. Mit dem Wahlspruch „Das technisch Mögliche realisieren" zeigt sich das kunststoff- und metallverarbeitende Unternehmen, das seinen Ursprung in der Lederverarbeitung hat und durch die glückliche Verbindung erfinderischer Ingenieure und eines innovativen Managements sowie einer erfolgreichen Diversifizierungsstrategie in vielen Bereichen eine Marktführerschaft aufgebaut hat, als das Paradeunternehmen für technische Innovationen. Die ökologischen Innovationen der befragten Unternehmen umfassen sowohl Produkt- wie Prozeßinnovationen. Neben der Herstellung von Umweltgütern und „ökologischeren" Produkten stehen Öko-Audit(s) und Öko-Controlling, also die Umstellung des Produktionsprozesses mit dem Ziel, immer weniger natürliche Ressourcen zu verbrauchen und damit Kosten einzusparen. Schließlich sind einige im Bereich systemischer Innovationen tätig. Mit spezifischen ökologischen Produktinnovationen, z.B. der Herstellung eines neuen Filtervliesstoffes unter Verwendung eines neu entwickelten Fasermaterials oder der Herstellung von Gasturbinen mit erhöhtem Wirkungsgrad, wird Umsatzsteigerung angestrebt. Auch mit der Erstellung eines integrativen Umweltmanagement-Handbuches erhofft sich der transnationale

Konzern eine Umsatzsteigerung. Das Dienstleistungsunternehmen führt systemische Innovationen durch, wie z.B. die Entwicklung und Einführung neuer Methoden der Müllentsorgung. Alle Unternehmen haben ein ausgeprägtes Imagebewußtsein.

Die befragten Unternehmen sind Umweltpioniere in dem Sinne, daß sie „ökologische Innovationen“ als eine der ersten in ihrer Branche durchführen bzw. in bestimmten Bereichen als Vorreiter aktiv sind.

Weil nur wenige Unternehmen untersucht wurden, können hier keine allgemeingültigen Aussagen formuliert werden. Die Ergebnisse sind als vorläufige Hypothesen zu verstehen, die in weiteren Studien auf ihre Gültigkeit hin untersucht werden müssen.

A. Ein normativer Zielkonflikt zwischen Ökonomie und Ökologie besteht für ökologisch innovative Unternehmen nicht

Ökologie und Ökonomie, so eine der Annahmen, sind Bereiche, die ein Wirtschaftsunternehmen mit Zielen wie Effizienz, Produktivitätssteigerung und Erhöhung von Wettbewerbsvorteilen, nicht einfach integrieren kann. Die Zielkonflikte, die entstehen, wenn Umweltschutz in einem Unternehmen ernst genommen wird, sind hinderlich für erfolgreiches Wirtschaften.

Als Ergebnis zeigte sich, daß ökologische Innovationen entsprechend der Logik der Internalisierung externer Effekte funktionieren. Ökologische Aspekte werden in die wirtschaftliche Logik transformiert. Das heißt, die Unternehmen unterwerfen sich nicht der Norm der Nachhaltigkeit im abstrakten Sinne. Sie streben beispielsweise danach, den Verbrauch nicht-erneuerbarer Ressourcen zu verringern, die Lebensspanne ihrer Produkte zu erhöhen oder Maschinen zu entwickeln, die weniger Energie verbrauchen. Sie tun dies jedoch aus wirtschaftlichen Gründen und nicht in der Verfolgung eines Leitbildes der Nachhaltigkeit. Die vorgenommenen Veränderungen führen in den Unternehmen zu Einsparungen im Produktionsprozeß oder zu Wettbewerbsvorteilen. „Ohne Ökologie keine Ökonomie“ lautet das Motto der als Familienunternehmen geführten Bierbrauerei. Um sich auf einem weithin saturierten und stagnierenden Markt, auf dem die Verpackung des Produkts zum entscheidenden Marketinginstrument wird, gegen die Konkurrenz der Großbrauereien durchsetzen zu können, kämpft der Firmenleiter für die Durchsetzung eines Einheits-Mehrwegkastens. Die mittelständische Schuhfabrik dagegen überlebt in einer wirtschaftllich ungünstigen Situation, weil sie sich mit Qualitätsprodukten („Gesundheitsschuhe“) in einer ökologischen Nische des Marktes gut etabliert hat. Der Export spielt eine große Rolle. Das ökologische Image wird noch verstärkt durch die Durchführung eines Öko-Audit. Dieses Unternehmen lebt geradezu von der Integration von Ökonomie und Ökologie.

B. „Ökologische Innovationen" und damit die Integration von Ökonomie und Ökologie sind bei den Innovatoren intrinsisch motiviert

Damit Unternehmen ökologische Aspekte internalisieren, müssen sie, so die anfängliche Vermutung, entweder von außen erzwungen werden (politische Steuerung, öffentlicher Druck oder Nachfrage)[4], oder sie müssen damit einen Kostenvorteil, eine Umsatzsteigerung oder einen spezifischen Imagegewinn (geringerer Energieverbrauch, neue Märkte) verbinden. Thomas Dresel benutzt hier das Bild eines Esels, der entweder geschlagen oder mit Futter gelockt wird.

Alle Unternehmen, die untersucht wurden, sind mehr oder weniger erfolgreich auf internationalen Märkten tätig. Sie streben die Erhöhung ihrer Kompetenzen an. Und das tun sie wiederum, um ihre internationale Wettbewerbsfähigkeit zu erhöhen. Die Unternehmen antizipieren zukünftige Entwicklungen („Ökologische Aspekte müssen berücksichtigt werden") und versuchen im Bereich ökologischer Innovationen proaktiv, d.h. aus sich selbst heraus, Pionierarbeit zu leisten. Allerdings sind ökologische Innovationen keine Frage der Moral, sondern der Effizienz. So kann der spezifische Lernprozeß, den die Schuhfabrik durch das Öko-Audit durchläuft, folgendermaßen beschrieben werden: Die wirtschaftliche Situation legt eine ökologische Orientierung nahe; die ökologische Innovation besteht in der ökologischen Betriebsprüfung; dieser reflexive Prozeß zieht institutionelle Erfordernisse nach sich. Das Dienstleistungsunternehmen (ein regionaler Stromversorger) befindet sich in einer doppelten Konfliktsituation zwischen stärkerem Konkurrenzdruck (durch geringeren Stromverbrauch) und Akzeptanzkrise (Kernernergie). Als Reaktion auf diese Krise beginnt sich das Unternehmen konsequent in drei Bereichen für den Umweltschutz zu engagieren: Umweltschutz in den Energiererzeugungsanlagen, Energiesparberatung und Förderung alternativer Energiegewinnung. Das Unternehmen „wird ökologisch innovativ, weil es sich so die Kooperationsfähigkeit in der Öffentlichkeit und damit die Operationsfähigkeit „nachhaltig" sichert"[5].

C. Kulturelle Identität und Qualitätsorientierung sind notwendige, wenn auch nicht hinreichende Voraussetzungen für die Bereitschaft zur Durchführung von ökologischen Innovationen

Aktuelle Erkenntnisse aus der Organisationsforschung legen folgende Annahmen nahe: Auch im Bereich ökologischer Innovation finden sich Unterschiede zwischen den Unternehmen im Hinblick auf die Motivation, die Strategie und das Ausmaß der Integration von Ökonomie und Ökologie. Diese ergeben sich aus der Art des Unternehmens: Kontextabhängige Unternehmen sind in stärkerer Weise von ihrer wirtschaftlichen Umwelt abhängig. Sie können sich keine „Fassaden" leisten, sondern müssen einen Umweltschutz betreiben, der sich in den Produkten oder in der Abrechnung zeigt. Institutionelle Unternehmen dagegen gewinnen externe Legitimität durch das Einstellen auf die Werte und Normen der Umwelt. Umweltberichte stellen hier ein geeignetes Mittel dar.

Der aufgrund seiner Branchenzugehörigkeit, Größe und Lebenszyklusphase eher institutionelle transnationale Konzern der Elektronikbranche versteht sein integratives, für alle Einzelunternehmen geltendes Umweltmanagement-Handbuch als eine nicht unerhebliche Innovation, mit dem er sich einen Wettbewerbsvorsprung erhofft. Die Zertifizierung nach der EU-Öko-Audit-Verordnung war dem Konzern so wichtig, daß er nicht auf das Inkrafttreten der deutschen Vorschriften wartete, sondern sich durch einen dänischen Umweltbetriebsprüfer zertifizieren ließ.

Was alle befragten Unternehmen auszeichnet, ist ihre hohe „kulturelle Identität", d.h. die Identität mit ihren Produkten (z.B. Bier, Schuhe, Brauseanlagen). Sie sind sämtlich im Qualitätssegment aktiv. Alle befinden sich in einer Wachstumsphase und haben hohe Kapazitäten (oder machen diese frei), um ihren Produktionsprozeß zu beobachten und zu reflektieren. Sämtliche Unternehmen sind proaktive Innovatoren und deshalb eher angebots- als nachfrageorientiert. Sie setzen auf das Umwelt- und Qualitätsbewußtsein der Konsumenten, um damit einen Innovationsgewinn zu erreichen. Es zeigen sich demnach unter den befragten Pionieren keine Brancheneffekte, d.h. keine für eine Branche typischen Effekte. Ihre starke Kontextabhängigkeit, d.h. die starke externe Kontrollmöglichkeit ihrer „outputs", führt sie sämtlich in den aktiven Umweltschutz, der sich in der Unternehmenskultur widerspiegelt. Umweltmanagement stellt einen wesentlichen Faktor der unternehmerischen Aktivitäten dar, und es bezieht die Mitglieder des Unternehmens ein: flache und schlanke Hierarchien, integriertes Management mit breiter Kompetenzverteilung und kurze Entscheidungswege[6]. Umweltschutz geht weit über die Dokumentation hinaus. Kleine und mittlere Unternehmen äußern teilweise Probleme mit der Informationsgewinnung im Hinblick auf ökologische Aspekte. Wo können sie noch einsparen, wo lohnt es sich nicht, was ist technisch möglich, was widerspricht dem ökonomischen Kalkül? Sie fordern mehr und effizientere Kommunikation.

D. Ökologische Innovationen sind Teil kontinuierlicher Verbesserungs- und Lernprozesse eines Unternehmens

Um „ökologische Innovationen" durchführen zu können, so die ursprüngliche Annahme, muß ein Wirtschaftsunternehmen Strukturen ändern, d.h. neue Produktionskonzepte, neue Produktmuster müssen eingesetzt werden, und das Verhältnis zur Umwelt muß unter dem Aspekt des Umweltschutzes neu definiert werden.

Die befragten Unternehmen verstehen sich sämtlich als Marktteilnehmer, die stetig nach einer Erhöhung der Qualität und nach geringerem Ressourcenverbrauch streben. Sie stellen sich als Unternehmen dar, die ihre Produktionsprozesse kontinuierlich unter ökologischen Kriterien beobachten (Ökobilanzen, input-output-Analysen). Qualitätskontrolle zieht sich wie ein roter Faden durch die Geschichte der Unternehmen. In einer Situation, in der die Diskussion um nachhaltige Entwicklung immer lauter wird, beginnen die Unternehmen ihre Selbstwahrnehmung in Richtung „Umweltmanagement" zu lenken[7].

Die Unternehmen tätigen solche Innovationen, von denen sie einen Beitrag zur Erhöhung ihrer Kompetenz erwarten können. Den Zusammenhang zum Umweltschutz verdeutlicht folgendes Beispiel: „Bei der Entwicklung von Turbinen ist die Produktoptimierung entscheidend im Wettbewerb. Kundenaufträge auf diesem hochspezialisierten Markt werden dadurch gewonnen, daß ein Produkt hoher Qualität und hoher Effizienz angeboten wird. Die ökologische Qualität des Produkts, nämlich ein höchstmöglicher Wirkungsgrad, ist hier unmittelbar ein Verkaufsargument."[8]

E. Innovative Wirtschaftsunternehmen schaffen sich ihre relevanten Umwelten selbst und nutzen diese für ihre Zwecke. Verständigung ist eine absolute Voraussetzung für „Nachhaltige Entwicklung"

Im Hinblick auf die Bedeutung institutioneller Umwelten für ökologische Innovationen wurde ursprünglich folgende These formuliert: Das regionale Institutionengefüge ist sehr wichtig für die Bereitschaft einzelner Unternehmen, Ökonomie und Ökologie zu integrieren und damit externe Effekte zu „internalisieren". Unternehmen benötigen externes Wissen, innovative Milieus und engen Kontakt zu politischen Akteuren und der Verwaltung, um ökologische Aspekte in ihren Produktionsprozeß zu integrieren.

Diese These wurde so nicht bestätigt. Die befragten Unternehmen greifen nur dann auf regionale Institutionen zurück, wenn es für sie gute Gründe dafür gibt. Keines der „kompetenten" Unternehmen ist in seiner Selbstwahrnehmung von seinen regionalen Umwelten abhängig, obwohl sie alle die natürlichen Ressourcen einer Region (z.B. Wasser) nutzen. Einige zeigen ein auf die Region bezogenes starkes kulturelles Engagement. Letzteres kann als Versuch gesellschaftlicher Integration gedeutet werden. „Wenn es der Region gut geht, geht es uns gut", so die Begründung des Bierbrauers für sein intensives „Öko-Sponsoring" (finanzielle und ideelle Unterstützung regionaler Naturschutzprojekte). Manche Unternehmen bemühen sich um regionale Investitionsprogramme oder beteiligen sich an regionalen Umweltausschreibungen. Zwei der untersuchten Unternehmen erhielten den Umweltpreis des Landes Baden-Württemberg. Einige stehen in engem Kontakt mit regionalen politischen Akteuren und alle sind starke Netzwerker. Aber Netzwerken ist nicht durch den Raum begrenzt. Die Unternehmen greifen z.B. auf Netzwerke zurück, um den Markt zu beobachten oder um ihren Einfluß auf politische Entscheidungen geltend zu machen. Sie fordern von ihren institutionellen Umwelten (und hier vor allem vom politischen System) Gerechtigkeit und Fairneß bei politischen Investitions- und Förderprogrammen, klare politische Strategien und die Anwendbarkeit politischer Verordnungen. Wenn ökologische Innovationen zu riskant werden und ihre Folgen nicht absehbar sind, dann werden wirtschaftliche Akteure diese nicht implementieren und politische Akteure, so die Forderungen der Gesprächspartner, sollten sie dann auch nicht dazu zwingen. Dies betrifft beispielsweise die Zuständigkeit. So weist der multinationale Konzern eine Zuständigkeit für ökologische Grundlagenforschung weit von sich. Die Forschungs- und Entwicklungsabteilungen greifen dann ökologische Fragen auf, wenn sie durch Kundenauftrag definiert und limitiert sind[9].

10.4 „Ökologische Innovationen" und was kommt dann? Eine kritische Zusammenfassung

Ein Ziel unserer Arbeit war es, eine Vorstellung davon zu bekommen, was in ökologischen Pionierunternehmen geschieht. Hierbei ging es nicht um die Evaluation ökonomischer oder ökologischer Effizienz, sondern um die Motive der Akteure, um strukturelle und kulturelle Eigenheiten ökologischer Innovatoren und um ihre relevanten Umwelten.

Alle befragten Unternehmen beziehen natürliche Umwelten in ihre Strategien mit ein. Sie tun das aus einer ökonomischen Perspektive heraus. Sie transformieren ökologische Aspekte in wirtschaftliches Kalkül. Sie antizipieren zukünftige Entwicklungen, d.h. sie gehen davon aus, daß bald ohne Umweltschutz „nichts mehr gehen wird". Und warum sollte man sich da

Die gute Nachricht ...

A. Ein normativer Zielkonflikt zwischen Ökonomie und Ökologie besteht für ökologisch innovative Unternehmen nicht.

B. „Ökologische Innovationen" und damit die Integration von Ökonomie und Ökologie sind bei den Innovatoren intrinsisch motiviert.

C. Kulturelle Identität und Qualitätsorientierung sind notwendige, wenn auch nicht hinreichende Voraussetzungen für die Bereitschaft zur Durchführung von ökologischen Innovationen.

D. Ökologische Innovationen sind Teil kontinuierlicher Verbesserungs- und Lernprozesse eines Unternehmens.

E. Innovative Wirtschaftsunternehmen schaffen sich ihre relevanten Umwelten selbst und nutzen diese für ihre Zwecke. Verständigung ist eine absolute Voraussetzung für „Nachhaltige Entwicklung".

nicht an die Spitze dieser Entwicklung stellen? „Ecological literacy" (Ökologisches Know How, d.A.), wie Monica Hale[10] es nennt, oder weitreichende ökologische Kompetenzen scheinen hier grundlegend zu sein. Die Integration von Ökonomie und Ökologie folgt der Logik des Wirtschaftens, aber die befragten wirtschaftlichen Akteure sind „sozial eingebettet", d.h. sie wissen um die externen Erwartungen und beziehen diese in ihr Kalkül ein.

Was ihre ökologische Innovationsbereitschaft betrifft, so unterscheidet sich diese nicht von ihrer Bereitschaft zu Innovationen generell: Innovationen sollen die Kompetenz erhöhen und/oder einen hohen Symbolwert besitzen wie z.B. die Installation einer Photo-Voltaik-Anlage auf dem Dach des Badezimmer-Armaturen-Herstellers, die nur einen Bruchteil des Strombedarfs des Unternehmens deckt, jedoch als Pilot-Anlage zur Hälfte öffentlich gefördert wird. Der Firmenchef beantwortet die Frage nach den Gründen, diese Anlage zu installieren, mit dem lapidaren Satz: „Einer muß anfangen."[11]

Alle befragten Unternehmen bewerteten Handeln höher als externe Präsentation, d.h. alle zeigten eine hohe Ergebnisorientierung und vernachlässigten den Aspekt der Legitimationssicherung durch eine „Umweltschutz-Fassade". In ihren Außendarstellungen ging es unseren Unternehmen nicht so sehr um das Thema Umweltschutz. Sie bezeichneten sich nicht als ökologische Pioniere, und manche erstellten nicht einmal einen Umweltbericht. Ökologische Innovation wird aber als Wettbewerbsfaktor gesehen.

Wenn sie etwas von ihren institutionellen Umwelten fordern, dann die Unterstützung (Risikokapital und Wissen) riskanter Entscheidungen, eine konsistente Umwelt- und Wirtschaftspolitik, Verteilungsgerechtigkeit und eine Form der politischen Steuerung, die der Logik des Wirtschaftens nicht widerspricht.

... gilt nur, ...
wenn die Integration von Ökonomie und Ökologie zum Wettbewerbsfaktor wird, dann werden dynamische und innovative Unternehmen hier aktiv werden. Damit ist auch ein Wandel in der Zielsetzung staatlicher Umweltpolitik verbunden: weg von der Kontrolle der Umweltverschmutzung hin zur Ressourcenproduktivität.

Wenn, wie in diesem Projekt, ein Zusammenhang zwischen ökologischen Innovationen und nachhaltiger Entwicklung konstruiert wird, so muß auch auf die kritischen Punkte und daran anknüpfende Forschungsfragen eingegangen werden, die nicht zuletzt Anlaß für weitere Forschung in diesem Bereich geben.

Fassade: Es muß berücksichtigt werden, daß Umweltberichte, Öko-Audits und andere ökologische Innovationen nicht unbedingt etwas aussagen über die tatsächliche Präsenz des Umweltgedankens im alltäglichen Handeln eines Wirtschaftsunternehmens. So wird auch in anderen Untersuchungen darauf verwiesen, daß z.B. die Einbeziehung der Beschäftigten häufig vernachlässigt wird. Inwieweit Unternehmen lediglich gesellschaftlich anerkannte Leitbilder reflektieren, muß genauer untersucht werden.

Partielle Nachhaltigkeit: Unternehmen, die ökologische Innovationen durchführen, sind häufig auch in anderen Geschäftsbereichen innovativ. Es ist durchaus möglich, daß dort Wettbewerbsfähigkeit nicht vereinbar ist mit der Integration von Ökonomie und Ökologie. Beispielsweise verlagern Unternehmen bestimmte Teile des Produktionsprozesses ins Ausland, wo die Umweltverordnungen weniger rigide sind.

Ökologische Betroffenheit von Wirtschaftsunternehmen: Es ist davon auszugehen, daß nicht alle Branchen in gleicher Weise die Integration von Ökonomie und Ökologie leisten können. Für bestimmte Industrien ist es rationaler, diesen Schritt zu vollziehen als für andere. Zu denken ist hier beispielsweise an Zulieferer, die von multinationalen Konzernen abhängig sind und wenig eigenen Spielraum haben.

Nachhaltige Märkte: Unter welchen Bedingungen setzen sich ökologische Innovationen durch? Was bewegt die „Imitatoren" zur Nachahmung?

Ökologische Innovation und was kommt dann? Ökologische Produkte und ökologischere Produktionsprozesse sind nicht das Ende des Weges, der in Richtung nachhaltige Entwicklung führt. Konsequenterweise müssen sich auch Konsummuster verändern. Güter müssen durch Dienstleistungen ersetzt werden. Das umweltverantwortliche Unternehmen muß durch umweltverantwortlichen Konsum dazu aufgefordert werden, in diesen Bereichen innovativ zu sein. Beispielsweise müßte nicht jeder Haushalt über eine eigene Waschmaschine verfügen, Waschgänge könnten auch gekauft werden, und die Nutzung eines Kraftfahrzeugs könnte unter mehreren Haushalten aufgeteilt werden.

... und deshalb muß untersucht werden:
Inwieweit Unternehmen lediglich gesellschaftlich anerkannte Leitbilder reflektieren, d.h. inwieweit ihr Umweltengagement ledigliche eine *Fassade* ist und,
inwieweit ökologisch innovative Unternehmen Teile ihres Produktionsprozesses ausgliedern, um den deutschen Umweltschutzverordnungen zu entgehen. Wir sprechen hier von *partieller Nachhaltigkeit.*

Das politische System scheint, zumindest bezogen auf die hier untersuchten Unternehmen, nicht die Bergführerrolle übernehmen zu können. Das müssen die Unternehmen, bzw. „ökologischen Pioniere" schon selbst tun. Sie werden dies jedoch nur tun, wenn sie sich ökonomische Vorteile versprechen, und hier können die politischen Akteure aktiv werden, um entsprechende Situationen zu schaffen.

Damit stellt sich die Frage, welche sozialen Innovationen ökologische Innovationen befördern können? Hier kann an Überlegungen von Ortwin Renn[12] angeknüpft werden. Er setzt auf Innovationen, wenn es darum geht, die Internalisierung externer Kosten zu betreiben. Er geht davon aus, daß sämtliche Wirtschaftssubjekte ganz allgemein das Leitbild „Nachhaltige Entwicklung" befürworten, da sie alle der Idee der intergenerationalen Gerechtigkeit zustimmen. Häufig wissen sie jedoch nicht, was sie tun sollen bzw. wie sie dieses Ziel mit anderen Unternehmenszielen vereinbaren sollen. Soziale Innovationen wie diskursive und kooperative Planungsverfahren sowie „Runde Tische" mit dem Ziel der Bewußtmachung der eigenen Präferenzen sind gefragt. Des weiteren schlägt Renn eine marktkonforme Internalisierung externer Kosten bei substitutionsfähigen Umweltgütern vor, d.h. die Unternehmen sollen die Umweltfolgen von Produktion, Gebrauch und Entsorgung von Gütern tragen. Dies haben die hier befragten Unternehmen bereits vollbracht. Nicht substitutionsfähige Umweltgüter dagegen bedürfen Renn zufolge einer staatlichen Regulierung. Hier findet sich wiederum ein Hinweis auf die Aufgaben des institutionellen Umfeldes.

11. Klimaverträgliche Energieversorgung und Nachhaltigkeit

Diethard Schade und WolfgangWeimer-Jehle

11.1 Das Projekt „Klimaverträgliche Energieversorgung": Ein Beitrag zur Klima- und Nachhaltigkeitsdebatte

Vor dem Hintergrund der aktuellen Diskussion um die Treibhausproblematik hat die Akademie für Technikfolgenabschätzung im Sommer 1993 das Projekt *Klimaverträgliche Energieversorgung in Baden-Württemberg*[1] begonnen, um die Frage zu klären, ob die politisch gesetzten Reduktionsziele für die Kohlendioxid-Emissionen auf der regionalen Ebene des Landes erreichbar sind und ob dazu bestimmte Zukunftsentwicklungen unserer Industriegesellschaft erforderlich bzw. unmöglich werden.

Die Beschränkung auf Baden-Württemberg orientiert sich am Auftrag der Akademie und der Notwendigkeit für auch regionales Handeln. Sie impliziert natürlich, daß die globale Treibhausproblematik nur dann gelöst werden kann, wenn ein gleichgerichtetes Handeln in vielen oder allen Regionen der Welt erreicht wird. Die Gefahren, die aus der Treibhaus-Problematik erwachsen können, beschäftigen dementsprechend seit Mitte der 80er Jahre die politisch Verantwortlichen in vielen Ländern und waren von Anfang an ein international wichtiges Thema. Die Beratungen im Rahmen der Vereinten Nationen haben zu dem Ergebnis geführt, daß es erforderlich ist, die Kohlendioxid-Emissionen zu reduzieren; international rechtlich verbindliche Reduktionsziele wurden 1997 auf der Konferenz der Vertragsstaaten der Klimarahmenkonvention in Kyoto konkretisiert. In diesem Zusammenhang hat die Bundesregierung bereits 1991 beschlossen, die Kohlendioxid-Emissionen in Deutschland bis zum Jahr 2005 um 25% bis 30 % gegenüber den Emissionen des Jahres 1987 zu senken. Im gleichen Jahr hat die Landesregierung von Baden-Württemberg für den entsprechenden Zeitraum eine Reduktion der Kohlendioxidemissionen um 30% als Orientierungsziel benannt.

Obwohl die Frage der Nachhaltigkeit kein explizites Thema bei der Durchführung des Projektes *Klimaverträgliche Energieversorgung in Baden-Württemberg* war, ist die nachhaltige Entwicklung implizit das zentrale Thema der Treibhausproblematik[2]. Verschiedene gasförmige Bestandteile in der Atmosphäre sind die Ursache des natürlichen Treibhauseffektes, der zu einer mittleren Temperatur auf der Erdoberfläche von rd. +15°C führt. Zu diesen Treibhausgasen gehören vor allem Wasserdampf, Kohlendioxid, Ozon, Distickstoffoxid und Methan. Seit Beginn der Industrialisierung wird durch den Menschen über die Verbrennung fossiler Brennstoffe in erheblichem Umfang Kohlendioxid freigesetzt. Die dadurch verursachte Erhöhung der Konzentration des Kohlendioxids in der Atmosphäre wirkt sich auf den natürlichen Treibhauseffekt aus und kann – nach heutiger Kenntnis – langfristig zu einer Erhöhung der mittleren Temperatur auf der Erdoberfläche führen. Die damit möglichen Klimaänderungen bergen erhebliche Risiken: z.B. können Verschiebungen der Klimazonen, ein Anstieg des Meeresspiegels oder die Zunahme tropischer Wirbelstürme nicht ausgeschlossen werden. Ein Fortschreiben der bisherigen Entwicklung bei der Freisetzung von Kohlendioxid kann so zu erheblichen Belastungen für künftige Generationen führen und ist nicht nachhaltig im Sinne der von der Akademie verwendeten Definition dieses Begriffs. Wege zur Reduktion der Kohlendioxid-Emissionen stellen also umgekehrt einen Beitrag zur Nachhaltigkeit dar.

Neben der Klimawirkung ist die energiebedingte Kohlendioxidfreisetzung mit zwei weiteren für die Nachhaltigkeit wichtigen Themenkreisen verbunden: Dem Ressourcenverbrauch und den Ansprüchen an Energiedienstleistungen. Energie kann aus erneuerbaren Ressourcen – Biomasse, Windenergie, Wasserkraft, Erdwärme oder Sonnenenergie – bereitgestellt werden oder aus nicht-erneuerbaren Ressourcen – Kohle, Erdöl, Erdgas, Uran – gewonnen werden, und der Verbrauch an nicht-erneuerbaren Ressourcen wird – sofern er nicht durch den Aufbau künstlichen Kapitals ausgeglichen werden kann – im Konzept der Akademie als nicht nachhaltig betrachtet.

Die Ansprüche an Energiedienstleistungen, die sich teilweise in Komfortansprüchen ausdrücken, hängen auch mit den immateriellen Bedürfnissen zusammen, die für das Erreichen einer nachhaltigen Entwicklung etwa im Rahmen von Suffizienzstrategien gegebenenfalls geändert werden müssen. Vor allem die aus Komfortbedürfnissen folgenden Ansprüche an Energiedienstleistungen und der daraus resultierende Energieverbrauch sind seit längerem Gegenstand der öffentlichen Diskussion und wurden im Rahmen der Umweltdebatte und der allgemeinen Kritik an unserer Konsum- und Industriegesellschaft seit Ende der 60er Jahre immer wieder als umweltunverträglich beklagt. Im Interesse von Umwelt- und Ressourcenschonung wird vielfach eine Abkehr von der Vergangenheitsentwicklung hin zu mehr Sparsamkeit und Bescheidenheit und damit veränderten Lebensstilen und Wirtschaftsformen gefordert. Die Frage nach der adäquaten Energieversorgung wurde zu einem Teil der kollektiv ausgetragenen Überzeugungskonflikte[3] und verband sich mit neuen Zukunftsentwürfen für die Gesellschaft insgesamt. Die Treibhausproblematik hat dieser Diskussion neuen Antrieb verliehen, und sie wird häufig als zusätzliche Begründung für die als notwendig erachtete Änderung unseres Lebensstils herangezogen. Ein Ziel des Projektes *Klimaverträgliche Energieversorgung in Baden-Württemberg* war es daher zu klären, ob die notwendige Reduktion der Kohlendioxid-Emissionen tatsächlich andere Lebensstile erforderlich macht.

11.2 Drei leitbildorientierte Energieszenarien

Zur Beantwortung dieser Fragestellung wurden im Projekt *Klimaverträgliche Energieversorgung in Baden-Württemberg* Energieszenarien entworfen, denen bewußt verschiedene gesellschaftliche Leitbilder zugrundegelegt wurden. Die Veränderungen, die ausgehend vom heutigen Energiesystem vorgesehen werden, um die gewünschte Reduktion der Kohlendioxid-Emissionen zu erreichen, begründen sich bei dieser Vorgehensweise aus dem jeweiligen Leitbild bzw. den damit erfaßten unterschiedlichen gesellschaftlichen Zielvorstellungen, Wünschen und Präferenzen. Die Szenarien beschreiben Energiesysteme, die sich realisieren ließen, wenn den jeweiligen Leitbildern konsequent gefolgt werden würde.

Diese Szenarien wurden von Januar 1994 bis Mai 1995 – aufbauend auf einer Reihe von Gutachten, die die wesentlichen Daten zu Energiewirtschaft und Energietechnik aufbereitet haben[4], – in Zusammenarbeit von Mitarbeitern der Akademie und zwölf wissenschaftlichen Einrichtungen in Baden-Württemberg entwickelt.

Für die Berücksichtigung unterschiedlicher gesellschaftlicher Zielvorstellungen wurde von drei Leitbildern ausgegangen: *Techniknutzung*, *Ressourcenschonung* und *Neue Lebensstile*. Bei deren Festlegung war es das Ziel, die beobachtbare öffentliche Diskussion, die ja durch eine Vielzahl miteinander konkurrierender Leitbilder geprägt ist, in wenigen Leitbildern idealtypisch so zu erfassen, daß einerseits Hauptlinien der gesellschaftlichen Diskussion um die Zukunft der Energieversorgung eingefangen werden, und andererseits die Breite des Spektrums der gesellschaftlichen Diskussion etwa abgedeckt wird. Diese Leitbilder fassen nicht empirisch ermittelte Einstellungen oder Werthaltungen zusammen, und sie lassen sich auch nicht aus kohärenten Wertsystemen ableiten. Sie sind ein pragmatischer Versuch, Einstellungen und Werthaltungen wichtiger gesellschaftlicher Gruppen so zu bündeln, daß Aspekte wie Umweltschutz, Ressourcenschonung, Arbeitsplätze, Wettbewerbsfähigkeit, Wohlfahrt, Konsumniveau, Akzeptanz etc. in die Überlegungen zur Umgestaltung des Energiesystems indirekt einbezogen werden.

Da der Umfang der erforderlichen Maßnahmen für eine Realisierung der einzelnen Szenarien davon abhängt, wie weit sich Verhalten, Technik und Energiesystem von dem entfernen, was sich ohne auf eine Verringerung der Kohlendioxid-Emissionen zielende Eingriffe einstellen würde, wurde zusätzlich zu den Reduktions-Szenarien *Techniknutzung*, *Ressourcenschonung* und *Neue Lebensstile* eine Referenz-Entwicklung *Heutige Trends* beschrieben, mit der versucht wird, die heute erkennbaren Trends bei der Nachfrage nach Energiedienstleistungen, bei den Effizienzverbesserungen oder den Energieträgersubstitutionen in die Zukunft fortzuschreiben.

Beim Leitbild *Techniknutzung* wurde angenommen, daß es Gruppen in der Gesellschaft gibt, die davon überzeugt sind, daß die Treibhaus-Problematik gelöst und die dafür erforderliche Reduktion der Kohlendioxid-Emissionen erreicht werden kann, wenn geeignete Techniken konsequent entwickelt und eingesetzt werden, und daß auch die erkennbaren Umwelt- und Ressourcenprobleme durch Technik prinzipiell lösbar sind. Personen, die diesem Leitbild folgen, gehen davon aus, daß keine Notwendigkeit zu einer grundsätzlichen Änderung des bisherigen Verhaltens besteht und daß die Ansprüche an Energiedienstleistungen und Güter auch in Zukunft weiter so wachsen können wie in der Vergangenheit. Das zunehmende Bewußtsein um die Bedeutung der Ökologie führt aber im Rahmen des wirtschaftlich Sinnvollen zur gezielten Bevorzugung energetisch effizienter und ökologisch verträglicher Produkte, sofern keine oder nur sekundäre Nutzenaspekte beeinträchtigt werden.

Beim Leitbild *Ressourcenschonung* wurde angenommen, daß es Gruppen in der Gesellschaft gibt, die davon überzeugt sind, daß die Treibhaus-Problematik im Kontext von Umwelt- und Ressourcenproblemen gesehen werden muß, und daß die erforderliche Reduktion der Kohlendioxid-Emissionen nur durch eine bewußte und an den Kriterien von Umweltschutz und Ressourcenschonung orientierte Nutzung von Technik in Verbindung mit begrenzten Verhaltensänderungen erreicht werden kann. Personen, die diesem Leitbild folgen, gehen davon aus, daß ein begrenzter Verzicht auf Komfort und ein Verzicht auf eine weitere Steigerung der Nachfrage nach Energiedienstleistungen erforderlich ist. Das stark zunehmende Bewußtsein um die

Bedeutung der Ökologie führt zur gezielten Bevorzugung energetisch effizienter und ökologisch verträglicher Produkte, auch dann, wenn sie nach den bislang üblichen Maßstäben moderat unwirtschaftlich wären.

Beim Leitbild *Neue Lebensstile* wurde angenommen, daß es Gruppen in der Gesellschaft gibt, die davon überzeugt sind, daß die Treibhaus-Problematik im Kontext der globalen politischen und ökologischen Probleme gesehen werden muß, und daß diese nur insgesamt gelöst werden können, wenn sich Verhalten und Techniknutzung konsequent an ökologischen Kriterien orientieren. Personen, die diesem Leitbild folgen, gehen davon aus, daß sich dann als Folge des geänderten Verhaltens und der anderen Lebensstile verringerte Komfortansprüche und eine geringere Nachfrage nach Energiedienstleistungen ergeben. Das im Mittelpunkt allen Handelns stehende Bewußtsein um die Bedeutung der Ökologie führt zur konsequenten Bevorzugung ökologisch effizienter Produkte, auch dann, wenn mit deren Nutzung ein deutlicher wirtschaftlicher Nachteil oder eine Verringerung des materiellen Lebensstandards verbunden ist.

Zusätzlich wurde bei der Entwicklung der Szenarien angenommen, daß die gesellschaftlichen Gruppen, die den Leitbildern gedanklich zugeordnet werden können, auch unterschiedliche Einstellungen zur Kernenergienutzung haben: Im Leitbild *Techniknutzung* wird Kernenergie als ein mögliches Instrument zur Erreichung des Reduktionsziels betrachtet, im Leitbild *Ressourcenschonung* wird längerfristig ein Verzicht auf die Nutzung dieser Energieform für notwendig erachtet und im Leitbild *Neue Lebensstile* wird gewünscht, rasch auf die Kernenergienutzung zu verzichten. In allen Leitbildern werden aber technische Verbesserungen als ein wichtiges Instrument zum Erreichen der Reduktionsziele angesehen.

Diese Leitbilder begründen dann die Maßnahmen und auch die Unterschiede in den Maßnahmen, die erforderlich bzw. möglich sind, um das heutige Energieversorgungssystem so umzugestalten und die Referenz-Entwicklung *Heutige Trends* so abzuändern, daß die Reduktionsziele erreicht werden können.

Die Nachfrage nach Energiedienstleistungen vermindert sich nach Voraussetzung im Szenario *Techniknutzung* nicht, im Szenario *Ressourcenschonung* wenig und nur im Szenario *Neue Lebensstile* stärker gegenüber der Entwicklung im Szenario *Heutige Trends.*

Zur Verbesserung oder Änderung der verwendeten Techniken zur Deckung des Nutzenergiebedarfs bei den Endverbrauchern können im Szenario *Techniknutzung* in der Tendenz alle vorhandenen technischen und betriebswirtschaftlich sinnvollen Möglichkeiten zur Reduktion des Energiebedarfs oder zur Verringerung der Kohlendioxid-Emissionen ausgeschöpft werden.

Auch im Szenario *Ressourcenschonung* wird der Einsatz von Technik als Mittel zur Erreichung des Reduktionsziels verwendet. Im Szenario *Neue Lebensstile* dient Technik vor allem zur Unterstützung des Wertewandels und ist damit in speziellen Einsatzgebieten stärker und in manchen Einsatzgebieten weniger energieeffizient und kohlendioxidmindernd als in den Szenarien *Techniknutzung* und *Ressourcenschonung*.

Die Möglichkeiten zur Verbesserung der Techniken im Umwandlungsbereich bzw. zum Einsatz von Primärenergieformen mit geringeren Kohlendioxid-Emissionen unterscheiden sich bei den drei Szenarien vor allem durch die unterschiedlichen Einstellungen zur Nutzung von Kernenergie und regenerativen Energieformen. Nur im Szenario *Techniknutzung* kann eine Ausweitung der Kernenergienutzung als Mittel zur Minderung der Kohlendioxid-Emissionen eingesetzt werden; im Szenario *Ressourcenschonung* kann das Niveau der heutigen Kernenergienutzung noch einige Zeit beibehalten werden, während im Szenario *Neue Lebensstile* versucht werden muß, bis zum Jahr 2010 auf die Kernenergienutzung vollständig zu verzichten.

Für die Entwicklung aller Szenarien wurde die gleiche Gesamtwirtschaftsentwicklung zugrunde gelegt, allerdings mit unterschiedlichen Anteilen des Dienstleistungssektors und der Güterproduktion. Weiter wurde angenommen, daß die Bevölkerung in Baden-Württemberg bis zum Jahr 2005 auf rd. 10,6 Mio. Einwohner anwächst und danach konstant bleibt.

Um die Ausgangsfrage – ob nämlich die Reduktionsziele ausgehend von unterschiedlichen gesellschaftlichen Leitbildern erreicht werden können – beantworten zu können, muß für die Reduktions-Szenarien außerdem gefordert werden, daß sie die Kohlendioxid-Emissionen im gleichen Ausmaß verringern. In Anlehnung an die politischen Vorgaben wurde für die Szenario-Entwicklung das Ziel gesetzt, daß die energiebedingten Kohlendioxid-Emissionen im Zeitraum von 1987 bis 2005 um 25% reduziert werden und daß darüber hinaus bis zum Jahr 2020 eine Reduktion um ca. 45% erreicht wird.

11.3 Das energiewirtschaftliche Profil der Szenarien

Mit dem Zugrundelegen der Leitbilder wird bei den betrachteten Szenarien *Techniknutzung*, *Ressourcenschonung* und *Neue Lebensstile* von unterschiedlichen Annahmen über Verhalten und Einstellungen ausgegangen, so daß sich die Nachfrage nach Energiedienstleistungen und Gütern in den Szenarien *Ressourcenschonung* und *Neue Lebensstile* abweichend von einer Fortschreibung des Vergangenheitstrends entwickelt. Die zahlreichen Festlegungen, die in den Szenarien dazu gemacht werden, können hier im einzelnen nicht dargestellt werden. Im Vergleich der Szenarien sind vor allem die unterschiedlichen Annahmen zur Nachfrageentwicklung bei der Mobilität wichtig, die im Hinblick auf die notwendige Senkung des Energiebedarfs bzw. der Kohlendioxid-Emissionen im Verkehr jeweils für erforderlich oder möglich erachtet werden, und die sich vor allem im motorisierten Individualverkehr auswirken. Diese führen z.B. dazu, daß die Personenverkehrsleistungen im motorisierten Individualverkehr in den Szenarien *Heutige Trends* und *Techniknutzung* von 1990 (100%) auf 134% im Jahr 2020 ansteigen, im Szenario *Ressourcenschonung* etwa konstant bleiben und im Szenario *Neue Lebensstile* bis zum Jahr 2020 auf rd. 66% absinken.

Nach der Bestimmung der Nachfrage nach Energiedienstleistungen sind die Techniken - Geräte, Anlagen, Maschinen – festzulegen, mit deren Hilfe die Nutzenergie bereitgestellt wird, und die ihrerseits den Endenergiebedarf in seiner Größe und in der Art der benötigten Energieformen oder Energieträger bestimmen. Da die Nutzung effizienter Techniken vor dem Hintergrund der Leitbilder *Techniknutzung*, *Ressourcenschonung* und *Neue Lebensstile* gleichermaßen wünschenswert ist, werden die vorhandenen Potentiale in den Szenarien im hier betrachteten Zeitraum im wesentlichen in der gleichen Weise ausgeschöpft.

Die in den Reduktions-Szenarien für die Umgestaltung des Energieversorgungssystems angesetzten Verhaltensänderungen, Effizienzverbesserungen und Umstrukturierungen führen dann in der Summe in unterschiedlichem Ausmaß zu sinkenden Werten für den Endenergiebedarf sowohl gegenüber der Referenzentwicklung *Heutige Trends* als auch im Vergleich zum Jahr 1990 [Abbildung 1].

Dabei bewirken bereits die in der Referenz-Entwicklung angenommenen künftigen Effizienzverbesserungen, daß der Endenergiebedarf trotz Bevölkerungszunahme und Wirtschaftswachstum nur wenig ansteigt (Zunahme um 5% bis zum Jahr 2020 gegenüber 1990), und sich so die Tendenz der Vergangenheit zur Entkopplung von Wirtschaftswachstum und Energieverbrauch fortsetzt. Im Szenario *Techniknutzung* sinkt der Endenergiebedarf im Vergleich zum Wert des Jahres 1990 (100%) bis zum Jahr 2020 auf 84%, im Szenario *Ressourcenschonung* auf 75% und im Szenario *Neue Lebensstile* auf 65%. Dabei unterscheiden sich die drei Reduktions-Szenarien im Endenergiebedarf der Sektoren Haushalte, Kleinverbraucher und Industrie nur wenig. Die wesentlichen Unterschiede ergeben sich aus dem Endenergiebedarf des Verkehrs - und damit beim Mineralölverbrauch – und resultieren vor allem aus den dort angesetzten Verhaltensänderungen.

Abbildung 1: Endenergiebedarf Baden-Württembergs in den Szenarien *Heutige Trends*, *Techniknutzung*, *Ressourcenschonung* und *Neue Lebensstile*

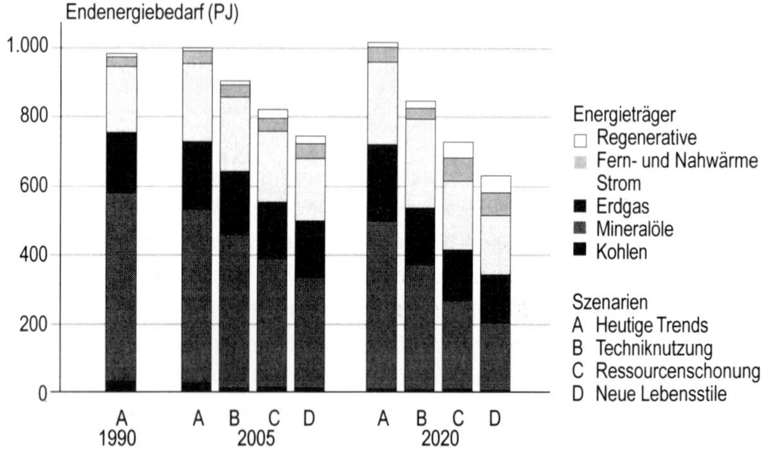

Für eine künftige Umgestaltung des Energieversorgungssystems von Baden-Württemberg kann somit davon ausgegangen werden, daß eine konsequente Ausschöpfung technischer Verbesserungsmöglichkeiten (Szenario *Techniknutzung*) den Trend eines (langsam) steigenden Endenergiebedarfs umkehrt und trotz wachsender Wirtschaft und wachsenden Verkehrs zu fallendem Energiebedarf führt. Eine Umgestaltung des Energieversorgungssystems, die im Schwerpunkt auf Verhaltensänderungen setzt (Szenario *Neue Lebensstile*), kann trotz etwas geringerer Ausschöpfung der technischen Potentiale den Vergangenheitstrend noch deutlicher umkehren und noch geringere Werte für den Endenergiebedarf erreichen, erbringt dafür aber Verzichtleistungen vor allem im Verkehr bei der Mobilität und der Pkw-Nutzung. Eine mittlere Umgestaltungsstrategie, die nur geringe Verzichtleistungen erbringen will (Szenario *Ressourcenschonung*), erreicht entsprechend eine mittlere Absenkung des Endenergiebedarfs.

Der somit festgelegte Endenergiebedarf muß schließlich durch entsprechende Ausgestaltung des Umwandlungsbereichs aus den zur Verfügung stehenden Primärenergieformen und -trägern gedeckt werden. Dabei bestimmen aber die vorgegebenen Reduktionsziele das Ausmaß der zulässigen Kohlendioxid-Emissionen und begrenzen so den möglichen Einsatz fossiler Energieträger. In allen Reduktions-Szenarien wird daher der Einsatz der kohlenstoffreichen Steinkohle im Umwandlungsbereich verringert und bis zum Jahr 2020 im wesentlichen eingestellt; in den Szenarien *Ressourcenschonung* und *Neue Lebensstile*, in denen mittel- oder längerfristig auf die Nutzung von Kernenergie verzichtet werden soll, wird gleichzeitig der Einsatz von kohlenstoffarmem Erdgas im Rahmen des Möglichen ausgeweitet. Wenn die Grenze der zulässigen Kohlendioxid-Emissionen erreicht ist, muß ein weitergehender Energiebedarf aus nicht-fossilen Quellen kohlendioxidfrei gedeckt werden. Vor diesem Hintergrund wird im Szenario *Techniknutzung* der Beitrag der Kernenergie vergrößert. Die damit gegebene Energieversorgung macht dann eine forcierte Nutzung regenerativer Energien überflüssig. Demgegenüber müssen die Szenarien *Ressourcenschonung* und *Neue Lebensstile* die vorhandenen Potentiale regenerativer Energien weitgehend ausschöpfen. Da diese Potentiale im betrachteten Zeitraum aber begrenzt und vor allem für die Deckung des Strombedarfs unzureichend sind, beruht die Stromerzeugung in diesen Szenarien im Jahr 2005 verstärkt und im Jahr 2020 überwiegend auf der Verbrennung von Erdgas. Die im betrachteten Zeitraum bis zum Jahr 2020 vorhandenen und ausschöpfbaren Potentiale der regenerativen Energieträger bestimmen in diesen Szenarien die insgesamt verfügbare Primärenergie und begrenzen die zulässige Nachfrage nach Endenergie auf einem im Vergleich zum Szenario *Techniknutzung* niedrigeren Niveau.

Im Gesamtergebnis [Abbildung 2] führen die Szenario-Annahmen zu einem Primärenergiebedarf, der im Szenario *Heutige Trends* aufgrund der angenommenen Effizienzverbesserungen und trotz des angesetzten Wirtschafts- und Bevölkerungswachstums etwa auf dem Wert von 1990 (100%) verharrt, und der sich im Szenario *Techniknutzung* bis zum Jahr 2020 auf 86%, im Szenario *Ressourcenschonung* auf 71% und im Szenario *Neue Lebensstile* auf 62% verringert. Mit den Werten dieser Primärenergieverbräuche und den jeweilig genutzten Energieformen erreichen alle Reduktions-Szenarien im Jahr 2005 die geforderte Reduktion der Kohlendioxid-Emissionen um rd. 25%, und die Fortschreibung der Szenarien bis zum Jahr 2020 führt auch in allen Fällen zu weiteren deutlichen Reduktionen in der Größenordnung von 45–50%, jeweils gegenüber dem Wert des Jahres 1987.

11.4 Aspekte der Nachhaltigkeit in den Szenarien

Mit den entworfenen Szenarien ist die Ausgangsfrage des Projektes *Klimaverträgliche Energieversorgung* positiv beantwortet: die gesetzten Reduktionsziele für die Kohlendioxidemissionen lassen sich auch unter sehr unterschiedlichen Zielvorstellungen für die Zukunft insgesamt erreichen. Im Rahmen des Konzeptes der Nachhaltigkeit können die Szenarien als unter-

Abbildung 2: Primärenergiebedarf Baden-Württembergs in den Szenarien *Heutige Trends*, *Techniknutzung*, *Ressourcenschonung* und *Neue Lebensstile*

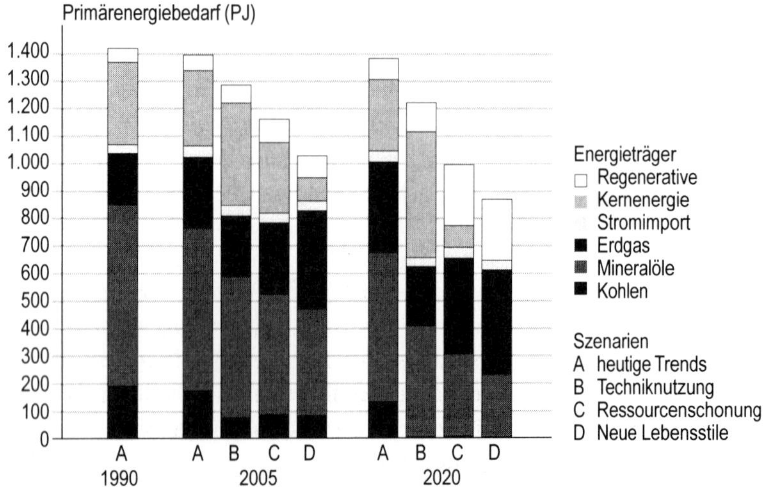

schiedliche Strategien zur Veränderung materieller und immaterieller Bedürfnisse angesehen werden, und die Projektergebnisse zeigen, daß eine hinsichtlich der Klimawirkungen nachhaltige Entwicklung auch bei Zugrundelegen sehr unterschiedlicher materieller Bedürfnisse realisiert werden kann. Aus den Klimaschutzzielen läßt sich daher keine Präferenz für eines der Leitbilder oder eine „richtige" Zukunftsentwicklung ableiten und eine Notwendigkeit zu Verhaltensänderungen ließe sich nur dann begründen, wenn auf die Kernenergienutzung verzichtet werden soll. Ein solcher Verzicht läßt sich aber nicht aus der Forderung nach Nachhaltigkeit ableiten, sondern beruht auf davon unabhängigen Werturteilen, die etwa das immaterielle Gut 'Sicherheitsgewinn durch Verzicht auf Kernenergie' höher einschätzen als das materielle Gut 'Verfügbarkeit zusätzlicher Energie-Ressourcen'.

Die im Projekt *Klimaverträgliche Energieversorgung in Baden-Württemberg* berechneten CO_2-Emissionen erfassen nur die direkten Emissionen der jeweiligen Energiesysteme, also nicht die Wirkungen weiterer klimawirksamer Gase oder die indirekten CO_2-Emissionen, die sich aus dem Energieverbrauch bei der Bereitstellung von Vorprodukten z.B. für den Bau der Energieerzeugungsanlagen ergeben. Diese Anteile wurden zusätzlich abgeschätzt. Wenn man den Beitrag der anderen klimawirksamen Gase in Kohlendioxid-Äquivalente umrechnet, erhöhen sich danach die Emissionen in allen Szenarien einschließlich der Trendentwicklung um den etwa gleichen relativen Anteil; die indirekten Emissionen führen zu einer Erhöhung um 6–7%, die weiteren klimawirksamen Gase zu einer weiteren Erhöhung um rund 4–6%, und beide zusammen zu einer Erhöhung um 10–12%. Da sich hierdurch die erreichten Reduktionen nicht wesentlich ändern, können die betrachteten Reduktions-Szenarien auch bei Berücksichtigung der indirekten CO_2-Emissionen und der weiteren energiebedingten klimawirksamen Gase also als nachhaltige Entwicklungen bezeichnet werden.

Für das Erreichen einer insgesamt nachhaltigen Entwicklung wird im Konzept der Akademie davon ausgegangen, daß in einem ersten Schritt das quantitative Wachstum in ein qualitatives Wachstum umgelenkt werden muß, d.h. die Produktionsstrukturen so verändert werden, daß weniger material- und energieintensiv produziert und eine effizientere Nutzung des natürlichen Kapitals erreicht wird. Diese Zielsetzung sollte in drei Stufen realisiert werden: Verringern des Ressourceneinsatzes pro Einheit des Bruttoinlandsproduktes, Verringern des Ressourceneinsatzes pro Kopf der Bevölkerung und Verringern des Ressourceneinsatzes pro Volkswirtschaft.

Für die Betrachtung des Verbrauchs natürlicher Ressourcen in den untersuchten Szenarien müssen die fossilen Energieträger, die nicht fossilen, aber begrenzten Energieträger (Uran) und die sonstigen Rohstoffe getrennt behandelt werden. Zu den sonstigen Rohstoffen und der Materialintensität insgesamt lassen sich aus den Szenarien allerdings keine Aussagen ableiten, da nur das Energiesystem quantitativ beschrieben wurde.

Da die Reduktions-Szenarien *Techniknutzung*, *Ressourcenschonung* und *Neue Lebensstile* die etwa gleichen – und gegenüber dem Stand von 1987 verringerten – Kohlendioxid-Emissionen erreichen, vermindert sich auch der Einsatz fossiler Energieträger in diesen Szenarien in der Summe im näherungsweise gleichen Umfang. Im Zeitraum von 1990 bis 2020 sinken – bezogen auf das Jahr 1990 – der auf der Nutzung fossiler Energieträger beruhende Primärenergiebedarf pro Einwohner um 40–44%, pro Einheit des Bruttoinlandsprodukts um 65–67% und insgesamt um 36–40%. In der Trendentwicklung *Heutige Trends* verringert sich der Primärenergiebedarf an fossilen Energieträgern von 1990 bis 2020 pro Einwohner um rd. 9% und pro Einheit des Bruttoinlandsprodukts um rd. 46%; insgesamt bleibt er etwa konstant. Der Ressourceneinsatz an fossilen Energieträgern erfüllt damit in den Reduktionsszenarien alle Bedingungen für qualitatives Wachstum und im Szenario *Heutige Trends* noch die ersten beiden Bedingungen (vgl. Kapitel 4). Die Reduktionsszenarien *Techniknutzung*, *Ressourcenschonung* und *Neue Lebensstile* stellen damit – hinsichtlich des Einsatzes fossiler Energieressourcen – alle einen Einstieg in eine nachhaltige Entwicklung entsprechend dem Konzept der Akademie dar.

Schwieriger ist die Beurteilung des Uranverbrauchs. Uran ist – wie die fossilen Energieträger – eine nicht erneuerbare natürliche Ressource. Im Szenario *Techniknutzung* wird die Kernenergienutzung im Zeitraum von 1990 bis 2020 insgesamt um rd. 46% ausgeweitet, während sie in den Szenarien *Ressourcenschonung* und *Neue Lebensstile* um rd. 76% bzw. 100% verringert wird. In ähnlicher Weise ändert sich auch der Ressourceneinsatz pro Kopf; bei der Kernenergienutzung pro BIP erreichen alle Szenarien Verringerungen. Auf den ersten Blick stellen so die beiden Szenarien *Ressourcenschonung* und *Neue Lebensstile* in bezug auf den Uranverbrauch einen Einstieg in eine nachhaltige Entwicklung dar, während das Szenario *Techniknutzung* die Bedingungen für Nachhaltigkeit nicht erfüllt. Dies ist offensichtlich aber nicht der Fall, denn Uran wird langfristig sowohl im Szenario *Ressourcenschonung* als auch im Szenario *Neue Lebensstile* nicht mehr für die Energieerzeugung in Betracht gezogen und damit zur Nicht-Ressource deklariert. Das Szenario *Techniknutzung* muß im Hinblick auf die verstärkte Verwendung von Uran nach dem Konzept der Akademie zwar als nicht nachhaltig bezeichnet werden; die Szenarien *Ressourcenschonung* und *Neue Lebensstile* werden durch den Verzicht auf den Verbrauch von Uran aber nicht nachhaltiger, denn sie verzichten in ihrer eigenen Wertung auf keine Ressource. Bezogen auf den Verbrauch nicht erneuerbarer fossiler Energieressourcen sind die Szenarien *Techniknutzung, Ressourcenschonung* und *Neue Lebensstile* in gleichem Maße nachhaltig, im Hinblick auf den Uranverbrauch sind sie nicht vergleichbar.

Dies ist ein Hinweis auf die Problematik des Ressourcenbegriffs und der Forderung nach Reduktion der Ressourcenintensität im Rahmen von Nachhaltigkeitskonzepten. Die Frage, welche Ressourcen zur Verfügung stehen bzw. künftigen Generationen zur Verfügung stehen sollen, hängt auch von Werturteilen – z.B. über die Zulässigkeit oder Unerwünschheit der Kernenergienutzung – ab. Diese auf heutigen Einschätzungen beruhenden Werturteile übertragen unsere Präferenzen auf nachfolgende Generationen und können dazu führen, daß deren Chancen zum Erreichen eines aus ihrer Sicht adäquaten Wohlfahrtsniveaus verringert werden.

Die generelle Forderung nach Reduktion der Ressourcenintensität ist im Hinblick auf die Energieressourcen nämlich noch in einer weiteren Hinsicht problematisch. Nachhaltigkeit wird dann erreicht, wenn künftige Generationen mit uns vergleichbare Lebensqualitäten erreichen können. Die Vorsorge für die Chancen nachfolgender Generationen zielt zunächst auf die jeweils unmittelbar folgende Generation, muß bei langfristigen Problemen – wie etwa der Klimaproblematik - aber auch einen längeren Zeitraum berücksichtigen. Im Hinblick auf die Unvorhersehbarkeit der Zukunft wäre hier vielleicht ein Zeitraum in der Größenordnung von 100 Jahren angemessen. Ein nachhaltiger Umgang mit den Energieressourcen wäre unter diesen Annahmen dann erreicht, wenn im Zeitraum der kommenden 100 Jahre die dann Lebenden einen vergleichbaren Zugang zu Energieressourcen haben wie wir. Wenn man die heute bekannten Reserven für Energieträger betrachtet (Tab. 1), dann reichen die fossilen Energieträger beim heutigen Verbrauchsniveau rd. 100 Jahre und bei Annahme weiteren Verbrauchswachstums und Berücksichtigung der geschätzten zusätzlich vorhandenen Ressourcen weit darüber hinaus. Wenn man die Kernenergie als Ressource akzeptiert und die Nutzung von Uran-238 über die Schnell-Brüter-Technologie als möglich ansieht, dann sind die Energieressourcen praktisch unbegrenzt.

Aus dem Grundgedanken der Nachhaltigkeit läßt sich also keine Begründung für eine Verringerung des Einsatzes natürlicher Energieressourcen ableiten. Künftigen Generationen steht ausreichend Energie zur Verfügung; das gilt bereits für die nicht-erneuerbaren Energieträger, aber um so mehr, wenn auch die Potentiale der regenerativen Energieformen in Rechnung gestellt werden.

Tabelle 1[5]: Reserven und geschätzte Ressourcen nicht-erneuerbarer Energieträger[6]

Energieträger	Reserven [EJ]	statische Reichweite [Jahre]	zusätzliche Ressourcen [EJ]
Mineralöl	5.700	43	3.200
Erdgas	4.600	67	7.100
Kohlen	16.600	185	223.000
Fossile, gesamt	26.900	92	233.300
Uran-235	4.700	190	14.000
Uran-238	315.000	13.000	900.000

Wenn eine Weiternutzung der fossilen Energieträger in der bisherigen Weise angestrebt würde, dann sind Ressourcenverknappungen bei Erdöl und Erdgas nicht auszuschließen. Typische Abschätzungen des künftigen Weltenergiebedarfs prognostizieren, daß die heute bekannten Reserven an Erdöl und Erdgas in der ersten Hälfte des kommenden Jahrhunderts aufgebraucht sein werden. Eine nachhaltige Entwicklung würde dann von den heute Lebenden erfordern, einerseits die Explorationstätigkeit so auszuweiten, daß ausreichende Anteile der geschätzten Kohle-Ressourcen zu gesicherten Reserven werden, und andererseits die notwendigen Anlagen (künstliches Kapital) rechtzeitig bereitzustellen, um Öl und Gas aus Kohle gewinnen zu können – die dafür benötigten Technologien sind im Prinzip vorhanden.

Wenn eine Weiternutzung der fossilen Energieträger aus Klimaschutzgründen in der bisherigen Weise nicht möglich ist, dann erfordert eine nachhaltige Entwicklung von den heute Lebenden, die Voraussetzungen dafür zu schaffen, daß der erwartete Energiebedarf in der Zukunft größtenteils aus kohlendioxidfreien Quellen gedeckt werden kann; die technischen Potentiale dafür sind – auch ohne Einsatz von Kernenergie – vorhanden. Ob diese Potentiale der regenerativen Energien allerdings rasch genug ausgeschöpft werden können, um einen wachsenden Energiebedarf ohne (vorübergehende) Verzichte auf Energiedienstleistungen zu decken, ist unsicher. Im Szenario *Neue Lebensstile* wurde versucht, von der aus heutiger Sicht maximal möglichen Ausschöpfung dieser Energiequellen auszugehen, und die Ergebnisse zeigten, daß im betrachteten Zeitraum und unter den Bedingungen Baden-Württembergs ein Wachsen der Ansprüche wie in der Vergangenheit dann nicht gedeckt werden konnte. Nur die zusätzliche erweiterte Nutzung der Kernenergie wie im Szenario *Techniknutzung* ermöglichte ein Weiterwachsen von Ansprüchen wie in der Trendentwicklung.

Das Konzept der Nachhaltigkeit erfordert so auch unter Berücksichtigung des Klimaschutzes nicht zwangsläufig eine Verringerung des Einsatzes an Energieressourcen, sondern lediglich die Verminderung der Nutzung fossiler Energieressourcen. Die Forderung nach Verringerung der Ressourcenintensität insgesamt ist aus dem Konzept der Nachhaltigkeit nur dann ableitbar, wenn dieses Konzept implizit mit anderen normativen Konzepten – wie Wirtschaftlichkeit, Sparsamkeit oder Bescheidenheit – verbunden wird. Diese zusätzlichen Forderungen müssen aber – wie das Beispiel der Energieressourcen zeigt – nicht notwendig Bestandteil von Nachhaltigkeitskonzepten sein. Auch ein heute unwirtschaftlicher oder nicht sparsamer Umgang mit Energie hinterließe kommenden Generationen ausreichende Ressourcen, um ein mit dem heutigen vergleichbares Wohlfahrtsniveau zu erreichen.

Nachhaltigkeit zielt auch auf die stetige Reduzierung der Belastungen und Stoffströme, die nachweislich oder vermutlich zu negativen Auswirkungen für die Umwelt führen. Lokale Umweltbelastungen konnten im Rahmen der Szenarien-Entwicklung des Projektes *Klimaverträgliche Energieversorgung in Baden-Württemberg* nicht detailliert untersucht werden. Eine Abschätzung zeigte jedoch, daß alle Szenarien zu deutlichen Reduktionen bei den SO_2- und NO_x-Emissionen führen, wobei diese Reduktionen im Szenario *Techniknutzung* tendenziell niedriger ausfallen als in den Szenarien *Ressourcenschonung* und *Neue Lebensstile*.

11.5 Fazit

Insgesamt kann man davon ausgehen, daß alle im Projekt *Klimaverträgliche Energieversorgung in Baden-Württemberg* betrachteten Szenarien zu einem Umlenken der Vergangenheitsentwicklung hin zu qualitativem Wachstum führen und damit einen Einstieg in nachhaltige Entwicklung im Sinne des Akademie-Konzeptes bedeuten. Aus dem Grundkonzept der Nachhaltigkeit läßt sich keine Präferenz für eines der Szenarien und damit keine Begründung für eine bestimmte gesellschaftliche Zukunftsentwicklung ableiten. Aus der Begrenztheit der Energieressourcen ist eine generelle Forderung nach Verringerung des Ressourceneinsatzes nicht zwingend abzuleiten und zum Erreichen einer nachhaltigen Entwicklung auch nicht erforderlich.

Schließlich bleibt noch darauf hinzuweisen, daß die Reduktionsziele für die Kohlendioxid-Emissionen – 25% im Zeitraum von 1987 bis 2005 und ca. 45% im Zeitraum von 1987 bis 2020 – bei der Szenarien-Entwicklung zwar im Kontext der politischen Diskussion gewählt wurden, gerade für Baden-Württemberg aber nur schwer begründet werden können. Die Größe der angestrebten Reduktion der Kohlendioxid-Emissionen hat aber einen großen Einfluß auf die Verfügbarkeit gerade der regenerativen Energieträger im hier betrachteten Zeitrahmen. Nicht nur die Richtung, – Verringerung des Ressourceneinsatzes – sondern auch Größe der notwendigen Änderungen – Reduktionsziele und Reduktionszeiträume – bedürfen in jedem Einzelfall sorgfältiger Betrachtung.

12. Vom nachhaltigen Umgang mit Wasser

Helmut Lehn und Magdalena Steiner

Im ersten Teil dieses Buches wurde Nachhaltigkeit als ethisches Prinzip eingeführt, welches zum Ziel hat, die Lebensqualität künftiger Generationen zu gewährleisten. Hierzu muß unsere Generation an die Folgegenerationen sowohl künstliches als auch natürliches Kapital weitergeben. Die Problematik im Wechselverhältnis zwischen natürlichem und künstlichem Kapital wurde aufgezeigt. Insbesondere die Frage der Ersetzbarkeit von Natur und Umwelt zeigt uns die Grenzen des technisch Möglichen auf. In den sogenannten entwickelten Ländern hat der Verbrauch von Natur und Umwelt ein Ausmaß erreicht, das keinesfalls auf die ganze Erde übertragen werden kann.

Nachhaltiges Wirtschaften verlangt, grundsätzlich zwischen erneuerbaren (regenerativen) und nicht-erneuerbaren Ressourcen zu unterscheiden. Nachhaltiges Ressourcenmanagement bedeutet, die Inanspruchnahme nicht-erneuerbarer Ressourcen zu reduzieren und verstärkt auf erneuerbare Ressourcen zu setzen.

Wie eingangs ebenfalls dargelegt, favorisiert die Akademie für Technikfolgenabschätzung in Baden-Württemberg einen regionalen Ansatz zur Umsetzung nachhaltigen Wirtschaftens. Vor diesem Hintergrund haben wir den Umgang mit der Ressource Wasser in Baden-Württemberg im Hinblick auf Nachhaltigkeit untersucht[1]. Wasser ist für diese Fragestellung ein besonders günstiges Untersuchungsobjekt:

- Wasser ist eine elementare Ressource, d.h. es ist in vielen seiner Funktionen nicht ersetzbar
- Wasser ist eine regionale, keine globale Ressource
- Wasser ist eine erneuerbare Ressource

12.1 Wasser – eine elementare Ressource

Menschen können mehrere Wochen auf Nahrung verzichten. Wenige Tage ohne Wasser führen dagegen unweigerlich zum Tode. Auch für Tiere ist regelmäßiges Trinken unverzichtbar. Mitteleuropa wäre ohne Eingriff des Menschen fast ganz von Wald bedeckt – ohne Wasser undenkbar. Auch die vom Menschen geschaffene Kulturlandschaft – Äcker, Felder, Wiesen und Forste – sind ohne ausreichende Mengen an Wasser nicht existenzfähig. Alle unsere Nahrungs- und Futtermittel gehen auf die biochemische Leistung der grünen Pflanzen zur Photosynthese zurück. Die dazu benötigten drei zentralen „Rohstoffe" sind: Sonnenenergie, Kohlendioxid und ... Wasser.

Wasser ist deshalb eine der grundlegenden Voraussetzung für das Leben überhaupt. Wasser ist das Lebensmittel Nummer 1. In vielen seiner Funktionen ist Wasser deshalb durch nichts zu ersetzen. Es ist – in der Sprache der Ökonomen – ein komplementärer Bestandteil des natürlichen Kapitals (vgl. Kapitel 2). Oder einfacher ausgedrückt: Wasser ist eine elementare Ressource. Hierauf kann in einer Zeit, in der viele Menschen das Wasser lediglich als einen wenige Zentimeter langen Strahl zwischen Wasserhahn und Beckenabfluß wahrnehmen, nicht oft genug hingewiesen werden.

In vielen Ländern der Welt zählt Wasser zu den knappsten Gütern. Etwa 40 % der Weltbevölkerung leiden nach einem Bericht der Weltbank bereits an chronischer Wasserknappheit. In der Vergangenheit verdreifachte sich der Pro-Kopf-Verbrauch von Wasser mit steigendem Wohlstand[2]. Für das Jahr 2025 wird erwartet, daß in 45 Ländern der Erde insgesamt 1,4 Mrd. Menschen jährlich weniger als 1.000 m^3 Wasser pro Kopf zur Verfügung stehen werden[3] (zum Vergleich: In Deutschland stehen pro Kopf und Jahr ca. 2.400 m^3 zur Verfügung[4]). Es verwundert daher nicht, daß der Zugang zu trinkbarem Wasser immer wieder zu internationalen Konflikten führt. Die bekannten Auseinandersetzungen Israels mit Jordanien und den Palästinensern, aber auch der Streit um die Golan-Höhen sind neben allgemeinen strategischen Überlegungen vor allem durch den Kampf um das Wasser geprägt. Das Atatürk-Staudammprojekt der Türkei wird die Wasserabgabe über die Flüsse Euphrat und Tigris an den Irak und an Syrien massiv reduzieren, wodurch politische Schwierigkeiten vorprogrammiert sind. Im Jahr 1988 erwartete der damalige stellvertretende Außenminster Ägyptens Boutros Ghali, daß *„...der nächste Krieg im Nahen Osten ... nicht um Politik, sondern um Wasser geführt werden"* wird[5]. Nicht nur im Nahen Osten, auch in Asien zeichnen sich ernste Konflikte um die knappe Ressource Wasser ab: seit dem Bau eines Staudammes am Ganges in Indien leidet Bangladesch während der Winterzeit unter extremer Dürre[6]. Die Weltbank warnt, daß Bankok im Jahr 2025 nicht mehr in der Lage sein wird, den Trinkwasserbedarf seiner Einwohner sicherzustellen. In Amerika kann z.B. Mexiko-City bereits heute für seine Einwohner nur mühsam das benötigte Wasser bereitstellen. Selbst für Houston (USA) werden künftige Versorgungsengpässe prognostiziert.

12.2 Wasser – eine regionale Ressource

Im Jahr 1995 war Wasserknappheit auch in Europa eingekehrt: Spanien erlebte eine dramatische Trockenheit. Mit dem „Plan Hidrológico Nacional" soll bis zum Jahr 2010 der „historische Kampf gegen die Verwüstung Spaniens" gewonnen werden. Über 1140 Einzelprojekte sollen für über 80 Mrd. DM realisiert werden – dazu gehört der Bau von Stauseen, Aquädukten und Meerwasserentsalzungsanlagen. In Ergänzung dazu sollen per Tankschiff große Mengen an Süßwasser von Nord-Europa nach Südspanien transportiert werden. Aber auch die Talsperren in Norddeutschland oder in den Schweizer Alpen waren im Frühjahr 1996 weniger gefüllt als üblich und gaben Anlaß, über die Sicherung der Wasserversorgung zu spekulieren.

In Europa können die Skandinavischen Länder und hier insbesondere Island über sehr viel Süßwasser verfügen. Aber nicht alleine die insgesamt zur Verfügung stehende Wassermenge ist von Bedeutung. Im Hinblick auf die Abhängigkeit von flußaufwärts gelegenen Nachbarstaaten – sogenannten Oberliegern – ist es entscheidend, die *gesamte* jährlich zur Verfügung stehende Wasserressource von der jährlich *intern erneuerbaren* Wasserressource zu unterscheiden: Die intern erneuerbare Ressource eines Gebietes errechnet sich aus der Differenz zwischen Niederschlag und Verdunstung. Addiert man den Zustrom aus flußaufwärts gelegenen Gebieten dazu, ergibt sich die gesamte erneuerbare Wasserressource. Das Beispiel Ungarn zeigt besonders anschaulich die Bedeutung externer Zuflüsse – siehe Abbildung 1. Dem Land strömt von außen ca. das 20-fache der Wassermenge zu, die sich auf dem Staatsterritorium intern erneuert. So kann ohne Übertreibung festgehalten werden, daß Ungarn am „Tropf" der Donau hängt.

Auch in Baden-Württemberg ist zur Beurteilung eines nachhaltigen Umgangs mit dem Wasser ein Blick auf die Herkunft der Ressource hilfreich: Intern erneuert sich in diesem Bundesland jährlich eine Menge von 11–14 Mrd. m^3, das bedeutet 1.100–1.400 m^3 Wasser pro Einwohner. Die Tatsache, daß jeder Bewohner und jede Bewohnerin des Landes statistisch über rund 4.500 m^3 Wasser jährlich verfügen kann, ist dem Zufluß aus dem Ausland

Abbildung 1: Interne und gesamte Wasserressourcen verschiedener Staaten
(Angaben in 1000 m³ pro Kopf und Jahr)

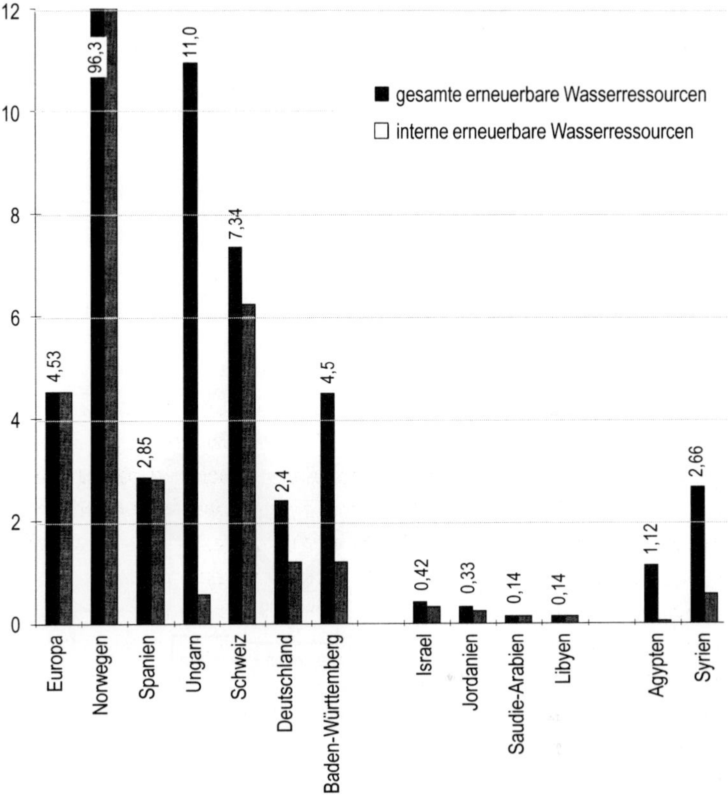

zuzuschreiben. Über 95% der jährlich nach Baden-Württemberg einströmenden ca. 33 Mrd. m^3 Wasser werden den Grenzgewässern Bodensee bzw. Rhein aus Liechtenstein, Österreich, der Schweiz und Frankreich zugeführt. Eine Tatsache, die im Hinblick auf nachhaltiges und gut nachbarschaftliches Verhalten nicht übersehen werden darf. Einen Überblick über die Wasserbilanz Baden-Württembergs gibt Abbildung 2.

Aufgrund der deutlichen regionalen Unterschiede erscheint es weder problemgerecht noch praktikabel, die sich jährlich weltweit erneuernde Wasserressource von ca. 41.000 Kubikkilometer[7] auf die Weltbevölkerung gleichmäßig verteilen zu wollen. Das langfristig vorhandene regionale Wasserangebot hat über Jahrtausende sowohl die naturgegebenen Eigenheiten von Regionen als auch den kulturellen Umgang der Menschen mit dem Wasser

Abbildung 2: Wasserbilanz von Baden-Württemberg (Angaben in Mrd. m³/a)

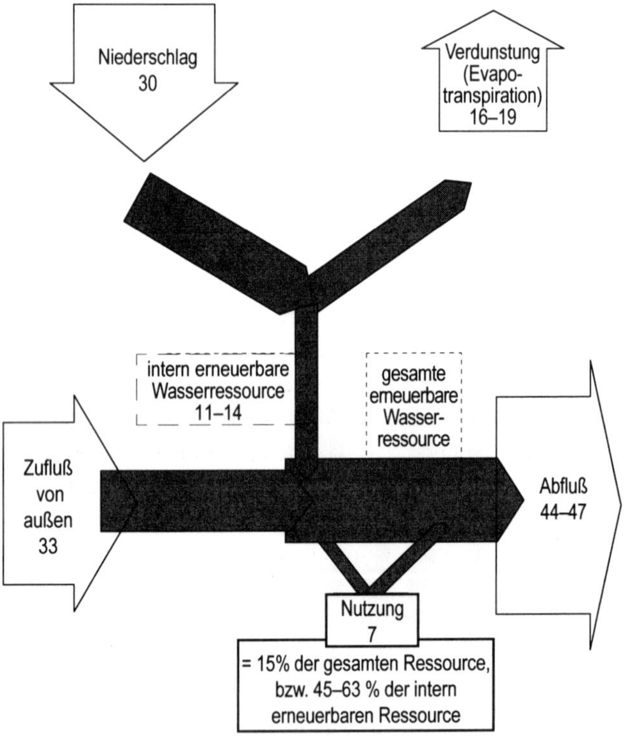

geprägt. Wasser wird zudem derzeit nicht weltweit gehandelt – und es wäre aus Gründen des Energieeinsatzes fragwürdig, wollte man für die Zukunft einem Welthandel mit Wasser das Wort reden. Deshalb scheint es uns angemessen, für jede Gegend regional angepaßte Wirtschaftsweisen zu entwikkeln, die mit dem Wasserschatz nachhaltig umgehen.

Ein nachhaltiger Umgang mit dem Wasser kann für Israel ganz andere Konsequenzen erfordern als beispielsweise für Norwegen. Eine nachhaltige Wasserpolitik führt möglicherweise in Berlin oder Frankfurt zu völlig anderen Prioritäten als in Basel oder Stuttgart. So ist zum Beispiel nicht zu erkennen, wie Menschen in Gebieten mit Wassermangel (z.B. in manchen Metropolen Asiens) dadurch geholfen werden könnte, daß in Baden-Württemberg Wasser gespart wird. Entscheidend ist nach unserem Dafürhalten, daß die im Teil 1 dieses Buches festgehaltenen Grundsätze zur nachhaltigen Ressourcenbewirtschaftung überall konsequent und problemadäquat angewandt werden.

Der Grundsatz der Nachhaltigkeit beruht auf einer Vorstellung von Gerechtigkeit zwischen den Generationen zur Befriedigung ihrer jeweiligen Bedürfnisse. So wie im 19. Jahrhundert erkannt wurde, daß der damalige Umgang mit dem Forst es nachfolgenden Generationen unmöglich machen würde, ihre Bedürfnisse an Holz zu befriedigen – siehe z.B. im Badischen Forstgesetz von 1833 – müssen wir heute so mit dem Wasser umgehen, daß die uns nachfolgenden Generationen in Zukunft alle ihre auf dem Wasser beruhenden Bedürfnisse sicher befriedigen können.

Bei einem regionalen Focus, wie wir ihn für Baden-Württemberg anstreben, darf sich allerdings der Blick nicht auf den Interessenausgleich zwischen den Generationen beschränken. Regionale Konzepte der Nachhaltigkeit müssen zusätzlich Gerechtigkeitsaspekte innerhalb der heute lebenden Generation beachten. So darf z.B. ein nachhaltiges Wirtschaften zur Befriedigung der Bedürfnisse künftiger Badener und Württemberger nicht auf Kosten heute lebender Nachbarn oder Handelspartner erfolgen. Würde man den letzten Gedanken übersehen, könnte dies im Falle des Wassers zu folgendem Szenario führen: Alle Abwässer aus Baden-Württemberg werden gesammelt und in zwei großen Fernleitungen nach Mannheim und Ulm transportiert. Dort entläßt man die ungeklärten Abwässer am Grenzübertritt zu Hessen in den Rhein und nahe der bayrischen Grenze in die Donau. Damit wäre – nur auf Baden-Württemberg bezogen – die Abwasserproblematik in höchstem Maße nachhaltig, das heißt unter Berücksichtigung ökologischer und sozioökonomischer Aspekte zur eigenen Zufriedenheit geregelt – allerdings auf Kosten flußabwärts gelegener Nachbarn.

Ein solches Vorhaben ist heute – abgesehen von der rechtlichen Unzulässigkeit – nicht denkbar, schon weil sich die betroffenen Unterlieger von Rheinland-Pfalz bis zu den Niederlanden zu wehren wüßten. Dieses – fiktive – Beispiel zeigt anschaulich, wie im Falle der Nutzung grenzüberschreitender Flußsysteme die zentralen Grundsätze des Völkerrechts, nämlich das Selbstbestimmungsrecht auf dem eigenen Staatsgebiet (territoriale Souveränität) und das Recht darauf, von anderen Staaten nicht beeinträchtigt zu werden (territoriale Integrität), gegenseitig ausbalanciert werden müssen.

Im Gegensatz zu heute lebenden Nachbarn können sich noch nicht geborene Generationen gegen unser aktuelles Handeln naturgemäß nicht zur Wehr setzen. Von der gegenwärtig wirtschaftenden Generation muß deshalb aus ethischen Gründen Verantwortung für die Zukunft übernommen werden. Das bedeutet, die heute erkennbaren oder als plausibel zu vermutenden Interessen künftiger Generationen im aktuellen Handeln angemessen zu berücksichtigen.

12.3 Wasser – eine erneuerbare Ressource

Im Hinblick auf einen nachhaltigen, regional angepaßten Umgang mit dem Wasser ist es hilfreich, die im Kapitel 4 dieses Buches aufgeführten Regeln zum nachhaltigen Ressourcen-Management auf das Wasser anzuwenden:

Regel 1 besagt, daß ein Verbrauch natürlichen Kapitals durch eine entsprechende Erhöhung künstlichen Kapitals ausgeglichen werden muß, um die Wohlfahrtssituation zumindest konstant zu halten. Dies setzt allerdings voraus, daß künstliches Kapital das verbrauchte natürliche Kapital überhaupt ersetzen kann. In Kapitel 2 dieses Buches wird unterschieden zwischen stofflicher, funktionaler und nutzenorientierter Ersetzbarkeit. Im Falle des Wassers ist z.B. im Bereich der Abwasserreinigung ein Ersatz natürlichen Kapitals durch künstliches Kapital möglich: Durch Installation einer Kläranlage wird die biologische Reinigung des Abwassers vom Fluß in das Abwassersystem vorverlegt, so daß durch dieses Produkt des künstlichen Kapitals (Kläranlage) das betreffende Oberflächengewässer in seiner Funktion zur Verdünnung und Reinigung der Abwässer entbehrlich wird und somit für andere Zwecke zur Verfügung steht. Bei elementaren Ressourcen wie dem Wasser ist für eine Substitution durch künstliches Kapital eine zentrale Voraussetzung, daß das künstliche Kapital die Funktion der Ressource übernehmen kann (Funktionsäquivalenz). Dies ist bei dem Beispiel Kläranlage der Fall. Für viele andere Zwecke, für die wir das Wasser nutzen (siehe oben: Wasser, eine elementare Ressource) ist ein Ersatz von Wasser durch künstliches Kapital jedoch nicht möglich.

Für erneuerbare Ressourcen verlangt *Regel 3*, daß Inanspruchnahme von erneuerbaren Ressourcen und ihre Regeneration in einem Gleichgewicht stehen müssen. Hieraus ergibt sich, daß sich die Inanspruchnahme der Ressource nicht an absoluten Grenzwerten orientiert, sondern in erster Linie an der Neubildungsrate. Wenn in einer Region eine hohe Grundwasserneubildung herrscht, kann dort, ohne gegen das Prinzip der Nachhaltigkeit zu verstoßen, mehr Wasser entnommen werden als in Gegenden mit geringen Neubildungsraten. Aus diesem scheinbar trivialen Sachverhalt folgt somit unmittelbar, daß nicht diejenige Volkswirtschaft am nachhaltigsten ist, die immer weniger Wasser benötigt – also immer mehr Wasser spart, sondern daß es ausreicht, nicht mehr Wasser zu entnehmen als sich nachbildet. Wassersparen ist also nicht per se nachhaltig.

Das postulierte Gleichgewicht zwischen Inanspruchnahme und Regeneration ist eine notwendige, aber nicht hinreichende Bedingung. Im Falle des Grundwassers wäre es nach diesem Grundsatz möglich, *alles* neu gebildete Grundwasser z.B. für Trinkwasserzwecke zu entnehmen. Ein Mindestbestand muß jedoch im Ökosystem verbleiben, damit dieses funktionsfähig bleibt. Die Entnahme zu großer Grundwassermengen kann z.B. zur Folge haben, daß Quellen versiegen und Bäche austrocknen. Deshalb darf in vielen Fällen nicht die gesamte regenerierte Grundwassermenge gefördert werden. Allgemeine Aussagen über zulässige Fördermengen sind allerdings nicht möglich. Die zuträglichen Entnahmemengen müssen gebietsspezifisch ermittelt werden. Aus diesem Grund konnten für Baden-Württemberg keine Angaben über die landesweit entnehmbaren Grundwassermengen gegeben werden. Auf der Ebene von Wassereinzugsgebieten sind Angaben zum Verhältnis von Grundwasserdargebot und Grundwasserförderung dagegen möglich[8].

Betrachtet man die insgesamt Baden-Württemberg jährlich zur Verfügung stehenden ca. 45 Mrd. m^3 Grund- und Oberflächenwasser, so werden davon rund 15% gefördert. Da auch in den Fördergebieten der Fernwasserversorgungsunternehmen keine Übernutzung der Ressource zu konstatieren ist, kann der Wasserversorgung im landesweiten Rahmen unter quantitativen Aspekten überwiegend Nachhaltigkeit attestiert werden.

Für die Senkenfunktion der Umwelt verlangt *Regel 4*, daß sich die Verschmutzung der Ressourcen an deren „Assimilationsfähigkeit“ bzw. Selbstreinigungskraft orientieren muß. Obwohl in den vergangenen Jahrzehnten viele Milliarden D-Mark in Kanalsysteme und Kläranlagen investiert wurden, wird die Selbstreinigungskraft vieler Bäche und Flüsse noch immer überfordert. Eine Folge davon ist, daß Baden-Württemberg beispielsweise den Rhein in einem erheblich schlechteren Zustand an die Unterlieger (Rheinland-Pfalz und Hessen) weitergibt, als es ihn von seinen Oberliegern Liechtenstein, Österreich und der Schweiz übernommen hat. Dies stellt nicht nur ökologisch ein Problem dar. Auch aus ökonomischer Sicht ist zu fragen, welche finanziellen Aufwendungen entlang von Flußläufen zur Wasserreinhaltung erforderlich sind, damit Fluß- und Meeresökosysteme einerseits ausreichend geschützt werden, die Volkswirtschaften der einzelnen Anliegerstaaten hierdurch aber keine Wettbewerbsverzerrungen erleiden. So kann Baden-Württemberg auf den Bodensee nur deshalb so leicht als Trinkwasserquelle zugreifen, weil flußaufwärts gelegene Gebiete, auch in der Schweiz, Österreich und Liechtenstein, durch erhebliche finanzielle Aufwendungen das dem Bodensee zuströmende Wasser des Alpenrheins in ausreichend guter Qualität halten.

Regel 2a Teil b besagt, daß der Verbrauch von nicht-erneuerbaren Energieressourcen möglichst durch den Aufbau erneuerbaren natürlichen Kapitals ausgeglichen werden soll. Dieser Grundsatz zielt darauf ab, daß der derzeitige Verbrauch nicht-erneuerbarer fossiler Energieträger begleitet wird vom

Aufbau eines Energieversorgungssystems, das sich auf regenerative Energiequellen stützt. Diese Regel hat erst auf den zweiten Blick mit der regenerativen Ressource Wasser zu tun: Wenn das Prinzip Nachhaltigkeit verlangt, möglichst erneuerbare Ressourcen anstelle nicht-erneuerbarer Ressourcen zu nutzen, dann ist die Umkehrung dieses Prinzips keinesfalls mit nachhaltigem Wirtschaften vereinbar: Regenerative Ressourcen sollten keinesfalls auf Kosten nicht regenerativer Ressourcen eingespart werden.

Hingegen scheint dies beim Umgang mit dem Wasser bisweilen tatsächlich der Fall zu sein: Regenwassernutzungsanlagen (präziser: Dachwassernutzungsanlagen) schonen einerseits die Grundwasservorräte. Andererseits wird zum Bau von Auffangbecken, gesonderten Leitungssystemen und zum Pumpen des Brauchwassers in kleinen Anlagen oftmals in erheblichem Maße Energie benötigt – (siehe Tabelle 1). Vakuumtoiletten, wie sie aus dem Flugzeug oder modernen Eisenbahnwagen bekannt sind, sparen in erheblichem Maße Wasser, weil sie pro Spülgang nur noch einen Liter Wasser benötigen. Sie benötigen zur Erzeugung des Vakuums jedoch Energie. Dies kann unter den gegenwärtigen Rahmenbedingungen der Energiebereitstellung einen erhöhten Verbrauch nicht regenerativer Ressourcen bedeuten. Im Hinblick auf Nachhaltigkeit wäre dies nicht wünschenswert. Derzeit fehlen noch Ökobilanzen, die die genannten Techniken unter den Rahmenbedingungen von Baden-Württemberg hinsichtlich Nachhaltigkeit bewerten helfen. In jedem Fall ist es erforderlich, vernetzt zu denken: Das bedeutet, die Einsparerfolge im Falle von Wasser auch im Hinblick auf den Einsatz anderer Ressourcen – z.B. Energieträger – zu bewerten.

Tabelle 1: Beispiel für den unterschiedlichen Energieaufwand zur Wasserbereitstellung

örtliches Wasserwerk:	0,40 kWh/m³
örtliche Quelle:	0,65 kWh/m³
Bodenseewasserversorgung:	1,27 kWh/m³
eine Dachwasseranlage:	1,90 kWh/m³

Quelle: Bronner, G. – persönliche Mitteilung 1997

12.4 Multiple Ansprüche und Nutzungskonkurrenzen beim Wasser

Wie oben schon mehrfach angesprochen, ist ein zentrales Problem bei der Beurteilung von nachhaltigem Handeln die Austauschbarkeit von natürlichem und künstlichem Kapital. Wie ebenfalls bereits dargestellt wurde, kann Wasser als Lebensmittel nicht substituiert werden, sehr wohl jedoch zum Beispiel in seiner Funktion bei der Abwasserreinigung. Die Betrachtung eines Mediums (hier: Wasser) muß im Hinblick auf nachhaltiges Handeln also um seine Nutzungen erweitert werden. Wasser kann eine große Zahl von Funktionen zum Nutzen der Menschen erfüllen: Technikfolgenabschätzung muß den Entscheidungsträgern dabei deutlich machen, welche Nutzungen durch welche Eingriffe möglich und welche unmöglich werden. Ein passendes Beispiel hierfür sind die vielfältigen Ansprüche an den Neckar, dessen Einzugsgebiet fast ausschließlich in Baden-Württemberg liegt. Die Vielfalt der an diesen Fluß gestellten Ansprüche deutet Abbildung 3 an.

Von diesen Nutzungen erscheinen die konkurrierenden Ansprüche Großschiffahrtsstraße, Energieerzeugung und Abwasseraufnahme von besonderer Bedeutung. Sie beeinträchtigen auf unterschiedliche Weise die Gewässerqualität.

Ausbau zur Großschiffahrtsstraße

Wer heute den Neckar bereist, kann sich nicht vorstellen, daß dieser Fluß ehemals ein abschnittsweise reißendes Gewässer war. Am Durchbruch durch den Buntsandstein des Odenwaldes mußte der Neckar den Vergleich mit dem Rhein an der Loreley nicht scheuen. Flußabschnittsbezeichnungen wie z.B. „Hackteufel" unterhalb des Heidelberger Schlosses geben eine Ahnung von den Gefahren, denen sich Flößer und Schiffer auf dem Neckar in vergangenen Jahrhunderten aussetzten. Die bekannte Erzählung Mark Twains über die Floßfahrt auf dem Neckar läßt das früher ungestüme Temperament des Flusses erahnen.

Der jahrhundertealte Traum der Herrscher von Württemberg, von Stuttgart (Bad Cannstatt) per Schiff den Rhein und die Nordsee erreichen zu können, ging erst in diesem Jahrhundert durch den Ausbau des Flusses zur Großwasserstraße (1921–1968) in Erfüllung. Der Ausbau mit seinen drastischen Eingriffen für Wehre und Schleusen verwandelte den Fluß in eine Abfolge von Stauseen. Vorteilhaft und im Sinne der Nachhaltigkeit positiv ist die dadurch geschaffene Möglichkeit, Massengüter energiesparend transportieren zu können. Die durch den Aufstau reduzierte Fließgeschwindigkeit verringert jedoch die Belüftung des Gewässers und vermindert so die Selbstreinigungskraft des Flusses.

Abbildung 3: Nutzungen und Ansprüche an den Neckar

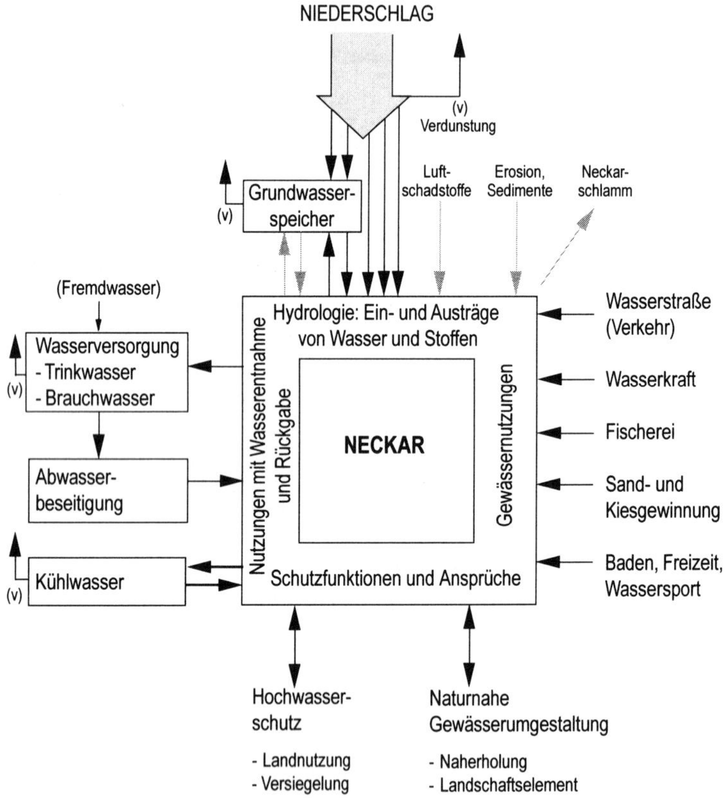

Quelle: Kobus/Bürkle 1996

Energieerzeugung und Abwasseraufnahme

Eng mit der Frage der Gewässergüte hängen auch zwei weitere konkurrierende Nutzungen zusammen: die Nutzung des Gewässers als Vorfluter für Kläranlagenabläufe bzw. Überläufe aus Abwasserkanälen bei Starkregenereignissen einerseits und die Nutzung als Kühlmedium für die Energiewirtschaft andererseits. Mit 5 Mio. Menschen wohnt oder arbeitet rund die Hälfte der Einwohner Baden-Württembergs im knapp 14.000 km² großen Einzugsgebiet des Neckars. Im Großraum Stuttgart konzentrieren sich über 2,5 Mio. Einwohner auf nur 3.654 km² (Stand: 1.1.1994), woraus eine Dichte von über 700 Einwohnern pro km² resultiert (Landesdurchschnitt: 286).

Aufgrund der hohen Bevölkerungszahl und der erheblichen gewerblichen Aktivitäten ist der Neckar mit einer Vielzahl und Vielfalt kommunaler und gewerblicher Abwassereinleitungen konfrontiert. Kritische Situationen treten vor allem im Sommer zu Niedrigwasserzeiten auf. An ca. 10 Tagen im Jahr besteht die Abflußmenge des Neckars im Norden von Stuttgart mindestens zur Hälfte aus dem Abfluß der Stuttgarter Kläranlage[9]. Zur Bereitstellung elektrischer Energie sind an dem Fluß acht große Wärmekraftwerke installiert. Ihr Kühlwasserbedarf beträgt – über das Jahr gemittelt – durchschnittlich 46,3 m^3/s, was ziemlich genau der durchschnittlichen Wasserführung (Fachbegriff: „Abfluß") des Neckars am Oberlauf (Pegel Plochingen: 45,9 m^3/s) bzw. mehr als einem Drittel des Abflusses am Mittellauf (Pegel Rockenau: 134 m^3/s) entspricht. Die hohe Kühlwassermenge bezogen auf die vergleichsweise geringe Wasserführung führt zu einer deutlichen Aufwärmung des Flusses. Aus Abbildung 4 wird ersichtlich, daß sich der Fluß nach der Erwärmung durch Kühlwasser des Kernkraftwerks Neckarwestheim (Landkreis Heilbronn) in seinem Verlauf bis zur Mündung in den Rhein nicht wieder auf das Temperaturniveau oberhalb des Kernkraftwerks abkühlt.

Abb 4: Mittleres Temperaturprofil des Neckars im September 1987

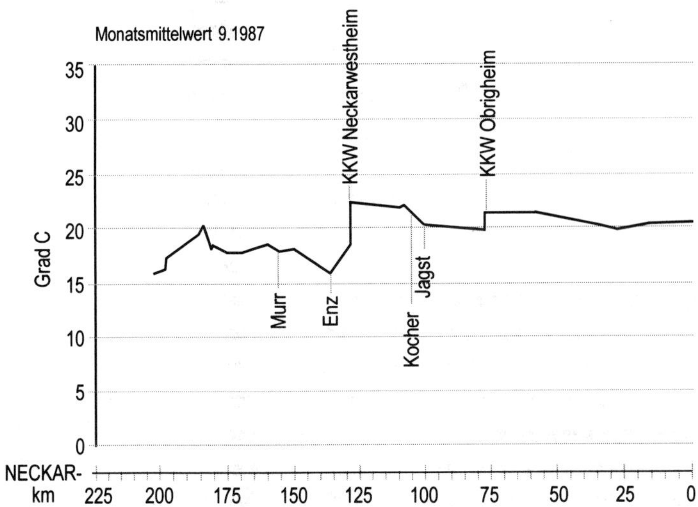

Quelle: Landesanstalt für Umweltschutz 1989, verändert.

Die Einleitung großer kommunaler und gewerblicher Abwassermengen führt zu einer entsprechenden Erhöhung der Schmutzfracht. Der Ausbau zur

Wasserstraße und die Zufuhr großer Mengen aufgewärmten Kühlwassers bedeuten in der Summe eine Reduktion der Selbstreinigungskraft des Flusses. Nach Kobus und Bürkle[10] ist *„die Maßgabe, die Belastung der als Vorfluter für Abwassereinleitungen (incl. Kühlwassereinleitungen) genutzten Fließgewässer an ihrer Selbstreinigungskraft zu orientieren, ... ökologisch zwingend"*. Hieraus folgt, daß der vom Ausbau zur Großwasserstraße verursachten Reduktion der Selbstreinigungskraft des Neckars entsprechend durch Maßnahmen zur Vermeidung, Verminderung und Klärung der Abwässer aus Haushalten und Gewerbe im Neckareinzugsgebiet Rechnung getragen werden muß. Die Tatsache, daß laut Angaben des Landesgesundheitsamtes nahezu am gesamten Neckar aufgrund unzureichender hygienischer Verhältnisse (Fäkalkeimbelastung) das Badeverbot aufrecht erhalten werden muß, zeigt, daß diese Kompensationsmaßnahmen bei der Abwasserbehandlung noch nicht in dem Maße gegriffen haben, wie sie aufgrund der verringerten Selbstreinigungskraft des Neckars erforderlich sind.

Auf der Seite der Abwasserbehandlung und der Gewässerqualität wird im Hinblick auf künftige Generationen in Baden-Württemberg, aber auch im Hinblick auf heutige Flußunterlieger, der Regel 4 zum nachhaltigen Ressourcenmanagement (Berücksichtigung der Selbstreinigungskraft) nicht eingehalten.

12.5 Unterschiedliche Regenerationszeiten von Wasser

Um unseren Umgang mit Wasser auf seine Nachhaltigkeit hin beurteilen zu können, ist der Zeitraum zur Regeneration der verschiedenen Wässer ein entscheidendes Kriterium:

In Flüssen und Bächen hält sich das Wasser nur einige Tage auf, bevor es ins Meer gelangt. Der Wasserkörper (nicht aber Grund und Ufer) der Fließgewässer erneuert sich somit in der Größenordnung von Tagen oder Wochen. Oberflächennahes Grundwasser benötigt zur Regeneration dagegen Jahre bis Jahrhunderte (vgl. Abbildung 5). Über Grundwasser, das in einem früheren Erdzeitalter unter anderen Klimabedingungen gebildet wurde und inzwischen nicht mehr oder kaum am Kreislauf des Wassers teilnimmt, berichten wir unten im Abschnitt „Tiefes Grundwasser".

Es liegt auf der Hand, daß die Auswirkungen, die unser heutiges Tun auf die Wasserressourcen künftiger Generationen haben, entscheidend von den Regenerationszeiten der in Anspruch genommenen Wässer abhängen.

Abbildung 5: Zeitschichten in Grundwassersystemen

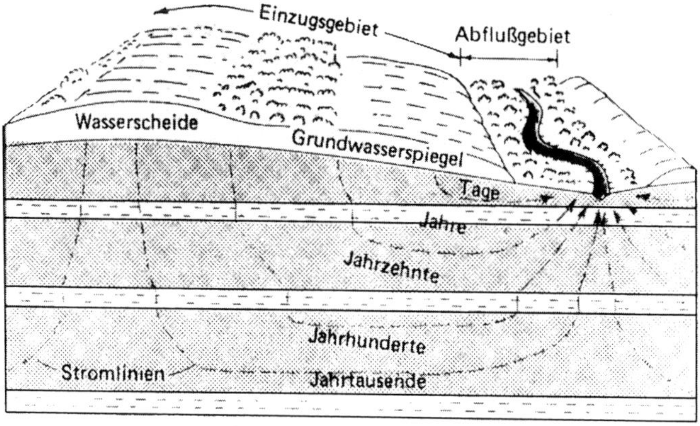

Quelle: Kluge/Schramm 1995.

Oberirdische Fließgewässer

Würden ab sofort oberirdische *Fließ*gewässer nicht mehr durch Schadstoffe oder Abwärme belastet, wäre eine Regeneration zumindest des Wasserkörpers in wenigen Monaten bis Jahren zu erwarten. Die aktuelle Verbesserung der Wasserqualität des Rheins ist hierfür ein gutes Beispiel. Hingegen braucht es einen längeren Zeitraum, bis sich die ursprüngliche Artenvielfalt wieder einstellt und bis sich Grund und Ufer eines Fließgewässers regeneriert haben. Das bedeutet, daß im Hinblick auf nachfolgende Generationen unserem Umgang mit den Fließgewässern die relativ geringste Bedeutung zukommt – allerdings nur dann, wenn Flüsse und Bäche als isolierte Systeme betrachtet werden. Da Fließgewässer mit dem Grundwasser in Verbindung stehen und letztlich ins Meer münden, darf diese Aussage nicht dahingehend mißverstanden werden, daß aus Gründen der Nachhaltigkeit die Fließgewässer keine Beachtung verdienten. Im Hinblick auf flußabwärts liegende Nachbarn (Unterlieger) spielen die Fließgewässer im Zusammenhang mit einer nachhaltigen Nutzung des Wassers eine ganz besondere Rolle (siehe Abschnitt 12.7).

„Tiefes Grundwasser"

Unter dem Gesichtspunkt der Regenerationszeit stellen die *„Tiefen Grundwässer"* das Gegenstück zu oberirdischen Fließgewässern dar: Ihre Zeiten zur Erneuerung betragen viele Tausend Jahre (vgl. Abbildung 5) oder es findet überhaupt keine Erneuerung mehr statt. Im letzteren Fall spricht man von fossilem Grundwasser. Das Abpumpen dieser Grundwasservorräte bedeutet ihren irreversiblen Verlust, vergleichbar mit der Förderung von Erdöl. Diese Ausbeutung der Vorräte wird im englischen Sprachgebrauch plastisch mit dem Begriff „aquifer mining" (Bergbau an wasserführenden Schichten) beschrieben. Das World Watch Institute geht davon aus, daß z.B. die fossilen Grundwasservorräte Saudi-Arabiens in 100 Jahren erschöpft sein werden[11].

Wenn die Ausbeutung nicht mehr erneuerbaren Grundwassers für die heutige Generation lebensnotwendig ist, muß sie gemäß Regel 1 diesen Verlust an natürlichem Kapital durch die Schaffung künstlichen Kapitals ausgleichen, um nachhaltig zu handeln. Allerdings kann es sich nicht um eine beliebige Form von künstlichem Kapital handeln – z.B. um den Bau eines Flughafens. Im Fall der elementaren Ressource Wasser muß das künstliche Kapital funktionsäquivalent sein (siehe Abschnitt 12.3). Dies wäre z.B. dann der Fall, wenn der Verbrauch von nicht mehr erneuerbarem fossilem Grundwasser durch die Schaffung von Technologien kompensiert wird, die es erlauben, mit Hilfe von Sonnenenergie, also mit regenerativen Ressourcen, Meerwasser zu entsalzen und zu Trinkwasser aufzubereiten. Die heute lebende Generation Saudi-Arabiens würde ihren Nachkommen zwar kein Grundwasser hinterlassen, dafür jedoch eine Technik, mit der die elementaren Bedürfnisse künftiger Saudis an das Wasser auf der Basis regenerativer Energien befriedigt werden könnten. Dies wäre im Hinblick auf Nachhaltigkeit akzeptabel.

Die alten Grundwässer Europas nehmen – im Unterschied zum Beispiel aus Saudi Arabien – noch in geringem Maß am Kreislauf des Wassers teil (siehe Abbildung 5). Sie stellen somit keine isolierten Systeme dar. Da diese Grundwässer überwiegend in tiefen Grundwasserstockwerken vorkommen, werden sie in der entsprechenden DIN-Vorschrift als „Tiefe Grundwässer" bezeichnet. Wenn diese Grundwässer heute abgepumpt werden, kommt es solange nicht zu einer Ausbeutung der Ressource, wie die Entnahme die – geringe – Neubildungsrate nicht übersteigt. Somit könnte die Förderung „Tiefen Grundwassers" – die entsprechende mengenmäßige Begrenzung vorausgesetzt – grundsätzlich mit Aspekten der Nachhaltigkeit vereinbar sein. Allerdings resultiert aus der Förderung „Tiefen Grundwassers" oftmals eine Beeinträchtigung seiner Qualität:

Die „Tiefen Grundwässer" bildeten sich zu einer Zeit, in der die Menschen noch keinen Einfluß auf die Grundwasserqualität nahmen, d.h. diese Grundwasservorräte sind noch frei von menschengemachten (anthropogenen) Schadstoffen. Als Folge ihrer Förderung können sich jedoch die Druckverhältnisse soweit ändern, daß weitaus mehr jüngeres – oftmals verschmutztes – oberflächennahes Grundwasser in diese alten Vorräte eindringt, als dies unter unbeeinflußten Bedingungen der Fall wäre. Somit kommt es zu einem beschleunigten Schadstoffeintrag in diese oft wertvollen Grundwasservorräte. Das Eindringen jungen Grundwassers (im Durchschnitt weniger als 50 Jahre alt) von oben in tiefe Grundwasservorräte ist z.B. im Oberrheintal nachgewiesen[12]. Problematisch ist besonders die Vorgehensweise, Brunnen, die bereits verschmutzte, oberflächennahe Grundwasserstockwerke erschließen, zu vertiefen, um das kontaminierte junge Grundwasser durch unbelastetes „Tiefes Grundwasser“ zu ersetzen.

Ein Beispiel für die geschilderte Problematik bietet der Raum Mannheim/Ludwigshafen. Hier wird „Tiefes Grundwasser“ mit einem Alter zwischen 2.000 und 7.000 Jahren gefördert. Im unbeeinflußten Zustand stand hier das tiefere Grundwasserstockwerk unter höherem Druck als das darüber liegende. Deshalb konnte jüngeres Grundwasser nicht in dieses Grundwasserstockwerk eindringen. Heute haben sich die Verhältnisse aufgrund des Abpumpens umgekehrt. Der Druck des „Tiefen Grundwassers“ ist abgefallen, jüngeres – verschmutztes – Grundwasser kann von oben in die alten Vorräte eindringen. Als Konsequenz wird seit 1984 an einigen Stellen im „Tiefen Grundwasser“ radioaktives Tritium aus den Atombombenversuchen der 50er und 60er Jahre unseres Jahrhunderts nachgewiesen. Das Eindringen jungen Grundwassers läßt befürchten, daß die im oberflächennahen Grundwasser des Raums Mannheim/Heidelberg großflächig verbreiteten leichtflüchtigen Halogenkohlenwasserstoffe[13] in tieferes, älteres Grundwasser verschleppt werden und aufgrund ihrer chemischen Stabilität dieses Wasser dauerhaft kontaminieren. Die Gefahr besteht vor allem dort, wo die Industrie „Tiefes Grundwasser“ für Brauchwasserzwecke entnimmt, weil für Brauchwasserentnahmen im Gegensatz zur Trinkwasserförderung keine Wasserschutzgebiete ausgewiesen wurden.

Aufgrund dieser Zusammenhänge erscheint die Förderung „Tiefen Grundwassers“ unter Gesichtspunkten der Nachhaltigkeit prinzipiell bedenklich, zumal in Baden-Württemberg ausreichende Mengen von oberflächennahem Grundwasser zur Verfügung stehen. Da die Fördertiefe von Grundwasser statistisch nicht erfaßt wird, ist eine genaue Aussage zum Umfang heute genutzter „Tiefer Grundwässer“ nicht möglich. Daher sollte die Inanspruchnahme dieser Grundwässer zuerst statistisch erfaßt und anschließend reduziert werden. In diesem Zusammenhang scheint der Hinweis angebracht, daß auch viele Mineral- und Thermalwässer dem „Tiefen Grundwasser“ entstammen.

Oberflächennahes – junges – Grundwasser

Das Grundwasser ist in Baden-Württemberg die wichtigste Trinkwasserquelle. Mit 533 Mio. m^3 stammten drei Viertel des von der Öffentlichen Wasserversorgung im Jahr 1995 geförderten Wassers aus Grundwasservorkommen (incl. Quellwasser). Die 174 Mio. m^3 Oberflächenwasser stammen überwiegend aus dem Bodensee. Aufgrund der mengenmäßigen Bedeutung und der langen Regenerationszeiten ist der nachhaltige Umgang mit dem oberflächennahen Grundwasser für künftige Generationen von zentraler Bedeutung.

Energiewirtschaft, Bergbau, Verarbeitendes Gewerbe und die Öffentliche Wasserversorgung Baden-Württembergs entnahmen im Jahr 1995 zusammen 684 Mio. m^3 Grund- und Quellwasser[14]. Die jährliche Grundwasserneubildung beträgt im langjährigen Mittel zwischen 5 und 14 Mrd. m^3. Die Grund- und Quellwasserentnahme beträgt somit im Landesdurchschnitt maximal 15% der Neubildungsrate. Hierbei sind die Entnahmemengen der Landwirtschaft nicht berücksichtigt. Diese werden erst ab 1998 statistisch erhoben werden. Im Bilanzraum Baden-Württemberg wird das Grundwasser unter quantitativen Aspekten somit nicht übernutzt. Deshalb kann in Baden-Württemberg unter quantitativen Aspekten der Umgang mit dem Grundwasser auf Landesebene als nachhaltig bezeichnet werden.

Allerdings kommt es regional in Einzelfällen dennoch zu Übernutzungen: So tragen zum Beispiel die Grundwasserentnahmen im Raum Mannheim / Weinheim zur Absenkung des Grundwasserspiegels im Hessischen Ried bei. Hieraus resultieren einerseits Vegetationsschäden. Anderseits sind auch Schäden an Gebäuden aufgrund von Setzungen des Untergrunds aktenkundig.

Während im Hinblick auf die Menge des Grundwassers im Bilanzraum Baden-Württemberg ein nachhaltiges Handeln konstatiert werden kann, ist dies bei der Qualität des Grundwassers oftmals nicht der Fall. In den 12 Jahren zwischen 1980 und 1992 mußten 550 von ca. 2.000 Brunnen oder Quellen, die 2,5% der bereitgestellten Wassermenge förderten, vom Trinkwassernetz genommen werden. In 44% der Fälle waren zu hohe Gehalte von Nitrat, Pflanzenbehandlungsmitteln, Lösemitteln oder bakterielle Verunreinigungen die Ursache. Der Anstieg der Konzentrationen über die zulässigen Grenzwerte der Trinkwasserverordnung hinaus zeigt, daß in diesen Fällen die Selbstreinigungskraft des Wassers über Gebühr beansprucht wurde und mehr Schadstoffe oder Schadorganismen dem Wasser zugeführt wurden, als es zu reinigen in der Lage war. Dies bedeutet einen eindeutigen Verstoß gegen Regel 4 zum nachhaltigen Ressourcenmanagement.

Dieser nicht nachhaltige Umgang mit dem Grundwasser führt bereits für die gegenwärtige Generation zu einer immer stärkeren Einschränkung des nutzbaren Dargebots (Angebots). Aufgrund der langen Regenerationszeiten von Grundwässern und den technischen Grenzen der Sanierbarkeit werden auch künftige Generationen von den Einschränkungen in der Grundwassernutzung betroffen sein. In dem von Natur aus wasserreichen Baden-Württemberg liegt der Schlüssel zum nachhaltigen Umgang mit dem Grundwasser deshalb im Schutz der Ressource vor Verschmutzung.

12.6 Qualität des Grundwassers

Neben punktuellen – teilweise allerdings massiven – Belastungen durch Deponien, Altlasten oder dem nicht sachgemäßen Umgang mit wassergefährdenden Stoffen (z.B. Halogenkohlenwasserstoffe – siehe Abschnitt 12.5), sind für die *großflächigen* Grundwasserbelastungen drei wesentliche Ursachen zu nennen: die Landwirtschaft, die Einträge aus der Atmosphäre und die Siedlungsentwässerung.

Der Einfluß der Landwirtschaft wird in diesem Buch ausführlich in Kapitel 9 dargestellt. Im folgenden sollen daher die beiden letzteren Ursachen näher beleuchtet werden.

Einträge aus der Atmosphäre

Von der Vielzahl der aus der Atmosphäre auf die Böden niedergehenden Substanzen (Depositionen) sind für die Qualität des Grundwassers zwei Substanzgruppen von besonderer Bedeutung: sauer wirkende Substanzen und Stoffe, die zur Eutrophierung (Überdüngung) beitragen.

Saurer Regen

Durch Verbrennungsprozesse und die landwirtschaftliche Tierhaltung gelangen in großem Maß Substanzen in die Atmosphäre, die dort chemisch verändert werden und nach ihrer Ablagerung auf Böden und Pflanzen versauernd wirken können. Die positive Meldung lautet: Aufgrund der Entschwefelungsmaßnahmen von Großfeuerungen ist die Emission von Schwefeldioxid im Zeitraum von 1973 bis 1993 um 78 % zurückgegangen. Ein ungelöstes Problem stellen dagegen immer noch die aus der Verbrennung stammenden Stickoxide und das Ammoniak aus der Landwirtschaft dar.

Die depositionsbedingten Säureeinträge – besser bekannt unter der Bezeichnung „Saurer Regen" – schlagen in Baden-Württemberg besonders im

Odenwald und Schwarzwald auf die Gewässer durch, weil in diesen Gebieten Böden und Grundwasserleiter (bestehend aus Buntsandstein und Kristallin) nur ein geringes Puffervermögen aufweisen. Eine Folge ist die zunehmende Versauerung des Grundwassers. Über die zeitliche Entwicklung des Säuregehaltes liegt erst eine vergleichsweise kurze Zeitreihe vor. Absenkungen um 0,2 pH-Stufen im Zeitraum von 4 Jahren geben einen Hinweis auf die Empfindlichkeit der Grundwassersysteme von Schwarzwald und Odenwald gegen Säureeinträge[15].

Im Jahr 1995 konnte das Rohwasser (d.h. Trinkwasser vor der Aufbereitung) an 8,2 % der 620 Meßstellen der Wasserversorger Baden-Württembergs nicht die Vorgaben der Trinkwasserverordnung an den Säuregehalt einhalten. Im Fall der Meßstellen in Waldgebieten entsprachen sogar 23 % nicht den gesetzlichen Anforderungen[16], was die besondere Gefährdung der Waldstandorte, die sich überwiegend auf schwach gepufferten Böden befinden, illustriert.

Saures Wasser kann aus Wasserleitungen und Behältern, ggf. auch aus dem Gestein Aluminium oder Schwermetalle freisetzen (z.B. Kupfer oder Blei), was zu gesundheitlichen Beeinträchtigungen führen kann. Um dieser Gefahr zu begegnen, haben die Wasserwerke bereits in erheblichem Ausmaß Entsäuerungstechniken installiert. Dennoch mußten im Jahr 1991 noch ca. 100.000 Einwohner in Baden-Württemberg mit zu saurem Wasser versorgt werden[17]. Der Deutsche Verein des Gas- und Wasserfachs (DVGW) beklagt in einer Pressemitteilung am 22.3.1994 eine „*zunehmende Boden- und Gewässerversauerung*“. Er hält deshalb eine Reduzierung der Immissionen um 90–95 % für erforderlich.

Düngender Regen

Im Gegensatz zum „Sauren Regen“ ist die Problematik der Überdüngung durch Stickstoffeinträge aus der Atmosphäre bisher noch wenig ins öffentliche Bewußtsein gedrungen. Im Jahr 1991 wurden in Deutschland ca. 1,5 Mio. t Stickstoff in Form von Stickoxiden (NO_x) und in Form von Ammoniak (NH_3) emittiert. Etwa drei Viertel der in Baden-Württemberg emittierten Stickoxide entstammen dem Verkehr[18]. Dabei gewinnt der LKW-Verkehr zunehmende Bedeutung. Er ist im Jahr 1991 für mehr als 50 % der verkehrsbedingten Stickoxid-Emissionen verantwortlich[19]. Über 90 % der Ammoniak-Emissionen stammen aus der Landwirtschaft. Die Quellen sind Mist, Gülle sowie Mineraldünger[20].

Stickoxide und Ammoniak werden in der Atmosphäre über weite Strekken transportiert, teilweise chemisch verändert und gelangen anschließend auf die Erdoberfläche zurück (atmogene Deposition). Die Deposition kann direkt als Gas oder Partikel erfolgen (trockene Deposition) oder mit Regen-, Tau-, oder Nebeltropfen (nasse Deposition). Den Stickstoffeinträgen aus der Atmosphäre kommt vor allem in Wäldern entscheidende Bedeutung zu: Aufgrund der rauhen Oberfläche der Wipfel können Bäume Substanzen aus der Atmosphäre ausfiltern. Dadurch ist der Eintrag in Wäldern höher als auf freien Flächen[21]. In Laubwäldern ist der Stickstoffeintrag durchschnittlich um das 1,2-fache, in Nadelwäldern sogar um das 2,1-fache im Vergleich zu Freiflächen erhöht[22]. Dadurch werden in die Wälder Deutschlands zwischen 10 und 60 kg Stickstoff pro Hektar und Jahr eingebracht. In Baden-Württemberg lagen die entsprechenden Zahlen im Jahr 1994 zwischen 11,8 bzw. 13,9 kg/ha auf der Ostseite des Schwarzwaldes und 23 bzw. 34,2 kg/ha an den Westhängen von Schwarzwald und Odenwald. Den Spitzenwert mit 37,4 kg/ha im Jahr 1994 erreichte die Region Oberschwaben, wo intensiv Viehzucht betrieben wird.

Stickstoff ist ein wichtiger Pflanzennährstoff. Ab einer gewissen Menge kann er jedoch zum Schadstoff werden. Unsere Waldökosysteme haben sich in Jahrhunderten auf Stickstoff als Mangelfaktor und nicht auf Stickstoff als Überschußelement eingerichtet: Sich selbst überlassene Bannwälder bauen pro Hektar und Jahr ca. zwei bis fünf Kilogramm Stickstoff in Biomasse ein. Bewirtschaftete Wälder mit Holzeinschlag erreichen jährlich 4–10 kg pro Hektar[23]. Die oben genannten Eintragsmengen überschreiten diese Einbauraten erheblich, so daß in unseren Wäldern inzwischen ein Zustand der Stickstoffsättigung bzw. des Stickstoffüberschusses eingetreten ist. Der Stickstoff wird zu großen Anteilen zu Nitrat umgesetzt (Nitrifikation). Überschüssiges Nitrat gelangt mit dem Sickerwasser ins Grundwasser. Soweit der Stickstoff aus Ammoniak stammt, entsteht bei der Nitrifikation zusätzlich auch Säure.

Aufgrund dieser Vorgänge sind in Grundwässern aus bewaldeten Einzugsgebieten inzwischen oftmals Nitratgehalte festzustellen, die den natürlichen Pegel von max. 5 mg Nitrat pro Liter erheblich überschreiten: Im Sickerwasser von Fichten- und Buchenbeständen des Schwarzwalds sind Nitratkonzentrationen von 60 bis 100 mg/l keine Seltenheit[24]. Auch im südlichen Odenwald sind dramatische Veränderungen festzustellen. Seit den 50er Jahren dieses Jahrhunderts ist z.B. in drei Quellen bei Heidelberg ein kontinuierlicher Anstieg des Nitratgehalts von naturnahen Werten um 5 mg/l auf 15 bis 25 mg/l Mitte der 90er Jahre zu beobachten – siehe Abbildung 6. Unsere Wasserversorgung hängt aber entscheidend von nitratarmem Quell- und Grundwasser aus bewaldeten Einzugsgebieten ab, nicht zuletzt, um nitrathaltiges Wasser aus landwirtschaftlich genutzten Regionen zu verdünnen. Bei anhaltendem Trend ist zu befürchten, daß auch Grund- und Quell-

Abbildung 6: Entwicklung der Nitratgehalte dreier Quellen im Stadtwald von Heidelberg

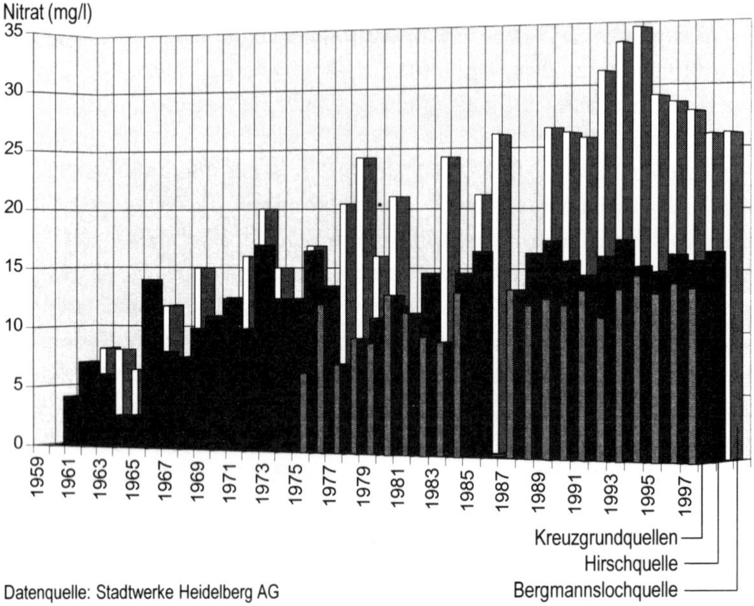

Datenquelle: Stadtwerke Heidelberg AG

wasser aus Wäldern den gesetzlichen Grenzwert von 50 mg Nitrat pro Liter überschreitet und dann für die Trinkwasserversorgung ausfällt.

Abwasser gelangt ins Grundwasser

Das öffentliche Kanalnetz in Baden-Württemberg umfaßte im Jahr 1991 eine Gesamtlänge von etwa 50.000 km. Die Länge der privaten Kanäle wird auf das Doppelte geschätzt[25]. Durch undichte Stellen der Kanalsysteme gelangen je nach Zusammensetzung des Abwassers unterschiedliche Stoffcocktails in den Untergrund und in das Grundwasser. Nährstoffen kommt dabei eine eher geringe Rolle zu. Für Deutschland wird z.B. die Menge an Stickstoff, die aus undichten Kanälen ins Grundwasser gelangt, auf 700 bis 5.000 t geschätzt, während der von der Landwirtschaft verursachte Stickstoffeintrag ins Grundwasser in der Größenordnung von 0,5 bis 1 Mio. t liegt[26]. Dagegen sind die Verunreinigungen durch Lösungsmittel und Fäkalkeime aus undichten Abwasserkanälen von besonderer Bedeutung.

Aufgrund seiner häufigen Verwendung in Bleichzusätzen von Waschmitteln (Perborat), kann aus dem Vorkommen des Elements Bor im Grundwasser auf Abwassereinflüsse geschlossen werden, vorausgesetzt es liegt im Boden keine natürliche Grundbelastung durch Bor vor. Im Jahr 1994 wurde das Grundwasser in Baden-Württemberg an mehr als 2.500 Meßpunkten auf Bor analysiert. Dabei wurde an Meßstellen unter Siedlungen ein vierfach höherer Mittelwert im Vergleich zum Basismeßnetz, welches möglichst unbeeinflußte Standorte erfaßt, ermittelt. Die Maximalkonzentrationen von Bor erreichten im Siedlungsbereich 21 mal höhere Werte als in unbeeinflußten Gebieten[27].

Legt man den vom ehemaligen Bundesgesundheitsamt (BGA) vorgeschlagenen Schwellenwert von 50 Mikrogramm Bor pro Liter (1 Mikrogramm = 1 Millionstel Gramm) für eine vom Menschen verursachte (anthropogene) Belastung zugrunde, so war im Jahr 1993 das Grundwasser in einer großen Anzahl von Meßstellen im Umfeld von Industrieanlagen (47%) und Siedlungen (39%) in Baden-Württemberg eindeutig anthropogen beeinflußt[28]. In Baden-Württemberg liegen die Schwerpunkte dieser Belastung im Neckarraum zwischen Stuttgart und Heilbronn, in der Oberrheinebene und ganz allgemein in städtischen Gebieten[29], was den Einfluß der Siedlungsentwässerung illustriert.

Ein nachhaltiger Umgang mit dem Grundwasser – verstanden als die Sicherung der Ressource für kommende Generationen – verlangt deshalb dreierlei:

1. Eine deutliche Veränderung der landwirtschaftlichen Praxis,
2. drastische Reduktionen der in die Atmosphäre emittierten Schadstoffe und
3. die gründliche Sanierung und Instandhaltung der Abwasserkanäle.

12.7 Abwasser und die Qualität der Oberflächengewässer

Der Umgang mit unserem Abwasser stellt nicht allein eine Gefahr für das Grundwasser dar. Trotz aller unbestreitbaren Fortschritte in den letzten Jahrzehnten ist die Qualität vieler Fließgewässer noch immer nicht in einem befriedigenden Zustand. Eine Folge davon ist, daß viele Flüsse und Bäche aufgrund ihrer Verschmutzung nicht mehr zum Baden geeignet sind. Die Verschmutzung der Fließgewässer betrifft wegen der schnellen Regenerationszeit des Wasserkörpers (s.o.) auf den ersten Blick zwar weniger die kommenden Generationen. Weil Oberflächenwasser über die Gewässersohle ins Grundwasser übertreten kann, bergen verschmutzte Oberflächengewässer auch ein Risiko für das Grundwasser – auf demselben Weg kann jedoch auch verschmutztes Grundwasser durch die Infiltration von relativ sauberem Oberflächenwasser qualitativ verbessert werden.

Vor allem werden durch verschmutzte Fließgewässer jedoch flußabwärts gelegene Nachbarn (Unterlieger) benachteiligt. Schlußendlich belasten verschmutzte Flüsse die Meere und stellen dadurch für künftige Generationen eine ernstzunehmende Hypothek dar.

Die Tatsache, daß viele unserer Flüsse und Bäche kein Ort der Erholung mehr sind, sondern zu Abwasserentsorgungswegen degradiert wurden, ist bei vielen Zeitgenossen inzwischen zum allgemeinen Gedankengut geworden. Beim Thema „Baden“ denken wir ohne Zögern an die gekachelten und gechlorten Freizeitoasen der Schwimmbäder, aber nicht (mehr) an klare Bäche und saubere Flüsse. Ganz in diesem Sinne titelte denn auch die Zeitschrift „Die Gemeinde“ in der Januar-Ausgabe 1997: *„Muß der Rhein unbedingt kommunale Bäder ersetzen“*. In der Tat vertreten die Autoren die Auffassung, daß er das können sollte und im Gegensatz zu vielen anderen Fließgewässern ist der Rhein erfreulicherweise auf gutem Wege, diese Funktion bald wieder übernehmen zu können.

Die Ursache dafür, daß viele Gewässer zum Baden nicht mehr geeignet sind, sind oft nicht giftige Chemikalien der Industrie, sondern Verschmutzungen durch Fäkalkeime aus unseren Abwasserkanälen. Während im gewerblichen Bereich durch nachgeschaltete Technologien oder durch in den Produktionsprozeß integrierte Maßnahmen die Abgabe schädlicher Substanzen an die Gewässer deutlich reduziert werden konnte, scheint der zivilisatorische Umgang unserer Generation mit den eigenen Ausscheidungen an der Schwelle zum dritten Jahrtausend überdenkenswert. Hier kann eine Orientierung am Altertum hilfreich sein. So schreibt der griechische Historiker Herodot im 5. Jhd. v. Chr. über die Perser: *„Sie harnen aber weder in den Fluß, noch speien sie hinein, sie waschen sich nicht die Hände darin. Sie dulden es auch von keinem anderen, sondern haben vor den Flüssen eine ganz besondere Ehrfurcht“*[30]. Der technologische Fortschritt und das kulturelle Bewußtsein sollte es in Mitteleuropa ermöglichen, unsere Flüsse – inclusive ihres Wassers! – wieder als Orte der Erholung nutzen zu können.

12.8 Handlungsempfehlungen und Fazit

Empfehlungen für regional nachhaltiges Handeln müssen nach dem oben Ausgeführten sowohl die Gerechtigkeit zwischen den unterschiedlichen Generationen als auch zwischen Nachbarn und Handelspartnern einer Generation im Auge behalten. Sie müssen quantitative und qualitative Aspekte berücksichtigen.

Zur Herkunft des Wassers

Da die derzeitigen Entnahmeraten in Baden-Württemberg erheblich geringer sind als die Neubildungsrate der Ressource Wasser, besteht auf Landesebene keine Übernutzung der Ressource. Diese Aussage gilt vermutlich nicht im Falle von „Tiefem Grundwasser", wo sich die Druckverhältnisse zwischen den Grundwasserstockwerken durch das Abpumpen bisweilen umkehren, was auf eine überhöhte Förderung bezogen auf die Neubildung schließen läßt. *„Tiefes Grundwasser" sollte nicht gefördert werden.* Insbesondere deshalb, weil dadurch eine anthropogene Verschmutzung dieser jahrtausendealten Wasserkörper zu befürchten ist. Die amtliche Statistik müßte die Förderung dieser Wässer zuerst erfassen, um den Ausstieg aus ihrer Nutzung überhaupt überwachen zu können.

Die Förderung großer Wassermengen aus Bodensee und Donauried zum Zwecke der *Fernwasserversorgung* bedeutet derzeit für die Fördergebiete keinen Verstoß gegen die ökologischen Anforderungen an nachhaltiges Handeln, weil in diesen Gebieten die Ressource nicht übernutzt wird. Allerdings kann Fernwasserversorgung den Bewohnern des Liefergebietes erhöhte Aufwendungen zur Wasserreinhaltung abfordern. Wenn die Nutzer des Fernwassers sich an den dafür zusätzlich entstehenden Kosten nicht beteiligen, kann dies im Hinblick auf ökonomische Konkurrenzsituationen einzelner Regionen den Regeln eines fairen Interessenausgleichs und somit der Nachhaltigkeit widersprechen. Sowohl Stimmen aus der Schweiz als auch aus Oberschwaben machen deutlich, daß die Fernwasserversorgung Stuttgarts aus dem Bodensee durchaus auch kritisch gesehen wird.

Fernwasserversorgung kann im Hinblick auf nachhaltiges Handeln nachteilig sein, nämlich dann, wenn dadurch die lokalen Wasserressourcen aus der Nutzung genommen werden. Dies bedeutet oftmals die Aufgabe ihres Schutzes. Dies kann dazu führen, daß lokale Grundwasservorkommen nach Wegfall des Wasserschutzgebietes langfristig kontaminiert werden und somit nachfolgenden Generationen nicht mehr als Trinkwasserressource zur Verfügung stehen. Dies wäre eindeutig als nicht nachhaltig zu bewerten.

Beim Bezug von Fernwasser ist ein weiterer Aspekt zu beachten: Fernwasserleitungen müssen ständig in Betrieb sein, um das Risiko der Verkeimung zu minimieren. Deshalb sind sie zur Grundversorgung geeignet, aber nicht zur Deckung eines nur kurzfristig auftretenden Spitzenbedarfs. Eine Politik, die aus Gründen der Versorgungssicherheit auf die Kombination von Lokal- und Fernwasser setzt (Prinzip der beiden Standbeine), muß deshalb dafür sorgen, daß die Dimensionierungen der Leitungen und die Tarifgestaltung die Lieferung von Nah- und Fernwasser ermöglicht und nicht einem Ersatz des lokalen Wassers durch Fernwasser Vorschub leistet. In der Novelle des Landeswassergesetzes von Baden-Württemberg aus dem Jahr 1995 wird dementsprechend in § 43 Abs. 1 der Vorrang der ortsnahen Wasserversorgung festgeschrieben. Dies ist ein erster wichtiger Schritt zum Schutz der lokalen Wasserressourcen. Da die zum 1.1.1996 bestehenden Entnahmerechte der Fernwasserversorger jedoch nicht beschränkt wurden und diese bei weitem noch nicht ausgeschöpft sind, ist die Umsetzung des gesetzlich festgeschriebenen Vorzugs ortsnahen Wassers noch offen.

Wasser Sparen

Bei den meisten Nutzungen wird Wasser nicht *ver-* sondern *ge*braucht. Es wird verschmutzt oder erwärmt, aber in seiner Menge nicht verändert. Deshalb kann man genau genommen auch gar kein Wasser sparen. Man kann zum einen mehr Wasser ungenutzt den Meeren zuströmen lassen, indem man weniger fördert, oder man kann eine Wasserart (z.B. Grundwasser) zu Lasten einer anderen Wasserart (z.B. Regen- oder Dachwasser) aus der Nutzung herausnehmen. Die Frage, welche Wasserart in die Nutzung genommen werden soll, muß regional entschieden werden.

Im Falle überlasteter Grund- oder Quellwasservorkommen, wie z.B. in der Umgebung von Frankfurt am Main, ist es notwendig, die Inanspruchnahme von Grund- und Quellwasser zu drosseln. Dies geschieht zum einen durch eine absolute Reduzierung der in Anspruch genommenen Wassermengen, zum anderen durch den Ersatz von Grund- und Quellwasser durch Flußwasser (Main) und Dachablaufwasser. Im Falle von Regionen mit ausreichend vorhandenem Grund- und Quellwasser ist die Nutzung von Dachablaufwasser nicht automatisch nachhaltiger als die herkömmliche Wasserversorgung, weil zum einen die Grundwasservorkommen nicht übernutzt werden und zum anderen die – dezentrale – Dachwasserversorgung oftmals einen höheren Energieaufwand bedeutet als die Versorgung aus dem Netz. Neben ökologischen dürfen soziale Gesichtspunkte nachhaltigen Handelns nicht vergessen werden:

Aufgrund des Verhältnisses von Dachfläche und Wohnraum eignet sich die Nutzung von Dachwasser vor allem für Ein- und Zweifamilienhäuser. Diese Bauform wird mehr von Eigentümern als von Mietern bewohnt. Wenn in einer Gemeinde die Dachwassernutzung in Ein- und Zweifamilienhäusern zur Regel wird, wird die Liefermenge des Wasserversorgungsunternehmens zurückgehen. Da bei der öffentlichen Wasserversorgung 80 % der Kosten (und mehr) unabhängig von der gelieferten Wassermenge anfallen

(Fixkosten), muß eine Reduktion der Liefermenge zu einem Steigen der Kubikmeterpreise führen. Da den Bewohnern von Mehrfamilienhäusern ein Ausweichen auf Dachwasser nicht möglich ist (zu geringe Dachfläche), bedeutet dies, daß diese Menschen vom Preisanstieg für Trinkwasser mehr getroffen werden als die Ein- und Zweifamilienhausbewohner. Da in Mehrfamilienhäusern Wohnungen vor allem von Mietern genutzt werden, kann die Dachwassernutzung in Ein- und Zweifamilienhäusern bedeuten, daß sozial schwächere Mieter indirekt sozial stärkere Eigenheimbesitzer über den Wasserpreis subventionieren. Dies ist mit sozialen Anforderungen an ein nachhaltiges Handeln nicht zu vereinbaren. Wo Dachwassernutzung ökologisch Sinn macht, könnte diesem Problem aber mit entsprechenden Kompensationsmaßnahmen begegnet werden.

Regenwasserbewirtschaftung

Wie wir oben gezeigt haben, genügt die Qualität des Wassers in Baden-Württemberg oft nicht den Ansprüchen, die Nachbarn oder nachfolgende Generationen an eine umfassende Nutzung stellen. Dies ist als nicht nachhaltig zu bezeichnen. Vor allem der Zustand des Grundwassers ist verbesserungswürdig. Für die Forderung nach sauberen Gewässern gibt es drei wesentliche Adressaten: Die Landwirtschaft, die Verursacher von Emissionen und die Betreiber der Siedlungsentwässerung. Zu Maßnahmen der Landwirtschaft siehe Kapitel 9 in diesem Band. Maßnahmen zur Reduktion von Immissionen (aus Verkehr und Landwirtschaft) können auf regionaler Ebene nicht getroffen werden. Hier ist der Gesetzgeber auf Bundesebene bzw. in der EU gefordert.

Im Gegensatz dazu können Verbesserungen der Siedlungsentwässerung regional und lokal in hohem Maße beeinflußt werden. Wenn das Grundwasser in Baden-Württemberg bei beinahe jeder zweiten Meßstelle unter Industriegebieten und bei jeder dritten Meßstelle unter Siedlungen verschmutzt ist, und Flüsse und Bäche aufgrund fäkaler Verunreinigungen nicht zum Baden freigegeben werden dürfen, ist Handlungsbedarf angezeigt. Zum einen müssen Abwasserkanäle dicht sein. Das bedeutet, daß sie instandgehalten bzw. saniert werden müssen, was mit entsprechenden Kosten verbunden ist. Aufgrund dieser Kostenbelastung sollte aber die Frage genauer beantwortet werden, ob tatsächlich alles Wasser in diesen Kanälen überhaupt fließen muß. Wir denken dabei an das Niederschlagswasser, das in 80 % der Kanäle Baden-Württembergs mit dem Schmutzwasser gemeinsam transportiert und behandelt wird. Diese Form des Abwassertransports nennt man Mischwasserkanalisation.

Bei Mischwasserkanalisationen werden unnötige Wassermassen durch die Kläranlagen gepumpt, was dort zu einem erhöhten Energieeinsatz führt und aufgrund der Verdünnung des Schmutzwassers durch den Regen oftmals auch die Reinigungsleistung der Kläranlage mindert. Viel bedeutsamer für die Wasserqualität von Flüssen und Bächen ist aber die Tatsache, daß bei starken Regenfällen oftmals das 100-fache derjenigen Wassermenge durch die Kanalisation rauscht, die an trockenen Tagen abfließt. Diese Menge kann von den Kläranlagen nicht verarbeitet werden, da diese nur auf die doppelte Menge der in Trockenzeiten zu behandelnden Abwassermenge ausgelegt sind. Die überschüssige Mischung aus Schmutz- und Regenwasser wurde früher nach starken Regenfällen unter Umgehung der Kläranlagen direkt in die Bäche und Flüsse gespült. Dieser Vorgang wird beschönigend „Regenentlastung" genannt. Trotz inzwischen getätigter Milliardeninvestitionen für sogenannte Regenüberlaufbecken (tatsächlich halten sie Mischabwasser zurück) gelangt immer noch ein Teil des Mischabwassers ungeklärt in die Fließgewässer. Da Fließgewässer und Grundwasser in einem Austausch stehen, gelangen die Verschmutzungen aus den Flüssen teilweise auch ins Grundwasser. Dies ist besonders dann der Fall, wenn bei Hochwasserereignissen in überschwemmten Gebieten das Wasser direkt in die Brunnen der Talniederungen eindringen kann. Kürzlich war in einem Gutachten die Formulierung „Der Fluß bedroht die Brunnen" zu lesen. Diese Aussage verkennt die Tatsache, daß nicht der Fluß, sondern der unangepaßte Umgang der Menschen mit Schmutz- und Niederschlagswasser diese Bedrohung hervorruft.

Als Konsequenz sollte deshalb langfristig das Niederschlagswasser von Dächern, Höfen, Einfahrten und Gehwegen vom Schmutzwasser abgetrennt werden (Trennkanalisation). Niederschlagswasser sollte dezentral versikkert werden, soweit es die Geologie erlaubt und der Schutz des Grundwassers vor Verunreinigung gewährleistet ist. Wo dies nicht möglich ist, sollte versucht werden, es oberirdisch dem nächsten Bach oder Fluß zuzuführen. Diese Abtrennung des Niederschlagswassers entlastet die Kläranlage und das betroffene Oberflächengewässer beträchtlich: Im Fall einer Gemeinde am Bodensee errechnet die Universität Stuttgart[31], daß durch die getrennte Erfassung des Niederschlagswassers sich die zur Kläranlage abgeführte Wassermenge von 122.000 m^3 auf 58.500 m^3 pro Jahr verringern würde (Reduktion um mehr als 50%). Da auf diese Weise alles Abwasser dem Klärprozeß zugeführt werden kann und bei Regenereignissen nicht mehr zum Teil direkt in den Bodensee gelangt, reduziert sich z.B. der Phosphateintrag in den See um 80%. Neben ökologischen Verbesserungen eröffnen sich durch die oberirdische Ableitung des Niederschlagswassers zudem reizvolle städtebauliche Gestaltungsmöglichkeiten.

Niederschlagswasser von Dächern ist meist verschmutzter als Regenwasser (z.B. durch Vogelkot, durch Materialien des Daches – Asbest – oder der Installationen – z.B. durch Zink). Deshalb ist eine Vorreinigung (auch im Falle von Hof- und Straßenflächen) vor dem Versickern bzw. Ableiten in offenen Systemen notwendig. Dies kann dadurch geschehen, daß der erste, besonders verschmutzte Wasserstoß nach einem Regenschauer wie Schmutzwasser ins Kanalsystem abgeleitet wird (sogenanntes first-flush-management) und alles übrige Wasser über einen Tank oder eine Zisterne geführt wird, wo sich partikuläre Stoffe als Schlamm absetzen.

Wenn ein derartiges Regenwassermanagement die Zwischenspeicherung des Dachablaufwassers vor dem Versickern beinhaltet, spricht natürlich nichts dagegen, aus diesem Behälter Wasser zu entnehmen, z.B. zur Gartenbewässerung oder zur Toilettenspülung. Der zentrale Unterschied zu einer einfachen Dachwassernutzung besteht darin, daß dieses *integrierte Regenwassermanagement* zu einer erheblichen Reduzierung der Wasserströme im Kanalsystem – vor allem bei starken Niederschlägen – führt. Obwohl bei der einfachen Dachwassernutzung in den Zisternen ebenfalls Wasser gespeichert und damit vom Kanalsystem vorübergehend ferngehalten wird, ändert sich an der Abwassermenge vor allem in der kritischen Phase nach langen oder heftigen Regenfällen nur wenig, weil dann die Zisternen voll sind.

Aus Gründen der Nachhaltigkeit ist in Baden-Württemberg in erster Linie nicht Wassersparen notwendig, sondern die Reinhaltung der Gewässer – insbesondere des Grundwassers. Reinhaltemaßnahmen können durchaus mit Maßnahmen zum Sparen von Trinkwasser verbunden werden. In jedem Fall ist im Hinblick auf nachhaltiges Handeln darauf zu achten, daß das Einsparen der erneuerbaren Ressource Wasser nicht zu einem gesteigerten Einsatz nicht-erneuerbarer Ressourcen, z.B. fossiler Energieträger führt.

13. Partizipation als Instrument einer Nachhaltigkeitspolitik

am Beispiel Abfallplanung

Rainer Carius und Ortwin Renn[1]

13.1 Abfallplanung als Gegenstand einer Nachhaltigkeitspolitik

Wenn Produktions- und Konsumprozesse gemäß dem Postulat einer nachhaltigen Entwicklung gestaltet werden sollen, ist es sinnvoll, ebenfalls auch die Entsorgungsprozesse diesen Gestaltungsbedingungen zu unterziehen. So bekommen die Maximen des Nachhaltigkeitpostulats wie Schonung natürlicher Ressourcen, Änderung des Lebensstils und Steigerung von Technikeffizienz gerade in der Abfallplanung besonderes Gewicht. Natur als knapp gewordene Ressource, die Pluralität gleichberechtigter Lebensstile und die Möglichkeit, sich verschiedener Technikoptionen zur Abfallbehandlung bedienen zu können, spannen den Gestaltungsraum für eine Nachhaltigkeitspolitik auf. Neben der Versorgungssicherheit kommt auch die Entsorgungssicherheit jeder Bürgerin und jedem Bürger gleichermaßen zugute. Beides sind öffentliche Güter. Auch wenn jeder einzelne nur in begrenztem Umfang durch sein Verhalten auf die Abfallsituation einwirkt, so sind doch Ver- und Entsorgungsleistung kaum individuell zurechenbar. Unabhängig vom Problembeitrag des einzelnen werden die Nebenwirkungen auf die Gemeinschaft externalisiert.

Menschlicher Kulturschaffung ist die Nutzung natürlicher Ressourcen immanent. Die Begrenztheit dieser Nutzungsmöglichkeiten und die mit ihr verbundene Belastung der Allgemeinheit erfordern gesellschaftliche Aushandlungsprozesse für den Umgang mit Natur. Das Postulat der Nachhaltigkeit verlangt, durch einen maßvollen Umgang mit Umweltgütern auch künftigen Generationen die Chance auf eine vernünftige Lebensqualität zu erhalten. Dazu ist es notwendig, daß sich die heute lebende Generation unter Abwägung ihrer eigenen Interessen auf eine Entscheidung im Umgang mit Umweltgütern verständigt. Je zügiger hier gehandelt wird, desto größer ist der zur Verfügung stehende Spielraum. Auch „Nichthandeln“ kann dabei als Handeln verstanden werden, was in der Abfallfrage mit der Beibehaltung der momentanen Entsorgungslösung gleichbedeutend ist. In den meisten Fällen wird derzeit der Restabfall deponiert und somit weiter Landschaft verbraucht. Zukunft bemißt sich also auch nach dem, was heute übriggelassen wird. Im Bereich der Abfallplanung läßt sich das Nachhaltigkeitspostulat dann umsetzen, wenn es gelingt, sich unter Berücksichtigung aller heutigen Interessen und Betroffenheiten einvernehmlich für diejenige Lösung zu entscheiden, die zugleich die größtmögliche Chance auf Lebensqualität für zukünftige Generationen bietet. Der Versuch, den Umgang mit Umwelt durch eine ethisch gebotene Handlungsbeschränkung wie das Nachhaltigkeitsprinzip zu regeln, verlangt gesellschaftlichen Konsens über Verfahren zur Umsetzung von Wertentscheidungen und Nutzenabwägungen. Im Bereich der Abfallplanung besteht das Dilemma darin, daß zur politischen Bewertung von Planungsvorhaben Sachkenntnis über Folgen und Risiken jeder Option vorliegen muß. Dies allein reicht jedoch nicht aus, um eine demokratisch und ethisch legitimierte Lösung zu finden. Eine Entscheidung ausschließlich den Experten zu überlassen, verkennt die normative Grundlage demokratischer Ordnung; sie der Arena der politischen oder ökonomischen Kräfte allein anzuvertrauen, führt häufig zur Wahrnehmung von Willkür oder zu kurzfristigen Kostenbetrachtungen. Hier kann die Wissenschaft der Politik Vorschläge für eine Entscheidungsfindung machen. Die Entscheidung selbst muß dann aber von der Politik getroffen werden.

Inwiefern aus dem von der Akademie für Technikfolgenabschätzung durchgeführten Projekt „Bürgerbeteiligung an der Abfallplanung im Nordschwarzwald (Nordschwarzwald-Projekt)“ praktische Erfahrungen zum Abwägungsprozeß bei der Entscheidungsfindung gewonnen wurden, soll im Folgenden dargestellt werden. Eine ausführliche Projektdarstellung ist als Buch: „Abfallwirtschaft 2005“ erschienen[2].

13.2 Zur Abfallsituation in der Region Nordschwarzwald

Die Region Nordschwarzwald liegt im Regierungsbezirk Karlsruhe, umfaßt den Stadtkreis Pforzheim sowie die Landkreise Calw, Enzkreis und Freudenstadt und wird von 580.000 Einwohner bewohnt. Alle Landkreise und kreisfreien Städte müssen laut „Technischer Anleitung Siedlungsabfall“ (TASi) ab 2005 besondere Qualitätsanforderungen für Siedlungsabfälle erfüllen, wenn sie diese auch weiterhin deponieren wollen. Das hat zur

Folge, daß der gesamte Hausmüll, der nicht als Wertstoff über das Duale System Deutschland entsorgt wird, vor der Deponierung behandelt werden muß. Die Auflagen der TASi betreffen dabei sowohl die Reduktion des Abfallvolumens als auch die Minimierung umweltgefährdender Auswirkungen.

Bei der Lösung des Abfallproblems und der Umsetzung der TASi-Auflagen stehen die Planungsträger nicht nur angesichts knapper finanzieller und räumlicher Ressourcen vor vielfältigen Entscheidungsschwierigkeiten. Eine der zu treffenden Entscheidungen ist, ob der Abfall thermisch oder auf mechanisch-biologischem Wege behandelt werden soll. Allerdings fordert die TASi die Einhaltung von Kriterien, wie sie nach heutigem technischen Stand nur von thermischen Verfahren, also Abfallverbrennungsanlagen erreicht werden. Aufgrund der faktischen Ausgrenzung anderer Behandlungsverfahren, wie beispielsweise Vergärungs- oder Verrottungsanlagen, wird die TASi von mehreren Seiten kritisiert, was eine tragfähige Entscheidungsfindung zusätzlich erschwert.

Neben der Frage der geeigneten Behandlungstechnologie stellt sich die Frage nach ihrer Dimensionierung. Das Abfallaufkommen in der Region Nordschwarzwald hat sich von 1990 bis 1994 nahezu halbiert, während sich im gleichen Zeitraum die Wertstoffmenge fast verdoppelt hat. Doch es ist unsicher, ob sich dieser Trend bis 2005 in dieser Weise fortsetzen wird. Zwei Hausmülldeponien in der Region wurden bereits 1993 beziehungsweise 1994 geschlossen, das Fassungsvermögen weiterer drei Deponien wird bis 2004 erschöpft sein. Lediglich zwei Hausmülldeponien werden nach 2005 noch Aufnahmekapazitäten besitzen. Spätestens bei der Standortsuche für eine Abfallbehandlungsanlage treten weitere Schwierigkeiten in Form tiefgreifender Konflikte mit der Bevölkerung offen zutage.

Aufgrund der historisch gewachsenen Zusammenarbeit im Abfallbereich, formte sich im März 1993 aus den drei Kreisen und der Stadt Pforzheim die *Gesellschaft zur Planung der Restabfallbehandlung der Region Nordschwarzwald mbH (P.A.N.).* Mit dem Ziel, die Aufgabe regional zu lösen, suchte die P.A.N. die Kooperation mit der Akademie für Technikfolgenabschätzung. So wurde in dem von Anfang 1994 bis Mitte 1996 durchgeführten Partizipationsverfahren „Bürgerbeteiligung an der Abfallplanung für die Region Nordschwarzwald" versucht, für die konkret anstehenden Entscheidungen zur Abfallbehandlung (welche Anlagetechnik, welche Kapazität, welcher Standort?) mit den unterschiedlichen gesellschaftlichen Gruppen eine einvernehmliche Lösung zu erarbeiten.

13.3 Warum Partizipation an der Abfallplanung?

Gerade wenn es um Abfallbehandlung geht, sind die Fronten in der Öffentlichkeit oft festgelegt. Gegenüber stehen sich Vertreter der entsorgungspflichtigen Verwaltungen, die das Problem durch den Einsatz technischer Verfahren lösen möchten, und Vertreter von Bürgerinitiativen und ökologischen Gruppen, die in der Regel Vermeidung und Verwertung als Lösungsstrategie bevorzugen. Nicht zuletzt stoßen Planung und Bau von Abfallanlagen bei den Anwohnern häufig auf Ablehnung, und nicht selten wehren sich diese auch erfolgreich gegen eine Errichtung. So wird der Prozeß der Lösungsfindung in vielen Fällen gelähmt, das Problem nicht beseitigt und der Gestaltungsspielraum durch die verflossene Zeit meist auch noch kleiner. Partizipation kann zur Verringerung wesentlicher Verfahrensdefizite und zur funktionalen Bereicherung des Lösungsprozesses beitragen[3] .

Insbesondere bei technischen Anlagen sind Nutzen und Schaden ungleich verteilt. Während beispielsweise bei einer Abfallbehandlungsanlage der Nutzen der Entsorgung allen zugute kommt, trägt die verhältnismäßig kleine Gruppe der Standortanwohner vorrangig die Risiken durch Emissionsbelastungen (*Fairneßdefizit*). Durch Partizipation können die Präferenzen von Betroffenen berücksichtigt und Verteilungsverzerrungen besser ausgeglichen werden.

Ein zweites Verfahrensdefizit und Konfliktterrain liegt in den wahrgenommenen Meinungsverschiedenheiten unter Fachleuten. Oft werden insbesondere bei öffentlichen Anhörungen Experten als in der Sache uneinig wahrgenommen, so daß sich bei der Bevölkerung häufig Konfusion statt Aufklärung einstellt und letztlich eine eher ablehnende Haltung zum Planungsvorhaben resultiert (*Kompetenzdefizit*). Hier kann Partizipation dazu beitragen, im Entscheidungsverfahren sowohl die Verwendung relevanten Wissens zu unterstützen als auch Erfahrungen mit den lokalen Begebenheiten einzubringen. Insbesondere das Einbringen lokaler Erfahrung steigert die Vertrauenswürdigkeit des Verfahrens und verbessert so die Aussicht auf Akzeptanz und Umsetzung der Entscheidung.

Ein dritter Grund für Konflikte zwischen Verwaltung und Bevölkerung liegt an der mangelnden Mitwirkungsmöglichkeit im Entscheidungsverfahren. Die Bürger sehen sich in vielen Fällen einem Verfahren und einer Entscheidung ausgeliefert, so daß es weniger die Entscheidung selbst als mehr die Art der Entscheidungsfindung ist, die zu Ablehnung und auch Widerstand führt (*Transparenzdefizit*). Partizipation kann so auch zur Zufriedenheit mit dem politischen System beitragen. Dabei sollte nicht unerwähnt bleiben, daß insbesondere bei Anlagenplanungen die Kosten für ein partizipatives Verfahren nur ein Bruchteil der Kosten des Entscheidungsgegenstandes betragen.

Politisch gesetzte Ziele stehen nicht selten mit innerhalb der Gesellschaft geäußerten Werten im Mißklang. Gefragt ist eine Verhandlungsstruktur, die auf das notwendige Sachwissen eingeht, geltende Normen und Gesetze beachtet, soziale Werte und Interessen in fairer Weise einbindet und eine Integration sachlicher, emotionaler und normativer Aussagen ermöglicht. Im durchgeführten Nordschwarzwald-Projekt beteiligten sich Vertreter aus Wissenschaft, Politik, Verwaltung, Gesellschaft und Bürgerschaft, um verständigungsorientiert und durch Austausch von Argumenten den bestmöglichen Weg zu finden. Ohne dabei den Politikern ihre Entscheidung abzunehmen, wurden ihnen Empfehlungen in Form sogenannter *Bürgergutachten* beratend zur Seite gestellt.

13.4 Zum Modell des „Kooperativen Diskurses"

Dem Projekt „Bürgerbeteiligung an der Abfallplanung im Nordschwarzwald" liegt das Modell des „*Kooperativen Diskurses*"[4] zugrunde, dessen Charakteristika hier nochmals kurz genannt werden. Wie im Teil I dieses Buches bereits beschrieben, sind drei Arten von Diskurs zu unterscheiden. Zunächst müssen in einem diskursiven Verfahren die Wissensgrundlagen für die erwartbaren Folgen einer Handlungsoption geklärt werden. Der zweite Diskurs wendet sich vor allem an organisierte gesellschaftliche Gruppen und hat die Frage nach der Wertigkeit der aus dem ersten Diskurs stammenden Folgen zum Inhalt. Der dritte Diskurs schließlich stellt den Diskurs mit den von einer Hanndlungsoption direkt Betroffenen, den Bürgern und der breiten Öffentlichkeit dar.

Das Modell des Kooperativen Diskurses integriert diese drei Diskursarten und stellt ein Ideal dar, an dem sich praktische Diskurse in der Realität messen lassen sollten. Das Modell geht von der Möglichkeit aus, Konsens oder Kompromisse zwischen Interessen- und Wertkonflikten erreichen zu können, ohne dabei eine Partei auszuschließen oder ihre Interessen und Werte unberücksichtigt zu lassen. Zentral ist dabei die Verknüpfung von Werten, Wissen und rationaler Abwägung (vgl. Kapitel 5).

In einer ersten Stufe werden alle Parteien gebeten, ihre *Werte* und Kriterien für die Beurteilung unterschiedlicher Handlungsoptionen, z.B. „thermische Abfallbehandlung" versus „mechanisch-biologische Abfallbehandlung" offenzulegen. Dies geschieht in Interviews mit den Repräsentanten der Parteien. Zur Bewußtmachung und Strukturierung von Werten können die Werte systematisiert und in eine Ordnung, ähnlich einer Baumstruktur, gebracht werden. Diese „Wertbäume" aller Parteien werden anschließend zu einem Gesamtwertbaum verdichtet. Durch Weglassen von Mehrfachnennungen und Bildung einer hierarchischen Struktur entsteht so ein Wertbaum, der die Wertdimensionen aller widerspiegelt [5].

In einer zweiten Stufe wird versucht, *Wissen* über mögliche Folgen jeder Handlungsoption zu erhalten. Dazu werden für die Wertdimensionen möglichst geeignete Indikatoren ermittelt, mit Hilfe derer die Folgen bewertet werden können. Als Handlungsoptionen gelten heute vorhandene, aber auch zukünftig zu erwartende technische oder organisatorische Entwicklungen. Da viele Folgen nicht meßbar und manche auch wissenschaftlich umstritten sind, ist es nicht möglich, für jeden Indikator auch immer eine Ausprägung zu erhalten. Für den Diskurs ist es entscheidend, die Spannbreite wissenschaftlich legitimer Abschätzungen so genau wie möglich zu bestimmen. Sinnvoll ist dabei ein Verfahren, bei dem Gruppen von Experten gemeinsam Abschätzungen vornehmen und die Diskrepanzen in mehreren Runden direkt miteinander ausdiskutieren[6].

In einer dritten Stufe erfolgt der Prozeß der *Abwägung*. Damit hier eine möglichst faire und demokratische Form sichergestellt ist, werden Bürger nach dem Zufallsprinzip – ähnlich wie Schöffen – ausgewählt, die stellvertretend für alle Betroffenen die Abwägung durchführen[7]. Die Konfliktparteien, die einer solchen Lösung zustimmen müssen, erhalten die Möglichkeit, den Prozeß der Informationsaufnahme und Diskussion innerhalb der Bürgergruppen zu begleiten. Ergebnis ist eine Handlungsempfehlung, die in einem Bürgergutachten begründet wird. Dieses Gutachten wird anschließend den Konfliktparteien zur Stellungnahme vorgelegt.

Das Verfahren des kooperativen Diskurses hat den Vorteil, daß es zwischen Werterhebung, Wissensermittlung und Abwägung trennt und so die häufig vorliegende Vermischung von Ideologie und Faktenlage wirksam vermeidet.

13.5 Zur Umsetzung des Modells in der Region Nordschwarzwald

Aufgrund der Ausgangssituation schien es den Initiatoren und Organisatoren des Projektes „Bürgerbeteiligung an der Abfallplanung für die Region Nordschwarzwald" sinnvoll, bei der Verfahrensgestaltung das Modell des

Abbildung 1: Das Drei-Stufen-Modell des „Kooperativen Diskurses“ nach Renn/Webler

Akteure	1. Stufe **Kriterien zur Bewertung**	2. Stufe **Folgenabschätzung der Optionen**	3. Stufe **Bewertung der Optionen**
Interessengruppen	**Erstellung von Wertbäumen für jede Gruppe**	Vorschläge & gruppenspezifische Abschätzungen	Zeugenaussagen für Bürgerberatung
Experten	Beifügung von Werten & Suche nach Optionen	**Gruppendelphi: Expertenurteile**	Teilnahme an Podiumsdiskussion oder Videostatement
Bürger	Beifügung und Modifikation von Werten & Optionen	Übertragung der Expertenurteile in Nutzkategorien	**Bewertung und Empfehlung von Optionen**
Antragsteller	Beifügung von Werten & Suche nach Optionen	Einbindung des institutionellen Wissens	Zeugenaussagen für Bürgerberatungen
Forschungsteam	Übersetzung der Werte in Indikatoren	Verifikation der Expertenurteile (Literaturstudie, Review, Prozeß)	Erstellung des Bürgergutachtens
Produkte	Integrierter Wertbaum	Auswirkungsprofil für jede Option	Rangordnung der Optionen und politischen Empfehlungen

kooperativen Diskurses zur Grundlage zu machen. Eine erste organisatorische Schwierigkeit bestand neben der Aushandlung des Mandats mit den politisch gewählten Entscheidungsträgern der drei Kreise und der Stadt Pforzheim in der strukturierten Planung des Verfahrens. Einserseits mußten aus Effizienz-, Effektivitäts- und Sachüberlegungen mögliche Entscheidungswege im voraus angedacht werden, andererseits sollte diese Vorausschau nicht zur Einengung des Gestaltungsspielraumes oder gar zur Festlegung auf bestimmte Beschaffenheiten des Ergebnisses führen[8].

In dem dreiphasigen Nordschwarzwald-Projekt wurde in einem ersten Schritt zunächst die Menge an Restabfall prognostiziert (Phase I: „*Restabfallmengenprognose*“), mit der ab dem Jahr 2005 zu rechnen ist. Danach wurden in einem zweiten Schritt die technischen Möglichkeiten zur Vorbehandlung untersucht und bewertet (Phase II: „*Bestimmung eines Behandlungskonzeptes*“), um dann im dritten Schritt für die entsprechenden Anlagentypen mögliche Standorte zu bewerten (Phase III: „*Standortbewer-*

Abbildung 2: Beteiligte Organisationen, Institutionen und Gremien der Projektphasen I und II

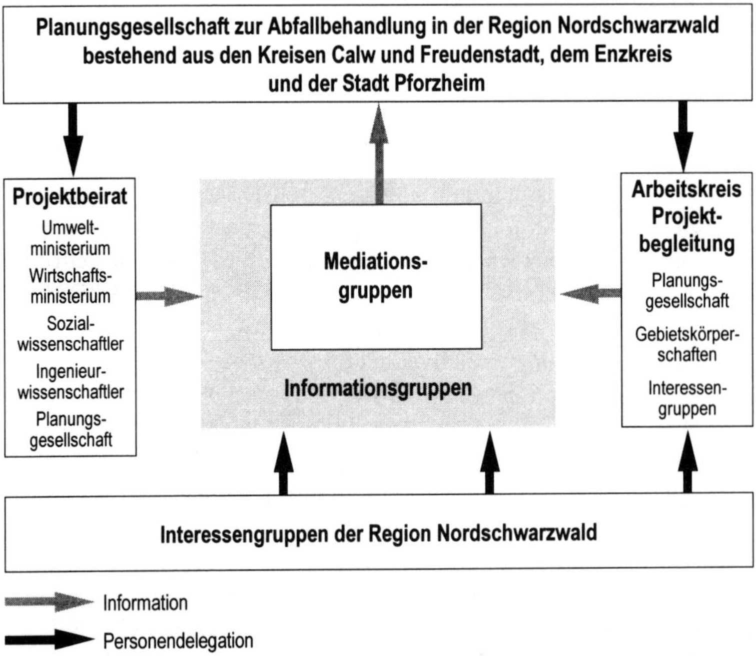

tung"). Als Ergebnis wurde über alle drei Phasen ein Bürgergutachten zur politischen Entscheidungshilfe erstellt.

Phase I: Restabfallmengenprognose

In dieser Phase, die von April bis September 1994 dauerte, stand die Bestimmung der für 2005 zu erwartenden Restabfallmenge in der Region im Mittelpunkt. Zur Mitarbeit meldeten sich über 50 gesellschaftliche Gruppen, von denen jedoch viele aufgrund der zu erwartenden Arbeitsbelastung lieber einen Beobachterstatus wahrnehmen wollten. So bildeten sich 16 sogenannte *Mediationsgruppen*, die aktiv am Verfahren teilnahmen, während die anderen Gruppen als *Informationsgruppen* von der Akademie über die Aktivitäten stets informiert wurden. *Mediation* versteht sich als ein Verfahren, bei dem unter Leitung eines neutralen Moderators alle Konfliktparteien gleichberechtigt nach einer für alle akzeptablen Lösung suchen. Dabei kann die Aufgabe einer Mediation von der Etablierung einer funktionierenden Kommunikation bis zur Einigung auf eine oder mehrere Lösungsoptionen reichen. Der Mediator bleibt dabei Katalysator und versucht den Prozeß anzuregen und voranzutreiben. Im Gegensatz zur Schlichtung strebt die Mediation eine Problemlösung an, die alle Konfliktparteien aus Einsicht und Fairneß freiwillig akzeptieren und selbst ihrer eigenen ursprünglichen Forderung vorziehen. Mit je zwei bis drei Vertretern nahmen am Mediationsverfahren der Bauernverband, der Bund für Umwelt und Naturschutz Deutschland, lokale Bürgervereine und -initiativen, der Einzelhandelsverband, die Handwerkskammer, die Industrie- und Handelskammer, die Landfrauen und der Landwirtschaftliche Maschinenring teil. Insbesondere aus Zeit- und Effizienzgründen konnten die Mediationsgruppen keine eigene Restabfallmengenprognose erarbeiten und machten daher die vorliegende Prognose eines Ingenieurbüros zur Grundlage ihrer Überlegungen.

Phase II: Bestimmung eines Behandlungskonzeptes
In der zweiten Phase von September 1994 bis Januar 1995 wurde ein technisches Konzept zur Restabfallbehandlung ermittelt. Der gebildete runde Tisch bestand dabei aus den Mediationsgruppen, die auch an Phase I teilgenommen hatten. Detaillierte technische Beschreibungen von verschiedenen Abfallbehandlungsanlagen und Vorschläge für eine Bewertung aus Sicht von Sachverständigen wurden hier ebenso diskutiert wie unterschiedliche Studien zum Verfahrensvergleich. Die Teilnehmenden machten sich durch Exkursionen vor Ort selbst ein Bild von den in Frage kommenden Anlagetypen. Der Entscheidungsgegenstand kristallisierte sich so immer deutlicher heraus und konnte schließlich auf folgende vier Optionen fokussiert werden:

(1) Option „kalt“, d.h. rein mechanisch-biologische Behandlung

(2) Option „heiß“, d.h. rein thermische Behandlung

(3) Option „Volumenreduktion“, d.h. mechanisch-biologische Vorbehandlung mit anschließender thermischer Nachbehandlung

(4) Option „Splitting“, d.h. abfallsortenspezifisch entweder „heiße“ oder „kalte“ Behandlung

Unter einer mechanisch-biologischen Abfallbehandlung versteht man die (biologische) Verrottung des Restabfalls, nachdem dieser vorher von Wert- und Störstoffen befreit und mechanisch zerkleinert wurde. Eine thermische Behandlung beinhaltet die Verbrennung des Restabfalls mit den vorrangigen Zielen der Mengenreduktion, der Zerstörung oder Umwandlung der Schadstoffe und der Nutzung freiwerdender Energie.

Phase III: Standortbewertung

Nach einer Zwischenphase, in der die Gebietskörperschaften der Region im April 1995 beschlossen, „*die Standortsuche unter Zugrundelegung eines kombinierten Konzeptes aus dezentraler mechanisch-biologischer Vorbehandlung und einer zentralen thermischen Anlage zur Restabfallbehandlung*“ durchzuführen, folgte von Januar bis Juni 1996 die Standortbewertung. Diese wurde von Bürgerinnen und Bürgern, die als Anwohner unmittelbar von einer Anlage betroffen sind, durchgeführt. Da die Vertreter der Interessengruppen nicht persönlich von einer der Standortoptionen berührt waren, entschied man sich für ein Beteiligungsverfahren, das auf dem Konzept der sogenannten „Planungszelle“[9] basiert: den *Bürgerforen*. Es zielt darauf, diejenigen, auf die sich die Folgen einer Entscheidung unmittelbar auswirken, auch an der Entscheidung mitwirken zu lassen. Da aus praktischen Gründen aber nicht alle hier Angesprochenen teilnehmen können, benötigt man ein Auswahlverfahren, das aus allen Betroffenen mit gleicher Chance diejenigen auswählt, die als eine Art „Laiengutachter“ am Entscheidungsprozeß mitwirken. Zunächst wählte ein Ingenieurbüro in einem mehrstufigen Auswahl- und Zurückstellungsprozeß aus ursprünglich über 250 Standortflächen 11 potentielle Standorte, auf denen „heiße“ oder „kalte“, beziehungsweise zum Teil auch beide Technikkonzepte möglich sind. Aus den Einwohnermeldelisten dieser betroffenen Standortgemeinden wurden per Zufallsprinzip über 5.000 Bürgerinnen und Bürger ermittelt und zur Teilnahme eingeladen. Knapp 200 von ihnen nahmen die Einladung an und teilten sich in mehrere Foren zur Bewertung der Standorte für eine mechanisch-biologische Anlage bzw. einer thermischen Anlage. Jedes der insgesamt zehn Foren war mit etwa der gleichen Anzahl von Personen aus jedem potentiellen Standort besetzt. Von den Bürgerinnen und Bürgern wurde erwartet, aufgrund der gemeinsam erarbeiteten Argumentationen und Bewertungen auch ihren eigenen Wohnort als Standort abzuwägen.

13.6 Ergebnisse des runden Tisches und der Bürgerforen

Der runde Tisch und die Bürgerforen vereinbarten zu Beginn Gesprächsregeln, die halfen, eine verständigungsorientierte Kommunikation aufzubauen. Zu den wichtigsten Grundregeln, die von den Teilnehmenden konsensual verabschiedet wurden, gehörten:

- „alle Teilnehmenden sind gleichberechtigt“
- „alle Aussagen sollen begründet werden“

- „die Bürgerforen legen zu Beginn gemeinsam ihre Entscheidungsregeln fest"
- „jeder Teilnehmende hört den Argumenten der anderen zu und überprüft daraufhin seine eigene Haltung"
- „niemand soll diffamiert werden"
- „die Rolle der Moderatoren besteht in der Erläuterung des Programms und einer neutralen Diskussionsführung"
- *„die Teilnehmenden bemühen sich, an möglichst allen Sitzungen persönlich anwesend zu sein"*

Innerhalb des Diskurses sollte Chancengleichheit bestehen; gemeint sind damit gleiche Rechte und Pflichten für alle Teilnehmenden im Diskurs. Den Teilnehmenden wurde die Möglichkeit gegeben, eigene Vorstellungen zu entwickeln, die Begründungen für ihre Aussagen einzubringen und die von anderen eingebrachten Geltungsansprüche zu kritisieren. Im Verlauf der Diskussionsrunden wurden außerdem Verwaltungsfachleute und Sachverständige als Auskunftspersonen einbezogen.

Aufgrund der intensiven Beratungen wurde als *Ergebnis* der Phase I ein ausführlich begründetes Gutachten verfaßt, das u.a. eine von allen Mediationsgruppen konsensual verabschiedete Empfehlung zur Restabfallmengenprognose enthielt. Diese lag um fast 20 Prozent niedriger als die Mengenprognose durch das Ingenieurbüro. Außerdem enthielt das Gutachten eine Vielzahl von Maßnahmenvorschlägen auf kommunaler, landes- und nationaler Ebene zur Abfallvermeidung, zur Wiederverwendung von Produkten und zur Stoffverwertung. Im Verlauf der Beratungen erklärten sich viele der Gruppen sogar bereit, selbst Initiative zu ergreifen und aktiv an den Maßnahmen mitzuwirken. Auch wenn es manche zunächst überraschte, so wurde im Verlauf des Verfahrens doch allen klar, daß eine Restabfallbehandlung nicht völlig vermieden werden kann. Je erfolgreicher die von den Bürgern vorgeschlagenen Maßnahmen zur Abfallvermeidung jedoch umgesetzt werden könnten, um so kleiner würde auch eine zusätzlich benötigte Anlage sein müssen.

In Phase II schließlich, in der ein Behandlungskonzept bestimmt werden sollte, plädierte die Mehrzahl der Gruppen für eine mechanisch-biologische Behandlung des Abfalls mit hohem technischen Standard und begründete ihre Entscheidung mit einem umfangreichen Kriterienkatalog. Dabei war den Mediationsgruppen die derzeitig gültige Gesetzeslage durchaus bewußt, nach der die Technische Anleitung Siedlungsabfall der Gebietskörperschaft indirekt die thermische Behandlung des Abfalls vor der Endlagerung vorschreibt. Wichtig war den Gruppen, die regionalen Bemühungen um weitere Abfallvermeidung nicht durch die Auswahl des technischen Konzeptes zu behindern. Drei Mediationsgruppen konnten sich dem Votum der Mehrzahl der Gruppen nicht anschließen und sprachen sich für eine zentrale thermische Anlage aus. Auch dieses Votum wurde ausführlich begründet und neben weiteren Ergebnissen in einem zweiten Gutachten zusammengefaßt.

Nach intensiver Beschäftigung mit der an sie gestellten Aufgabe erklärten sich die Bürgerinnen und Bürger in der Phase III zur Bewertung und sogar zur Empfehlung „ihres" Standortes bereit. Dabei mußten sowohl die Voten der Foren zur Standortbewertung für die mechanisch-biologische Anlage als auch die Voten der Foren zur Standortbewertung für die thermische Anlage noch zu einer Gesamtempfehlung verdichtet werden. Dazu wählte jedes Bürgerforum drei Delegierte, die in einer Delegiertenkonferenz eine Gesamtempfehlung aussprachen. Obgleich der hohe Zeitdruck und die Trennung in „mechanisch-biologische" und „thermische Foren" kritisiert wurden, gelang es dennoch, einen von allen akzeptierten Kompromiß zu erringen und diesen, ergänzt mit zahlreichen Anmerkungen, in einem dritten Gutachten zu dokumentieren.

13.7 Zum Entscheidungs- und Abwägungsprozeß

Der Entscheidungsprozeß in Phase I wurde durch das Vorliegen der Prognose des Ingenieurbüros erleichtert. Die meisten Annahmen darin konnten von den Mediationsgruppen geteilt werden. Allerdings wurden in einigen Bereichen alternative Argumentationen entwickelt und auch andere Annahmen zugrundegelegt. So hielten die Gruppen u.a. im Bereich der Gewerbeabfallmengen die Einschätzung des Ingenieurbüros für zu unsicher. Sie stuften beispielsweise die Faktoren „wirtschaftliche Entwicklung" und „Konsumverhalten" für die Einschätzung des Abfallaufkommens als neutral ein. Dies führte zur Einschätzung einer insgesamt geringeren Menge, verglichen mit den Schätzungen des Ingenieurbüros.

Abweichende Meinungen wurden systematisch gesammelt und dokumentiert. Es war keineswegs selbstverständlich, daß sich die Gruppen auf ein einvernehmliches Ergebnis einigen würden, schienen doch ihre anfänglichen Positionen zum Teil sehr gegensätzlich. Der ständige Austausch mit den technischen Experten, den Verwaltungen und den anderen Mediationsteilnehmenden bildete aber die Basis für einen Verständigungsprozeß. Dieser wurde zusätzlich durch die anwesenden Sachverständigen stabilisiert, die die Maßnahmenvorschläge auf ihre technische und juristische Machbarkeit hin beurteilten. Dabei konnte die Argumentation der Experten von den Gruppen auf ihre Plausibilität hin überprüft und kritisch hinterfragt werden. Die zügige Bereitschaft einiger Gruppen, sich auf die Überprüfung der Argumente einzulassen, bestärkte auch die anderen Gruppen, sich ebenfalls der Argumentation zu öffnen. Dies förderte den Lernprozeß der Gruppen und erleichterte so den Entscheidungsprozeß. Letztlich ist das erreichte Einvernehmen aber vor allem auf die Bereitschaft der beteiligten Gruppen zurückzuführen, ihrer Verantwortung für die Region gerecht zu werden.

In Phase II wurde der Entscheidungsprozeß durch Erarbeitung eines Wertbaumes eingeleitet. Mit den jeweiligen Vertretern der Mediationsgruppen wurde in Gruppeninterviews ein umfangreiches Wertgerüst erstellt und in einem schrittweisen Prozeß zu einem Gesamtwertbaum mit Zustimmung aller Gruppen verknüpft. So konnte das Ziel einer systematischen Sammlung und hierarchischen Ordnung aller relevanten Werte erreicht und die Überführung in Kriterien und Indikatoren gewährleistet werden. War es in der ersten Phase schon schwierig, eine einvernehmliche Lösung zu finden, so zeigte sich im Verlauf der intensiven Diskussion der zweiten Phase, daß es hier zu einer konsensualen Lösung nicht kommen würde. Alle Gruppen gelangten zwar im Verlauf zu der Überzeugung, daß keine der Optionen nur Vor- oder nur Nachteile hat, jedoch waren ihre Ausgangspositionen sowie die Bewertungen der Vor- und Nachteile der Optionen zu unterschiedlich. Auch wenn sich nicht alle Gruppen gemeinsam auf eine Option einigen konnten, so bestand doch in vielen Punkten Übereinstimmung. Es war beispielsweise allen wichtig, daß durch die Entscheidung für ein Behandlungkonzept der Anreiz zur weiteren Abfallvermeidung nicht immunisiert und daß das Transportvolumen so weit wie möglich minimiert werden sollte. Ebenso bestand Einigkeit darüber, daß bereits heute mit kalten Vorbehandlungsanlagen begonnen werden muß, um kostbaren Deponieraum zu schonen und die dort auftretenden Umweltbelastungen zu reduzieren.

Als besonders schwierig stellte sich die Entscheidungsfindung in Phase III heraus, mußten hier doch die potentiell Betroffenen selbst über ihren eigenen Lebensraum entscheiden. Zudem wurde einer der Schlüsselgedanken des Nachhaltigkeitspostulats konkret und für die teilnehmenden Bürgerinnen und Bürger besonders realistisch, nämlich „eine heute entstandene Belastung nicht zukünftigen Generationen zur Entsorgung zu überlassen". Einem „Schwarzen-Peter-Spiel" ähnlich, galt es zum Nutzen aller etwas zu vergeben, das eigentlich niemand haben wollte. Wie konnte eine „*Warum-ich-Mentalität*" überwunden und obendrein noch erreicht werden, daß sich auch die Betroffenen selbst für ihre Gemeinde als Standort aussprechen?

Abbildung 3: Beispiel eines Wertbaumes zur Standortbewertung der Phase III

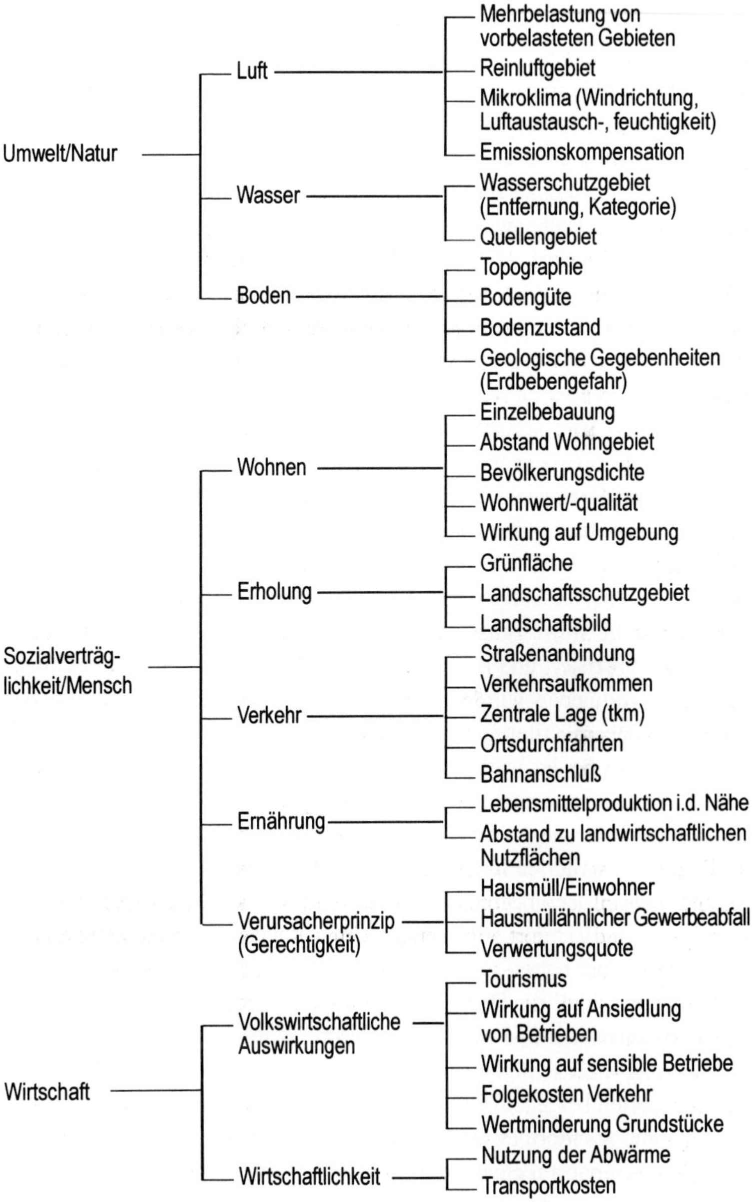

Zunächst war der Beginn des Entscheidungsprozesses von intensiver Beschäftigung mit der an die Bürgerinnen und Bürger gestellten Aufgabe gekennzeichnet. Dem vorgeschlagenen Verfahren und auch den Organisatoren wurde zunächst mit Skepsis und kritischer Distanz begegnet, denn schließlich wollte man nicht als Sündenbock für eine unpopuläre Entscheidung herhalten müssen. Am Ende überwog aber doch der Wunsch, der gestellten Aufgabe nicht auszuweichen, und durch eine Beteiligung sowohl eine bessere Lösung zu finden als auch dem Vorwurf einer Politikverdrossenheit vehement entgegenzutreten. Die Bürgerforen erarbeiteten ihre Standortbewertungen ebenfalls wie in Phase II mit Hilfe der *Wertbaum-* und *Nutzwertanalyse*.

Auch wenn Anregungen aus den vorherigen Phasen aufgenommen wurden, erstellten die Bürgerinnen und Bürger ihren Wertbaum selbst. Zunächst wurde in Diskussionen mit Vertretern der Planungsträger der „Sachstand“ verdeutlicht. Dann konnten sich die Teilnehmenden durch schriftliches Material und in Gesprächen mit Vertretern aus Phase I und II ebenso wie mit externen Experten weitere Sachkompetenz aneignen sowie eigenen Informationsbedarf klären. Dadurch entwickelte sich bei den Bürgerinnen und Bürgern bald ein „Gespür“ für den Entscheidungsgegenstand, und es konnte mit dem Aufstellen von Bewertungskriterien begonnen werden. Hierbei wurden die Werte zunächst in einem Brainstormingprozeß gesammelt, sprachlich präzisiert und anschließend systematisch geordnet, wobei Redundanzen vermieden wurden. Anschließend erfolgte die Übertragung in objektiv meßbare Kriterien wie beispielsweise „Entfernung zu Wohngebieten“ oder „Größe der benötigten Rodungsfläche“, aber auch in subjektive Kriterien wie „Beeinträchtigung des Landschaftsbildes“ oder „Qualität des Freizeitwertes“. Dieser Kriterienkatalog hatte einen Umfang von durchschnittlich 20 Kriterien für die Bewertung der 11 Standortoptionen. Im folgenden Schritt der Informationssammlung machten sich die Bürgerinnen und Bürger im Rahmen von Exkursionen zu allen potentiellen Standorten ein eigenes Bild, hatten sie sich doch bereits auf Kriterien verständigt, auf die sie achten wollten. So konnten sie ihr Wissen über die verschiedenen Standorte ausbauen und schärften zunehmend ihr Urteilsvermögen. Nach Gewichtung aller Kriterien und einer Auflistung des Abschneidens jeder Standortoption bei jedem Kriterium, ergab sich eine erste errechnete Rangfolge für die Standortbewertung.

Diese zumindest rechnerisch widerspruchsfreie Rangfolge diente lediglich als Grundlage für die Diskussion um die Formulierung der Empfehlung. Es wurde bald deutlich, daß einer fairen und plausiblen Abwägung aller von den Betroffenen selbst ermittelten Aspekte eine entscheidende

Abbildung 4: Nutzwertanalyse als Diskussionsgrundlage zur Standortbewertung

	Gewicht in Prozent			Endgewicht	Eutingen (EU		Freudnst. (FR		Heimshm. (HI		Horb (HO)		Mühlackr.(MÜ		Nagold (NA)		Neulingn.(NE		Ölbronn (ÖL)		Pf/Obsthf.(PO		Pf/WilfH.(PW	
					Wertg.	Wert	Wertg.	Wert	Wertg.	Wert	Wertg.	Wert	Wertg.	Wert	Wertg.	Wert	Wertg.	Wert	Wertg.	Wert	Wertg.	Wert	Wertg.	Wert
1. KOSTEN	30																							
1.1 Infrastrukturkosten		30																						
1.1.1 Entfernung zum nä. Kanalisationsnetz			40	0,0360	1	0,04	2	0,07	0	0,00	-2	-0,07	0	0,00	-2	-0,07	-1	-0,04	0	0,00	-1	-0,04	1	0,04
1.1.2 Entfernung zum nä. Stromnetz			30	0,0270	-1	-0,03	-2	-0,05	-1	-0,03	-1	-0,03	2	0,05	2	0,05	0	0,00	1	0,03	2	0,05	2	0,05
1.1.3 Kosten f. Erschließung m. LKW befahrb. Straße			30	0,0270	-1	-0,03	0	0,00	0	0,00	-1	-0,03	1	0,03	-1	-0,03	-2	-0,05	-1	-0,03	-2	-0,05	-2	-0,05
1.2 Siedlungsnähe		70																						
1.2.1 Arbeitspl.			30	0,0630	-1	-0,06	2	0,13	0	0,00	-2	-0,13	0	0,00	-1	-0,06	0	0,00	-1	-0,06	0	0,00	-2	-0,13
1.2.2 Lebensmittel			20	0,0420	2	0,08	2	0,08	0	0,00	-2	-0,08	2	0,08	2	0,08	2	0,08	2	0,08	2	0,08	2	0,08
1.2.3 Öff. Einrichtung			15	0,0315	-1	-0,03	0	0,00	0	0,00	0	0,00	-1	-0,03	1	0,03	1	0,03	0	0,00	1	0,03	-1	-0,03
1.2.4 Erholungsort			15	0,0315	-1	-0,03	-2	-0,06	0	0,00	-1	-0,03	0	0,00	2	0,06	2	0,06	0	0,00	2	0,06	1	0,03
1.2.5 Wohnungen			20	0,0420	-1	-0,04	-1	-0,04	0	0,00	0	0,00	0	0,00	-1	-0,04	1	0,04	0	0,00	0	0,00	-1	-0,04
				0,3000		-0,10		0,12		-0,03		-0,37		0,13		0,03		0,13		0,02		0,14		-0,05
2. UMWELT	20																							
2.1 Flüsse		25		0,0500	-1	-0,05	0	0,00	2	0,10	2	0,10	2	0,10	2	0,10	2	0,10	-1	-0,05	2	0,10	2	0,10
2.2 Biotope Hecken		25		0,0500	0	0,00	-1	-0,05	-1	-0,05	2	0,10	1	0,05	1	0,05	0	0,00	-1	-0,05	2	0,10	0	0,00
2.3 Landwirtschaftliche Fläche		25		0,0500	-1	-0,05	0	0,00	2	0,10	-1	-0,05	-1	-0,05	-1	-0,05	-2	-0,10	0	0,00	2	0,10	1	0,05
2.4. Forstwirtschaftliche Fläche		25		0,0500	2	0,10	-2	-0,10	-2	-0,10	2	0,10	0	0,00	2	0,10	0	0,00	0	0,00	2	0,10	0	0,00
				0,2000		0,00		-0,15		0,05		0,25		0,10		0,20		0,00		-0,10		0,40		0,15
3. VERKEHR	25																							
3.1. Zentralität		50																						
3.1.1 Wege zur BMA km/t			60	0,0750	0	0,00	0	0,00	1	0,08	1	0,08	1	0,08	0	0,00	2	0,15	1	0,08	2	0,15	2	0,15
3.1.2 Wege zur TA km/t			40	0,0500	0	0,00	0	0,00	0	0,00	0	0,00	0	0,00	0	0,00	0	0,00	0	0,00	0	0,00	0	0,00
3.2. Straßensituation		25																						
3.2.1 Anschluß an die Bahn			15	0,0094	1	0,01	-2	-0,02	-2	-0,02	2	0,02	-1	-0,01	-2	-0,02	-2	-0,02	1	0,01	-2	-0,02	-2	-0,02
3.2.2 Anschluß an die Bundesstraße			35	0,0219	0	0,00	2	0,04	-1	-0,02	-1	-0,02	2	0,04	-1	-0,02	2	0,04	2	0,04	0	0,00	2	0,04
3.2.3 Anschluß an die Autobahn			15	0,0094	0	0,00	-2	-0,02	2	0,02	0	0,00	0	0,00	0	0,00	1	0,01	-1	-0,01	1	0,01	2	0,02
3.2.4 Beschaffenheit der Landstraßen			35	0,0219	0	0,00	-1	-0,02	2	0,04	0	0,00	0	0,00	1	0,02	0	0,00	1	0,02	-1	-0,02	0	0,00
3.2. Straßensituation		25		0,0625	0	0,00	1	0,06	0	0,00	1	0,06	1	0,06	1	0,06	2	0,13	-2	-0,13	1	0,06	1	0,06
				0,2500		0,01		0,05		0,10		0,13		0,17		0,04		0,31		0,02		0,18		0,26
4. SOZIAL	25																							
4.1 Betroffenheit		40																						
4.1.1 Zahl der Anlieger			60	0,0600	0	0,00	0	0,00	1	0,06	0	0,00	2	0,12	0	0,00	2	0,12	1	0,06	0	0,00	-1	-0,06
4.1.2 Akzeptanz			15	0,0150	-2	-0,03	-2	-0,03	-2	-0,03	-2	-0,03	0	0,00	-1	-0,02	0	0,00	0	0,00	0	0,00	0	0,00
4.1.3 Bedrohte Arbeitsplätze			25	0,0250	-1	-0,03	-2	-0,05	2	0,05	-1	-0,03	0	0,00	0	0,00	2	0,05	2	0,05	2	0,05	0	0,00
4.2 Lebensqualität		30																						
4.2.1 Beeinträchtigung des Heimatwertes			40	0,0300	0	0,00	-1	-0,03	1	0,03	-1	-0,03	0	0,00	0	0,00	2	0,06	1	0,03	2	0,06	2	0,06
4.2.2 Beeinträchtigung des Landschaftsbildes			60	0,0450	1	0,05	-2	-0,09	-2	-0,09	1	0,05	-1	-0,05	1	0,05	0	0,00	2	0,09	2	0,09	2	0,09
4.3 Lastenverteilung		30																						
4.3.1 Müllaufkommen am Standort i. Verhältn. zum Auf.			60	0,0450	-1	-0,05	-1	-0,05	-1	-0,05	0	0,00	0	0,00	0	0,00	1	0,05	-1	-0,05	1	0,05	1	0,05
4.3.2 vorhandene Belastungen			40	0,0300	1	0,03	-2	-0,06	-1	-0,03	-1	-0,03	0	0,00	1	0,03	-2	-0,06	-1	-0,03	-1	-0,03	0	0,00
				0,2500		-0,03		-0,31		-0,06		-0,07		0,08		0,06		0,22		0,16		0,22		0,14
				1,0000		-0,12		-0,29		0,06		-0,05		0,48		0,33		0,65		0,09		0,94		0,49

Standortoption · Wert · Kriterium · Gewichtung

Abbildung 5: Kriteriengruppen „Kosten“, „Mensch/Gesundheit“, „Soziales“ und „Umwelt“ als Diskussionsgrundlage zur Standortbewertung

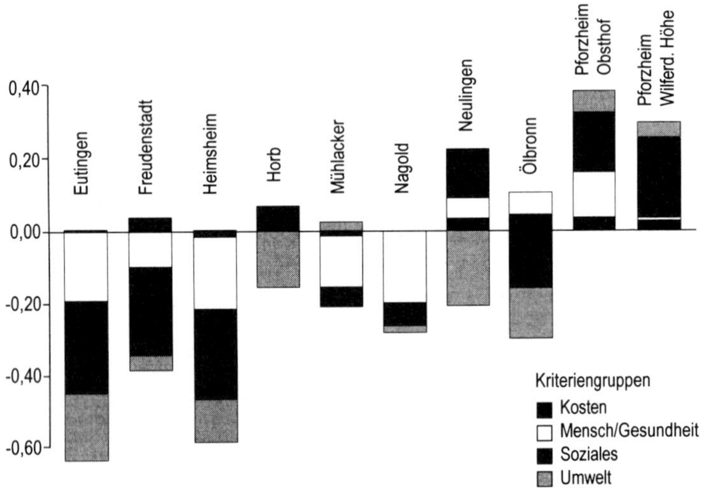

Bedeutung zukommen würde. Die von einigen Teilnehmern gezeigte Bereitschaft „über den eigenen Schatten zu springen“ half auch anderen, dies ebenfalls zu tun. Strategisches Verhalten einzelner wurde schnell durch das Forum erkannt und konnte durch Erinnern an die gemeinsam gemachten Zusagen wieder in kooperatives Verhalten zurückgeführt werden. Dennoch waren Zielkonflikte nicht zu vermeiden. Es stellte sich zum Beispiel heraus, daß eine Entscheidung für eine mechanisch-biologische Abfallbehandlung mehr Risiken für die Boden- und damit Grundwasserbelastung in sich birgt, hingegen bei einer Entscheidung für eine thermische Behandlung höhere Risiken aufgrund von Luftbelastungen eingegangen werden müßten. Zudem liegen die Zeiträume, in denen mögliche Belastungen auftreten können, weit auseinander. Während Emissionen über die Luft den heute Lebenden zugemutet werden, kann es Jahre oder Jahrzehnte dauern, bis Schadstoffe aus mechanisch-biologischer Vorbehandlung über undicht gewordene Deponien ins Grund- beziehungsweise Trinkwasser gelangen. Diesem Risiko wären also hauptsächlich zukünftige Generationen ausgesetzt.

Ein ähnlich schwieriges Dilemma stellte das Problem der Zentralität eines Standortes dar. Soll dort, wo der meiste Abfall anfällt, dieser auch entsorgt werden, obwohl dort die meisten Menschen den Belastungen ausgesetzt sind? Oder wäre es nicht besser, in dünner besiedelten Gebieten zu entsorgen, obwohl dann die dort Wohnenden Belastungen ausgesetzt wären, die von ihnen selbst gar nicht verursacht wurden? Aus dieser Fragestellung heraus entwickelte sich ein Lösungsvorschlag, der zumindest zur Minimierung der verkehrsbedingten Belastungen die Anlieferung des Restabfalles mit der Bahn zur Bedingung machte. Nach intensiven Abwägungen und Argumentationen kristallisierten sich zunehmend die am besten geeigneten Standorte heraus, wenngleich kein Standort als gut geeignet beurteilt wurde. Die Empfehlungen wurden ausführlich begründet, um auch Nichtteilnehmenden die Überlegungen transparent und nachvollziehbar zu machen. Außerdem wurde in einer weiteren Diskussionsrunde nach Möglichkeiten zum Ausgleich verschiedener Standortdefizite gesucht. So sollte bei einem Standort aus Gründen des Sichtschutzes und der Biofilterwirkung ein ausreichend großer Waldstreifen ringförmig stehenbleiben, bei einem anderen Lärmschutzmaßnahmen zum Schutz der Anwohner verstärkt werden.

Auch wenn sicherlich viele mit dem Vorsatz an dem Verfahren teilnahmen, eine Abfallbehandlungsanlage an „ihrem“ Standort auf jeden Fall zu verhindern, so entwickelte sich durch die intensive gemeinsame Auseinandersetzung in manchmal schwierigen, aber immer konstruktiven Gesprächen zunehmend eine Orientierung zum Gemeinwohl. Das große Engagement der Bürgerinnen und Bürger in ca. 1.500 Teilnehmerstunden in jedem der Bürgerforen, die Versachlichung der Thematik und nicht zuletzt auch eine angenehme Arbeitsatmosphäre führten dazu, daß in zähem Ringen um die beste Lösung eine Einigung auf einen Kompromiß möglich wurde.

Auch wenn letztlich nicht alle Voten der zehn Foren identisch sind, so wurde doch deutlich, daß sich Bürgerinnen und Bürger trotz unterschiedlicher Werte und Lebensstile einer unpopulären Aufgabe stellen und sich in Gemeinwohlorientierung zu einer handlungsrelevanten Entscheidung durchringen können. Das im Nordschwarzwald-Projekt erreichte Ergebnis ist ein klares Zeichen dafür, daß Bürger in der Lage sind, unter Zurückstellung eigener Interessen auf der Basis von Argumenten eine für alle tragbare Lösung zu erarbeiten. Der angenommene individualistische Egoismus der Bürger hat sich als überwindbares Hindernis auf dem Weg zu einer konstruktiven und verantwortungsvollen Mitgestaltung ihrer Region herausgestellt.

TEIL III

Anregungen zum Handeln

Anja Knaus und Ortwin Renn

14. Was ist zu tun?

14.1 Mut zum Handeln

„Man könnte bilanzieren: Seit Rio (1992) ist nichts so nachhaltig wie das Reden und Schreiben über 'nachhaltige Entwicklung' oder 'Sustainable Development' (SD) und gleichzeitig nichts so aussichtslos wie der Versuch, den Begriff konsensfähig und allgemeinverbindlich zu definieren“[1]. Mit diesen bitteren Worten beginnt eine kritische Analyse in der Zeitschrift „Politische Ökologie“ über die bisherige Nachhaltigkeitsdebatte in Deutschland. Wird der inflationäre Gebrauch des Wortes „Nachhaltigkeit“ dazu führen, daß wir nur noch mit einer Worthülse alles, was uns sinnvoll, gerecht und vernünftig erscheint, unter einen Begriff fassen wollen? Oder ist der Begriff mehr als eine dehnbare Schablone für Sonntagsreden und heere Absichtserklärungen?

Die bisherigen Kapitel dieses Buches waren von der Intention getragen, allen Lesern ein besseres Verständnis für das Vorhaben „Nachhaltigkeit“ zu vermitteln. Dabei ging es uns um eine begriffliche Präzisierung und Klarstellung ebenso wie um eine kritische Analyse verschiedener Ansätze und Umsetzungsversuche. Unser Anliegen bestand darin, jedem Leser und jeder Leserin eine Wegbeschreibung nahezubringen, die als Orientierung in der Nachhaltigkeitsdiskussion dienen kann. Denn vor der Tat sollte immer das Wissen stehen. Die Entscheidung, ob die Gesellschaft die von uns beschriebene Richtung wirklich einschlagen soll und alle Betroffenen die hierzu notwendigen Schritte einleiten, liegt bei jedem Menschen selbst. Wir haben uns bemüht, die heutige Diskussion um eine nachhaltige Entwicklung nachzuzeichnen, die Möglichkeiten – aber auch die Fußangeln – bei der Umsetzung dieses Projekts zu verdeutlichen und die Handlungsspielräume, die sich auf unterschiedlichen Ebenen eröffnen, aufzuzeigen. In dem vorliegenden letzten Kapitel wollen wir diese analytische Betrachtungsweise aber zugunsten einer konstruktiven Synthese im Sinne von Handlungsempfehlungen aufgeben. Was kann der einzelne, was können Gruppen und Organisationen und was kann der Staat tun, um den Übergang in eine nachhaltige Entwicklung zu fördern? Was ist aus unserer Sicht notwendig, um von den Sonntagsreden zu einer effektiven Politik der Nachhaltigkeit zu kommen?

Im folgenden Unterkapitel werden wir die Frage nach der Motivation behandeln. Was kann jeden einzelnen motivieren, sich auf den Weg zum Gipfel der Nachhaltigkeit zu begeben und mit welchen Widerständen muß dabei gerechnet werden? Darauf aufbauend folgen einige Anregungen zu einem nachhaltigen Lebensstil. Anschließend thematisieren wir die Frage nach dem Beitrag der Unternehmen zur Nachhaltigkeit, um in einem weiteren Schritt die politischen Folgerungen für gesellschaftliche Organisationen und politische Steuerungsgremien zu ziehen. Zum Schluß fassen wir noch einmal die Kerngedanken der nachhaltigen Entwicklung zusammen.

14.2 Lohnt sich der beschwerliche Weg?

Diejenigen, die sich bewußt auf den Weg in Richtung Nachhaltigkeit machen und die Herausforderung annehmen, sind bei ihrem Unternehmen nicht allein. Überall in Deutschland sind Initiativen zur Nachhaltigkeit ins Leben gerufen worden: Fast alle deutschen Großstädte und viele kleinere Städte und Gemeinden sind erfüllt von vielfältigen Eigeninitiativen ihrer Bürgerinnen und Bürger. Motivationsfördernd für die Aktiven ist dabei oft der innere Glaube, daß der eigene Lebensweg durch eine Veränderung der Lebensweise mit der Erhaltung der Potentiale der Natur in Einklang gebracht werden kann und ein substantieller Beitrag zur Grundforderung nach intergenerativer Gerechtigkeit geleistet wird. Mit dem Konzept der Nachhaltigkeit deutet sich eine Langfristperspektive an, die den legitimen Wunsch des Menschen nach einem geglückten Leben voll von befriedigenden Eindrükken und Erkenntnissen verbindet mit einer Lebensweise, die weder Raubbau an der Natur noch ein Leben auf Kosten der Mit- und Nachwelt zur Voraussetzung macht. So verheißend diese Vision einer nachhaltigen Lebensweise aber auch klingen mag, sie wird der Menschheit nicht das „Paradies auf Erden" bringen. Denn auch eine nachhaltige Gesellschaft wird nicht das Glück eines jeden Individuums garantieren können. Konflikte werden weiterhin an der Tagesordnung sein. Die Menschen werden auch in Zukunft die Ressourcen der Natur in großem Maße nutzen müssen. Eine vollständig gerechte Aufteilung der Potentiale innerhalb der heute lebenden

Generation und zwischen den heute lebenden und der Nachwelt wird auf ewig Illusion bleiben.

Der oberste Gipfel einer nachhaltigen Lebensweise wird demnach auch beim besten Willen außerhalb der Reichweite der heutigen Generation liegen. Dies ist aber kein Grund, resignierend im Tal zu verharren! Trotz aller Vorsicht hinsichtlich der Erfolgsaussichten hat eine globale Bewegung hin zur Nachhaltigkeit emotionale Zugkraft, gerade weil sie eine nachvollziehbare Perspektive der Menschheitsentwicklung für lange Zeit verspricht. Die Idee der Nachhaltigkeit kann als Leitlinie oder als Leitbild für die im Pluralismus der Werte und Weltbilder orientierungslos gewordenen Menschen eine wichtige psychologische und politische Funktion erfüllen. Dabei ist nicht ein neue Ideologie, eine neue Begrenzung der Freiheit oder gar eine unter dem Mäntelchen der Natur verborgene Diktatur gemeint: Es besteht vielmehr die Chance, daß das gemeinsame Interesse an einer zukunftsfähigen und gerechten Entwicklung eine der Pluralität angemessene Zielorientierung darstellt, die über alle konfessionellen, weltanschaulichen und politischen Lager hinweg auf Zustimmung stoßen und den Menschen ein Gefühl einer gemeinsam zu vertretenden Zielrichtung vermitteln kann[2]. Innerhalb dieses Leitbildes muß es viele Strömungen und plurale Lebensstile geben können – allerdings nicht bis zur Beliebigkeit. Die Grenze des eigenen Anspruchs auf Leistungen aus der Umwelt ist dort erreicht, wo deren Leistungsfähigkeit gefährdet bzw. die Lebensqualität der nachfolgenden Generation beschnitten ist. Daß diese Grenze nicht einfach zu erkennen ist und weder durch die Wissenschaft noch durch guten Willen allein bestimmt werden kann, haben wir in unseren Ausführungen hinreichend deutlich herausgestellt.

Aber auch wenn viele Menschen diese positive Grundeinschätzung teilen, fehlt es nicht an Gegenstimmen und Zweiflern. Sieht man sich die Diskussion um Nachhaltigkeit und Umweltschutz in Deutschland zur Zeit an, dann erkennt man häufig zwei extreme Positionen[3]. Die erste baut auf dem Mechanismus der Angst-Mache auf. Am düsteren Horizont der als bedrohlich wahrgenommenen Folgen unserer Lebensweise lauern aus der Sicht der Angstmacher Rückschläge, Katastrophen und Zusammenbrüche. Im Beschwören der eigenen Angst findet der einzelne Identität unter gleichgesinnten Kassandra-Rufern und es besteht die Gefahr, daß eine kollektive Wehleidigkeit zum neuen Lebensgefühl erhoben wird. Wer allein auf die Katastrophe und den Kollaps der Natur setzt, verfällt leicht in Resignation. Warum sollte man sich engagieren, wenn es doch schon zu spät ist? Gleichzeitig kann diese Haltung recht bequem sein. Denn von der „Konkursmasse“ der verhaßten Industriegesellschaft läßt sich auch weiterhin gut leben.

Die in der Angst um die Natur befangenen Menschen tun sich und der Natur aber keinen Gefallen, wenn sie die Umweltprobleme dramatisieren und das angeblich unentrinnbare Schicksal des Untergangs beklagen. Bei aller berechtigten Sorge um die zukünftige Umweltentwicklung gibt es auch viele positive Entwicklungen – im In- wie im Ausland. Alle bisher erreichten Fortschritte – zum Beispiel im Bereich des Schutzes der Gewässer und der Luft oder beim Schutz von Biotopen und Arten reichen zwar noch nicht aus, um die Weichen in Richtung auf eine nachhaltige Entwicklung zu stellen. Es gibt wieder Fische im Rhein, das Trinkwasser ist sauberer geworden und die Menge an toxischen und umweltschädlichen Luftschadstoffen hat abgenommen. Alles Gründe dafür, daß man die Flinte nicht allzu schnell ins Korn werfen sollte. Daß sich die Umweltsituation in den letzten Jahren in vielen Bereichen verbessert hat, gilt für viele Regionen der Welt[4]. Und für diejenigen, die zu besonderem Pessimismus in dieser Frage neigen, sei hier noch einmal der oft zitierte Spruch Luthers angeführt: „Selbst wenn ich wüßte, daß die Welt morgen untergehe, so würde ich doch heute noch einen Apfelbaum pflanzen."

Aber auch die ewigen Optimisten und Macher, die auf voller Linie der Entwicklung und Durchsetzung neuer (technischer) Ideen und Errungenschaften vertrauen, betätigen sich als Bremser für das Unternehmen Nachhaltigkeit. Ist es nicht so, daß die Menschheit bislang mit allen Herausforderungen fertig geworden ist? Warum vertrauen wir nicht stärker auf die Kreativität der zukünftigen Generationen? Werden nicht auch die kommenden Generationen eigene Wege finden, mit den „geerbten" Problemen fertig zu werden? Die Umweltoptimisten übersehen die objektiven Grenzen der Handlungsmöglichkeiten und deuten alle Risiken und Schwierigkeiten als Chancen um. Mit aufgekrempelten Ärmeln und einem Schuß „Standort-Optimismus" lassen sich nach dieser Sichtweise alle Grenzen und Probleme überwinden. Auf den ersten Blick ist diese Argumentation verblüffend. Ist der Menschheit nicht in der Tat schon immer wieder etwas eingefallen, um mit den ererbten Problemen fertig zu werden?

Bei näherem Hinsehen steht dieser Zukunftsoptimismus aber auf gläsernen Füßen. Zum einen würde die Menschheit gar nicht mehr existieren und sich die Frage nach der Zukunft stellen können, wenn sie in der Vergangenheit nicht gelernt hätte, Probleme zu bewältigen. Es ist tautologisch, aus der Tatsache, daß die Menschheit heute noch lebt, zu schließen, daß sie in der Vergangenheit offenkundig mit existentiellen Krisen fertig geworden ist. Aus diesem Schluß ergibt sich keine Garantie dafür, daß dieser Trend der Vergangenheit in Zukunft anhalten wird. Allenfalls können wir aus der Betrachtung der Vergangenheit die Zuversicht gewinnen, daß auch die heutige

Menschheit zu kreativen Lösungen fähig ist. Aber diese Lösungen muß sie auch aktiv anstreben.

Zum zweiten hat die Vergangenheit gezeigt, daß viele der Umweltprobleme in der Vergangenheit nicht gelöst wurden, sondern an die nächsten Generationen weitergereicht wurden, die sie ebenfalls nicht haben lösen können. Dies gilt zum Beispiel für die irreversiblen Prozesse der Bodenverkarstung z.B. im antiken Griechenland. Die Folgen sind bis heute spürbar und bleiben auch in absehbarer Zukunft nicht rückführbar. Die Menschheit konnte zur damaligen Zeit solche ökologischen Verluste verkraften, weil es genug Ausweichmöglichkeiten gab, um verlorene Potentiale aus der Natur an anderer Stelle neu anzuzapfen. Was die Erde anbetrifft, haben wir aber heute diese Potentiale weitestgehend bereits in Gebrauch. Sieht man von den noch utopischen Modellen der Nutzung der Tiefsee und des Weltraums ab, bedeutet jeder ökologische Verlust an einer substantiellen Ressource eine Reduzierung des Nachhaltigkeitspotentials für die Nachwelt.

Zum dritten ist auch die Welt, wie sie sich heute präsentiert, kein Idealbild einer befriedeten und gerechten Ordnung. Keineswegs hat die heutige Generation alle Probleme gelöst, die sie von ihren Vorfahren geerbt hat. Zweifellos ist jeder Generation immer etwas Neues eingefallen – aber auch häufig das Falsche. Wenn Nachhaltigkeit mehr als das Überleben der Menschheit bedeutet, dann sind noch viele Korrekturen an der heutigen Lebens- und Arbeitsweise angebracht. Die Regenwälder werden weiterhin drastisch reduziert, die Wüsten breiten sich weiter aus, die trockenen Landstriche der Welt versalzen zunehmend und viele der bereits für besiegt gehaltenen Infektionskrankheiten haben einen erneuten Siegeszug durch große Teile der Welt angetreten[5]. So weitermachen wie bisher, wird weder der heutigen Generation noch den nach uns kommenden Generationen gerecht.

Die Menschen auf der ganzen Welt sind mehr denn je auf Reformen in Richtung einer nachhaltigen Entwicklung angewiesen. Wer sich heute für die Nachhaltigkeit engagieren will, muß eine Scheibe Zukunftsoptimismus im Sinne eines Hoffnungsschimmers auf mögliche Besserung der Situation und eine Scheibe Zukunftspessimismus im Sinne der gebotenen Dringlichkeit von Veränderungen zusammenbringen. Aus der Kenntnis der immanenten Grenzen verbunden mit der Wahrnehmung von möglichen Chancen kann Kreativität freiwerden. Die produktive Angst vor der Überheblichkeit der Macher, alles im Griff zu haben und die Welt schon „managen" zu können, und die handlungsleitende Kraft von positiven Zukunftsbildern und Visionen, die mit dem Ziel Nachhaltigkeit und seiner Umsetzung verbunden sind, können so gemeinsam zur Orientierung dienen. In der Ausrichtung des eigenen Denkens an diesen beiden grundsätzlich gegensätzlichen

Pflöcken könnte der delikate Balanceakt zwischen „Geschehen-Lassen“ und „Geschehen-Machen“ gelingen.

Kurzum – jeder, der sich aufgerufen fühlt, an der Verwirklichung einer nachhaltigen Entwicklung mitzuwirken, sollte sich weder von den ewigen Verzagten noch von den Chancenpredigern von seinem Tun abbringen lassen. Ohne Engagement von Individuen, Gruppen und Institutionen wird Nachhaltigkeit wohl in der Tat nicht mehr als eine vorübergehende Modeerscheinung bleiben.

14.3 Was kann jeder einzelne tun?

Was kann der einzelne in seinem eigenen Umfeld tun, um eine nachhaltige Entwicklung zu fördern? Nachhaltigkeit bedeutet in erster Linie eine Hinterfragung des eigenen Lebensstils. Verbrauche ich mehr Ressourcen als nachwachsen können? Belaste ich die Umwelt mehr als sie verkraften kann? Diese Fragen sind unmittelbar mit dem eigenen Lebensstil, vor allem mit dem privaten Konsum von Gütern und Dienstleistungen verbunden. Damit sind wir bei einem zentralen Aspekt der Nachhaltigkeitsdebatte angelangt. Die triviale Einsicht, daß Stoffumsatz bzw. Energieumsatz mit dem Konsum von Gütern und Dienstleistungen gekoppelt sind, führt zwangsläufig auf das Thema der privaten Lebensführung[6].

Um Mißverständnisse von vornherein zu vermeiden: In einer freiheitlichen Gesellschaft können und dürfen weder der Staat noch wohlwollende Umweltschützer den Bürgern vorschreiben, wie sie genau zu leben, was sie zu tun und was sie gefälligst zu unterlassen hätten. Dies darf aber nicht davon abhalten, auf die Konsequenzen unterschiedlicher Lebensweisen im Hinblick auf eine nachhaltige Entwicklung hinzuweisen und Empfehlungen auszusprechen, wie man die Forderung nach Nachhaltigkeit mit dem eigenen Verhalten in Einklang bringen kann.

Ein zweites Mißverständnis ist hier wichtig zu klären. Häufig hört man das Argument, der einzelne habe doch gar keine Wahlmöglichkeiten, wenn man an all die Marketing- und Verkaufsstrategien der privaten und auch öffentlichen Anbieter von Gütern und Dienstleistungen denkt. Die Strategie, Produzenten, Händler und Politiker mit harschen Worten in die Verantwortung zu nehmen und die Konsumenten als Unschuldslämmer und blinde Opfer finsterer Kommerzinteressen darzustellen, wird aber weder der Sachlage gerecht noch wird sie Fortschritte in Richtung auf eine nachhaltige Wirtschafts- und Gesellschaftsstruktur erbringen. Bei allen Manipulationsversuchen durch Werbung und Marketing und trotz der nicht zu leugnenden Existenz von äußeren Zwängen und sozialem Druck bleiben Kaufentscheidungen, die in vielen Lebens- und Anwendungsbereichen getroffen werden, primär ein Willensakt des Käufers. Wer eine nachhaltige Entwicklung aktiv unterstützen möchte, muß bei sich selbst und der eigenen Art, die bestehenden Bedürfnisse zu befriedigen, beginnen. Nachhaltiger Lebensstil bedeutet, beim Kauf von Gütern und Dienstleistungen, beim Energieverbrauch, bei der Mobilität, bei Freizeitaktivitäten und bei der Befriedigung der vielen weiteren Bedürfnisse die Maßstäbe der Nachhaltigkeit anzuerkennen und auch zu beherzigen.

Das private Konsumverhalten nimmt eine Schlüsselstellung bei der Verwirklichung einer nachhaltigen Entwicklung ein. Immerhin betreffen 57% des gesamten Bruttoinlandsproduktes in Deutschland den privaten Verbrauch[7]. Die Inanspruchnahme der Natur durch die Befriedigung privater Bedürfnisse ist in der Tendenz eher steigend als fallend (vgl. zur Entwicklung in den Bereichen „Wohnen“, „Mobilität“ und „Ernährung“ Abbildung 14.1).

Das Umweltbundesamt geht davon aus, daß mindestens 30–40% aller Umweltprobleme direkt oder indirekt auf das Konsumverhalten zurückgeführt werden können[8]. Bei vielen Produkten entsteht die Umweltbelastung nicht nur bei der Herstellung und beim Transport, sondern vor allem auch bei der Nutzung. An dieser Stelle sollen deshalb zunächst die Möglichkeiten, bei der Wahl von Gütern und Dienstleistungen auf Nachhaltigkeit zu achten, besonders herausgestellt werden. Was also kann man beim eigenen Konsumverhalten beherzigen?

Wer nachhaltig leben will, kann sich an einen einfachen Grundsatz halten: *Passe Deinen Lebensstil und Dein Konsumverhalten dem Grad Deines Umweltbewußtseins an.*

Diese Forderung erscheint auf den ersten Blick trivial. Wie wir aber in Kapitel 5 gezeigt haben, herrscht zwischen der Einstellung zu Umwelt und Nachwelt und dem entsprechenden Verhalten eine tiefe Kluft. Hier sind vor allem drei Aspekte zu nennen, die dem einzelnen helfen können, das verbal Gewünschte mit dem real Ausgeführten in Einklang zu bringen.

Als erstes gilt es, Konsum als eine sinnvolle Befriedigung materieller Wünsche anzusehen, aber nicht als einen Ersatz (Surrogat) für immaterielle Bedürfnisse. Man braucht sich nur einmal die Werbung anzusehen, um festzustellen, wie stark in einer weitgehend gesättigten Gesellschaft die Verkaufserfolge von symbolischen Zuschreibungen abhängen. Nicht mehr gesunder Brotaufstrich wird angeboten, sondern ein harmonisches Familienleben (dank Frühstücksmargarine); nicht mehr schöne, warme und attrakti-

Abbildung 14.1: Privater Verbrauch in wichtigen privaten Bedürfnisfeldern (früheres Bundesgebiet)

Bedürfnisfeld	Insgesamt 1960	Insgesamt 1990	je Einwohner 1960	je Einwohner 1990
Wohnfläche in privaten Haushalten	1 050 Mill. m^2	2 322 Mill. m^2	19,4 m^2	36,4 m^2
Siedlungs- und Verkehrsfläche	18 785 km^2	30604* km^2	339 m^2	493* m^2
Personenverkehr:				
– motorisierter Individualverkehr	162 Mrd. Pkm	599 Mrd. Pkm	2 920 Pkm	9 480 Pkm
– Schienenverkehr und öffentl. Straßenverkehr	89 Mrd. Pkm	110 Mrd. Pkm	1 610 Pkm	1 730 Pkm
Nahrungsmittelverbrauch:				
– Kartoffeln	7 390 Tsd. Tonnen	4 482 Tsd. Tonnen	132 kg	72 kg
– Fleisch	3 603 Tsd. Tonnen	6 342 Tsd. Tonnen	65 kg	100 kg

Erläuterung: *=1989, Pkm= Personenkilometer

Quelle: Statistisches Bundesamt (1997b): Umweltökonomische Gesamtrechnung – Trends und Branchenprofile. Wiesbaden.

ve Kleidung, sondern Statussymbol und Prestige (dank Markenzeichen); nicht mehr ein geräumiges, schnelles und funktionales Fahrzeug, sondern flotter Lebensstil und persönliches Glück; nicht mehr Kaffee, sondern eine neue Bekanntschaft. Alle diese symbolischen Attribute haben zweifelsohne ihre eigene Berechtigung, es zeigt sich aber, daß diese symbolischen Erwartungen durch den Konsum der jeweiligen Produkte nicht eingelöst werden können. Surrogate ersetzen nicht das, wofür sie stehen. Sie gaukeln den Ersatz nur vor. Immer größer kann deshalb die Abhängigkeit von Surrogatlösungen werden, weil sich die Frustrationen häufen, und nach immer mehr Surrogaten verlangen. Aus diesem Teufelskreis kann man sich nur befreien, wenn man vom materiellen Konsum keine oder nur in Ausnahmefällen eine Befriedigung der bestehenden immateriellen Bedürfnisse erwartet. Der berühmte Kummerspeck verschärft in der Regel das Problem noch, zumindest trägt es nicht zur Problemlösung bei. Je mehr sich die Menschen beim täglichen Konsum bewußt sind, was sie wirklich brauchen und welchen

Nutzen sie aus dem Produkt selbst ziehen wollen, desto einfacher wird es ihnen fallen, die Kluft zwischen Einstellung und Handeln zu überwinden.

Der zweite Aspekt des umweltbewußten Handels betrifft die eigene Lebensführung. Der Astrophysiker und engagierte Umweltschützer Hans Peter Dürr hat einen Test herausgegeben, durch den man die eigene Lebensführung auf umweltrelevante Aspekte überprüfen kann. Viele Menschen, die diesen Fragebogen ausgefüllt haben, kamen zu einer überraschenden Erkenntnis: Über die Hälfte der Abweichungen von einer nachhaltigen Lebensweise beruhten auf reiner Nachlässigkeit und ein weiteres Drittel auf Verhaltensweisen, die man ohne große Mühe abstellen könnte. Allein wenn es gelänge, die Verhaltensweisen zu ändern, die auf Gewohnheiten und unreflektierten Reaktionen auf Außenreize beruhen, könnten alle einen nicht unerheblichen Beitrag zu einem nachhaltigen Konsum leisten. Erforderlich dazu sind aber eine kritische Bestandsaufnahme der selbstverständlich gewordenen Gewohnheiten und der Wille, die eigene Lebensweise einmal auf den Prüfstand zu stellen. Die Änderungen selbst benötigen Energie und möglicherweise zusätzlichen Zeitaufwand. Viele Umstellungen sind aber auch einfach und müssen nicht grundlegend die eigene Lebensführung und Bedürfnisbefriedigung verändern. So einfache Verhaltensänderungen, wie Einkaufstaschen zum Kauf mitzubringen, Computerpapier beidseitig zu beschreiben (wenn es nur um Entwürfe geht), Stofftaschentücher anstelle von Papiertüchern zu benutzen, bei unvermeidlichen längeren Autofahrten die Mitfahrzentrale zu benachrichtigen etc., korrigieren den eigenen Lebensstil nur marginal, können aber in der Gesamtbilanz einen wesentlichen Beitrag zu einem umweltgerechten Konsum leisten. All diese kleinen Schritte sind zumindest ein ausbaufähiger Anfang für den Weg in eine nachhaltige Zukunft.

In dieser Hinsicht lassen sich noch einige weitere Tips anbringen, die auf den im vierten Kapitel gewonnenen Erkenntnissen beruhen. Zum Beispiel kann jeder versuchen, Produkte länger zu nutzen und nicht gleich nach kurzer Zeit zu ersetzen. Dadurch wird der Stoffstrom verlangsamt, d.h. es fallen pro Zeiteinheit weniger Abfallstoffe an und die natürlichen Ressourcen werden geschont. Die Angewohnheit, Kleidungsstücke oder Möbel nur noch für eine Saison zu kaufen und dann großzügig auszumustern, führt zu einer unnötigen Aufblähung des Materialaufwandes. Eine längere Nutzungsdauer läßt sich auch dadurch erreichen, daß man Güter gemeinsam nutzt. Dieses kann einerseits durch sogenannte Pool-Lösungen erfolgen, indem man selten benutzte Güter gemeinschaftlich anschafft oder ausleiht und sie dann nur bei Bedarf für eigene Zwecke nutzt. Beispiele dafür sind Heimwerkergeräte, Kraftfahrzeuge, Computer oder Ferienwohnungen. Andererseits kann man sicherstellen, daß nicht mehr benötigte Güter an andere weitergegeben werden. Second-hand Läden oder Gebrauchtwarenbörsen sind organisatorische Formen der Weitergabe nicht mehr benötigter Produkte an andere.

Darüber hinaus kann man beim Kauf von Produkten konsequent auf umweltbelastende Eigenschaften achten. Dabei sind unter dem Gesichtspunkt der Nachhaltigkeit zum Beispiel folgende Fragen von Bedeutung:

- Ist das gleiche Produkt auch mit geringerem Material- oder Verpackungsaufwand zu haben?
- Ist das Produkt besonders energieintensiv in der Herstellung oder in der Nutzung?
- Ist das Produkt so hergestellt, daß es zumindest die Zeitspanne der vorgesehenen Nutzung überstehen wird? Läßt es sich überhaupt reparieren, falls ein Schaden auftritt?
- Deutet die Materialzusammensetzung auf die Möglichkeit eines geschlossenen Stoffkreislaufes hin? Besteht die Möglichkeit zum Stoffrecycling?
- Hat das Produkt einen sehr langen Transportweg hinter sich? Könnte man ein nutzengleiches Produkt auch aus der eigenen Region beziehen?
- Führt der Konsum des Produkts zu umweltbelastenden Folgewirkungen, sei es für den eigenen Energieverbrauch oder für den Abfallbereich?

Diese Liste läßt sich fortsetzen. Es geht also um eine umweltbewußte Auswahl der benötigten Produkte und Dienstleistungen. Für den einzelnen Konsumenten ist es allerdings oft schwer zu entscheiden, ob Produkte derartigen Forderungen entsprechen. Einige Faustregeln lassen sich dennoch aufstellen: Papier und Pappe sind – gleicher Nutzeneffekt vorausgesetzt – in der Regel Plastik vorzuziehen; Produkte aus nachwachsenden Rohstoffen sind gegenüber denen aus nicht-erneuerbaren Rohstoffen zu bevorzugen; Produkte aus mehreren Stoffgemischen sind unter dem Aspekt der Rezyklierfähigkeit Produkten aus einem Material oder einem Stoffgemisch unterlegen. Gleichzeitig muß aber davor gewarnt werden, alles, was unter dem Etikett „natürlich“ oder „Naturstoff“ läuft als ökologisch unbedenklich und alles sogenannte Künstliche als umweltbelastend einzustufen. Entscheidend ist oft die chemische Zusammensetzung der Stoffe und damit verbunden die gesundheitliche bzw. umwelttoxische Wirkung dieser Substanzen[9].

Viele individuelle Verhaltensänderungen können, wenn sie öffentlich gemacht oder vorgelebt werden, positive soziale Folgen haben. Menschen, die aus innerer Verantwortung gegenüber anderen und sich selbst handeln,

Was in den Einkaufswagen kommt, entscheiden die Kunden selbst. Eine umweltbewußte Auswahl der Produkte für den täglichen Bedarf ist wichtiges Element eines nachhaltigen Lebensstils. (Bild: Annette Wandel)

können versuchen, andere von ihrem Weg zu überzeugen. Damit ist nicht gemeint, den Mitbürgern mit Ansprüchen an eine „ökologische Perfektheit" die Lebensfreude zu vermiesen. Die Menschen haben das Recht, ihr „Menschsein" auch ausleben zu dürfen. Gleichzeitig bedingt dieses Recht aber auch eine Verantwortung. Hier die richtige Balance einzuhalten, ist sicher nicht immer einfach, aber dennoch den Versuch mehr als wert.

Die Forderung, den Lebensstil dem eigenen Bewußtsein anzupassen, umfaßt immer zwei Seiten. Auf der einen Seite macht es keinen Sinn, das eigene Umweltbewußtsein „grün" zu überholen. Dies kann zu innerer Unzufriedenheit führen und sogar in einer intoleranten Grundströmung enden. Auf der anderen Seite sollte das eigene Verhalten aber auch das widerspiegeln, an was man persönlich glaubt und was man für richtig hält. Weder Verweise auf die widrigen Umstände noch der erhobene Zeigefinger gegen diejenigen, die in noch größerem Maße schuldig geworden sind, sollten als Entschuldigungen herangezogen werden, wenn es um die Kongruenz zwischen Worten und Taten geht. Umweltbewußt leben bedeutet, das eigene Verhalten systematisch zu überdenken, sich nicht auf die hohlen Versprechungen der Surrogate einzulassen, mit den Ressourcen der Umwelt sparsamer umzugehen und dort Verzicht zu üben, wo es der Umwelt ganz offensichtlich massiv schadet. Der größte „Feind" der Nachhaltigkeit ist oft die

Nachlässigkeit und nicht die fehlende Einsicht. Die wesentliche Forderung für die eigene Lebensführung besteht deshalb darin, sich in allen Handlungsbereichen immer wieder bewußt zu machen: Welche Folgen hat mein Handeln für die Lebensumstände der kommenden Generation? Welche Umweltveränderungen und -belastungen werden durch mein Handeln ausgelöst?

14.4 Was können die Unternehmen tun?

Auch wenn das eigene Verhalten in persönlicher Verantwortung erfolgt, so sind doch viele Handlungsmöglichkeiten durch externe Zwänge und Bedingungen eingeschränkt oder sogar verbaut. Aus diesem Grunde kann die Forderung nach nachhaltiger Entwicklung nicht allein beim Konsumenten von Gütern und Dienstleistungen verankert werden. Was der einzelne konsumieren kann, hängt nicht nur von seinem Kaufverhalten ab, sondern auch davon, was überhaupt angeboten wird. Im industriellen Bereich wird außerdem die Umwelt als Quelle und Senke in großem Umfang genutzt. Unter welchen Bedingungen Güter nicht nur produziert, sondern auch entwickelt und vertrieben werden, liegt zu großen Teilen in der Verantwortung der Unternehmen in Industrie, Handwerk und Transportwesen. An der Schnittstelle zwischen Produktion und Konsum spielt außerdem der Handel eine wichtige Rolle. Im folgenden sollen die Erfordernisse einer nachhaltigen Wirtschaftsweise in bezug auf das Verhalten von Unternehmern behandelt werden[10].

Hersteller, Anbieter und Verteiler von Konsumgütern und Dienstleistungen sind daran interessiert, die von ihnen hergestellten oder vertriebenen Produkte zu verkaufen. Das ist die Grundlage ihrer wirtschaftlichen Existenz. Von einem Hersteller oder Händler zu verlangen, zugunsten der Umwelt den Verkauf einzuschränken oder zu unterbinden, ist nicht realistisch. Hersteller und Händler verfolgen das Ziel, durch Produktion und Verkauf von Gütern und Dienstleistungen einen möglichst hohen Gewinn zu erzielen. Die Konsumenten entscheiden, welche Angebote sie in Anspruch nehmen und auf welche sie verzichten. In beiden Fällen handelt es sich um freie Entscheidungen im Rahmen von Marktwirtschaften. Je mehr die Konsumenten eine Vorliebe für in Herstellung, Nutzung und Entsorgung umweltfreundliche Produkte zeigen, desto eher werden die Produzenten und die Händler auch solche Produkte anbieten. Letztlich sind die Anbieter schließlich darauf angewiesen, daß ihre Produkte gekauft werden, und sie werden alles daran setzen, den Kundenwünschen so weit wie möglich entgegenzukommen. Insofern kann man das Verhalten der Unternehmen nicht unabhängig von den Wünschen und dem Verhalten der Konsumenten sehen. Denn Angebot und Nachfrage beeinflussen sich wechselseitig.

Natürlich bedeutet das nicht, daß umweltbewußtes Handeln der Unternehmer nur durch den Druck der Konsumenten zustande kommen würde. Zum einen kann es durchaus im ökonomischen Interesse von Unternehmen liegen, sich aktiv auf die Kriterien eines nachhaltigen Konsums einzustellen. Zum anderen sind auch die Anbieter ebenso wie alle anderen Menschen in unserem Kulturkreis von den Umweltauswirkungen betroffen und versuchen, je nach eigenem Bewußtsein und Problemdruck selbst an der Lösung dieser Probleme mitzuwirken. Beide Aspekte sind wichtige Orientierungspunkte in der Frage nach den Grundsätzen eines nachhaltigen Wirtschaftens aus der Sicht der Anbieter. Was also können Unternehmer konkret tun, um Nachhaltigkeit in der Wirtschaft zu fördern? Wer mit seinem Unternehmen einen Beitrag zur Nachhaltigkeit leisten will, kann sich an den folgenden fünf Grundsätzen orientieren.

Erster Grundsatz: Begrenze das Ausmaß des Einsatzes der natürlichen Ressourcen und der Nutzung der Umwelt als Senke so weit, wie es betriebswirtschaftlich vertretbar ist.

Mit diesem ersten allgemeinen Grundsatz ist zunächst einmal die viel zitierte Effizienz in der Nutzung des natürlichen Kapitals angesprochen, die auch Kosten sparen hilft. Offenkundig liegt es im Interesse eines jeden Unternehmens, kostensparende Maßnahmen einzuführen, um mit weniger Energie, Material oder Abfall auszukommen. Effizienter Einsatz der Produktionsfaktoren bei der Produktion und Verbreitung von Gütern und Dienstleistung sind Ziele, die im Rahmen von marktwirtschaftlichen Systemen aus Kosten- und Wettbewerbsgründen ständig angestrebt werden. Die meisten Branchen haben in den letzten Jahren einen zunehmenden Rationalitätsdruck nicht nur in Richtung auf höhere Arbeitsproduktivität, sondern auch in Richtung Naturproduktivität erlebt. Gleichwohl verbleibt aber bei der Einlösung der Forderung nach dem effizienteren Einsatz von natürlichem Kapital noch viel Spielraum. Trotz elektronischer Vernetzung und Informationsübertragung sind die Transporte von Material und Produkten in den letzten Jahren nicht gesunken, sondern gestiegen. Trotz erheblicher Aufwendungen zum aktiven Umweltschutz spielt die end-of-the-pipe Technologie immer noch die Hauptrolle in der verarbeitenden Industrie. Integrierter Umweltschutz, bei dem die langfristigen Folgen bereits bei der Wahl der Ausgangsmaterialien und der Produktionsweise eingeplant und berücksichtigt werden, ließe sich weiter fördern und ausbauen. Öko-Audits und Ökobilanzen können dabei helfen, Schwachstellen zu identifizieren und Strategien zu einer nachhaltigen Produktionsweise und einem umweltgerechten Betriebsmanagement zu entwickeln.

Im Bereich der Produktion entstehen viele negative Effekte auf die Umwelt. Die jeweiligen Schwachstellen in den Unternehmen sind von Branche zu Branche verschieden.

Der erste Grundsatz besagt aber mehr, als diese noch verbleibenden Spielräume auszunutzen. Es geht auch um Handlungsspielräume, die im Rahmen betriebswirtschaftlicher Kalkulation noch vertretbar und akzeptabel sind, selbst wenn sie sich im strengen ökonomischen Sinne nicht rechnen. Viele Versandhäuser und klassische Einzelhandelsunternehmen bieten beispielsweise ökologisch verträgliche Produkte an, bei denen die Gewinnspanne zur Zeit noch geringer ausfällt als bei herkömmlichen Produkten. Dabei sinkt der Gewinn insgesamt, fällt aber nicht gleich auf Null. Eine bewußte Unternehmenspolitik der Begrenzung von Naturverbrauch kann mittel- und langfristig den Vorteil haben, daß sie imagefördernd wirkt und auf diese Weise positive Folgen für die Geschäftssituation hat. Intern kann ein innerbetriebliches umweltorientiertes Management-Konzept integrations- und innovationsfördernd auf die Belegschaft des Unternehmens wirken. Auch dies bietet langfristige Chancen. Bei allen Maßnahmen muß selbstverständlich die Grenze der betriebswirtschaftlichen Rentabilität und die allgemeine Marktsituation beachtet werden.

Zweiter Grundsatz: Konzentriere die unternehmensinternen Forschungs- und Entwicklungsanstrengungen zunehmend auf die Substitution von umweltschädigenden durch umweltneutrale Produkte und auf die Schaffung weitgehend geschlossener Stoffkreisläufe.

Dieser zweite Grundsatz spricht gezielt die Arbeit der Forscher, Ingenieure, Designer und Produktentwickler und all derjenigen an, die in und außerhalb von Unternehmen die Schaffung neuer Produktideen beeinflussen. Die deutsche Wirtschaft hat in der Vergangenheit bereits einen dramatischen Technologie- und Strukturwandel durchgemacht. Ganze Berufszweige sind inzwischen aufgrund des technischen Fortschritts obsolet geworden. Die Frage ist zu stellen, ob diese Innovationskraft auch im Sinne eines nachhaltigen Wirtschaftens und im Hinblick auf die Betrachtung des gesamten Lebenszyklusses von Produkten wirksam werden kann. Beispiele für bereits initiierte Schritte in diese Richtung sind hier die Entwicklung des 3-Liter-Autos, die intelligente Wärmesteuerung in Gebäuden, multifunktionale Geräte und flexible Wohnkonzepte. In Richtung Nachhaltigkeit geht sicherlich auch das Bestreben, den Austausch von Information zu „entmaterialisieren". Der Materialaufwand pro Wort Speicherung ist auf dem langen Weg vom Papyros, über das Buch, über den Mikrofilm bis hin zu Diskette, CD oder optischen Speicher um mindestens den Faktor 10.000 gesunken. Speicherchips vervierfachen heute alle drei Jahre ihre Kapazität. Wenn auch die Vision vom papierlosen Büro Illusion geblieben ist (und wohl auch in Zukunft bleiben wird), so läßt sich über Datentransfer und elektronische Ablage der Papierausstoß zumindest verringern. Auch die Möglichkeiten, durch elektronische Kommunikation die physische Mobilität zu verringen, sind längst nicht ausgeschöpft.

Bereits heute zeichnen sich ein Reihe weiterer innovativer Entwicklungen in Richtung Nachhaltigkeit ab, die der Forderung nach möglichst intensiver und dauerhafter Nutzung von Produkten Rechnung tragen. Zum einen werden zunehmend Dienstleistungspakete anstelle des Kaufs von materiellen Produkten angeboten. Viele Produkte können ausgeliehen statt erworben werden. Viele Baumärkte sind zum Beispiel dazu übergegangen, teure Maschinen im Leihservice bereitzustellen. Einige Chemieunternehmen erwägen zur Zeit, anstatt von Pflanzenschutzmittel einen ertragssteigernden Service an die Landwirte zu vermitteln, bei dem der Pflanzenschutz nur eine Komponente des Gesamtpakets darstellt. Erfolgreich laufen schon einige neue Unternehmen, die Modelle des Car-Sharing anbieten. Der Verkauf von Nutzungsrechten statt Eigentumsrechten steckt zwar noch in den Kinderschuhen, verspricht aber zumindest in einigen Bereichen auf Dauer eine interessante und attraktive Lösung für Anbieter und Nachfrager.

Darüber hinaus ist neben der Substitution umweltbelastender Praktiken auf die Schließung von Stoffkreisläufen zu achten. Dabei ist folgende Prioritätensetzung angebracht: An erster Stelle können human- oder ökotoxische Stoffe ersetzt oder zumindest aus der Biosphäre ferngehalten werden. Als zweites können Stoffe, deren Emission negative Rückwirkungen auf Gesundheit, Umwelt oder Klima hat, auf ungefährliche Mengenkonzentrationen reduziert und, wo möglich, in Kreisprozessen wiederverwertet werden. Zum dritten kann der gesamte Stoffumsatz pro hergestelltem Produkt laufend vermindert werden. Denn jeder Stoffumsatz ist in der Regel mit Aufwand (etwa Energieeinsatz) verbunden und kann darüber hinaus unbekannte Risiken bergen.

Was die Forderung nach der Schließung von Stoffkreisläufen betrifft, ist es oft nicht wirtschaftlich, die Wiederverwertung genau dort vorzunehmen, wo bestimmte „Abfallstoffe" anfallen. Dies ist oft mit hohen Kosten und ineffizientem Materialverbrauch verbunden. Stattdessen könnten nach dem Vorbild natürlicher Prozesse die Abfälle des einen Produzenten Rohstoffe für den Umwandlungsprozess des anderen Produzenten werden. Während die natürliche Evolution für eine Kooperation zwischen Abfallerzeuger und Abfallverwerter gesorgt hat, sind hierfür im unternehmerischen Bereich gezielte Kommunikationsanstrengungen (etwa Abfallbörsen oder Internet-Foren) notwendig, um die weitere Verwertung von Stoffen über Branchengrenzen hinweg sicherzustellen. Keine Produktion wird ganz ohne Abfälle auskommen können, aber eine vorausschauende integrierte Produktionsplanung könnte große Teile der Abfallströme vermeiden und einen weiteren Teil der unvermeidlichen Abfälle in einer Form bereitstellen, die andere noch weiter nutzen können.

Dritter Grundsatz: Bemühe Dich, bei der Beschaffung von Material, Rohstoffen und Produktvorleistungen auf die Regeln der Nachhaltigkeit zu achten und nur das einzukaufen, was den als sinnvoll erkannten Regeln der Nachhaltigkeit entspricht.

Die Produktion von Gütern und Dienstleistungen ist mit dem Bezug und der Verarbeitung einer Vielzahl von Rohstoffen, Einzelteilen und Produktvorleistungen verbunden. Bei deren Auswahl können die Unternehmer stärker auf die Art des Zustandekommens achten. Heute werden Produkte aus nicht-nachhaltiger Produktion in großem Umfang auf den Weltmärkten angeboten und gekauft. Wenn Einkäufer von Produktions- und Handelsunternehmen eigene Selektionskriterien für eine an der Nachhaltigkeit orientierte Beschaffungspolitik entwickeln und gezielt nach nachhaltigen Produkten suchen, können Qualitätsziele für Produkte international durchgesetzt und über den Markt verankert werden. Voraussetzung dafür ist aber, daß sich die großen Unternehmen wie auch die großen Einkaufsgenossenschaften des Handels über Minimalstandards der Nachhaltigkeit einig werden. Mit Hilfe solcher Qualitätskriterien könnten weltweit nachhaltige Produktionsweisen angestrebt werden.

Vierter Grundsatz: Bei aller Notwendigkeit des Welthandels und seiner wohlstandserhaltenden Funktion lege besonderes Augenmerk auch auf Produktionsfaktoren, Produkte oder Dienstleistungen aus der eigenen Region bzw. nehme sie ins Sortiment auf, sofern es betriebswirtschaftlich möglich und nach Prüfung der Umweltverträglichkeit auch umweltschonender ist.

An dieser Stelle sollen nicht die Vorzüge und Probleme des Welthandels noch einmal erörtert werden. Trotz der umweltbezogenen Probleme, die mit dem weltweit grenzüberschreitenden Warenaustausch verbunden sind, haben wir in Kapitel 7 den Schluß gezogen, daß protektionistische Maßnahmen die Umweltprobleme nicht lösen können und ein weitgehend liberaler Welthandel mit Nachhaltigkeit durchaus vereinbar ist. Der Handel fördert nicht nur den allgemeinen Wohlstand in der Welt, sondern trägt vor allem auch indirekt zu Umweltentlastungen durch die Spezialisierung der einzelnen Regionen auf jeweils angepaßte Produkte und die Förderung der Verbreitung umweltorientierter Technologien bei.

Bei allen Vorzügen des Welthandels kann jedoch vom Gesichtspunkt der Nachhaltigkeit aus gesehen, eine Orientierung an Ressourcen der eigenen Region sinnvoll sein, sofern diese auch nachhaltig genutzt werden. Denn ob und inwieweit Produkte aus der eigenen Region den Regeln einer nachhaltigen Wirtschaftsweise entsprechen, läßt sich einfacher entscheiden und kontrollieren, als wenn diese Produkte bzw. ihre Komponenten und Bestandteile aus aller Herren Länder stammen. Darüber hinaus werden bei der Verwendung lokaler Produkte Transporte und aufwendige Konservierungsverfahren bei Herstellung und Vertrieb von Lebensmitteln vermieden. Gleichzeitig werden die wirtschaftlichen Potentiale der eigenen Region gestärkt, was nicht nur der Nachhaltigkeit zugute kommt. Schließlich kann die Regionalisierung auch zu einem Bewußtsein beim Verbraucher führen, daß bestimmte Produkte an Jahreszeiten gebunden sind und dieser Rhythmus nicht zwangsläufig eine Einengung der eigenen Konsumfreiheit bedeuten muß. Viele Restaurants in Deutschland zum Beispiel bieten heute wieder verstärkt und mit großem Erfolg Gerichte aus der jeweils eigenen Region an. Dabei werden viele fast schon vergessene Rezepte wiederentdeckt und bereichern den Speiseplan der Feinschmecker. Regionalisierung bedeutet nicht eine Rückkehr zur autarken Lebensweise, sondern soll die Autonomie und Identität einer Region stärken. Dazu können die Anbieter von Produkten und Dienstleistungen einen wichtigen Beitrag leisten, indem sie regionale

Produkte und Rohstoffe bewußt in ihr Warensortiment aufnehmen oder in ihrem Produktionsprozeß verarbeiten.

Fünfter Grundsatz: Sollte es zu neuen Lebensstilen kommen, in denen Genügsamkeit als eine erstrebenswerte Tugend und nicht als Zeichen für Erfolglosigkeit angesehen wird, gilt: Bediene diese neue Klientel durch entsprechend angepaßte Produkte und Leistungen.

Ob unsere Gesellschaft in Richtung Suffizienzrevolution fortschreitet oder ob neue ökologisch orientierte Lebensstile weiterhin auf Nischen beschränkt bleiben, kann heute niemand voraussehen. Allerdings können sich die Anbieter von Gütern und Dienstleistungen auf eine mögliche Entwicklung hin zu einem suffizienten Lebensstil zumindest bei einem Teil der Bevölkerung einstellen. Der im Sinne der Suffizienz „neue" Konsument erwartet von der Wirtschaft Konsumgüter, die nicht nur langlebig, reparierbar und wiederverwendbar sind. Gefragt sind weiterhin Dienstleistungen, die den Konsumenten befähigen, ohne großen Materialaufwand seine Bedürfnisse zu befriedigen.

Im unternehmerischen Bereich lassen sich viele der Forderungen, die mit einem Übergang zum suffizienten Lebensstil verbunden sind, letztlich nur über die Substitution von Material und Energie durch Information verwirklichen, sofern weiterhin eine Erhöhung des Umsatzes angestrebt wird. Daneben kommen Dienstleistungsangebote infrage, die ein bestimmtes Bedürfnis, etwa nach Mobilität, Komfort oder Zerstreuung, im virtuellen Erlebnisfeld von Internet und anderen Datennetzwerken verorten können. Es bleibt allerdings abzuwarten, ob sich die hohen Erwartungen in diese virtuellen Welten erfüllen werden. Bei aller Euphorie über künstliche Szenarien in Computern und Datennetzen wird sich ein suffizienter Lebensstil bei vielen Menschen wahrscheinlich weniger an den technischen Möglichkeiten als vielmehr an einem naturnahen Leben als Leitbild für die eigene Lebensgestaltung orientieren. Bei den weiterhin benötigten materiellen Konsumgütern wird deshalb der Wunsch nach „Natürlichkeit" im Wertekanon des suffizienten Lebensstils fest verankert sein. „Lieber weniger konsumieren, dafür aber aus nachhaltig gewachsenen Rohstoffen", so könnte vielleicht ein Motto der Zukunft lauten. Umweltbewußte Unternehmen können sich auf entsprechende naturnahe Produkte spezialisieren und Angebote entwickeln. In einigen Märkten, wie etwa bei Textilien, gibt es schon Unternehmen, die speziell dieses Marktsegment bedienen.

14.5 Was kann die Politik tun?

Die Funktionsfähigkeit von Märkten und die Wirksamkeit des Konsumentenverhaltens sind daran gebunden, daß der Staat für die notwendigen Rahmenbedingungen sorgt. In einer komplexen Gesellschaft muß der Staat die Leistungsfähigkeit der Märkte sicherstellen und mögliches Marktversagen abfedern. Dies gilt auch für den Bereich des Umweltschutzes und die Belange der Nachhaltigkeit. Wegen der auftretenden negativen Effekte auf die Umwelt und für die Sicherung der Lebensgrundlagen für die kommenden Generationen ist die Politik gefordert, dafür zu sorgen, daß der Markt die aktuellen Knappheiten an Umweltgütern widerspiegelt und daß die Marktpreise die richtigen Signale setzen. Neben den Verantwortlichen in Regierung und Verwaltung sind aber auch die vielen an der Steuerung gesellschaftlicher Vorgänge beteiligten Institutionen, wie Verbände, Kirchen, Gewerkschaften, Medien und andere Nichtregierungsorganisationen für die Gestaltung der Bedingungen für eine nachhaltige Lebens- und Arbeitsweise verantwortlich. In Anlehnung an die Analysen des Soziologen Ulrich Beck werden diese Institutionen als „subpolitische Ebene“ bezeichnet. Welche konkreten Aufgaben haben die politischen und die subpolitischen Akteure bei der Realisierung einer nachhaltigen Entwicklung in Deutschland?[11] Die folgenden Grundsätze für die Schaffung des für die Durchsetzung nachhaltiger Lebensweisen notwendigen politischen Rahmens unterscheiden sich in der Steuerungstiefe oder Interventionsintensität. Am Anfang stehen die eher „weicheren“, am Ende die „härteren“ Maßnahmen.

Erster Grundsatz: Initiiere und fördere die Bereitstellung von Informationen, welche Konsumenten und Anbieter von Gütern und Dienstleistungen in die Lage versetzen, die Konsequenzen der Produktion und des Konsums für Umwelt und Nachwelt einigermaßen zuverlässig abschätzen zu können.

Natürlich wäre es maßlos übertrieben, zu fordern, daß die Politik gewährleisten soll, daß jede Konsumentin und jeder Konsument zum Lebensmittelchemiker, Kernphysiker, Gentechniker u.s.w. ausgebildet wird. Aufgabe der Politik ist aber die Gewährleistung einer abgerundeten Allgemeinbildung in allen Schulen, Hochschulen und in Stätten der Erwachsenenbildung, die auch auf natur- und umweltwissenschaftliche Kompetenz ausgerichtet ist. Darum geht es uns bei diesem ersten Grundsatz für die Politik aber nicht in erster Linie. Hier ist gemeint, daß die Bereitstellung produktspezifischer Informationen an die Händler und die Konsumenten ermöglicht bzw. in die Wege geleitet werden soll. Solche Informationen können auf der Basis von Ökobilanzen und Analysen zum Lebenszyklus von Produkten bis hin zu Risikoabschätzungen und Umweltverträglichkeitsprüfungen entstehen. Vermittelt werden können diese Informationen über verschiedene Kanäle (Schecklisten für Einkäufer, angeheftete Produktbeschreibungen und Produktpässe, Charakterisierungen von Produkten und Materialien im Internet etc.). Ziel ist es, allen Abnehmern und vor allem dem Endverbraucher wichtige Hinweise über Umweltverträglichkeit zu geben, so daß auf diese Weise überhaupt eine umweltorientierte Kaufentscheidung getroffen werden kann. Wer umweltbewußt einkaufen will, braucht eine klare Orientierung über die möglichen Vorzüge und Nachteile eines jeden Produktes und seiner Herstellung. Wie genau eine sinnvolle Kennzeichnung aussehen könnte, soll hier nicht Gegenstand der Erörterungen sein. Wie bei jeder Kennzeichnung muß man einen sinnvollen Kompromiß zwischen notwendiger Informationsfülle und schneller Lesbarkeit finden. Die politischen Akteure können die Kriterienfindung für die Beurteilung von Produkten aktiv unterstützen und die Schaffung einer verbindlichen Produktkennzeichnung vorantreiben. Wichtig ist vor allem, daß der Gesetzgeber die rechtliche Grundlage für die Produktkennzeichnung schafft, an der sich Anbieter und Nachfrager orientieren können.

Staatliche und subpolitische Akteure können Untersuchungen und Analysen zur Umweltverträglichkeit initiieren und in Auftrag geben. Sie können die Beschaffung von Hintergrundinformationen zu Produkten, Produktionsverfahren und Konsumtätigkeiten im allgemeinen fördern und all diejenigen unterstützen, die solche Informationen liefern, aufbereiten oder in Auftrag geben können. Neben der Unterstützung der Produktinformation und -kennzeichnung können vor allem subpolitische Akteure gezielte Informationen zu einem umweltgerechten Konsumstil entwickeln und an Mitglieder und Interessierte weiterleiten. Schon heute bieten Volkshochschulen, Verbände, gewerkschaftliche Arbeitskreise u.a.m. Kurse und Veranstaltungen zum Thema „nachhaltige Lebensweise“ an, die klienten- und bedürfnisorientiert Informationen vermitteln. (Auf diesen Aspekt gehen wir bei der Erläuterung des dritten Grundsatzes für die Politik nochmals ein). Darüber hinaus verfügen subpolitische Akteure über eigene Foren der Kommunikation und können das Thema nachhaltiger Lebensstil in Versammlungen, Arbeitsgruppen, Gremien usw. auf die Tagesordnung bringen und als Informationsvermittler und Multiplikatoren wirken. Je mehr dabei das eigene Verhalten bzw. die eigene Institutionenführung versucht, dem Postulat der Nachhaltigkeit gerecht zu werden, um so größer dürfte die Überzeugungskraft und das Vertrauen der Informationssuchenden in die vorgeschlagenen neuen Verhaltensweisen sein.

Zweiter Grundsatz: Initiiere und fördere die systematische Rückkopplung der Erfolge und Wirkungen einer nachhaltiger Lebensweise an alle Beteiligten.

Einer der wesentlichen Gründe für die Kluft zwischen Einstellung zur Umwelt und tatsächlichem Umweltverhalten ist der Glaube an die Bedeutungslosigkeit des eigenen Verhaltens. Ob der einzelne seinen Abfall sortiert oder nicht, ob der einzelne öffentliche Verkehrsmittel statt des eigenen Personenkraftwagens benutzt (vgl. hierzu auch Abbildung 14.2), ob der einzelne giftige Farben und Lacke verwendet, all dies macht sich aus der Sicht des Individuums nicht bemerkbar. Psychologisch ist es aber wichtig, daß man den Erfolg des eigenen Verhaltens erfährt, vor allem dann, wenn dieses Verhalten mit Unannehmlichkeiten oder sogar Verzichten verbunden ist. Fehlt die Rückkopplung über längere Zeit, dann erlahmt die Motivation, man wird nachlässiger und fällt in die alten Gewohnheiten zurück. Um diesem Motivationsverlust vorzubeugen, ist es unbedingt notwendig, daß fortlaufend die Erfolge oder Wirkungen des marginalen Verhaltens von vielen gemeinsam an jeden einzelnen rückgekoppelt werden.

Abbildung 14.2: Umweltbelastung durch Reisemittel
(bei einer Reise von 500km/pro Person)

	Reisebus	Bahn	Pkw (mit Kat)	Flugzeug
Kohlendioxid	14 kg	19 kg	88 kg	130 kg
Stickstoffoxid	340 g	57 g	220 g	490 g
Schwefeldioxid	14 g	17 g	17 g	62 g

Quelle: Sparda-aktuell. Ausgabe vom Mai 1997, S. 10.

Dazu gibt es zunächst einmal einfache technische Maßnahmen. Man kann, wie dies in den Niederlanden inzwischen erfolgreich getestet wurde, Strom- oder Wasserzähler in der Küche oder in anderen Räumen installieren, so daß die Verbraucher zu jeder Zeit gewarnt werden, wenn sie gerade während des allgemeinen Spitzenverbrauchs Strom oder Wasser beziehen. Dadurch können sie ein Gefühl dafür entwickeln, mit welcher Geschwindigkeit sie zu bestimmten Zeiten bestimmte Ressourcen in Anspruch nehmen. Um die kollektiven Anstrengungen besser sichtbar machen zu können, sind in den USA einige Gemeinden dazu übergegangen, kommunale Erfolge, etwa beim Abfallmanagement oder bei der Emissionskontrolle, auf gut sichtbaren Displays im Rathaus oder an anderen öffentlichen Stellen darzustellen. Besonders eindrucksvoll sind dabei Displays, bei denen man den Ausgangspunkt und die danach erfolgten Reduktionen auf einen Blick erkennen kann. Kompliziertere Rückkopplungen lassen sich auch über die Zeitungen oder über andere Informationsträger anschaulich vermitteln.

Natürlich hat es wenig Sinn, Erfolgsmeldungen dort zu erfinden, wo es lauter Mißerfolge gibt. Aber gerade in vielen Bereichen des persönlichen Lebensstils, angefangen von der Abfallvermeidung bis hin zum Energieverbrauch, gibt es eine Reihe von erfolgreichen Umweltinitiativen, die es lohnend erscheinen lassen, sie an die Träger der veränderten Lebens- und Arbeitsgewohnheiten zurückzumelden. Dies könnte vor allem eine verstärkte Aufgabe der Umweltverbände werden, da sie unserer Meinung nach in besonderem Maße Glaubwürdigkeit ausstrahlen, wenn sie auch von Erfolgen in der Umweltvorsorge sprechen und nicht nur auf die Defizite hinweisen (wobei dies natürlich auch weiterhin eine wichtige Aufgabe bleiben wird).

Dritter Grundsatz: Verbessere die Beratungskapazität und stelle neue Formen der Beratung bereit.

Schon heute existieren zahlreiche allgemeine und spezielle Beratungsstellen für Verbraucher, für Energienutzer, für Bauwillige und viele andere Funktionsbereiche. Diese Beratungstätigkeit kann noch verstärkt und verbessert werden. Die herkömmliche Beratung läuft immer noch sehr stark nach der Regel „Hier der Fachmann – dort der Laie“ ab. Wenn es um die Lebensweise und die Gestaltung des Konsums geht, ist aber weniger das Fachwissen entscheidend als ein einfühlendes Orientierungswissen. Informations- und Ratsuchenden, die Umweltbewußtsein, Lebensstil und objektive Handlungsspielräume zu einer ganzheitlichen Lebensweise integrieren wollen, reicht es nicht aus zu wissen, welcher Kühlschrank die beste Wärmedämmung besitzt oder wo sich Energiesparlampen rechnen. Vielmehr stehen hier Fragen der persönlichen Lebensführung, der Orientierung an inneren und äußeren Werten sowie der Abhängigkeiten vom Urteil anderer an. Solche Fragen lassen sich aber nur schwer im Rahmen eines klassischen Beratungsgesprächs klären. Hier kommt den kulturell tätigen subpolitischen Akteuren eine besondere Aufgabe zu. Die Kirchen könnten beispielsweise gemeinsame Gesprächsrunden unter Anleitung eines Umweltberaters anbieten, die Volkshochschulen Kurse zum nachhaltigen Konsumstil veranstalten und die Umweltverbände Aktionseinheiten für eine nachhaltige Lebensweise entwickeln. Bereits bestehende Aktivitäten könnten weiter verstärkt werden. In dialogischen Verfahren können die Teilnehmer untereinander ihre Erfahrungen austauschen und gemeinsame Wege zu einem nachhaltigen Konsumverhalten ausloten. Die Fachleute sind dann in ihrer Funktion als Wegbegleiter gefragt und weniger als Faktengeber. Viele der heute bereits vielerorts aktiven Initiativen zur Umsetzung der Agenda 21 auf lokaler

Ebene leisten hier durch neue Beratungsformen und die Praktizierung verschiedener Bürgerbeteiligungsverfahren vorbildhafte und wichtige Beiträge.

Vierter Grundsatz: Beteilige dich aktiv an der Bewertung der herrschenden Arbeits- und Lebensweise und biete diskursive Formen der Konfliktschlichtung und Problemlösung an.

Neben Information und Beratung gehören Formen der problemlösenden Kommunikation zu den wichtigen Instrumenten für die Umsetzung von Nachhaltigkeit. Solche Kommunikationsformen beruhen auf der Freiwilligkeit der Teilnehmer, zielen aber nicht nur auf soziale Lernprozesse, sondern darüber hinaus auf gemeinsame Handlungsstrategien, Selbstverpflichtungen oder Konfliktschlichtungen ab. Grundlage für solche Kommunikationsprozesse sind vielfältige Informationseingaben, wie sie bei der Erläuterung zum ersten Grundsatz für die Politik bereits genannt worden sind. Mehr Klarheit, Eindeutigkeit und Genauigkeit bei der Abschätzung der Umweltauswirkungen sind wichtige Voraussetzungen dafür, daß in einem Diskurs über Konsum und Produktion nicht die eigenen Vorurteile, sondern der beste Stand des Wissens zum Ausgangspunkt genommen wird.

Damit sind wir beim Kern des vierten Grundsatzes. Bewertungen und Abschätzungen von Auswirkungen bestimmter Handlungen und Aktivitäten bleiben oft folgenlos, wenn sie nicht zum Gegenstand eines Diskurses gemacht werden[12]. Diskursive Verfahren, die kollektiv verbindliches Handeln im Dialog festlegen, sind für die Umsetzung von Nachhaltigkeit deshalb so wichtig, weil es keine verbindlichen Bewertungsmaßstäbe gibt, nach denen eine Gesellschaft gewissermaßen unfehlbar bestimmen könnte, was an der Natur erhaltenswert, schutzwürdig oder zu schonen wäre. An dieser Stelle kann die Wissenschaft nur Verfahrensvorschläge unterbreiten. Im Diskurs untereinander und mit den Betroffenen können die subpolitischen Akteure ihre Interpretationen der Bewertungen austauschen, gemeinsame Zielsetzungen und Strategien ausarbeiten und versuchen, die unvermeid-

Abbildung 14.3: Drei Diskurse für eine nachhaltige Entwicklung

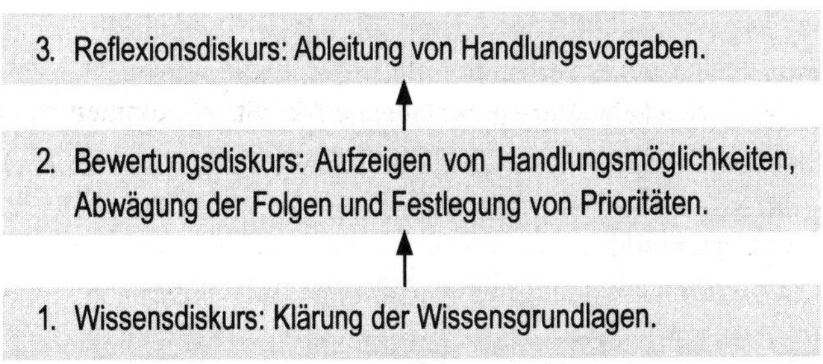

lich auftretenden Zielkonflikte weitmöglichst durch geeignete Kompromisse zum Ausgleich zu bringen.

Bei den komplizierten Abwägungsprozessen zur Nachhaltigkeit sind drei Arten von Diskursen notwendig: Wissensdiskurs, Bewertungsdiskurs und Reflexionsdiskurs[13].

Zunächst müssen in einem *Wissensdiskurs* die Wissensgrundlagen für die zu erwartenden Folgen von Eingriffen in die natürliche Umwelt geklärt werden. In welcher Weise werden Natur, Mitwelt und Nachwelt geschädigt oder zumindest beeinflußt und wie ordnen sich diese Veränderungen in die unterschiedlichen Zukunftsentwürfe der beteiligten Diskursteilnehmer ein? Welche Unsicherheiten verbleiben und welche unabdingbaren Koppelungen von Vor- und Nachteilen ergeben sich aus diesen Abschätzungen? Gibt es methodische Kriterien oder anerkannte Verfahren, mit deren Hilfe Konflikte um die richtige Interpretation eines Sachverhaltes aufgelöst oder zumindest eine Einigung über die Gründe für den Dissens erzielt werden können? Ein solches diskursives Verfahren der Wissensgrundlagen richtet sich in erster Linie an Experten. Sofern auch Auswirkungen auf den Alltag einbezogen werden, spielen darüber hinaus die Erfahrungen betroffener Laien eine wichtige Rolle. Denn um richtig abwägen zu können, muß man wissen, welche Folgen für Umwelt, Wirtschaft und Gesellschaft mit den jeweiligen Handlungsoptionen verbunden sind.

Der zweite Diskurs berührt die Frage der Wertigkeit der aus dem ersten Diskurs stammenden Folgeabschätzungen (inklusive aller Unsicherheiten und ungelösten Sachfragen). An einem solchen *Bewertungsdiskurs* sollten vor allem die organisierten Gruppen in einer Gesellschaft teilnehmen. Welche Interessen und welche Werte werden von den jeweiligen Folgen betroffen? Gibt es Strategien, negative Auswirkungen durch Veränderungen der jeweiligen Eingriffe abzumildern? Gibt es zusätzlichen Regulierungsbedarf? Ziel dieses zweiten Diskurses ist es also, die möglichen Handlungsstrategien aufzuzeigen und in ihren Folgen abzuwägen, gleichzeitig aber auch die mit den Entscheidungen zwangsweise verbundenen Zielkonflikte zu verdeutlichen und die dadurch erforderlichen Prioritäten festzulegen. In einem solchen diskursiven Verfahren zur Bewertung werden nicht nur Aspekte der Nachhaltigkeit eine wesentliche Rolle spielen können, sondern auch Fragen der Wirtschafts- und Sozialverträglichkeit. Wie wir in Kapitel 3 bereits erläutert haben, sollten nach unserer Meinung diese übergeordneten Zielkonflikte aber erst bei der Betrachtung der Umsetzung von Maßnahmen berücksichtigt werden.

Der Bewertungsdiskurs sollte in drei Phasen organisiert sein: Es gilt in einem ersten Schritt festzulegen, was unter dem Gesichtspunkt der ökologischen Nachhaltigkeit geboten erscheint und solche Zielgrößen festzulegen, die den Regeln für das Ressourcenmanagement entsprechen (siehe Kapitel 4). Mindestforderung ist dabei, daß die Eingriffe in den Naturhaushalt zumindest über entsprechende Nutzengewinne durch künstliche Kapitalerhöhung kompensiert werden. Zugleich muß sichergestellt werden, daß der Eingriff keine essentiellen Ressourcen in Mitleidenschaft zieht oder die Regenerationskapazität bzw. Assimilationsfähigkeit der Umwelt verletzt. Auf der Basis der Zielvorstellungen, die sich bei der Anwendung der Regeln für das Ressourcenmanagement ergeben, müssen in einem zweiten Schritt alternative Vorschläge für Maßnahmen und Instrumente entwickelt werden, mit deren Hilfe die identifizierten Defizite überwunden werden können. Dabei ist sicherzustellen, daß die Maßnahmen und Instrumente auch greifen und den gewünschten Effekt gewährleisten. Wie die Maßnahmen wirken, wurde in Kapitel 6 eingehend erläutert. In einem dritten Schritt müssen die alternativen Maßnahmenbündel nach Kriterien der Wirtschafts- und Sozialverträglichkeit beurteilt werden. Treten bei einzelnen Maßnahmen Zielkonflikte auf, dann sollten diese durch andere Maßnahmen ersetzt werden. Vielfach wird es aber kaum Maßnahmen geben, die den drei übergeordneten Kriterien der Nachhaltigkeit gleichzeitig und gleichwertig entsprechen werden. In all diesen Fällen muß deshalb eine abgewogene Prioritätensetzung zwischen den drei Zielkriterien vorgenommen werden.

Diese von uns vertretene sequentielle Vorgehensweise steht im Gegensatz zur oft geäußerten Forderung in der heutigen Nachhaltigkeitsdebatte, die Prüfung der Nachhaltigkeit in einem Schritt bei gleichzeitiger Beachtung der drei Komponenten „ökologische wirtschaftliche und soziale Nachhaltigkeit" auf der Zielebene zu vollziehen[14]. Gängige Auffassung ist hier, die Aufgabe der Bewertung von Nachhaltigkeit sei eine simultane Optimierung von Umwelt-, Wirtschafts- und Sozialverträglichkeit. Diese dreifache Optimierung überfordert unseres Erachtens aber jedes Bewertungsverfahren und erst recht die Leistungsfähigkeit der von uns geforderten diskursiven Abwägung. Gleichzeitig kann das parallele Optimieren von häufig konfligierenden Zielen die konkreten Abwägungsentscheidungen vertuschen und im schlimmsten Fall Tür und Tor für intransparente Entscheidungsfindung öffnen. Letztlich läßt sich jede Handlung unter einem der drei Prüfkriterien rechtfertigen. Im Sinne des zitierten Eingangsstatements zu diesem Kapital, in dem die mangelnde Griffigkeit des Nachhaltigkeitspostulats beklagt wurde, halten wir es für wesentlich klarer und nachvollziehbarer, wenn die Prüfung der Nachhaltigkeit sequentiell für die drei Komponenten vorgenommen wird.

Für eine nachvollziehbare und schrittweise Bewertung spricht auch die Überführung der Ergebnisse aus dem Bewertungsdiskurs in den *Reflexionsdiskurs*. Mit diesem dritten von uns angeregten Diskurs ist eine Diskursform angesprochen, bei der betroffene Bürgerinnen und Bürger gemeinsam mit Vertretern des ersten und zweiten Diskurses die Wissensgrundlagen und die Bewertungsergebnisse diskutieren und daraus entsprechende Handlungsvorgaben ableiten. Information der Öffentlichkeit über nachhaltige Politikerfordernisse reicht, wie wir in Kapitel 5 gezeigt haben, zur Umsetzung einer nachhaltigen Entwicklung nicht aus. Was not tut, ist eine diskursive Auseinandersetzung mit den Personen, die von Maßnahmen zur Nachhaltigkeit im positiven wie im negativen Sinne betroffen sind. Werden die Interessen dieser Menschen gewahrt? Können sie den von ihnen präferierten Lebensstil weiter pflegen? Fühlen sie sich bei der Lösung der Zielkonflikte ausreichend repräsentiert? Es gilt auch die möglichen Handlungsalternativen und Spielräume auszuloten, die Bürger bei der Umsetzung eines nachhaltigen Lebensstils zur Verfügung haben.

Alle drei Diskursformen müssen im Ergebnis offen geführt werden, auch der Dialog mit der Öffentlichkeit muß noch Spielraum für Veränderungen haben, sonst verkommt er zum bloßen Ritual. Die drei Diskursformen sollen die offizielle Politik nicht ablösen, sondern Anregungen und Lösungswege aufzeigen und den zuständigen Entscheidungsträgern eine handhabbare Grundlage für ihre Gestaltungsaufgaben geben.

Fünfter Grundsatz: Ermögliche oder biete geeignete infrastrukturelle Angebote an, die eine nachhaltige Entwicklung unterstützen können.

Wenn man bedenkt, daß heute ein immer größerer Anteil der Fahrten im eigenen Fahrzeug der Freizeitgestaltung dienen, dann ist dies zunächst eine Entscheidung des Konsumenten, den eigenen Pkw in die Gestaltung der Freizeit einzubeziehen. Gleichzeitig reflektiert dieses Verhalten aber auch das Fehlen von attraktiven alternativen Freizeitangeboten, die Erholung und Entspannung auch ohne Einsatz des eigenen Fahrzeugs versprechen. Verantwortliche in Städten und Gemeinden sowie subpolitische Anbieter von Infrastruktur könnten sicherlich die Palette der Freizeitmöglichkeiten und ihre Zugänglichkeit verbessern. (Allerdings sind hier natürlich auch die privaten Unternehmen gefragt!) Dort, wo Kommunen Freizeitangebote verstärkt und öffentliche Verkehrsmittel für Freizeit und Einkauf bereitgestellt haben, konnte der individuelle Straßenverkehr auch gesenkt werden.

Der Verkehr und das Freizeitangebot sind nur ein Beispiel für die vielen Möglichkeiten, durch umweltgerechte Planung der jeweiligen Infrastruktur einen nachhaltigen Konsum zu fördern. Das schließt zum Beispiel den gesamten Bereich der Stadtplanung ein und kann von der Errichtung von Gewerbegebieten bis hin zur Gestaltung der Jugendpflege gehen. Dabei geht es nicht um noch mehr Subventionen oder Fördermittel für neue infrastrukturelle Einrichtungen. Vielmehr sollte das Augenmerk darauf liegen, geplante oder laufende Maßnahmen zur Verbesserung der Infrastruktur an die Erfordernisse einer nachhaltigen Entwicklung anzupassen. Dazu gehören kurze Wege zu den Einkaufsmöglichkeiten, Schulen, Kulturzentren und Arbeitsstätten, attraktive Angebote im Bereich des öffentlichen Nahverkehrs, lokale Freizeitangebote sowie einfacher Zugang zu Beratungsstellen und kommunalen Gemeinschaftseinrichtungen, die bestimmte soziale und kommunikative Funktionen erfüllen.

Sechster Grundsatz: Verbessere die Fähigkeit des politischen Systems, den Wissensbestand ständig zu vermehren und das Ausbildungsniveau der Bevölkerung stetig anzuheben.

Das wichtigste Gut, das wir der kommenden Generation hinterlassen müssen, ist die Fähigkeit, mit den Herausforderungen und Problemen der Zukunft fertig zu werden. Damit ist gemeint, ausreichend in den Aufbau der *Humanressourcen* zu investieren, um sicherzustellen, daß die in Zukunft unzweifelhaft auf die Menschen zukommenden Probleme mit Hilfe des entsprechenden Wissens in Angriff genommen werden können. Auch wenn die Menschheit wirklich einmal mit großem Erfolg auf eine nachhaltige Entwicklung zusteuern sollte, wird es immer noch ausreichend existentielle Probleme geben, die künftige Generationen im Hinblick auf die noch folgenden Generationen zu lösen haben werden. Der Grundsatz der Förderung der wertvollen Humanressourcen bedeutet für die Politik zweierlei: Zum einen sollte ein erheblicher Teil des erwirtschafteten Reichtums in Bildung und Wissensvermehrung investiert werden. Obwohl so gut wie niemand diese Forderung in Abrede stellt, stehen zur Zeit die politischen Weichen in Deutschland allerdings auf Reduktion der Ausgaben für Bildungszwecke. Ob dies auf Dauer gutgeht, ist äußerst fraglich. Zum anderen müssen die politisch Verantwortlichen Organisation und Struktur der Bildungseinrichtungen und Ausbildungsprozesse auf die Erfordernisse einer langfristigen Entwicklung zur Nachhaltigkeit anpassen. Das bedeutet unter anderem eine Überprüfung der Lerninhalte an Schulen, Berufsschulen und Universitäten, mehr interdisziplinäre Lehre und Forschung, umfassendere Umweltbildung und stärkere Verzahnung von Theorie und Praxis.

Siebter Grundsatz: Nutze die im Rahmen der Verfassung gegebenen Möglichkeiten, die konsum- und produktionsbedingte Umweltbelastung durch das Setzen wirtschaftlicher Anreize und insbesondere die Korrektur des Preisgefüges über Umweltsteuern einzuschränken.

Nahezu alle (ökonomischen) Analysen zur Nachhaltigkeit und zur Umweltsituation stimmen darin überein, daß die heutigen Marktpreise vieler Güter und Dienstleistungen die Inanspruchnahme natürlicher Ressourcen als Kostenfaktor für die Allgemeinheit nicht widerspiegeln. Zwar ist es nicht praktikabel, die jeweiligen entstehenden externen Kosten im Sinne einer aus umweltökonomischer Sicht idealen „Pigou-Steuer" beim einzelnen Verursacher zu erheben. Der Gesetzgeber hat aber die Möglichkeit, die Marktbedingungen über Umweltsteuern so festzulegen, daß der Ge- und Verbrauch der Umwelt über höhere Kosten in die Preisgestaltung eingeht und bestimmte (politisch festgelegte) Umweltziele erreicht werden können (vgl. Kapitel 6).

Die heftige Diskussion um die Frage, wie man derartige finanzielle Anreizsysteme optimal gestalten sollte, hat leider zu einer Verunsicherung in Politik und Gesellschaft beigetragen, die den weitgehenden Konsens, daß Korrekturen im Preissystem notwendig sind, in den Hintergrund gerückt hat. Somit geschieht zunächst einmal nichts bzw. finden nur minimale umweltorientierte Korrekturen bestehender Regelungen statt[15]. In einer Zeit, in der die Wirtschaft um ihre globale Wettbewerbsposition bangt, der Staat hochverschuldet ist und die allgemeine Steuerbelastung hoch, findet die Aussicht auf neue Steuern wenig öffentlichen Anklang, und das Versprechen einer aufkommensneutralen Umverteilung der Steuerlasten stößt auf wenig Glaubwürdigkeit. Bei allem Verständnis für die jetzige Lage sollte aber die Politik nicht den Kopf in den Sand stecken und im Abwarten die Lösung erhoffen. Solange die Preise die ökologische Wahrheit verzerren, wird eine Entwicklung zu einer nachhaltigen Wirtschaftsweise kaum zu verwirklichen sein.

In allen europäischen Staaten ist die Arbeit und daraus resultierendes Einkommen die Bemessungsgrundlage für mehr als die Hälfte des Steueraufkommens[16]. Die Grundidee der meisten Konzepte für eine ökologisch orientierte Reform des Steuersystems besteht nun darin, Abgaben auf den Verbrauch von Umwelt- und Naturgütern zu erheben und gleichzeitig bestehende Belastungen und hier insbesondere die Abgaben auf den Faktor Arbeit zu senken[17]. Zusätzliche Einnahmen aus Umweltsteuern sollen an anderer Stelle den betroffenen Bürgerinnen und Bürgern neben der Verbesserung der Umweltsituation als eine Art „zweite Dividende" zugute kommen. Die Senkung der Sozialversicherungsbeiträge bzw. der Einkommenssteuer oder andere Formen der Verringerung von Lasten (zum Beispiel in Form eines pauschalen „Öko-Bonus" in Form einer Rückerstattung für alle) werden in der Diskussion um Ökosteuern immer wieder als erwünschte Nebenprodukte genannt. Angesichts der momentanen Übernutzung von Umwelt und der Unternutzung von Arbeit, die sich in der herrschenden hohen Arbeitslosigkeit ausdrückt, stellt insbesondere die Idee, den Umweltver- und -gebrauch bei gleichzeitiger Verbilligung der Arbeit zu verteuern, eine geradezu elegante Lösung der herrschenden gesellschaftlichen Probleme dar. Ob es einen derartigen doppelten Vorteil einer ökologischen Steuerreform wirklich gibt, ist allerdings unter Experten heftig umstritten[18].

Beim näheren Hinsehen ist das Projekt ökologische Steuerreform mit einigen Pferdefüßen versehen, die wir hier nicht verschweigen wollen. Zunächst zur „doppelten Dividende“: Die erwünschten positiven Effekte auf die Beschäftigungssituation durch die Senkung lohnbezogener Abgaben beruhen auf der Annahme, daß durch die Erhebung von Steuern auf den Umweltverbrauch der Einsatz von Umwelt durch den Einsatz von Arbeit ersetzt wird. Diese Argumentation setzt voraus, daß die Senkung lohnbezogener Abgaben tatsächlich zu niedrigen Lohnkosten führt und daß die Unternehmen bei Verbilligung der Arbeitskosten auch wirklich ihre Nachfrage nach Arbeit erhöhen. Dies kann nur geschehen, wenn die (gewerkschaftlich organisierte) Arbeitnehmerschaft entsprechende Lohnkürzungen akzeptiert bzw. eine Senkung der Arbeitgeberbeiträge zur Sozialversicherung nicht als neuen Spielraum für Lohnerhöhungen ausnutzt. Auch wenn die Senkung der Lohnkosten tatsächlich gelingt, ist es nach Ansicht von Experten keineswegs sicher, daß sich die Arbeitsnachfrage erhöht. Dies hängt damit zusammen, daß bei Einführung von Umweltsteuern die Grenzproduktivität der Arbeit[19] zurückgehen und dieser negative Effekt auf die Beschäftigung unter Umständen die Lohnsenkung kompensieren kann[20]. Geht man darüber hinaus davon aus, daß die in Deutschland existierenden Probleme auf dem Arbeitsmarkt nicht (nur) auf die hohen Arbeitskosten zurückzuführen sind, sondern zur Beseitigung der Arbeitslosigkeit andere strukturelle Veränderungen notwendig sind (Schaffung neuer Arbeitsfelder, beschleunigte Umsetzung von Innovationen), verliert die These von der „doppelten Dividende“ weiter an Substanz.

Ein weiterer Pferdefuß besteht darin, daß Steuern vorrangig die Aufgabe haben, eine berechenbare finanzielle Basis für Staatsaufgaben bereitzustellen (die sog. Fiskalfunktion). Die Besteuerung ökologischer Belastungen ist aber im Idealfall darauf ausgerichtet, die Steuerzahler zu einem ökologisch vernünftigeren Umgang mit den Umweltgütern anzuleiten. Je besser also die neuen Umweltsteuern greifen und die Unternehmer und Verbraucher zu nachhaltigen Praktiken anregen, desto eher verliert der Staat die für die Finanzierung öffentlicher Aufgaben notwendigen Einnahmen. Sind also die Steuern zu sehr auf Lenkungsfunktionen ausgerichtet, geht der Staat das Risiko ein, daß er seine Aufgaben nicht mehr ordnungsgemäß finanzieren kann.

Umweltsteuern werden zum dritten bestimmte Branchen wesentlich mehr belasten als andere. Hoch belastete Branchen werden deshalb unter Umständen nach neuen Produktionsstandorten Ausschau halten. Dadurch werden nicht nur Arbeitsplätze abgebaut, es wird auch dem Ziel der Nachhaltigkeit ein „Bärendienst" erwiesen. Denn wenn im Inland die Produkte und Dienstleistungen dieser Branchen weiter nachgefragt werden, verändert sich global gesehen wenig, da die gleiche oder möglicherweise sogar eine größere Menge von Umweltbelastungen jenseits der deutschen Grenze anfallen wird. Falls die Umweltauflagen im Ausland weniger ausgeprägt sind als in Deutschland und die Nachfrage nach den entsprechenden Gütern im Inland nicht nachläßt, steigt die gesamte Umweltbelastung grenzüberschreitend gesehen sogar noch an.

Umweltsteuern können außerdem zu sozialen Härten führen, wenn bestimmte Umweltgüter vorrangig von ärmeren Bevölkerungsschichten nachgefragt werden oder diese im Haushaltsbudget der Einkommensschwachen besonders hoch zu Buche schlagen. Jemand, der einen erheblichen Teil seines Einkommens für Fahrten zum Arbeitsplatz ausgeben muß, wird nicht gerade begeistert darüber sein, wenn der Bezinpreis drastisch angehoben werden sollte. Das gilt erst recht für Umweltgüter, die in Produkten der Existenzsicherung Eingang finden (etwa Nahrungsmittel, Wohnung, Kleidung).

Konkrete Vorschläge für die Einführung von Umweltsteuern sind zahlreich, dies gilt insbesondere für den Bereich der Energiebesteuerung, die in der Diskussion um eine ökologische Besteuerung eine zentrale Rolle einnimmt[21]. Was also sollte der Staat unserer Ansicht nach tun? Zunächst sollten die verschiedenen Steuermodelle auf ihre Machbarkeit und ihre Nebenwirkungen umfangreich geprüft werden. Im Rahmen unseres Konzeptes der Nachhaltigkeit sind die sozialen und wirtschaftlichen Folgen einer ökologischen Steuerreform zu überprüfen. Es muß untersucht werden, wie sich einzelne vorliegende Anwendungsmodelle auf die Beschäftigungslage auswirken und inwiefern sie eine differenzierte Vorgehensweise gegenüber bestimmten Branchen und sozial Benachteiligten erlauben. Gleichzeitig ist zu überprüfen, ob die beim Einsatz des anreizorientierten Instruments zu erwartenden strukturellen Effekte, einschließlich des Wegzuges von umweltbelastenden Industrien, die eingesparten Umweltbelastungen nur auf das Ausland verlagern oder wirklich zu einer effektiven Umweltentlastung beitragen. Darüber hinaus sollten Ökosteuern nicht die Grundlast des Steueraufkommens abdecken, damit die Fiskalfunktion der Steuern erhalten bleibt.

Damit die deutsche Wirtschaft gegenüber Importen aus dem Ausland nicht benachteiligt wird, ist insbesondere auch der Einsatz von erhöhten allgemeinen Verbrauchsteuern (Mehrwert- bzw. Umsatzsteuer) zu prüfen. Denn Umsatzsteuern gelten in gleicher Weise für einheimisch hergestellte wie importierte Waren. Dabei kann man mit differenzierten Steuersätzen arbeiten und etwa Produkte der Existenzsicherung geringer besteuern als sogenannte Luxusgüter (gespaltener Mehrwertsteuersatz). Auch hier gibt es allerdings unerwünschte Nebenwirkungen, denn hohe Umsatzsteuern verführen zum Kauf im Ausland und schädigen den Einzelhandel.

Eine differenzierte Anhebung der Mehrwertsteuer und die Einführung von ökologischen Steuern sollte möglichst europaweit erfolgen. Da dieses Ziel aber zur Zeit wenig aussichtsreich erscheint, sollte man sich in Deutschland an der bisherigen Spannbreite der europäischen Länder orientieren. Sowohl bei der Mineralölsteuer als auch beim Mehrwertsteuersatz liegt Deutschland nicht im oberen Drittel vergleichbarer europäischer Staaten. Insofern ist hier durchaus noch Spielraum gegeben.

Auch wenn insbesondere die Beschäftigungseffekte einer ökologischen Steuerreform vielfach überzogen positiv dargestellt worden sind, so bleibt doch die wichtige Tatsache, daß der Übergang zu einem nachhaltigen Lebens- und Arbeitsstil und die damit verbundenen notwendigen Anpassungsprozesse durch ein ökologisch orientiertes Steuersystem erfolgreich eingeleitet werden können. Positive Beschäftigungseffekte können sich dabei einstellen, Grundlage für die Erhebung von Umweltsteuern sollten aber ökologische Ziele bleiben. Die Steuerung der Nutzung von Ressourcen über den Preis ist entscheidend für den Umwelt- und Ressourcenschutz in einem marktwirtschaftlichen System. Deshalb sollten in einem multifunktinalen Steuersystem auch ökologische Ziele verankert sein.

Achter Grundsatz: Versuche, die staatlich möglichen Interventionen zur Verbesserung der Nachhaltigkeit durch geschickte Auswahl der Instrumente den jeweiligen Nachhaltigkeitszielen anzupassen und auf der Basis der Kriterien Effektivität, Kompatibilität, Effizienz und Akzeptanz zu einer geeigneten Auswahl und Prioritätensetzung zu kommen.

In Kapitel 6 wurden fünf Instrumentenblöcke vorgestellt und im einzelnen beschrieben: regulative Instrumente, planerische Instrumente, anreizorientierte Instrumente, partizipative und kooperative Instrumente sowie informativ-erzieherische Instrumente. Da unser Konzept von Nachhaltigkeit als Meßlatte den Fortbestand des Lebens unter humanen Bedingungen festgelegt hat, sind auch bei der Wahl der umweltpolitischen Maßnahmen die Instrumente vorzuziehen, die den erwünschten Effekt mit der geringsten Einbuße an Freiheit und Flexibilität erreichen können[22]. So ist es beispielsweise sinnvoll, ordnungspolitische Maßnahmen nur dann einzusetzen, wenn eine Überschreitung zu eindeutig unerwünschten und schädlichen

Konsequenzen führen würde. Wirtschaftliche Anreize sind immer dann vorzuziehen, wenn es keine fest umrissenen Grenzwerte der Schädigung gibt, aber die Richtung, etwa eine kontinuierliche Reduktion der Emissionen, vorgegeben ist. So sollten in den Umweltbereichen, in denen die Ziele Strekkung der Ressourcenbasis oder Schließung von Kreisläufen angestrebt werden, es aber keine erkennbaren Grenzen gibt, ab denen die menschliche Gesundheit oder die Funktionsfähigkeit von Ökosystemen akut gefährdet werden, anreizorientierte Instrumente zum Einsatz kommen. Bei Problemen kollektiven Verhaltens, etwa im Bereich der gemeinschaftlichen Energieversorgung oder bei der Erarbeitung von Entsorgungskonzepten, sind diskursive Verfahren des Aushandelns von Lösungen zu bevorzugen. Sie bieten den großen Vorteil, daß alle beteiligten Akteure in die Entscheidungsfindung einbezogen werden und gemeinsam nach einer umweltverträglichen Lösung suchen. Geht es dagegen um das Verhalten des einzelnen Akteurs, etwa des Konsumenten oder des Unternehmers (ohne daß dieses Verhalten weitreichende Auswirkungen auf Dritte hat), können die Instrumente der Information und Überzeugung zum Einsatz kommen.

Eine Mischung von Instrumenten ist in zwei Fällen angebracht: zum ersten bei Umweltauswirkungen unter hoher Unsicherheit und zum zweiten bei Umwelteinwirkungen, die keine direkte Schädigung wichtiger Umweltfunktionen hervorrufen, aber aus ästhetischen, kulturellen oder anderen Gründen aus der Sicht der Menschen fragwürdig sind. Zunächst zu den Risiken: Herrscht große Unsicherheit über die möglichen Folgen einer Eingriffs in die Umwelt, dann ist keine eindeutige Wahl des umweltpolitischen Instruments möglich. Ist ein hohes Katastrophenpotential nicht ausgeschlossen, ist also im schlimmsten Fall mit einer schweren Umweltschädigung zu rechnen, dann erscheint die Anwendung des Vorsorgeprinzips, d.h. einer vorsorglichen ordnungspolitischen Regulierung durch den Staat sinnvoll; bei niedrigem Katastrophenpotential oder individualisierbaren Risiken sollte mit Hilfe kommunikativer Maßnahmen oder wirtschaftlicher Anreize eine stetige Verringerung der Risiken über Zeit Vorrang vor staatlicher Regulation haben[23]. In den Umweltbereichen, in denen eine direkte Schädigung der Umweltfunktionen nicht zu erwarten ist, aber die Menschen bestimmte Eingriffe mit Wertschätzungen verbinden (etwa die Rettung von Delphinen oder die Forderung nach humaner Tierhaltung), oder in denen die Verteilung der Risiken auf unterschiedliche Bevölkerungsgruppen zu wahrgenommenen Ungerechtigkeiten führen, kann über kommunikative, ökonomische oder ordnungsrechtliche Bestimmungen eine Regulierung erfolgen, sofern die Kosten dafür allen Beteiligten transparent gemacht werden. In Abbildung 14.4 sind die umweltpolitischen Maßnahmen und wichtige Einsatzgebiete noch einmal im einzelnen aufgeführt. Dabei fehlen allerdings die planerischen Instrumente, weil sie – bedingt durch ihre ergänzende und oftmals querschnittsbezogene Funktion – nicht konsistent in das Schema einzuordnen sind. Kursiv gekennzeichnete Maßnahmen sollen Vorrang vor den anderen Maßnahmen in der jeweiligen Kategorie haben. Je nach Zweckmäßigkeit und Zielrichtung kann aus diesem Maßnahmenbündel das geeignete Mittel ausgewählt werden.

Abbildung 14.4: Instrumente der Umwelt- und Nachhaltigkeitspolitik: Einsatzgebiete und vorrangige Maßnahmen

	Ordnungspolitik	Ökonomische Anreize	Runde Tische Verhandlungen	Information Aufklärung
Gesundheitsgefährdung	*Grenzwerte*	Reduzierung unterhalb der Grenzwerte (Versicherungen)	Vermeidungsstrategien	persönlicher Schutz
Gefährdung lebenswichtiger Stoffkreisläufe	*Grenzwerte*	Reduzierung unterhalb der Grenzwerte	Substitutionsstrategien	Umweltbewußtsein
Emission umweltschädigender Stoffe	Stand der Technik (Richtwerte)	*Stetige Reduktion*	Ersatz von „End of the Pipe" Lösungen	Integrierter Umweltschutz
Risikovorsorge bei hohem Katastrophenpotential	*Grenzwerte*	Reduzierung unterhalb der Grenzwerte	Notfallplanung	Notfalltraining
Risikovorsorge bei geringem Schadensausmaß	(Technische) Anleitungen	*Stetige Reduktion und Versicherung*	Risikovermeidung	*Gesunde Lebensweise*
Übernutzung von Ressourcen	Richtwerte	Eigentum schaffen	*Freiwillige Vereinbarungen*	Langfristkosten
Arten- und Naturschutz	*Verbote* Schutzgüter	Subventionen für Habitat-Erhaltung	*Kollektive Maßnahmen des Naturschutzes*	Verhaltensregeln
Tierschutz	Ge- und *Verbote*	Subventionen artgerechter Tierhaltung	Freiwillige Vereinbarungen aller Produzenten	*Auszeichnungspflicht*

Aufgrund der Zuordnung von Maßnahmen zu umweltpolitischen Aufgaben ergeben sich bereits wichtige Vorentscheidungen für die Frage nach der Prioritätensetzung: An oberster Stelle stehen Maßnahmen zur Erhaltung der Gesundheit, zur Vorsorge gegenüber großen Risiken, zur Funktionsfähigkeit von Ökosystemen, zum Klimaschutz und zum Natur- und Artenschutz. Alle übrigen Emissionen sollen kontinuierlich reduziert werden. Grenzwerte können hier als Orientierungshilfen sinnvoll sein. Die Nutzung natürlicher Ressourcen kann vor allem durch wirtschaftliche Anreize und Verfahren zum Aushandeln von gemeinsamen Nutzungsbedingungen erfolgen. Natürlich sind dies nur Vorschläge, die uns plausibel erscheinen[24]. Die kollektiv verbindliche Zuordnung von Instrumenten und Maßnahmen zu umweltpolitischen Aufgaben muß im politischen Prozeß der Willensbildung und Entscheidungsfindung bestimmt und dann demokratisch legitimiert werden.

Prioritäten in der Umweltpolitik zu setzen, ist eine pragmatische Möglichkeit, die schwierige Frage nach der Unterscheidung zwischen Erhaltenswertem und nicht Erhaltenswertem anzugehen. Indem man mögliche Maßnahmen nach ihrer Dringlichkeit ordnet, vermeidet man eine politisch meist unfruchtbare Grundsatzdiskussion hinsichtlich der Notwendigkeit einzelner Maßnahmen, die in einer wertepluralistischen Gesellschaft selten zu einer Einigung führt. Es mag in der Tat schwierig sein, für alle überzeugend zu argumentieren, daß die Gesellschaft keinen Wert auf den Erhalt von Wanzen oder Küchenschaben legt oder zumindest dafür kein Geld ausgeben will. Dagegen ist das Argument kaum zu widerlegen, daß der Schutz von Regenwürmern und insektenfressenden Vögeln wegen ihrer unmittelbaren Nützlichkeit für den Menschen Vorrang haben sollte vor dem Schutz von Wanzen und Küchenschaben. Dieses Beispiel ist eher kurioser Natur, aber es gibt immer wieder Entscheidungsfragen, bei denen es nicht um das „ob", sondern um die Dringlichkeit der Problemstellung geht. Bei begrenzten Mitteln und begrenztem Zeitbudget kann es sich keine Gesellschaft leisten, alle Schutzziele auf einmal erreichen zu wollen. Insofern können Prioritätensetzungen nach Maßgabe nachvollziehbarer Kriterien (etwa Nützlichkeit, Seltenheit, ästhetische Wertschätzung) politisch legitimiert und umgesetzt werden. Die Festlegung der Kriterien kann, wie oben bereits gefordert, in diskursiven Prozessen mit den beteiligten Akteuren erfolgen.

Neben den hier aufgeführten Grundsätzen haben politische und subpolitische Akteure die Möglichkeit, ihre klassischen Funktionen und Aufgaben, die ihnen kraft Amt und Verantwortlichkeit unterliegen, auch unter dem Gesichtspunkt der Nachhaltigkeit auszuführen. Für den Gesetzgeber bedeutet dies, bei der Aufstellung und Formulierung von Gesetzen, Vorschriften, Grenzwerten und technischen Anleitungen die Belange der Nachhaltigkeit zumindest mit zu bedenken. Dabei ist nicht ein Mehr an starren Regelungen gefragt, sondern eine effektive und gezielte Gesetzgebung und deren konsequente Umsetzung im Rahmen eines problemadäquaten und gut dosierten Instrumentenmixes, wie es oben angedeutet ist. Subpolitische Akteure sollten bei der Gestaltung von Handlungsentwürfen, bei ihren Entscheidungen und Vereinbarungen auch die Folgen für die Nachhaltigkeit mit in das Kalkül einbeziehen. Schließlich können Politik und Subpolitik auch als Wirtschaftssubjekte, ob als Konsument oder Produzent von Gütern und Dienstleistungen, selbst Vorbilder sein und damit einen Ausstrahlungseffekt auf andere ausüben.

Die folgende Übersicht faßt alle genannten Grundsätze noch einmal zusammen.

Abbildung 14.5: Handlungsgrundsätze für Nachhaltigkeit

Was kann der einzelne tun?

Grundsatz:

Passe Deinen Lebensstil und Dein Konsumverhalten dem Grad Deines Umweltbewußtseins an.

Konsequenz:

- Konsum als sinnvolle Befriedigung materieller Wünsche und nicht als Ersatzlösung für immaterielle Wünsche ansehen.
- Kritische Bestandsaufnahme der selbstverständlich gewordenen Gewohnheiten.
- Beim Kauf von Produkten und Dienstleistungen auf umweltbelastende Eigenschaften achten.

Was können die Unternehmen tun?

Erster Grundsatz: Begrenze das Ausmaß des Einsatzes der natürlichen Ressourcen und der Nutzung der Umwelt als Senke so weit, wie es betriebswirtschaftlich vertretbar ist.

Zweiter Grundsatz: Konzentriere die unternehmensinternen Forschungs- und Entwicklungsanstrengungen zunehmend auf die Substitution von umweltschädigenden durch umweltneutrale Produkte und auf die Schaffung weitgehend geschlossener Stoffkreisläufe.

Dritter Grundsatz: Bemühe Dich, bei der Beschaffung von Material, Rohstoffen und Produktvorleistungen auf die Regeln der Nachhaltigkeit zu achten und nur das einzukaufen, was den als sinnvoll erkannten Regeln der Nachhaltigkeit entspricht.

Vierter Grundsatz: Bei aller Notwendigkeit des Welthandels und seiner wohlstandserhaltenden Funktion lege besonderes Augenmerk auch auf Produktionsfaktoren, Produkte oder Dienstleistungen aus der eigenen Region bzw. nehme sie ins Sortiment auf, sofern es betriebswirtschaftlich möglich und nach Prüfung der Umweltverträglichkeit auch umweltschonender ist.

Fünfter Grundsatz: Sollte es zu neuen Lebensstilen kommen, in denen Genügsamkeit als eine erstrebenswerte Tugend und nicht als Zeichen für Erfolglosigkeit angese-

hen wird, gilt: Bediene diese neue Klientel durch entsprechend angepaßte Produkte und Leistungen.

Was kann die Politik tun?

Erster Grundsatz: Initiiere und fördere die Bereitstellung von Informationen, welche Konsumenten und Anbieter von Gütern und Dienstleistungen in die Lage versetzen, die Konsequenzen der Produktion und des Konsums für Umwelt und Nachwelt einigermaßen zuverlässig abschätzen zu können.

Zweiter Grundsatz: Initiiere und fördere die systematische Rückkopplung der Erfolge und Wirkungen einer nachhaltiger Lebensweise an alle Beteiligten.

Dritter Grundsatz: Verbessere die Beratungskapazität und stelle neue Formen der Beratung bereit.

Vierter Grundsatz: Beteilige dich aktiv an der Bewertung der herrschenden Arbeits- und Lebensweise und biete diskursive Formen der Konfliktschlichtung und Problemlösung an.

Fünfter Grundsatz: Ermögliche oder biete geeignete infrastrukturelle Angebote an, die eine nachhaltige Entwicklung unterstützen können.

Sechster Grundsatz: Verbessere die Fähigkeit des politischen Systems, den Wissensbestand ständig zu vermehren und das Ausbildungsniveau der Bevölkerung stetig anzuheben.

Siebter Grundsatz: Nutze die im Rahmen der Verfassung gegebenen Möglichkeiten, die konsum- und produktionsbedingte Umweltbelastung durch das Setzen wirtschaftlicher Anreize und insbesondere die Korrektur des Preisgefüges über Umweltsteuern einzuschränken.

Achter Grundsatz: Versuche, die staatlich möglichen Interventionen zur Verbesserung der Nachhaltigkeit durch geschickte Auswahl der Instrumente den jeweiligen Nachhaltigkeitszielen anzupassen und auf der Basis der Kriterien Effektivität, Kompatibilität, Effizienz und Akzeptanz zu einer geeigneten Auswahl und Prioritätensetzung zu kommen.

14.6 Ausblick

Reichen Maßnahmen, wie sie in den Grundsätzen beschrieben sind aus, um auf dem Weg zum Gipfel erkennbare Fortschritte zu machen? Niemand kann die Garantie dafür übernehmen, daß der Aufstieg wirklich zum Ziel führt. Solange aber die Tour voranschreitet und alle Beteiligten im Verlauf der Zeit kontinuierlich einen Schritt vor den anderen setzen, rückt der Gipfel zumindest näher und es wird der Boden für weitere Bergbesteigungen bereitet.

Zum Abschluß dieses Buches fassen wir nun noch einmal die wichtigsten Erkenntnisse aus der gesamten Analyse zusammen:

(1) Nachhaltigkeit bedeutet, die Produktivität und den immateriellen Nutzengewinn von Natur und Umwelt auf Dauer zu erhalten. Eine nachhaltige, auf Dauer angelegte Entwicklung muß den Bestand an natürlichen Ressourcen so weit erhalten, daß die Wohlfahrt zukünftiger Generationen gewährleistet bleibt.

(2) Das, was als erhaltenswert und schützenswert in der Natur anzusehen ist, folgt weder aus der Natur selbst noch aus den Erkenntnissen der Naturwissenschaften. Es geht vielmehr darum, die Elemente von Natur und Umwelt zu bestimmen, deren Bestand und Funktionsfähigkeit für die heutigen und zukünftigen menschlichen Bedürfnisse und Werte bedeutsam sind. Unter die Rubrik Bedürfnisse fallen vor allem die Nutzungsansprüche der heutigen und der zukünftigen Generationen, bei den Werten stehen die mit der Natur verbundenen sozialen und kulturellen Zuweisungen im Vordergrund.

(3) Natur- und Umweltschutz stehen im Dienste einer Entwicklung zu einer dauerhaft menschenwürdigen und humanen Lebensweise für alle. Die Forderung nach einer humanen Lebensweise schließt auch die treuhänderische Achtung der Lebensrechte von Tieren und Pflanzen mit ein.

(4) Der Mensch ist auf die Umgestaltung der Natur in produktive Umwelt angewiesen. Er muß Natur nutzen, um leben zu können. Anders als die übrigen Lebewesen kann er aber durch Arbeit, Energieeinsatz und Wissen die ihm natürlich vorgegebene Tragekapazität beeinflussen. Ohne diese Möglichkeit wäre der Mensch niemals so erfolgreich als Spezies gewesen. Damit die absoluten Grenzen der Tragfähigkeit nicht erreicht werden, bedarf es aber besonderer Anreize zur Erhöhung der Effizienz bei der Nutzung der natürlichen Umwelt als Quelle und Senke und einer Beschleunigung bei der Entwicklung umweltschonender Innovationen. Angesichts der wachsenden Bevölkerung erscheint aus globaler Perspektive darüber hinaus in den Industrieländern der Verzicht auf besonders umweltintensive Aktivitäten angebracht.

(5) Umweltverträglichkeit und Verteilungsgerechtigkeit laufen nicht zwangsläufig Hand in Hand. Es bestehen Zielkonflikte zwischen inter- und intragenerationaler Gerechtigkeit. Die Ermöglichung des heutigen (bereinigten) Wohlfahrtsniveaus sollte unter Einbeziehung humaner Le-

bensbedingungen erfolgen. Im Konfliktfall muß deshalb eine Abwägung zwischen den Zielen der Umwelterhaltung und der Verpflichtung zum Ausgleich der Einkommens- und Vermögenssituation vorgenommen werden. Umweltbelange können nicht automatisch Vorrang vor anderen, dem Ziel der Verstetigung des Lebensstils dienenden Belange eingeräumt werden.

(6) Das Ziel der Nachhaltigkeit bleibt so lange eine Leerformel, wie es nicht in konkretes Handeln umgesetzt werden kann. Anstelle von unrealistischen, aber wohlklingenden Programmen ist eine generelle Verpflichtung der Industriegesellschaften zur Reduktion im Verbrauch nichterneuerbarer Rohstoffe und im Gebrauch der Umwelt als Senke sinnvoll. Jedes Jahr sollte eine kontinuierliche Reduktion des Umweltverbrauchs angestrebt werden. Wo, wie und in welcher Größenordnung sollte einerseits von der spezifischen Gefährdungslage, andererseits von Effektivitäts- und Effizienzüberlegungen abhängig gemacht werden. Sinnvoll ist die Schaffung eines verbindlichen gesetzlichen Rahmens, in dem ökologisch verantwortbares Handeln belohnt wird. Dies gilt um so mehr, wenn sich die Akteure untereinander geeinigt haben, wie sie bestimmte Reduktionsziele gemeinsam verwirklichen können. In den Umweltbereichen, in denen Rückgänge der Schädigungen durch menschliche Konsum- und Produktionsaktivitäten nicht freiwillig und durch das Setzen von Anreizen erzielt werden können, kann eine konsequente, staatliche Regulationspolitik notwendig sein.

(7) Wirtschaftliche, politische und soziale Institutionen sind ebenso wie alle Bürgerinnen und Bürger aufgerufen, an der Umsetzung der Nachhaltigkeit aktiv mitzuwirken. Dazu können sie alle einen wichtigen Beitrag leisten. Der Erfolg einer nachhaltigen Entwicklung wird maßgeblich davon bestimmt sein, ob alle gesellschaftlichen Akteure konsequent ihre Handlungsspielräume nutzen, um dem Ziel einer nachhaltigen Entwicklung näherzukommen.

Es bleibt eine wichtige Herausforderung für alle Beteiligten, die richtigen Lösungswege und Instrumente für die jeweilige Aufgabe zu finden und das rechte Maß an Druck und Verbindlichkeit der Dringlichkeit der Aufgabe anzupassen. Gefragt ist eine Strategie, die persönliches Verhalten, Marktmechanismus und politische Rahmenbedingungen durch eine geschickte, angemessene und erfolgversprechende Auswahl und Einsatz von Instrumenten in die Richtung einer nachhaltigen Lebensweise zu lenken vermag. Dazu kann jeder einen Beitrag leisten.

ANHANG

Anmerkungen

1. Einleitung

1 Vgl. Peters 1984, S. 4 und S. 261.

2 von Bülow 1962 nach Radkau 1996, S. 35.

3 In einem sehr engen Sinne bezeichnet der Begriff Natur eigentlich nur Phänomene, die vom Menschen gänzlich unberührt sind. Vieles, was Menschen im täglichen Sprachgebrauch als natürlich bezeichnen, ist aber kultivierte, durch den Menschen beeinflußte Natur. Unsere heutigen Wälder und Wiesenlandschaften zum Beispiel sind kultivierte Natur genauso wie Gärten und Parkanlagen. Der gestalterische Einfluß des Menschen nimmt bei den letztgenannten ein relativ großes Ausmaß an. Kultivierte Natur und Natur im engen Sinne fassen wir im weiteren Verlauf des Textes unter dem Begriff „natürliche Umwelt“ zusammen, um einen Gegenpol zu dem Begriff „künstliche Umwelt“ zu schaffen. „Künstliche Umwelt“ bezeichnet all jene Phänomene, die vollständig oder zumindest überwiegend durch den Menschen gestaltet und geschaffen sind (Bsp. Gebäude, Straßen und Maschinen).

4 Gray 1913, im Original heißt es: „Conservation means to provide sufficient provision of resources for future generations“.

5 Van Dieren 1995, S. 72f und FAO 1997, S.186ff.

6 Zu statistischen Angaben über die globale Umweltzerstörung und das Ausmaß der Nutzung natürlicher Ressourcen vgl. World Resources Institute/United Nations Environment Programme/United Nations Development Programme/ World Bank (1996).

7 Meyer-Abich 1998, S. 247.

8 Vgl. dazu: „Sustainability is a multifaceted concept. Many different ecosystem components may be valued by society or parts of society. Sustainable use from one perspective is unsustainable from another.“ Aus: Gale/Cordray 1994, S. 327.

9 Vgl. Mill 1848.

10 Vgl. Meadows u.a. 1972.

11 Vgl. Fritzsche 1991, S. 29ff.

12 Vgl. Nentwig 1995, S. 54f. Die Lebenserwartungen sinken jedoch in vielen Ländern des ehemaligen Ostblocks. Dies ist allerdings nur zu einem geringen Teil auf Umweltprobleme zurückzuführen. Vgl. dazu Barr 1996.

13 Simon 1992, S. 31. Im Original heißt es: „We are confident that the nature of the physical world permits continued improvement in humankind's economic lot in the long run, indefinitely. Of course, there are always newly arising local problems, shortages, and pollutions... and the solutions usually leave us better off than if the problem had never arisen".

14 Vgl. World Resources Institute/United Nations Environment Programme/United Nations Development Programme/ World Bank 1996, S. 3 und S. 174.

15 Vgl. Bettman 1974.

16 Vgl. Ballschmiter 1992 und Ballschmiter/Bacher 1996.

17 Vgl. Nentwig 1995, S. 178ff.

18 Vgl. von Gleich 1989 und 1997.

19 Vgl. Riebesell/Wolf-Gladrow 1993, S. 97 und Enquete-Kommission „Schutz der Erdatmosphäre" des Deutschen Bundestages 1995, S. 24.

20 Vgl. Bayerisches Staatsministerium für Landesentwicklung und Umweltfragen 1996, S. 9.

21 Vgl. Statistisches Bundesamt 1997a, S. 370.

2. Was bedeutet Nachhaltigkeit?

1 Mill 1848 nach Renn 1985, S. 155.

2 Hauff 1987, S. 46. Die deutsche Fassung verwendet für die Bezeichnung „sustainable" im englischsprachigen Original-Bericht nicht den Terminus nachhaltig, sondern übersetzt „sustainable development" mit „dauerhafter Entwicklung".

3 Der SRU ist ein von der Regierung berufenes interdisziplinäres Experten-Gremium, das die Aufgabe hat, umweltpolitische Entscheidungsträger und Öffentlichkeit in ihrer Urteilsfindung im Hinblick auf Umweltfragen zu beraten.

4 Vgl. Huber 1995, S. 31.

5 Vgl. Birnbacher 1991, S. 105.

6 Zu den verschiedenen umwelt- und naturethischen Ansätzen vgl. Krebs 1997.

7 Vgl. Birnbacher/Schicha 1996, S. 144.

8 Vgl. Honnefelder 1993, S. 258.

9 Vgl. Honnefelder 1993, S. 259f.

10 Vgl. Wolters 1995.

11 Vgl. Haber 1980, S. 3ff.

12 Vgl. Mohr, 1995, S. 31ff.

13 Mohr 1995, S. 57.

14 Vgl. van Dieren 1995, S. 67.

15 Vgl. Vitousek/Ehrlich/Matson 1986.

16 Vgl. Vitousek/Ehrlich/Matson 1986.

17 Vgl. van Dieren 1995, S. 67.

18 Bohnet 1997, S. 4.

19 Vgl. Brown 1997, S. 57.

20 Vgl. Mohr 1995, S. 53.

21 Vgl. Catton 1980.

22 Vgl. Simon 1992.

23 Vgl. Fremlin, 1964.

24 Vgl. Mohr 1995, S. 54f. und Renn 1995, S. 11f.

25 Auf die besonderen Probleme, die bei der Aggregation individueller Nutzenkalküle auftreten, soll hier nicht näher eingegangen werden.

26 Mit dem Begriff Markt bezeichnen Ökonomen den Ort des Tausches, an dem sich durch Zusammentreffen von Angebot und Nachfrage Preise bilden. Ein Beispiel ist der Wochenmarkt, wo Gemüsehändler aus einem bestimmten Gebiet ihre Ware den potentiellen Gemüsekäufern anbieten. Das Zusammentreffen von Angebot und Nachfrage muß aber nicht an einem bestimmten geographischen Ort stattfinden. Beim Versandhandel oder auch beim virtuellen Markt im Internet fallen Standorte von Käufern und Verkäufern beim Tauschgeschäft auseinander.

27 Vgl. hierzu Clar/Doré/Mohr 1997.

28 Vgl. Ständige Arbeitsgruppe der Biosphärenreservate in Deutschland 1995.

29 Vgl. Löbbe 1996, S. 130ff.

30 Vgl. Schumacher 1996, S. 334.

31 Auch die starke Nachhaltigkeit ist, anders als man auf den ersten Blick vermuten würde, vom Gedanken des gemäßigten Anthroprozentrismus geprägt, da nicht das jeweilige Individuum ein Eigenrecht an Existenz erhält, sondern allenfalls die Gattung oder das Biotop. Individuelle Elemente des natürlichen Kapitalbestandes können auch bei starker Nachhaltigkeit vor Ende ihrer Lebensspanne vom Menschen genutzt werden. Es kommt nur darauf an, daß gleichartige Individuen nachwachsen. Bei Existenzrechten von Individuen müßten auch die nachwachsenden Ressourcen weitestgehend unter Schutz gestellt werden.

32 Vgl. Klemmer 1994, S. 42.

33 Vgl. Renn, 1996, S. 94.

34 Vgl. Wissenschaftlicher Beirat der Bundesregierung „Globale Umweltveränderungen“ 1993, S. 180.

35 Vgl. dazu die Beispiele in: Janssen 1986, S. 224-243.

36 Vgl. dazu die Ausführungen in: Akademie der Wissenschaften zu Berlin 1992, S. 24ff.

37 Vgl. Stichwort „Environmental Sociology," in: Eblen/Eblen 1994, S. 655.

38 Goede 1806 nach Sieferle 1985, S. 51.

39 Dieses Beispiel geht auf G. Machlis von der University of Idaho in den USA zurück (vgl. Renn 1996, S. 107). Die Geschichte des kalifornischen Kondorerhaltungsprogramms bis zum Jahre 1990 beschreibt Tyler Miller in: Miller 1990, S. 42.

40 Vgl. hierzu Frankfurter Allgemeine Zeitung vom 20.05., 09.06. und 21.06.1995, Süddeutsche Zeitung vom 29.06.1995 und Kreiszeitung Syker Zeitung vom 08.06.1995. Zu den Ereignissen um Brent Spar hat die Shell AG eine umfangreiche Dokumentation der Reaktionen und Pressestimmen herausgegeben: Shell AG 1995.

41 Beck 1996, S. 122.

42 Vgl. Gaßner/Holznagel/Lahl 1992, S. 33ff und Renn/Webler 1998, S. 69ff.

43 Habermas 1971, S. 101-141.

44 Die Unterschiede zwischen Wissen und Handeln sind besonders im Bereich des Umweltverhaltens anzutreffen. Dazu die Studie von: Diekmann/Preisendörfer 1992: 226-251. Vgl. auch: Gessner/Kaufmann-Hayoz 1995. Auf der Ebene der Implementation von umweltpolitischem Handeln vgl. Mayntz/Derlin/Bohne/Hesse/Hucke/Müller 1978.

45 Vgl. zu dem folgenden Katalog von Aufgaben: Lowe/Rudig 1986, S. 348f. Zur Aufgabe der Sozialwissenschaften bei der Erklärung der Kluft zwischen Umweltbewußtsein und Umweltverhalten siehe: Gessner/Kaufmann-Hayoz 1995, S. 15ff. Vgl. zu den Aufgaben der Sozialwissenschaften für eine nachhaltige Entwicklung: Renn 1996, S. 105.

3. Nachhaltigkeit für wen?

1 Vgl. Renn 1994, S. 16.

2 Vgl. Pfister 1994.

3 Vgl. Renn 1996a, S. 94f.

4 Das Konzept des Umweltraums geht auf den niederländischen Wissenschaftler Hans Opschoor zurück (vgl. BUND/Misereor 1996, S. 26ff).

5 Vgl. BUND/Misereor 1996,S. 53ff.

6 Vgl. Rawls 1990.

7 Vgl. Young 1995.

8 Vgl. Huber 1995c, S. 96ff.

9 Zur Ratifikation und Unterzeichnung wichtiger globaler Umweltverträge vgl. Stiftung Entwicklung und Frieden 1997, S. 456ff.

10 United Nations Environment Programme 1990.

11 Vgl. Deutscher Bundestag: Zehnter Bericht zur Entwicklungspolitik der Bundesregierung, S. 15.

12 Vgl. Wissenschaftlicher Beirat der Bundesregierung „Globale Umweltveränderungen“ 1996, S. 120ff.

13 Vgl. Asian Development Bank 1990, S. 52ff.

14 Dies zeigt sich zum Beispiel deutlich an der im Rahmen der Klimakonferenz der Vereinten Nationen in Kioto verstärkt artikulierten Besorgnis der Entwicklungsländer darüber, daß Klimaschutzmaßnahmen zu einer Bedingung für die Gewährung von Entwicklungshilfegeldern werden könnten. (Vgl. hierzu Missbach 1997).

15 Vgl. Rudolph 1994, S. 92ff. und Unmüßig 1995, S. 38.

16 Vgl. Haavelmo/Hansen 1991, S. 45.

17 Vgl. Statistik des Bundesministeriums für Wirtschaftliche Zusammenarbeit und Entwicklung im Internet (http://www.bmz.de/statistik).

4. Der Weg in die Nachhaltigkeit

1 Andere Autoren haben Regeln für den Umgang mit der natürlichen Umwelt mit dem Begriff „Nutzungsregeln“ bezeichnet.

2 Vgl. Pearce/Turner/Kerry 1990, S. 43ff.

3 Auch hier gilt, daß die Regenerationsfähigkeit der erneuerbaren Ressourcen und die Aufnahmefähigkeit der Ökosysteme nicht in Frage gestellt werden darf.

4 Vgl. Lehn/Steiner/Mohr 1996, S. 2f.

5 Vgl. Pearce/Turner/Kerry 1990, S. 51.

6 Vgl. Daly 1993.

7 Vgl. Hauff 1987, S. 92f und Blazejczak 1992, S. 13ff.

8 Vgl. Simonis 1990, S. 13.

9 Vgl. Renn 1994, S. 19f.

10 Ökonomen messen mit der Produktivität die Leistungsfähigkeit der Produktionsfaktoren. Produktivität steht für das Verhältnis von produzierter Menge und Menge der eingesetzten Produktionsfaktoren.

11 Informationsdienst des Instituts der deutschen Wirtschaft 1997, Nr. 51. und Statistisches Bundesamt 1997b.

12 Vgl. Pfister 1994, S. 82f.

13 Vgl. Stephan/Fratzscher 1996, S. 289.

14 Vgl. Vorholz 1992, S. 115.

15 Vgl. hierzu auch den Begriff der „Konsistenz“ von Huber (Huber 1995c, S. 138ff.).

16 Vgl. Hiessl/Meyer-Krahmer/Schön 1995 und Meyer-Krahmer 1995, S. 23ff.

17 Vgl. Graskamp/Halstrick-Schwenk/Janßen-Timmen/Löbbe/Wenke 1992, S. 269.

18 Vgl. Huber 1995a, S. 17.

19 Vgl. Meyer-Krahmer 1995, S. 27.

20 Vgl. Möller 1993, S. 141.

21 Vgl. Angerer 1995, S. 79f.

22 Vgl. Warmer Bulletin 48/1996, S. 18.

23 Vgl. Angerer 1995, S. 79.

24 Vgl. Hiessl/Meyer-Krahmer/Schön 1995, S. 89-99.

25 Vgl. Hummel/White/Willmore 1996, S. 6-7.

26 Vgl. Stahel 1993, S. 53ff, und Landesanstalt für Umweltschutz 1996a und 1996b.

27 Vgl. Hiessl/Meyer-Krahmer/Schön 1995, S. 89-99 und Stahel 1993. Zahlreiche weitere interessante Beispiele für eine höhere Ressourcenproduktivität durch längere bzw. intensive Nutzung von Gütern finden sich in: Landesanstalt für Umweltschutz 1996b.

28 Eine sehr optimistische Sicht in bezug auf die Schaffung von Arbeitsplätzen durch den Umstieg auf langlebige Produkte und verstärktes Materialrecycling vertritt zum Beispiel Walter R. Stahel vom Institut für Produktdauer-Forschung in Genf. Vgl. Stahel 1995.

29 Vgl. hierzu z. B.: BUND/Misereor 1996, S. 206ff.

30 Vgl. Huber 1995c, S. 123ff.

31 Der jeweils aktuelle deutschsprachige „Bericht über die menschliche Entwicklung“ wird veröffentlicht von der Deutschen Gesellschaft für die Vereinten Nationen e.V., Bonn.

32 Vgl. Leipert 1991, S. 25ff.

33 Vgl. El Serafy 1991, S. 60.

34 Vgl. Leipert 1989.

35 Dies entspricht dem Einkommensbegriff, der von dem Ökonomen J.R. Hicks 1946 in bezug auf ein Individuum folgendermaßen definiert wurde:“...we ought to define a man’s income as the maximum value which he can consume during a week, and still expect to be as well off at the end of the week as he was at the beginning“ (Hicks 1946, S. 172).

36 Die Daten zur Umweltökonomischen Gesamtrechnung werden vom Statistischen Bundesamt in Wiesbaden in der Fachserie 19 herausgegeben.

37 Die Weltbank teilt die von uns im Kapitel 2 unter dem Begriff „künstliches Kapital“ eingeführte Kategorie in zwei Komponenten auf. Zur Methodik der Berechnung der drei Vermögensgrößen vgl.: Dixon/Hamilton 1996.

38 Vgl. Dixon/Hamilton 1996, S. 16.

39 Vgl. hierzu: Rat von Sachverständigen für Umweltfragen 1994, Rennings 1994, Richter 1994, UN Commission on Sustainable Development 1996 und Van Dieren 1995.

5. Umweltverhalten und politische Steuerung

1 Vgl. Wissenschaftlicher Beirat der Bundesregierung 1993, S. 246f und auch Saegert/Winkel 1990.

2 Bundesumweltministerium 1996, S. 15f.

3 Vgl. Zwick 1998, S. 7.

4 Vgl. Jamison/Eyerman/Cramer/Laessoe 1990 sowie Kastenholz 1992.

5 Vgl. Saegert/Winkel 1990, S. 461ff.

6 Vgl. Diekmann/Preisendörfer 1992.

7 Preisendörfer/Franzen 1996, S. 233. Zum einen liegt dies daran, daß Handeln in aller Regel von den jeweiligen situationsbezogenen Kontextbedingungen anhängig gemacht wird. Werte und Einstellungen spielen dabei oftmals nur eine moderierende Rolle. Zum anderen darf nicht übersehen werden, daß in anbetracht der hohen Komplexität gesellschaftlicher Phänomene 20% Erklärungskraft auf Individualdatenbasis schon als „Erfolg" anzusehen sind (vgl. Küchler 1979, S. 51).

8 Vgl. Rat von Sachverständigen für Umweltfragen 1978, S. 445.

9 Vgl. vor allem de Haan/Kuckartz 1996 sowie Spada 1990 und Saegert/Winkel 1990.

10 Vgl. Shockey 1996.

11 Dies mag überraschen, allerdings darf hierbei nicht übersehen werden, daß bestimmte Kontexte gewisse Naturbilder hervorrufen und andere in den Hintergrund treten lassen können. Die große Ähnlichkeit der von der Autorin ermittelten Naturbilder in den verschiedenen Kulturkreisen dürfte zum Teil durch die vereinheitlichte Situation „Waldspaziergang" hervorgerufen worden sein.

12 Vgl. Shockey 1996, S. 205ff.

13 Zwick 1998.

14 Bundesumweltministerium 1996, S. 7.

15 Eurobarometer 1996.

16 Eurobarometer 1992.

17 Kuckartz 1997.

18 Kuckartz 1997, S. 18f.

19 Kuckartz 1997, S. 11-12.

20 de Haan/Kuckartz 1996, S. 182ff.

21 Bundesumweltministerium 1996, S. 9ff.

22 Bundesumweltministerium 1996, S. 86.

[23] Wenke 1993, S. 17.

[24] Bundesumweltministerium 1996, S.22.

[25] Kuckartz 1997, S. 22ff.

[26] de Haan/Kuckartz 1996, S. 51.

[27] Vgl. Renn/Zwick 1997, S. 15ff.

[28] Vgl. Renn/Zwick 1997, S. 31f.

[29] Vgl. Kistler/Pfaff 1990, S. 41-70.

[30] Vgl. Renn 1993, S. 75.

[31] Vgl. ebenfalls dazu: Hennen 1994, S. 9.

[32] zitiert nach Renn 1987, S. 85.

[33] Vgl. die Beiträge in Heidenreich 1993 und die etwas ältere Übersicht in dem Sammelband des VDI-Technologiezentrum/Wissenschaftszentrum Berlin 1980.

[34] Vgl. Sorge/Hartmann/Warner/Nicholas 1982, S. 172.

[35] Vgl. Hennen 1994, S. 9.

[36] Die Aufteilung von materialistischen versus postmaterialistischen Werten geht auf den amerikanischen Sozialforscher Roland Inglehart zurück. Vgl. dazu: Renn/Zwick 1997, S. 49ff sowie Klages 1984, S. 32ff und 85ff.

[37] Vgl. zusammenfassend Alheit/Völker/Westermann/Zwick 1994.

[38] Vgl. Dierkes/Fietkau 1988, S. 35ff.

[39] Vgl. die Aufsatzsammlung in Jaufmann/Kistler 1991.

[40] Zwick 1998.

[41] Vgl. Schahn/Holzer 1990.

[42] Vgl. dazu die Umfragedaten über das Abbröckeln von umweltgerechter Handlungsbereitschaft, sobald die Maßnahmen ökonomisch „weh" tun in: Preisendörfer/Franzen 1996, S. 222.

[43] Vgl. Bundesumweltministerium 1996, S. 222.

[44] Vgl. Renn 1993.

[45] Vgl. dazu Rayner 1992.

[46] Vgl. Wildavsky/Dake 1990.

[47] Vgl dazu vor allem: Dickmann/Preisendörfer 1992, aber auch: Gessner/Kaufmann-Hayoz 1995.

[48] Preisendörfer/Franzen 1996, S. 233.

[49] Kuckartz 1997, S. 27.

[50] Kuckartz 1997, S. 24.

[51] Diekmann/Preisendörfer 1992.

[52] Vgl. die Aufzählung bei Preisendörfer/Franzen 1996, S. 234ff.

[53] Vgl. vor allem: Dierkes/Fietkau 1988, S. 65ff.

[54] Vgl. Fisher 1987.

[55] Vgl. Dunlap 1992.

56 „Erwerb, Verfügung und Einsatz von politischer Macht nach Normen, die diskursiv begründet sind und konsensuell innerhalb des relevanten Kollektivs getragen werden" (Münch 1982, S. 267).

57 Vgl. dazu den Sammelband Hartwich/Wewer 1991 sowie Zilleßen 1993, S. 29f.

58 Vgl. Würtenberger 1993, S. 76ff.

59 Es geht hier nur um politische Entscheidungen mit kollektiv verbindlichem Charakter. Andere soziale Entscheidungssysteme, die auf Markt, Recht oder Wissenschaft beruhen, sind hier ausgeblendet. Vgl. dazu Renn/Webler 1996.

60 Vgl. vor allem Luhmann, 1996, S. 149ff.

61 Vgl. vor allem Lindbloom 1959 und Lindbloom 1965. Die Frage der kommunikativen Anschlußfähigkeit wird insbesondere von den Systemanalytikern der Bielefelder Schule thematisiert. Vgl. etwa Willke 1995.

62 Vgl. vor allem Habermas 1989, Habermas 1991, S. 68ff sowie Renn 1996c, S. 161-197.

63 Vgl. Habermas 1981, Bd. 1, S. 369ff.

64 Vgl. Gethmann/Mittelstraß 1992, S. 21.

65 Vgl. Wellmer 1992.

66 Vgl. Nennen 1995 und Wiedemann 1994, S. 180.

67 Vgl. den gleichnamigen Aufsatz von Weinrich 1972.

68 Vgl. Dahl 1982, S. 213ff.

6. Wie kann eine nachhaltige Entwicklung in der Praxis umgesetzt werden?

1 In der ökonomischen Theorie der Wohlfahrt ist dabei das Bewertungskriterium für ein „gutes" Ergebnis die sogenannte Pareto-Effizienz (nach dem italienischen Ökonomen und Soziologen Vilfredo Pareto). Güterverteilungen zwischen Individuen sind dann pareto-effizient, wenn ein Individuum durch Umverteilung seinen Nutzen nur dadurch erhöhen kann, daß ein anderes Individuum schlechter gestellt wird (man beachte, daß sich der von uns am Anfang des Kapitels eingeführte Effizienzbegriff von dieser Paretoeffizienz unterscheidet!).

2 Vgl. Cansier 1993, S. 13.

3 Beispiel für eine von der UNESCO unter Schutz gestellte Naturstätte ist der russische Baikalsee.

4 Reine öffentliche Güter, welche die genannten Eigenschaften strikt erfüllen, sind ein theoretisches Konstrukt und existieren in der Realität kaum. Es treten vielmehr Mischformen zwischen privaten und öffentlichen Gütern auf. So kann zum Beispiel die Nutzerzahl bei öffentlichen Gütern beschränkt sein, wenn etwa bei hohem Verkehrsaufkommen auf öffentlichen Straßen Überfüllung droht

oder der Lesesaal der öffentlichen Bibliothek überfüllt ist. Ein Ausschlußkriterium bei öffentlichen Gütern kann auch der Ort der Bereitstellung darstellen. Eine Brücke in Süddeutschland kommt zum Beispiel vor allem den in der Nähe lebenden Menschen zugute, welche ein bestimmtes Wegstück sehr oft passieren müssen. Die „Öffentlichkeit" von Gütern ist in graduellen Abstufungen zu sehen.Vgl. hierzu Brümmerhoff 1992, S. 88ff.

5 Vgl. Cansier 1993, S. 20.

6 „Allmende" ist ein Begriff aus dem Mittelalter und bezeichnete ursprünglich Nutzflächen, die von einer Dorfgemeinschaft gemeinsam benutzt wurden.

7 Vgl. hierzu Herder-Dornreich 1982.

8 Vgl. hierzu Vlek 1995, S. 12.

9 Dieses Problem ist ein Grund dafür, daß die Rechtfertigung von Staatseingriffen durch das Vorliegen von Marktversagen in der ökonomischen Diskussion von verschiedenen Seiten heftig kritisiert worden ist. Dabei wird vor allem bezweifelt, daß der Staat über die notwendigen Informationen verfügt, um eine optimale nicht-marktgeleitete Entscheidung über die Zuteilung von Gütern herbeiführen zu können. Vgl. Richter/Wiegard 1993, S. 177ff.

10 Vgl. Haavelmo/Hansen 1992, S. 44.

11 Dieser Ansatz zur Internalisierung der externen Kosten geht auf R.H. Coase zurück, der im übrigen gezeigt hat, daß es für das Erreichen eines im ökonomischen Sinne optimalen Zustands gleichgültig ist, ob der Schadensverursacher oder der Geschädigte das Eigentumsrecht haben. Vgl. Coase 1978.

12 Vgl. Hardin 1968.

13 Vgl. World Resources Institute/United Nations Environment Programme/United Nations Development Programme/World Bank 1996, S. 298.

14 Vgl. hierzu: Ostrom 1988, S. 88ff. und Ostrom 1992.

15 Vgl. Fischer 1997, S. 11-12.

16 In der Ökonomie spricht man hier von Fällen des „Marktversagens".

17 Unsere Ausführungen reichen hier über die in der traditionellen Wohlfahrtsökonomie diskutierten Vorschläge für Staatseingriffe zur Korrektur des Marktergebnisses hinaus. Ziel des Kapitels ist nicht die Beschreibung einer allein aus ökonomischer Sicht optimalen Umweltpolitik.

18 Teilweise abweichende Kategorisierungen von umwelt- und nachhaltigkeitspolitischen Instrumenten finden sich unter anderem in: Rat von Sachverständigen für Umweltfragen 1994, S. 130ff. und Rennings/Brockmann/Koschel/Kühn 1996, S. 260.

19 Vgl. Cansier 1993, S. 242ff.

20 Benannt nach A.C. Pigou, auf den dieser theoretische Lösungsansatz zur Korrektur des Marktversagens zurückgeht. Vgl. Pigou 1932.

21 Dies entspricht der Orientierung an der oben genannten Standardlösung. Die Erhebung einer Steuer nach diesem Prinzip wird Standard-Preis-Ansatz genannt. Vgl. Baumol/Oates 1971.

22 Vgl. Cansier 1993, S. 136f.

23 Sonderabgaben sind eine besondere Konstruktion des deutschen Rechts. Vgl. Cansier 1993, S. 136ff.

24 In Deutschland zum Beispiel wurde im Sommer 1997 die Ausrichtung der Kraftfahrzeugsteuer am Schadstoffausstoß eingeführt.

25 Vgl. Bundesministerium der Finanzen 1997 und Knaus/Renn et al. 1997.

26 Vgl. Michaelis 1996, S. 63ff.

27 Dieses Instrument geht deshalb teilweise auf den oben genannten Lösungsansatz von Coase zurück.

28 Zu verschiedenen Modellen einer Anwendung der Umweltzertifikate vgl. Endres/Rehbinder/Schwarze 1994.

29 Vgl. Cansier 1993, S. 206ff.

30 Vgl. Brösse 1995, S. 205ff. und Fritzler 1997, S. 86f.

31 Vgl. Jessel 1994, S. 498ff.

32 Vgl. Oppermann 1998.

33 Vgl. Jänicke/Carius/Jörgens 1997.

34 Vgl. Henschel 1994.

35 Vgl. Renn/Webler 1998.

36 Vgl. Keeney/Renn/von Winterfeldt/Kotte 1984.

37 Vgl. Webler/Levine/Rakel/Renn 1991.

38 Vgl. Dienel 1997, S. 52-58 und Dienel 1990, S. 138ff.

39 Vgl. Renn 1996, Renn/Webler 1996, S. 11-52 und Renn/Oppermann 1995, S. 266ff.

40 Vgl. Bundesumweltministerium 1992, S. 231ff.

41 Vgl. Hoffmann-Riem/Eifert 1995, S.320f.

42 Vgl. Michelsen 1990, S. 157f.

43 Vgl. Benkert 1995.

44 Vgl. Haasis 1995 und Enquete-Kommission „Schutz des Menschen und der Umwelt“ 1993, S. 75ff.

45 Vgl. Günther 1994.

46 Vgl. Lindlar 1994.

47 Vgl. Amtsblatt der EG vom 10. Juli 1993.

48 Zu den Bewertungskriterien für den Einsatz umweltpolitscher Instrumente vgl.: Knüppel 1989 und US Congress 1995.

49 Vgl. von Weizsäcker 1992, S. 264.

50 Vgl. hierzu Frey 1992, S. 114f.

51 Vgl. Kirchgässner 1995, S. 288.

52 Vgl. Cansier 1993, S. 140ff.

53 Vgl. Renn/Webler 1994, S. 23.

54 Vgl Kurz/Volkert 1995, S. 84f.

55 Vgl. Rennings/Brockmann/Bergmann 1997.

56 Vgl. Heins 1994, S. 20.

7. Der geeignete Bezugsraum für die Realisierung von Nachhaltigkeit

1 Vgl. Renn 1994, S. 32. und von Prittwitz/Wolf 1993, S. 206.

2 Berechnungen der Welthandelsorganisation, zitiert nach: The Economist vom 8. November 1997.

3 Vgl. Informationsdienst des Instituts der deutschen Wirtschaft Köln (1996).

4 Umweltbundesamt 1997a, S. 71.

5 Vgl. Wissenschaftlicher Beirat der Bundesregierung Globale Umweltveränderungen 1997.

6 Vgl. Klemmer 1995, S. 325.

7 Organisation für wirtschaftliche Zusammenarbeit und Entwicklung. Die OECD ist eine Organisation marktwirtschaftlich organisierter Industriestaaten und hat 29 Mitgliedstaaten (unter anderem alle Staaten der Europäischen Union).

8 Vgl. Weimann 1995, S. 66ff.

9 Vgl. Weimann 1995, S. 152.

10 Vgl. von Prittwitz/Wolf 1993, S. 197f.

11 Vgl. Helm 1995, S. 126.

12 Vgl. Weimann 1995, S. 151.

13 Vgl. Bundesministerium für Bildung, Wissenschaft, Forschung und Technologie 1997, S. 64f.

14 Hier ist zu beachten, daß jede zusätzliche Tonne Kohlendioxid, die eingespart wird, einen immer höheren finanziellen Aufwand erfordert. Die Ökonomie spricht hier von steigenden Grenzkosten. Vgl. Informationsdienst des Instituts der Deutschen Wirtschaft Februar 1998, S. 6.

15 Vgl. hierzu Sorsa 1993, S. 326-337.

16 Vgl. von Prittwitz/Wolf 1993, S. 206.

17 BUND/Misereor 1996.

18 Umweltbundesamt 1997b und Zwischenbericht der Enquete-Kommission „Schutz des Menschen und der Umwelt" 1997.

19 Vgl. von Prittwitz/Wolf 1993, S. 194.

20 Vgl. Umweltbundesamt 1995, S. 45.

21 Vgl. Hey 1992, S. 30.

22 Ergebnisse einer Umfrage des Deutschen Instituts für Urbanistik aus 150 Städten (Stand Frühjahr 1997), Mehrfachnennungen waren möglich.

[23] Vgl. Wiemann 1994, S. 49.

[24] Zu den theoretischen Grundlagen der Begründung einer Vorteilhaftigkeit des Handels vgl. Rose/Sauernheimer 1992.

[25] Vgl. hierzu OECD 1994, S. 12ff.; Helm 1995, S. 24ff. und Daly 1994, S. 40-46.

[26] Vgl. Supper 1993, S. 410f.

[27] Vgl. Sauernheimer/Ködding 1995, S.73.

[28] Vgl. Daly 1994, S. 43; OECD 1994, S. 12ff. und Helm 1995, S. 24ff.

[29] Zu den positiven Folgen des Handels auf die Umwelt vgl. Wiemann 1994, S.51ff.; OECD 1994, S. 12ff.; Bhagwati 1994 und Helm 1995, S. 24ff.

[30] Vgl. Varangis/Braga/Takeuchi 1993, S. 345.

[31] Vgl. Bhagwati 1994, S. 38.

[32] Vgl. Helm 1995, S. 77ff.

[33] Vgl. Wiemann 1992, S. 24f.

[34] Vgl. Renn 1994, S. 34.

[35] Vgl. Varangis/Braga/Takeuchi 1993, S. 346ff.

[36] Vgl. Wiemann 1994, S. 50.

8. Ein Konzept zur Messung einer nachhaltigen Entwicklung

[1] Vg. OECD 1994.

[2] Vgl. Pfister/Knaus/Renn 1997. Eine ausführliche Begründung dieses Konzepts findet sich in Pfister/Renn 1996.

9. Nachhaltigkeit in der Land- und Forstwirtschaft

[1] Statistisches Landesamt 1996.

[2] Vgl. Linckh/Sprich/Flaig/Mohr 1996 und 1997.

[3] Vgl. Schumacher 1996.

[4] Schumacher 1996.

[5] Volz/Böswald/Dinkelaker 1996.

[6] Vgl. Thoroe 1993.

[7] Schumacher 1996.

[8] Zur Verwendung der Begriffe „Wald“ und „Forst“ in diesem Beitrag: „Wald“ bezieht sich primär auf die Vegetationsform und die dadurch charakterisierte Lebensgemeinschaft; der Begriff steht in einem eher ökosystemaren Begriffszusammenhang. „Wald“ bezeichnet einen mehr oder weniger geschlossenen

Baumbestand, der natürlich, naturnah oder auch völlig durch den Menschen begründet und geprägt sein kann. (Bestände der letzteren Art werden oft als Forst bezeichnet). Wälder können bewirtschaftet werden, was durch „Waldbewirtschaftung“ unmittelbar begrifflich gefaßt wird. „Forst“ kann im Prinzip synonym mit „Wald“ verwendet werden und steht hier eher im Begriffszusammenhang mit der gezielten wirtschaftlichen Nutzung des Baumbestandes („Forstwirtschaft“).

[9] Vgl. Bartelheimer 1995.

[10] Vgl. Flaig/Mohr 1996.

[11] Vgl. Schumacher 1996.

[12] Forstliche Versuchs- und Forschungsanstalt 1993.

[13] Schumacher 1996.

[14] Volz/Böswald/Dinkelaker 1996.

[15] Vgl. Schneider 1995.

[16] Volz/Böswald/Dinkelaker 1996.

[17] Einen Überblick bietet hier Brandl/Oesten 1996.

[18] Konkrete Vorschläge dazu in Linckh/Sprich/Flaig/Mohr 1997.

[19] Vgl. Haber 1996.

[20] Vgl. Haber 1996.

[21] Hampicke nach Haber 1996.

[22] Landesanstalt für Umweltschutz 1996.

[23] Vgl. Lehn/Steiner/Mohr 1996.

[24] Vgl. Flaig/Mohr 1996.

[25] Vgl. Schwab/Schlaf/Flaig 1996.

[26] Umweltbundesamt 1993.

[27] Vgl. Flaig/Mohr 1996.

[28] Flaig/Mohr 1996.

[29] Vgl. Claus 1996 und Briemle/Elsäßer/Jilg/Müller/Nußbaum 1996.

[30] Vgl. Isermann 1994 und Dämmgen/Rogasik 1996.

[31] Vgl. Haas/Köpke 1994.

[32] Vgl. Kahnt 1996.

[33] Vgl. Renn 1994.

[34] Vgl. Kahnt 1996 und Kühl 1996.

[35] Vgl. Nieberg 1994.

[36] Vgl. Grosskopf 1996.

[37] Vgl. Linckh/Sprich/Flaig/Mohr 1997.

[38] Linckh/Sprich/Flaig/Mohr 1997.

10. Innovationen für nachhaltige Wirtschaft

1 Renn 1996, S. 24; vgl. auch Kap. 1.

2 Vgl. Meyer/Rowan 1983.

3 Diese wurde von Thomas Dresel (Freiburg) im Auftrag der Akademie für Technikfolgenabschätzung in Baden-Württemberg durchgeführt (vgl. Dresel 1997).

4 Vgl. hierzu auch Schwaderlapp 1995.

5 Dresel 1996, S. 45.

6 Vgl. auch Wiedemann/Karger 1995.

7 Vgl. auch Birke 1995.

8 Dresel 1996, S. 62.

9 Vgl. Dresel 1996, S. 101f.

10 Vgl. Hale 1996.

11 Dresel 1996, S. 35.

12 Vgl. Renn 1996.

11. Klimaverträgliche Energieversorgung und Nachhaltigkeit

1 Vgl. Schade/Weimer-Jehle 1996.

2 Eine umfassende Darstellung der Treibhaus-Problematik findet sich in: Enquête-Kommission 'Schutz der Erdatmosphäre' des Deutschen Bundestages 1995.

3 Korff 1992, S. 9 ff.

4 Vgl. Schade 1995.

5 Als Reserven wird der Teil der Ressourcen bezeichnet, der sicher nachgewiesen und unter heutigen technisch-ökonomischen Bedingungen abbauwürdig ist. Die statische Reichweite ist die zeitliche Reichweite der Reserven bei heutiger Förderungsrate.

6 Daten nach Bundesministerium für Wirtschaft 1996, S. 89ff, Winje/Witt 1991, S. 9 und eigene Berechnungen.

12. Vom nachhaltigen Umgang mit Wasser

1 Vgl. Lehn et al. 1996.

2 Falkenmark 1995.

3 Golubev 1993.

4 Bundesministerium für Umwelt, Naturschutz und Reaktorsicherheit 1994.

[5] Libizewski 1994.

[6] Vgl. Bächler et al. 1996.

[7] World Resources Institute 1995.

[8] Vgl. Lehn et al. 1996.

[9] Abflußdaten des Neckars. Vgl. LfU 1994b.

[10] Kobus/Bürkle 1996.

[11] Vgl. Gardner 1995.

[12] Vgl. Deutscher Verband für Wasser- und Kulturbau 1987.

[13] Vgl. Ministerium für Umwelt Baden-Württemberg et al. 1987.

[14] Büringer 1997.

[15] Daten aus: Landesanstalt für Umweltschutz 1996.

[16] Landesanstalt für Umweltschutz 1996.

[17] Rommel 1993.

[18] Statistisches Landesamt 1992.

[19] Statistisches Landesamt 1995.

[20] Flaig/Mohr 1996.

[21] Vgl. Lehn et al. 1995.

[22] Köble et al. 1993.

[23] Gunderssen/Rasmussen 1988.

[24] Bücking 1993.

[25] Lange 1995.

[26] Dohmann 1995.

[27] Landesanstalt für Umweltschutz 1995.

[28] Landesanstalt für Umweltschutz 1994a.

[29] Vgl. Landesanstalt für Umweltschutz 1993.

[30] Lanz 1995.

[31] Rott/Schlichtig 1994.

13. Partizipation als Instrument der Nachhaltigkeitspolitik

[1] Dr. Sabine Köberle, Bettina Oppermann, Elke Schneider, Monika Schrimpf und Katharina Zöller danken wir für ihre vielseitigen Anregungen und wertvollen Beiträge.

[2] Renn et al. 1998.

[3] Vgl. Renn/Webler 1994.

[4] Vgl. Renn/Webler 1995.

[5] Vgl. Keeny et al. 1984.

6 Vgl. Renn/Kotte 1985 und Webler/Levine/Rakel/Renn 1991.

7 Vgl. Dienel 1978 und Dienel/Garbe 1985.

8 Vgl. Oppermann et al. 1997.

9 Dienel 1978.

14. Was ist zu tun?

1 Jüdes 1997, S. 1.

2 Die Wahrung der Pluralität innerhalb des Leitbildes der Nachhaltigkeit ist auch der Grundtenor des Nachhaltigkeitskonzeptes der deutschen Bundesregierung. Vgl. dazu: Bundesministerium für Umwelt, Naturschutz und Reaktorsicherheit 1996.

3 Vgl. Renn 1998, S. 44–46.

4 Vgl. Fritsch 1995, S. 362.

5 Vgl. Wissenschaftlicher Beirat der Bundesregierung Globale Umweltveränderungen 1993.

6 Vgl. zum Thema „Nachhaltigkeit im Konsumverhalten" Scherhorn/Reisch/Schrödl 1997 sowie Umweltbundesamt 1998.

7 Statistisches Bundesamt 1997a, S. 676.

8 Umweltbundesamt 1997b, S. 221.

9 Vgl. zum Thema „ökologische Produkte" Hellenbrand/Rubik 1994.

10 Vgl. dazu: Schmidheiny 1992.

11 Vgl. Vorschläge dazu auch in: BUND/Misereor 1996, Kreibich 1996 und Huber 1995.

12 Vgl. hier vor allem: MacNaghten/Jacobs 1997.

13 Zu den drei Diskursebenen vgl. die Ausführungen in: Renn 1997, S. 128ff sowie allgemein in: Renn/Webler/Rakel/Dienel/Johnson1993, S. 189–214.

14 Etwa in: Hillerbrand 1997, S. 26–29.

15 So zum Beispiel bei der Korrektur der Bemessungsgrundlage bei der Kraftfahrzeugsteuer, dort gilt seit 01. Juli 1997 eine Orientierung am Schadstoffausstoß.

16 Vgl. Schleicher 1997, S. 65.

17 Vgl. hierzu u.a. Bach et al. 1995, Müller 1995 und von Weizsäcker 1994, S. 39ff.

18 Vgl. hierzu u.a.: Gottfried/Wiegard 1995, Schöb 1995 und Knaus/Renn et al. 1997.

19 Die Grenzproduktivität der Arbeit gibt die Änderung des Produktionsausstoßes an, die sich bei einer sehr kleinen (infinitesimal kleinen) Veränderung des Einsatzes des Produktionsfaktors Arbeit ergibt.

[20] Vgl. Bundesministerium der Finanzen (1997) S. 37ff.

[21] Vorgeschlagen wurden hier zum Beispiel die differenzierte Besteuerung fossiler Energieträger (Modell des Bundesministeriums für Umwelt) sowie eine kombinierte CO_2-Energiesteuer auf fossile Energieträger und Elektrizität (Vorschlag der Europäischen Kommission und einiger Wirtschaftsforschungsinstitute): Vgl.: Bundesministerium der Finanzen 1997, S. 56ff.

[22] Dieses Prinzip liegt auch den umweltpolitischen Empfehlungen von E.U. von Weizsäcker in seinem Buch „Erdpolitik" zugrunde (vgl. von Weizsäcker 1992, S. 264).

[23] Eine weitergehende Begründung für diese Trennung von Risiken mit hohem und niedrigem Katastrophenpotential und ihre unterschiedliche Behandlung findet sich in Shrader-Frechette 1991, S. 66ff und 169ff.

[24] Ein ähnlicher Prioritätenkatalog findet sich bei: Rat von Sachverständigen für Umweltfragen 1994, S. 83ff.

Literatur zu den Teilen I und III

Akademie der Wissenschaften zu Berlin (1992): Umweltstandards. Berlin.

Alheit, P./S. Völker/B. Westermann /M.M. Zwick (1994): Die Kehrseite der Erlebnisgesellschaft. Eine explorative Studie. Bremen.

Amtsblatt der EG vom 10. Juli 1993.

Angerer, G. (1995): Auf dem Weg zu einer ökologischen Stoffwirtschaft. Teil I: Die Rolle des Recyclings. In: GAIA Jg. 4, Nr. 2, S. 77–84.

Asal, K. (1898): Das Badische Forstrecht. Karlsruhe und Tauberbischofsheim.

Asian Development Bank (Hrsg.) (1990): Economic Policies for Sustainable Development. Manila.

Bach, S./M.Kohlhaas/V. Meinhard/B. Praetorius/H.Wessels/R. Zwiener (1995): Wirtschaftliche Auswirkungen einer ökologischen Steuerreform, Berlin.

Ballschmiter, K. (1992): Transport und Verbleib organischer Verbindungen im globalen Rahmen. In: Angewandte Chemie, S. 501–528, Weinheim.

Ballschmiter, K./R. Bacher (1996): Dioxine. Weinheim.

Barash, D.P. (1991): Introduction to Peace Studies. Belmont.

Barr, N. (1996): Bevölkerung und Transformation: Reform des Bildungs- und Gesundheitswesens. In: Finanzierung und Entwicklung, S. 24–27, Washington.

Baumol, W.J./W.E. Oates (1971): The Use of Standards and Prices for Protection of the Environment. In: Swedish Journal of Economics, Bd. 73, S. 42–54.

Bayrisches Staatsministerium für Landesentwicklung und Umweltfragen (Hrsg.) (1996): Chemikalien in der Umwelt. Toxikologie, Prüfungen, gesetzliche Regelungen. München.

Beck, U. (1996): Weltrisikogesellschaft, Weltöffentlichkeit und globale Subpolitik. Ökologische Fragen im Bezugsrahmen fabrizierter Unsicherheiten. In: A. Diekmann/C.C. Jaeger (Hrsg.): Umweltsoziologie. Kölner Zeitschrift für Soziologie und Sozialpsychologie, Sonderheft 36/1996, S. 119–147, Opladen.

Benkert W. (1995): Umweltbezogene Information und Beratung. In: M. Junkerheinrich/P. Klemmer/G.R. Wagner (Hrsg.): Handbuch zur Umweltökonomie, S. 274–278, Berlin.

Bettman, L. (1974): The Good Old Days – They Were Terrible. New York.

Bhagwati, J. (1994): Ein Plädoyer für freien Handel. In: Spektrum der Wissenschaft, Nr. 1, S. 34–39.

Birnbacher, D. (1991): Sind wir für die Natur verantwortlich? In: D. Birnbacher (Hrsg.): Ökologie und Ethik, S. 103–139, Stuttgart.

Birnbacher, D./C. Schicha (1996): Vorsorge statt Nachhaltigkeit – Ethische Grundlagen der Zukunftsverantwortung. In: H.G. Kastenholz/K.-H. Erdmann/M. Wolff: Nachhaltige Entwicklung – Zukunftschancen für Mensch und Umwelt, S. 143–158, Berlin und Heidelberg.

Blazejczak, J. (1992): Umweltschutz und Industriestandort. Forschungsbericht Nr. 101 03 162 des Umweltbundesamtes, durchgeführt vom Rheinisch-Westfälischen Institut für Wirtschaftsforschung (RWI) und dem Deutschen Institut für Wirtschaftsforschung (DIW), Berlin.

Bleischwitz, R. (1994): Ökoproduktivität als Chance einer gesellschaftlichen Erneuerung. Wege zu neuen Wohlstandsmodellen. In: AG Ökologische Wirtschaftspolitik (Hrsg.): Ökologische und soziale Bedingungen des deutschen Einigungsprozesses, S. 41–61, Berlin.

Bohnet, M. (1997): Der Welternährungsgipfel. In: Entwicklung und Zusammenarbeit, Jg. 38, Nr. 1, S. 4–5.

Botkin, D./E. Keller (1995): Environmental Science: Earth as a Living Planet. New York.

Brösse, U. (1995): Planungsorientierte Umweltpolitik. In: M. Junkerheinrich/P. Klemmer/G.R. Wagner (Hrsg.): Handbuch zur Umweltökonomie, S. 204–210, Berlin.

Brown, L.R./H. Kane/ D.M. Roodman (1994): Vital Signs 1994. The trends that are shaping our future. New York und London.

Brown, L.R.: Nahrungsmittelknappheit als die Herausforderung eines neuen Zeitalters. In: Worldwatch Institute: Zur Lage der Welt 1997, S. 43- 74, Frankfurt.

Brümmerhoff, D. (1992): Finanzwissenschaft. München.

BUND/Misereor (Hrsg.) (1996): Zukunftsfähiges Deutschland – Ein Beitrag zu einer global nachhaltigen Entwicklung. Basel.

Bundesministerium der Finanzen (Hrsg.) (1997): Umweltsteuern aus finanzwissenschaftlicher Sicht. Gutachten des Wissenschaftlichen Beirats beim Bundesministerium der Finanzen. Bonn.

Bundesministerium für Umwelt, Naturschutz und Reaktorsicherheit (Hrsg.) (1992): Konferenz der Vereinten Nationen für Umwelt und Entwicklung im Juni 1992 in Rio de Janeiro. Dokumente: Agenda 21, Bonn.

Bundesministerium für Umwelt, Naturschutz und Reaktorsicherheit (Hrsg.) (1996): Schritte zu einer nachhaltigen, umweltgerechten Entwicklung: Umweltziele und Handlungsschwerpunkte in Deutschland – Grundlage für eine Diskussion. Bonn.

Bundesministerium für Bildung, Wissenschaft, Forschung und Technologie (Hrsg.) (1997): Zur technologischen Leistungsfähigkeit Deutschlands. Aktualisierung und Erweiterung. Bonn.

Bundesumweltministerium (1996): Umweltbewußtsein in Deutschland. Ergebnisse einer repräsentativen Bevölkerungsumfrage 1996. Eine Information des Bundesumweltministeriums. Berlin.

Burns, T.R./R. Überhorst, (1988): Creative Democracy: Systematic Conflict Resolution and Policymaking in a World of High Science and Technology. New York.

Cansier, D. (1993): Umweltökonomie. Stuttgart und Jena.

Cantor, R./G. Yoke (1998): Economic Activity and Analysis. In: S. Rayner/E.L. Melone: Human Choice and Climate Change, S. 3–104, Columbus.

Catton, W.R. (1980): Overshoot: The Ecological Basis of Revolutionary Change. Urbana.

Clar, G./J. Doré/H. Mohr (Hrsg.) (1997): Humankapital und Wissen, Grundlagen einer nachhaltigen Entwicklung. Berlin und Heidelberg.

Clark, C./M. Haswell (1970), The Economics of Subsistence Agriculture. 4. Auflage, London.

Coase, R.H. (1978): Das Problem der sozialen Kosten. In: H.-D. Assmann/E. Schanze (Hrsg.): Ökonomische Analyse des Rechts, S. 146–202, Kronberg.

Dahl, R.A. (1989): Democracy and its Critics. New Haven.

Daly, H.E (1993).: Sustainable Growth: An Impossibility Theorem. In: H.E. Daly/ K.N. Townsend (Hrsg.): Valuing the Earth. Economics, Ecology, Ethics, S. 267–273, Cambridge (Mass.).

Daly, H.E. (1994): Die Gefahren des freien Handels. In: Spektrum der Wissenschaft, Nr. 1, S. 40–46.

de Haan, G./U. Kuckartz (1996): Umweltbewußtsein. Denken und Handeln in Umweltkrisen. Opladen.

Deutscher Bundestag – 13. Wahlperiode: Zehnter Bericht zur Entwicklungspolitik der Bundesregierung. Drucksache 13/3342, Bonn.

Deutsches Institut für Wirtschaftsforschung (DIW) (1994): Wirtschaftliche Auswirkungen einer ökologischen Steuerreform. Berlin.

Die Mitbestimmung (1995): Bd. 3.

Die Welt vom 05.09.1997.

Diekmann, A./P. Preisendörfer (1992): Persönliches Umweltverhalten: Diskrepanzen zwischen Anspruch und Wirklichkeit. In: Kölner Zeitschrift für Soziologie und Sozialpsychologie, Heft 2, Jg. 44, S. 226–251.

Dienel, P.C. (1990): Alte und neue Arenen politischen Streitens. In: U. Sarcinelli (Hrsg.): Demokratische Streitkultur. Theoretische Grundpositionen und Handlungsalternativen in Politikfeldern, S. 121–138, Opladen.

Dienel, P.C. (1997): Die Planungszelle. Eine Alternative zur Establishment-Demokratie. Opladen.

Dierkes, M./H.-J. Fietkau (1988): Umweltbewußtsein – Umweltverhalten. In: Rat von Sachverständigen für Umweltfragen (1988): Materialien zur Umweltforschung Nr. 15, Stuttgart und Karlsruhe.

Dixon, J.A./K. Hamilton (1996): Das Wohlstandsmaß erweitern. In: Finanzierung und Entwicklung, Jg. 33, Nr. 4, S. 15–18.

Dunlap, R. (1992): Trends in Public Opinion towards Environmental Issues: 1965–1990. In: R.E. Dunlap/A.G. Mertig (Hrsg.): American Environmentalism, S. 89–116, Washington D.C.

Dürr, H.-P.,/F.-T. Gottwald (Hrsg.) (1995): Umweltverträgliches Wirtschaften, Denkanstöße und Strategien für eine ökologisch nachhaltige Zukunftsgestaltung, Münster.

Eblen, R.A./W.R. Eblen (Hrsg.) (1994): The Encyclopedia of the Environment. Boston.

El Serafy, S. (1991): Sustainability, income measurement and growth. In: R. Goodland/H. Daly/S. El Serafy/B. von Droste : Environmentally Sustainable Economic Development: Building on Brundtland, S. 59–69.

Endres, A./E. Rehbinder/R. Schwarze (1994): Umweltzertifikate und Kompensationslösungen aus ökonomischer und juristischer Sicht. Bonn.

Enquete-Kommission „Schutz der Erdatmosphäre“ des Deutschen Bundestages (1995): Mehr Zukunft für die Erde. Nachhaltige Energiepolitik für dauerhaften Klimaschutz. Bonn.

Enquete-Kommission „Schutz des Menschen und der Umwelt“ des Deutschen Bundestages (Hrsg.) (1993): Verantwortung für die Zukunft. Wege zum nachhaltigen Umgang mit Stoff- und Materialströmen. Bonn.

Eurobarometer (1992).

Eurobarometer (1996).

Fietkau, H.-J./H. Weidner, (1994): Mediationsverfahren in der Umweltpolitik in der Bundesrepublik Deutschland. In: Aus Politik und Zeitgeschichte, Bd. 39–40, S. 24–34, Bonn.

Fischer, L. (1997): Von der ‘Tragedy of the Commons’ zu deren ‘Benefits’. In: Ökologisches Wirtschaften, Nr. 2, S. 11–12.

Fisher, A. (1987): Risk Communication. Getting Out the Message about Radon. In: EPA Journal, Bd. 13, Nr. 9, S. 27–29.

Food and Agriculture Organization of the United Nations (FAO) (1997): State of the World’s Forests. Oxford.

Frankfurter Allgemeine Zeitung vom 09.06.1995.

Frankfurter Allgemeine Zeitung vom 20.05.1995.

Frankfurter Allgemeine Zeitung vom 21.06.1995.

Frankfurter Allgemeine Zeitung vom 25.03.1997.

Frankfurter Allgemeine Zeitung vom 25.03.1997.

Frankfurter Rundschau vom 05.09.1997.

Fremlin, J.M. (1964): How Many People Can the World Support? In: New Scientist, Heft 415, S. 285–287.

Frey, B.S. (1992): Umweltökonomie. 3. erw. Auflage, Göttingen.

Fritsch, B. (1993): Ökologie und Konsensfindung: Neue Chancen und Risiken. In: Sandoz Rheinfonds (Hrsg.): Verhandlungen des Symposiums vom 3.–4. September 1992, S. 9–22, Basel.

Fritsch, B. (1995): On the Way to Ecologically Sustainable Economic Growth. International Political Science Review, Jg. 16, Nr. 4, S. 361–374.

Fritz, P./J. Huber/H.W. Levi (Hrsg.) (1995): Nachhaltigkeit in naturwissenschaftlicher und sozialwissenschaftlicher Perspektive, Stuttgart.

Fritzler, M. (1997): Ökologie und Umweltpolitik. Bonn

Fritzsche, A.F. (1991): Wie gefährlich leben wir? Der Risikokatalog. Köln.

Gale, R.P./S.M. Cordray (1994): Making Sense of Sustainability: Nine Answers to 'What Should Be Sustained?' In: Rural Sociology, Heft 59, Nr. 2, S. 311–332.

Gaßner, H./L.M. Holznagel/U. Lahl (1995): Mediation. Verhandlungen als Mittel der Konsensfindungen bei Umweltstreitigkeiten, Bonn.

Gessner, W./R. Kaufmann-Hayoz (1995): Die Kuft zwischen Wollen und Können. In: U. Fuhrer (Hrsg.): Ökologisches Handeln als sozialer Prozeß, S. 11–25, Basel.

Gethmann, C.F./J. Mittelstraß (1992): Maße für die Umwelt. In: GAIA, Jg. 1, Nr. 1, S. 16–25.

Goodland, R./H. Daly/S. El Serafy/B. von Droste (1992): Nach dem Brundtland-Bericht: Umweltverträgliche Wirtschaftliche Entwicklung, Bonn.

Gottfried P./W. Wiegard (1995): Wunderwaffe Ökosteuern? In: Das Wirtschaftsstudium, Heft 10, S. 500–508.

Graskamp, R./M. Halstrick-Schwenk/R. Janßen-Timmen/K. Löbbe /M. Wenke (1992): Umweltschutz, Strukturwandel und Wirtschaftswachstum. Essen.

Gray, P. (1913): Resource Economics. New York.

Günther, I. (1994): Praktische Beispiele Ökologischer Bilanzierung. In: M. Beck (Hrsg.): Ökobilanzierung im betrieblichen Management, S. 15–88, Würzburg.

Haasis, H.-D. (1995): Ökologische Bilanzierung. In: M. Junkerheinrich/P. Klemmer/G.R. Wagner (Hrsg.): Handbuch zur Umweltökonomie, S. 133–138, Berlin.

Haavelmo, T./S. Hansen (1992): Zur Strategie des Versuchs, durch eine Ausweitung der menschlichen Aktivitäten die wirtschaftliche Ungleichheit zu verringern. In: R. Goodland/H. Daly/S. El Serafy/B. von Droste: Nach dem Brundtland-Bericht: Umweltverträgliche Wirtschaftliche Entwicklung, S. 41–50, Bonn.

Haber, W. (1993): Ökologische Grundlagen des Umweltschutzes. Bonn.

Habermas, J. (1971): Vorbereitende Bemerkungen zu einer Theorie der kommunikativen Kompetenz. In : J. Habermas/N. Luhmann (Hrsg.): Theorie der Gesellschaft oder Sozialtechnologie. Was leistet die Systemforschung?, S. 101–141, Frankfurt a.M.

Habermas, J. (1981): Theorie des kommunikativen Handelns. Bd. 1 & 2, Frankfurt a.M.

Habermas, J. (1989): Erläuterungen zum Begriff des kommunikativen Handelns. In: J. Habermas: Vorstudien und Ergänzungen zur Theorie des kommunikativen Handelns, 3. Auflage, S. 571–606, Frankfurt a.M.

Habermas, J. (1991): Moralbewußtsein und kommunikatives Handeln. 4. Auflage, Frankfurt a.M.

Hardin, G. (1968): The Tragedy of the Commons. In: Science, Nr. 162, S. 1243–1248.

Hartwich, H.H./G. Wewer (Hrsg.) (1991): Regieren in der Bundesrepublik III. Systemsteuerung und „Staatskunst". Opladen.

Hauff, V. (Hrsg.) (1987): Unsere gemeinsame Zukunft. Der Bericht der Weltkommission für Umwelt und Entwicklung (Brundtland-Bericht). Greven.

Heidenreich, M. (Hrsg.) (1993): Computers and Culture in Organizations. The Introduction and Use of Production Control Systems in French, Italian, and German Enterprises. Berlin.

Heinrich, D./M. Hergt (1994): dtv-Atlas zur Ökologie. 3. Auflage, München.

Heins, B. (1994): Nachhaltige Entwicklung aus sozialer Sicht. In: Zeitschrift für angewandte Umweltforschung, Jg. 7, H. 1, S. 19–25.

Hellenbrand, S. / F. Rubik (1994): Produkt und Umwelt. Anforderungen, Instrumente und Ziele einer ökologischen Produktpolitik. Marburg

Helm, C. (1995): Sind Freihandel und Umweltschutz vereinbar? Berlin.

Hennen, L. (1994): Ist die (deutsche) Öffentlichkeit 'technikfeindlich'? Ergebnisse der Meinungs- und Medienforschung. Erster Sachstandsbericht im Rahmen des Monitoring-Projektes „Technikakzeptanz und Kontroversen über Technik" am Technikfolgenabschätzungsbüro (TAB) beim Deutschen Bundestag, Arbeitsbericht Nr. 24, S. 9, Bonn.

Henschel, C. (1994): Zwecke und Funktionen von Diskursen für Politik und Gesellschaft. Das Beispiel der Planungsbegleitenden Öffentlichkeitsbeteiligung bei der Standortsuche für eine Sonderabfalldeponie im Freistaat Sachsen. Berlin.

Herder-Dornreich, P. (1982): Der Sozialstaat in der Rationalitätenfalle. Stuttgart.

Hey, C. (1992): Zwischen Dezentralität und Zentralismus. In : Politische Ökologie, Sonderheft 4, S. 30–34.

Hicks, J.R. (1946): Value and Capital. 2. Auflage, Oxford.

Hiessl, H./F. Meyer-Krahmer/M. Schön (1995): Auf dem Weg zu einer ökologischen Stoffwirtschaft. Teil II: Die Rolle der ganzheitlichen Produktpolitik. In: GAIA, Jg. 4, Nr. 2, S. 89–99.

Hillerbrand, M. (1997): Nachhaltige Entwicklung: Ein Leitbild für das 21. Jahrhundert. In: Standpunkt, Bd. 4, S. 26–29.

Hoffmann-Riem, W./M. Eifert (1995): Umweltpolitische Kooperation. In: M. Junkerheinrich/P. Klemmer/G.R. Wagner (Hrsg.): Handbuch zur Umweltökonomie, S. 318–327, Berlin.

Honnefelder, L. (1993): Welche Natur sollen wir schützen? In: GAIA, Jg. 2, Nr. 5, S. 253–264.

Huber, J. (1995a): Grundgedanken des produktionsintegrierten Umweltschutzes. In: J. Glaser/E.A. Spindler: Produktionsintegrierter Umweltschutz (PIUS), S. 16–33, Hamm/Westf.

Huber, J. (1995b): Nachhaltige Entwicklung durch Suffizienz, Effizienz und Konsistenz. In: P. Fritz/J. Huber/H.W. Levi (Hrsg.): Nachhaltigkeit in naturwissenschaftlicher und sozialwissenschaftlicher Perspektive, S. 31–46, Stuttgart.

Huber, J. (1995c): Nachhaltige Entwicklung. Strategien für eine ökologische und soziale Erdpolitik. Berlin.

Hummel, J./P.R. White/J. Willmore (1996): Rentables Recycling – entscheidende Faktoren. In: Warmer Bulletin, Nr. 48, S. 6–7.

Informationsdienst des Instituts der deutschen Wirtschaft Köln (iwd) (1996), Jg. 22, Nr. 42.

Informationsdienst des Instituts der deutschen Wirtschaft Köln (iwd) (1997), Jg. 23, Nr. 51.

Informationsdienst des Instituts der Deutschen Wirtschaft Köln (iwd) (1998), Jg. 24, Nr. 2.

Institut für praxisorientierte Sozialforschung (IPOS) (1993): Einstellungen zu Fragen des Umweltschutzes 1993. Mannheim.

IW-Umwelt-Service (1998), Institut der deutschen Wirtschaft Köln, Jg. 10 , Nr. 1.

Jamison, A./R. Eyerman/J. Cramer/J. Laessoe (1990): The Making of the New Environmental Consciousness. A Comparative Study of the Environmental Movements in Sweden, Denmark and the Netherlands. Edinburg.

Jänicke, M./A. Carius/H. Jörgens (1997): Nationale Umweltpläne in ausgewählten Industrieländern. Berlin und Heidelberg.

Janssen, W. (1986): Mittelalterliche Gartenkultur. Nahrung und Rekreation. In: B. Herrmann (Hrsg.): Mensch und Umwelt im Mittelalter, S. 224–243, Stuttgart.

Jaufmann, D./E. Kistler (Hrsg.) (1991): Einstellungen zum technischen Fortschritt. Technikakzeptanz im nationalen und internationalen Vergleich. Frankfurt a.M.

Jessel, B. (1994): Instrumente einer ökologisch orientierten Planung – Stand und Perspektiven. In: Zeitschrift für angewandte Umweltforschung, Jg. 7, H. 4, S. 496–511.

Jüdes, U. (1997): Nachhaltige Entwicklung – wozu Theorie? In: Politische Ökologie, Jg. 15, Heft 52, S. 1–12.

Kastenholz, H. (1992): Bedingungen umweltverantwortlichen Handelns in einer Schweizer Bergregion. Eine empirische Studie unter der besonderen Berücksichtigung anthropogen verursachter Klimaveränderungen. Zürich.

Keeney, R.L./O. Renn/D. von Winterfeldt/ U. Kotte (1984): Die Wertbaumanalyse. München.

Kesselring, T. (1994): Ökologie Global: Die Auswirkungen von Wirtschaftswachstum, Bevölkerungswachstum und zunehmendem Nord-Süd-Gefälle auf die Umwelt. In: Ökologie aus philosophischer Sicht. Schriftenreihe des Humboldt Studienzentrums der Universität Ulm, Bd. 8, S. 39–76, Ulm.

Kirchgässner, G. (1995): Umwelthaftung. In: M. Junkerheinrich/P. Klemmer/G.R. Wagner (Hrsg.): Handbuch zur Umweltökonomie, S. 284–289, Berlin.

Kistler, E./M. Pfaff (1990): Technikakzeptanz im internationalen Vergleich. In: E. Kistler/D. Jaufmann (Hrsg.): Mensch, Technik, Gesellschaft, S. 41–70, Opladen.

Klages, H. (1984): Wertorientierungen im Wandel: Rückblick, Gegenwartsanalyse, Prognosen. 2. Auflage, Frankfurt a.M.

Klemmer, P. (1994): Ressourcen- und Umweltschutz um jeden Preis. In: G. Voss (Hrsg.): Sustainable Development – Leitziel auf dem Weg in das 21. Jahrhundert, S. 22–50, Köln.

Klemmer, P. (1995): Umwelträume. In: M. Junkerheinrich/P. Klemmer/G. Wagner: Handbuch zur Umweltökonomie, S. 325, Berlin

Knaus, A./O. Renn et al. (1997): Stichwort: Ökosteuer. In: GAIA, Jg. 6, Nr. 1, S. 61–70.

Knüppel, H. (1989): Umweltpolitische Instrumente. Analyse der Bewertungskriterien und Aspekte einer Bewertung. Baden-Baden.

Krebs, A. (1997): Naturethik im Überblick. In: Naturethik, S. 337–379, Frankfurt a.M.

Kreibich R. (Hrsg.) (1996): Nachhaltige Entwicklung. Leitbild für die Zukunft von Wirtschaft und Gesellschaft. Weinheim und Basel.

Kreibich, R. (1995): Nachhaltiges Wirtschaften. Umweltpolitik im Nord-Süd Verhältnis. In: Universitas, Nr. 7, S. 681–693.

Kreiszeitung Syker Zeitung vom 08.06.1995.

Küchler, M. (1979): Multivariante Analyseverfahren. Stuttgart.

Kuckartz, U. (1997): Umwelt-Goldmedaille für Deutschland – oder: Wie umweltbewußt sind die Deutschen im internationalen Vergleich? Forschungsgruppe Umweltbildung der Freien Universität Berlin: Working Paper 97–137, Berlin.

Kuckartz, U. (1998): Umweltbewußtsein und Umweltverhalten. Heidelberg.

Kurz, R./J. Volkert (1995): Ordnungspoltische Grundfragen einer Politik der Nachhaltigkeit. Tübingen.

Landesanstalt für Umweltschutz (Hrsg.) (1996a): Handbuch Abfall 1. Allgemeine Kreislauf- und Rückstandswirtschaft. Intelligente Produktionsweisen und Nutzungskonzepte. Karlsruhe.

Landesanstalt für Umweltschutz (Hrsg.) (1996b): Handbuch Abfall 1. Allgemeine Kreislauf- und Rückstandswirtschaft. Beispielband. Karlsruhe.

Lehn, H./M. Steiner/H. Mohr (Hrsg.): Wasser. Die elementare Ressource. Stuttgart.

Leipert, C. (1989): Die heimlichen Kosten des Fortschritts. Frankfurt.

Leipert, C. (1991): Die andere Seite der Wachstumsmedaille: Ökologische und soziale Folgekosten des Wirtschaftens in der Industriegesellschaft. In: H. Diefenbacher/S. Habicht-Erenler (Hrsg.): Wachstum und Wohlstand, S. 21–41, Marburg.

Levi, H.-W./B. Danzer (Hrsg.) (1995): Umweltverträgliches Wirtschaften. Von der Utopie zum operativen Ziel. Stuttgart

Lindbloom, C. (1959): The Science of Muddling Through. In: Public Administration Reviev, Nr. 19, S. 79–99.

Lindbloom, C. (1965): The Intelligence of Democracy. Decision Making Through Mutual Adjustment. New York.

Lindlar, A. (1994): Umwelt-Audits: ein Leitfaden für Unternehmen über das EG-Gemeinschaftssystem für das Umweltmanagement und die Umweltbetriebsführung. Bonn.

Löbbe, K. (1996): Substituierbarkeit versus Komplementarität von Umweltgütern. In: Indikatoren einer regionalen nachhaltigen Entwicklung. Dokumentation der Workshop-Berichte, Arbeitsbericht Nr. 65 der Akademie für Technikfolgenabschätzung in Baden-Württemberg, S. 128–146, Stuttgart.

Lowe, P.D./W. Rudig, (1986): Political Economy and the Social Sciences – The State of the Art. In: British Journal of Political Science 16, S. 513–550.

Luhmann, N. (1983): Legitimation durch Verfahren. Frankfurt.

MacNaghten, P./M. Jacobs (1997): Public Identification with Sustainable Development. Investigating Cultural Barriers to Participation. In: Global Environmental Change, Jg. 7, Nr. 1, S. 5–24.

Matalik, S./D. Schade. (Hrsg.) (1998): Entwicklung in Aus- und Weiterbildung – Anforderungen, Ziele, Konzepte. Baden-Baden.

Mayntz, R./H.-U. Derlin/E. Bohne/B. Hesse/J. Hucke/A. Müller (1978): Vollzugsprobleme der Umweltpolitik. Empirische Untersuchungen der Implementation von Gesetzen im Bereich der Luftreinhaltung und des Gewässerschutzes. In: Rat von Sachverständigen für Umweltfragen (Hrsg.): Materialien zur Umweltforschung, Bd. 4.

Meadows, D.H. u.a. (1972): Die Grenzen des Wachstums. Stuttgart

Meadows, D.H./D.L. Meadows/J. Randers/W.W. Behrens (1992): Die neuen Grenzen des Wachstums. Stuttgart.

Meyer-Abich, K.M. (1997): Ist biologisches Produzieren natürlich? Leitbilder einer naturgemäßen Technik. In: GAIA, Jg. 6, Nr. 4, S. 247–252.

Meyer-Krahmer, F. (1995): Industrielle Leitbilder. In: H.W. Levi/B. Danzer: Umweltverträgliches Wirtschaften, S. 23–37, Stuttgart.

Michaelis, P. (1996): Ökonomische Instrumente in der Umweltpolitik. Heidelberg.

Michelsen G. (1990): Ursacheneindämmung durch Erziehung. In: U.E. Simonis (Hrsg.): Basiswissen Umweltpolitik, 2. durchges. Auflage, S. 153–161, Berlin.

Mill, J.St. (1848): Principles of Political Economy with Some of the Applications to Social Philosophy. London. Deutsche Übersetzung von W. Rierik (1924): Grundsätze der politischen Ökonomie, Bd. 1 und 2, Jena.

Miller, T.G. (1990): Resource Conversation and Management. Belmont.

Missbach, A. (1997): Was spricht gegen „Joint Implementation“? In: Neue Zürcher Zeitung vom 29./30. November.

Mohr, H. (1987): Natur und Moral. Ethik in der Biologie. Darmstadt.

Mohr, H. (1992): Waldschäden in Mitteleuropa – Wo liegen die Ursachen? In: G. Wilke/L. Brengtsson: Horizonte. Wie weit reicht unsere Erkenntnis heute?, S. 43–59, Stuttgart.

Mohr, H. (1995): Qualitatives Wachstum. Stuttgart.

Möller, G. (1993): Umweltschutz in der Rezession. In: Jahrbuch Ökologie 1994, S. 138–148, München.

Müller, M. (1995): Übersicht zur ökologischen Steuerreform. In: Sozialdemokratischer Informationsdienst Umweltpolitik, Nr. 2, S. 2–22.

Nentwig, W. (1995): Humanökologie. Berlin, Heidelberg und New York.

Odum, E.P. (1980): Grundlagen der Ökologie. Stuttgart.

OECD (1994): The Environmental Effects of Trade. Paris.

Oppermann, B. (1998): Umwelt planen – Umsetzung organisieren. Unveröffentlichtes Manuskript. Stuttgart.

Ostrom, E. (1988): Governing the Commons. The Evolution of Institutions for Collective Actions. Cambridge.

Ostrom, E. (1992): Crafting Institutions for Self-Governing Irrigation Systems. San Francisco.

Pearce, D.W./R.K. Turner (1990): Economics of Natural Resources and the Environment, New York.

Peters, W. (1984): Die Nachhaltigkeit als Grundsatz der Forstwirtschaft, ihre Verankerung in der Gesetzgebung und ihre Bedeutung in der Praxis. Dissertation an der Universität Hamburg, Hamburg.

Pfister, C. (1994): Das 1950er Syndrom. Die Epochenschwelle der Mensch-Umwelt-Beziehung zwischen Industriegesellschaft und Konsumgesellschaft. In: GAIA, Jg. 3, Nr. 2, S. 71–90.

Pfister, G./O. Renn (1997): Nachhaltigkeit und Humanressourcen. Arbeitsbericht der Akademie für Technikfolgenabschätzung in Baden-Württemberg Nr. 88, Stuttgart.

Pieper, W. (Hrsg.) (1985): Mark Twain – Ein Amerikaner in Heidelberg. Sein Bummel durch Deutschland 1878. Heidelberg.

Pigou, A.C. (1932): The Economics of Welfare. 4. Auflage, London.

Preisendörfer, P./A. Franzen (1996): Der schöne Schein des Umweltbewußtseins. Zu den Ursachen und Konsequenzen von Umwelteinstellungen in der Bevölkerung. In: A. Diekmann/C.C. Jaeger (Hrsg.): Umweltsoziologie, Sonderheft 36 der Kölner Zeitschrift für Soziologie und Sozialpsychologie, S. 219–244, Opladen.

Primack, R.B. (1995): Naturschutzbiologie. Heidelberg.

Radkau, J. (1996): Beweist die Geschichte die Aussichtslosigkeit der Umweltpolitik? In: H.G. Kastenholz/K.-H. Erdmann/M. Wolff (Hrsg.): Nachhaltige Entwicklung. Zukunftschancen für Mensch und Umwelt, S. 23–44, Berlin.

Der Rat von Sachverständigen für Umweltfragen (1974): Umweltgutachten 1974. Stuttgart.

Der Rat von Sachverständigen für Umweltfragen (1978): Umweltgutachten 1978. Stuttgart.

Der Rat von Sachverständigen für Umweltfragen (1994): Umweltgutachten 1994. Stuttgart.

Rawls, J. (1990): Eine Theorie der Gerechtigkeit. 5. Auflage, Frankfurt.

Rayner, S. (1992): Cultural Theory and Risk Analysis. In: S. Krimsky/D. Golding (Hrsg.): Social Theories of Risk, S. 83–116, Westport.

Renn, O. (1987): Eine kulturhistorische Betrachtung des technischen Fortschritts. In: H. Lübbe (Hrsg.): Fortschritt der Technik. Gesellschaftliche und ökonomische Auswirkungen, S. 65–100, Heidelberg.

Renn, O. (1993): Technik und gesellschaftliche Akzeptanz: Herausforderungen der Technikfolgenabschätzung. GAIA, Jg. 2, Nr. 2, S. 69–83.

Renn, O. (1994): Ein regionales Konzept qualitativen Wachstums. Pilotstudie für das Land Baden-Würtemberg. Arbeitsbericht der Akademie für Technikfolgenabschätzung in Baden-Württemberg Nr. 3, Stuttgart.

Renn, O. (1996a): Ökologisch denken – sozial handeln: Die Realisierbarkeit einer nachhaltigen Entwicklung und die Rolle der Sozial- und Kulturwissenschaften. In: H.G. Kastenholz/K.-H. Erdmann/M. Wolff (Hrsg.): Nachhaltige Entwicklung – Zukunftschancen für Mensch und Umwelt, S. 79–117, Berlin und Heidelberg.

Renn, O. (1996b): Umweltsoziologie. In: A. Diekmann/C.C. Jaeger (Hrsg.): Umweltsoziologie. Kölner Zeitschrift für Soziologie und Sozialpsychologie, Sonderheft 36, S. 28–58, Opladen.

Renn, O. (1996c): Möglichkeiten und Grenzen diskursiver Verfahren bei umweltrelevanten Planungen. In: A. Biesecker/K. Grenzdörfer (Hrsg.): Kooperation, Netzwerk, Selbstorganisation. Elemente demokratischen Wirtschaftens, S. 161–197, Pfaffenweiler.

Renn, O. (1996d): Kooperative Diskurse zur Umsetzung einer nachhaltigen Entwicklung. In: K. Burrmeister/W. Canzler/M. Kalinowski (Hrsg.): Zukunftsfähige Gesellschaft. Demokratische Entscheidungen für eine dauerhaft tragfähige Gesellschaft, S. 92–114, Bonn.

Renn, O. (1997): Kann man die technische Zukunft voraussagen? Vom Glanz und Elend der Technikfolgenabschätzung. In: W. Köhler (Hrsg.): Was kann die Naturforschung leisten? Nova Acta Leopoldina, Bd. 76, Nr. 303, S. 115–138, Heidelberg.

Renn, O. (1998): Die Austragung öffentlicher Konflikte um chemische Produkte oder Produktionsverfahren – eine soziologische Analyse. In: O. Renn/J. Hampel (Hrsg.): Kommunikation und Konflikt: Fallbeispiele aus der Chemie, S. 11–51, Würzburg.

Renn, O./B. Oppermann (1995): „Bottom-up" statt „Top-down" – die Forderung nach Bürgermitwirkung als (altes und neues) Mittel zur Lösung von Konflikten in der räumlichen Planung. In : E.-H. Ritter: Stadtökologie, Zeitschrift für Angewandte Umweltforschung, Sonderheft 6, S. 257–276, Berlin.

Renn, O./T. Webler, (1994).: Konfliktbewältigung durch Kooperation in der Umweltpolitik – Theoretische Grundlagen und Handlungsvorschläge. In: Umweltökonomische Studenteninitiative OIKOS an der Hochschule St. Gallen (Hrsg.): Kooperationen für die Umwelt. Im Dialog zum Handeln, S. 11–52, Bern.

Renn, O./T. Webler (1996): Der kooperative Diskurs: Grundkonzeption und Fallbeispiel. In: Analyse und Kritik. Zeitschrift für Sozialwissenschaften, Jg. 18, Nr. 2: Analysen und Kritik, S. 175–207.

Renn, O./T. Webler/H. Rakel/P. Dienel/B. Johnson (1993): Public Participation in Decision Making: A Three-Step Procedure. In: Policy Science, Nr. 26, S. 189–214.

Renn, O./T. Webler (1998): Der kooperative Diskurs – Theoretische Grundlagen, Anforderungen, Möglichkeiten. In: O. Renn/H. Kastenholz/P. Schild/U. Wilhelm (Hrsg.): Abfallpolitik im kooperativen Diskurs. Bürgerbeteiligung bei der Standortsuche für eine Deponie im Kanton Aargau. Pilotprojekt der Eidgenössischen Technischen Hochschule Zürich, Dokumente Nr. 19, S. 3–103, Zürich.

Renn, O./M.M. Zwick (1997): Technik- und Risikoakzeptanz. Berlin.

Rennings, K. (1994): Indikatoren für eine dauerhaft-umweltgerechte Entwicklung, Stuttgart.

Rennings, K./H. Bergmann/K.L. Brockmann (1997): Ordnungspolitische Bewertung freiwilliger Selbstverpflichtungen der Wirtschaft im Umweltschutz. In: K. Rennings/K.L. Brockmann/H. Koschel/H. Bergmann/I. Kühn: Nachhaltigkeit, Ordnungspolitik und freiwillige Selbstverpflichtung, S. 131–273, Heidelberg.

Rennings,K./K.L. Brockmann/H. Koschel/I. Kühn (1996): Ein Ordnungsrahmen für Nachhaltigkeit: Ziele, Institutionen und Instrumente. In: L. Gerken (Hrsg.): Ordnungspolitische Grundfragen einer Politik der Nachhaltigkeit, S. 229–280, Baden-Baden.

Richter, W. (1994): Monetäre Makroindikatoren für eine nachhaltige Umweltnutzung. Marburg.

Richter, W.F./W. Wiegard (1993): Zwanzig Jahre neue Finanzwissenschaft. Teil I: Überblick und Theorie des Marktversagens. In: Zeitschrift für Wirtschafts- und Sozialwissenschaften (ZWS), Nr. 113, S. 169–224.

Riebesell, U./D. Wolf-Gladrow (1993): Das Kohlenstoffrätsel. In: Biologie unserer Zeit, Jg. 23, Nr. 2, S. 97–101, Weinheim.

Rose, K./K. Sauernheimer (1992): Theorie der Außenwirtschaft, München.

Rosen, H.S./R. Windisch (1992): Finanzwissenschaft I. München.

Rösler, C.: Lokale Agenda 21: Deutsche Städte auf dem Weg zur Nachhaltigkeit. In: GAIA, Jg. 6, Heft 3, S. 217–18.

Rudolph, J. (1994): Joint Implementation. In: Lateinamerika Nachrichten 243/244, S. 92–95.

Saegert, S./G.H. Winkel (1990): Environmental Psychology. In: Annual Review of Psychology, Nr. 41, S. 441–477.

Sauernheimer K./G. Ködding: Internationale Aspekte der Umweltökonomie. In: Handbuch zur Umweltökonomie, S. 69–75, Berlin.

Sauernheimer, K. (1992): Nationale Umweltschutzpolitik bei internationalem Wettbewerb auf Güter- und Faktormärkten. In: G.R. Wagner (Hrsg.): Ökonomische Risiken und Umweltschutz, S. 263–278, München.

Schahn, J./E. Holzer (1990): Konstruktion, Validierung und Anwendung von Skalen zur Erfassung des individuellen Umweltbewußtseins. In: Zeitschrift für Differentielle und Diagnostische Psychologie, Nr. 11, S. 185–204.

Scherhorn, G./L. Reisch/S. Schrödl (1997): Wege zu nachhaltigen Konsummustern. Ergebnisbericht über den Expertenworkshop „Wege zu nachhaltigen Konsummustern“. Reihe Ökologische Forschung, Hohenheim.

Schleicher, S. (1997): Klimaschutzpolitik und Maastricht-Dilemma, in: GAIA, Jg. 6, Heft 1, S. 65–66.

Schmidheiny, S. (1992): Changing Course. A Global Business Perspective on Development and the Environment. Cambridge 1992.

Schmidt-Bleek, F. (1994): Ohne De-Materialisierung kein ökologischer Strukturwandel. In: Jahrbuch Ökologie 1994, S. 94–108.

Schöb, R. (1995): Zur Bedeutung des Ökosteueraufkommens: Die Double-Dividend-Hypothese, In: Zeitschrift für Wirtschafts- und Sozialwissenschaften (ZWS) Nr. 115, S. 93–117

Schumacher, W. (1996): Voraussetzungen und Gestaltungsmöglichkeiten einer nachhaltigen naturnahen Waldbewirtschaftung. In: G. Linckh/ H. Sprich/H. Flaig/H. Mohr (Hrsg.): Nachhaltige Land- und Forstwirtschaft. Expertisen, S. 329–358, Berlin und Heidelberg.

Shell AG (1995): Die Ereignisse um Brent Spar in Deutschland. Darstellung und Dokumentation mit Daten und Fakten, Hamburg.

Sherratt, A. (1981): Plough and Pastoralism: Aspects of the Secondary Products Revolution. In: I. Hodder/G. Isaac/N. Hammond (Hrsg.): Patterns of the Past, S. 261–305, Cambridge.

Shockey, I. (1996): The Experience of Nature in Everyday Life – A Comparative Study. Promotion im Fach Soziologie an der Brandeis University, Boston.

Shrader-Frechette, K.S. (1991): Risk and Rationality. Berkeley.

Sieferle, R.P. (1985): Fortschrittsfeinde? Opposition gegen Technik und Industrie von der Romantik bis zur Gegenwart. München.

Simmons, I.G. (1993): Ressourcen und Umweltmanagement: eine Einführung für Geo-, Umwelt- und Wirtschaftswissenschaftler. Heidelberg.

Simon, J.L. (1992): There is no environmental, population, or resource crisis. In: G. Tyler-Miller: Living in the Environment, S. 29–30, Belmont.

Simonis, U.E. (1990): Developing in Harmony with Nature. In: U.E. Simonis: Beyond Growth. Elements of Sustainable Development, Berlin.

Sorge, A./G. Hartmann/M. Warner/I. Nicholas (1982): Technology, Organization, and Manpower: Applications of CNC in Manufacturing in Great Britain and West Germany. In: N. Bjørn-Andersen/M. Earl/O. Holst/E. Mumford (Hrsg.): Information Society. For Richer, for Poorer, S. 169–182, Amsterdam.

Sorsa, P. (1993): Competiveness and Environmental Standards. In: Wirtschaftspolitische Blätter, Jg. 40, Heft 3/4, S. 326–337.

Spada, H. (1990): Umweltbewußtsein: Einstellung und Verhalten. In: L. Kruse/ C.F. Graumann/E.-D. Lantermann (Hrsg.): Ökologische Psychologie, S. 623–631, München.

Stahel, W.R. (1993): Langlebigkeit und Materialrecycling – Strategien zur Vermeidung von Abfällen im Bereich der Produkte. 2. unveränderte Auflage, Essen.

Stahel, W.R. (1995): Zurück in die Zukunft. In: Die Mitbestimmung, Nr. 3, S. 18–22.

Ständige Arbeitsgruppe der Biosphärenreservate in Deutschland (1995): Biospärenreservate in Deutschland. Leitlinien für Schutz, Pflege und Entwicklung. Heidelberg.

Statistisches Bundesamt (1995): Statistisches Jahrbuch für die Bundesrepublik Deutschland. Wiesbaden.

Statistisches Bundesamt (1997a): Jahrbuch für die Bundesrepublik Deutschland. Wiesbaden.

Statistisches Bundesamt (1997b): Umweltökonomische Gesamtrechnung – Trends und Branchenprofile. Wiesbaden.

Stephan, K./W. Fratzscher (1996): Abfallernergie: Wie kann sie besser genutzt oder vermieden werden? in: GAIA, Jg. 5, Heft 6, S. 288–290.

Stiftung Entwicklung und Frieden (1997): Globale Trends 1998. Fakten, Analysen, Prognosen. Bonn.

Ströbele, W. (1995): Ökonomie natürlicher Ressourcen. In: M. Junkerheinrich/P. Klemmer/G.R. Wagner (Hrsg.): Handbuch zur Umweltökonomie. Berlin.

Süddeutsche Zeitung vom 29.06.1995.

Supper, M. (1993): Zielkonflikte zwischen Freihandel und Umweltpolitik. In: Wirtschaftspolitsche Blätter, Jg. 40, Heft 3/4, S. 405–417.

The Economist vom 18. November 1993, London.

The Economist vom 8. November 1997, London.

Thöne, E./U. Fahl (1994): Energiewirtschaftliche Gesamtsituation. In: Brennstoff – Wärme – Kraft (BWK), Jg. 46, Heft 4, S. 113–118.

Tutzinger Erklärung „Schritte zu einem nachhaltigen Konsum“ (2. Vorentwurf) (1998). In: Umweltbundesamt (Hrsg.): Trendsetter – Schritte zum nachhaltigen Konsumverhalten am Beispiel der privaten Haushalte. Dokumentation der Tagung der Evangelischen Akademie Tutzing und des Umweltbundesamtes am 7.–9. 3. 1997 in Tutzing, S. 109–112, Berlin.

Umweltbundesamt (1993): Forschungsbericht UBA-FB 93-031. Berlin.

Umweltbundesamt (1997a): Daten zur Umwelt. Der Zustand der Umwelt in Deutschland. Ausgabe 1997. Berlin.

Umweltbundesamt (1997b): Nachhaltiges Deutschland – Wege zu einer dauerhaft-umweltgerechten Entwicklung. Berlin.

Umweltbundesamt (Hrsg.) (1995): Glossar der raumbezogenen Planung. Berlin.

Umweltbundesamt (Hrsg.) (1998): Trendsetter – Schritte zum Nachhaltigen Konsumverhalten am Beispiel der privaten Haushalte. Dokumentation der Tagung der Evangelischen Akademie Tutzing und des Umweltbundesamtes am 7.–9. 3. 1997 in Tutzing. Berlin.

UN Commission on Sustainable Development (1996): Indicators of Sustainable Development: Framework and Methodologies. New York.

United Nations Environment Programme (1990): Caring for the Earth – A Strategy for Sustainable Living. London.

Unmüßig, B. (1995): Zwischen Rio und Berlin. Klimaschutz – ein Nord-Süd-Konflikt? In: Zukünfte, H. 11, S. 35–39.

US Congress. Office of Technology Assessment (1995): Environmental Policy Tools. A User's Guide. Washington DC.

Van Dieren, W. (1995): Mit der Natur rechnen. Der neue Club-of-Rome-Bericht: Vom Bruttosozialprodukt zum Ökosozialprodukt. Basel, Boston und Berlin.

Varangis P.N./P.C.A. Braga/K. Takeuchi (1993): Tropical Timber Trade Policies. In: Wirtschaftspolitsche Blätter, Jg. 40, Heft 3/4, S. 338–351.

VDI-Technologiezentrum Berlin/Wissenschaftszentrum Berlin (Hrsg.) (1980): Informationstechnologie und Beschäftigung. Eine Übersicht über 'internationale Studien'. Düsseldorf.

Vitousek, P.M./A.H. Ehrlich/P.H. Matson (1986): Human appropriation of the products of photosynthesis. In: Bio Science, Nr. 34, S. 368–373.

Vlek, Ch.A.J. (1995): Technical versus Socio-Behavioral Solutions to Environmental Problems: Psychology's Unexploited Potential. Groningen. Schriftliche Fassung eines Vortrags vor der Environmental Psychology Division of the American Psychological Association, New York City, im August 1995, unveröffentlichtes Manuskript (kann beim Autor bezogen werden: Dept. of Psychology, University of Groningen, Grote Kruisstraat 2/1, 9712 TS Groningen, The Netherlands, fax: +31 50 363 6304).

Vogt, W. (1997): Die Veränderung von Stadt mit und durch Verkehr. In: Hermann M./M. Steierwald (Hrsg.): Mobilität und Urbanität – Die Stadt und ihr Verkehr. Arbeitsbericht Nr. 65 der Akademie für Technikfolgenabschätzung in Baden-Württemberg, S. 1.1–1.24, Stuttgart.

Vollmer, H. (1996): Akzeptanzbeschaffung: Verfahren und Verhandlungen. In: Zeitschrift für Soziologie Nr. 25, Heft 2, S. 147–164.

von Gleich, A. (1989): Der wissenschaftliche Umgang mit der Natur – Über die Vielfalt harter und sanfter Naturwissenschaften. Frankfurt.

von Gleich, A. (1997): Ökologische Kriterien der Technik- und Stoffbewertung. In: R. Graf von Westphalen (Hrsg.): Technikfolgenabschätzung als politische Aufgabe, 3. Aufl., S. 199–570, München.

von Prittwitz, V./K.-D. Wolf (1993): Die Politik globaler Güter. In: K. von Prittwitz (Hrsg.): Umweltpolitik als Modernisierungsprozeß, S. 193–218, Opladen.

von Weizsäcker E.U. (1992): Erdpolitik. 3. aktualisierte Auflage, Darmstadt.

von Weizsäcker E.U. (1994): Umweltstandort Deutschland. Argumente gegen die ökologische Phantasielosigkeit, Berlin.

von Weizsäcker, E.U./A.B. Lovins/L. H. Lovins (1995): Faktor Vier: doppelter Wohlstand, halbierter Naturverbrauch. Der neue Bericht an den Club of Rome, München.

Vorholz, F. (1992): Wohlhabende Saubermänner – arme Schmutzfinken. In: Jahrbuch Ökologie, S. 113–119, München.

Vornholz, G. (1994): Zur Konzeption einer ökologisch tragfähigen Entwicklung. Marburg.

Warmer Bulletin, Nr. 48, Februar 1996, S. 18.

Webler, T./D. Levine/H. Rakel/O. Renn (1991): A Novel Approach to Reducing Uncertainty: The Group Delphi. In: Technological Forecasting and Social Change, Nr. 3, Heft 39, S. 253–263.

Weimann, J. (1995): Umweltökonomik. 3. Auflage, Berlin.

Weinrich, H. (1972): System, Diskurs, Didaktik und die Diktatur des Sitzfleisches. In: Merkur, Nr. 8, S. 801–812.

Wellmer, A. (1992): Konsens als Telos der sprachlichen Kommunikation? In: H.-J. Giegel (Hrsg.): Kommunikation und Konsens in modernen Gesellschaften, S. 18–30, Frankfurt a.M.

Wenke, M. (1993): Konsumstruktur, Umweltbewußtsein und Umweltpolitik. Eine makroökonomische Analyse des Zusammenhanges in ausgewählten Konsumbereichen. Berlin 1993.

Wiedemann, P.M. (1994): Mediation bei umweltrelevanten Vorhaben: Entwicklungen, Aufgaben und Handlungsfelder. In: F. Claus/P.M. Wiedemann (Hrsg.): Umweltkonflikte: Vermittlungsverfahren zu ihrer Lösung, S.177–194, Taunusstein.

Wiemann, J. (1992): Umweltorientierte Handelspolitik: ein neues Konfliktfeld zwischen Nord und Süd? Arbeitsbericht des Deutschen Instituts für Entwicklungspolitik Nr. 13, Berlin.

Wiemann, J. (1994): Nachhaltiger Welthandel – was kann die Handelspolitik, was muß die Umweltpolitik leisten? In: T. Chahoud/M. Massarrat/J. Mayer (1994): Internationaler Handel im Zeichen Nachhaltiger Entwicklung, Loccumer Protokolle Nr. 30, S. 49–73, Loccum.

Wildavsky, A./K. Dake (1995): Theories of Risk Perception: Who Fears What and Why? In: Daedalus, Nr. 4, Heft 119, S. 41–60.

Willke, H. (1995): Systemtheorie III: Steuerungstheorie. Stuttgart.

Wissenschaftlicher Beirat der Bundesregierung „Globale Umweltveränderungen" (1993): Grundstrukturen globaler Mensch-Umwelt-Beziehungen. Jahresgutachten 1993, Bonn.

Wissenschaftlicher Beirat der Bundesregierung „Globale Umweltveränderungen" (1996): Welt im Wandel. Herausforderungen für die deutsche Wissenschaft. Jahresgutachten 1996, Berlin und Heidelberg.

Wissenschaftlicher Beirat der Bundesregierung „Globale Umweltveränderungen" (1997): Welt im Wandel. Wege zu einem nachhaltigen Umgang mit Süßwasser, Berlin und Heidelberg.

Wissenschaftlicher Beirat der Bundesregierung „Globale Umweltveränderungen" (1998): Welt im Wandel. Wege zu einem nachhaltigen Umgang mit Süßwasser. Jahresgutachten 1997, Berlin und Heidelberg.

Wolters, G. (1995): „Rio" oder die moralische Verpflichtung zum Erhalt der natürlichen Vielfalt – Zur Kritik einer UN-Ethik. In: GAIA, Jg. 4, Nr. 4, S. 244-249.

World Resources Institute (1994): World Resources 1994–95. A guide to the Global Environment. New York und Oxford.

World Resources Institute/United Nations Environment Programme/United Nations Development Programme/World Bank (1996): World Resources 1996–97. A guide to the Global Environment. Oxford.

Worldwatch Institute (1997): Zur Lage der Welt 1997. Frankfurt.

Würtenberger, T. (1993): Konfliktlösung durch Akzeptanzmanagement. In: H. Zilleßen/P. C. Dienel/W. Strubelt (Hrsg.): Die Modernisierung der Demokratie, S. 72–86, Opladen.

Young, H.P. (1995): Equity. Theory and Practice. Princeton, New Jersey.

Zilleßen, H. (1993): Die Modernisierung der Demokratie im Zeichen der Umweltproblematik. In: H. Zilleßen/P. C. Dienel/W. Strubelt (Hrsg.): Die Modernisierung der Demokratie, S. 17–39, Opladen.

Zürcher, U. (1965): Die Idee der Nachhaltigkeit unter spezieller Berücksichtigung der Gesichtspunkte der Forsteinrichtungen. In: Mitteilungen der Schweizerischen Anstalt für das forstliche Versuchswesen, Bd. 41, Heft 4, S. 89–218.

Zwick, M.M. (1997): Technikeinstellungen – ein deutscher Sonderweg? In: J.-F. Hake/W. Kuckshinrichs/K. Kugeler/W. Pfaffenberger/H.-J. Wagner (Hrsg.) 1997: Energieforschung, S. 475–500, Jülich.

Zwick, M.M. (1998): Bedrohte, schützenswerte „Bambi-Romantik". Naturbilder in Deutschland. Unveröffentlichtes Manuskript der Akademie für Technikfolgenabschätzung in Baden-Württemberg, Stuttgart.

Zwick, M.M. (1998): Wahrnehmung und Bewertung von Technik in der deutschen Öffentlichkeit am Beispiel der Gentechnik. In: F. Gethmann/H. Stahlberg (Hrsg.): Gibt es eine spezifisch deutsche Technikfeindlichkeit? Stuttgart.

Zwischenbericht der Enquete-Kommission „Schutz des Menschen und der Umwelt – Ziele und Rahmenbedingungen einer nachhaltig zukunftsverträglichen Entwicklung" des Deutschen Bundestages (1997): Konzept Nachhaltigkeit – Fundamente für die Gesellschaft von morgen. Bonn.

Literatur zum Teil II

Kapitel 8

OECD (1994): Environmental Indicators. Paris.

Pfister, G./A. Knaus/O. Renn (1997): Nachhaltige Entwicklung in Baden-Württemberg. Statusbericht. Präsentation der Akademie für Technikfolgenabschätzung in Baden-Württemberg, Stuttgart.

Pfister, G./O. Renn (1996): Ein Indikatorensystem zur Messung einer nachhaltigen Entwicklung in Baden-Württemberg. Arbeitsbericht Nr. 64 der Akademie für Technikfolgenabschätzung in Baden-Württemberg, Stuttgart.

Kapitel 9

Bartelheimer, P. (1995): Wirtschaft und Holzmarkt 1994/95. In: Allgemeine Forstzeitschrift für Waldwirtschaft und Umweltvorsorge (AFZ) / Der Wald, Nr. 50, S. 1329–1336.

Brandl, H./G. Oesten (1996): Die monetäre Bewertung positiver und negativer externer Effekte der Forstwirtschaft – Erfahrungen und Perspektiven. In: Linckh, G./H. Sprich/H. Flaig/H. Mohr (Hrsg.): Nachhaltige Land- und Forstwirtschaft – Expertisen, S. 441–471, Heidelberg.

Briemle, G./M. Elsäßer/Th. Jilg/W. Müller/H. Nußbaum (1996): Nachhaltige Grünlandbewirtschaftung in Baden-Württemberg. In: Linckh, G./H. Sprich/ H. Flaig/H. Mohr (Hrsg.): Nachhaltige Land- und Forstwirtschaft – Expertisen, S. 215–264, Heidelberg.

Claus, R. (1996): Voraussetzungen einer nachhaltigen Tierproduktion. In: Linckh, G./H. Sprich/H. Flaig/H. Mohr (Hrsg.): Nachhaltige Land- und Forstwirtschaft – Expertisen, S. 265–295, Heidelberg.

Dämmgen, U./J. Rogasik (1996): Einfluß der Land- und Forstbewirtschaftung auf Luft und Klima. In: Linckh, G./H. Sprich/H. Flaig/H. Mohr (Hrsg.): Nachhaltige Land- und Forstwirtschaft – Expertisen, S. 121–154, Heidelberg.

Flaig, H./H. Mohr (1996): Der überlastete Stickstoffkreislauf – Strategien einer Korrektur. In: Nova Acta Leopoldina NF 70, Nr. 289, Leipzig.

Flaig, H./H. Mohr (Hrsg.) (1993): Energie aus Biomasse – eine Chance für die Landwirtschaft? Heidelberg.

Forstliche Versuchs- und Forschungsanstalt Baden-Württemberg (FVA) (1993): Der Wald in Baden-Württemberg – im Spiegel der Bundeswaldinventur 1986–1990. Freiburg.

Grosskopf, W. (1996): Agrarstrukturen und Nachhaltigkeit. In: Linckh, G./H. Sprich/H. Flaig/H. Mohr (Hrsg.): Nachhaltige Land- und Forstwirtschaft – Expertisen, S. 525–542, Heidelberg.

Haas, G./U. Köpke (1994): Vergleich der Klimarelevanz ökologischer und konventioneller Landbewirtschaftung. In: Enquête-Kommission „Schutz der Erdatmosphäre" des Deutschen Bundestages (Hrsg.): Studienprogramm Band 1: Landwirtschaft, Teilband II, Studie H, Bonn.

Haber, W. (1996): Bedeutung unterschiedlicher Land- und Forstbewirtschaftung für die Kulturlandschaft – einschließlich Biotop- und Artenvielfalt. In: Linckh, G./H. Sprich/H. Flaig/H. Mohr (Hrsg.): Nachhaltige Land- und Forstwirtschaft – Expertisen, S. 1–26, Heidelberg.

Hamm, U. (1994): Perspektiven des ökologischen Landbaus aus marktwirtschaftlicher Sicht. In: Mayer, J./O. Faul/M. Ries/A. Gerber/A. Kärcher (Hrsg.): Ökologischer Landbau – Perspektiven für die Zukunft!, S. 212–234, Bad Dürkheim.

Isermann, K. (1994): Ammoniak-Emissionen der Landwirtschaft, ihre Auswirkungen auf die Umwelt und ursachenorientierte Lösungsansätze sowie Lösungsaussichten zur hinreichenden Minderung. In: Enquête-Kommission „Schutz der Erdatmosphäre" des Deutschen Bundestages (Hrsg.): Studienprogramm Band 1: Landwirtschaft, Teilband I, Studie E, Bonn.

Jungehülsing, J. (1997): Entwicklung und Perspektiven des ökologischen Landbaus und dessen Rahmenbedingungen in Deutschland. In: Nieberg H. (Hrsg.): Ökologischer Landbau: Entwicklung, Wirtschaftlichkeit, Marktchancen und Umweltrelevanz. FAL-Tagung am 26./27.09.1996, S. 3–11, Braunschweig-Völkenrode.

Kahnt, G. (1996): Alternativen im Landbau – Perspektiven integrierter und ökologischer Anbauverfahren. In: Linckh, G./H. Sprich/H. Flaig/H. Mohr (Hrsg.): Nachhaltige Land- und Forstwirtschaft – Expertisen, S. 187–213, Heidelberg.

Kühl, R. (1996): Ansprüche der nahrungsmittelverarbeitenden Industrie und der Verbraucher an landwirtschaftliche Erzeugnisse. In: Linckh, G./H. Sprich/H. Flaig/H. Mohr (Hrsg.): Nachhaltige Land- und Forstwirtschaft – Expertisen, S. 797–819, Heidelberg.

Lehn, H./M. Steiner/H. Mohr (1996): Wasser – die elementare Ressource. Heidelberg.

Landesanstalt für Umweltschutz Baden-Württemberg (LFU) (Hrsg.) (1995): Umweltdaten 93/94. Karlsruhe.

Landesanstalt für Umweltschutz Baden-Württemberg (LFU) (Hrsg.) (1996): Grundwasserüberwachungsprogramm – Ergebnisse der Beprobung 1995. Karlsruhe.

Linckh, G./H. Sprich/H. Flaig/H. Mohr (1997): Nachhaltige Land- und Forstwirtschaft – Voraussetzungen, Möglichkeiten, Maßnahmen. Heidelberg.

Linckh, G./H. Sprich/H. Flaig/H. Mohr (Hrsg.) (1996): Nachhaltige Land- und Forstwirtschaft – Expertisen, Heidelberg.

Nieberg, H. (1994): Umweltwirkungen der Agrarproduktion unter dem Einfluß von Betriebsgröße und Erwerbsform. Münster-Hiltrup.

Renn, O. (1994): Ein regionales Konzept qualitativen Wachstums. Arbeitsbericht Nr. 3 der Akademie für Technikfolgenabschätzung in Baden-Württemberg, Stuttgart.

Schneider, Th.W. (1995): Kriterien und Indikatoren für eine nachhaltige Bewirtschaftung der Wälder. In: : Allgemeine Forstzeitschrift für Waldwirtschaft und Umweltvorsorge (AFZ), Nr. 50, S. 184–187.

Schumacher, W. (1996): Voraussetzungen und Gestaltungsmöglichkeiten einer nachhaltigen naturnahen Waldbewirtschaftung. In: Linckh, G./H. Sprich/H. Flaig/H. Mohr (Hrsg.): Nachhaltige Land- und Forstwirtschaft – Expertisen, S. 329–358, Heidelberg.

Schwab, U./S. Schlaf/H. Flaig (1996): Vegetationsveränderungen im Zusammenhang mit atmosphärischen Stickstoffeinträgen. Arbeitsbericht Nr. 57 der Akademie für Technikfolgenabschätzung in Baden-Württemberg, Stuttgart.

Statistisches Landesamt Baden-Württemberg (Hrsg.) (1996): Statistisches Taschenbuch 1996 Baden-Württemberg. Stuttgart.

Thoroe, C. (1993): Anbau schnellwachsender Rohstoffe und Neuaufforstung. In: : Allgemeine Forstzeitschrift für Waldwirtschaft und Umweltvorsorge (AFZ), Nr. 48, S. 471–476.

Umweltbundesamt (Hrsg.) (1993): Emissionen der Treibhausgase Distickstoffoxid und Methan in Deutschland. Berichte 9/93, Berlin.

Volz, K.-R./K. Böswald/F. Dinkelaker (1996): Forstpolitik – Entwicklungen und Perspektiven. In: Linckh, G./H. Sprich/H. Flaig/H. Mohr (Hrsg.): Nachhaltige Land- und Forstwirtschaft – Expertisen, S. 565–597, Heidelberg.

Kapitel 10

Antes, R. (1995): Umweltverträgliches Entscheiden und Handeln in Unternehmen. In: J. Freimann/E. Hildbrandt (Hrsg.): Praxis der betrieblichen Umweltpolitik. Forschungsergebnisse und Perspektiven, S. 21–38, Wiesbaden.

Birke, M. (1995): Vom betrieblichen Umweltschutz zur Betriebsökologie? Zur Mikropolitik ökologischer Modernisierung. In: J. Freimann/E. Hildbrandt (Hrsg.): Praxis der betrieblichen Umweltpolitik. Forschungsergebnisse und Perspektiven, S. 159–171, Wiesbaden.

Dresel, T. (1996): Die Bedingungen ökologischer Innovation in Unternehmen. Fallanalysen. Vorläufiger Abschlußbericht über die Fallstudien für die Akademie für Technikfolgenabschätzung in Baden-Württemberg (unveröffentlichtes Manuskript).

Dresel, T. (1997): Die Bedingungen ökologischer Innovation in Unternehmen. Fallanalysen. Arbeitsbericht Nr. 71 der Akademie für Technikfolgenabschätzung in Baden-Württemberg, mit einem Vorwort von Birgit Blättel-Mink, Stuttgart.

Freimann, J./E. Hildebrandt (Hrsg.) (1995): Praxis der betrieblichen Umweltpolitik. Forschungsergebnisse und Perspektiven. Wiesbaden.

Hale, M. (1996): Environmental employment and sustainable development. In: Proceedings of The 1996 International Sustainable Development Research Conference, S. 71–76, Manchester.

Heidenreich, M./G. Krauss (1997): Das baden-württembergische Produktions- und Innovationsmodell: Zwischen vergangenen Erfolgen und neuen Herausforderungen. In: M. Heidenreich (Hrsg.): Innovationen in Baden-Württemberg. Diskussionsbeiträge der Akademie für Technikfolgenabschätzung in Baden-Württemberg, S. 17–31, Baden-Baden.

Innovationsbeirat der Landesregierung Baden-Württemberg (1996): Mehr Zukunft wagen. Innovation-Wachstum-Arbeitsplätze. Stuttgart.

Kowol, U./W. Krohn (1994): Innovationsnetzwerke. Ein Modell der Technikgenese. IWT-Paper 6/94, Universität Bielefeld.

Landtag von Baden-Württemberg (1994): Drucksache 11/4666. Neue Arbeitsplätze durch ökologische Umorientierung. Stuttgart.

Meyer, J.W./B. Rowan (1983): Institutionalised Organisations. Formal Structure as Myth and Ceremony. In: J.W. Meyer/W.R. Scott: Organisational Environments: Ritual and Rationality, S. 21–44, London.

Renn, O. (1996): Externe Kosten und nachhaltige Entwicklung. In: VDI-Berichte Nr. 1250, S. 23–38.

Schwaderlapp, R. (1995): Organisation des betrieblichen Umweltschutzes – eine Bestandsaufnahme vor ausgewählten qualitativen und quantitativen Untersuchungen. In: J. Freimann/E. Hildbrandt (Hrsg.): Praxis der betrieblichen Umweltpolitik. Forschungsergebnisse und Perspektiven, S. 39–55, Wiesbaden.

Wiedemann, P.M./C.R. Karger (1995): Mediationsverfahren und ihre Nutzungsmöglichkeiten für Unternehmen. In: J. Freimann/E. Hildbrandt (Hrsg.): Praxis der betrieblichen Umweltpolitik. Forschungsergebnisse und Perspektiven, S. 235–251, Wiesbaden.

Kapitel 11

Bundesministerium für Wirtschaft (1996): Energie-Daten '95 (fossile Energieträger). Bonn.

Enquête-Kommission 'Schutz der Erdatmosphäre' des Deutschen Bundestages (Hrsg.) (1995): Mehr Zukunft für die Erde. Nachhaltige Energiepolitik für dauerhaften Klimaschutz. Bonn.

Korff, W. (1992): Die Energiefrage auf dem Prüfstand. In: W. Korff: Die Energiefrage – Entdeckung ihrer ethischen Dimension, Trier.

Schade, D. (Hrsg.) (1995): Energiebedarf – Energiebereitstellung – Energienutzung / Möglichkeiten und Maßnahmen zur Verringerung der CO_2-Emission. Heidelberg.

Schade, D./W. Weimer-Jehle (1996): Energieversorgung und Verringerung der CO_2-Emissionen. Techniknutzung – Ressourcenschonung – Neue Lebensstile. Heidelberg.

Winje, D./D. Witt (1991): Energiewirtschaft. Heidelberg.

Kapitel 12

Bächler, G./V. Böge /S. Klötzli/S. Libiszewski/K.R. Spillmann K.R. (1996): Kriegsursache Umweltzerstörung. Ökologische Konflikte in der Dritten Welt und Wege ihrer friedlichen Bearbeitung. Abschlußbericht des Environment and Conflicts Project ENCOP, Band I. Chur und Zürich.

Bücking, W. (1993): Stickstoff-Immissionen als neuer Standortfaktor in Waldgesellschaften – neue Entwicklungen am Beispiel süddeutscher Wälder. In: Phytocoenologia Nr. 23, S. 65–94.

Bundesministerium für Umwelt, Naturschutz und Reaktorsicherheit (BMU) (Hrsg.) (1994): Umweltpolitik – Wasserwirtschaft in Deutschland. Bonn.

Büringer, H. (1997): Zur aktuellen Entwicklung des Wasserbedarfs von Industrie und Energieversorgung. In: Baden-Württemberg in Wort und Zahl, Nr. 3/97, S. 102–107.

Dohmann, M. (1995): Vergleich der Boden- und Grundwasserbelastung undichter Kanäle mit anderen Schmutzstoffeinträgen. In: M. Dohmann (Hrsg.): Umweltschutz fördern, Bürokratie abbauen, Eigenverantwortung stärken. 28. Essener Tage für Wasser- und Abfallwirtschaft vom 29.–31.3.1995 in Aachen, Aachen.

Deutscher Verband für Wasser- und Kulturbau (DVWK) (Hrsg.) (1987): Erkundung tiefer Grundwasserzirkulationssysteme – Grundlagen und Beispiele. DVWK Schriftenreihe, Bd. 81.

Falkenmark, M. (1995): Further Momentum to Water Issues: Comprehensive Water Problem Assessment in the Being. In: Ambio, Band 24, Nr. 6, S. 380–382.

Flaig, H./H. Mohr (1996): Der überlastete Stickstoffkreislauf – Strategien einer Korrektur. In: Nova Acta Leopoldina, Neue Folge, Band 70, Nr. 289.

Gardner, G. (1995): Wasser unter der Wüste. In: World Watch. Das globale Umweltmagazin. 4. Jahrg., Heft 4, S. 38–42.

Golubev, G.N. (1993): Sustainable Water Development: Implications for the Future. In: International Journal of Water Resources Development, Band 9, Nr. 2, S. 127–154.

Gundersen, P./I. Rasmusen (1988): Nitrification, Acidification and Aluminium Release in Forest Soils. In: J. Nilsson/P. Grennfeldt (Hrsg.): Critical Loads for Sulfur and Nitrogen. Miliørapport. 15. Nordic Council of Ministers, Kopenhagen.

Ministerium für Umwelt Baden-Württemberg, Hessischer Minister für Umwelt und Reaktorsicherheit, Ministerium für Umwelt und Gesundheit Rheinland-Pfalz (Hrsg.) (1987): Hydrogeologische Kartierung und Grundwasserbewirtschaftung im Rhein-Neckar-Raum (HGK Rhein-Neckar). Stuttgart, Wiesbaden und Mainz.

Kluge, T./E. Schramm (1995): In die Tiefe der Zeit. Nachhaltiger Umgang mit dem Lebensmittel Wasser. In: Politische Ökologie, 13. Jg., Sonderheft 8, S. 39–43.

Kobus, H./F. Bürkle (1996): Konkurrierende Ansprüche an ein Fließgewässer – das Beispiel Neckar. In: H. Lehn/M. Steiner/H.Mohr (Hrsg.): Wasser, die elementare Ressource (Materialienband). Arbeitsbericht Nr. 52 der Akademie für Technikfolgenabschätzung in Baden-Württemberg, Stuttgart.

Köble, R./D. Nagel/G. Smiatek/B. Werner/L. Werner (1993): Kartierung der Critical Loads & Levels in der Bundesrepublik Deutschland. Abschlußbericht zum Forschungsvorhaben FE 108 02 080: Erfassung immissionsempfindlicher Biotope in der Bundesrepublik Deutschland und in anderen ECE-Ländern im Auftrag des Umweltbundesamtes. Stuttgart.

Lange, J. (1995): Alternative Lösungsansätze für eine nachhaltige Abwasserentsorgung. Gutachten der Arbeitsgemeinschaft Technologietransfer, Umweltschutz, Raumplanung und Stadtökologie (ATURUS) für die Akademie für Technikfolgenabschätzung in Baden-Württemberg. Freiburg (unveröffentlicht).

Lanz, K. (1995): Das Greenpeace Buch vom Wasser. Augsburg.

Lehn, H./H. Flaig/H. Mohr (1995): Vom Mangel zum Überfluß: Störungen im Stickstoffkreislauf. In: GAIA 4, Nr. 1, S. 13–25.

Lehn, H./M. Steiner/H. Mohr (1996): Wasser, die elementare Ressource – Leitlinien einer nachhaltigen Nutzung. Heidelberg.

Landesanstalt für Umweltschutz Baden-Württemberg (LfU) (Hrsg.) (1996): Grundwasserüberwachungsprogramm – Ergebnisse der Beprobung 1995. Karlsruhe.

Landesanstalt für Umweltschutz Baden-Württemberg (LfU) (Hrsg.) (1995): Grundwasserüberwachungsprogramm – Ergebnisse der Beprobung 1994. Karlsruhe.

Landesanstalt für Umweltschutz Baden-Württemberg (LfU) (Hrsg.) (1994a): Grundwasserüberwachungsprogramm – Ergebnisse der Beprobung 1993. Karlsruhe.

Landesanstalt für Umweltschutz Baden-Württemberg (LfU) (Hrsg.) (1994b): Deutsches Gewässerkundliches Jahrbuch – Rheingebiet. Teil I: Hoch- und Oberrhein 1991 (1.11.1990–31.12.1991), Karlsruhe.

Landesanstalt für Umweltschutz Baden-Württemberg (LfU) (Hrsg.) (1993): Grundwasserüberwachungsprogramm – Ergebnisse der Beprobung 1992. Karlsruhe.

Landesanstalt für Umweltschutz Baden-Württemberg (LfU) (Hrsg.) (1989): Wärmehaushalt Neckar – Messungen und Berechnungen. Karlsruhe.

Libizewski, S. (1994): Der Kampf ums Wasser im Nahen Osten. In: Landeszentrale für Politische Bildung Baden-Württemberg (Hrsg.): Die Welt zwischen Öko-Konflikten und ökologischer Sicherheit. Dokumentation des Forums vom 9.–11. September 1993 in Bad Urach, Stuttgart.

Rommel, K. (1993): Die öffentliche Wasserversorgung 1991. In: Baden-Württemberg in Wort und Zahl, Nr. 12, S. 500–505, Stuttgart.

Rott, U./B. Schlichtig (1994): Auswirkung von Regen- und Grauwassernutzung im Haushalt und der Versickerung von Niederschlagswasser von Versiegelungsflächen auf die Reinigungsleistung von Kläranlagen sowie die Wasserqualität der Vorfluter in Baden-Württemberg. Gutachten im Auftrag der Akademie für Technikfolgenabschätzung in Baden-Württemberg, Stuttgart (unveröffentlicht).

Statistisches Landesamt Baden-Württemberg (Hrsg.) (1995): Emissionen von Schwefeldioxid, Stickoxid, Kohlenmonoxid und Staub in Baden-Württemberg 1992. Statistische Berichte Baden-Württemberg: Umwelt, Artikel-Nr. 3624 92003, Stuttgart.

Statistisches Landesamt Baden-Württemberg (Hrsg.) (1992): Emissionen von Schwefeldioxid und Stickoxid in Baden-Württemberg 1989. Statistische Berichte Baden-Württemberg: Umwelt, Artikel-Nr. 3624 89001, Stuttgart.

World Resources Institute und International Institute for Environment and Development (Hrsg.) (1995): Weltressourcen – Fakten – Daten – Trends. 4. Ergänzungslieferung 4/95, V-4.8 Wasser, S. 488–489, Landsberg a. L.

Weiterführende Literatur

Lehn, H./M. Steiner/H. Mohr (1996): Wasser, die elementare Ressource – Leitlinien einer nachhaltigen Nutzung. Heidelberg.

Lehn, H./M. Steiner/H. Mohr (Hrsg.) (1996): Wasser, die elementare Ressource – Materialienband. Arbeitsbericht Nr. 52 der Akademie für Technikfolgenabschätzung, Stuttgart. Abrufbar im Internet unter http://www.afta-bw.de.

Statistisches Landesamt Baden-Württemberg (Hrsg.): „Baden-Württemberg in Wort und Zahl“. Erscheint monatlich und enthält aktuelle Daten zu Aspekten der Wassernutzung. Vertrieb durch das Statistische Landesamt, Referat 13, Tel: 0711/641–2866.

Landesanstalt für Umweltschutz Baden-Württemberg (Hrsg.): „Grundwasserüberwachungsprogramm“. Erscheint jährlich und informiert über die aktuellen Daten zur Grundwasserqualität. Vertrieb durch die Landesanstalt für Umweltschutz in Karlsruhe, Bibliothek, Tel: 0721/983-0.

Landesanstalt für Umweltschutz Baden-Württemberg (Hrsg.): „Umweltdaten“. Wird jährlich aktualisiert und enthält u.a. Daten zu den unterschiedlichen Umweltmedien. Vertrieb durch die Landesanstalt für Umweltschutz in Karlsruhe, Bibliothek, Tel: 0721/983-0.

Kapitel 13

Akademie für Technikfolgenabschätzung in Baden-Württemberg (1994): Bürgerbeteiligung an der Abfallplanung für die Region Nordschwarzwald, Bürgergutachten Teil I: Restabfallmengenprognose, Band 1: Empfehlung, Band 2: Dokumentation, Stuttgart.

Akademie für Technikfolgenabschätzung in Baden-Württemberg (1995/96): Bürgerbeteiligung an der Abfallplanung für die Region Nordschwarzwald, Bürgergutachten Teil II: Technik der Restabfallbehandlung, Band 1: Empfehlung, Band 2: Dokumentation, Stuttgart.

Akademie für Technikfolgenabschätzung in Baden-Württemberg (1996): Bürgerbeteiligung an der Abfallplanung für die Region Nordschwarzwald, Bürgergutachten Teil III: Standortauswahl, Band 1: Empfehlungen, Stuttgart.

Dienel, P. (1978): Die Planungszelle. Eine Alternative zur Establishment-Demokratie. Opladen.

Dienel, P./D. Garbe (1985): Zukünftige Energiepolitik. Ein Bürgergutachten. München.

Keeny, R.L./O. Renn/D. von Winterfeldt/U. Kotte (1984): Die Wertbaumanalyse. München.

Oppermann, B./E. Schneider/O. Renn (1997): Wieviel Struktur braucht ein Partizipationsprojekt? – zur Unterstützungsfunktion entscheidungsanalytischer Verfahren in Diskursen. In: Akademie für Technikfolgenabschätzung in Baden-Württemberg, TA-Informationen. Ausgabe 3/4 1997, S. 31–35, Stuttgart.

Renn, O./M. Schrimpf/T. Büttner/R. Carius/S. Köberle/B. Oppermann/E. Schneider/K. Zöller (1998): Abfallwirtschaft 2005. Bürger planen ein regionales Abfallkonzept. Akademie für Technikfolgenabschätzung in Baden-Württemberg, Baden-Baden.

Renn, O./T. Webler (1994): Konfliktbewältigung durch Kooperation in der Umweltpolitik – Theoretische Grundlagen und Handlungsvorschläge. In: Umweltökonomische Studenteninitiative OIKOS an der Hochschule St. Gallen (Hrsg.): Kooperationen für die Umwelt. Im Dialog zum Handeln, S. 11–52, Zürich.

Renn, O./T. Webler (1995): Der kooperative Diskurs: Theorie und praktische Erfahrungen mit einem Deponieprojekt im Aargau. In: P. Knoepfel (Hrsg.): Lösung von Umweltkonflikten durch Verhandlung. Beispiele aus dem In- und Ausland. Reihe Ökologie und Gesellschaft, Band 10, Basel.

Renn, O./T. Webler/P. Wiedemann (1995): The Pursuit of Fair and Competent Citizen Participation. In: O. Renn/T. Webler/P. Wiedemann (Hrsg.): Fairness and Competence in Citizen Participation. Evaluating New Models for Environmental Discourse, S. 339–368, Dordrecht und Boston.

Renn, O./U. Kotte (1984): Umfassende Bewertung der vier Pfade der Enquete-Kommission auf der Basis eines Indikatorkatalogs. In: G. Albrecht/H.U. Stengelmann (Hrsg.): Energie im Brennpunkt. HTV Edition Technik und sozialer Wandel, S. 190–232, München.

Webler, T./D. Levine/H. Rakel/O. Renn (1991): The Group Delphi: A Novel Attempt at Reducing Uncertainty, Technological Forecasting and Social Change, 39, S. 253–263.

16. Glossar wichtiger Begriffe

In diesem Verzeichnis werden verschiedene Fachbegriffe möglichst allgemeinverständlich erklärt. Es ist als Hilfe für den Leser gedacht. Alle Erläuterungen beziehen sich auf den Sinn- und Themenzusammenhang, wie er sich im Text dieses Buches findet. Ein Anspruch auf Vollständigkeit wird nicht erhoben.

Allmende: Begriff aus dem Mittelalter, bezeichnete dort Nutzflächen, die von einer Dorfgemeinschaft gemeinsam benutzt wurden (Wälder, Viehweiden etc.).

Allmendegüter: Güter mit freiem Nutzungszugang (gemeinsame Nutzung) und Nutzungsrivalität (im lokalen oder regionalen Kontext).

Allokation: Zuteilung der Güter und Produktionsfaktoren im Wirtschaftsprozeß.

Anthropogen: Durch menschlichen Eingriff geschaffen, von Menschen verursacht.

Anthropozentrisch: Menschenzentriert, aus der Sicht des Menschen.

Atmosphäre: Lufthülle, welche die Erde umfaßt. Setzt sich zusammen aus Tropo-, Strato- und Mesosphäre.

Bedürfnis: Ein Bedürfnis entsteht aus dem Verlangen, einen subjektiv empfundenen Mangel zu beseitigen. Grundlegendes Motiv für wirtschaftliches Handeln.

Biomasse: Gesamtheit der lebenden, aus Organismen gebildeten Substanz auf der Erde.

Bruttoinlandsprodukt: Maß für die in einer Volkswirtschaft entstandene (BIP) wirtschaftliche Leistung (Wertschöpfung) in einem Jahr. Das BIP erfaßt den realen Gesamtwert der gesamten inländischen Güterproduktion. Das BIP umfaßt nur ökonomische, in Zahlen umsetzbare Vorgänge.

Dienstleistungen: Immaterielle Güter.

Diskurs: Foren der Kommunikation, in denen Argumente ausgetauscht und nach festgelegten Regeln auf ihre Stichhaltigkeit hin untersucht werden. Dabei spielt das Ansehen und der Status der beteiligten Personen keine Rolle.

Emission: Von Anlagen abgegebene Stoffe oder Energien an die Umwelt, wie zum Beispiel Schadstoffe, Wärme, Lärm, Erschütterungen etc. Als Emissionsquelle oder Emittent wird eine Anlage bezeichnet, die Emissionen abgibt. Emissionen können über die Umweltmedien Luft, Wasser und Boden abgegeben werden.

Entsorgung: Umfaßt das Einsammeln, Befördern, Lagern, Behandeln, Verwerten und Ablagern von Abfällen.

Erneuerbare Ressourcen: Ressourcen, die in natürlichen Wachstumsprozessen immer wieder nachwachsen oder neu entstehen. Beispiele: Waldressourcen, Nahrungsmittel, Wasser.

Existenzwert: Wert, der sich aus der bloßen Existenz einer Sache ergibt.

Externalitäten (externe Effekte): Wirkungen aus der Aktivität von Wirtschaftssubjekten (Produktion oder Konsum), die andere Wirtschaftssubjekte betreffen und nicht über den Preismechanismus gesteuert sind. Dabei können die unbeteiligten Dritten positiv (externer Nutzen) oder negativ (externe Kosten) betroffen sein. Im Fall externer Nutzen ist der gesellschaftliche Nutzen größer als der private. Liegen dagegen externe Kosten vor, übersteigen die gesellschaftlichen Kosten die privaten.

Freie Güter: Frei verfügbare Güter, die keiner Knappheit unterliegen.

Freifahrerverhalten (Trittbrettfahren, Schwarzfahren): Vom Freifahren spricht man, wenn bei Gütern keine Eigentumstitel erworben oder durchgesetzt werden können (→ Kollektivgüter) und der einzelne versucht, diese Güter ohne eigenen finanziellen Beitrag zu nutzen. In der Erwartung, daß die anderen die Finanzierung dieser Güter übernehmen werden, leistet der einzelne freiwillig nichts.

Güter: Mittel zur Befriedigung von → Bedürfnissen.

Handel: Austausch von → wirtschaftlichen Gütern.

Humankapital: Gesamtheit der gesellschaftlich nutzbaren Qualifikation einer Bevölkerung. Umfaßt das Arbeitsvermögen und Leistungspotential einer Bevölkerung und ist an Personen gebunden.

Immission: Einwirkungen von Verunreinigungen, Schadstoffen, Strahlen u.ä. auf Menschen, Tiere, Vegetation, Gebäude etc. Die Immission gibt das Ausmaß der durch → Emission verursachten Belastung an. Die absolute Belastung eines bestimmten Ortes ergibt sich aus der Summe der auftretenden Immissionen.

Indikator: Meßgröße für die Zustandsbeschreibung über die Qualität einer Situation. Beispiele: Die Körpertemperatur signalisiert, ob ein Mensch Fieber hat, Temperatur und Niederschläge sind Indikatoren für das Wetter, das Haushaltseinkommen steht stellvertretend für die ökonomischen Möglichkeiten eines Haushaltes.

Internalisierung der Umweltkosten: Korrektur auftretender negativer externer Effekte (→ Externalitäten) auf die Umwelt. Beseitigung systematischer Anreize zur Abwälzung der Umweltkosten auf Dritte oder die Gesamtgesellschaft.

Kapital: Vermögen oder Mittel, von denen ein Strom von Leistungen ausgeht. Der Begriff steht für ein bestehendes Potential an Leistungen jedweder Art.

Klima: Gemittelter Verlauf der Witterung (über einen längeren Zeitraum).

kognitiv: Alles was Wissen und Vorstellung der Menschen betrifft

Kohlendioxid (CO_2): Farb- und geruchloses Gas, das zu 0.03 Vol.-Prozent Bestandteil der Luft ist. Kohlendioxid entsteht bei allen Verbrennungsprozessen aus kohlenstoffhaltigen Verbindungen und wird von allen Lebewesen (Menschen, Tiere, Pflanzen) als „Verbrennungs- produkt" ausgeatmet. Bei der → Photosynthese wird Kohlendioxid zum Aufbau kohlenstoffhaltiger Verbindungen verbraucht und Sauerstoff freigesetzt. Die Zunahme des Kohlendioxidgehalts in der Atmosphäre spielt eine wichtige Rolle beim Treibhauseffekt (Erwärmung der Erde).

Kollektivgut (öffentliches Gut): Güter, die von vielen gleichzeitig genutzt werden können, ohne daß der Konsum einer Person den Konsum einer anderen einschränkt (Nichtrivalität im Konsum). Darüber hinaus kann bei typischen öffentlichen Gütern niemand durch den Preis von der Nutzung ausgeschlossen werden.

Komplementarität von Gütern: Liegt vor, wenn das Nichtvorhandensein eines Gutes den Nutzen eines anderen Gutes einschränkt.

Konsens: Einigkeit bei einem Beschluß oder in einer Empfehlung zu einer strittigen Frage.

Konsum: Ge- oder Verbrauch von → Gütern zur Befriedigung von → Bedürfnissen.

Konsumgüter: Güter, die von einem Endverbraucher genutzt oder verbraucht werden.

Kultivierte Natur: Durch menschliche Eingriffe veränderte, natürliche Erscheinungen.

Kultur: Gesamtheit der Lebensformen, Wertvorstellungen und der durch menschliche Aktivitäten geformten Lebensbedingungen in einem historisch und regional abgrenzbaren Raum. Dazu gehören alle von vorangehenden Generationen übernommenen und im Prozeß der Weiterentwicklung und Veränderung befindlichen materiellen Gestaltungsformen der Umwelt (Bauten, Werkzeuge, Geräte), das Wissen und die Nutzung von Naturprozessen, Ideen, Sinngebungen und Symbole sowie Methoden und Institutionen des gesellschaftlichen Zusammenlebens.

Künstliche Umwelt: Überwiegend durch den Menschen geschaffene Erscheinungsformen. Gesamtheit der Wirklichkeit, die von den anthropogen ausgelösten Umwandlungsprozessen geprägt ist.

Künstliches Kapital: Von Menschen geschaffenes Kapital, das der Nutzenbefriedigung dient.

Lebensstil: Bezeichnet beständige Verhaltens- und Selbstdarstellungsmuster, nach denen Menschen ihr Alltagsleben organisieren. Umfaßt die jeweiligen Ausdrucksformen der Alltagsgestaltung bestimmter Personen, Bevölkerungsteile oder ganzer Gesellschaften. Die Ausprägung eines Lebensstils hängt ab von den herrschenden kulturellen Eigenarten, von Lebensauffassungen und Wertvorstellungen und vom sozialen Standort der beteiligten Individuen.

Markt: Realer oder virtueller Ort des Tausches, an dem sich durch Zusammentreffen von Angebot und Nachfrage Preise bilden.

monetarisieren: In Zahlen bzw. Geldwerten ausdrücken.

Natur: Alle organischen und anorganischen Erscheinungen, die ohne Handlungen oder Eingriffe des Menschen existieren oder sich entwickeln. Gesamtheit der Wirklichkeit, sofern sie ohne menschliches Zutun entstanden ist und nur den eigenen Gesetzen unterworfen ist.

Natürliche Ressourcen: Durch Menschen nutzbare Teile und Mittel der Natur. Natürliche Ressourcen können von unterschiedlicher Komplexität sein. Dazu gehören komplexe Systeme wie zum Beispiel die Luft, Lagerstätten von Rohstoffen und andere der Umwelt entnehmbare Stoffe wie zum Beispiel Wasser, Tiere und Pflanzen.

Natürliche Umwelt: Bezeichnet zusammenfassend die den Menschen umgebende Natur im engeren Sinne und alle Erscheinungsformen kultivierter Natur.

Natürliches Kapital: Gesamtheit der von der Natur bereitgestellten Ressourcen, von denen ein Strom von Leistungen ausgeht.

Nettoprimärproduktion: Gesamtbetrag an Sonnenenergie, der durch pflanzliche Photosynthese in biochemische Energie umgewandelt wird, abzüglich der Energiemenge, die die Pflanzen für ihre eigenen Lebensprozesse benötigen.

Nicht erneuerbare Ressourcen: Ressourcen mit – gemessen an überschaubaren Zeithorizonten – endlichem Bestand. Diese Ressourcen sind meist in Millionen von Jahren andauernden Prozessen entstanden. Beispiele: Boden, mineralische Ressourcen, Erdöl

Nicht handelbare Güter: Güter, die physisch nicht handelbar sind, weil sie immobil sind oder deren Transportkosten so hoch sind, daß trotz niedriger Produktionskosten oder Kosteneinsparungen aus Spezialisierungseffekten ein grenzüberschreitender Warenaustausch nicht lohnend wäre. Beispiele: Immobilien, Dienstleistungen (Handwerker, Firseurbesuch etc.)

Norm: Verhaltenslenkende, allgemein gültige Regeln des Handelns in einer Gesellschaft.

normativ: Nicht nur beschreibend, → Normen setzend. Bezieht sich auf alles, was geschehen soll.

Nutzen: Steht für das Ausmaß der Befriedigung eines Bedürfnisses (Abnahme oder Verschwinden) aus dem Konsum von Gütern aller Art. Ist eine subjektive Größe.

Öffentliche Güter (Kollektivgüter): Nutzung durch ein Individuum schmälert Nutzung durch andere nicht (Nicht-Rivalität in der Nutzung). Ausschluß von Nutzung (über den Preis) funktioniert nicht (freier Nutzungszugang).

Ökosystem: Funktionelle Einheit als Beziehungs- und Wirkungsgefüge aus Lebewesen, unbelebten natürlichen und vom Menschen geschaffenen Bestandteilen, die untereinander und mit ihrer Umwelt in Wechselwirkungen stehen.

Operationalisierung: Anwendbarmachen von theoretischen Begriffen durch die Angabe von präzisen Anweisungen für Ermittlungsverfahren. Mit Hilfe dieser Anweisungen kann entschieden werden, ob in der untersuchten Realität ein mit dem betreffenden Begriff bezeichneter Vorgang oder Tatbestand vorliegt oder nicht.

Ozon, Ozonloch: Ozon ist ein reaktiver Stoff, der sowohl in großen Höhen der Erdatmosphäre als auch in Erdnähe vorkommt. Während das Ozon in der Höhe die lebensschädliche Ultraviolettstrahlung abschirmt (Ozonschild), wird beim erdnahen Ozon eine mögliche Gefährdung der Gesundheit der Menschen vermutet. Durch menschlichen Einfluß – vor allem dem Einsatz von Fluorkohlenwasserstoffen – wird die Ozonschicht in großen Höhen der Erdatmosphäre geschädigt (sogenanntes „Ozonloch“).

Photosynthese: Erzeugung organischer Substanz aus Wasser und Kohlendioxid durch das Licht der Sonne.

Präferenz: Vorliebe für eine Lösungs- oder Entscheidungsmöglichkeit in einer Problem- oder Entscheidungssituation.

Preis: In Geldwerten ausgedrückter Tauschwert eines → Gutes.

Private Güter (Individualgüter): Nutzung durch ein Individuum führt dazu, daß anderen das Gut nicht zu Verfügung steht (Rivalität in der Nutzung). Ausschluß von Nutzung (über den Preis) möglich.

Produktion: Herstellung von → Gütern durch die Nutzung von → Produktionsfaktoren.

Produktionsfaktoren: Zur Produktion verwendete Güter materieller und immaterieller Art, deren Einsatz für das Hervorbringen anderer Güter notwendig ist.

Produktivität: Verhältnis von produzierter Menge zu Menge der eingesetzten Produktionsfaktoren. Maß für die Leistungsfähigkeit der Produktionsfaktoren.

Recycling: Stoffliche Wiederverwertung von Materialien oder Produkten.

Ressourcen: Natürliche, künstliche oder ideelle Vorräte, die durch den Menschen in irgendeiner Weise genutzt werden können.

Schadstoffe: Stoffe, die aufgrund ihrer Wirkung (z. Bsp. Giftigkeit oder Krebserzeugung) eine Gefahr für Mensch und Umwelt darstellen.

Senkenfunktion der Umwelt: Fähigkeit bestimmter natürlicher Systeme, Stoffe in bestimmten Mengen aufzunehmen oder abzubauen.

Substituierbarkeit: Austauschbarkeit.

Szenario: Zukunftsentwürfe, die einen Zustand beschreiben, der sich beim Ergreifen bestimmter Maßnahmen und als Folge dieser Maßnahmen einstellen kann. Szenarien stellen keine Prognosen oder Voraussagen dar.

Tragekapazität: Maximale Anzahl von Individuen einer Spezies, die ein bestimmter Lebensraum auf Dauer beherbergen kann.

Treibhauseffekt: Erwärmung der Erdatmosphäre durch das Vorhandensein der sogenannten Treibhausgase (CO_2, Methan, Ozon, Lachgas). Dieser natürliche Effekt ermöglicht erst menschliches Leben auf der Erde. Der natürliche Treibhauseffekt wird insbesondere seit Beginn der Industrialisierung durch menschliche Aktivitäten (Verbrennung fossiler Brennstoffe etc.) verstärkt und kann zu Klimaveränderungen führen.

Umweltgüter: Bestandteile des natürlichen Kapitals, die vom Menschen in irgendeiner Weise (auch ideell) genutzt werden können.

Umweltmedien: Zu den Umweltmedien gehören, Wasser, Boden, Luft, Flora, Fauna und auch der Mensch. Umweltmedien haben bestimmte Funktionen in Ökosystemen und bilden die Grundlage für alle Formen des Lebens.

Wachstum: Zunahme der wirtschaftlichen Aktivitäten.

Wert: Grundlegende, zentrale allgemeine Zielvorstellung für menschliches Handeln und soziales Zusammenleben. Werte haben Orientierungs- und Steuerungsfunktion und dienen der Beurteilung von Zuständen oder Handlungen nach ihrer Wünschbarkeit.

Wirtschaftliche Güter: Knappe Güter, die zum Gegenstand privater Verhandlungen werden.